国家出版基金项目

“十三五”国家重点图书出版规划

# 中国《陶记》研究

◎黄康明　黄清华／主编

江西美术出版社
全国百佳出版单位

# 目录

CONTENTS

## 宋说



## 元说

## 日本陶记研究

## 综合论述

# 宋说

SONGSHUO

# 蒋祈《陶记》著作时代考辨

## ——兼论景德镇南宋与元代瓷器工艺、市场及税制等方面的差异

刘新园

**提要**

本文以文献史料和考古资料为依据，否定了二百三十多年来学术界认为《陶记》写于元代的传统说法，论证了这一重要文献是南宋嘉定七年——端平元年（1214—1234）之间的作品。由于作者在探求《陶记》的著作时代时，对景德镇宋、元两代瓷器的制造工艺、市场、赋税以及竞争激烈的瓷窑和有关制度进行了考察，因此这对于研究中国陶瓷史、科技史、经济史以及宋、元两代专史的同志们和朋友们都不乏参考价值。

### 一、问题的提出

清康熙以后的历届《浮梁县志》《饶州府志》与《江西通志》中所收录的，题为“元·蒋祈《陶记》”一文，既是记述我国最著名的瓷器产地——景德镇窑业情况的第一篇专文，又是世界上最早的瓷器论著。由于我国古代陶工曾经在陶瓷工艺与陶瓷美术方面取得了辉煌的成就，古文献中又缺乏记述这个行业的比较具体的文字，于是，蒋祈遗留下来的这篇《陶记》，就成为人们研究中国瓷器发展史、尤其是研究景德镇早期瓷器生产的一篇凤毛麟角般的文献了。

从有关的记载来看，《陶记》远在 18 世纪就得到了瓷器研究者的高度重视。清康熙间，法国耶稣会来华传教的神甫——殷宏绪（Lepered’ Entecolles），在他著名的书简中首先引用了文中所述的史实。乾隆初唐英撰写《陶成示谕稿》，乾隆、嘉庆间兰浦著述《景德镇陶录》也都曾大量征引。1856 年，法国巴黎出版的儒莲的（M.S.Julien）《中国瓷器制造术》和 1910 年英国牛津大学出版的巴沙尔（S.M.Bushell）的《中国的陶瓷》两书，都分别对它做过法文与英文的节译[1]。1937 年日本《陶磁》杂志第九号发表了尾崎洵盛的日文译注本，1979 年日本学者佐久间重男先生又对该文做了重译和新注[2]。直到今天，它已不限于研究元代瓷器，而且也是研究元代科技与元代经济史的中外学者们所熟悉的著作了。

尽管人们经常引用《陶记》中记述的烧造工艺以及民营窑业的分工、市场与赋税等方面的情况，来阐明元代社会的一些这样或那样的问题，但对该文本身所进行的研究却让人感到不够。在我国，除了陈万里、冯先铭先生曾指出它为元至正（1341—1368）时期的作品[3]，傅振伦先生在《湖南陶瓷》（1979 年第 1 期）上发表过《蒋祈“陶记略”译注》之外，便很难见到论述它的文字。

1975年，笔者在阅读这篇文献时，发现文中记述的许多职官、税目与元代典籍不能相印证，于是对它的著作时代产生了疑问。

那么，久为人们熟知的《陶记》所描写的究竟是哪一个时代的情况，它是不是元代的著作呢？

长期以来，我带着这个问题把文中涉及的几个方面的情况和我能接触到的文献与考古资料进行过一些比较，结果发现它与元代的不符，却与南宋中后期的吻合。因此，我认为；蒋祈的《陶记》不是元代的作品，而是南宋中后期的遗文。

史料，是历史研究的依据。而史学工作者在接触史料时就需先问它的年代，这是因为引用年代不确的史料不仅不能说明问题，而且还会歪曲历史。鉴此，本文有必要对这一重要文献的相对著作年代及其有关问题做一些考辨。

## 二、讨论的上、下限与版本流传概况

为了便于研究，先打算在这里初步划定一下讨论时间的上限与下限，并对其版本的流传过程做一简述。

从《陶记》本身来看，其著作上限是十分明确的。文中曾有一处使用了非常婉转的笔调，揭露当时地方官员利用职权在景德镇非法营运瓷器的恶劣行径，他说：

尝记《容斋随笔》载：昔之守令不市陶器，父老所传仅二人焉。呜呼！何辽绝耶？容斋所记可以尽信否耶？何今之未有继也！

《容斋随笔》卷四“浮梁陶器”条：

《彭器资尚书文集》有送许屯田诗曰：“浮梁巧烧瓷，颜色比琼玖。因官射利疾，众喜君独不。父老争叹息，此事古未有。”注云：“浮梁父老言，自来做知县不买瓷器者一人，君是也。做饶州不买者一人，今程少卿嗣宗是也。”惜乎不载许君之名。对照以上文字，《陶记》所引显然是《容斋随笔·浮梁陶器》条目的缩写。

众所周知，《容斋随笔》为南宋学者洪迈的名著。清·钱大昕《洪文敏公年谱》载：淳熙七年（1180）庚子，五十八岁。是岁《容斋随笔》成，序之。

又，《容斋续笔》卷一谓：《随笔》于淳熙十四年（1187）刊于婺州，八月传往禁中[4]。

据此，我们可以确定：作者蒋祈征引《随笔》撰写《陶记》的时间，是绝对不会早于淳熙十四年的。这是因为在这年以前，《随笔》尚未刊行，蒋祈无从得知。因此，把讨论的上限定于1187年就比较保险。

那么，《陶记》是否收入1187至1644年的各届《浮梁县志》？由于南宋——整个明代的志书不传，已无从得知。但检阅明嘉靖三十五年刊印的王宗沐的《江西大志·陶书》与崇祯十年宋应星《天工开物·陶埏》记述景德镇瓷器生产的篇章以及元、明时代的有关笔记与杂记之类，均未发现征引《陶记》的痕迹。因此，我们可以推测《陶记》在南宋—明代的《浮梁县志》中可能没有收入。但是入清以后情况就有所不同了。我们在法国耶稣会传教士殷宏绪于1712年写自饶州的第一封介绍景德镇的著名书简中，看到了与《陶记》有关的四处。

书简：“据县志的说法，瓷器自古呈绝妙的白色，毫无缺陷，其传入各国者，被称为饶州之宝玉。”

《陶记》：“埏埴之器洁白不疵，故鬻于他所，皆有‘饶玉’之称。”

书简："美丽生辉的白瓷和漂亮的天青色的瓷器，都产于景德镇。"

《陶记》："江、湖、川、广器尚青白，出于镇之窑者也。"

书简："昔日景德镇只有三百座窑。"

《陶记》："景德陶，昔三百余座。"

书简："（在谈到釉灰制备时说）《浮梁县志》上说：除了凤尾草之外，从前还使用过其果实称之为柿子的树木做柴。"

《陶记》："……石垩炼灰，杂以槎叶木柿火而毁之，必剂以岭背釉泥而后可用。"

从以上的引文来看，殷宏绪所见到的"县志"已经收有《陶记》[5]。但值得注意的是：他只引用《陶记》来说明若干历史问题，并未把引文说成是元代的史实。

那么，殷宏绪所见到的是哪一种县志中的《陶记》呢？它和今天的通行本——乾隆《浮梁志》中的有何差异呢？就我国现存的《浮梁县志》来看，最早的版本是康熙十二年的一个残本。但这个本子少"物产志"，其中是否收有《陶记》已无从考索。现在，最早收有这一文献的，就要算我们最近才在景德镇发现的康熙二十一年本了。在这个本子发现之前，我国最早刊有《陶记》的《浮梁志》是北京图书馆收藏的乾隆七年本。

康熙二十一年刊印的《浮梁县志》（即 1682 年本）比殷宏绪的信件早三十年，殷氏所引极有可能是这个版本。但它流传不广。而乾隆七年（1742）本中的《陶记》，则与以后历届县志中的基本相同。自乾隆七年本问世之后，康熙志中的《陶记》便少有人知。如果把两志中收录的《陶记》加以比较：除了都把它看作是明代以前的遗文之外，康熙本中的个别缺字和误字在乾隆本中已有更改和填补。其中最大的不同之处为：

康熙二十一年本题为："蒋祈陶记附"

乾隆七年本题为："元蒋祈陶记略云"。

康熙本把它附于明代的遗文之前，显然有断定为明以前的意思，但态度审慎，并未肯定其具体时代，与殷氏引文完全相同，而乾隆七年本则把它定为元代著作，其根据未曾述及。

综上所述，我们可以了解以下情况：1.《陶记》的著作上限为 1187 年。2. 现今最早收有《陶记》的文献是康熙二十一年刊印的《浮梁县志》。但二十一年本并未说它是元代的作品。3. 由于康熙二十一年以后至乾隆七年以前的这一时期，浮梁没有编修过县志，那么，把《陶记》首先定为元代著作的"始作俑者"，就必然是乾隆七年志的编修者了。本文同意康、乾两本对《陶记》所定的下限——即最晚不晚于元代。但是上限 1187—下限 1368（元亡）尚有一百八十一年，跨越两个在政治与经济上都很不相同的时代。

在未能确定它的著作时代之前，把讨论的范畴划定在 1187 年至 1368 年之间，就似乎是必要的了。

## 三、关于胎、釉的制备

众所周知，我国封建时代生产技术的演进速度是异常缓慢的。但是由于地区与行业的不同，其实际情况又不能一概而论。就拿我们近年来对景德镇五代—明代的窑业遗存所做的调查、清理与试掘，以及有关单位对这一历史时期的瓷器所做的理化测试来看，这个地区在这一阶段的制瓷工艺的变化是比较大的。也就是说，在这一历史时期内的每一个朝代的制瓷工艺，是不完全相同的。由于《陶记》曾对当时瓷器的胎釉制备情况有过比较精确的记述，因此，研究这些记述，既有利于我们从工艺的角度来鉴别其著作时代，又可以帮助我们了解当时的生产水平。

关于胎，文中说：“进坑石泥制之精巧，湖坑、岭背、界田之所产已为次矣。”

关于釉，则有“攸山、山槎灰之制釉者取之，而制之之法，则石垩炼灰，杂以槎叶木柿火而毁之，必剂以岭背釉泥而后可用”。

如果把以上文字和今天景德镇传统瓷器的胎、釉制备方法相比较：其制釉过程的描写极其精确。除烧石灰时使用的植物与今天的不尽相同之外，其他完全相同，几乎没有区别（《陶记》记烧灰燃料用“槎叶木柿”，明代《天工开物》记用“桃竹叶”，清代《陶冶图说》记用“凤尾草’——一种蕨类植物）。

而瓷胎的制备，便与今天的工艺有很大的差异了。

我们知道，今景德镇在制备瓷胎原料时，是把土质原料——高岭土，和石质原料——瓷石（“经过后期热液变化其中之长石部分或全部变为绢云母和高岭石的长英岩或正常长英岩”）的粉末混合制备而成的。即陶瓷工艺界所说的使用“二元配方”法制备的。而蒋祈记制胎原料时只说到“石泥”一种，并未记需要使用高岭土或者需要使用某种与“石泥”的性质不同的原料和“石泥”混合。考文中所列制胎原料的产地：“进坑”在今景德镇市东 8.5 公里南安公社进坑生产队图 2；“湖坑”即湖田（三宝蓬）；“岭背”，为牛角岭背；“界田”即景德镇东南 3.5 公里的界田村（图 1）。这些地方均为瓷石产地。可知他所说的“石泥”，当然是采用某种机械方法（水碓）把上述地区的瓷石（其硬度在莫氏 4—7 度之间）舂打成粉、经水选而制成的泥料。显然，其时的瓷胎是使用一种瓷石类型的原料制备而成的。

仅用瓷石一种原料制胎，蒋祈所记是否无误呢?

我们认为蒋祈的记述是完全可信的。因为他能精确地描述当时的瓷釉是由槎叶木柿灰，熟石灰和釉泥三种不同的原料配成（比明人宋应星的记录翔实），如果当时陶工使用了“石泥”加高岭土制作瓷胎的话，他是决不会只记“石泥”一种的。文中不载高岭，只是因为作者生活的那个时代，“二元配方”法在景德镇尚未应用而已。

现在的问题是：只用瓷石一种原料是否可以制胎?

从日本学者吉木文平在其《非金属矿物工学》一书中对瓷石所做的研究来看，由于瓷石内含大量的石英，绢云母，仅此一种，完全可以制成瓷胎[6]（景德镇瓷石的矿物组成一般为：石英 58%，绢云母 27% ~ 34%，高岭土仅 2% ~ 12%）；又，中国轻工业部工程师刘秉诚先生见告：至今广东和赣南的许多小窑尚保留着只用瓷石制胎的习惯，仅用瓷石一种原料制成的瓷胎，在烧成时容易变形，成品的热稳定性差一些。

那么，景德镇陶工是从什么时候开始使用“二元配方”法的呢? 如果把这个时间寻找出来，便可以从工艺学的角度给《陶记》一文的著作时代提供相对下限。

明·宋应星《天工开物·陶埏》记当时镇瓷制胎过程谓：

土出婺源、祁门两山。一名高梁（岭）山，出粳米土，其性坚硬。一名开化山，出糯米土，其性粢软。两土和合，瓷器方成。

图 1《陶记》所列景德镇南宋瓷石、釉泥、釉灰、匣、模原料产地分布图

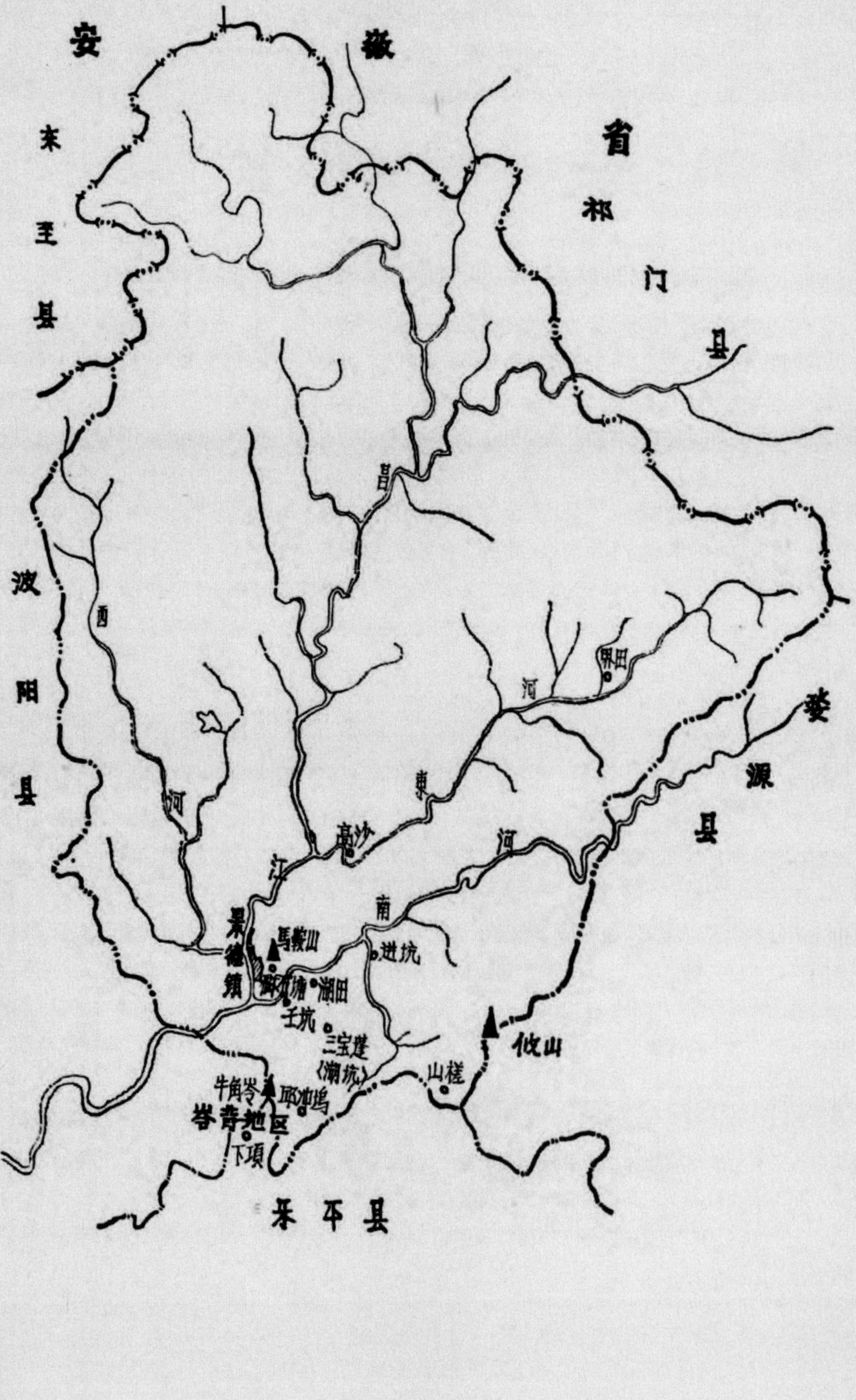

图 2-1《陶记》所述最佳瓷石产地——“进坑”外景（今景德镇市南安人民公社进坑生产队）

图 2-2 宋代刻有“进坑”二字的青白瓷残片（湖田窑出土）

图 2-3 宋代刻有“试下项泥”的青白瓷残片（湖田窑出土）

以上记述与景德镇今天的制胎方法完全相同，因而得知：这个地区的陶工使用“二元配方”法制胎，最晚不晚于明代。但是文献记载总是要晚于生产实践的。如果再进一步考察景德镇历代瓷器瓷胎的化学成分，我们便能了解“二元配方”法在这个地区的应用，要比宋应星的时代早得多。

从近年来中国科学院硅酸盐研究所、景德镇陶瓷研究所等单位对我国古代瓷器瓷胎的化学成分所做的大量的测试工作来看，景德镇历代瓷器瓷胎中的 $Al_2O_3$（三氧化二铝）的含量是不等的。其变化是有规律的。

一般来说，宋代的瓷胎中 $Al_2O_3$ 的含量都在 17% 左右，元代与元代以后的都在 20% 或 20% 以上，显然，从元代开始，这类氧化物在景德镇瓷器的瓷胎中就有显著提高。

如果把宋代与宋以前的瓷胎和今天还在继续使用的瓷石在化学成分上相比较，人们便会发现它们是极其相似的。因而可以确定：景德镇宋代和宋以前的白瓷的瓷胎，是使用一种瓷石类型的原料制成的。和湖田窑出土的刻有“进坑”二字的宋代瓷片相符（图 2），也和蒋祈所记完全吻合。

如果再把瓷石和元代瓷胎的化学成分相比较，它们之间便不同了。也就是说，元代瓷胎中的 $Al_2O_3$ 的含量比瓷石中的显著提高。那么，元代的瓷胎是怎样制备的呢？由于元、明两代瓷器的瓷胎在化学组分上大体相同，所以得知元代的瓷胎，也是采用了明人宋应星所说的糯米土（瓷石）和粳米土（即高岭土）二者和合制备而成的。由于高岭土中的铝氧比瓷石中的高得多（景德镇地区瓷石中的 $A1_2O_3$ 一般为 14%~17%，高岭土中的 $Al_2O_3$ 则多为 33%~37%），所以元代瓷胎中的铝氧就比宋代的提高了。与此相应，元代瓷器的烧成温度比宋代提高，焙烧过程中的变形率减少，瓷器的物理性能也比宋代的更好了，由此可知，比宋代的制胎方法更先进的“二元配方”法早在元代就使用了。只是元代人没有留下、或者我们还没有发现这类记载罢了。

通过以上事实可以推定：《陶记》所说的制胎工艺不是元代的比较先进的工艺，而是宋代或宋代以前的工艺。由于蒋祈所征引的《容斋随笔》可以作为遗文的上限，元代的制胎工艺又可作为它的下限，那么，它所记述的就必然是南宋中、后期的实况。

## 四、装烧与装饰特征

《陶记》中除了记述制胎与制釉工艺外，还简要地记述了流行于当时的装烧与装饰工艺。

记装烧的文字有所谓：“或覆、仰烧焉。”

提到装饰的则有：“印花、画（划）花、雕花之有其技。”

从装烧来看，其时覆、仰并存。装饰则有三种。考蒋祈记述前者时把“覆烧”放在首位，记述后者又首先提到“印花”，显然是因这两项工艺在当时应用得最广。那么，探求覆烧与印花瓷器在景德镇烧造得最多的那个时代，也就必然是《陶记》的著作时代了。

1. 装烧：所谓装烧，就是指陶工们把瓷用原料制成坯件之后，再使用某种辅助工具（即所谓窑具）把坯件间隔堆叠起来放进窑室以待焙烧的一段工艺过程。

从《景德镇湖田古瓷窑各期碗类装烧工艺考》（《景德镇陶瓷》1976 年第 1 期）一文来看，《陶记》中所说的“仰烧”，即指把瓷坯正放在匣钵中，再把匣钵相套堆叠装窑的烧法。这类烧法在景德镇开始于北宋初年（北宋初年以前使用“支钉叠烧法”），一直沿用到现在。而“覆烧”，则指把口沿露胎，里外满釉的坯件翻转过来反扣在多级垫钵或支圈内入窑焙烧的方法，这种方法始于北宋中叶、终于元代中叶。显然，覆、仰烧在景德镇并存的时代就是北宋中叶—元代中叶的这一历史时期了。但了解这一点还不够，还需进一步考察覆烧最为风行的那个时代。

据《景德镇宋、元芒口瓷器与覆烧工艺初步研究》（《考古》1974年第6期）和《景德镇湖田窑考察纪要》（《文物》1980年第11期）两文来看，覆烧法在这个地区的应用可分为三个时期。第一期为北宋中期—南宋早期。景德镇陶工在这一时期覆烧瓷器时，是使用一种叫作多级垫钵的覆烧窑具。由于这类垫钵底小口大，只能装烧由小而大、规格不一的芒口碗盘，且需把这类装有芒口瓷坯的垫钵，再放进桶式匣钵去焙烧，故产量不大。其时的窑业堆积中仍以仰烧法生产的瓷器为主，覆烧芒口碗盘仅占总烧造量的10%~20%左右。这个时期是覆烧开始应用的早期。

第二期为南宋中、后期。由于某种工艺与社会原因（参见本文有关“瓷窑税制”的论述），景德镇在这一历史时期抛弃了原先使用的多级垫钵，采用了定窑发明的“支圈组合式的覆烧窑具”。这类窑具由于具备了支垫与匣钵的双重作用，其堆叠密度比以往的更大，且能装烧规格一致的产品（图7），故窑址上这一时期的堆积中，覆烧芒口器均在80%以上：（仰烧已退居次要地位）。覆烧法在这一时期才成为主导烧法。

第三期为元代早、中期。由于仰烧法在这一时期有所改善并出现了涩圈叠烧法[7]，故堆积中采用仰烧法生产的仅底部无釉的瓷器，和采用叠烧法生产的底心去釉的碗盘增多，于是覆烧芒口瓷器的产量就较南宋时代大为减少了。至元后期已完全淘汰。因此，元代是覆烧瓷器的没落时期。

印证以上史实，我们可以确定：覆烧法最流行的时代是南宋中、后期。

2.装饰：从景德镇宋、元时代的瓷窑遗址上堆积的瓷片来看，《陶记》中所说的印花，即指把花纹雕刻在模具（范）上，再把湿坯（有塑性的坯件）放在模上压印：使其内壁（或外壁）出现纹饰的一种装饰方法；划花，就是指用较锋利的工具在坯件上刻划出浅、深相间的线条而组成的花纹（阴纹）；而雕花，则指使用具剔除花纹以外的一层坯泥，以使其纹饰凸起的装饰方法（即《营造法式》中之所谓“剔地起凸”法）。

从出土与传世的景德镇瓷器来看，划花始于北宋早期，以北宋—南宋早期最为流行；印花瓷器以南宋—元代产量最大；雕花则流行于北宋中期至元代，但产品极少。元以后，这三种装饰工艺渐渐被青花取代了。既然印花最为风行的时代是南宋中期—元代这一漫长的历史时期，蒋祈所记究竟是元代还是南宋中、后期的情况呢?

如果孤立地研究装饰方法，几乎无法鉴别，若把装饰与装烧联系起来考察，便能区分。

从发掘景德镇湖田窑出土的瓷片与元大都居住遗址出土的景德镇瓷器来看，印花虽然是南宋—元代景德镇影青和枢府瓷器应用得最广的装饰方法，但是南宋时代的陶工多于覆烧芒口瓷器上使用印花；而元代的印花则多用于仰烧瓷器上（如“枢府”碗盘）。《陶记》在记述当年的装烧方法时把覆烧放在首位，记装饰方法时又把印花放在前面，显然，蒋祈所述的那个在装烧上以覆烧为主、在装饰上又以印花为主的时代，就必然是南宋中、后期，而不是元代（图3、4）。

图 3 南宋时代景德镇大量生产的覆烧印花碗及其残片（组图）

图4《陶记》中所述之“火照”（组图）（景德镇湖田窑南宋文化层出土）

南宋印花残器摹本（施尔才摹）

## 五、镇瓷的内销市场

浙之东、西，器尚黄黑，出于湖田之窑者也。

江、湖、川、广，器尚青白，出于镇之窑者也。

碗之类：鱼水、高足……此川、广、荆、湘之所利。

盘之马蹄、槟榔……此江、浙、福建之所利。

两淮所宜，大率皆江、广、闽、浙澄泽之余。

以上是《陶记》关于景德镇瓷器在当时国内市场行销情况的记载。但在探讨市场的时代特征之前，还需先对镇瓷在唐—元代的内销情况做一简述。

据清·吴极《昌南历记》载：今景德镇地区远在唐代就有了白瓷生产，其产品曾销往关中一带（今陕西等地），并享有所谓“假玉器”的称号[8]。入宋以后记述这方面的材料很多。《宋会要辑稿·食货五二》记北宋汴京建隆坊皇家瓷、漆器仓库的藏品时，就曾列举了景德镇瓷器（其时名“饶州瓷器”），而婺源《嵩峡齐氏宗谱》卷首“蝬公行实”也记有齐宗蝬于庆历五年（1045）解运镇瓷至京师的史实。1920年，河北巨鹿北宋故城遗址里有许多大观二年（1108）以前的遗物出土，其中有不少的影青瓷器就是景德镇烧造的[9]。可见镇瓷在唐代、尤其在北宋都曾流行于我国西北和中原市场，并在这些地区有较大的影响。

“靖康”之变以后，因宋、金对峙、南北分裂，当时文献不见镇瓷北运的记载，北方金代墓葬与生活遗址里也少有影青瓷器出土。

1279年，蒙古贵族灭亡了南宋王朝、统一了全中国。在六七十年的时间里（元早、中期）“轻刑薄赋、兵革罕用”“行旅万里，宿泊如家”[10]，镇瓷在这一新的形势下，不仅迅速恢复了南宋时代失去的中原市场，而且还远销到新疆等地。从近年来取得的考古资料来看，景德镇元代陶工制造的“枢府”、影青和青花瓷器不仅发现于河北磁县沉船与保定以及新疆霍城窖藏[11]，而且还在元大都居住遗址中成千上万地出土，尤其重要的是北京市文物工作队在北京西绦胡同发掘时，还发现了大都的一处经营景德镇瓷器的店铺，店铺内大量地、成垛地堆放着“枢府”碗盘[12]，足见元代景德镇瓷器在京师市场的活跃程度。

如果把《陶记》中罗列的市场和以上所述的情况相比较，我们可以判断：它记述的与北宋的情况不同，因为其中没有中原市场；更不是元代的史实，因为没有景德镇瓷器在元代最大的市场——“大都”市场。

那么，是哪一个时代的市场呢？

从范围上看，仅只有江、湖、川、广、两浙、福建、两淮的南方数省，不越江淮以北，这个圈子显然是绍兴议和以后的南宋王朝的半壁山河。那么，文中所述就必然是镇瓷在这一特定时期的内销范围了。

如果说以上的判断还嫌粗略，还不足以从市场这个角度来确定它的写作时代的话，那么，再把文中记述的具体事实与有关的出土遗物和文献结合起来考察，可以找到更充实一些的证据。

浙之东、西，器尚黄黑，出于湖田之窑者也。

1963年，浙江绍兴文管会在绍兴缪家桥发掘了一口南宋时代的水井，井底出土了许多日用物品，其中的瓷器几乎都有使用痕迹，有的还因破裂而用铜皮胶补过，故能反映当时市民的生活状况。我们曾经至绍兴观察过这批遗物，除景德镇影青瓷器与龙泉青瓷外，还有不少黄黑茶盏[13]。这些茶盏与1973年景德镇湖田窑南宋文化层中出土的极为相似[14]（图6）。显然，绍兴居民在这时使用的茶盏极有可能来自湖田。

1962年日本学者小山富士夫出版了《天目》一书。他在该书中说，天目山盛产茶叶，其时“赴宋日僧有三十余人”，主要在天目山一带修行，他们从天目山归国时多带回黄黑茶盏。日本人便把他们带回的这类茶盏称作“天目”（意即从天目山带回来的瓷器）[15]，于是“天目”就成为黄黑窑器特有的名称了。

考《宋史·地理志》：今绍兴一带在南宋时属浙江东路，地处临安与安吉之间的天目山则属浙江西路。绍兴出土的瓷器中有不少黄黑茶盏，旅居天目学法的日僧也多从这里携带黄黑窑器归国，“浙之东、西，器尚黄黑”，可见蒋氏所记正是两浙地区在这一时期的实况。

江、湖、川、广，器尚青白，出于镇之窑者也。

1978年，景德镇市景兴瓷厂在市内新华南路兴建厂房时，发现了巨大的窑业遗存景德镇市文管会曾派遣笔者和白焜等同志调查、清理。该遗存有影青印花（覆烧）和刻划花（仰烧）碗盏，属南宋中、后期的遗物，其质量胜过湖田窑的同期产品，而与近年来江西宜黄（宋属江南西路）嘉泰元年（1201），婺源（宋属江南东路）淳熙四年（1177）、嘉定五年（1212），湖北武昌（宋属荆湖北路）嘉定六年（1213）等纪年宋墓以及四川什邡、简阳两大南宋窖藏出土的影青瓷器完全相同[16]，印证《陶记》，何其吻合！

那么“西有铁冶，东富鱼稻”，在唐与北宋时代都号称“财富渊薮”[17]的两淮地区，为什么到这时只适宜行销“江、广、闽、浙”的所谓“澄泽之余”（即次品——俗称“脚货”）呢？这显然与政治因素有关。

我们知道，在宋室南渡以后，淮水已成为南宋和金国的分界线，这个昔日的富庶之地在宋金战争摧残下长时间呈现出一派荒凉的景象。南宋汪藻《浮溪集》卷二记建炎间其地情况谓：

淮南罹金人蹂践，且群盗继之，民去本业，十室而九，其不耕之田，千里相望，流移之人，心已弃决，非朝夕可还也。

《宋会要辑稿·食货二之一四》绍兴五年闰二月邵彪言：

淮南人户逃窜，良田沃土，悉为茂草。

《建炎以来系年要录》卷八十七记绍兴五年三月陈楠言：

濒淮之地，久经兵火，官私废田，一目千里。

《宋史·食货上一》记乾道元年（1165）三省、枢密院言：

去冬淮民种麦甚广，逃亡未归，无人收获。

七年（1171）知扬州晁公武奏：

朝廷以沿淮荒残之久，未行租税……[18]。

至嘉定元年（1208），金右司郎中王维翰分析南宋形势提到此地时还说：

……两淮兵后，千里萧条[19]。

而《宋史·食货上一》还明确告诉我们，其时在这一带栖身的是所谓“归正人”与“贫乏者”，而这些归正人与贫乏者在战争的威胁下朝不保夕，哪有可能去考究瓷器的质地？如果能用得上“江、

图 5-1《陶记》所述“镇窑”遗存（今景德镇中华南路南宋窑业堆积 1978 年清理前的实况）

图 5-2《陶记》所述“湖田窑”遗存（景德镇湖田村南宋窑业堆积）

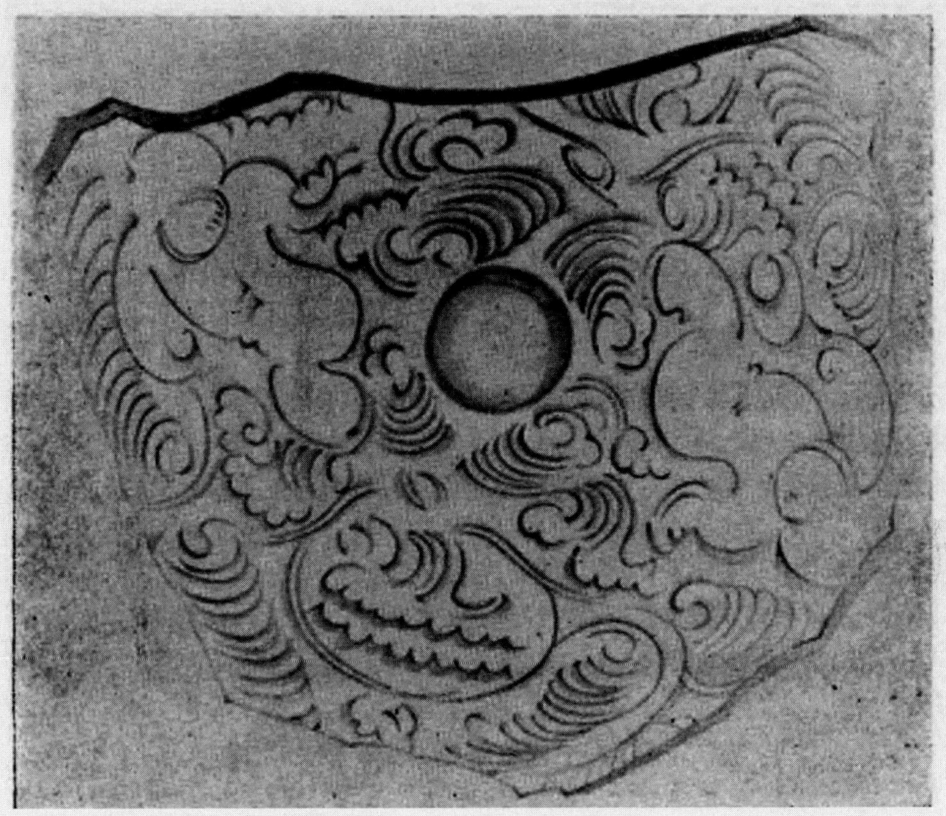

图 6-1 景德镇出土的青白瓷刻花碗残片（与江西宜黄南宋纪年墓出土物同一形制）

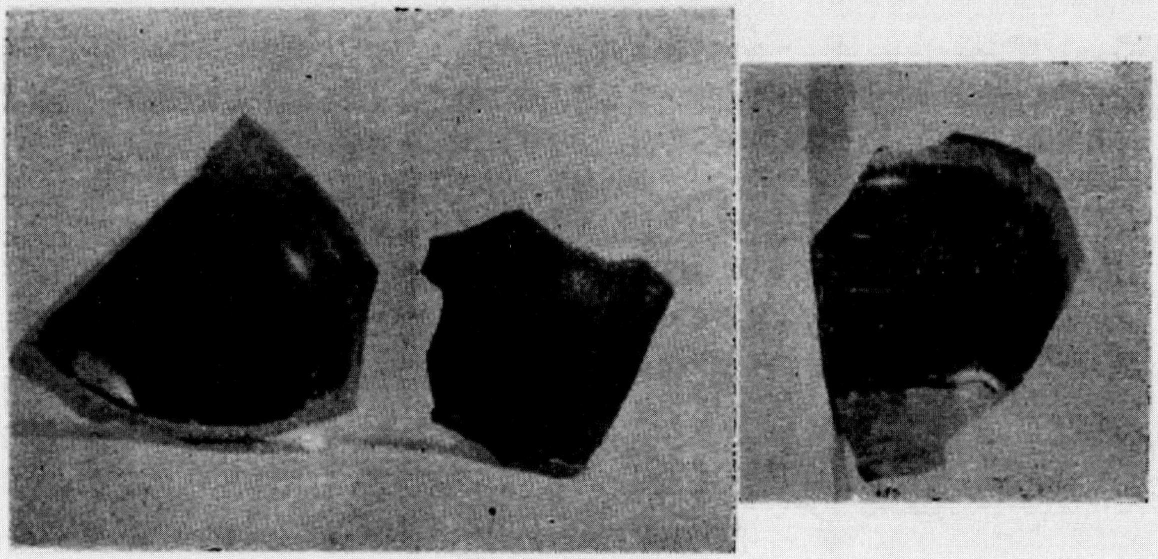

图 6-2 湖田窑出土的黄黑茶盏（与浙江绍兴南朱水井出土物一致）

广、闽、浙”商人们不屑一顾的脚货，也就心满意足了，可见蒋祈所记完全与该地区在整个南宋时代特有的政治与经济实况相符。

至于福建与广东、广西一带虽少有宋代镇瓷出土的报道，但南宋王朝设置的泉州与广州市舶司适在其境。《宋史》列举当时输出物资的名目中多有“瓷器”，宋人朱彧在《萍州可谈》卷二曾记由广州下海的商船满载该类物品。镇瓷为聚集在这一带的“蕃、汉纲首”们的收购之物，自在意料之中。

以上考察，使我们得知：《陶记》所述的市场范围与元代的不同，而与南宋时代的吻合；记江、浙，川，广、荆湖以及两淮地区风行的镇瓷又能和该地区、该时代的文献与考古资料相互印证，那么它就必然写于南宋。

## 六、并存竞争的瓷窑

《陶记》在记叙景德镇窑事的同时，还谈到了和景德镇并存竞争的一些窑场。对这些窑场进行必要的考察，既有利于我们从另一个角度来鉴别它的著作时代，又有利于我们观察当时全国的窑业实况。文中记述这些情况的有如下两处；

1.“景德陶，昔三百余座，埏埴之器洁白不疵，故鬻于他所皆有‘饶玉’之称，其视真定红瓷，龙泉青秘相竞奇矣。

2. 在分析当时镇窑不振的原因时，又有所谓“临川、建阳、南丰他产有所夺”的记载。

上段有“昔”这个字，显然是指蒋祈在撰写《陶记》时，回忆上一个时代景德镇和全国著名的定窑与龙泉窑的产品竞奇斗艳的史实。但这个时代是哪一具体的历史时期呢？最近傅振伦先生在《“陶记略”译注》中说，这里的“昔”，指的是“南宋末年”。既然把南宋末年看作“昔”，那么《陶记》就必然写于元代了。但印证史料，傅先生的说法似需商榷。

1. 定窑，遗址在今河北省曲阳县涧磁村与燕山村一带。20 世纪 30 年代由叶麟趾先生发现，1942 年日本人小山富士夫曾做过考察，1960 至 1962 年河北省文化局文物工作队又对它进行了科学发掘，其《简报》谓：该窑创烧于晚唐，制品以北宋最精，“靖康”之变后，陷入金国境内，窑事“从盛转衰”，“烧制质量日益粗陋”[20]。至于红瓷，遗物虽待发现，但北宋文献却有明确记述。《苏东坡集》卷三“试院煎茶”诗谓：定州花瓷琢红玉。

2. 龙泉窑，在浙江省龙泉县。兴烧于五代，至明、清之际结束。浙江省文管会于 1956 至 1961 年对它进行了科学发掘，《简报》谓其五代—北宋的产品呈艾叶青色，与越窑的所谓“秘色”瓷器相似。宋人庄季裕在《鸡肋篇·卷一》说：

龙泉县出青瓷，谓之“秘色”……宣和中禁廷制样须索，益加工巧。

考古资料与文献记载完全符合。至南宋，该窑工艺大变，产品的釉色已由北宋薄而光亮的“秘色”，变为厚而柔润的“如美玉、翡翠般”的“梅子青”与“粉青”了[21]。1973 年中国科学院上海硅酸盐研究所周仁等同志又对该窑历代产品进行了理、化测试，他们在《考古学报》（1973 年第 1 期）发表的报告谓：其五代至北宋产品为“石灰釉”，南宋产品为“石灰碱釉”，可见该窑场的南、北两宋产品的瓷釉，无论在外观上还是在化学组分方面都有质的不同，不能混淆。

以上两个《简报》告诉我们：定窑以北宋最盛，产品极优；龙泉窑亦于此时烧造“青秘”瓷器，可知蒋祈所说的“昔”，指的正是北宋。如果按傅振伦先生释为南宋末年的话，这时定窑陷入金国境内已有一个半世纪了（金亡又被蒙古占领），它怎么有可能把其粗陋的产品运到敌国与南宋王朝的景德镇和龙泉窑的瓷器争奇斗艳呢？而此时的龙泉也早就不烧造“青秘”瓷器了，如果说它要和景德镇窑竞争的话，必然会以其薄胎厚釉的“粉青”与“梅子青”瓷，而决不会用百多年前生产的那种胎厚釉薄的所谓“青秘”瓷器。可见把《陶记》中的“昔”看成是南宋初年、尚且与史实不符，更何况把它解释成南宋末年呢？

定窑、龙泉与景德镇窑同在北宋时代竞相斗艳的史实不独见于蒋祈的《陶记》，还有考古资料可证。

近十年来，江苏省镇江市博物馆在镇江一带发掘了大量的北宋墓葬。1978 年冬季清理的一个北宋初年的墓葬中，曾发现过龙泉窑的秘色瓜棱盖罐和景德镇烧造的许多影青碗盏摆在一起[22]。而 1974 年发掘的熙宁七年（1074）章岷墓则有用黄金包边的影青茶盏与定窑烧造的紫定梅瓶一道出土[23]。这些遗物也与蒋祈的《陶记》一样，为我们勾画出龙泉、定州与景德镇三窑的产品，同在北宋京口市场竞奇斗艳的图景，只是勾画的形式不同而已。

无论是研究古瓷窑遗址的发掘资料还是考察古墓葬中出土的瓷器，我们都能清楚地看到，蒋祈在这一段所反映的，不是元代人追述南宋末年的往事，而是南宋人回忆北宋时代的窑业情景。

如果说蒋祈在追忆北宋史实时正确无误，与考古资料和文献记载都十分吻合，那么，在阅读第二段——即记述“当代”情况的那一段时，就叫人费解了。

就国内外古窖藏与古遗址出土的宋元瓷器来看，四川什邡与简阳两大南宋窖藏中的瓷器，以龙泉与景德镇的产品为主，龙泉青瓷与景德镇影青瓷器几乎各占一半。元大都出土的则以北方磁州窑系的为多，龙泉次之，景德镇居第三位。而南朝鲜新安海底沉船中出土的元代瓷器则多有龙泉和景德镇窑的产品，亦有吉州黑瓷与黑彩器，未闻有所谓南丰与临川窑的遗物[24]，这些事实又意味着南宋—元代的这一历史时期和景德镇争夺市场的劲敌是龙泉、吉州等窑。可是蒋祈为什么不记这些事实，而却描写了人们不太知名的建阳、临川与南丰三窑呢？《陶记》能无误地追述历史，难道不能正确地描写现实？现在要了解作者的意图，也就需要查考这三窑的史料了。

文中所说的“临川窑”，在江西省临川县白浒渡。清·光绪《临川县志》载：

窑场在白浒，兴于宋，不知废于何年矣。

1960 年陈柏泉等同志在该地做过调查，发现遗物中有白胎透明青釉器，《报告》谓其烧造“上限可能早于唐，下限到宋代或稍后”[25]。

“建阳窑”，在福建省建阳县水吉镇的池墩、溪口与碗窑乡三地。池墩产品以黑釉盏为主。（即蔡襄所说的兔毫黑茶盏的产地，其产品与镇窑的不同，当不属《陶记》所指）。而溪口与碗窑乡的遗物则为青釉器与影青器，其纹饰有鱼藻等。尤其是影青器与景德镇南宋产品十分相近。冯先铭等同志认为以上三处均属宋代遗存[26]，未闻在元代还有继续烧造的记载。

“南丰窑”，在江西省南丰县白舍街。同治《南丰县志》卷十五“古迹”载：

白舍，宋时置官监造瓷器，窑数十处，望之如山。

江西省博物馆杨厚礼同志曾至该地考察，遗存与文献记载相符（江西省博物馆编《江西考古资料》·“古窑址”部分）。《文物》1965 年发表的《新中国陶瓷考古的主要收获》一文，亦认为该窑“是一处专门烧造青白釉瓷器的宋代瓷窑”。它的产品“以往均列为景德镇窑’。

以上资料说明两个问题：

1. 这三窑均在宋时烧造或以宋时为其极盛时期，可以反过来证明记述这些实况的《陶记》必然写于宋代。

2. 这三窑在宋均生产青白瓷。其产品则向我们揭示，蒋祈为什么不提龙泉与吉州，而要记述它们的原由。

我们知道：商品竞争有时也与生物界的生存竞争有某些相似之处。蒋祈不说龙泉、吉州窑夺走景德镇的市场，是因为这两窑生产的瓷器是青釉器或黑釉器，与景德镇的产品不同。它们之间虽存在竞争，但属于次一级的竞争——“种间竞争”。而提到这三窑，主要是为它们的产品和景德镇的相同，或者说，它们都在模仿景德镇而生产青白瓷。其模仿水平之高，几乎可以乱真，以至今天的古瓷专家们也难以分辨。这就似乎叫人相信，它们在当时极有可能是打着景德镇的幌子来和景德镇窑竞争的敌手，其产品的优异足以威胁着景德镇的生存；那么，景德镇与它们的竞争，就属所谓“种内竞争”了。达尔文认为：“种内竞争”是生存竞争中最激烈的竞争[27]。这也许就是《陶记》没有记述龙泉、吉州而写了它们的原由。

以上征引的这三个窑场的资料，显然为我们确定《陶记》一文的写作时代起着重要的作用，但随着《陶记》写作时代的确定，蒋祈的这篇遗文又可以反过来为研究这三窑的同志们提供新的断代依据了，人们是否可以考虑把它们的产品或者说最上层中堆积得最为丰厚的产品，视为南宋中、后期的遗存呢？这样做，也许有可能把宋代窑器的年龄分辨得更细致、更精确些。

## 七、关于瓷窑税制

《陶记》中虽没有说到当时瓷窑税的定额，但记述了一种十分特殊的税制。研究这种税制不但有助于辨别《陶记》的时代烙痕，而且还有助于我们探求税制对瓷器生产的影响。

文中说到其时的瓷窑税制如下：

“窑之长短，率有甈数，官籍丈尺，以第其税。”然后在“兴烧之际，按籍纳金”。

以上表明：其时的赋税并不是以成品做计量标准，而是按窑的大小来确定的。而且在兴烧之际就要交税，也就是说，瓷器在半成品的阶段，官府就得到赋税了。但众所周知，烧成，是瓷器生产流程中最后的一道关键性的工序，也是最不容易控制的一道工序。由于古代烧窑全凭经验，窑室内的温度与火焰的性质（气氛）极不容易控制，稍有疏忽，陶工们的劳动就将毁于一旦。然而，不管瓷器能否烧成，而要在烧成之前按籍纳金，这是一种最罕见、最狡猾的苛政！

关于瓷窑税制，我们在宋代的文献中尚未找到相应的记载，但在元代，却记述得比较清楚。《元典章·户部八》：

至元五年七月初五日制，国用使司来申：均州管下各窑户合纳课程，除民户瓷窑课程依例出纳外，军户韩玉、冯海依赖军户形势告刘元帅文字拦当，止令将烧到窑货三十分取一，乞施行。制，府照得先钦奉圣旨节文：磁窑、石灰、矾、锡榷课斟酌定立课程，钦此。兼瓷窑旧例，二八抽分办课，难同三十分取一。除已移咨枢密院行下合属，将合纳课程照依旧倒办课外，仰照验。钦此，施行（引文据陈垣《沈刻元典章校补》改过）。

我们从这段文字起码可以了解以下问题：元代的瓷窑课是二八抽分，纳税多少以“烧到窑货”为标准。也就是说，元代瓷窑课是根据成品来计算的，即税额确定于产品，而不是征在“兴烧之际”。显然，元代的情况就与《陶记》中所说的大不相同。

若联系其他文献与出土遗物，我们还能看到：由于元王朝推行比较宽缓的税制，景德镇一带的民间窑场“一时称盛”（详《景德镇陶录》卷五“元更监镇”条），工艺亦较前大有进步（详本文第三部分），举世闻名的青花与釉里红瓷器，就创烧于这一历史时期。

然而，我们在这里征引《元典章》和其他资料，只能认定以上所说不是元代的制度，仍没有材料证明它是南宋时代的史实。那么，这种苛酷的税制是否与南宋统治集团的剥削“风格”一致呢？

我们认为是一致的。《续资治通鉴》卷 139 记李信父于乾道二年（1166）上宋孝宗书举其闽中所见谓：

蚕未成丝，已催夏税，禾未登场，已催冬苗……近盖有今年而追来年之租，谓之“预借”者；荒郡僻邑，有先二年而使之输者。

而《宋史·食货上二》记：

淳祐八年（1248）监察御史兼崇政殿说书陈求鲁奏：……常赋之人尚为病，况预借乎？欲借一岁未已也，至于再，至于三；预借三岁未已也，至于四，至于五。窃闻今之州县，有借淳祐十四年者矣。

我们知道：农业收成一半靠天、一半靠人。明年的自然气候在今年不能预卜，而官府却要提前勒索两年以至六年以后的课赋，并有所谓“预借”这一合法的专门名目。那么，瓷器在半成品的阶段就要交税，不但不足为奇，而且还显得“十分宽大”了。印证李信父的上书与陈求鲁的奏章，《陶记》所记为南宋事实不但可信，而且还可以弥补当时文献记载的不足。

那么，南宋的窑业遗存是否能反映这种税制的影响？

反映了这种影响。主要表现在如下两个方面：

1. 使一种不很适用的芒口碗、盘得以大量风行。

我们知道：所谓芒口碗盘，是指在覆烧工艺的制约下生产的一种里外满釉、口沿露胎的碗盘。这种碗盘，是定窑最先制造的，但在北宋后期已不受人们的欢迎，陆游在其《老学庵笔记》中说：

故都时定器不入禁中，惟用汝器，以定器有芒也。

宋人叶置《坦斋笔衡》亦云：

本朝以定州白瓷有芒不堪用，遂命汝州烧青窑器。

和使用者接触得最多的碗盘的边口不能上釉，禁中“不堪用”，老百姓也自然不喜欢它。可是南宋时代（尤其是南宋中后期）的许多窑场为什么还要大量地制造呢？这不是因为当时的用户喜爱芒口瓷器，而是作坊主需要利用装烧这类瓷器的覆烧窑具。

我们知道，在当时，瓷器税按窑的大小来定，官府把窑的容积记录在特种簿册上，有所谓“窑有尺籍，私之者刑”的规定。谁敢擅自扩大窑室呢？生产者为了降低税额，就只能从坯件的堆叠密度上去想办法了。这是因为瓷器税与窑室内的堆叠密度成反比，也就是说，窑室内制品的堆叠密度越大、装载的产品越多，单件瓷器所需付出的税钱就越少。于是，作坊主就减少釉口仰烧瓷器的生产，而须大量采用定窑创造的那种“支圈组合式的覆烧窑具”来生产芒口瓷器（参见图 7），这是因为采用这种窑具装烧芒口瓷器，仅就堆叠密度（竖向）而言，约为原来仰烧釉口瓷器的 4.6 倍（与北宋

图7 一至五为南宋覆烧窑具的残骸。六为南宋支圈覆烧复原图

（一）

（二）

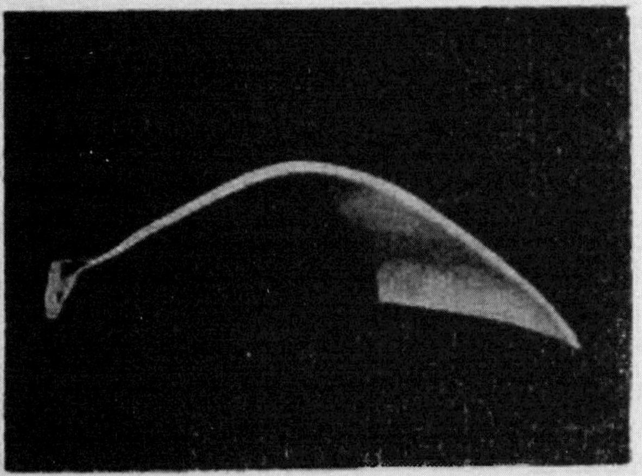

（三）

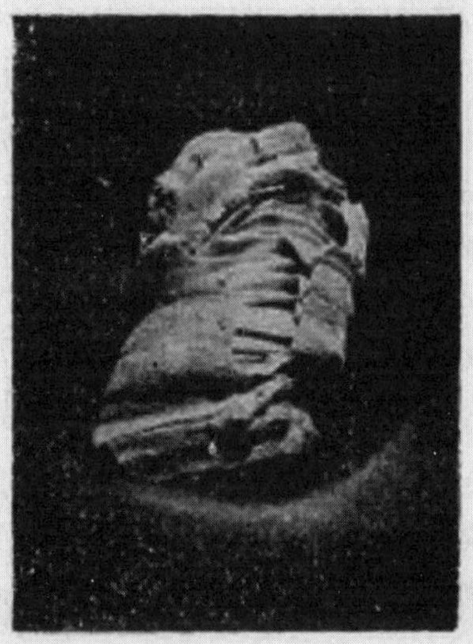

（四）

（五）

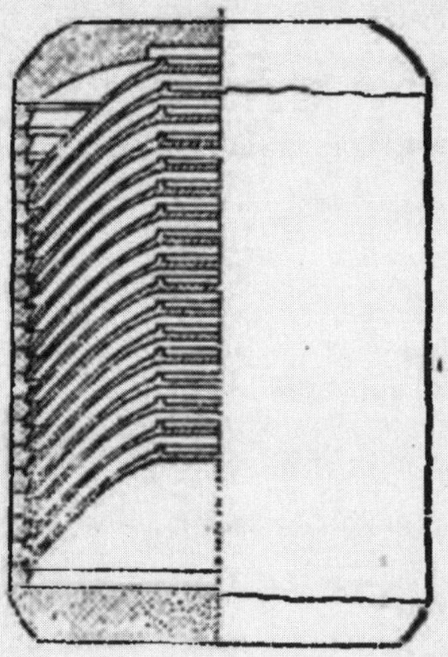

（六）

仰烧瓷器比），也就是说，南宋一窑的装载量要相当北宋 4 至 5 窑的装载量[28]。在北宋后期行将灭亡的那种芒口碗盏，因为推行特殊的税制而又在南宋时代重新风行起来了。

2. 使瓷器的烧成质量下降。

我们知道，瓷器税纳在兴烧之际，生产者就会产生一种“宁可把温度烧得低一点，也不烧高”的心理。这是因为要把窑火烧到理想的高度，虽能使瓷器的质量提高，达到所谓“光致茂美”[29]的艺术效果，但其时仅用瓷石一种原料制胎，坯件的烧成范围狭窄，温度稍高，制品就极有可能变形或者产生倒窑的危险。而作坊主在“兴烧之际”就付出了课赋，官府并不因倒窑而蠲免，窑工们为了减少赔累，也就不敢冒着倒窑的危险去追求产品的质量。于是，窑室内的温度偏低虽无倒窑之虞，但大多数瓷器的瓷胎就不如北宋的致密，瓷釉也就不如北宋的光亮、精美了。以往中外有经验的古瓷专家在研究景德镇瓷器时，总会感到南宋大多数瓷器的质量都不如北宋的优异[30]。我曾经为此而寻找过原因，但只认为是烧窑的技术不高。那么，景德镇陶工早在北宋就已经握掌得十分娴熟的烧窑技术，为什么会在南宋倒退呢？我们在当时不能回答这个问题。现在研究这种税制时才明白，促使南宋瓷器质量下降的原因，不是什么烧窑的问题，而是税制的问题，不是单纯的工艺原因，而是隐蔽在工艺后面的社会原因。

综上所述，《陶记》中记载的瓷窑税制，以及我们从遗物方面追究该类税制对当时窑业所产生的影响，都发现它们与元代的不同，而与南宋中、后期的情况吻合。显然，《陶记》应该撰于南宋中、后期。

## 八、关于附加税的名目、月额与职官

蒋祈除了描述以上考察过了的瓷窑税制之外，还有一段列举了当时的一些附加税的名目、月额以及有关的职官。由于每一个时代在税目与职官的设置方面都不尽相同，因此研究这段记载，就有可能帮助我们从典章角度来探讨《陶记》的著作年代。

文中记述这些情况的文字如下：

宪之头子、泉之率分、统制之供给、经总之移用；州之月桩、支使、醋息；镇之吏俸、孤遗、作匠，总费月钱几三千余緍。而春秋军旅、圣节、郊祀赏赉、试闱、结茸犹不与此，通融计之，月需百十五缗。

先从税目方面看。

“春秋军旅”以下，不是每月都有的负担，且可以从字面得到解释；而“头子”以下则属按月交纳的附加税，其名目竟然多至十种！如果把《陶记》看成元代作品，这些名目就在《元史》和《元典章》中找不到任何踪迹。如果把它看成是南宋时代的文献，我们不但在《宋史》与《宋会要辑稿》中找得到翔实的记载，就是在一本普通的《中国通史》里也能得到部分印证（但限于篇幅，这些名目的具体内容请详见白焜同志的《“陶记”校注》）。既然《陶记》中所罗列的杂税名目都能在宋代文献中找到根据，是否就可以据此确定它为南宋时代的作品呢？不能够。这是因为元代去宋不远，其赋税“独呈变态”，“条理实甚混乱”[31]。

元世祖在灭宋前的第三年（至元十三）虽有蠲免“故宋繁冗科差”百有余件的诏令[32]，但在至元二十八年（1291）又一度恢复过宋时的课赋。《元史・世祖纪》至元二十八年十二月壬申记中书省臣言：

“江南在宋时，差徭为名，七十有余。归附后一切未征，今分隶诸王城邑岁赐之物，仰给京师；又中外官吏俸少，似宜量添，可令江南依宋时诸名征赋尽输之。”何荣祖言：“宜召各省官任钱谷者诣京师，集议科取之法以闻。”从之。既然元代确曾“依宋时诸名征赋”，那么《陶记》中所列的税目就可宋、可元，没有严格的时代界限了。那又该怎样鉴别它们的时代？好在蒋祈记述它们的同时还记述了当时的职官，由于元王朝并未保留或恢复过南宋时代那些特设的职官，在这种情况下，职官名目的时代烙痕就比税目更深。

以上引文涉及的职官有“宪”“泉”“统制”“经总”，另外，还有“州”“镇”等名目。

关于“宪”，有两种含义。一种泛指上司，一种特指宋代的提点刑狱官，南宋周必大《二老堂杂志》谓：“宪部，刑部也；宪台，御史台也；今直以诸刑狱为宪。”但未从典章角度确定《陶记》的时代之前，不能取狭义。关于“泉”，由于泉与钱通用，当是铸钱机构的简称[33]。我们知道，该机构虽在宋代常设，但在元代也曾两度设置，一次在至大三年（1299）设立过泉货监（《元史·食货一·钞法》），一次在至正十一年（1351）设置宝泉提举司（《元史·食货五·钞法》）。那么这个“泉”也就可暂不考虑。至于“州”“镇”则是许多时代都有的机构，没有特定的时代标志。现在需要重点研究的就是“统制”“经总”，这两个名目了。

1.“统制”：除见于《宋史》与《清史稿》之外，不见于其他史书。考清代统制置于光绪三十年[34]，而《陶记》在康熙间即已刊行，那么，记中出现的统制就必然是南宋时代的职官了。《宋史·职官志》云：

旧制，出师征讨，请将不相统一，则拔一人为都统制以总之，未为官称也。建炎初，置御营司，擢王渊为都统制，名官自此始……绍兴十一年，三大将兵罢，诸军皆冠以“御前”二字，擢其偏裨为御前诸军都统制，且令仍旧驻扎，以屯州名冠军额之上……初，渡江后，大军又有统制、副统制……皆偏裨也。

瞿蜕园《历代职官简释》云：

凡所谓统制、统领等名该由靖康，建炎之际，高宗以兵马元帅名义建军命官，不能复用平时制度，设此以应变，及从来则统制亦仅为偏裨，而都统制亦不似初置时之贵重矣。

由上可知，《陶记》中的“统制”，为南宋饶州一带的驻军首领。

2.“经总”：为宋王朝在12至13世纪设立的经制司与总制司的简称。《宋史·食货下一》记经总制钱谓：

……宣和末，陈享伯以发运兼经制使……绍兴五年，参政孟庾提领措置财用，请以煎制司为名。

《宋史·食货下七》又云：

渡江后，屈于养兵，随时增课，名目杂出，或主于提刑，或领于漕司，或分隶于经、总制司，惟恐军资有所未裕。

综上所述，所考之职官均为宋代所特有，且因战争而设置。那么，与它们同时并存的“宪”，就不是傅振伦先生在《“陶记略”译注》中所说的上峰，而应当是宋代的提点刑狱公事；“泉”，也不是元代的所谓“财官”，而是南宋人常说的“泉司”或“饶州提点坑冶铸钱司”；“州”不是元代元贞元年设置的浮梁州，而是宋代的饶州。

根据以上职官设置时代的确定，我们就可以肯定：前面所述的税目即使在元代曾经沿用过，但《陶记》里记述的却属南宋。否则的话，那些早在1279年就随着南宋王朝一道被灭亡的职官，怎么会跑到元代的景德镇来勒索课赋呢？据此，我们就可以从典章角度来肯定《陶记》写于南宋无疑。

如果说蒋祈在记述瓷窑正税时，只说到税制并未记述税额而使人感到遗憾的话，那么，他在这一段除了不厌其烦地记录了上述附加税的名目之外，还详细地记述了税额。按《陶记》提供的数据，南宋时代的景德镇每月交纳的杂税与附加税为三一一五缗以上，一年就至少需交三万七千余缗，如果把这数字和《宋会要辑稿》中记述的熙宁十年（1077）景德镇全年的商税三千三百三十余贯[35]相比，南宋时代一年的杂税竟然比北宋全年的商税高十一倍，那么蒋祈所记是否有所夸张呢？《古今图书集成》经济汇编食货典卷一四一赋税部引南宋郑湜札子谓：

姑以两浙言：在祖宗时，一岁通收缗钱三百三十余万而茶、盐、酒税十居其八，州县支费在其间。今两浙岁输缗钱千二百万而茶、盐之利又专隶朝廷，州县支费又不预焉。然则今之取民不知几倍于祖宗时矣。

从以上的引文估计，两浙地区在南宋中期郑湜时的课赋约为北宋的十数倍。两浙路的情况如此，地属江南东路的瓷城—景德镇一月的附加税相当于北宋时该镇一年的商税也就自然可信。南宋王朝的疆土不到北宋的三分之二，而赋税却反而比北宋最高的岁入还高（北宋赋税收入以神宗时为最高，约六千万贯，而至南宋孝宗淳熙十四年岁入增至八千万贯）。《陶记》中的这个血痕斑斑的三千一百一十五缗与“一里窑，五里焦”的谚语，一方面揭露了南宋统治集团的贪婪残酷，另一方面还抒发出当时陶家的悲辛！清人赵翼在其《廿二史札记》中曾无限感慨地说：“南宋取民无艺！”“民之生于是时者，不知何以为生也！”

## 九、相对写作年代的断定

本文在以上各节，分别从工艺、市场与赋税等各个不同的角度探讨了《陶记》的著作时代。尽管角度不同，但得出的结论却完全相同，也就是说，无论从哪一个角度看，《陶记》都不是元代的作品，而应当写于南宋中、后期。但这个所谓“中、后期”，将近一个世纪，即使是可靠的，也仍然是粗略的。为了尽可能把问题弄得清晰些，在这里还需进一步审定这个所谓“中、后期”的上、下限了。

### （一）关于下限：

所谓“中、后期”的下限，就是祥兴二年（1279）——即南宋王朝被灭亡的那一年，而乾隆四十八年《浮梁县志·杂记·武祲》谓：

德祐元年（1275）二月二十一日元兵陷饶州，刘经历焚，邑令范相走，丞周伟死之。

第二年，饶州一带已被元军控触，陶瓷生产在战乱中遭到巨大破坏自在意料之中，且忽必烈为收买江南人心，又于灭宋前三年（至元十三年——1276）发出诏书，“蠲免故宋繁冗科差”百有余件。《陶记》中所列的繁多税目必在蠲免之列。据此，便可把其写作下限提到德祐元年了。若再查考以下两处，似还可以把下限提早。

1. 文中分析景德镇窑业不振的原因时，只写了自然灾害（即所谓“时年丰、凶”）、政治腐败（“狱失其较”等）与沉重的赋税，并没有涉及战争，可见蒋祈撰写该文当在宋理宗端平元年（1234）以前——即宋蒙战争发生之前。

2. 文中记述镇瓷在当时的市场时说“江、湖、川、广器尚青白，出于镇之窑者也”。

可见其时的川、荆地区富庶而又平静，居民们都习惯使用景德镇烧造的上等青白瓷。然而查考淳熙十四年（即前定上限）以后的南宋史料，便可把这段描写看作是端平元年以前的史实。

因为从端平二年开始，蒙古贵族就在川、荆一带发动了大规模的侵宋战争，至度宗咸淳十年（1274）鄂州都统制程鹏飞降元，战火延续四十余年，川、荆人民一直挣扎在死亡线上，贩卖瓷器的商人决不会把易碎的上等瓷器运到战场，战地的居民已不可能讲究瓷器的色泽了。

显然，蒋祈描写的这一情况必在 1234 年（即端平元年）以前。

然而下限端平元年至上限淳熙十四年尚有五十三年，若要继续讨论，还得重新考虑上限。

**（二）上限：**

我们在讨论之前初步划定的上限——淳熙十四年，是《容斋随笔》的刊行之年。考蒋祈征引该书的语气：“尝记《容斋随笔》……”的尝记二字，说明他撰写《陶记》的时间，不是随笔刊印的那一年，而是距《随笔》刊印风行后，作者阅读随笔的那一年已有相当遥远的岁月了。究竟遥远到何种程度？仅凭这二字已不能深入。但文中有“予观数十年来官斯去者，无不有州家挂欠之籍”的记述，可以帮助我们探寻新的上限。

《宋会要辑稿·食货五六》记：淳熙十年（1183）十一月二十六日进呈权尚书户部侍郎韩彦质奏：“州郡财赋场务县道所入财谷皆有名色，在法不得易。而守臣无忌惮者，竭公帑之储以快私欲，至于终更恣为妄用，席卷而去，不恤后人，循致败坏，使继之者无可措手。乞今后守臣任满，将所留诸色钱谷交割下政具数申户部置籍。”上曰：“须令后政限一月具数申户部照会。”王淮等奏：“前政只言数赢，后政只言数缩，令前后政各具申。”上曰：“过限不中去处，令户部以闻。”（该条《续资治通鉴》作十一年六月）从这段记载来看，在淳熙十一年以前，宋代地方官在离任与接任时，其财赋的交接手续是不严格的。至这年以后，任满守臣就需将所留诸色钱谷交割新任，并具数申户部照会。可见蒋祈见到的“官斯去者”留下的“挂欠之籍”，必在这年之后。如果说《陶记》在征引《随笔》时所说的“尝记”，没有严格的定量标准，那么作者在撰写《陶记》时看到的“挂欠之籍”就多至数十年了。我们知道，这里运用的“数十”是一个不大于百、不小于二十的约数。然而按照人们使用“数十年”这个俗语的习惯推测、则多指三、五十年之间。如果把它看作三十年，其写作上限为宋宁宗嘉定七年（1214），如果看作五十年的话，则为理宗端平元年（1234），便与下限重合了。

根据以上材料，我们可以得出如下的结论：我国历史上第一篇正确记述瓷器生产的专文——蒋祈的《陶记》应当写于南宋宁宗嘉定七年——理宗端平元年的二十年内（即 1214—1234）。我所断定的这个著作时间，比陈万里、冯先铭先生所说的写于元至正间要早一个世纪以上。

## 十、关于《陶记》与蒋祈“新说”的判别

我们在上面已断定《陶记》写于南宋嘉定至端平间，但本文在结束之前还需对近二十余年来流行于我国的一些关于蒋祈与《陶记》的“新说”提出一点看法，这是我们在探究它的著作时代时不能回避的。

我们知道，首先把《陶记》定为元代著作的是乾隆七年《浮梁县志》的编修者。但编修者只把它定为元代著作，并未进一步说明它写于元代的哪一具体时期。然而从20世纪50年代开始，我国文物界就有人把它的写作时代和作者蒋祈具体化了，也就是说，比乾隆七年《浮梁县志》的编修者们的断代“翔实”得多了。

《文物》1959年第六期陈万里《我对青白瓷的看法》一文谈到《陶记略》（即《陶记》）时说：

我以为蒋祈也是至正年间的人，他的三件仿作釉里红，都是至正元年的年款。

1.政和窑至正元年蒋祈仿第一百零九，现藏英国维多利亚·阿尔伯特博物馆；

2.宣和窑至正元年蒋祈仿第一，以及政和窑至正元年蒋祈仿第二，均藏北京故宫博物院。

《文物》1965年第十一期及1966年第三期孙瀛洲《元明清瓷器鉴定》一文说：

至元代，仿制古瓷之风有增无减，如蒋祈、彭均宝等仿宋器皿都曾煊赫一时，迄今声誉未衰。

同文又云：元代瓷器带款识的极为少见，除青白釉盘碗中有印着“枢府”或“太禧”款的以外，一般青花、釉里红器物均无正规年款。多年来只见过纯红釉葵瓣口洗，底上写有“宣和窑至正元年蒋祈仿第一”（有的写“第二”或“第一百零九”）。

《故宫博物院院刊》1979年第三期冯先铭《我国宋元时期青白瓷》一文又谓：

汪大渊与蒋祈虽同属元至正间人，但两人所书内容并不一致，汪书《岛夷志略》是以记录他出海所闻所见诸国风土人情和交易用货为主要内容；蒋书《陶记略》则谈的是景德镇烧瓷和行销国内瓷器情况……正因为如此，《陶记略》一书才受到重视，而且已成为研究元代景德镇瓷器工艺不可缺少的一部好书。

从以上文字来看，陈万里首先把《陶记》的作者——蒋祈说成是元至正间（1341—1368）人，冯先铭先生接着又认定《陶记》与《岛夷志略》为同一时期的作品，孙瀛洲先生还认为蒋祈是元代的一位制造假古董的名手。然而察考以上三文，作者既未征引当时人留下的文献记载，也未用经科学发掘出土的遗物来支持自己的论点，显然他们对《陶记》与蒋祈的一些“新说”，就来自那几件署有蒋祈姓名的瓷器了。那么，这几件未经任何考古学手段分析的传世瓷器，究竟是不是元至正年间的遗物呢？即使是的话，瓷器上的蒋祈是不是就等于写作《陶记》的那个蒋祈呢？如把前一个问题弄清，后面的问题也将迎刃而解。

1.关于藏于英国维多利亚·阿尔伯特博物馆（VictoriaandAlbertMuseum）的那件所谓仿政和窑瓷器，英人曾在1922年介绍过[36]，但不久就有人对它的真伪提出了异议。直至今天，国外的古瓷研究者相信它是元代遗物的恐怕已不多了吧？

2.关于故宫博物院收藏的那两件瓷器，该院从未展出亦未闻有图照问世。若分析陈、孙二位的介绍，我们认为大有疑问。这是因为：

a.这两件瓷器都有所谓仿宣和窑、政和窑之类的题记。考宋元文献和出土遗物，我国当时名窑

多以窑场所在之地为冠，如汝窑、定窑，龙泉窑、耀州窑等，从没有以皇帝建年名窑的习惯。也就是说，在我国宋元时代根本就不存在“宣和窑”“政和窑”之类的说法。我们知道：以皇帝建年名窑始于景德镇永乐和宣德御厂，那么陈、孙二位所说的带款的瓷器当制于永、宣以后。

b.孙说蒋祈的铭文写在洗的底部。考景德镇宋元制瓷工艺与瓷器，元代至正间碗盘洗类均用沙垫仰烧，款铭多印在碗盘的内壁。不仅没有写款于器底的先例，而且和垫沙接触的涩底也很不适宜写款[37]。考景德镇盘洗之类的器皿写款于器底的习惯，亦始于仰烧改进之后的明宣德间（永乐时尚无在此处写款的瓷器），可见孙说的那件带底款的洗子必制于宣德以后。

c.《陶记》在清乾隆七年时才彼人定为元代著作，那么，写有蒋祈于至正元年的仿古瓷就极有可能是水平不高的古董商参照乾隆志而作的冒名伪器。

那么，孙瀛洲先生所说蒋祈和彭均宝的仿宋瓷均在元代煊赫一时，并且还在以后声誉不衰的论点，是从以上瓷器外延而出，还是别有根据呢？

我们曾就孙说查阅过元、明文献。“彭均宝”在元代仿制古定器硫有其事，因为去元不远的曹昭在洪武二十一年（1388）撰写的《格古要论·古窑器论》中有所记述[38]。但蒋祈制造仿古瓷却不见于《格古要论》与其他古文献，既然元代人不曾记述蒋祈，哪能谈得上“煊赫一时”？明、清人也没有说他仿古，就更不能说“声誉不衰”了。既然文献无据又没有新的实物史料，显然孙的说法就是这三件伪器的引伸和发展。

那么，蒋祈究竟是何许人呢？

我除了在阅读《陶记》时感到他对景德镇南宋窑事极为熟悉，并检读过多届离任官员留下的挂欠之籍外，再也没有新的材料了。但觉得留下这个空白等待有识之士去填补，似比满足于因伪品而得出的结论要好。鉴于此，本文就不得不对关于《陶记》与蒋祈的“新说”提出一些不成熟的看法。但遗憾的是，陈、孙二先生都先后作古，笔者在这里就只能就正于广大读者，并请国内外研究宋元瓷器和文献的专家们给予指教。

景德镇陶瓷 1981 年 4 月《陶记》研究专刊

**[注释]**

[1]（美）J.A.Pope《Chinese Porcelains From the Ardebil Shrine）） 41—42 页，华盛顿一九五六年英文版。

[2]（日）佐久间重男《元代的景德镇窑业》，《三上次男博士颂寿记念论集》，昭和五十四年日文版。

[3] 陈万里《我对青白瓷的看法》，《文物》1959 年 6 期；冯先铭《我国宋元时期的青白瓷》，《故宫博物院院刊》1979 年 3 期。

[4] 宋·洪迈《容斋续笔》卷一：“是书先已成十六卷，淳熙十四年八月在禁林日，人侍至尊寿皇帝清闲之燕，圣语忽云：‘近见《甚斋随笔》’？迈竦而对曰：‘是臣所著《容斋随笔》，无足采者。’

上曰：‘煞有好议论’！迈起谢。退而讯之，乃婺女所刻，贾人贩鬻于书坊中，贵人买以入，遂塵乙览”。

[5] 以上四段译文，由景德镇陶研所王景圣同志据（日）小林市太郎《支那陶瓷见闻录》（即殷宏绪介绍景德镇的两封长信的日译本）译出。译文又经 602 研究所邵鹏飞同志、陶研所吴静娴同志用法文版《Lett-res’ edifiantes et curleuses））一书中收录的殷氏原文校对过。

[6]（日）吉木文平《非金属矿物工学》中译本 553 页（张绶庆译　科学出版社 1956 年版）：“绢云母在陶瓷方面的利用：日本全国范围内使用的天草瓷石、有田瓷石……等各种矿物組成，经过近年来的研究结果，已判明它们均是以石英和绢云母为主体的矿物……绢云母作为陶瓷原料的效用，是在成型时与高岭土一样赋与坯料以可塑性，在烧成时与长石一样起着熔剂的作用，即瓷石兼有高岭土和长石的用处，并且因还含有石英，单独用它作原料，经过烧成也可以成瓷”。

[7] 参见拙稿《景德镇湖田古瓷窑各期碗类装烧工艺考》,《景德镇陶瓷》1976 年 1 期。

[8] 乾隆 48 年本《浮梁县志》卷十二“述旧”引清·吴极《昌南历记》云：“新平霍仲初制瓷日就精巧，唐兴素瓷，在天下而仲初有名”。又“武德四年，有民陶玉者载瓷入关中，称为‘假玉器’，献于朝廷，于是诏仲初等暨玉制器进御”。

[9] 傅振伦《中国伟大的发明——瓷器》42 页，生活、读书、新知三联书店 1955 年版。又，据李详耆等《巨鹿宋器丛录》·“序”，巨鹿掘得大量宋器的时间应为 1920 年。

[10] 明·叶子奇《草木子》·“克谨篇·上”。

[11] 磁县文化馆《河北磁县南开河元代木船遗址发掘简报》,《考古》1978 年 6 期。河北省博物馆《保定市发现一批元代瓷器》，《文物》1965 年 2 期。新疆博物馆《新疆伊犁地区霍城县出土的元代青花瓷等文物》，《文物》1979 年 8 期。

[12] 据中国社会科学院考古研究所李德金和北京市文物工作队马希桂等参加元大都发掘工作的同志见告。资料将有可能在《元大都发掘报告》中报导。

[13] 绍兴文管会《浙江绍兴缪家桥宋井发掘简报》，《考古》1964 年 11 期。

[14] 1973 年笔者清理湖田窑望石坞窑包时，曾于南宋文化层中发现大量的黄黑茶盏。该类盏与刻有孩儿攀花纹饰的影青碗类同一地层出土，而这类影青碗又见于江西宜黄嘉泰元年宋墓，故得知该文化层为南宋地层。参见拙作《湖田窑考察纪要》，《文物》1980 年 11 期。

[15]（日）小山富士夫《天目》，平凡社昭和 40 年第三版。

[16] 四川什邡，简阳窖藏：每一窖藏出土的上等影青与龙泉青瓷均有数百件之多。遗物现藏四川省博物馆、什邡与简阳县文化馆。1977 年 3 月笔者曾至四川研究过这批遗物。据四川省博物馆丁祖春同志介绍，简阳等地在解放前也出土了不少的南宋窖藏，窖内瓷器亦多景德镇影青与龙泉青瓷。参见丁祖春《四川省什邡县出土的宋代瓷器》，《文物》1978 年 3 期。江西宜黄嘉泰元年宋墓：李家和《介绍江西出土的几件宋代瓷器》，文物 1976 年 6 期。婺源淳熙、嘉定纪年宋墓出土的影青瓷器藏婺源县博物馆。湖北宋墓：湖北省文管会《武昌卓刀泉两座南宋墓葬的清理》，《考古》1964 年 5 期。

[17]《宋史·汪纲传》。

[18]《宋史·食货上一》。

[19]《续通鉴》卷 158 宁宗嘉定元年“（五月）金右司郎中王维翰曰：‘宋主怠于政事，南兵恍弱，

两淮兵后，千里萧条，”。
[20]河北省文化局文物工作队《河北曲阳县润磁村定窑遗址调查与试掘》，《考古》1965年8期。
[21]朱伯谦、王士伦《浙江龙泉青瓷窑址调查与发掘的主要收获》，《文物》1963年1期。
[22]笔者曾于1979年2月至镇江博物馆参观了这批遗物。主持清理这批墓葬的肖梦龙同志向笔者介绍了发掘经过，资料尚待发表。
[23]镇江博物馆《镇江市南郊北宋章岷墓》，《文物》1977年3期。
[24]（韩国）国立中央博物馆《新安海底文物》，三和出版社1977年版。
[25]陈柏泉《江西临川、南丰窑调查》，《考古》1963年12期。
[26]冯先铭《新中国陶瓷考古的主要收获》（《文物》1965年9期）谓：“建阳窑……1957年还发现了两处窑址，一处在溪口乡，专烧青釉器，有印花鱼藻纹装饰，一在碗窑乡，烧青釉及青白釉瓷器，两窑时代都属宋”。
[27]达尔文《物种起源》中译本（周建人等译）第十五章“复述和结论”，商务印书馆1963年版。
[28]参见拙稿《景德镇宋元芒口瓷器与覆烧工艺初步研究》，《考古》1974年6期。
[29]清·兰浦《景德镇陶录》卷五“景德窑”条。
[30]（日）佐藤雅彦《中国陶磁史》（昭和53年版）146页谓：景德镇南宋青白瓷质量不如北宋青白瓷。按：佐藤氏的见解是正确的。但印证墓葬与湖田窑出土的遗物，景德镇青白瓷质量下降，当在南宋中期以后。
[31]李剑农《宋元明经济史稿》第八章第五节，生活、读书、新知三联书店1957年版。
[32]《元史·世祖纪》。
[33]“泉”，即泉司（宋代提点坑冶铸钱司的简称）。《宋史·食货下二》·“钱币”云：“绍兴24年，罢铸钱司之漕司。27年……复饶、赣、韶铸钱监，……殿中侍御史王珪云：泉司不可废。复以户部侍郎荣薿提领，许置属二员。28年，出内府铜器千五百事付泉司”。
[34]《清史稿·职官六》·“镇制”条。
[35]《宋会要辑稿·食货一六》载北宋景德镇熙宁十年商税额“三千三百三十七贯九百五十七文”。
[36]A.L.Hetherington：The Early Ceramic Wares of China.London, 1922. Chapter XX, pp.142-144.
[37]元后期覆烧淘汰，景德镇生产的枢府釉等瓷器均采用铺有沙渣的垫饼仰烧（沙渣为高岭土与谷壳灰的混合物。
[38]明天顺三年本《格古要论·古窑器论》·“彭窑”条：“元朝戗金匠彭均宝效古定器制折腰样者甚整齐，故名曰‘彭窑’。土脉细白者与定器相似，比青口欠滋润，极脆，不甚值钱。卖骨董者称为‘新定器’，好事者以重价收之，尤为可笑”。

# 宋·蒋祈《陶记》校注

白焜

**提要**

作者以康熙二十一年《浮梁县志》中所收之《陶记》为底本，用传世各种版本进行对校，校出了通行本和康熙本中的若干误字，有助于理解《陶记》的原意。而注文则注重古陶瓷工艺的考释与南宋史料的印证，澄清了若干年来遗留下来的一些疑点，为研究南宋瓷器史、经济史提供了较为丰富的史料。

## 一、前言

1975年，中国硅酸盐学会组织全国各产瓷区编写《中国陶瓷发展史》，江西省陶瓷工业公司应邀设立景德镇地区编写组，笔者曾有幸参加了这项工作。1977年，学会在北京香山召开会议，落实编写任务。按当时的分工，我的老师刘新园同志和我负责给编委会提供景德镇宋、元两代的陶瓷史料，于是，蒋祈的《陶记》就自然而然地成为我们在这一时期的研究课题了。

众所周知，《陶记》是我国历史上第一篇谈论瓷器生产的专文。它所记述的景德镇瓷用原料的产地、胎釉的制备、成型、装饰、装坯焙烧乃至制匣原料……不仅仅为研究中国瓷器工艺发展史，而且也为研究科技史的同志们提供了极为丰富而又难得的史料。而文中多次出现的广阔的商业市场与繁多的瓷器品名，使我们得知其时的商品生产极其发达，景德镇已能根据不同地区的不同需要而生产不同的商品了；关于“火房”的记述，使我们看到：在滴水成冰的日子里，作坊内的陶轮尚不停止旋转，其时的制瓷业显然已非季节性的生产；离景德镇遥远的瓷石产地与釉灰产地的记述表明：原料的采掘与瓷坯的制造已有了明确的分工；而“㮾”的出现，则标志着制瓷业内部又析离出“烧”“作”这两个相互独立而又相互依赖的行业；而“陶工、匣工、土工之有其局；利坯、车（拉）坯、釉坯之有其法；印花、划花、雕花之有其技。秩然规制，名不相紊”，反映出其时的作坊内部分工细密，已形成了手工业生产的操作铁则；不生产瓷器的全部，而只生产瓷器的一个局部的所谓“局部工人”，在这时已经出现了。而奇特的税制、繁多的杂税和附加税的名目以及作者委婉而又辛辣的讽刺与无可奈何的叹息，又刻画出兴起的“窑家”（作坊主）与封建统治阶级之间的尖锐而又深刻的矛盾。从研究手工业发展史、研究资本主义生产关系萌芽的角度上来说，蒋祈的这篇不到一千一百字的短文，却比同时代的其他文献更为丰富、更为深刻。但因为某些原因，或者是传刻错漏、抑或过多地使用了工艺术语和手工业行话，它至今都未能引起人们足够的重视。从那时起，我们就想为它做个“校注”，提供给编写《中国陶瓷发展史》的执笔人参考。但“校注”只做了一半就搁笔了，这是因为当时所能见到的版本都题为“元·蒋祈《陶记略》”，许多人都认为是个删节本，虽然通过语意与叙述逻辑的考证，没有发现被人删削的痕迹，是一个极为难得的整本，但由于文中出现的税目与职官不能与元代的典籍相互印证，笔者“校注”的后半部分便无法进行下去了。

1978年，刘新园同志应景德镇市图书馆之邀清理古籍，发现了国内孤本——康熙二十一年刊印的《浮梁县志》。他把志中收录的《陶记》与传世的各本相对照，发现这一重要文献是在乾隆七年才被人定为元代著作的。他大胆地对《陶记》的著作时代提出了怀疑。通过多次商讨，我和他的意见完全一致——即我们都认为这一重要文献是南宋嘉定七年至端平元年之间的作品。后来，他写出了《蒋祈“陶记”著作时代考辨》一文，我也在他的指导下完成了以下的《校注》。

由于《陶记》内容丰富，语多委婉且涉及的学科比较多，而笔者则阅历少而学识浅，《校注》中的错误一定是难免的。如果笔者能藉此而得到学术界的指正，拙稿能为陶瓷界、史学界研讨《陶记》的同志们和朋友们减少一些查检的时间，也就很满足了。

## 二、凡例

1.为醒目起见，本《校注》把“校”与“注”分开，“校”于正文中以小字标出，注释则依次编号列于正文之后。

2.就笔者所见，《陶记》在清康熙二十一年以后的历届《浮梁县志》中均有刊印（晚近的《江西通志》与《饶州府志》虽有收录，但均转录于《浮梁县志》），但从无单刻本问世。传世的收有《陶记》的《浮梁县志》有下列各本：

（1）康熙二十一年（1682）本（藏景德镇图书馆）

（2）乾隆七年（1742）本（藏北京图书馆）

（3）乾隆四十八年（1783）本（藏江西省图书馆等）

（4）乾隆五十七年（1792）本（藏南京大学图书馆）

（5）道光三年（1823）本（藏景德镇图书馆等）

以上各本以康熙本最古，以乾隆四十八年本和道光三年本最为常见。

3.本校注以康熙本为正文，文中的空字、误字照写（为检字方便，一些最明显的误字已予改正）。康熙以后各本字句与康熙本有异者，均按版本年代的先后，依次列举，并在按语中指出其正、误。

4.《陶记》注本向来稀少，除英、法、日本等国外，国内仅见傅振伦先生《蒋祈“陶记略”译注》一种（《湖南陶瓷》1979年一期）。但由于傅先生依乾隆七年本把《陶记》视为元代著作，而我们则认为它写于南宋嘉定七年至端平元年之间，因而其注释多与笔者不同（分段、句逗也有差异），为节省篇幅起见，本注释仅列举一二，其他从略。

5.本注释注重南宋史事的考订与古陶瓷工艺的疏证，文中出现的词汇在一般辞书中可以查检到的，概不作注。

6.所需注释之处，在刘新园同志《蒋祈“陶记”著作时代考辨》一文和本《校注》。“校文”中已述者，则请读者参阅《考辨》与校文，注释从略。

三、校文

# 蒋祈·陶记附

校：乾隆七年本作“元·蒋祈《陶记》略云”。清·兰浦《景德镇陶录》因句逗错误，定篇名为《陶略》。除日本学者佐久间重男外，近人多从《陶录》定名为《陶记略》。按：该文撰于南宋，七年本于篇名之上加“元”字，误。《陶录》定名亦误。

景德① 校：乾隆七年本和以后各本于该二字下加“镇”字。考《浮梁程氏族谱》卷首“名宦录”：宋徽猷阁待制赠大中大夫上柱国钦之程公传：“公讳邻、字钦之，景德长香人……”又，宋尚书都官员外郎赠中宪大夫彦忠程公传亦谓：“公讳祈，字义忠，景德长香人”。两传书其故里仅用“景德”而不加“镇”字，均与此处同，可见此本保留了宋时浮梁人对景德镇的简称。康熙本正。陶②，昔③三百余座④。埏埴之器，洁白不疵，故鬻于他所，皆有“饒玉”⑤之称。其視眞定⑥紅磁⑦、龙泉青秘⑧相竞奇矣。

窑之长短，率有“[illegible]”⑨数，官籍丈尺，以第其税。而火堂、火棧、火尾、火眼⑩之属，則不入于籍。陶甿食工，校：乾隆七年本更“工”作“土”，但于文意相差甚大。乾隆本误。不受艺佣，埽賃窑□校：乾隆七年本补“主”字，参照本文后段“窑家作辍”语，脱字疑为“家”。以相附合謂之“[illegible]”⑪。土坯既匣⑫，垛而别之，审厥窑位⑬，以□校：乾隆七年本补“谨”字。以后各本均与七年本同。布置，謂之“障窑”⑭。兴燒之际，按籍納金，窑牌、火曆迭□校：乾隆七年本补“相”字，以后各本均同。出入，謂之“报火⑮”。一日二夜，窑火既歇，商争取售，而工校：乾隆七年本、四十八年本更“工”作“土”。道光本与以后各本又更“土”作“上”字。按：所谓“工”者，即指今之“选瓷工”（以区分瓷器等级为职业者）。乾隆本作“土”，于文意不妥，似属误刊。道光本改“土”为“上”亦不妥。因瓷器在焙烧过程中易出现程度不同的毛病，拣窑时不仅仅只拣上等瓷器，而是要把质量不一的产品分出所谓“上、中、次色”三等。康熙本正。者擇焉，謂之“栋校：乾隆七年本“栋”作“拣”，正。康熙本误。按：“拣”，选择也。宋·周辉《清波什志》卷五：“……又，汝窑宫中烧造，内有玛瑙末为油，唯供御拣退，方许出卖。”可证。窰⑯”。交易之际，牙侩⑰主之，同異差互，□校：乾隆七年本补“官”字。以后各本同。则有考，謂之“店簿”。校：乾隆七年本作“薄”。误刊。运器入河，肩夫执券，次第件具，以凭商算，謂之“非子⑱”。其窰之綱紀大略有如此者。

若夫淛之东、西，器尚黄黑⑲，出于湖田之窰⑳者也；江、湖、川、广器尚青白㉑，出于鎮之窰㉒者也。碗之类：魚水、高足；碟之发暈、海眼、雪花，此川、广、荆、湘之所利；盘之馬蹄、檳榔；盂之蓮花、要角；碗、碟之綉花、銀綉、蒲唇、弄弦之类㉓，此江、浙、福建之所利，必地有擇焉者。則校：道光本无“則”字。炉之别：曰猊、曰鼎、曰彝、曰鬲、曰朝天、曰象腿、曰香奩、曰桶子；瓶之别：曰觚、曰胆、曰壶、曰淨、曰梔子、曰荷叶、曰葫芦、曰律管、曰兽环、曰琉璃㉔。与夫空头細名㉕，考之不一而足，惟贩之所需耳。两淮所宜，大率皆江、广、閩、浙澄澤之余。土人貨之者，謂之“黄掉”。□校：乾隆七年本补“黄”字，正。掉云者，以其色澤不美而在可棄之域也。所謂器之品数，大略有如此者。

至若冬泥冻脆不可以燒，校：“烧”，应作“操”。坯陶既就复不易操，校：操，应作烧。因泥冻不能拉坯，坯受冻焙烧时容易出毛病，故知“烧”“操”应易位。则有“火房”。火事将毕，器不可度，探坯窑眼，以驗生熟则有“火照㉖”。进坑“石泥㉗”，制之精巧㉘，湖坑、岭背、界田㉙之所产已为次矣。比壬坑、高砂、馬鞍山、磁石堂校：“堂”，应为“塘”。康熙二十一年志卷一“陂塘”条有“磁石塘”，可证。厥土、赤石，仅可为匣、模㉚，工而杂之以成器，则皆敗恶不良，无取焉。攸山、山槎灰㉛之制釉者㉜取之，而制之之法，则石垩㉝炼灰，杂以槎叶木柿火而毁之，必剂以岭背“釉泥”㉞而后可用。或覆、仰燒焉㉟。陶工、匣工、土工之有其局㊱；利坯、車坯、釉坯㊲之有其法；印花、畫校：“畫”疑作“劃”，详注。花㊳、雕花之有其技，秩然規制，名不相紊。

窑有尺籍㊴，私之者刑；釉有三色㊵，冒之者罰。凡利于官者，一涉欺瞞，则牙、商、担夫一例坐罪，其周防可謂密矣。

夫何昔之課賦优裕，而今之事于此者常怀

不足之虑也？宪之头子㊶，泉之率分㊷，統制之供給㊸，經总之移用㊹；州之月桩、支使、醋息㊺；鎮之吏俸、孤遺、作匠㊻，总費月錢几三千余緡。而春秋軍旅㊼、圣节㊽、郊祀賞赉㊾、試闈、結葺㊿犹不与此，通融計之，月需百十五緡。則权官可以逭責，反是則譴至矣。

予观数十年来官斯去者，无不有州家㊿¹挂欠之籍，盖尝推求其故，則有由矣。窰家作輟，与时年丰、凶㊿²相为表里一也；临川、建阳、南丰㊿³他产有所夺二也；上司限期稍不如約，則牙校踵門以相蠹蝕三也；獄失其校㊿⁴，

校：“校”疑为“较”。按：宋时官员亲行所部复核罪囚、平反冤案谓之“较狱”。《宋史·职官三》·“考功郎中、员外郎”条：“……以七事考监司，一曰举官当否……六曰较正刑狱”。又，《续资治通鉴》宁宗嘉泰三年八月甲子“诏刑部岁终比较诸路瘐死之数，以为殿最”可证。

权官散分㊿⁵，迯来猾商狡侩（校：乾隆七年本与以后各本“侩”均作“狯”。按：狯，狡也。康熙本正。）无所惮佈（校：乾隆七年本“佈”作“怖”，正。）四也；土居之吏，牢植不拔，殆有汉人仓、庫氏之风㊿⁶五也。官之懵者，吏掣其肘；一有强明自任，則吏結豪驵之民，詭辞上官，必使惩之更而后已。官不少察，事势輕矣，此重可为太息㊿⁷者也！

尝記《容斋随笔》載：昔之守令不市陶

器，父老所传仅二人焉[58]。嗚呼！何辽絕耶？容斋所記可以尽信否耶？何今未有継也！又聞鎭之巨商今不如意者十八九，官之利羡[59]乃有倍簁（校：乾隆七年本与以后各本“簁”作“蓰”，正。）之亏。时耶？山川脈絡不能静于焚毁之余，而土风日以蕩[60]耶，“一里窰，五里焦”之諺語其龟鉴矣！或者謂：“博易之务廢矣[61]，窰巡[62]之职罢矣，今之不可复古矣”。然河濱之陶[63]，昔人为盛德所感，故器不苦窳。庸詎知今日董陶之器不可以复古耶[64]？是又非予所得而知也。

## 四、注文

[1]“景德”，即景德镇（详“校”）。《宋会要辑稿·方域》·“江东东路市镇”：饶州浮梁县景德镇，景德元年（1004）置。

[2]“陶”，窑也，《景德镇陶录》卷十“陶录余论”谓：陶有遥、逃二音，烧造，墫埴皆可称也。《正字通》：‘陶’与‘匋’同。又，陶即窑字，通作窑，匋、陶等字。《说文》：匋，瓦器，从缶，包省声。盖古字双音并义，后始陶，窑分称。

[3]“昔”：傅振伦先生在其《蒋祈“陶记略”译注》（以下简称《傅注》中释“昔”为南宋末年。按，当指北宋，详刘新园同志《蒋祈“陶记”著作时代考辨》（以下简称《考辨》）第六部分的有关论述。

[4]景德镇市陶瓷历史博物馆《景德镇市古瓷窑遗址调查记》（未刊稿）谓：“北宋窑业遗物堆积：除今景德镇市区之外，多分布在南河流域的湘湖、白虎湾、盈田、黄泥头、月山下、何家棚、柳家湾、南市街……一带，延绵数十里。蒋祈追记其时有瓷窑三百余座当属事实。”

[5]“饶玉”：唐、宋瓷器多以瓷窑所在之州为冠，如“邢瓷”“定瓷”等。景德镇其时属饶州，故称镇瓷为“饶玉”（“玉”，形容其瓷胎致密而透光。即明人宋应星《天工开物》·“陶埏”篇所谓：“陶成雅器，有素肌玉骨之象焉”）。又（清）吴极《昌南历记》（乾隆四十八年《浮梁县志》卷12“述旧”）谓：

武德四年（621），有民陶玉者载瓷入关中，称为“假玉器”。

[6]“真定”：《傅注》谓：“定窑在定州曲阳县，属真定府。”似需商榷。考《宋史·地理志》，曲阳县在宋时属中山府，而不属真定府。又，《宋会要辑稿·方域五》谓：“中山府，旧定州，唐义武军节度，太平兴国元年改定武军，政和三年改中山府。”

按：蒋氏所谓“真定”者，当指古真定国。《汉书·地理志》：汉武帝元鼎四年（前113）置真定国。其辖区相当于今河北晋县以西、藁城以北、阜平以南地区。河北曲阳县涧磁村与东、西燕山村定窑故址适在其境，故曰“真定”。

[7]“红磁”，红釉瓷器。《苏东坡集》（商务1910年版）卷3《试院煎茶诗》：“定州花瓷琢红玉。”（宋）周辉《清波什志》卷五：

饶州景德镇陶器所自出，于大观间（1107—1110）窑变色红如朱砂……时有玉牒防御史仲楫，年八十余，居于饶，得数种。出以相示，云：比之定州红瓷器，色尤鲜明，可见宋时景德镇也能生产红釉瓷器，影响不如定州红瓷大，故当时人拿景德镇红瓷与定州的相比。

[8]“龙泉青秘”：宋·庄季裕《鸡肋篇》卷上谓：“处州龙泉县……出青瓷器，谓之‘秘色’（宋叶置《垣斋笔衡》：“世言钱氏有国日越州烧进，不得臣庶用，故云‘秘色’”），钱氏所贡，盖取于此。宣和中，禁庭制样须索，益加工巧。”详《考辨》第六部分。

[9]“㼽”：同甐（音：shuàng），《说文》谓：“以碎瓦石去垢。”

[10]“火堂”，即窑前面的燃烧室，今作“火膛”；“火栈”，即景德镇窑场俗称之“火路”（“障窑”时在匣柱与匣柱之间预留的宽约2～10厘米的间隙，以使火焰通畅，流布窑室：“火尾”，即窑后室温度较低，气氛不易控制处；“火眼”，指窑两侧的投柴孔，宋时景德镇瓷窑为龙窑类型的窑炉。详拙稿《景德镇湖田窑考察纪要》（《文物》1980年第11期）。

按：以上“火堂、火栈、火尾、火眼”皆为窑室内不宜装烧瓷器的区域，故“不入于籍”。

[11]“陶甿食工，不受艺佣，埽赁窑家，以相附合谓之‘㼽’”目前约有两种解释：

a.“一个窑户由几个坯户来搭烧，他们一伙宾主就谓之“㼽”（江西省轻工业厅陶瓷研究所编《景德镇陶瓷史稿》59页之“注”）。

b.《傅注》谓：“陶工是以土地为主的农民，不受窑主的雇佣。烧窑时合组搭烧，并服杂役。这一伙合作的宾主，叫作“㼽”。

以上“a说”即后世之搭坯户与烧窑户的关系，与原意较为接近。“b说”为农村家庭手工（制瓷）业与烧窑户的关系，所谓服杂役之类，不知出自何典。

按：“陶甿”，窑民也（陶同窑）；“不受艺佣”，即“艺不受佣”；“窑家”，明称“窑户”（冯梦龙小说《一文钱小隙造奇冤》），近代景德镇称“窑户老板，皆指作坊主；“埽赁窑家”，参照《东京梦华录》“杂赁”条与《梦梁录》·“四司六局筵会假赁”条，当谓：窑民们除将全部窑室租赁给坯户外，自己还“帮助”他们烧瓷器。犹如后世租赁车、船（其租金即包括车夫或船夫的酬金在内）。

如以此义析之，则南宋时代的景德镇制瓷业内“烧”（烧窑）、“作”（成型）两行已有明确分工。

又按：蒋祈所述的这种制度，在景德镇被保留到1921年以前。据我们调查，1921年以前的坯户在搭柴窑烧坯时，除交“柴钱”等费用外，并不需给窑民以工资。那时的窑民为表示自己不是雇佣工人虽不收工资，但收高帽钱（即每次烧窑时按比例无偿占用一部分较好的窑位并扣除坯户的部分匣钵，再把这匣钵和窑位租给别的坯户搭烧而收取的搭烧费）和“肉钱”（即搭坯户为酬谢窑民“无偿”烧窑而于过节时送给他们的一种酬金），这，“高帽钱”与“肉饯”保持了很古老的落后的实物报酬的形态。

[12]“匣”，装盛瓷坯入窑焙烧的一种耐火容器（北方称“笼子”或“碗笼”）。此处泛指匣钵和覆烧窑具。

按：匣，最早出现在湖南湘阴隋代窑址（周世荣《从湘阴古窑址的发掘看岳州窑的发展变化》，《文物》1978年第1期71页），而景德镇在北宋初才开始普遍应用。但第一次记载它的名称的却是《陶记》。

[13]“窑位”：窑室内温度不一的各部位。一般来说，窑位有平面与竖向之分。景德镇柴窑平面窑位（纵向）可分前、中、后三部分，后室温度低，气氛不易控制；竖向有上、中、下之分，以上层温度最高，下层温度最低。下层，后室只适宜装烧粗器或低温釉窑器。

[14]“障窑”，把烧成要求不同的坯件装匣后安放在窑室内不同的部位，并按焙烧要求在匣柱间预留出“火路”叫“障窑”。今景德镇又称“满窑”“码窑”。

[15]“窑牌、火历迭相出入，谓之报火”：此句有两种解释：

a.（日）佐久间重男先生说：“火历”是注有年月日的烧窑点火的申请书，“窑牌”则属允许纳税烧窑的许可证。此句意渭：“官府收了火历，再发给窑牌。”（《元代的景德镇窑业》注15，《三上次男博士颂寿纪念论集》）

b.联系下文的烧窑时间“一日二夜”（36小时）与此句“迭相出入”“报火”等语，景德镇窑工另有“报火换班”一种解释。景德镇清代烧窑分为三个班次，即所谓烧“溜火”（缓火升温排水）、“紧火”（还原焰），“沟火”（弱还原焰或中性焰），轮班烧窑的工人有所谓“拖坯”“架表”“一副半”“二副半”之类的专门名称，故“窑牌”“火历”疑指在不同的烧成阶段出来报火及更替换班的烧窑者的专称。

《宋史·兵六》“保甲”谓：宋时每保“置牌以书其户数姓名”。据此推测，“窑牌”疑为书有烧窑人户姓名的牌照。但在未取得更充实的证据前，二说可并存。

[16]“拣窑”：今景德镇称“选瓷”。

[17]“牙侩”：主持交易的中间人。（宋）吴曾《能改斋漫录》卷四“牙郎”条引刘贡父诗活谓：今人谓驵侩为牙，谓之互郎，主互事也。唐人书互作牙，牙似牙字，因转为牙。

[18]“以凭商算，谓之‘非子’”：“以凭商算”，作为按比例征商税的凭证（“商算”，按比例征商税。参阅《宋史·商税》）。“非子”，指盖有戳记或书有特殊记号的证券，今景德镇仍保留了这一名称。

[19]“浙之东、西器尚黄黑”：“浙之东、西”，即浙江东路与浙江西路。“黄黑”，与下文的“青白”相对应，当指宋代贵族、士大夫斗茶时最乐意使用的黄黑茶盏，宋徽宗《大观茶论》：“盏色归青黑，玉毫条达者为上”。又，福建水吉宋代窑址出土刻有“供御”“进盏”等铭文的黑釉盏，故知“黄黑”非粗器也。详《考辨》。

[20]“湖田窑”：在今景德镇东南4公里，近年做过多次调查与发掘。兴烧于五代，历宋、元至明代隆庆、万历之际结束，以宋、元为极盛时期。见拙稿《湖田窑考察纪要》（《文物》1980年11期）。

[21]“江、湖、川、广器尚青白”：据《宋史·地理志》，“江”，指江南东路、江南西路；“湖”，

指荆湖北路、荆湖南路；“川”即四川一带；“广”为广南东路、广南西路。

“青白”，指瓷胎洁白，瓷釉透明度高、光泽度好、白里泛青的瓷器（《都城纪胜》与《梦粱录》等南宋文献分别有“青白碗器铺”与“青白瓷器”的记载）——即后世所谓之影青瓷器（按：“影青”这一名称，是近百年才出现的，但流行很广）。

[22]“镇窑”：景德镇镇内的窑场。景德镇市博物馆近年来在珠山、中华南路（景兴瓷厂）发现了大量的生产影青瓷器的宋代窑业遗存。详《考辨》五。

[23]“碗之类：鱼水、高足……碗、碟之绣花、银绣、蒲唇、弄弦之类”：上述碗、碟、盘、盂，为当时社会需要量最大的产品，也是景德镇烧造得最多的瓷器。若按其名目，似可分为三类：a. 以造型特征命名的有：高足、马蹄……b. 按装饰花纹命名有：鱼水，莲花……；c. 按装饰手法命名的，如绣花、银绣之类。

[24]“炉之别……曰琉璃”：上述的炉、瓶之类属奢侈品，即清·唐英在其《陶冶图编次》（乾隆四十八年《浮梁县志》卷五“陶政”）中所说的“琢器”类。其器有仿古代陶、铜器的，如鼎、彝、觚等，有象形的，如荷叶、律管、葫芦……；有以重要局部命名的，如象腿，兽环等；有以色釉为名者，如琉璃之类。《傅注》对上述名称多有详释，但未见与遗物做严格印证的材料，故不列举。

[25]“空头细名”：《傅注》释“空头”为瓶类的专有名称，似误。按：所谓空头细名者，在此处当指名目繁多而实际差异较小的瓷器。“空头”，有名无实者，如今之所谓“空头支票”“空头官衔”云云。

[26]“火照”：《景德镇陶录》卷四“本烧户”条：“本烧户亦有自试火照之法。盖坯器入窑火候生熟究不可定，因取破坯一大片中挖一圆孔置窑眼内用钩探生熟。若坯片孔内皆熟，则窑渐陶成，然后可歇火。”

近年湖田窑有宋代火照出土，与此相同。

[27]“进坑石泥”：进坑，即今景德镇东八点五公里之进坑村。“石”即瓷石——“经过后期热液变化其中之长石部分或全部变为绢云母和高岭石的长英岩或正常长英岩。”“石泥”，用瓷石舂打成粉，经水选而制成的泥料（详《考辨》三）。《景德镇陶录》卷一：“陶用泥土，皆采石制练，土人设厂采取，藉溪流为水碓舂之，澄细，淘净如砖式，曰白不”（“不”音：dun）。

今进坑村尚存粉碎瓷石的水碓。

[28]“制之精巧”：从湖田窑出土的宋代分别刻有“进坑”与“试下项泥”（下项村即岭背地区的瓷石产地之一，详注 29）的影青残器来看，前者胎骨洁白、透光度极好、釉色如水似玉、白里微微泛青，极为精美。而后者釉色青中泛灰，胎骨亦不如进坑泥制的白，透光度也明显差得多。与蒋记符合。

[29]“湖坑、岭背、界田”：“湖坑”，疑为今湖田村以南二点五公里的三宝蓬，该地至今仍属景德镇重要的瓷石产区，从散布在其附近的众多五代白瓷窑址来看，该矿区约有一千年左右的开采历史；“岭背”，“岭”，即景德镇南 9 公里的牛角岭，“岭背”即指牛角岭南麓的邱冲坞（距镇 11.5 公里）与下项村（距镇 13 公里，属乐平县管辖）一带，当地农民与乐平人仍称其地为“岭背”。该地区为浮梁县与乐平县的交界处，盛产瓷石与釉果（即下文所说的“釉泥”）。从湖田窑北宋文化层出土的刻有“下项”铭文的试烧瓷器的“照子”来看，岭背地区在北宋时期即已开采瓷石、舂制瓷土；

“界田”：即今景德镇东北三十四公里的界田村，界田南四公里之“千坑”即产瓷石，界田“石泥”当指此。

[30]“比壬坑、高砂、马鞍山、磁（瓷）石堂（塘）厥土、赤石仅可为匣、模”：

“比”，近也。谓以下“匣、模”原料的产地均在景德镇附近。《宋史·食货下七》“坑冶”：宣和六年诏：“坑冶之利，二广为最，比岁所入，稽之熙、丰，十不逮一。”

“壬坑”：浮梁方言壬、银同音（音 yíng），故疑壬坑即今镇南二点五公里的竟成公社银坑大队。按：银坑前之老鸭滩所产的土（田土）至今仍被陶工们用以制作碗盘等圆器的内模，宋时除用此土做模外，还有可能被陶工们用于配制匣钵原料。

“高砂”：即今镇东北十一公里之高砂村。村西南二公里之大岭所产之制匣原料——白土，今仍称“高砂白土”。

“马鞍山”，即镇东之马鞍山，历来为制匣原料（“老土子”“白土”“黄土”等）的重要产地。

“瓷石塘”，在马鞍山南麓。解放前，瓷石塘仍为制匣原料的重要产地，新中国成立后因市政建设被填平。

“厥土、赤石”：厥，掘也，《山海经·海外北经》：“相柳之所抵厥为泽溪。”谓在以上数处所掘之土与“赤石”。

按，以上四处，除壬坑产制模原料外，余皆产制匣原料：白土（一种硅镁质黏土，耐火度约1630℃，掘出时呈色乌黑，焙烧后即呈白色，故称“白土”。匣工谓“白土耐火”）、黄土（掘出时呈黄红色，含铁量较高，耐火度低于白土。制匣时加入黄土能增加黏性，便于成型，在高温下又能促进烧结并防止匣钵落渣）、“赤石”（顾名思义，为呈色红褐之石状物。对照马鞍山等地掘出的匣用原料，其形态与今所谓之“老土子”相似，当为“老土子”。该类老土子内有瘠性料——细碎之石英颗粒，稍加粉碎即可掺以制匣，增加匣钵的强度）。

“模”：制作碗，盘整形时使用的泥质内范，取其吸水便于脱坯。在石膏未应用前景德镇坯坊均用泥模。

[31]“攸山，山槎灰”：断攸山、山槎二处所产之釉灰。“攸山”，攸、游同音，即今景德镇与婺源县交界处之“游山”。距镇十八公里；“山槎”，即景德镇与乐平交界处之“仙槎”，距镇十七公里，当地农民与乐平县人至今仍称其地为“山槎”。以上两地均盛产石灰石，且柴草茂密，距清代釉灰产地寺前仅十公里左右。

“灰”，即釉灰，用石灰与草木灰拌匀制备，在釉中起熔剂作用。

[32]“制釉者”，指配釉兼施釉工，即《景德镇陶录》卷三所谓之“合釉工”。

[33]“石垩”：“垩”，白土也。石垩，指用石头（石灰石）烧炼而成的白色粉末（石灰）。据测试，景德镇宋代瓷釉的化学组分中，CaO 均高达百分之十至十四，为重石灰釉，故知“石垩”为石灰石烧制成的白粉。

[34]“釉泥”：今称釉果，即风化较浅的瓷石。其硬度高，可塑性弱，但钾、钠物质含量较高（约百分之六至七），耐火度比瓷石低，适宜配釉，故称“釉泥”。

[35]“或覆、仰烧焉”：“覆烧”，有两式，一为垫钵覆烧式，一为支圈组合覆烧式，此处指后者。详刘新园《景德镇宋、元芒口瓷器与覆烧工艺初步研究》，《考古》1974 年第六期；“仰烧”，

把制品正放于匣内再堆垛入窑的装烧方法。参见《湖田窑各期碗类装烧工艺考》，《景德镇陶瓷》1976 年第一期。

[36]“陶工、匣工、土工之有其局”：联系下文，“陶工”以下至“名不相紊”这段文字，是对当时作坊内部分工情况的记述。“陶工”，泛指在制品成型过程中担负各不同工作的工人，即下文中“利坯、车坯、釉坯”工与“印花，划花、雕花”工之总称；“匣工”，制作支圈组合式覆烧窑具、匣钵与垫饼的工人；“土工”，淘洗、翻扑、揉制瓷用泥料的工人。以上“陶工”“匣工”“土工”因其所使用的工具不同，加工的对象不同，干、湿操作不同，工艺上不允许他们混杂在一块，所以在作坊中各有各的工作场所，故云各“有其局”。

[37]“利坯、车坯，釉坯”：“利坯”，用铁刀旋削干坯。今景德镇仍保留了这一称呼；“车坯”，以陶车（快轮）拉坯，即可塑法成型；“釉坯”，于坯体上施釉。

[38]“画花”：近人有释为画青花者，误。景德镇人把用毛笔蘸矿物颜料于瓷器上作纹饰称“彩瓷”，如青花或釉里红称釉下彩，粉彩、古彩、雍正彩之类称釉上彩等。如把画和彩等同，画前不加定语便不知所云。因而得知“画”不是绘画之画。且蒋祈记述当时瓷器品种从未谈到彩瓷，而景德镇宋代窑址又多刻划花瓷器，可证“画”为刻划之划。

[39]“尺籍”：军令也（《汉书・冯唐传》：“夫士卒尽家人子，起田中从军，安知尺籍伍符”），此处指军队簿册。《宋史・王迈传》：“议者徒患楮穷，而弗惩兵祸，姑以今之尺籍校之，嘉定增至二十八万八千有奇。”

[40]“釉有三色”：《傅注》谓：一道釉、青花、釉里红。考文中从无青花、釉里红的记载，且该二类属彩类，非釉类，它们和单色釉区分明显，没有可能被混淆、冒充。按：“色”，等级也。宋・梅尧臣诗：“其赠几何多，六色十五饼”（谓银之成色）。此处指同类瓷器在烧成后的质量有高有低，易混淆优、次作弊。《景德镇陶录》卷十“镇瓷在唐宋不闻有彩器”条：今俗又以器之上品者为青，如呼头青、提青、三色青之类，昔只以上色、次色、三色分之。

今景德镇仍称茭草（瓷器包装）业中区分瓷器等级为“看色”。

[41]“宪之头子”：“宪”，指提点刑狱官，详《考辨》八。“头子”，当为“经总制头子钱”的简称。从乾道八年起，经总制钱一直由提点刑狱官督责（《宋史・职官七》谓：乾道八年“用臣僚言，诸路经总制钱并委提点刑狱官督责”），故日“宪之头子”。

按：“头子钱”，原为宋时按一定的比例在法定租赋或出纳钱中抽取的一种附加税或杂税钱。北宋末陈亨伯为筹集补助军费以发运兼经制使创经制钱，南宋又行之，并于绍兴五年创总制钱，后合称经总制钱。此后，又将“头子等窠名五十二项并入经总制起发”（《续资治通鉴》孝宗淳熙七年十二月），由于头子钱在经总制钱中占较大的比例，文献便有“经总制头子钱”这一名目。《宋史・食货下一》：“……端平三年，诏：诸路州军因灾伤检放苗米，毋收经总制头子、勘合朱墨等钱”可证。

按：《续资治通鉴》孝宗淳熙十五年六月引朱熹奏章谓：“……而经总制钱独不豁除，州县之煎熬，何日少纾！斯民之愁叹，何时而少息哉！”可见它是南宋人民最沉重的负担。故蒋氏把它列在首位。

又，马端临《续文献通考・征榷考一》谓：“前代告缗，借商、经总之制元皆无之。”可见经总制头子钱元时并未恢复，此条亦可证蒋文写于南宋。

[42]“泉之率分”：“泉”即“泉司”，此指“饶州提点坑冶铸钱司”。《宋史・食货下二》。“钱

币”谓：（绍兴）二十八年，出内府铜器千五百事付泉司。

《续资治通鉴》孝宗乾道九年三月：“以王楫、李大正并为提点坑冶铸钱，于饶、赣置司，江东……分隶饶州司……依旧以……提点坑冶铸钱司为名。”

《宋史·食货下二》“钱币”又谓：“淳熙二年，并赣司归饶州”（都大提点坑冶铸钱司（康熙二十三年《饶州府志·废署》）。

“率分”，即铸钱司之“率分钱”。《宋史·食货下二》：鼓铭钱刀素有程限，悯其劳苦，特示矜宽。自今五月一日至八月一日止收半功，本司每岁量支率分钱以备医药。又，宋·王彦辅《麈史》卷下谓：

熙宁初，予官陕郊时，初复十铸钱监，兵闻锡气久而病脊，以至不能起，惟以蒸豚啖之，可以销释，所支率分饯内充买均给。

按：文中把率分钱排在第二位，当是仅次于经总制头子钱的重税。饶州负担此税，是由于泉司铸费多而所得少。宋·吴曾《能改斋漫录》卷十三：予尝为铸钱司属官凡三年，其利病尤悉。盖费多而得少……见绍兴三年十一月十二日臣僚上言：九路坑冶铸钱司。窃闻虔、饶两州，自绍兴元年至今，共起发过一十二万二千余贯。用本钱及官兵应干请给，总用二十五万八千余贯。即是费官钱盖三之二。使有利害，亦当条具措画以闻。岂容一司养官吏，无益而有损哉。此提点铸钱不职也。

[43]“统制之供给”：“统制”，宋代地方驻军头目，详《考辨·八》。“供给”，即“供给钱”。统制之“供给钱”每月为一百五十贯。《宋史·兵八》谓：

绍兴十三年，诏：殿司请统领将官别无供给职田，日赡不足，差兵营运，浸坏军政。可与月支供给：统制、副统制月一百五十千，统领官百千，正将、间正将五十千，副将四十千，准备将三十千，皆按月给。既足其家，可责后效。

若仍前差兵负贩，从私役禁军法，所贩物计赃坐之，必罚无赦。州县知而不举，同罪。

[44]“经总之移用”：“经总”即经制使司与总制使司，详《考辨·八》。“移用”，即经制使司与总制使司创立的“移用额钱”。《古今图书集成》食货典卷230杂税部引朱熹《乞减移用钱额札子》：

……近自乾道九年内蒙使司于经常分隶钱数之外，创立名色，每月抛“移用额钱”一千二百余贯，均于城下及两县酒税务趁办。

[45]“州之月桩、支使、醋息”：“州”，饶州。详《考辨·八》。“月桩”，月桩钱，《宋史·食货下一》：所谓月桩钱者，始于绍兴二年。时韩世忠驻军建康，宰相吕颐浩、朱胜非议令江东漕臣月桩发大军钱十万缗，以朝延上供经制及漕司移用等钱供亿……于是郡县横敛，铢积丝累，江东、西之害尤甚。

又，《古今图书集成·食货典》·“杂税部”引宋时赵汝愚言：诸县措诸月桩钱，其间名色类多违法，最为细民之害。试举其大者则有曰粬引钱、曰纳醋钱、卖低钱，户长甲帖钱、保正牌限钱、折纳牛皮筋角钱，两讼不胜则有罚钱，既胜则令纳欢喜钱，殊目异目，在处非一。

“支使”：对照上文“统制之供给”与下文“镇之吏俸”，疑指州府幕职官员的俸禄。《宋史·职官七》“幕职官”条，有“观察支使”名目，并云：“凡节度推、判官从军额，察推及支使从州府名。”据《宋史·职官十一》：支使官每月俸禄二十千，绵、绢如推官。

“醋息”：官员下乡的补贴费。《宋会要辑稿·食货一二》谓：“乾道元年八月五日臣僚言：凡官员下乡则谓之醋息钱。”

[46]“孤遗、作匠”：“孤遣”，按月支给寄居在景德镇的宗子等孤遗钱米。《古今图书集成·食货典》（卷140）引朱熹《乞蠲减漳州上供经总制额等钱状》：近年以来州县增添寄居待缺、宗子孤遗、养老、归正等官，岁所支钱比之往时日有增广，以此州郡窘匮而县道急迫日以益甚，无复赢余可以补趁。又，《宋会要辑稿·帝系七》记乾道元年正月一日高宗赦：行在绍兴府孤遗宗子、宗妇等所请钱米微薄，不能养赡。可比附两外司孤遗体例，将见钱米之人籍定名字。如十五岁以上，每月支钱一贯，米一石。十四岁以下，减半添支。

“作匠”：各作工匠的简称，《宋史·兵九》谓南宋时每州军匠“无虑数百人”，据此，似指景德镇按月付与军匠的给养费。

[47]“春秋军旅”：州郡于每年春秋二季训练军队的费用，《宋史·兵八》大观元年四月诏：东南诸郡军旅之事，久失训齐……若能训练精熟，然后推赏。

[48]“圣节”：为庆贺帝王、帝后生日（圣节）所纳之贡金。康熙二十三年《饶州府志》卷三十四“疏”引洪迈乾道二年《减贡金札子》云：绍兴间来，每年遇圣节，饶州有贡金一千两而麸金十两之额与他例同……所谓诸州祇贡圣节只系银绢，饶固有之，且已兼任泉、臬两司之数乃若千两，独此郡任焉……民力极敝，甚不堪支。

[49]“郊祀赏赉”：谓地方为助皇帝祀天赏赐官员而纳之金。清·赵翼《廿二史札记》卷25“宋郊祀之费”条谓。

宋制每三岁一亲郊，大小各官皆得荫子……是郊祀恩荫已极冗滥，此外又有赏赉，计每次缗钱五百余万，大半以金银、绫、绢、纯、紬平其值给之……按范镇疏云：赋税繁重，转运使于常赋外进羡钱以助南郊，无名敛率，不可胜数；然南郊之费，大概出于外僚科敛，所进之羡余，是又因百官之滥恩，而朘万民之财力，立制抑何谬耶?

[50]“试闱、结葺”：疑为生员考试，修建寺院、公廨、桥梁所需之金。

[51]“州家”：宋时对州府的别称，宋·吴自牧《梦粱录》卷十八“恩霈军民”。民有疾病……给药医治，朝家拨钱一十万贯下局，令帅府多方措置，行以赏罚，课督医员，月以其数上于州家，备申朝省。

[52]“丰、凶”：偏正句。凶，饥年也。考有关文献，淳熙十一年（即“置籍”的那一年，详《考辨·九》）至端平元年（《陶记》写作下限），直接影响景德镇窑业的大饥荒约有如下十起，故蒋祈分析镇窑不振的原因时把“时年丰、凶”置于首位。

a. 淳熙十五年（1188），浮梁大水（《宋史·五行一上》）。

b. 绍熙五年（1194）“行都，淮，浙西、东，江东郡国皆饥”（同上“五行·五”）。

c. 庆元三年（1197）景德镇大水（同上“五行一下”），“浙东”“台州”“襄、蜀”皆饥（同b）。

d. 开禧二年（1206）南康军饥，北湖、京西，淮东、西饥，“民聚为剽盗”（同b）

e. 开禧三年（1207），浮梁大水（乾隆四十八年《浮梁县志》卷十二“祥异”）。

f. 嘉定元年（1208）淮民大饥，食草木，流于江、浙者百万人……是岁，行都亦饥，米斗千钱（同b）.

g. 嘉定二年（1209）“两淮、荆、襄、建康府大饥，米斗钱数千，人食草木。淮民封道殣食尽，发瘗凿继之，人相揾噬……是秋，诸路复大歉……冬，行都大饥，殍者横市，道多弃儿”（同b）.

h.嘉定八年（1215）“淮，浙，江东、西饥，都昌县（与景德镇为邻）为盗者三十六党”（同b）。“夏五月，大燠，草木枯槁，百泉皆竭，行都斛水百钱，江、淮杯水数十钱，暍死者甚众”（同b“五行·二上”）。

i.嘉定十年（1217）“台、衢、婺、饶、信州饥，剽盗起，台为甚。蜀石泉军饥，殍死殆万人”（同b）.

j.嘉定十六年（1223）“行都、江、淮、闽、浙郡国皆亡麦禾”（同b）。

[53]“临川、建阳、南丰”：该三窑均为南宋时代较为兴旺的窑场，详《考辨·六》。又，建阳县，景定元年改名“嘉禾县”（《宋史·地理五》：“建宁府……嘉禾，望。本建阳县……景定元年改今名”），此条亦可作为《陶记》的下限之一。

[54]“狱失其校（较）”：“校（较）”，较狱。详校文。《傅注》释为“监牢的牙役跑掉了”似需商榷。若从“窑有尺籍，私之者刑”，“凡利于官者，一涉欺瞒，则牙、商、担夫一例坐罪”等语看，其时的刑罚并不宽缓，并未空其囹圄，而是冤狱成堆。“滑商狡狯无所惮怖”，是由于和胥吏勾结的结果。“较”做动词解。该句文意似与《傅注》完全相反。

[55]“权官散分”：“权官”，代理官员。《宋史·曾从龙传》谓：（曾从龙使金还）疏言：“州郡累月阙守，而以次官权摄者，彼惟其摄事也，自知非久，何暇尽心于民事？狱讼淹延，政令玩弛，举一郡之事付之胥吏。”

又，《宋史·刑法二》谓理宗时：每岁冬夏，诏提刑行郡决囚，提刑惮行，悉委倅贰，倅贰不行，复委幕属。所委之人，类皆肆行威福，以要餽遗……

[56]“汉人仓、库氏之风”：宋·郑樵《通志》卷廿八“氏族略”·“以官为氏·库氏”条：

汉文帝时有仓氏、库氏，为吏之久，故子孙以为氏。

按：蒋用“仓、库氏”典，揭露土居之史牢植不拔，即把公职当作私产传给子孙。

[57]“太息”：大声悲叹。屈原《楚辞·离骚经第一》：“长太息以掩涕兮，哀民生之多艰。”

[58]“昔之守令不市陶器，父老所传者仅二人焉”：详《考辨·二》。

[59]“羡”：羡余。指州县在完成上交金额和开支之外余留的钱财。《续资治通鉴》孝宗乾道三年（1167）闰七月癸巳，刘珙论羡余之弊曰：州县赋人有常，大郡仅足支遣，小郡往往匮乏。而近者四方尚有以赢余献者，不过重折苗米或倍税商人。至有取新赋以积余钱，捐积逋以与州郡，州郡无以自给。不过重取于民，此民之所未便一也。

[60]“士风日以荡”：“士风”，谓本地的某种良好风气。作者虽未详述这风气的内容，若联系上文“山川脉络不能静于焚毁之余”与下文“一里窑，五里焦”推测，指北宋时景德镇靠烧造瓷器为生的人们为自身长远的利益，对于柴山的利用与保护似有某种自动的契约。所谓“不能静于焚毁之余”者，当指过去自动护林、合理利用柴山的良好社会风气败坏了，被砍伐殆尽的柴山，连小树小草也不能幸免。当时的景德镇大有竭泽而渔之势。

[61]“博易之务废矣”：此指“景德镇瓷窑博易务”。《宋史·食货下八》：“元丰五年（1082）……八月，置饶州景德镇瓷窑博易务。”其废年待考。

宋·王辟之《渑水燕谈录》卷八：

盖朝廷初平孟氏，蜀之帑藏尽归京师，其后言利者争述功利置博易务禁私市，商贾不行，蜀民不足。

[62]“窑巡”，待考。

[63]“河滨之陶”：《史记·五帝本纪》：

舜耕历山，历山之人皆让畔；渔雷泽，雷泽上人皆让居；陶河滨，河滨器皆不苦窳。

[64]“然河滨之陶……不可以复古耶？”按：此句较为晦涩，析其文意，当在“河滨之陶”与“庸讵知今日董陶之器”之后省略了“博易之务”与“窑巡之职”数语，即修辞学上的所谓承上省略句。意谓：舜陶河滨时，无博易之务与窑巡之职的设置，而其器质地优良。又怎么能知道，今日的景德镇就因无博易务与窑巡之职的设置而不能恢复旧时的繁荣呢？

按：蒋氏对瓷窑博易务与窑巡官的设置持否定态度。

景德镇陶瓷 1981 年 4 月《陶记》研究专刊

# 宋·蒋祈《陶记》现代汉语译文

颜石麟

**［译者序］**

蒋祈的《陶记》是世界上最早记述瓷器生产的专文。过去，学者们均认为该文写于元代。1979年刘新园同志发现了一部康熙二十一年本的《浮梁县志》，其中收有蒋祈的《陶记》。根据刘新园、白焜两同志的考证，认为《陶记》的写作年代应定在南宋嘉定七年至端平元年间（1214—1234）。1978年《湖南陶瓷》第一期曾发表过傅振伦先生的《蒋祈“陶记略”译注》，并附了译文。傅先生是以元代的史实为依据的，且所据文本亦有所不同，故傅译与本译文差异较大。鉴于中外陶瓷研究者历来引证《陶记》原著，作为其立论依据，而蒋氏行文言简意赅，寓意深远，造成理解上的种种困难。由于康熙二十一年本《浮梁县志》的发现。得到现在国内最早的原刻本，故译成现代汉语，以求有助于读者更确切地理解《陶记》原意。译文虽经反复斟酌，仍恐未能达意或理解不当，尚希专家们赐教指正。

## 译文

从前在景德镇一带烧造瓷器的窑有三百多座。那种由黏土烧制而成的瓷器，胎质白净，完美无缺。因此，每当这种产品销售到外地，总是备受赞赏，并享有“饶（州府之宝）玉”的美称。这里生产的瓷器，如果与定窑烧造的红釉瓷以及与龙泉窑烧造的艾青色瓷相比较，确实是争奇斗艳，独具一格的。

这里，瓷窑的大小都有严格的规定，即所谓“堲数”。瓷窑须经官府丈量，并登记入册，然后按其尺寸来确定应缴税额，而窑里的“火膛、火栈、火尾、火眼”等部位则不记入簿册。窑民们以自己的手艺为生，不受别人的雇佣，但是他们须把窑炉租给作坯户使用，他们与作坯户之间的这种合同关系叫作“堲”。做好的泥坯装进匣钵之后，被分别堆叠起来，按照规定的窑位装到窑里去焙烧。匣钵装到窑里是有严格要求的，这道工序就叫作“障窑”。瓷器才开始焙烧的时候，就要按照丈量过的记录向官府缴纳税金。这时，负责烧窑的所谓“窑牌”“火历”师傅们就忙个不停，他们轮流替换，在不同的烧成阶段相互传告，以便及时控制窑内火候的变化情况，这种做法就叫作“报火”。每烧一窑瓷器需要一天两夜。一旦窑炉歇火，商贩们便争先恐后地前来订货。这时，选瓷工就得把烧成质量不一的瓷器分出等级来，这道工序就叫作“拣窑”。做买卖的时候，由官府指定的中间人出来主持，他们按质论价，并把产品及其价格逐一记入账簿，以备官方查考，这种帐簿就叫作“店簿”。然后，挑瓷器的脚夫们把一担担的瓷器挑到河边，他们每人手里都持有一张证券，便于商贩们核对产品件数，加以验收，这种临时性的凭证就叫作“非子”。瓷业生产方面的规矩大致就是这个样子。

浙江东路与西路的用户都喜欢用湖田窑烧造的釉面呈黄黑色的瓷器；江南东路与西路、荆湖北路与南路、四川、广南东路与西路一带都喜欢用镇窑烧造的釉面呈青白色的瓷器。碗类产品名目有：“鱼水”“高足”，碟类产品名目有：“发晕”“海眼”“雪花”，这些产品在四川、广南东路与西路、荆湖北路与南路一带，可以卖好价钱。盘类产品名目有：“马蹄”“槟榔”，盂类产品名目有：“莲花”“耍角”。还有碗、碟类中的“绣花”“银绣”“蒲唇”“弄弦”等等，这些产品在江南东路与西路、浙江以及福建一带，可以卖得起好价钱。所以，行销各地的产品品种是根据地区的不同而有所选择的。此外，香炉类产品名目有：“猊”“鼎”“彝”“鬲”“朝天”“象腿”“香奁”“桶子”等的称法；花瓶类产品名目有“觚”“胆”“壶”“净”“栀子”“荷叶”“葫芦”“律管”“兽环”“琉璃”等等的称法。真是名目繁多，应有尽有，任凭商贩们选购。凡在淮南南路与北路一带适宜行销的产品，是江南东路与西路、广南东路与西路、福建和浙江一带销售不出去的次品，而本地人使用的却是“黄掉”。所谓“黄掉”，就是指色调不美观的产品，属于可要可不要的范围之内。关于产品品种大体上就是这些情况。

再说，泥料到冬季时，常因冰冻而变硬，不能制坯。即使做好了的泥坯也不易烧成。所以，就设置了专门为制造和烘烤泥坯的暖房，当瓷器将要烧成之际，窑内的瓷器无法观察，所以要用铁钩伸进窑眼，把预先放进窑内的试片钩出来检验一下，看看瓷器是否已经完全烧结了。这种用于检验瓷器烧成情况的试片叫作“火照”。用进坑一带出产的瓷石制成石质泥料做坯，可以烧出质地精美的瓷器；用湖坑、岭背、界田三地出产的泥料做坯，瓷器质量就差多了。而景德镇附近的壬坑、高砂、马鞍山、磁石塘等地采掘的泥土与赤褐色的石头，只能制作匣钵或碗盘类印坯的泥模。如果把这类泥料掺到石泥中做成泥坯，那是烧不出好瓷器的。所以这类泥料制作瓷器是不可取的。攸山和山槎两地所出产的釉灰是配釉工所不可缺少的。釉灰的制作方法是：先将石灰石煅烧成白色粉末，然后把粉末放在杂柴和柿子树枝上煅烧，草木灰和石灰掺在一起，即成釉灰。合釉时除用这类釉灰之外还必须加入岭背出产的釉果，这样才能成为可用的釉料。碗盘之类烧成的方式分为覆烧和仰烧两种。做坯工、制匣工和练泥工，因操作对象不同而各有各的场所；旋坯工、拉坯工和施釉工都各有各的手艺；印花工、划花工和雕花工都具有各自的技巧；他们在生产时条理井然、分工明确，各专一行。

瓷窑的大小一旦被载入官府的簿册后，如果擅自更改，就会受到官府的查办，甚至判刑。产品被分成上、中、下三个等级，如果以次充优，就会受到处罚，凡有触犯官府利益的欺骗或者隐瞒行为，一经查出，不论是主持交易的中间人、进行买卖的商人乃至挑瓷器的脚夫，一律都要坐罪。管制是多么的严密呀！

那么，为什么从前的官员能毫不费力地交付国家所需的税金，而今天的官员却常常担心不能完成朝廷派给的赋税了呢？这是因为：司法部门要收“头子钱”，铸钱机构要收“率分钱”，地方驻军头目要收“供给钱”，筹集国防经费的部门要收“移用钱”，每月还要向饶州府交“月桩钱”和州府幕僚的俸禄，官员下乡的津贴费，还有镇上公务人员的薪金、寄居在景德镇的皇族老幼的抚恤金以及官府中雇佣工匠们的开支，总共每月要花铜钱三千余贯，至于春秋二季训练军队的费用、皇帝与皇后生辰的彩礼金、皇帝祭天时赏赐群臣的赏金、科举考试的费用、官府修缮房屋以及修桥铺路的费用等，这些还不包括在上述项目之内，单这些开支共计每月也得花铜线一百一十五贯。只有这样，代理官员才能够塞责，否则的话，马上就会受到上司的谴责。

我发觉，几十年来凡是从这里离任而去的官员没有在饶州州府的账簿上不亏欠的。我曾经推究其原因，大致有如下的根源：第一，农村的收成好坏直接影响到窑业的兴衰，近年常遭灾荒，窑家常常停工；第二，临川窑，建阳窑和南丰窑的产品夺走了部分瓷器市场；第三，稍为拖延了交税的期限，上司派遣的衙役接二连三地登门敲诈；第四，官员怠于政事，冤狱累累，于是近年来奸商横行，无所顾忌；第五，土著公差培植亲信，独霸一方，不得更换，很像汉代的仓氏和库氏那样把自己的公职当作世袭领地。官员们如果糊涂一点，就会被他的下属牵着鼻子走；官员们如果精明一点并想有所作为，地方上的地痞恶棍就会勾结他的下级向上司越级诬告，直到弄得这个官员受到惩办而被撵走才罢休。而上级官府对这种严重局面却听而不闻，视而不见，无动于衷，这就叫人感到太可悲了！

我曾经记得《容斋随笔》一书中说：过去在这里当州官和县官的人不利用权势搞瓷器买卖的，据当地父老所传，只有两个人。啊！怎么那样稀少呢？《容斋》的记述可靠吗？为什么今天不再有这种清官了呢？我又听说，现在镇上的大商人十个人中就有八、九人是很不如意的。官府过去能上缴利润，而到今天不但没有盈利反而亏空到一倍乃至五倍。难道这是时运吗？自然资源的滥肆破坏，幼小的树木不能生长，使河山都得不到安宁了。过去民间保护自然资源的良好风气已经败坏了！人们应该从“一里窑，五里焦”的谚语中吸取教训呵！

有人说，瓷窑博易务这个机构已经被废除了，巡视瓷窑的官员也已经被撤销，如今已不可能恢复到过去那样的繁荣了。可是，古代帝舜在河滨制陶器的时候，无以上官员的管理，他却能制出精良的陶器，老百姓很感激他的恩典。怎么能说，没有了专职的瓷窑官景德镇的瓷业就不可能像过去那样繁荣呢？这个论点我是不能理解的。

景德镇陶瓷 1981 年 4 月《陶记》研究专刊

# 宋元时代的景德镇税课收入与其相关制度的考察

## ——蒋祈《陶记》著于南宋之新证

刘新园

（景德镇陶瓷考古研究所）

**目·次**



## 一、前言

从20世纪50年代开始，随着精美绝伦的元青花在伊朗、土耳其的大量发现，随着数量极大的青白瓷在两宋纪年墓葬中出土，人们渴望了解产生这些陶瓷的背景，于是记述景德镇早期窑业的《陶记》就成为中外学人研究宋元瓷器的一篇基础文献了。

从传存的典籍来看，蒋祈《陶记》最早见于康熙二十一年（1682）陈淯编纂的《浮梁县志》，但陈淯并未标注其著作时代（图1）。六十年后，即乾隆七年（1742）李洊德再纂《浮梁县志》收录此文时，已刻成“元蒋祈陶记略云”了（图2）。康熙志中的“蒋祈陶记”到乾隆时变成“元蒋祈陶记略云”之后，二百多年以来中外学人都一直把它当作元代文献，并未怀疑其著作时代。

1981年，笔者曾把蒋祈记述的一些事实与宋元两代的考古资料和文献史料相互核对。发现这一重要文献不可能著于元代而必为南宋中后期的著作。拙稿《蒋祈“陶记”著作时代考辨》（中华书局《文史》十八、十九辑）虽已从瓷器工艺、市场、附加税与其相关职官等方面找到过这一重要文献著于南宋的根据，但鉴于它记述面太广，笔者的知识面狭窄，过去的考证必不可免地会留下疏漏。那么，蒋祈《陶记》著于南宋的实事，除了笔者过去揭示的一部分之外，是否还有尚待发现的或者更为重要的证据呢？

最近查检文献，以为文中记述的景德镇税课收入越过所在县——浮梁县，直接上缴所在州——

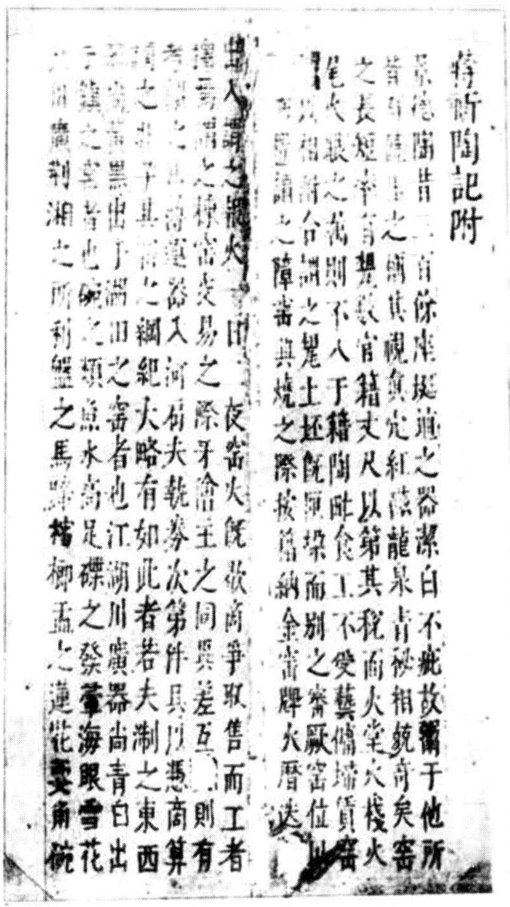

蔣祈陶記附

景德陶昔三百餘座埏埴之器潔白不疵故鬻于他所皆有饒玉之稱其視真定紅磁龍泉青秘相競奇矣窯之長短率有甓數官籍丈尺以第其稅而火堂火棧火尾火眼之屬則不入于籍陶所食土不受藝傭埽賃窯主以相附合謂之甓土坯既匣坯而別之審厥窯位以謹布置謂之障窯與燒之際按籍納金窯牌火曆迭相出入謂之報火一日二夜窯火既歇商爭取售而工者擇焉謂之揀窯交易之際牙儈主之同異差互則有考謂之店簿運器入河肩夫執券次第件具以憑商算謂之非子其窯之綱紀大畧有如此者若夫浙之東西器尚黃黑出于湖田之窯者也江湖川廣器尚青白出于鎮之窯者也碗之類魚水高足碟之發暈海眼雪花川湖廣荊湘之所利盤之馬蹄檳榔盂之蓮花耍角碗

图 1 康熙二十一年《浮梁县志》所刊《蒋祈“陶记”》原版心 22×13 厘米

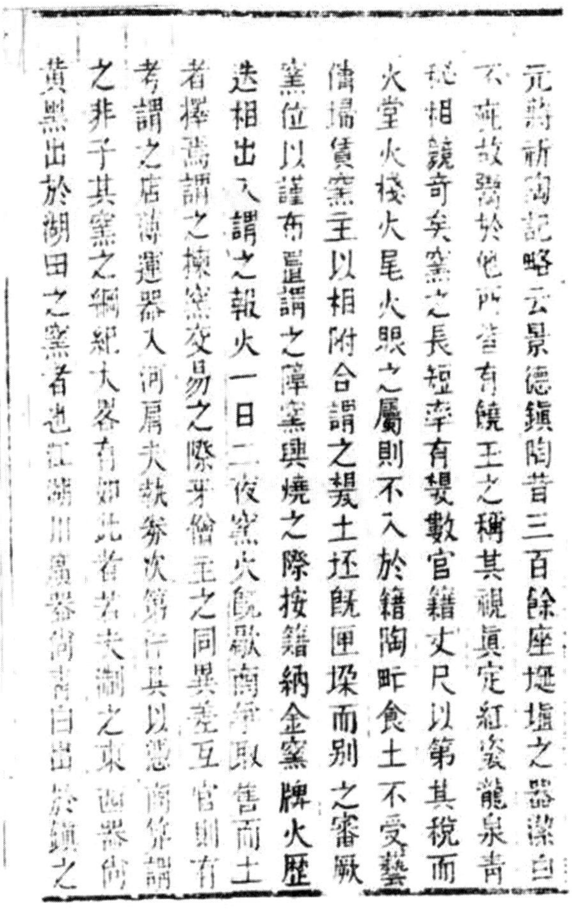

元蔣祈陶記畧云景德鎮陶昔三百餘座埏埴之器潔白不疵故鬻於他所皆有饒玉之稱其視真定紅瓷龍泉青秘相競奇矣窯之長短率有甓數官籍丈尺以第其稅而火堂火棧火尾火眼之屬則不入於籍陶昕食土不受藝傭埽賃窯主以相附合謂之甓土坯既匣坯而別之審厥窯位以謹布置謂之障窯與燒之際按籍納金窯牌火歷迭相出入謂之報火一日二夜窯火既歇商爭取售而土者擇焉謂之揀窯交易之際牙儈主之同異差互官則有考謂之店簿運器入河肩夫執券次第件具以憑商算謂之非子其窯之綱紀大畧有如此者若夫浙之東西器尚黃黑出於湖田之窯者也江湖川廣器尚青白出於鎮之

图 2 乾隆七年《浮梁县志》所刊“元蒋祈‘陶记’略云”原版心 22.5×16 厘米

饶州的这一鲜明的时代特征。考察该制的所属时代，不仅可以获得《陶记》著于南宋的新证，而且还可了解到宋元王朝对小于县的镇市的管理以及久负盛名的瓷城——景德镇早期经济发展的许多信息。这不仅对于中国陶瓷史，就是对于中国中世纪市镇经济史的研究，都将不无意义。

## 二、《陶记》中的税课与其上缴所在之州的记载以及对这一记载的不同解释

蒋祈《陶记》虽仅一千零九十字，但以极大的分量记述了当时的税课情况：

1. 窑之长短，率有甓数，官籍丈尺，以第其税。

2. 交易之际，牙侩主之，同异差互，则有考，谓之“店簿”。

3. 运器入河，肩夫执券，次第件具，以凭商算，谓之“非子”。

4. 夫何昔之课赋优裕，而今之事干此者常怀不足之虑也？宪之头子，泉之率分，统制之供给，经总之移用；州之月桩、支使、醋息；镇之吏俸、孤遣、作匠，总费月钱几三千余缗。

5. 予观数十年来官斯去者，无不有州家挂欠之籍，盖尝推求其故，则有由矣。

以上是蒋祈围绕景德镇陶瓷产业记述的有关税课与其税入越县缴州的实事。引文 1 记按窑容积纳税的制度，笔者至今未能从宋元文献中找到相应的史料。引文 2、3 所记则是“行者责赍”的所谓“过税”（三十分取一）与“居者市鬻”的所谓“住税”（十五取一）（《宋史·食货》）。“过税”与“住税”为商税的两大内容，起于中唐，为宋元两代所沿用。引文 4 即附加税，其中的“月桩”之类为南宋特有的税目。尤其是与税目相关的“统制”与“经（制使司）、总（制使司）”则为宋代特设之官师。笔者曾以此为据，断定《陶记》著于南宋，而对引文 5，即景德镇离任官员因不能如期完成额定税课而须越过浮梁县至所在之州办理挂欠手续的那一节，旧稿未能做出专门研究，仅把“无不有州家挂欠之籍”的“州家”，解释成南宋时代的饶州。

继 1983 年日本著名的元史学者爱宕松男博士在《集刊东洋学》发表评论肯定《陶记》为南宋著作之后，江西省陶瓷公司编辑的《景德镇陶瓷》发表了熊寥的《蒋祈“陶记”著于元代辨》一文．熊文约二万余言，有些人以为他通过“建置”问题考证《陶记》年代的那一章能“言之成理”。他在这一章指出了笔者在《考辨》中把前揭“州之月桩”与“无不有州家挂欠”的“州”与“州家”解释成南宋时代的饶州的谬误，并通过“州”与“州家”这三个汉字，重新找到了《陶记》著于元代的根据。他说：“众所周知，浮梁从初唐置县以来，直到清代，景德镇历来是浮梁县下的一个辖镇，而浮梁县又是饶州郡府下的一个辖县。”由于“地方各县的税粮征收、上缴、挂欠，由知县[1]直负其责，郡府刺史并不插手”。所以“如果像《考辨》那样，把《陶记》内的‘州’理解为‘饶州’，那么就会造成这样一种现象：跳过浮梁县的中介环节，把浮梁县下属的一个镇，与郡府饶州直接相衔。显然，这不符合正常的行政区域统辖关系”。由于此稿缺乏起码的“建置”知识，违背了所谓“州镇不能相衔”的行政区域的统辖关系，因而“严重失误”。然后，他把笔锋一转．继续写道：

其实《陶记》中的“州”，不是指南宋的“饶州”，而是指元代的“浮梁州”。这是因为，“浮梁”作为中央王朝的一个地方基层政权机构，从唐到宋，历来称为“县”，唯独到了元朝，才称“州”。

由于元代的浮梁州下没有设县，州就直接管到了镇，《陶记》中所说不能完成税课定额的离任官员也就无县可去，因而就只能到浮梁州去办理挂欠手续了。由于“州”和“镇”只有元朝才能相衔，于是《陶记》不可能著于南宋而只能是元代著作。

熊寥经过这样一番“考证”之后，颇为得意地说：

我们一旦搞清了《陶记》内的行政建制中的“州”和“州家”的具体含义，那么，《陶记》的著作时代（指著于元代）。就自然显示出来了。

以上是熊寥从所谓“建置”角度否定《陶记》著于南宋而只能是元代著作的全部理由。

从熊寥遵循的“一般的行政区域的统辖关系”上看，他的论断似乎没有逻辑上的错误，所以我国陶瓷界与考古界的某些资深学者对他的“州管县，县管镇，州不能直接管镇；如州下不设县，州便可以管镇”论，怀有特别的好感，故宫博物院的冯先铭认为“很有说服力”，中国历史博物馆的傅振伦则说他的立论“确胜前人”。而笔者却不能苟同，非不能从善如流也，实有两重原因：

1. 熊寥纵谈宋元建置，却没有征引一条宋元史料。

2. 我国古代既有所谓“州管县，县管镇”的建置，也有“下不得僭上，上可以兼下”的规定。

按：按知县名目流行于明，此处似应作县令。

以上两点，被冯、傅二位认为正确无误的论断，在笔者看来，却是一个不折不扣的猜想。当然，科学研究是允许猜想的，但却不允许把猜想当作推理的根据。现在，要想证实熊寥猜想的真伪，必须应用宋元时代的权威文献来进行检验。

## 三、镇税缴州始自北宋熙宁间

1. 南宋·高承《事物原始》谓：

宋代之制，民聚不成县或有税粮者，则置官监之。

2.《宋会要辑稿·方域十二》谓：

江东东路饶州浮梁县景德填，景德元年（1004）置。

3. 明·王宗沐《江西大志·陶书·景德镇陶厂沿革》：

宋景德中置镇，置监镇一员。

4.《宋会要辑稿·职官四八之九二》“镇将”条引佚书《哲宗正史职官志）谓：

诸镇监官，掌警逻盗窃及烟火之禁，兼征税榷酤则掌其出纳会计。

5. 康熙十二年《浮梁县志》残卷一“古迹”：

监镇厅，宋设景德镇东南，后摧于水，嘉泰二年（1202）姚守谦徙镇西，元废。

把以上五条史料联系起来观察，日后闻名世界的景德镇，早在北宋初年，便是浮梁县境内的一个拥有众多居民，且有丰厚税课收入的所谓“繁盛之处”。自景德元年置镇后，朝廷在这里设置了监镇官，负责该镇治安、征税及专卖方面的事务。监镇衙门谓之厅，宋初设置在镇之东南，南宋嘉泰二年迁移镇西，宋亡即废。

上面所述的景德镇监官，确如熊寥所说的其“行政统辖关系”是在浮梁县令之下，该镇税课也似乎应该上交所在之县浮梁，而不能越县交到饶州。然而宋代的制度却并不如熊寥想象的那么简单，我们可以从下列文献窥测其真谛：

**1.《宋会要辑稿·食货一六》记熙宁十年饶州地区商税谓：**

饶州旧在城及德兴、浮梁、余干、安仁，石头镇六务，岁二万五千四百七十贯。

熙宁十年：

在城，一万四千五百三贯二百七十五文；

浮梁县，五千四百七十五贯七百七十九文；

乐平县，一万二百四十九贯五百六十七文；

安仁县，五千五百四十二贯六百七十八文；

德兴县，三千七百九十七贯六百七十八文；

景德镇，三千三百三十七贯九百五十七文；

**2. 同书“食货二二，盐法五”记饶州地区盐税：**

饶州在城，八万八千二百六十七贯四百三十三文；

乐平县，二万六千六百三十一贯七百八十二文；

浮梁县，三万四千一百六十贯四百八十九文；

安仁县，一万八千九百四十三贯四百八十文；

余干县，三万三千五百四十一贯四百七十四文；

德兴县，一万四千五百八十八贯七百六十八文；

景德镇，一万三千四百九十四贯三十一文；

石头镇，八千三百五十八贯六百一十七文。

**3. 同书“食货一九”记饶州地区酒麴领数谓：**

饶州旧在城及余干、浮梁、乐平、德兴、安仁、兴利场、石头、景德填九务，岁四万七千五百九十七贯。熙宁十年祖额二万八千五百四十三贯一百七十四文，买朴三千一百三十贯四百六十文、金六十二两七钱九分三厘六毫。

上列记录揭示了如下的史实：

1. 所谓“饶州旧六务”者，这个旧，指熙宁十年以前，旧六务中有浮梁而没有景德镇。故知自景德元年（1004）景德镇置镇之日至熙宁十年（1077）的七十三年之中该镇商税上缴浮梁，再由浮梁上缴饶州。

2. 从熙宁十年开始，文献中已出现景德镇的税课额数，区区一镇的商税与食盐和酒麴额数（专卖收入）仅略低于所在之县——浮梁，而几乎与德兴全县额数相等。

3. 自熙宁十年始，景德镇税课收入已越县缴州，由州郡直接控制，不再汇入所在之县，否则的话，熙宁记录中列举浮梁就够了，而决不会既列浮梁又列景德镇。把景德镇的税课额数与所在县及饶州所辖其他各县列在一起，表明其时的景德镇也像所在之县一样，同为向州郡缴课的一个基层单位。综上所述，可见熊寥的“宋代镇税不得越县缴州”论，与熙宁十年以后的情况不符，因而不能成立。

## 四、南宋镇税仍直缴饶州

上章证实了景德镇税课收入脱离浮梁直缴所在之州——饶州的这一制度始于熙宁十年，那么，南宋时代的情况是否与北宋相同呢？鉴于“后宋史料多阙”（《宋史·食货下·会计》），要探索这些问题还需先对其时的监镇官做出考察。

《宋史·莫濛传》记南宋绍兴间事谓：

莫濛字子蒙，湖州归安人……除户部员外郎，朝廷遣濛措置浙西、江淮沙田芦场……言者论其丈量失实，征及贫。责监饶州景德镇。

2. 康熙二十一年《浮梁县志》卷三“学校”条记：

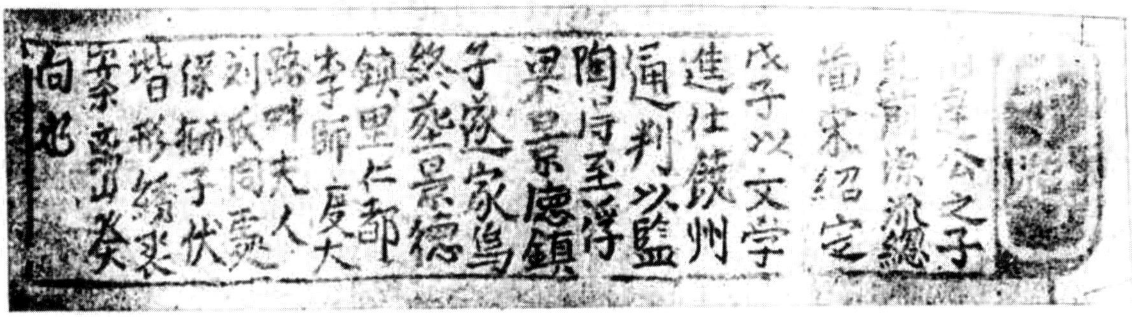
戊子以文学
進仕饒州
通判以監
陶得至浮
梁景德鎮
子孫遂家焉
終于兹景德
鎮里仁都

图 3 明天顺刻本“河南强氏族谱”所刊强子魁略历原版心 28.5×19 厘米

长芗书院，宋庆元三年（1197）监镇李齐愈请于郡，建书院于镇市西守林桶，援白鹿例，名长芗。

3. 明天顺年刻本《河南强氏族谱》卷首“世系·子魁”条：

（强）子魁，伯达公之子……宋绍定戊子（1228）以文学进，仕饶州通判，以监陶得至浮梁景德镇。从史料 1 得知，南宋绍兴间景德镇监镇曾为故户部员外郎，其官阶为从六品；史料 2 表明庆元间监镇李齐愈在镇创建书院要请示饶州而未提到县，可见监镇与州郡关系密切；而史料 3 所记饶州通判强子魁在绍定间以监陶至镇，其意义至为重要（图 3）。

从《宋会要辑稿·方域十二·市镇》条来看，宋时诸镇监官，多以京朝官充任，景德镇必不例外。所谓“京朝官”者，为承义郎至承务郎之类的低级选官（官阶为从七品至从九品），而史料 3 记绍定间来镇监陶之强子魁为饶州通判，据《宋史·职官七·通判》条，其“职掌倅贰郡政，南渡后，入则贰政，出则按县；有军旅之事，则专任钱粮之责”。其官阶为从五品，仅略低于知州而大大高于京朝官。南宋王朝不遣京朝官而委派通判监镇一定是别有缘由的。

南宋人李焘《续资治通鉴长编》卷六十景德二年六月癸未条：

诏诸州商税年额及三万贯以上者，会审官院选亲民官监莅，仍给通判添支。

上揭记载虽是北宋制度，但南宋时代多沿北宋旧例，这是众所周知的事实。如把强氏族谱中非常珍贵的史实与李焘的记载相印证，可知在南宋绍定间，景德镇一镇商税当在三万贯以上。而前揭北宋熙宁间仅三千三百余贯，可见南宋税入已较北宋增高十倍，否则，便不会委通判监陶了。强子魁监陶一事，既标志着南宋税课沉重，另一方面似乎也可说明其时的景德镇商品生产与市镇经济较北宋熙宁间更为发达。

那么，其时的景德镇税入是否仍沿熙宁旧例越过浮梁上缴饶州呢？这个问题对《陶记》著作时代的研究似乎更为重要。《庆元条法事类》卷三十六“场务”条谓：

1. 诸税务、团条印，知州面勒雕造，岁一易之，旧印送州毁。

2. 诸官监场务及县、镇、寨，应赴州送纳钱物，并州给印历，随钱物库务监官往来通签用（县、镇、寨场或钱物多处置二历互用），岁终缴赴州磨勘。

3. 诸场务课利，次日纳军资库，少者五日一纳，并当日给钞。外县、镇，寨次月上旬并纳，先具起离月、日，报纳处拘催。

上列史料 1 表明南宋时代不独是景德镇，就连小于镇的务、团所用税印均由州郡雕造颁发，县一级政权不得过问。史料 2、3 明确记载当时县、镇、寨场务监官均应赴州缴纳钱物，其时的景德镇税入也和浮梁县及其所属境内各场务的税入一样，不得缴县，而只能缴到饶州军资库。

以上权威史料证明，景德镇的税课收入仍按熙宁十年的旧例向饶州上缴，而决无上缴所在县——浮梁的可能。可见笔者在《考辨》一文中把《陶记》中的“州家”解释为饶州，与南宋制度吻合，熊寥并未从中看出什么“失误”。

## 五、元代镇税直缴江浙行省

本文在前一章对熊寥否定《陶记》为南宋著作的论断进行了检验，检验结果表明，他的最大的根据：南宋时代的景德镇税课不能跨越浮梁县直交饶州论，与南宋制度无关，是一个错误的猜想。

那么，和熊寥的论辨是否可以宣告结束呢？不能够。因为他从所谓建置角度否定《陶记》为南宋著作的同时，还提出了一个元代景德镇的税课必须缴纳到浮梁州的猜想。笔者还将在以下征引元代文献，检验他的“第二猜想”。

《元史·地理五》记江浙等处行中书省饶州条谓：

饶州路，上。唐改鄱阳郡，仍改饶州，宋因之。元至元十四年（1277），升饶州路总管府。户六十八万二百三十五，口四百三万六千五百七十。领司一、县三、州三。

录事司。旧设三厢，至元十四年改立。县三：鄱阳，上。倚郭。德兴，上。安仁。中。州三：……浮梁州，中。唐以来为县，元元贞元年（1295），升州。……

以上史料确如熊寥所说，宋代的浮梁县在元贞元年之后已升为州，州之下无县，景德镇便成为州下之镇了，但是该镇的税课以及税官是否与宋代相同？其税课收入是否如熊寥所说“必须交到浮梁州”还是像宋代情况一样，跨过浮梁向饶州路缴纳抑或缴纳到比饶州路更高的官府呢？

1.明·王宗沐《江西大志·陶书·陶厂》条：

元改宋监镇为提领。

2.《元史·选举二》“凡税务官升转”条：

至元二十一年（1284），省议：“应叙办课官分三等。一百锭之上，设提领一贯、使一员。五十锭之上，设务使一员。五十锭之下，设都监一员。十锭以下，从各路差人管办，……”

三十年（1293）省拟：“提领二年为满，省部于流官内铨注：一万锭之上拟从六品，五千锭之上拟正七品，二千锭之上拟从七品，一千锭之上正八品，五百锭之上从八品。大使、副使俱周岁交代，大使从行省吏部于解由合叙相应人内迁调，副使从各路于本处系籍近上户内公选。”

至大三年（1310），诏定立办课例。一百锭之下院务官分为三等：五十锭之上为上等，设提领一员，受省札，大使一贯，受部札；二十锭之上为中等，设大使、副使各一员；二十锭之下为下等，设都监、同监各一员，俱受部札。并以一年为满，齐界交待。

史料1谓：元沿宋制，在景德镇设置了其职能与宋代的监镇相同的官员管理税务，只是名称不同，谓之“提领”而已。史料2谓至元二十一年定，凡设有“提领”的地方，其税课年额都在一百锭以上。至元三十年规定税课在一万锭至五百锭以上之地才置提领。至大三年又定院务官其税课在五十锭之上者也称提领。

那么在元代浮梁州境的景德镇商税年额究竟有多少？其提领又是哪一级的提领呢？

《元典章·吏部三·场务官·额办课程处所》条详细地记述了元代商税在五百锭以上办课处所有一百七十余处，现按其额数列表如下：

| 一万锭以上 | 五千锭以上 | 三千锭以上 | 一千锭以上 | 五百锭以上 |
|---|---|---|---|---|
| 三处 | 十二处 | 二十二处 | 三十七处 | 一百处 |

细检《元典章》中记录的各处所，浮梁州下的景德镇在五百锭以上的一百处之内，名列第九十九位；其所在路——饶州路，在一千锭以上的三十七处之中，名列第七位；饶州路所辖各州县（包括浮梁州）榜上无名，其商税额数都应当小于景德镇，显然已汇入饶州。

上征记录说明如下的重要史实：

即拥有一百八十五路、三百五十九州。一千一百二十七县的元王朝（《元史·地理一》），其商税收入在五百锭以上的处所，也只有一百七十四处。特别引人注目的是浮梁州下的区区小镇——景德镇，竟然在这一百七十四处之中，足见该镇在入元以后，其经济地位已比南宋时大为显要。

我们现在再看一下元廷对景德镇税课提领的管理以及该镇的税课收入与所在路、省的关系。

《元典章》“吏部三·院务官品级”条记大德三年（1299）行省准中书省咨吏部呈谓：

本部照得至元三十年三月初五日奏准腹里江南税务官提领受敕牒，这里委付将去，次二的行省官委付，次三的路官每委付，受教提领于流官内铨注。一万锭之上从六品，五千锭之上正七品，二千锭之上从七品，一千锭之上正八品，五百锭之上从八品。今本部照得，各处税务提领品级自从八至从六验课多少定立，俱受朝命，其大使、副使却系行省并各路所委，无出身之人连署勾当于理未宜。今拟提领量分三等，内从六至从七者，所设使、副各一员，递降二等、正八者、大使正九、副使注省札钱谷官；如从八者，大使从九，副使注，上钱谷官、若枸行省所辖去处，须要到省相应人内选充，余外不许滥设。

从上可知，景德镇税课提领其资品从八，由中书省任命。而同书卷“吏部三，办课官齐年交待”条记受敕牒者（提领）任期以二年为满，于满年之正月交待课程的增余或亏兑情况，而课程的增亏与其升降紧密相关。

《元史·选举二》记至元二十九年，中书省判所办诸课增亏升降人员条谓：

增六分升二等，增三分升一等，其增不及份数，比会无增者列选量从优，亏兑一分降一等。

通过以上文献，大致能窥见元代的有关情况。

但是该镇提领任满之后，是赴浮梁州，还是赴饶州路抑或赴江浙行省交待课利的增亏情况呢？

关于这一问题，元代文献有非常翔实的记载。沈刻《元典章·吏部三·内外税务窠阙》第二条谓：

江浙行省四十处：（园按：仅记 35 处）

杭州在城税课提举（直隶省）

| | | | | | |
|---|---|---|---|---|---|
| 盐官州长安务 | 正八 | 镇江路 | 从七 | 平江路 | 正七 |
| 饶州路 | 正八 | 常熟州 | 从八 | 池州路 | 从八 |
| 建康路 | 从七 | 海盐澉浦务 | 从八 | 常熟路 | 正八 |

| | | | | | |
|---|---|---|---|---|---|
| 松江府华亭县 | 正八 | 宜兴县 | 从八 | 台州路 | 正八 |
| 徽州路 | 从八 | 余杭县 | 正八 | 衢州路 | 从八 |
| 长州县 | 从八 | 富阳务 | 从八 | 嘉定州 | 从七 |
| 吴县木渎务 | 从七 | 温州路 | 从七 | 崑山州 | 从八 |
| 太平路 | 从八 | 庆元路 | 从七 | 绍兴路 | 正八 |
| 金坛县 | 从八 | 崇德路 | 从八 | 浮梁县（疑州之误）景德务 | 正八 |
| 嘉兴路 | 正八 | 江阴州 | 从八 | 湖州路 | 正八 |
| 乌程县南浔务 | 从八 | 无锡州 | 正八 | 淳安县 | 从八 |
| 建德路 | 正八 | 信州路 | 从八 | | |

上述记载表明江浙行省境内税务有四十处：

1. 商税收入在一万锭之上的处所只有一处，“杭州在城”虽在其境，但由大都中书省直辖，行省不得过问。

2. 由江浙行省直管的处所，商税在五千锭以上的只有一处，二千锭以上的六处，一千锭以上的十二处，五百锭以上的十六处。

3. 特别值得注意的是饶州路与景德镇都列在江浙行省直管的范围之内。和前述情况有所不同，前者在景德务下写从八，此处写正八。如果后者无误，那么景德镇一镇之商税已和饶州路一路之商税相等了（即一千锭以上）。即使有误的话，按前者计算，景德镇一镇之税也是饶州路的二分之一，而北宋熙宁间景德镇的商税仅为饶州的八分之一。

综上所考，证实元代景德镇的税课提领任满离职，不仅不得向浮梁州而且也毋须去饶州路，而只能到江浙行省交割商税的增亏情况。因为其时的景德镇虽在浮梁州与饶州路的辖境，但其税课收入则直入江浙行省。而熊寥在他的《元辨》一文中提出的第二猜想即元代镇税只能交到浮梁州的猜想，又是一个与元代制度无关的谬想。

## 六、《陶记》著于南宋之新证

本文在以上各章，分别对宋、元时期的景德镇税入、监官资品与其所在州县及行省的关系进行了一系列考察，再在这个基础之上讨论《陶记》中记述的相关史实就方便多了。笔者曾在《考辨》一文的第二章划定过《陶记》著作年代的上限为1187年，即南宋淳熙十四年；下限为1368年，即朱元璋推翻元王朝的那一年。其上限的确定是因为《陶记》中征引了南宋著名学者洪迈的《容斋随笔》，而《随笔》始刊于淳熙十四年（1187），故知《陶记》一文最早不会早于《随笔》的始刊之年，而下限除乾隆七年《浮梁县志》在蒋祈前冠以“元”字之外，还因冯先铭等都认为《陶记》为元末之著作。

就笔者检读中、日两国发表的评论文，无论持元代说或南宋说的人，似乎都不反对笔者提出的上、下限。为了讨论方便，本文还想遵循这个时间范畴并再一次征引蒋祈的原文。

《陶记》谓：

予观数十年来官斯去者，无不有州家挂欠之籍，盖尝推求其故，则有由矣。

如按乾隆七年以后各色人等的意见——即《陶记》著于元代的意见，上文中的“官斯去者”的“官”，应该指元王朝派往景德镇的提领官，那么“州家挂欠”之“州”，显然就是熊寥所说的元元贞二年设置的浮梁州了。

如果把这一解释印证本文第四章征引的《元史》与《元典章》等权威文献，就会出现如下的矛盾：

因为其时的景德镇税课在五百锭之上，直属江浙行省，行将离任而不能完成这个额数的税课提领，不仅不能去浮梁州，而且也不可能去饶州路，因为其时的州、路不能管理景德镇的税入，那他就只能去江浙行省的所在地杭州办理挂欠手续了。假设《陶记》为元人之作，那么说到这些实事时显然就应该把“官斯去者，无不有州家挂欠之籍”的“州家”写作“省家”。《陶记》不写“省家”而写了“州家”，显然就是因为它不可能是元代著作了。把元代的权威史料印证《陶记》中的这一事实，至今还在坚持《陶记》著于元代说的学者们，不觉得于理有亏吗？

如按《考辨》的意见把《陶记》视为南宋遗文。那么文中的“官斯去者”指的就是景德镇的监镇官，文中的州家也就必然是南宋时江南东路的饶州了。

根据本文第三、四章的考证，早在熙宁十年一直到南宋灭亡之前的景德镇税课收入都直缴所在之州—饶州，其所在之县浮梁不得过问。《陶记》所述，显然符合这一时期的制度。鉴于《陶记》的上限为 1187 年（淳熙十四年），那么蒋祈的这一记述必在南宋。所谓“予观数十年官斯去者”的数十年，指的是淳熙十四年之后的数十年。故知《陶记》必为南宋中后期的著作。由于《陶记》中记述的这一制度与权威文献《宋会要辑稿》《庆元条法事类》等能相互印证，因此蒋祈《陶记》必为南宋文献无疑。

通过对《陶记》中所说的任满离职的景德镇的官员由于不能完成额定税课而必须赴州郡办理挂欠手续的这一制度的考察，而获得的《陶记》著于南宋的证据，是笔者过去未能列举的，故谓之新证。这个新证也像考辨中提出的附加税目与其相关职官——统制与经总那佯，为赵宋王朝所特有，同属制度方面的证据。笔者以为这些证据是蒋祈《陶记》著于南宋的铁证。

趁本章结束之前，笔者还想顺便谈谈宋代的县与镇的一些关系，从建置角度上说，镇确实小于县，监镇也应在县令之下，但是在熙宁以后随着镇税直缴州郡的制度的确立。监镇的地位无形中有所提高，那么，监镇与县令究竟有何区别呢？

从《宋史》与《宋会要》来看，宋时县令“掌总治民政，劝课农桑，平决狱讼，……凡户口赋役、钱谷、赈济给纳之事皆掌之，以时造户版及推理二税……”等等（《宋史·职官七》）。而监镇官则仅仅只掌一镇之治安、盗警、税课和专卖而已（《宋会要辑稿·职官四八之九二》）。“镇将”，其管辖范围要小得多，尽管在税课方面不受县令管辖，但监镇不得体罚居民、擅置牢狱与受理婚田辞讼之类（详《宋会要辑稿》·“江东西路市镇”条）。但南宋景德镇之监镇似乎比较规矩，而两浙路的有些监镇似乎常常越权，形成了臣僚们要求严惩并制止所谓“一邑二令”的局面。

## 七、小结

本文对宋元时代的景德镇税课与其相关制度及《陶记》的著作时代进行了初步考察，现小结如下：

1. 景德镇自景德元年（1004）置镇之后至熙宁十年的七十三年间，该镇税课不多，直入浮梁，再由浮梁汇总上缴饶州。

2. 从熙宁十年开始，景德镇税课已越过浮梁县，单独向饶州缴纳，其时商税为三千三百三十七贯，区区一镇之税几乎与德兴全县之商税相等，可见其时窑事与商业的繁盛。

3. 通过《河南强氏族谱》“强子魁”条的考证，景德镇南宋商税在三万贯以上，等于熙宁十年的十倍，强子魁条虽属稀见的证据，但比较可信，因为蒋祈记其时景德镇附加税与杂税月额为三千贯，那么年额必然在三万贯以上。其时的商税决不会低于这个数字，足见族谱资料之重要。其时的税入虽较北宋大大提高，但仍按熙宁旧例越县缴州。

4. 元代景德镇商业较南宋发达，已属全国屈指可数的经济重镇之一，其商税额为饶州路的二分之一，并直缴江浙行省（而在北宋时，一镇之商税只有饶州的八分之一）。这一资料表明，元代的景德镇民营窑业与商业必然空前发达，笔者的这一论断虽与清人蓝浦和近人的说法一致，但依据却大相径庭，前者纯以《陶记》为据而做出推想；笔者的这一看法则来自《元典章》。

5.《陶记》中记述的镇税越县缴州的这一制度，始自北宋熙宁十年，终于南宋，元代未曾沿用。但由于《陶记》的上限为淳熙十四年，故知这一文献不是元代著作，而是南宋中后期的文献，这是笔者近年来获得的《陶记》著于南宋的新证据。

6. 熊寥为了把《陶记》说成元代著作而创造的“南宋镇税不能越县缴州，和元代镇税只能向浮梁州缴纳”的所谓史实，既和南宋制度抵牾，也和元代制度无关，纯属臆想之物。它既不能作为否定《陶记》著于南宋，也不能用来作为肯定《陶记》著于元代的根据。但由于得到了考古界和陶瓷界的名流们的支持，终于在读者中产生了影响，也给笔者以反面的启发，显然有益于学术讨论，理应予以赞扬。

1987 年 10 月

于品陶斋

---

**参考书目：**

（以引文出现先后为序）

1. 康熙二十一年陈淯纂《浮梁县志》景德镇图书馆藏原刊本
2. 乾隆七年李涝德等纂《浮梁县志》北京图书馆藏原刊本
3. 中华书局《文史》十八・十九辑拙稿《蒋祈陶记著作时代考辨》（上、下）
4. （日）爱宕松男《东洋史学论》第一卷《中国陶瓷产业史》第七章《读刘新园氏蒋祈“陶记”著作时代考辨》（日本）三一书房精印本
5. 江西省陶瓷公司《景德镇陶瓷》1983 年第四期熊寥《蒋祈陶记著于元代辨》
6. 《宋会要辑稿》中华书局影印本
7. 康熙十二年王临元纂《浮梁县志》残本北京国书馆箴
8. 《宋史》中华书局排印标点本
9. 明天顺刻本《河南强氏族谱》

10. 宋《庆元条法事类》中华书局影印本
11. 宋·李焘《续资治通鉴长编》中华书局排印本
12. 《元史》中华书局排印标点本
13. 明·王宗沐《江西大志》北京图书馆藏明刊本
14. 《沈刻元典章》中华书局翻刻本

# 关于《陶记》著作时代问题的几点思考

曹建文

（景德镇陶瓷大学）

《景德镇陶瓷》1981年"《陶记》研究专刊"发表了刘新园先生的《蒋祈〈陶记〉著作时代考辨》（以下简称为《考辨》），该文第一次对《陶记》著于元代的说法提出了异议，认为它应是著于南宋的嘉定七年至端平元年（1214~1234）之间。刘新园的这一新说在国内外的学术界引起了很大震动。1983年《景德镇陶瓷》第四期刊载了熊寥先生的《蒋祈〈陶记〉著于元代辨》（以下简称《元代辨》）该文对刘新园的观点进行了针锋相对的辩驳，不仅论证了《陶记》著于元代的传统说法，而且提出了《陶记》就著于元至治壬戌到泰定乙丑（1322~1325）这三年之间。熊寥的这篇文章在我国陶瓷史界也引起了很大反响。对熊寥的反驳，刘新园长期来似乎保持着一种沉默，以至熊寥认为："《陶记》写作于元代的立论，基本上经受了历史的检验"，因为在他看来，"不仅持《陶记》著于南宋说的同志无以答对，而且笔者所持的《陶记》写于元代的立论，受到了陶瓷学界的充分肯定"[1]。然而事隔八年之后，《景德镇方志》1991年第三期刊登了刘新园的《宋元时代的景德镇税课收入及其相关制度的考察——蒋祈〈陶记〉著于南宋新征》，刘在该文中从宋元景德镇税课收入上缴途径方面提出了其新论据，但令人遗憾的是他至今一直未公开回答熊寥在1983年的文章中针对他的观点提出的一系列辩驳。对刘新园的《陶记》著于南宋的新证，熊寥在《景德镇陶瓷》1992年第三期上又撰文进行了反驳[2]。关于《陶记》著作时代的这场争论并没有结束，甚至可以说没有完全展开，因为一方面刘新园还没有公开回答熊寥的两次辩驳，另一方面对于在中国陶瓷史和中国经济史上具有非常重要地位的《陶记》著作时代的研究十二年来一直仅限于刘、熊两人之间的争论，这不能说是相称的和足够的。

笔者最近也有兴研读了蒋祈的《陶记》，对刘新园与熊寥两种不同观点进行了比较分析，查考了一些宋、元史料，愈来愈感到《陶记》著作的时代问题还没有解决，现提出几点粗浅思考就教于关心《陶记》著作时代问题的各位前辈和专家，特别是刘新园、熊寥两位先生。

## 一、如何理解"元蒋祈《陶记》"的题面含义？

据刘新园的《考辨》介绍，目前发现最早刊有《陶记》一文的是康熙二十一年版本的《浮梁县志》，其标题为“蒋祈陶记附”，而随后乾隆七年版本的《浮梁县志》所载《陶记》一文的标题却为“元蒋祈陶记略云”，在蒋祈名前加了一个“元”字。由此，后人往往把《陶记》作为一篇元代文献来看待，而历史上最早把《陶记》定为元代文献的人，刘新园认为就是乾隆七年本《浮梁县志》的编修者。对此，笔者不敢苟同，因为“元蒋祈陶记略云”，里的“元”字表示的并不是《陶记》的写作时代，而只是作者蒋祈的时代，即元代人。当然通常来说作者的时代与其作品的写作时间是一致的，但是这两者之间有时也存在差别。例如，“元蒋祈”存在三种可能性：第一，蒋祈是纯粹元代的人，即其生卒年代都在元代；第二，蒋祈是宋元之际的人，就是说他在宋元两个朝代都生活过；第三，蒋祈是元明之际的人。第二和第三种可能性是不是存在呢？如果仅仅从“元蒋祈陶记略云”的标题上看，应该说都是存在的，历史上把两个朝代之交的人定为前一个朝代或后一个朝代是常见的，即使后人明知处于两个朝代之交的人其著作写于前一朝代时，也是有可能在该著作的作者前把其朝代定为后一个朝代的。譬如陶宗仪为元明之际人，其《辍耕录》著于元末，而清代的《四库全书简明目录》就把《辍耕录三十卷》写为“明陶宗仪撰”[3]。既然后人在明知处于两个朝代之交的人的某一著作写于前一朝代的情况下都有可能在该作者前写上后一个朝代的名称，那么后人在不清楚这样的著作写作的具体朝代的情况下无疑就更有可能在该著作的作者前写上后一朝代的名称或前一朝代名称了。这样，如果仅仅从“元蒋祈陶记略云”题面上来理解，《陶记》的写作时代就应有三种可能性，或写于宋代（南宋），或写于元代，或写于明代。学术界目前还没有谁持明代说的，因为《陶记》的内容不但没有任何明代的痕迹，而且没有一点元代晚期的痕迹。那么《陶记》究竟是著于南宋还是著于元代，这就完全要从其内容上去考察。

## 二、为何《陶记》没有涉及“浮梁瓷局”？

“浮梁瓷局”是元廷在统一中国的前一年即 1278 年设立的唯一掌烧瓷器事务的官办手工业机构。《元史》载：“浮梁瓷局，秩正九品。至元十五年立。掌烧造瓷器，并漆造、马尾、棕藤、笠帽等事。大使、副使各一员。”[4] 至于浮梁瓷局何时撤销，迄今未发现明确的史料记载。刘新园先生在《元代窑事小考》中认为，浮梁瓷局终于 1352 年，在景德镇存在 74 年[5]。徐文先生在《浮梁瓷局的设置及其他》中则说，刘新园先生把瓷局下限定为元代晚期似乎可疑，认为瓷局在 1328 至 1333 实际已停烧[6]。熊寥先生在《浮梁瓷局的设置与撤销》中指出：“至迟在泰定年间，即公元 1324—1327 年，浮梁瓷局就被撤销了。”[7] 不管何时撤销，他们至少都没否认浮梁瓷局在景德镇存在近 46 年之久，即 1278—1324 年。如果说《陶记》著于元代或元代的 1322—1325 年间的话，为什么这篇对当时景德镇窑事记述甚详的《陶记》一点没提及在景德镇存在如此之久而又相当重要的浮梁瓷局呢？无论是要否定还是要论证《陶记》著于元代，这个问题显然是不可回避的，令人不解的是，刘新园先生的《考辨》和熊寥的《元代辨》竟然都没有提出这一问题。当然这一问题对于元代说是极为不利的，因为说蒋祈可能不知道浮梁瓷局的存在，这显然是说不过去的，蒋祈既然能够详细地记述元时景德镇的窑业及其课赋情况，既然能够看到元代数十年来掌管景德镇窑业税收的州家挂欠之籍，并全面地推究其原因，就绝不可能不知道浮梁瓷局。同时，如果说《陶记》写于元代、特别是元代的 1322 至 1325 年之间的话，笔者想《陶记》也不可能不涉及浮梁瓷局。因为浮梁瓷局是元代掌烧景德镇瓷器近达 46 年之久的官办手工业机构，它对元代景德镇瓷业不可能不产生重大影响；其次，《陶记》并非一篇简单的关于景德镇瓷业的文章，虽然它只有一千余言，但却对景德镇瓷业记述甚详，从历史到现状，从产品的种类、纹饰到产品的生产、销售以及瓷业的课赋等等，特别是蒋祈在《陶记》中全面地分析、推究了当时景德镇瓷业不景气的各种原因，而在这些原因中竟没有一点浮梁瓷局的影子。因此笔者认为《陶记》著于元代之说是值得怀疑的。

## 三、以“缗”为课赋的货币单位是宋代的情况还是元代的情况？

关于当时景德镇窑业的课赋，《陶记》记述得非常详细：

夫何昔之课赋优裕，而今之事于此者常怀不足之虑也？宪之头子、泉之率分、统制之供给、经总之移用，州之月桩、支使、醋息，镇之吏俸、孤遗、作匠，总费月钱几三千余缗。而春秋军旅、圣节、郊祀、赏赍、试闱、结葺，犹不与此，通融计之，月需百十五缗。

笔者在这里提请读者注意的是“月钱几三千余缗”和“月需百十五缗”中的“缗”字，说明当时景德镇窑业课赋的货币单位是以“缗”计量的。“缗”的本意是指穿钱的绳子，后来引申为成串的钱，在宋代，缗指成串的铜钱，一千文为一缗[8]。宋代的钱有铜、铁两种，其中铜钱为主币，铁钱为辅币。宋代的纸币——交子、会子——在南宋时虽获得了较大发展，但仍属于辅币。宋政府的赋政收支的货币单位都是以“缗”为单位来计算的，以“缗”作为官府财政收支的货币单位是宋代的特征，《宋史》载：“凡岁赋，谷以石计，钱以缗计，帛以匹计，金银、丝绵以两计，藁秸、薪蒸以围计，他物各以其数计。”[9] 因此，宋代景德镇瓷业课赋的货币单位也必定是以“缗”来计算的。

那么元代的货币制度是不是与宋代一样呢？元政府的财政收支的货币单位是不是也以“缗”为计呢？笔者在查阅了有关元代货币及其财政收支单位的史料和论著后，不能不得出否定的回答。南宋灭亡后，元政府在全国范围内统一使用的是一种名为“钞”的纸币。元世祖中统元年（1260）始造交钞，以丝为本，以两为单位；同年十月又造中统元宝钞，以银为本，以贯、文为单位，这里的“贯、文”不是指铜钱的贯、文，而是指中统元宝钞纸币的面额单位。宝钞每贯等于丝钞一两，宝钞两贯等于白银一两[10]。后来中统钞往往以“两”“锭”为单位，一贯为两，50 两为一锭，钞两锭为白银一锭。元廷在平定江南、统一中国的过程中，一边禁止、拘收宋代的铜钱，一边颁行元钞法。《元史》载：至元十四年（1277）夏四月“禁江南行用铜钱[11]，至元十七年（1280）六月“江淮等地处颁行钞法，废宋铜钱[12]”。于是上自政府的财政收支，下至民间的商品贸易，都以元宝钞为准，元官府的财政收支也皆以“锭”为计算单位[13]。虽然元朝中、后期有过几次币制改革，但都旋踵即废，元初颁行的钞法一直到终元之世，元官府税收的货币单位则一直是以“锭”为计的，从未见，也不可能以“缗”为计的。

瓷业税课在元代属“额外课”，《元史》上记载了天历元年（1328）冀宁路瓷课的税额：“瓷课：冀宁路，五十八锭。”[14] 此外，《元典章》也提到浮梁景德务的年税额在五百锭以上[15]。

## 四、元代是否恢复过南宋的“经总制钱”？

《陶记》在记述当时景德镇瓷业课赋中提到“经总之移用”税一项，这应该是指南宋经制司和总制司收取的“移用钱”，也即南宋设置的“经总制钱”。关于“经总制钱”，南宋著名思想家叶适在其《水心别集》中道：“方腊既平，东南残破，郡县事须兴复，陈亨伯以大漕兼经制使，移用诸路财计[16]”《宋史》也谓：

所谓“经总制钱”者，宣和末，陈亨伯以发运兼经制使，因以为名。建炎二年（1128），高宗在扬州，四方贡赋不以期至，户部尚书吕颐浩、翰林学士叶梦得等言：“亨伯以东南用兵，尝设经制司，取量添酒钱及增一分税钱、头子、卖契等钱，敛之于细，而积之甚众。今若行于诸路州军，岁入无虑数百万计，边事未宁，苟不出此，缓急必致暴敛。与其敛于仓卒，曷若积于细微。”于是以添酒钱、添卖槽钱、典卖田宅增牙税钱、官员等请给头子钱、楼店务增三分房钱，令两浙、江东西、荆湖南北、福建、两广收充经制钱，以宪臣领之，通判敛之，季终输送。绍兴五年（1135），参政孟庾提领措置财用，请以总制司为名，又因经制之额增析而为总制钱，而总制钱自此始矣。（绍兴）十六年（1146）以诸路岁取经总制钱[17]。

那么南宋时设置的“经总制钱”到元代是否继续存在呢？或者是否恢复过呢？《元史》载：至元十三年（1276）元世祖曾诏谕包括江东西在内的府、州、军、县的官吏军民“凡故宋繁冗科差、圣节上供、经总制钱等百余件，悉除免之”。[18]这里不仅指明了免除“经总制钱”，而且把“经总制钱”与故宋的繁冗科差、圣节上供并列提出来，这反映了“经总制钱”在南宋赋税中是特别沉重的一项。当然，根据上述记载，只能说明“经总制钱”在元初被免除了，不能说明“经总制钱”在元中、后期的情况，那么，“经总制钱”在元中、后期是不是恢复过呢？《元史》记：

至元二十八年（1291）十二月壬申中书省臣言：“江南在宋时，差徭为名，七十有余。归附后，一切未征。今分隶诸王城邑，岁赐之物，仰给京师；又中外官吏俸少，似宜量添；可令江南依宋时诸名征赋尽输之。何荣祖言：“宜召各省官任钱谷者诣京师，集议科取之法以闻。”从之[19]。

熊寥先生在《元代辨》中根据这段记述得出：“元世祖忽必烈于至元二十八年下令，在江南地区恢复南宋时的赋税。”《陶记》中所出现的南宋赋税课目，就是元代‘依江南宋时诸名征赋尽输之’的具体反映”，因此《陶记》中的“经总制钱”“只能说明元代在一个特定时期沿袭宋代‘诸名征赋’罢了，不能作为《陶记》写于南宋的根据”。熊寥先生的如此推断笔者认为是站不住脚的，这里明显存在三个问题：其一，提出“可令江南依宋时诸名征赋尽输之”的人不是元世祖忽必烈，而是中书省臣；其二，元世祖对中书省臣的提议并没有表示赞成，元世祖赞成的是何荣祖所说的：“宜召各省官任钱谷者诣京师，集议科取之法以闻”；其三，对于集议的结果如何，《元史》中根本就没有提及，是否恢复以及是部分恢复还是全面恢复都不得而知。因此，从《元史》中的这段记载不能得出元中后期恢复过“经总制钱”的结论。

为了论证元代中后期曾一度全面恢复包括“经总制钱”在内的南宋赋税，熊寥先生在其修订的《元代辨》中还节引了《元典章》中的一段记载来作为依据[20]，为便于更准确地理解《元典章》这段记载的含义，笔者把它全面地引述如下：

元贞二年（1296）九月十八日奏过事内一件，节该，江南百姓每的差税，亡宋时秋、夏税两遍纳有。

夏税木棉、布、绢、丝绵等各处城子里出产的物折做差发斟酌教送有来，秋税只纳粮。如今江浙省所管江东、浙西这两处城子里，依著亡宋例纳有，除那的外，别个城子里依例纳秋税，不曾纳夏税。江西的多一半城子里百姓每比亡宋时分纳的，如今纳税重有，谓如今收粮的斛比亡宋文思院收粮的斛抵一个半大有。若再科夏税呵，莫不百姓根底重复么？两广这几年被草贼作耗，百姓散失了有，那百姓每根底要呵，不宜也者。浙东、福建、湖广百姓每夏税依亡宋体例纳呵，怎生？奏呵。奉圣旨：那般着，钦此[21]。

这段记载说明的实际上与熊寥的愿望恰恰相反，第一，这里所述恢复亡宋的赋税只是秋、夏两税；第二，即使是亡宋的秋、夏两税在1296年也不是在江南所有地方都恢复，而只是在江浙省管辖的原南宋的江东、浙西两处恢复，其他如江西、浙东、福建、湖广等地则只纳秋税。之所以如此，在于元朝统者当时尚能考虑到这些地区百姓生活的困难。

如果说前面所引的几段元代史料还不能明确回答南宋的“经总制钱”是否曾在元代中后期恢复过的话，那么《元史》中有一段话则足以回答这一问题。《元史》谓：“先王理财之道往往取之无度，用之无节，于是汉有告缗、算舟车之令，唐有借商、税间架之法，宋有经、总二钱，皆掊民以充国，卒之民困而国亡，可叹也已。”接着又道：“前代告缗、借商、经总等制，元皆无之，亦可谓宽矣”[22]。据此，元代未恢复过“经总制钱”应该说是非常明确的。

## 五、《陶记》在谈到当时与景德镇窑争夺市场的瓷窑中为什么只提临川、建阳、南丰三窑，而不提吉州和龙泉窑？

蒋祈在分析数十年来掌管景德镇窑业课赋的州家无不有挂欠之籍的原因中有一条为“临川、建阳、南丰他产有所夺”。蒋祈在这里为什么只提临川、建阳、南丰三窑而不提吉州和龙泉窑呢？刘新园先生的《考辨》提出了两点解释：一是这三窑均在宋时烧造或以宋时为其极盛时期；二是这三窑在宋均生产青白瓷，景德镇窑与它们的竞争属“种内竞争”，而龙泉窑、吉州窑生产的瓷器是青釉器或黑釉器，它们与景德镇窑的竞争属次一级的竞争——种间竞争”。熊寥先生的《元代辨》对刘新园的上述解说驳道：临川和建阳在宋代与龙泉、吉州一样，是以黑釉瓷和青釉瓷闻名于世，并在元代继续烧造，南丰窑场在元代也构成了对景德镇争夺销售市场的威胁，蒋祈之所以不提吉州窑是因为吉州窑在元代已开始衰败。要解决上述问题和争论，笔者认为关键是要解决两个间题：第一，临川、建阳、南丰、吉州、龙泉诸窑在元代是否仍兴盛；第二，如果兴盛，它们是否能成为景德镇窑产品在市场上的劲敌。首先让我们来看看临川南丰建阳三窑在元代的情况。

关于临川窑，目前的考古调查和发掘资料还非常缺乏，现在大都还是根据陈柏泉1959、1960年对临川白浒窑的调查来了解的。据陈柏泉的调查报告介绍，在白浒窑遗址上只发现有唐代和宋代的遗物，未发现有元代的遗物。他由此推测白浒窑瓷业的最盛期可能是唐代，下限到宋代或稍后[23]，对临川窑的全面了解无疑还有待于今后的考古发掘，但是根据目前的调查，临川白浒窑即使在元代还继续烧造，也已非常衰落，因而难以同元代的景德镇窑相匹敌，对此，熊寥先生在《元代辨》中也承认拿不出证据来反驳这一点。

关于南丰窑，熊寥先生在《元代辨》中不但认为该窑在元代继续存在，而且断定它在元代的陶瓷销售市场上构成了对景德镇窑的威胁。其主要根据是：第一，南丰县在至元十九年（1282）曾升为南丰州，直隶江西行省；第二、《元州志》记："白舍之白瓷器，瑶里圩之莹布，瞿村之白简纸，当时已称其苦窳稀薄，不足应四方之求"；第三、花兴如先生的《南丰白舍宋元古瓷窑址的探讨》谓：南丰白舍有"大小窑址三十四座，窑体堆积完整的有二十座"。熊寥先生的这三个主要论据笔者认为都是有问题的。第一，南丰县在至元十九年升为州，这并不能推出南丰窑在此时仍兴盛，因为元代决定县是否升州的依据，主要是看该县的人口数量，《元史》载："江南既平，（至元）二十年（1283），又定其他五万户之上者为上州，三万户之上者为中州，不及三万户者为下州。于是升县为州者四十有四。"[24]第二，《元州志》关于白舍白瓷器的这段记载，说明的并不是南丰窑的兴盛，而恰恰是南丰窑的衰落。"苦窳"是粗劣的意思，"不足应四方之求"是指这种粗劣的白舍白瓷器不足以适应、满足四方之需求，而不是说这种粗劣的白舍白瓷器已应付不了四方对它的越来越大的需求。第三，花兴如先生关于南丰白舍窑窑址和窑体堆积数量的记述并不是特指元代的南丰白舍窑。花兴如先生在同文中还指出，这些窑址有早期也有晚期，早期的白舍窑早到什么时候，花兴如先生在该文中没有说明，他肯定的是南丰窑在宋时以生产新颖独特的青白瓷闻名，至于晚期的白舍窑晚到元代，他在文章中根据的主要是上述的《元州志》记载和蒋祈的《陶记》[25]。对《元州志》的记载，笔者已在前面做了说明，而《陶记》，这恰恰是我们现在需讨论的文献，熊寥先生引用以《陶记》为依据的材料再来证明《陶记》的写作年代，这必然导致循环论证。

对于南丰窑的时代及其兴盛期，我国陶瓷考古界的调查和研究已经是比较清楚的。陈柏泉先生根据1960年的调查指出："窑址上散布的遗物多属宋代遗存，故该窑的极盛时代应属宋代。"[26]冯先铭先生在《三十年来我国陶瓷考古的收获》一文在谈到南丰窑时也说："窑址是1960年发现的，1979年故宫博物院派人做了调查。两次调查判明南丰窑的烧瓷时间是在宋代，与蒋祈所记在时间上有出入。"[27]又陈定荣先生在《影青瓷说》一书中指出："白舍窑约衰落在南宋中晚期，遗址上绝少有南宋晚期器物。"[28]显而易见，南丰窑即使还延烧到元代，也不可能在市场上构成对景德镇窑的威胁。

关于建阳窑，众所周知它在宋代是以黑釉器闻名的，但是建阳窑并不等于黑釉器，为此应该把建阳窑与"建窑"两个概念区分开来。"建窑"一般是指建阳水吉镇的黑釉器，而建阳窑则不仅包括水吉镇的黑釉器，而且还包括水吉镇的青白釉器以及建阳其它窑址的黑釉器、青白釉器、青釉器等。宋代建阳生产青白瓷的窑址也是不少的。除水吉镇兼烧青白瓷外，还有以生产青白瓷为主的华家山窑址等[29]。同时建阳青白瓷的质量也是相当高的，对此叶喆民先生曾感叹："在以烧黑釉著名的建阳窑也发现有影青瓷，其胎质之坚薄细白，釉色的青翠光润，较比景德镇同类产品，实有过之而无不及，而且远远超过了德化影青的瓷质"[30]。熊寥先生在《元代辨》中把建阳窑和"建窑"等同起来，笔者认为是不正确的。

宋代尤其南宋是建阳窑的全面兴盛时期，这在陶瓷考古界已经是无疑的，但是建阳窑在元代或元初是不是仍然兴盛，这就有不同看法了。熊寥先生的《元代辨》引用了叶文程先生《"建窑"初探》一文来做根据，因为叶文程先生在文中对"建窑"的时代曾总概道："建窑黑釉器创烧于北宋，而繁盛于南宋及元初，元末以后是建窑黑釉器停烧或废烧时期。"[31]但是叶文程关于建窑黑釉器仍繁盛于元初的根据是《景德镇陶录》上的"建窑入元犹盛"和《景德镇瓷业史》所说的"当时和景德镇竞争市场的也大有人在……临川、建阳、南丰产有所夺。可见这三窑在元代也盛，而足使景德镇瓷业受一大打击”[32]。不但《景德镇瓷业史》，而且《景德镇陶录》中的“建窑入元犹盛”的观点，实际上都是依据我们现在本身要研究的《陶记》文献[33]，因此熊寥先生的《元代辨》引用叶文程先生的这篇文章来做依据，实质上仍然是用《陶记》来证明《陶记》，这样的论证是没有说服力的。

目前考古发现的建阳窑址大都是宋代的，元代的窑址只发现一处，即以青绿釉器为主的源头仔窑[34]。笔者认为这反映出元代建阳窑的衰落，而建阳窑之所以在元代衰落，一个很重要的原因是“以生产黑釉器为主的水吉窑，是适应宋代饮茶风尚的需要而兴盛发展起来的”，“随着饮茶风尚及其茶具的改变（向白盏过渡），黑釉茶碗生产的衰落也就成为历史的必然”[35]。据此，笔者认为日益衰落的元代建阳窑是难以构成对日益上升的元代景德镇窑的威胁的。

现在我们再来看看吉州窑和龙泉窑在元代的情况。

关于吉州窑，熊寥先生的《元代辨》主要是根据一些历史文献上的“相传”指出吉州窑在元代开始衰败的，但是在我国陶瓷考古界有不少专家对历史文献上的“相传”持怀疑或否定态度。如余家栋先生的《试论吉州窑》“根据出土遗物的分析对比，参照各地墓葬、瓷窑资料以及有关文献记载，笔者认为吉州窑始烧于晚唐，发展于五代、北宋，兴盛于南宋至元代初中期，至元代末期衰退终烧”，“所谓‘宋末土尽窑变’、文天祥抗元、‘窑工弃工从戎’，‘致使吉州窑成为废址’，等论断似难成立”[36]。杨后礼先生在《元代吉州窑瓷器探索》中也指出：“吉州窑在元代制瓷业不但没有停火，而且在元代中期还有一段逊于南宋的回升时期。”[37] 由于余、杨两先生能把吉州窑的出土遗物、墓葬、瓷窑资料和文献记载结合起来考察，所以笔者认为他们的论断比仅仅基于文献上的传说得出的结论更有说服力。

关于龙泉窑在元代的情况，遗憾的是熊寥先生的《元代辨》没有涉及，更没有回答《陶记》为什么不提龙泉窑这个非常重要的问题。但是龙泉窑在元代仍然兴盛，这早已为考古所证实，正如朱柏谦先生在《龙泉青瓷简史》中所指出的：“龙泉窑进入元代以后，由于需要量的猛增，瓷窑迅速增添，产量大大提高[38]。

从上述情况看，《陶记》中所述的与当时景德镇窑争夺市场的临川、南丰、建阳三窑可以说在元代均已处于衰落状态，难与日益上升的元代景德镇窑相匹敌，而《陶记》中未提到的吉州窑，特别是龙泉窑却在元代仍然兴盛，如何解释这一问题呢？笔者认为只有否认《陶记》写于元代而承认它写于南宋，这一问题才能得到合理解释。

如果说《陶记》著于南宋，那么接下来的问题必然是《陶记》为什么只提当时兴盛的临川、南丰、建阳三窑而不提当时也兴盛的吉州和龙泉窑呢？刘新园先生在《考辨》中是用“种内竞争”和“种间竞争”说来解释这个问题的。这种解释笔者认为有一定道理，因为南宋景德镇窑的特长和大宗产品是青白瓷，同时期的南丰、建阳窑也生产质量相当高的青白瓷，而同时期的吉州窑主要生产黑釉瓷、白地普釉彩绘瓷和绿釉瓷，青白瓷数量非常少[39]，而龙泉窑则主要是生产以粉青和梅子青釉为特色的青釉瓷。这里有点出入的是临川窑，据陈柏泉 1960 年的初步调查，临川白浒窑的宋代瓷碗为青绿釉和豆青色釉，未提到青白釉[40]，是否临川窑不生产青白瓷，现在还很难下定论，因为陈柏泉那次的调查还是很粗略的，而且发现的遗物以唐代为多，所以这个问题的解决，笔者认为还有赖于对整个临川窑的进一步调查、发掘。另外，宋代以生产青白瓷为主的金溪窑，在宋时曾属临川县管辖，宋代的金溪窑是不是可称临川窑也是值得研究的。仅仅用“种内竞争”和“种间竞争”来解释，是不够的，还必须注意当时以青白瓷见长和为大宗产品的景德镇窑在国内的主要市场是“江、湖、川、广”，这一点在《陶记》中说得很清楚。由于“江、湖、川、广器尚青白”，因此非青白的吉州窑和龙泉窑自然也就不可能成为南宋景德镇窑在市场的劲敌，能够成为景德镇窑市场劲敌的只能是那些也能够生产高质量青白瓷的，并距“江、湖、川、广”市场较近的瓷窑。

## 六、《陶记》中的“州”是指饶州还是浮梁州？

《陶记》在谈到当时景德镇瓷业的课赋中有“州之月桩、支使、醋息”，后面又有“予观数十年来官斯去者，无不有州家挂欠之籍”。刘新园和熊寥两先生由于观点的不同，对这里“州”的理解也是大不一样的，刘新园先生认为这里的“州”是指宋代的饶州，而熊寥先生则认为这里的“州”是指元代元贞元年（1295）升立的浮梁州。熊寥先生的主要根据是：包括南宋在内的历代地方各县的税粮征收、上缴、挂欠都是由知县直负其责，县是国家征税的基层政权单位，作为浮梁县的上司机关的饶州只能通过而不能撇开浮梁县这一级政权去直接征收浮梁地区老百姓的税款。熊寥先生的上述论据看起来很有道理，然而实际上却存在很大问题。一个最主要的问题就是他把农业上的税粮征收与非农业上的课赋征收混同了起来，完全抹杀了两者的区别。各地农业上的税粮的征收的确一般都是由县官直接负责的，但是《陶记》所述的课赋税收及其课赋官员的挂欠不是农桑税粮的课赋税收及其课赋官员的挂欠，而是指景德镇瓷业的课赋及其课赋官员的挂欠。

在宋代，象茶、盐、酒税、场务、冶铸等非农业上的课赋大都是由州官来负责的，宋代各地州府还专门设有掌管这类税收的“监当官”，《宋史》载：

监当官：掌茶、盐、酒税、场务征输及冶铸之事。诸州、军随事置官，其征榷场务，岁有定额，岁终，课其额之登耗以为举判。凡课利所入，日具数以申于州。建炎初（1127），诏监当官，凡交割必置历以稽其剩欠……[41]

这里不但把州“监当官”掌管征输税收的方面说得很清楚，而且指明了在南宋建炎初以后，州“监当”在离任时必须有其税收剩欠情况的记载，正因为如此，蒋祈才能看到数十年来离任的“州家挂欠之籍”。

在元代，农业与非农业的赋税征收也是有差别的，非农业的税收有岁课（主要是矿产税）、盐税、茶税、酒醋税、商税、市舶税和额外课之分，瓷课属于额外课[42]，这些非农业的税收一般都由一些专门的税务机构及税官负责征收。元时景德镇的瓷业税课由专设的“浮梁景德务”及其税官提领负责征收，泰定（1324 ~ 1328）后改由饶州路总管征收，《景德镇陶录》云：“元改宋监镇官为提领，至泰定后又以本路总管监陶，皆有命则供，否则止税课而已。”[43]熊寥先生在《元代辨》中说饶州路总管的职责仅仅是监督而不管税课，这显然是不符史实的，也许熊寥先生是把《陶录》这句话中的“止”理解为“停止，但“止”在这里的意思是“仅，只”，就是说泰定后当元廷无供瓷要求的时候，饶州路总管仅（只）是征集景德镇瓷窑的税收。

## 七、如何理解“真定”？

《陶记》云：“景德陶，昔三百余座。埏埴之器，洁白不疵，故鬻于他所，皆有饶玉之称。其视真定红磁、龙泉青秘，相竞奇矣。”这里引起较大争议的是对“昔”和“真定”的理解。刘新园先生在《考辨》中认为“昔”指的是北宋，“是南宋人回忆北宋时代的窑业情景”。熊寥先生的《元代辨》则认为，“昔”是指包括南宋在内的整个宋代。关于“真定”，白焜先生在《（陶记）校注》中说：“‘真定’者，当指古真定国”，即汉武帝元鼎四年（前113）所置的真定国[44]。熊寥先生则认为，“真定”是指元代的真定路，因为定窑所在的曲阳县在元代的某一个时期曾隶属于中山府，而元代的中山府又隶属于真定路。这里的关键是如何理解“真定”。把这里的“真定”理解为汉武帝时设置的真定国，笔者认为过于牵强，蒋祈没有必要借用一千年前的“真定”名称，何况那时的“真定国”也不产瓷器。但是，把这里的“真定”理解为元代的真定路是不是就对呢？按照熊寥先生的观点，“昔”是包括南宋在内的整个宋代，那么与宋代“饶玉”相竞奇的“真定红磁、龙泉青秘”也就应该是宋代的，而不会是元代的。因此，把这里的“真定”理解为是元代的真定路与把“昔”理解为整个宋代，笔者认为是不一致的。再则，如果《陶记》所提到的与“昔”时饶玉相竞奇的“真宝红磁”中的“真定”是指元代真定路的话，那么为何蒋祈在谈到当时景德镇瓷器市场的一些地名时却用宋代的地名而不用元代的地名呢？例如蒋祈在《陶记》中提到当时景德镇瓷器市场的地域有“浙之东西”“江、湖、川、广”“川、广、荆、湘”“江、浙、福建”“两淮”“江广、闽、浙”等，这些地域的名称都是宋代行政区域的简称，而元代行政区域的名称与宋代是很不一样的。元朝“立中书省一，行中书省十有一：曰岭北，曰辽阳，曰河南，曰陕西，曰四川，曰甘肃，曰云南，曰江浙，曰江西，曰湖广，曰征东”[45]。元时的江西省不等于宋代的江西路，它包括宋代的江西路和广东路，而元时的江浙省也不等于宋代的两浙路，它不但包括宋代的浙之东西，还包括宋代饶州府所在的江东路。当然元代初期常常会沿用宋代的地名，但是如果《陶记》写于元代的话，笔者认为蒋祈决不会在追述宋代历史的时候用元代的地名，而在叙述当时的情况时却用宋代的地名。

那么如若《陶记》著于南宋的话，蒋祈为何说“真定红磁”，而不说“定州红磁”呢？这的确是一个问题，因为定窑所在的曲阳县在北宋及金代从未直属过真定府。要解答这个问题，我想必须搞清楚这样一个问题，即在宋代能不能把“定州红磁”也叫作“真定红磁”？考虑到真定府在宋代及金代不是一般的州府而是定州所在的河北西路的治所或首府，是定州的上级机关所在，笔者认为这种可能性是存在的。傅振伦先生在《（陶记略）译注》中对“真定”的理解也是这样的：“定窑在定州曲阳县，属真定府[46]。”此外《金史》也有真定府产瓷的记载[47]。

综上思考，笔者是倾向于《陶记》著于南宋的，当然这其中仍有不少问题值得进一步研究。笔者不敏，又属初学，上述思考一定存在疏漏、肤浅乃至谬误之处，敬请各位前辈和专家指正。

1993年第3卷第4期　景德镇陶瓷

**[注释]**

[1]熊寥：《中国陶瓷与中国文化》，浙江美术学院出版社1990年版，第95页。
[2]熊寥:《宋元镇税制度与〈陶记〉著作时代——评刘新园〈陶记〉著于南宋之新证》(《景德镇陶瓷》1992年第二卷第三期）。
[3]清·永瑢等著：《四库全书简明目录》，第549页，上海古籍出版社1985年新版。
[4]《元史》卷八十八，《百官四》。
[5]《景德镇陶瓷学院学报》第二卷，1981年第一期。
[6]《景德镇陶瓷学院学报》第三卷，1982年第一期。
[7]《河北陶瓷》，1986年第一期。
[8]《汉语大字典》第五卷，四川辞书出版社、湖北辞书出版社1988年版。出版社1989年版。
[9]《宋史》卷一百七十四，《食货上二》。
[10]《元史》卷九十三，《食货一·钞法》。
[11]《元史》卷九，《世祖六》。
[12]《元史》卷十一，《世祖八》。
[13]余也非：《中国古代经济史》，第487页，重庆出版社1991年版。
[14]《元史》卷九十四，《食货二·额外课》。
[15]《元典章》，《吏部三》。
[16]《叶适集》第三册第74页，中华书局1961年版
[17]《宋史》、《食货下一》。
[18]《元史》卷九，《世祖六》。
[19]《元史》卷十六，《世祖十三》。
[20]《中国陶瓷与中国文化》，第107页。
[21]《元典章》卷二四，《户部·起征夏税》。
[22]《元史》卷九十三，《食货一》。
[23]《江西临川南丰窑址调查》(《考古》1963年第12期)
[24]《元史》卷九十一，《百官七》。
[25]《景德镇陶瓷》，1984年《中国古陶瓷研究专辑》第二辑。
[26]同[22]。
[27]《三十年我国陶瓷考古的收获》(《故宫博物院院刊》，1980年第一期)
[28]《影青瓷说》，第65页，紫禁城出版社1991年版。
[29]林忠干、王治平：《建阳古瓷窑考察》(《景德镇陶瓷》1983年，《中国古陶瓷研究专辑》第一辑)
[30]《中国陶瓷史纲要》，第159页，轻工业出版社1989年版。
[31]《中国古代窑址调查发掘报告集》，文物出版社1984年版。
[32]同上
[33]关于《景德镇陶录》中“建窑入元犹盛”的观点依据与《陶记》的原因，可参见《景德镇陶录》

卷七“古窑考·南丰窑”。
[34] 同 [28]
[35] 同 [28]
[36]《景德镇陶瓷》1983 年，《中国古陶瓷研究专辑》第一辑。
[37]《中国陶瓷》1982 年第七期增刊，《古陶瓷研究专辑》。
[38]《朱伯谦论文集》，第 181 页，紫禁城出版社 1990 年版。
[39]《吉州窑遗址发掘报告》（《景德镇陶瓷》，1983 年《中国古陶瓷研究专辑》第一辑）
[40] 同 [22]。
[41]《宋史》卷一百六十七，《职官七》。
[42]《元史》卷九十四，《食货二》。
[43]《景德镇陶录》卷五，《景德镇历代窑考》。
[44]《景德镇陶瓷》1981 年“《陶记》研究专刊。
[45]《元史》卷五十八，《地理一》。
[46]《湖南陶瓷》，1979 年第一期。
[47]《金史》卷二十五，《地理中》。

# 元说

YUANSHUO

# 元·蒋祈《陶记》译注

傅振伦

清人唐英、朱琰、蓝浦对瓷都景德镇造瓷工艺都有系统的记载，然开其端的是元人蒋祈（生平不详）的《陶记》（或作《陶记略》）。其书见清康熙二十一年《浮梁县志》及乾隆七年《浮梁县志》，称元人蒋祈所作。自后通志、府志、县志多载之，都以为作于元代。元代陶瓷工艺在宋代基础上有一些新发展。除青白器、青花瓷外，还创造了釉里红器。但由于封建制度的束缚，发展迟缓。《陶记》记述了元代景德镇造瓷窑场、生产关系、制造过程，窑器品类和销路，还着重说明统治阶级对窑业的层层压迫、剥削，揭出了瓷器未能得到应有的充分发展的原因。这是研究我国手工业发展和经济发展以及造瓷技术历史的重要文献。英人布希尔、法人汝廉译注此书，节录而不详；1937 年日人尾崎洵盛也在第九号《陶磁》杂志做过译注，亦不尽当。我曾以乾隆七年《浮梁县志》原文为主，试译做注，载在《湖南陶瓷》1979 年第一期。此后《景德镇陶瓷》1981 年 4 月《陶记研究专号》刘新园和白焜以为《陶记》作于南宋嘉定七年至端平元年（1213—1234）之间，熊寥又在 1983 年《景德镇陶瓷》辨释，以其书著于元至治二年至泰定二年间（1322—1325），今参考近人之说，略作补充。

## 《陶记》原文

景德[1][镇]陶，昔[2]三百余座。埏埴之器，洁白不疵[3]，故鬻于他所，（皆）[辄]有“饶玉[4]之称。其视真定红瓷[5]、龙泉青秘[6]，相竞奇矣。窑[7]之长短，率有“甃”一数，官籍丈尺，以第[8]其税；而火堂、火栈、火尾、火眼之属，则不入于籍[9]。陶甿食土（工），不受艺（佣），（备）埽[10]赁窑主，以相符合，谓之“甃”。土坯既匣[11]，垛而别之。审厥窑位，以谨布置，谓之“障窑”[12]。兴烧之际，按籍纳金。窑牌、火历[13]迭相出[示]（入），谓之“报火”。一日二夜，窑火既歇。商争取售，上（工）者择写，谓之“拣窑”[14]。交易之际，牙侩主之，同异差互，官则有考，谓之“店簿”。运器入可，肩夫执券，次第件具（或作数），以凭商算，谓之“非子”。其窑之纲纪大略，有如此者。若夫制[15]之东、西，器尚黄黑，出于湖田之窑[16]者也[17]。江、湖、川、广，器尚青白，出于镇[18]之窑者也。碗之类：鱼水、高足；碟之发晕、海眼、雪花[19]，此川、广、荆湘[20]之所利；盘之马蹄、槟榔；盂之莲花、[耍]（要）[21]角；碗、碟之绣花、银绣、蒲唇、弄弦之类，此江、浙、福建之所利，必地有择焉者。（则）炉之别：曰猊，曰鼎，曰彝，曰鬲，曰朝天，曰象腿，曰香奁，曰桶子[22]；瓶：之别曰觚，曰胆，曰壶，曰净（水），曰栀子，曰荷叶，曰葫芦，曰律管，曰兽环，曰琉璃。与夫空头细名[23]，考之不一而足，惟贩之所需耳。两淮所宜，大率皆江、广、闽、浙澄泽（择）之余[24]，士人货之者，谓之“黄掉”。[黄]掉云者，以其色泽不美而在可弃之域（疑当作“列”）也。所谓器之品数，大略有如此者。至若冬泥冻（涑）脆，不可以（烧）（操）、坯陶既就，复不易（操）[燥]（或作烧），则有“火房”。火事将毕，器不可度，探坯窑眼，以骄（验、校）生熟，则有“火器”[25]。进坑石泥制之精巧。湖坑、岭背、界田[26]之所产，已为次矣。比壬[27]、高砂、马鞍山[28]、磁石（堂）[塘][29]，厥上赤石[30]，仅可为匣。模[31]。工而杂之以成器，则皆败恶不良，无取焉。攸山、山槎、灰[32]之制釉者[33]取之。而制之之法，则石垩炼灰，杂以槎叶木柿，火毁（一作“加炼”）之，必剂以岭背釉泥[34]，而后可用。或覆仰烧焉[35]。

陶工、匣工、土工之有其局；利坯、车坯、釉坯[36]之有其法，印花、画花、雕花[37]之有其技，秩然规制，（名）[各]不相紊。

窑有尺籍[38]，私之者刑。釉有三色[39]，冒之者罚（一作罪）。凡利于官者，一涉欺瞒，则牙、商、担夫，一律坐罪，其周防可谓密矣。夫何昔之课赋优裕，而今之事于此者常怀不足之虑（也）[耶]（一作乎）？宪之头子，泉之率分[40]、统制之供给，经总之移用；[41]州之月桩[42]支使[43]、醋息[44]，镇之吏俸、孤遗、作匠[45]，总费月（钱）（践）几三千余缗；而春秋军旅、圣节、郊祀赏赉、试闱、结葺，犹不与此。通融计之，月需百十五（一作五十）缗。则权官可以遗责，反是则谴至矣[46]。

予观数十年来，官斯（土）（去）者，无不有州家挂欠之籍。盖尝推求其故，则有由矣。（凡）窑家作辍，与时年丰凶，相为表里[47]，一也；临川、建阳、南丰[48]，他产有所夺，二也；上司限期稍不如约，则牙校踵门，以相蠹蚀，三也；狱失其校（一作较），权官散分，迩来猾商狡狯，无所焯（佈）（怖）[49]，四也；土居之吏，牢植不拔，殆有汉人仓库氏之风[50]，五也。官之懵者，吏[掣]（制）其肘。一有强明自任，则吏结豪驵之民，诡辞[51]上官，必使惩之，更而后已。官不少察，事势轻矣，此重可为太息[52]者也！尝记《容斋随笔》载，昔之守令不市陶器，父老所传，仅二人焉。呜呼！何辽绝[53]耶？容斋所记，可以尽信否耶？何今未有继也？又闻镇之巨商（一作户），今不如意者，十八九，官之利闰羡，乃有倍蓰之亏，时邪[54]？山川脉络，不能静于焚毁之余，而土风日以荡耶？“一里窑，五里焦”之谚，其龟鉴[55]矣！或者谓，“博易之务[56]废矣，窑巡之职罢矣，今之不可复古矣。然河滨之陶，昔人为盛德所感，故器不苦窳。庸讵知[57]今日董陶之器，不可以复古耶？是又非予所得而知也！

（《湖南陶瓷》1979年1月）

**[注释]**

[1]景德镇：在江西浮梁县昌水南岸，汉名新平，唐名昌南，宋景德元年（1004）改名景德镇，在明清，与河南朱仙、广东佛山、湖北汉口等工商业城市合称四大镇。清代或称陶阳。

[2]陶：音桃，指陶器、陶人或陶政；此音尧，指烧造陶瓷器的场所。昔：指南宋末年。

[3]埏：音善，用水和土。埴：音实，黏土。疵：音此，毛病。

[4]鬻：音入，售卖。饶玉：唐武德四年（621），饶州浮梁县昌南镇钟秀里民陶玉，制造瓷器，运到关中去卖，因质致而坚，光莹如玉，人称“假玉器”，后人呼为“饶玉”。

[5]宋苏轼《试院煎茶诗》有“定州花瓷琢红玉”之句。后人称为红瓷。定州窑址在今河北曲阳涧磁村和东西燕山村，此地在元代隶属中书省真定路中山府定州，故元代称“真定红磁”。

[6]龙泉青秘：指元人在浙江龙泉仿五代吴越秘色而烧造的青瓷器材。

[7]窑：指当时长形龙窑，长短不一。

[8]甏：音爽，同瓾，原是磋污垢的碎瓦石；按作者文义，似是一个窑户由几个坯户来搭烧，坯户以务农为主，不受窑户的雇佣，烧窑时，以宾主的关系合组搭烧，坯户兼任打扫庭除杂役。民国初年，河北冀南砖瓦业还有这类性质的临时组合。籍：注册登记。第：分别类级。

[9]火堂：即火膛，窑前部的燃烧室。火栈：指火路。火尾：指窑的后室或烟突。火眼：窑两侧的投柴孔。火堂、火路、火尾、火眼都是不能安装器坯的部分，所以“不入于籍”。

[10]甿：音蒙，农民。土：田地。埽：同扫，指杂役。

[11]匣：盛器坯的工具，指匣钵或覆烧窑具等耐火容器，河南称笼。垛：堆积。

[12]窑位：窑器在窑室内安排的部位。景德镇柴窑纵向，有前、中、后之分；竖向，有上中下之分。上层温度高而下层及后室低，宜于安置低温釉窑器或粗器，并用以搪火焰。安排窑位，匣柱间留出火路，在窑门前用空匣排满以障火，名为障窑，俗名满窑或码窑。按籍纳金：按籍中登记的容量交纳税金。

[13]窑牌：窑户纳税后批准烧窑的牌照．火历：注有年月日的烧窑点火的申请书。

[14]拣窑：开窑挑选瓷器。

[15]牙侩（音快）：经纪牙行，即交易的中间人。《后汉书·逢萌传》“侩牛自隐”，注：“侩，谓平会两家卖买之价”。考：号的证券、票据，今湖北、四川犹有此语。纲纪：制度、条理。淛：即浙字。浙之东西指元江浙省南部。

[16]黄黑：《格古要论》说“宋建窑器：碗盏多是甓口，色黑而滋润，有黄兔毛斑”。故元代称黄黑瓷。今人在景德镇东南八里发掘湖田窑址，得黑釉高足碗。湖田窑一称近镇窑。景德镇《陶录》说“湖田市元初作陶，土质硬而焦，黄黑色多”。

[17]《景德镇陶录》引蒋《记》说：“镇东南二十里外有湘湖市，器雅而泽”，今无此文，疑此文原在此文之后。

[18]江湖川广尚青白：江指元代江西省及江浙省北部；湖指湖广省北部，川指四川省，广指湖广省南部。青白：今称影青、稳青，浅者为月白。镇：指景德镇。

[19]碗之类：以下所述瓷器品种，或以造型言，或以釉色言，或以图饰言。如鱼水指划花游鱼的图样，表示游鱼得水之乐。高足碗是五代荆楚常用的品种，元代两湖也是如此。发晕指红若燕脂的元钧釉瓷器。海眼疑指类似海螺纹的涡纹图样，洛阳曾出有这类瓷片。雪花指雪花釉，中国历史博物馆今仍陈列有唐雪花釉瓷器。

[20]荆湘：今湖北及湖南。

[21]马蹄盘似指三足作马蹄状的瓷盘。槟榔盘疑以形状言，或以釉色赤褐而定名。莲花盂疑指荷花洗或莲花瓣口盂。要角；疑是委角的误写。宋官窑和哥窑都有委角印色池，或以奖读软音，是器口向内收歙之意。

[22] 绣花指剔刻精细图样的瓷器。银绣疑是指描银或鎏银的绣花瓷。蒲唇指菖蒲口。弄弦疑是四周有一两道凸线弦纹瓷。弄是凸起、隆起之意。猊（音依）炉：似是狮状炉，也可能是盖有蹲兽之炉，鼎、彝鬲、炉是仿商周礼器者。鼎是三足圆炉或四足方炉。匜（音依）簋（音规）：圆状或方状礼器形状的瓷炉。鬲（音立）：是三空足无耳之炉。朝天：有冲耳之器。象腿指象足状之炉。香奁（音连）：仿古铜或陶奁，妇女盛化妆品所用，犹定窑香奁合子之类，体高而深，作桶状。奁：一说是尊或瓶之类。
[23] 觚（音孤）瓶，仿古铜觚形状，有园有方，各有棱角。胆瓶：长颈圆肚，作胆状。壶瓶：《格古要论》说："古人用执瓶，酒注，不用壶瓶及有嘴折盂。茶盅、台盘，始于元朝，为定、官窑之瓷器。"净瓶：是注瓶，《陶说》引唐释义净《南海寄归传》，"军执有二：瓷瓦者净用，铜铁者浊用。"僧人游方，携之贮水，以备饮用及净手。栀子瓶：疑以象形言。葫芦瓶：以形似葫芦而言。荷叶瓶：疑如宋代荷叶偏壶之类，瓶两侧凸起作大荷叶形。律管瓶：瓶口两侧有两个或四个律管状，直立向上。兽环瓶：两侧以兽形铺首而口衔环状作两耳。琉璃瓶：以玻璃制成。景德镇在唐代，市埠桥已有盛姓经营的琉璃窑。空头细名：有名无实的繁琐名目。
[24] 澄泽之余：似是陶汰所剩下的意思。货：卖。
[25] 度：探视、测定。窑眼：火眼。火照：《景德镇陶录》，"本烧户亦有自试火照之法。取破坯一大块，中空一园孔，置窑限内，用钩探验生熟"。宋元也有这样的做法。
[26] 进坑：今镇东十七里进坑村。石：瓷石。经过后期热液变化，其中的长石部分或全部变为绢云母和高岭石的长英岩或正常长英岩。石泥：所用瓷石经用水舂粉碎，经水冲刷、选制而成的"白不"（音敦）。湖坑，或云即今湖田村南五里之三宝蓬。岭背：岭即镇南十八里之牛角岭，岭背即牛角岭南麓的丘冲鸭（距镇 23 里）及下项村（今属乐平县，去镇 25 里）；今景德镇及乐平人仍称其地为岭背。界田：今镇东 70 里之界田村（村南 8 里有乾坑，产瓷田）。
[27] 壬坑：镇南五里银坑，或作壬坑。
[28] 高砂：镇东北 22 里高砂村。马鞍山：今仍沿用此名。
[29] 磁石堂：即磁石塘，在马鞍山南麓。
[30] 厥土：其土之意。赤石：赭石色或暗棕色之石。
[31] 模：制作盘碟碗等圆形瓷器时，每种必有一件泥质内范，修整数次之后，大小款式方能划一。大约一尺之坯，经烧后，可得七八寸。旧用泥模，今多用石膏。
[32] 攸山：或云即今镇东 35 里游山。山嵯：或云即镇南 35 里之仙槎。槎：同茬。灰：指釉灰，用石灰及草木灰拌匀，它在釉中起熔剂作用。
[33] 制釉者：即《陶录》所谓合釉工，指配釉兼旅釉之人。
[34] 垩（音娥）：白土，指石灰。釉：写法不一，见《陶录》，古作油或锈，今通作釉。釉泥：今称釉果，即风化较弱的瓷石。
[35] 覆烧：器坯覆置，垫以钵，或用支圈在窑覆烧。仰烧：以器坯向上放在匣中，堆垛入窑烧之。
[36] 陶工：匣工、土工之有其局：本文以下谈元代陶瓷手工业作坊内部分工情形。景德镇在明清两代仍在实行，见《天工开物·陶埏篇》及《陶说》、《陶录》。陶工：制坯、施釉、雕花等工人。匣工：制造匣钵、垫饼等窑具的工人。土工：粉碎、淘洗瓷石，翻搏、揉作瓷泥的工人。利坯：用铁刀旋削干坯，今仍有此称。车坯：以快轮陶车拉坯，以作成成型的器坯。釉坯：于坯上施釉料。

[37] 印花：把图饰花纹雕刻在模具（即范）上，以有塑性的器坯置模上压印成纹。画花：画通划，以锋利工具在器坯上刻划图饰花纹，雕花：用刀具剔除花纹以外的一层坯泥，以凸出花纹，亦即《营造法式》剔地起凸之法。元代还有绣花、银绣等瓷器。

[38] 尺籍：古代经书和法令写在二尺四寸竹帛上，其余文件记事则用尺牍、尺素或一尺二寸，举成数以言，通称尺籍。

[39] 三色：色指品种、样数。民国初年，北方馈赠犹有"两色礼"、"四色礼"之语。周防：防范周备。宪：法则、规定，头子钱：五代、唐宋以租赋以外的附加额，名头子钱。后人经手办事的手续费，曰回扣。泉：指泉府，《周礼·地官》的属官，有泉府，掌管国家税收，收购市上滞销货物。后世说官征税者或称泉府。率分钱：初见《廖史》，元朝亦有之。率指统领或将帅。统制之供应：指军事官长的支应。

[41 经总之移用：北宋末，东南七路增税额曰经制钱，南宋因之，末年有总经制钱，大为民害，元似仍未废。移用：元之移用，犹《欧阳文忠集》所说的"那融"，李心传《建炎以来系年要录》所谓"挪拨"，即今所谓"挪用"。

[42] 月桩钱：南宋初，江东漕司以指定科目，不敷军用支应，乃由地方摊派，于州县正税外，巧立名目，花样繁杂，计月椿办钱物，总名月桩钱，元似因而未废。

[43] 支使：宋有支移、特支，即元之支使。

44 醋息：古以酬劳的回敬曰醋，后人与酢混用，可能是醋息的由来。息：利息。南朱初官员下乡有醋息钱，犹今之酒钱、跑道礼。

[45] 孤遗：即遗孤，指孤独无靠的人。作匠：指在籍的各种手工业的奴隶式匠户。

[46] 春秋军旅：古人农隙讲武，春搜、秋弥，并培训军队。圣节：皇帝诞辰。郊祀赏赍：指地方长官照例祭天地、日月、山川、鬼神节日的赐赏。试闱：考场。结葺：修缮。缗（音敏）：贯、一串铜钱，即一千文。权官：代理、摄守之官，此指蒙古族监州和汉人的知州，逭（音换）：推脱。谴（音遣）；责备。

[47] 州家：指知州。浮梁县知州，（元元贞元年置州）。挂欠之籍：在账簿上记着权官的亏欠、借支。按《景德镇陶录》南丰窑条引蒋祈《陶记》说："夫何管（官）之课斯陶者多举，今则州家多挂欠？原亏故有五……"作辍：开张或歇业。时年丰凶：年景的丰欠。表里：相关联之意。

[48] 临川：窑在今江西临川，瓷白微黄，有粗花。建阳：窑在福建建安，后迁建阳，元时多敞口碗盏，色褐黑。南丰：窑在今江西南丰。有精粗白瓷和青白瓷。

[49] 上司：上峰、上级。牙校：衙役。踵门：到门。蠹蚀：侵扰。校：考核。狡猾：《说文》说猾即狡猾；后人以指无赖。惮怖：害怕。

[50] 士居之吏：即居官，士人世袭之官职，因不能更动，所以下文有"牢植不拔"之语。仓库氏：《史记·平准书》说"居官者以为姓氏"。《集解》如淳注"仓氏、庚氏是也"。西汉文帝时，有仓氏、库氏，《通志·氏族略》以官为氏，以为"为吏之久，故子孙以为氏"。

[51] 梦（音梦）：胡涂。驵（音粗）：指土豪和牙侩。诡词：捏造事实。

[52] 太息：深长叹息。

[53]《容斋随笔》：宋洪迈撰，《送许屯田诗序》以为在饶州做官而不买瓷器者只有二人，指许彭年和程嗣宗。辽绝：稀少。

[54] 羡：盈余。民国以前，州县首长完成上交钱赋之外，有所附余归己，名曰羡银。不如意：指赔累。蓰（音席）：五倍。时：时会、运气。

[55] 山川脉络：指山上林木。土风：旧俗，或指旧日自动保护山林、禁止砍伐或焚山的良善乡约。龟鉴：前车之鉴。

[56] 博易务：官家设场交易，置窑巡，以收取瓷税。如唐监务厅、宋司务厅、元湘湖务之类。

[57] 河滨之陶：指舜陶于河滨，器不苦窳（音愉）。窳是坏的意思。庸讵知：哪里知道。董：管理。

（译文）景德镇造瓷的窑，过去有 300 多座。它的成品胎釉纯洁似玉，没有毛病。推销到各地去，有“饶玉”的称号，可与定州红瓷、龙泉千峰翠色瓷争艳比美！窑的长短，决定甏数。官家登记它的长度，制定税额等级。但火膛、火栈、火尾、火眼，都不注明在册上。陶工是以土地为主的农民，以自己的手艺为生，不受窑主的雇佣。烧窑时合组搭烧，兼做些杂役。这一伙合作的宾主，叫作“覭”。器坯装进匣钵后，把它分类堆起来，小心翼翼地安放在窑内的妥当部位，这叫作“障窑”。烧窑前，窑主先向官家照登记表上注明的容量交纳税款。烧窑的牌照、烧造的瓷器品类、件数清册，也要先后迭到官府查阅，这叫作“报火”。（起火烧窑后）经过一两夜之后才停火。（开窑后），客商争先挑选上等成品买去转售，这叫“拣窑”。交易时，由经纪牙行主办，把产品价格逐一登记，以备官府检核，这叫“店簿”。扛运瓷器下河，（准备输出），肩夫带着记明瓷器品类件数的凭证，作为交易的根据，叫作“非子”。瓷器生产方面的程序或规矩，大致是这样。江浙南部，喜欢的黄黑瓷，是湖田窑的出品。江湖川广喜欢的影青瓷，是景德镇的出品。鱼水、高足等碗，发晕、海眼、雪花等碟，都是川广两湖所欢迎的品种。马蹄、槟榔等盘、莲花、奁等盘，绣花、银绣、蒲唇、弄弦等碗、碟，是浙江、福建等地所欢迎的。各地有各地的爱好和需要。炉有猊、鼎、彝、鬲、朝天、象腿、香奁、桶子等名目，瓶有觚、胆、壶、净、栀子、荷叶、葫芦、律管、兽环、琉璃等名目。有名无实的种种名目还有，不一而足。商贩各取所需，任意选购。淮河流域所需要的瓷器，大半是江南、两广、福建、浙江所淘汰不要的东西。本地人所卖的瓷器，叫作“黄掉”，意思是釉色不漂亮，可以抛掉不要的。瓷器的品种，大致是这样。冬季，泥料冻结，往往变硬而脆裂，不便用它做泥坯。即便是做泥坯，也不易烧成。所以要备有暖房，用于做坯和烘烤。瓷器将要烧成之时，要从窑眼去观察烧成情况，这就需要“火照”了。进坑的瓷泥，可用以制造精细瓷器，湖坑、岭背、界田等地的石料，仅可造次等的瓷器。壬坑、高砂、马鞍山、磁石堂等地泥料，是赤褐色，止可用于制造匣钵和圆器碗、盘的陶模。这些泥料若掺在石泥中做坯，成品不佳，都是不可取的。攸山、山槎两地所产的釉灰握配釉所必需的。制作釉灰的方法是：先把石灰石煅作白色粉末，放在杂柴和柿子树枝上煅烧。把草木灰和石灰掺在一起，即成釉灰，合釉时，这类釉灰再加入岭背的釉果，这就成为合用的釉料了。厦瓷器在窑烧造，或覆烧或仰烧之。作坯工、镀匣工和炼泥工，工作不同，各有场地。利坯、车坯、释坯，各有各的方法。印花、划花、雕花，各有自己的专门技术。分工明确，有条有理，不相混淆。窑的大小丈尺，登记在官府的册子上，若擅自变通、更改，就旱受官府处分。釉色分三种，若不照规格办事，或以次充优，也要受罚。凡是对官府有好处的事，若查出有欺骗、隐瞒情事，甚至牙行挑夫也要牵连坐罪。对窑户的防范、限制，可算是很严苛了。昔日课税重而到期仍能充裕交纳，为什么今日之从事于此者常有不足之叹呢？（这是因为：）例行的头子钱，税收机关的率分钱军事官长的供给、移用钱，州官的月桩、支使、醋息，镇官的薪俸、孤寡、官匠的补助，一个月就要开销三千余贯。讲武、皇庆、祭祀犒赏考场、修缮等等费用，还不在内。这些项目合计每月也要150贯。能供其所求，州官尚可交差；不然的话，就要受到上级的责斥。我看到，几十年来在此做州官的，从来没有不在账本上亏的。曾推求其原因，约有五项：农村多遭歉年，收成不佳，影响了窑业。临川、建阳、南丰三窑产品夺去了镇瓷市场。捐税稍有拖欠，衙役便登门敲诈勒索。官吏怠于政事，奸商横行，无人过问。土著公差把持一方，不能更换，有如汉代仓库氏世袭肥私。官吏昏愦，则受其利用，官吏如有所作为，则又为地痞恶棍诬告而去。严重的局面，无人重视，这真是太可悲了。《容斋随笔》说过去在此做官而不藉势收购瓷器者，止有二人。实在是太少了。他的话可靠吗？真是稀罕！又听说本镇富商大贾，十之八九是不如意的。赋税交不齐，官吏亏累。世道就是这样的吗？山上的树木不能制止砍伐，昔日（保护山林）的良风习俗，废坠不存。“一里窑五里焦”的谚语，值得警惕！有人说，瓷窑务的机关已经废除了，巡察窑务的官员没有了，如今已不能恢复旧日的景象了。但是为什么虞舜时代（无上述官员的管理）河滨能制出优良的陶器，难道说如今就不能吗？这种事情，实在是不可理解的！

# 关于《陶记》断代研究的回顾

熊寥

## 《陶记》断代研究

通过《浮梁县志》流传下来的《陶记》是记述景德镇窑业情况的第一篇专文，又是世界上最早的瓷器论著。《陶记》记述了当时景德镇窑场的制胎、制釉、装饰、装烧、窑炉、产品、市场、税制等情况，而且还论及了与国内其他名窑争奇斗艳的盛况。因而《陶记》成为研究景德镇瓷器史和中国陶瓷史的极为珍贵的史料。

康熙二十一年版《浮梁县志》刊载《陶记》时未注明其写作时代，乾隆七年《浮梁县志》刊载这篇遗文时，才注明其写于元代。刘新园同志于 1981 年发表考证文章，论断它著于南宋嘉定七年至端平元年，即公元 1214 年至 1234 年。

笔者于 1983 年发表《蒋祈〈陶记〉著于元代辨——与刘新园同志商榷》，文中对刘新园同志《陶记》南宋说的全部论据的失误之处，逐一进行了分析辨正；与此同时，又从《陶记》所涉及的行政建置、职官、税制，景德镇瓷器内销市场、并存竞争瓷窑，以及制胎、装饰、烧成工艺等诸方面揭示了《陶记》著于元代的众多的历史印痕。

文章发表后，得到了陶瓷学界前辈著名学者（如夏鼐先生、冯先铭先生、邓白先生、傅振伦先生等）的充分肯定（图 1 ~ 5）。中园科学院上海硅酸盐所陈显求先生通过显微结构观察元代景德镇枢府窑瓷胎和宋元两代青白瓷的研究结果也证实：“元代景德镇枢府瓷胎是由石英、云母和少量的长石组成，成瓷所依靠的液相主要由云母类矿物供应，瓷胎的结构是石英、云母残骸分布于玻璃基质之中，这种结构是以瓷石为原料的我国古代南方精细瓷胎的典型代表。”元代景德镇青白瓷胎与宋代景德镇青白瓷胎一样，其胎的结构与一般的石英 - 长石 - 高岭三成分陶瓷不同，它是由大量的玻璃相基质、云母残骸和残留石英所组成，这种结构是以瓷石为原料的我国古代南方精细瓷胎的典型代表[1]。陈显求先生的研究结论与蒋祈《陶记》所述（元代景德镇）单用瓷石一元配方制胎工艺相符。

以上是关于《陶记》断代研究的第一次论争。

《陶记》断代研究的第二次论争是围绕《陶记》中的税制和“州家”含义进行的。

刘新园同志于 1993 年在内部刊物《景德镇方志》1991 年第 3 期发表《宋元时代的景德镇税课收入及其相关制度的考察——蒋祈〈陶记〉著于南宋之新证》，该文对笔者所揭示的《陶记》著于元代的种种历史烙印和笔者批评他在《陶记》断代研究上的众多失误，未提出任何异议，而是另从架设（景德）“镇税（直）缴（饶）州始自北宋熙宁间”“南宋镇税仍直缴饶州”“元代镇税直缴江浙行省”

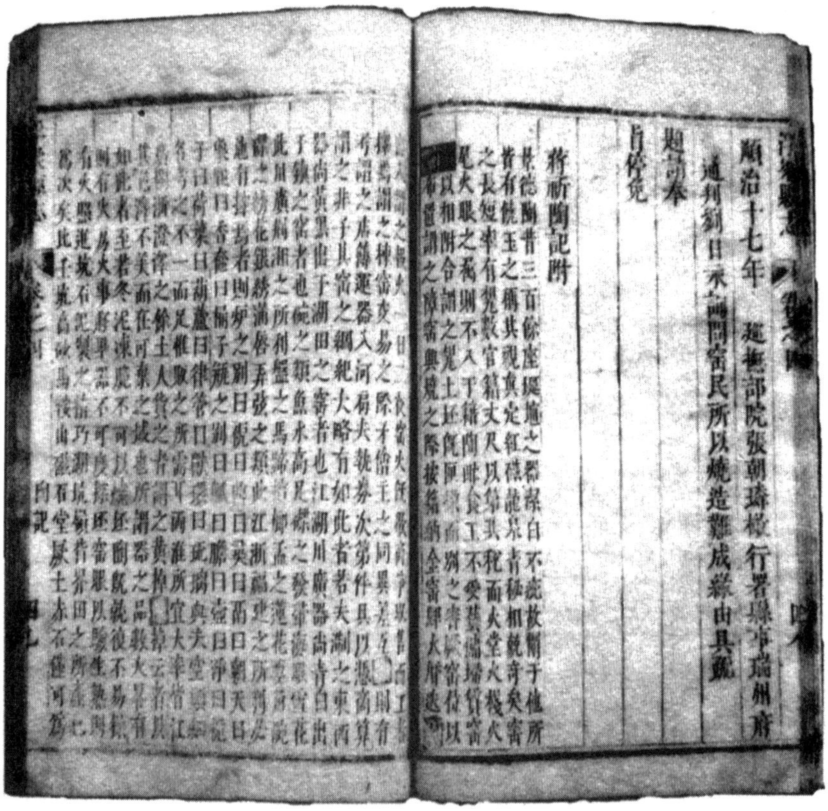

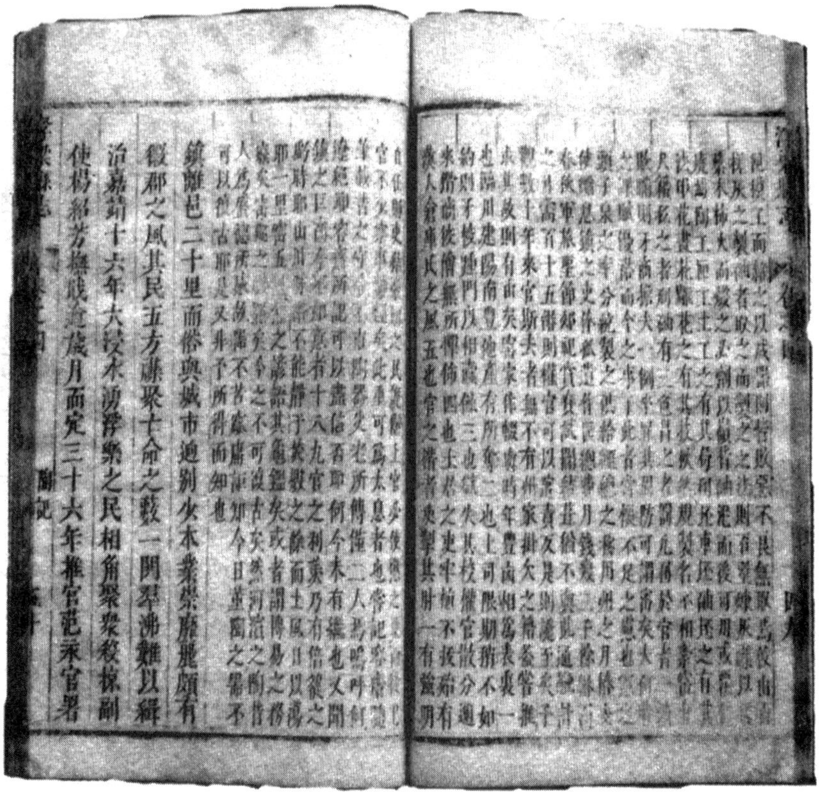

图 1 康熙二十一年版《浮梁县志》刊载的蒋祈《陶记》

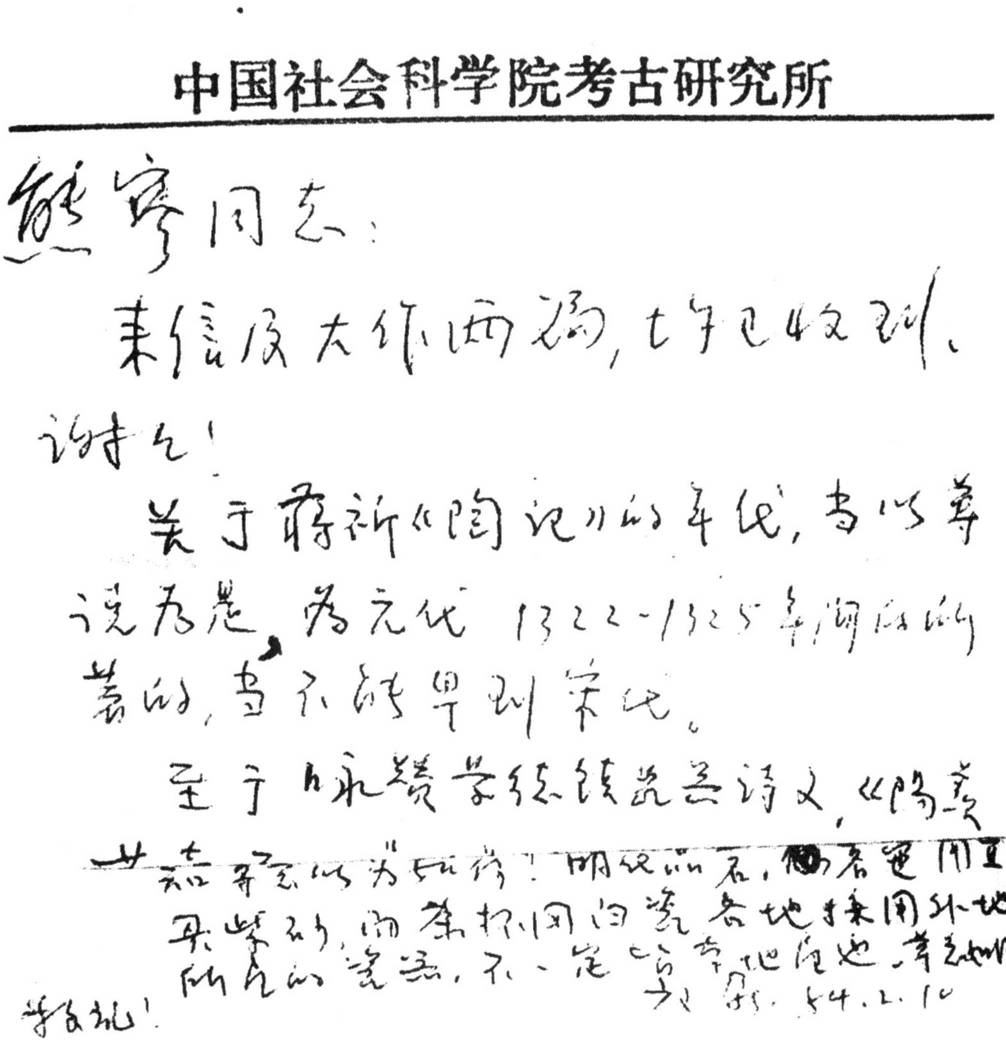
中国社会科学院考古研究所

熊寥同志：

来信及大作两篇，均已收到，谢谢！

关于蒋祈《陶记》的年代，当以尊说为是，为元代1322—1325年间所著的，当不能早到宋代。

至于明永乐景德镇瓷器诗文，《陶[illegible]》嘉靖以为证据！明代而后，[illegible]各窑采用[illegible]，而景德镇白瓷各地采用外地所产的瓷器，不一定皆本地产也。

敬礼！

夏鼐 84.2.10

图2 夏鼐先生关于《陶记》著作时代，信言："关于蒋祈《陶记》的年代当以尊说为是，为元代1322—1325年间所著的，当不能早到宋代。"

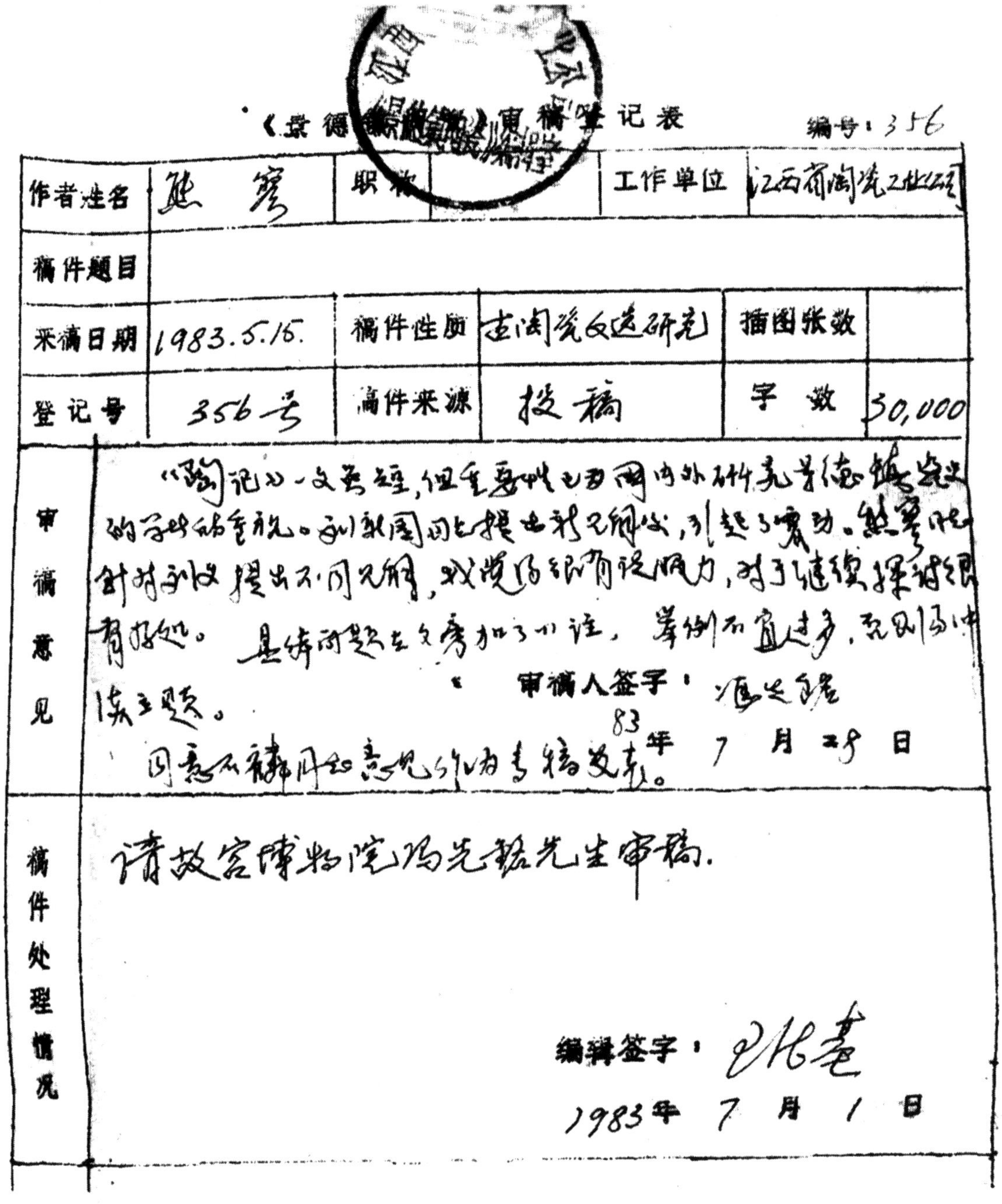

《景德[illegible]》审稿登记表 编号：356

| 作者姓名 | 熊寥 | 职称 | | 工作单位 | 江西省陶瓷工业公司 |
| --- | --- | --- | --- | --- | --- |
| 稿件题目 | | | | | |
| 来稿日期 | 1983.5.16. | 稿件性质 | 古陶瓷文选研究 | 插图张数 | |
| 登记号 | 356号 | 稿件来源 | 投稿 | 字数 | 30,000 |
| 审稿意见 | 《陶记》一文虽短，但至要性也为国内外研究景德镇瓷史的学者所重视。刘新园同志提出新见解，引起了震动。熊寥同志针对刘文提出不同见解，我觉得很有说服力，对于继续探讨很有好处。具体问题在文旁加了小注。举例不宜过多，[illegible]主题。审稿人签字：冯先铭 83年7月28日 同意冯先生的意见，作为专稿发表。 | | | | |
| 稿件处理情况 | 请故宫博物院冯先铭先生审稿。编辑签字：[illegible] 1983年7月1日 | | | | |

图 3 冯先铭先生在审书稿中写道：“熊寥同志针对刘文提出不同见解，我觉得很有说服力。”

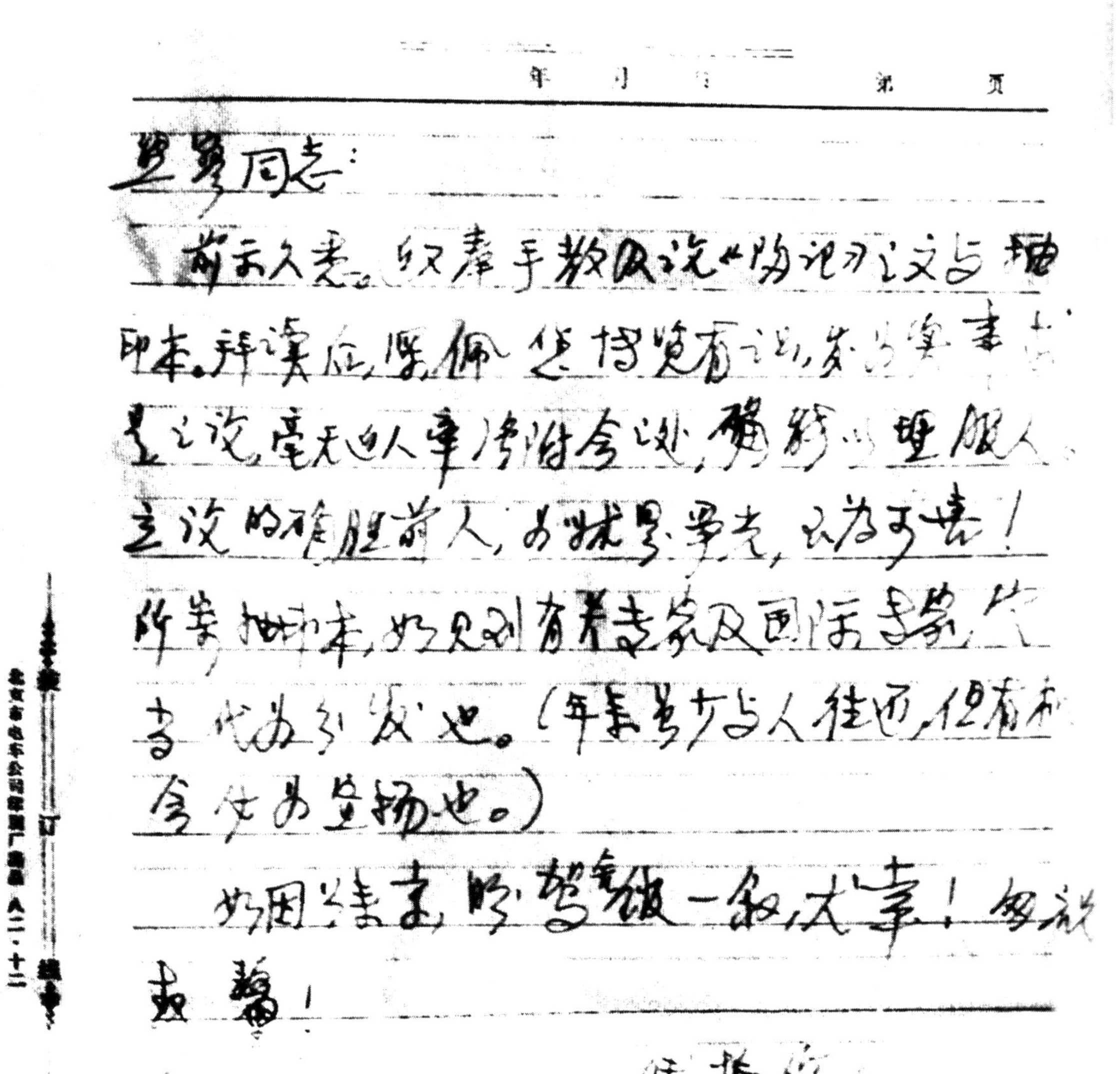
年 月 日 第 页

熊寥同志：

前示久悉。所奉手教及说《陶记》之文与油印本，拜读后深佩您博览群书，为实事求是之论，毫无迎人牵强附会之说，确能以理服人。立说的确胜前人，不愧是专家，此为可喜！

所寄油印本，如见到有关专家及国际专家，当代为分发也。（年来甚少与人往还，但有机会当为宣扬也。）

如因续来，盼赐寄一份，大幸！多谢

再留！

傅振伦

84.1.30

北京市电车公司印刷厂出品 八二·十二

图 4 傅振伦先生信中写道：熊寥关于《陶记》著于元代之说，“为实事求是之论”，“以理服人”。

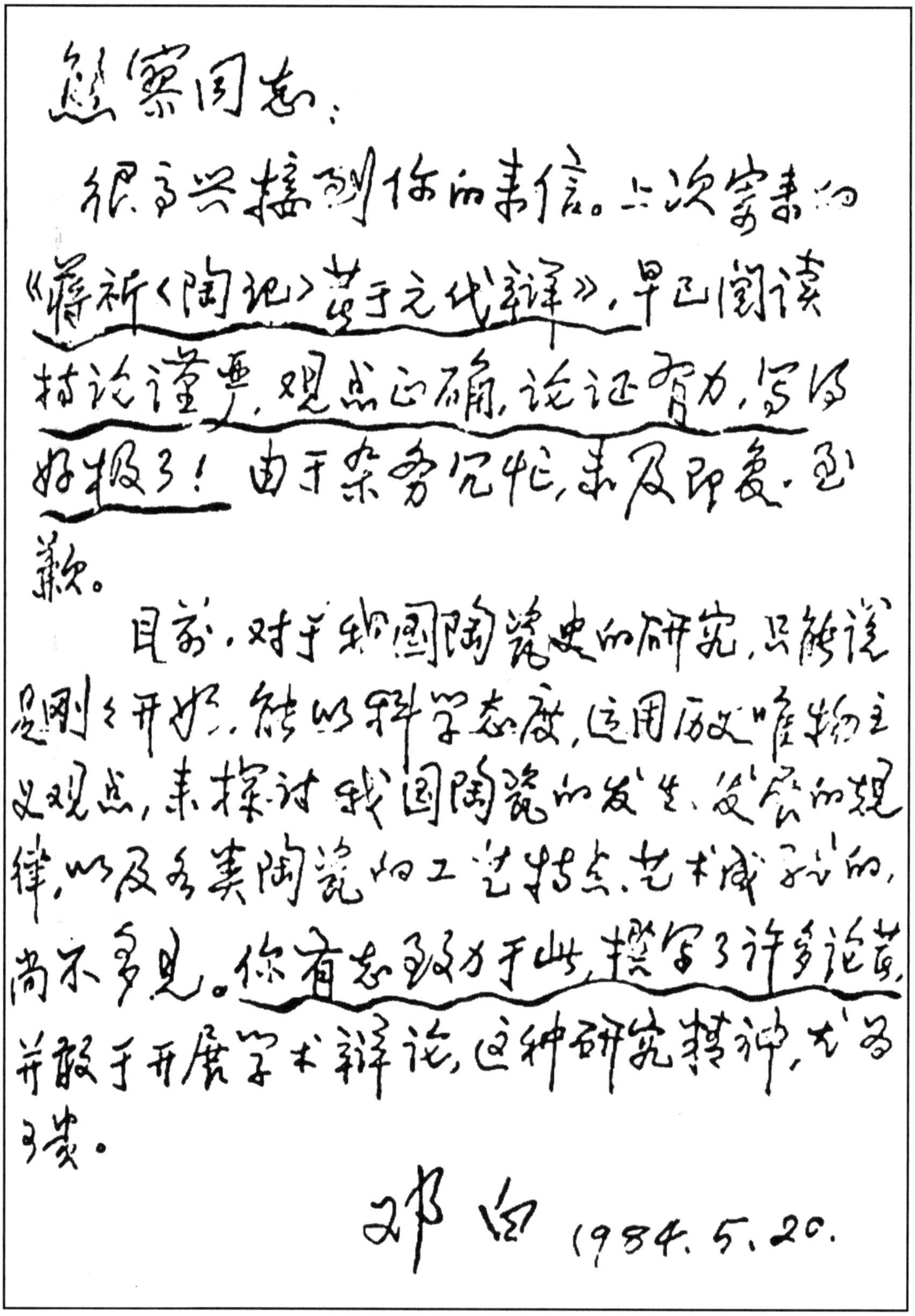

熊寥同志：

很高兴接到你的来信。上次寄来的《浅析〈陶记〉著于元代辩》，早已阅读，持论谨严，观点正确，论证有力，写得好极了！由于杂务冗忙，未及即复，至歉。

目前，对于我国陶瓷史的研究，只能说是刚刚开始，能以科学态度，运用历史唯物主义观点，来探讨我国陶瓷的发生、发展的规律，以及各类陶瓷的工艺特点、艺术成就的，尚不多见。你有志致力于此，撰写了许多论著，并敢于开展学术辩论，这种研究精神，尤为可贵。

邓白 1984.5.20.

图 5 邓白先生信中写道：熊寥关于《陶记》著于元代说，“持论谨严，观点正确，论证有力”。

为立论，然后他在这个立论基础上予以推测：既然元代（景德）镇税越过浮梁州和饶州路直接缴到江浙行省，而宋代（景德）镇税越过浮梁县缴交到饶州府，那么《陶记》中的“州家”应为“南宋饶州”。刘新园同志宣称：这是他独家发现的《陶记》著于南宋的一条新证。

但是，同刘新园同志的观点相反，从宋、元两代税务制度角度考察，笔者又一次证实《陶记》必定著于元代。这是因为，按照《宋会要辑稿》和南宋《庆元条法事类》等史籍记载，宋代的税务体制是按照行政建制进行管理，税额的下达和征收都是以县为基层单位；据《元典章》记载，在税务制度上，元承宋制，凡税额的分配、征收和上缴，元代同宋代一样都是以县为基本单位。

刘新园同志对于笔者的批评默然受之、未作解答。嗣后笔者的研究重心转向古瓷鉴定。不久又接受了中国科学院下达的“九五国家重大科研项目”——《中国制瓷技术史》的研究与撰写任务，并忙于到全国各大窑场进行实地考察，对于《陶记》的断代研究也就搁置下来了。

关于《陶记》断代研究的第三次论争，是从《景德镇陶瓷学院学报》于1992年（第13卷，第1期）刊发了浮梁县地方志办公室冯云龙同志《高岭山之高岭土始开年代考》一文而揭开序幕的。该文宣称：“根据民间史料高岭村《何氏宗谱》记载”，“景德镇高岭土始采于南宋初年的孝宗时期（1163—1189）。”由于高岭村《何氏宗谱》散落民间，存世稀少，一般人很难阅读到它，因而更增加了此说的神秘感。有人甚至把它说成是《陶记》著于南宋的“实物铁证”。

随着景德镇窑场于“南宋初年的孝宗时期开始采用高岭土”之说的传播，《陶记》著于南宋之说复而蔓延：曹建文同志、杨长锡同志、彭涛同志先后著文，主张《陶记》成文于南宋：林忠干同志把《陶记》中说的“建阳窑”指定为“南宋建阳华家山窑”；李家治先生则以元代景德镇使用高岭土掺入到瓷石二元配方制胎工艺为由，认定《陶记》著于南宋，并将此说载入其主编的《中国科学技术史·陶瓷卷》中。在一个时期内，上述几篇文章和著述形成一股合力，使得《陶记》“南宋说”悄然间成了气候。

蒋祈《陶记》到底是写于南宋还是元代，又成为当前陶瓷学界所关注的焦点问题之一。

在这种背景之下，进一步展开对蒋祈《陶记》进行断代的研究就显得十分必要，因此笔者在研究和撰写《中国制瓷技术史》的同时，针对上述，《陶记》“南宋说”的种种似是而非的“论据”的失误之处进行了辩正。

经过笔者研究，冯云龙同志在《高岭山之高岭土始开年代考》提出的：“首开高岭土的何召一是南宋初年孝宗时期（1163—1189）的人”之说，乃是没有看懂《何氏宗谱》而作的误判。按照高岭《何氏宗谱》所载，“首开高岭土”的何召一乃是生活在明代弘治元年（1488）—万历四年（1576）间。与明代典籍——王宗沐《江西省大志·陶书》和陆万垓《江西省大志·陶书续补》所记应用“高岭土”（时称婺源土）一事相互映照，何召一“初开高岭土”的时间约在明嘉靖年间，其上限不会超过其十八岁成年时的正德元年（1506）。

值得指出的是，所谓“《陶记》著于南宋的铁证”——“景德镇高岭土始采于南宋初年的孝宗时期（1163—1189）”之说，其实对《陶记》著于南宋的立论没有任何帮助，因为按照《陶记》所载，《陶记》作者蒋祈所生活的时代，景德镇窑场当时是采用瓷石一种原料制胎，用其原话说就是：“进坑石泥制之精巧，湖坑、岭背、界田之所产已为次矣。”如果冯云龙同志所说确能成立——即南宋初年的孝宗时期（1163—1189）景德镇启用高岭土，实施高岭土掺入瓷石二元配方制胎《陶记》

岂不要早到北宋？然而这种提前又和《陶记》所载内容发生冲突，因为《陶记》中所引用的洪迈《容斋随笔》一书，乃是在南宋嘉定五年（1212）才刊行于世。

按笔者考证，至迟在南宋理宗宝庆至绍定年间（1225—1233）“建阳县”就已改名“嘉禾县”，到了元代“嘉禾”才复名为“建阳”。蒋祈《陶记》谈到当时与景德镇争夺市场的窑场时所说“建阳、南丰、临川他产有所夺”，文中的“建阳”乃是显示其著作时代的一个十分有力的佐证。林忠干同志《关于蒋祈〈陶记〉所载的“建阳窑”》一文，把《陶记》中的“建阳”窑，指定为南宋建阳“华家山窑”，属于主观误判。再从其在文中所公布的华家山窑出产的青白瓷瓶（残器）、青白瓷壶（残器）和青白瓷盒（残器）来看，它们也不属宋瓷，而是元代产品。

曹建文同志《关于（陶记）著作时代问题的几点思考》（简称“曹文”，刊于《景德镇陶瓷》1993年12月）所持“元代货币单位以‘锭’为计，不可能以‘缗’为计”之说不妥。

仅据《元史》所载，元朝以“缗”为货币单位就有七十余处。“曹文”把《陶记》中所列税目看作是“瓷业课赋”；把《陶记》中的“经总之移用”，视为“南宋设置的经总制钱”，都违背了《陶记》的本意。“曹文”说元朝没有恢复南宋税制，与史实不合。关于元朝一度在江南地区恢复南宋时的税制，不仅《元史·本纪》第十六“世祖三”做了具体记载，而且《续资治通鉴》卷一百九十《元纪·八》也做了类似的记载。“曹文”把《陶记》中的“州家”释为南宋时的“监当官”，同时又把元代“饶州路总管”说成是“直接负责景德镇瓷业税课征榷”的税务官，也与史实相牴牾，且违背《陶记》的本义。“曹文”一方面坦承：“定窑所在的曲阳县在北宋及金代从未直属过真定府”。但是，另一方面又把《陶记》中“真定红瓷”说成为宋代的时代烙印，自相矛盾。“曹文”对“南丰”窑在南宋时辖区大大缩小，其税务机构也同时被撤销，而到了元代南丰县破格升为江西行省的直属特区一事，也做了不妥当的解说。

杨长锡同志《蒋祁〈陶记〉著作时代考辨》（载于《陶瓷研究》，1997年6月）毫无新意，不过是把被笔者揭示出完全错误的论点、论据，重又翻检出来再行复述而已。

对于彭涛同志《宋代景德镇的政府管理及课税制度简论》（刊于《中国古陶瓷研究》第六辑第371页，紫禁城出版社）“注释7”引日本学者爱宕松话，认为“《元史》卷九十三食货一谓，‘前代告缗、借商、经总等制，元皆无之’，表明‘经总’制钱在元代并不存在。仅此一点即可证明蒋祈在《陶记》中记述的是在南宋的史实”之说的失误之处。笔者另文已做具体分析，在此不再赘述。笔者仅补充一点，中国青年学人研究《陶记》的著作时代，自己不去研读、核查《宋史》和《元史》，也不去研究《陶记》的具体内容以及论争双方所持“论点”与“论据”的是与非，而停留在援引日本学人阅读《元史》的片言只语，并把它作为论证《陶记》著作时代论证的唯一“依据”，这种做法本身就不可取。

查李家治先生所持：以瓷胎中 $Al_2O_3$ 含量做标尺来判断景德镇制胎配方工艺之说随意性很大，他一方面以胎中 $Al_2O_3$ 含量是否达到20%作为衡量景德镇采用二元配方制胎工艺的标尺，另一方面又把 $Al_2O_3$ 含量低达16.43%的万历名窑青花瓷片，也说成是由二元配方制胎工艺制成的，按照李家治先生所设立的这种标尺，五代景德镇白虎湾、杨梅亭窑就启用二元配方制胎工艺。因为据科技界的测试，五代景德镇白虎湾、杨梅亭四个样品的测试数据胎中 $Al_2O_3$ 含量分别为16.92%、16.93%、18.04%、18.33%，均超过了李家治先生所认定的胎中 $Al_2O_3$ 含量达到16.43%的标准。又按李家治先生的说法，景德镇自五代才出现瓷器，这无异表明，在李家治先生心目中，景德镇窑场自创烧瓷器以来就已启用二元配方制胎工艺了——这无疑是陶瓷史研究中一个非常荒谬的推论。

按照元代孔齐《至正直记》记载，元代景德镇依然单用瓷石一种原料制胎。陈显求先生通过显微结构观察元代景德镇枢府窑瓷胎和宋、元两代景德镇青白瓷胎的结构，也发现它们均是以瓷石为原料的我国古代南方精细瓷胎的典型代表。按照明代官方文献嘉靖《江西省大志·陶书》记载，景德镇窑场至迟于明代嘉靖年间（上限为明正德元）启用高岭土。据万历《江西省大志·陶书续补》记载，景德镇二元配方制胎工艺，至迟形成于明代万历二十三年至二十五年（1595—1597），其上限不会超过明嘉靖三十七年。

总之，李先生在《陶记》著于南宋的基础上来印证景德镇元代采用二元配方的论断是错误的。随着李先生这个错误论断的被揭示，《陶记》南宋说的观点又失去了一个重要支撑。而蒋祈《陶记》所述单用瓷石一元配方制胎，则恰与孔齐《至正直记》所记元代“御土窑”制胎工艺一致，《陶记》著于元代说又一次得到了印证。

蒋祈《陶记》著于元代的历史烙印较多。

第一，《陶记》载：“官斯去者，无不有州家挂欠之籍。”句中的“州家”，具有十分鲜明的元代烙印。按照《宋会要辑稿》和南宋《庆元条法事类》的记载，宋代的税务体制是以“县”为基层单位。据《元典章》记载，元代的税制同宋代一样，也是按行政建置管理，税额的分配、征收和上缴都是以县为基本单位进行核算的。由此可知，《陶记》中的“州家”是指“县”级首席长官。浮梁自唐初置县以来，惟独在元朝称“州”，其他历史时期均称县。可见《陶记》中的“州家”乃是指元代浮梁州知州。

第二，《陶记》所载“博易之务废矣，窑巡之职罢矣，今之不可复古矣”，具有比较鲜明的元代印痕。《陶记》内说的“博易务”，即指北宋元丰五年八月中央政府在景德镇设立的“瓷窑博易务”（《宋史·食货志》）。《陶记》内说的“窑巡”，又称“窑丞”。《嵩峡齐氏宗谱》卷首《护公行实》载有官居景德镇“窑丞”的齐宗蠖于北宋庆历五年（1045）八月乙酉解运御器进京之事。景德镇在南宋时是否存在“瓷窑博易务”和“窑巡”，尚无文献可考，为此，我们可做下述两种假设：一、在南宋时，“景德镇瓷窑博易务”和“窑巡”继续存在；二、在南宋时，“景德镇瓷窑博易务”和“窑巡”已被取消。如果按照第一种情况，景德镇在南宋时，“景德镇瓷窑博易务”和“窑巡”继续存在，那么蒋祈真的是生活在南宋的话，怎么会在《陶记》中写道：“博易之务废矣，窑巡之职罢矣”？如果按照第二种情况，景德镇在南宋时，“瓷窑博易务”和“窑巡”被取消，那末蒋祈是确实生活在南宋，也不会把恢复北宋后期设置的“景德镇瓷窑博易务”和“窑巡”，看作是“复古”。道理很简单，从中国历代编年史看，生活在南宋的臣民，不会把宋代政权南迁，看为宋代政权的灭亡，在他们看来，南宋政权乃是北宋政权的继续。甚至后来的元代当局也是把北宋与南宋看成为一个历史的整体。例如《元史·本纪》第十六载，至元二十八年（1291）“十二月壬申，中书省臣言：‘……可令江南依宋时诸名征赋尽输之’”。这里的“宋时”，乃是指南宋政权时代。所以，不管景德镇在南宋时，是否存在“瓷窑博易务”和“窑巡”，如果蒋祈真的是生活在南宋的话，都不可能在《陶记》中把恢复北宋后期的“瓷窑博易务”看作是复古的事情，只有元代的臣民，才会把恢复宋代的机构看作为“复古”。事实上，“元更景德镇税课局”，这就说明了“瓷窑博易务”在元代确实已不存在了。

第三，从瓷器交易制度角度考察，《陶记》必定著于元朝。《续资治通鉴·元纪五》世祖至元二十二年二月壬戌："卢世荣奏言：'……可于各路立市易司，领诸牙侩人，计商人物货，四十分取一，以十为率，四给牙侩，六给官吏俸'……帝皆善而行之。"元·陶宗仪《辍耕录》卷十一《牙郎》也载："今人谓'驵侩'者'牙郎'，本谓之'互郎'，主互市事也。"从《辍耕录》和《续资治通鉴》所载的这两条史料，也可看出元代市场活动的形式，与《陶记》所述："交易之际，牙侩主之"的记载完全合拍。

第四，福建建阳至迟在南宋理宗宝庆、绍定年间（1225—123）改名为"嘉禾"，入元后才复叫"建阳"。《陶记》谈到当时景德镇窑场竞争对手时说到的"建阳"窑，表明《陶记》不可能写于南宋而必定著于元代；同样，《陶记》谈到当时景德镇场另一个竞争对手时所说的"南丰"窑，在南宋时辖区大大缩小，其税务机构也同时被撤销，而到了元代，南丰县破格升为江西行省的直属特区，加之《元南丰州志》载，元代白舍窑白瓷不足应四方之求，《陶记》在谈到当时景德镇窑场的竞争对手时，又特地提到南丰窑，这就从一个侧面证实《陶记》必定著于元代。

第五，河北曲阳窑在宋代归定州所辖，史称"定州窑"或"定窑"。元代时，河北曲阳一度为真定路所辖，《陶记》把曲阳窑瓷器称为"真定"瓷，又一次表明《陶记》不可能写于南宋而必定著于元代。

第六，自宋真宗景德元年（1004）景德镇得名之时起，宋代学者从不把表地名的"景德镇"，简称为"景德"否则将会同表时间的"景德"年号相混淆。入元以后，元代典籍（如《元典章》等）把景德镇简称为"景德"。同样蒋祈《陶记》也把景德镇简称为"景德"，再次表明《陶记》不可能写于南宋而必定著于元代。

第七，《陶记》中的"川"，即"四川"。据《宋史·地理志》记载，"川"在宋代，其地域分别隶属于"成都府路""潼川府路""利州路"和"夔州路"。按照《元史·地理志》记载，"川"在元代为"四川等处行中书省"的简称，其辖有"西蜀四川道（肃政）廉访司""四川南道宣慰司"和"叙南等处蛮夷宣慰司"地域。因而《陶记》中的"川"也具有元代的鲜明烙印。

第八，按照元·孔齐《至正直记》卷二"饶州御土"条记载，元代景德镇依然单用瓷石一种原料制胎。陈显求先生通过显微结构观察元代景德镇枢府窑瓷胎和宋、元两代景德镇青白瓷胎的结构时，也发现它们均是以瓷石为原料的我国古代南方精细瓷胎的典型代表。蒋祈《陶记》所述单用瓷石一元配方制胎，则恰于与孔齐《至正直记》所记元代"御土窑"制胎工艺一致，《陶记》著于元代说又一次得到了印证

总之，《陶记》闪烁着元代印痕颇多。相反，所持《陶记》著于宋代的理由，没有一条能成立。

（写于 2007 年 6 月）

---

**[注释]**

[1] 陈显求等《湖田影青、枢府瓷的结构和影青釉 ESR 谱》，《中国古代陶瓷科学技术成就》，上海科学技术出版社，1985 年。

# 蒋祈《陶记》著于元代辨

## ——与刘新园先生商榷

熊寥

**内容提要**

本文对刘新园先生《陶记》南宋说的全部论据的失误之处，逐一进行了分析辨正；又从《陶记》涉及的行政建置、职官、税制、德镇瓷器内销市场、并存竞争瓷窑，以及制胎、装饰、烧成工艺等诸方面，揭示了《陶记》著于元代的众多的历史印痕。

自从乾隆七年版《浮梁县志》标明蒋祈《陶记》诞生于元代以来，中外陶瓷史学界一直沿用此说。刘新园同志发表在《景德镇陶瓷》1981 年《陶记研究专刊》上的《蒋祈〈陶记〉著作时代考辨》（以下简称《考辨》，认为："《陶记》应当写于南宋宁宗嘉定七年到理宗端平元年的二十年间，即 1214 年到 1234 年。"

关于《陶记》的著作时代，正如刘新园同志《考辨》所说："不仅对正确研究景德镇陶瓷发展史，而且对研究整个中国陶瓷发展史和中国科技发展史，都有十分重要的意义。"为此，笔者对照乾隆版《浮梁县志》的断代说和刘新园同志提出的《陶记》著于南宋的新说，进行了全面考察，并得出了与刘新园同志不同的结论：蒋祈《陶记》不是写于南宋，而是著述于元代英宗至治壬戌到泰定帝泰定乙丑，即公元 1322 年到 1325 年这三年之间。

### 一、建制、职官、税目

《考辨》论证的主要问题之一，是《陶记》中出现的税目、官职，不能与元代的典籍相互印证，于是对它的著作时代产生了疑问。本文也就必须按照这个思路进行探索，首先是要弄清浮梁景德镇的历代建制问题。

众所周知，浮梁从唐初置县以来，直到清代，景德镇历来是浮梁县下的一个辖镇，而浮梁县又是饶州郡府下的一个辖县。如果像《考辨》那样，把《陶记》内的"州"理解为"饶州"，那么就会造成这样一种现象：跳过浮梁县的中介环节，把浮梁县下属的一个镇与郡府饶州直接相衔。显然这不符合正常的行政区域统辖关系。其实，《陶记》中的"州"，不是指南宋的"饶州"，而是指元代的"浮梁州"。因为在元朝，浮梁不称县而称"州"。对此，《元史》卷五十八《地理志》有明确记载："浮梁……元元贞元年（1295）升州。"

同样，《考辨》附件《宋·蒋祈〈〈陶记〉校注》（以下简称《校注》），把《陶记》中的"无不有州家挂欠之籍"句中的"州家"释为（饶州）"州府"，也与《陶记》本意不合。

景德镇虽然“元改宋监镇官为提领，泰定后又以本路总管监陶”[1]，但是，饶州路总管到浮梁的职责，仅仅限于“监陶”而已。元代泰定年间的浮梁州知府屠济亭对此作过明确的记载：“余出守是州之三月，郡刺史清泉段公蒙旨董陶至州。”[2] 至于地方上的其他行政工作，仍然由浮梁州知州具体负责。因此，《陶记》所列举的那些繁杂税目的征收、上缴、挂欠，自然不是落在饶州路总管（即饶州郡刺史）的身上，而是由浮梁州知州所承担。不仅元朝是这样，而且包括南宋在内的历代封建王朝都是如此，地方各县的税粮征收、上缴、挂欠，由知县直负其责，郡府刺史并不插手。所以，《陶记》中的“州家”不是指饶州“州府”，而是指浮梁州知州。

我们一旦搞清了《陶记》中行政建制中的“州”和“州家”的具体含义，《陶记》的著作年代，就自然显现出来了。这是因为，“浮梁”作为中央王朝的一个地方基层政权机构，从唐到宋，历来称为“县”，唯独到了元朝，才称为“州”。浮梁州重新改为“县”那是明初洪武二年的事情。从此以后，浮梁再也没有称过“州”了

《陶记》除了“州”和“州家”带有元代的特征外，还有“瓷窑博易务”和“窑巡”。

所谓“瓷窑博易务”，乃是指中央王朝派驻地方窑场，专司瓷窑产品交易及其税收等事宜的机构。按照明万历《江西省大志》卷七《陶书续补》记载，景德镇在唐初就因瓷器生产，开始设置税务机构：“唐武德二年里人陶玉献假玉器，由是置务设镇”。这里的“务”，即指税收机关。北宋初期和中期，沿袭了这一制度，但是到了北宋后期，景德镇专司瓷窑税收事宜的行政机构，就从一般税务机关——镇务中分离出来，成立了“瓷窑博易务”：“（元丰五）八月，置景德镇瓷窑博易务”[3]。

《陶记》内说的“窑巡”，又称“窑丞”。《嵩峡齐氏宗谱》卷首《护公行实》载有官居景德镇“窑丞”的齐宗蝬于北宋庆历五年（1045）乙酉八月解运御器进京之事。

景德镇在南宋时，是否存在“瓷窑博易务”和“窑巡”，尚无文献可考，为此，我们可做下述两种假设：一、在南宋时，“景德镇瓷窑博易务”继续存在；二、在南宋时，“景德镇瓷窑博易务”已被取消。如果按照第一种情况，景德镇在南宋时，瓷窑博易务继续存在，那么蒋祈真的是像《考辨》所说生活在南宋的话，怎么会在《陶记》中写道：“博易之务废矣，窑巡之职罢矣。”如果按照第二种情况，景德镇在南宋时，“瓷窑博易务”被取消，那么蒋祈是确实生活在南宋，也不会把恢复北宋后期设置的“景德镇瓷窑博易务”，看作是“复古”。道理很简单，从中国历代编年史看，生活在南宋的臣民，不会把宋代政权南迁，看为宋代政权的灭亡，在他们看来，南宋政权乃是北宋政权的继续。例如南宋郑湜《札子》谓：“始以两浙言，在祖宗时，一岁通收缗钱三百三十余万……然则，今之取民不知几倍于祖宗时矣。”[4] 甚至后来的元代当局也是把北宋与南宋看成为一个历史的整体。例如《元史·本纪》第十六载，至元二十八年（1291）“十二月壬申，中书省臣言：‘……可令江南依宋时诸名征赋尽输之……’”。这里的“宋时”，乃是指南宋政权时代。所以，不管景德镇在南宋时是否存在“瓷窑博易务”，如果蒋祈真的是生活在南宋的话，就不可能在《陶记》中把恢复北宋后期的“瓷窑博易务”看作是复古的事情，只有元代的臣民，才会把恢复宋代的机构看作是“复古”。事实上，“元更景德镇税课局”[5]，这就说明了“瓷窑博易务”在元代确实已不存在了。正因为“景德镇瓷窑博易务”在元代已不存在，而蒋祈又是生活在元代，所以他在《陶记》中才会这样写道：“瓷窑博易务废矣，窑巡之职罢矣，今之不可复古也。”

《考辨》把《陶记》内的“统制”和“经总”看作南宋特有的官衔，并以此作为断定《陶记》

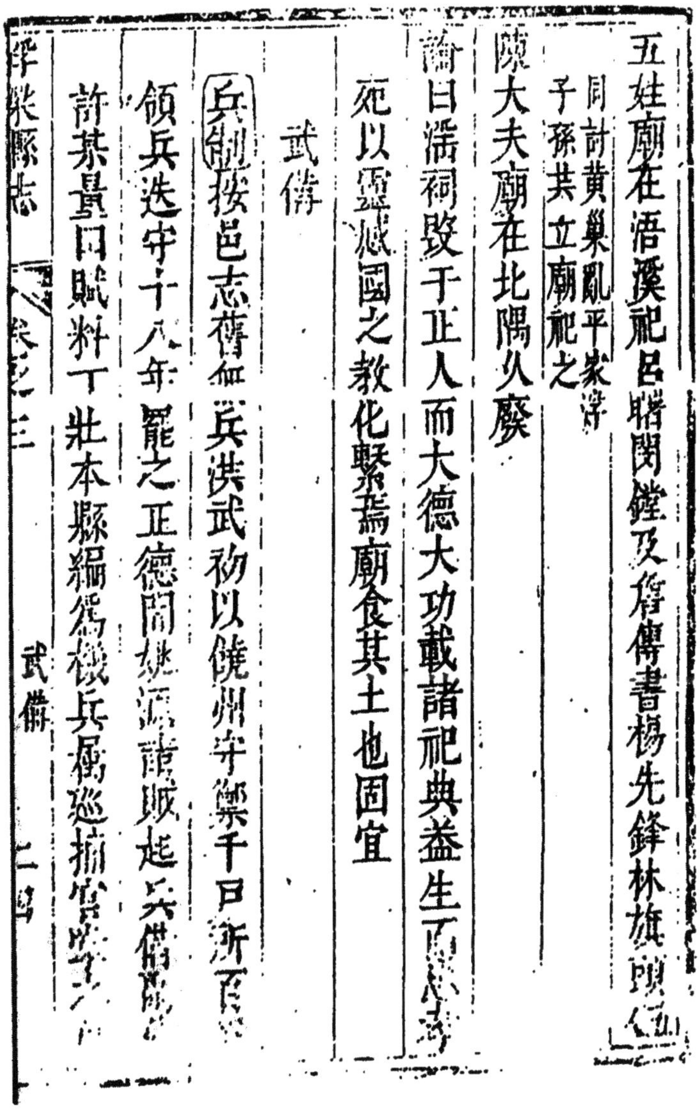

五姓廟在浯溪祀呂瑞閔鏜及存傳書楊先鋒林旗頭伍
同討黃巢亂平家浮子孫共立廟祀之
陳大夫廟在北隅久廢
論曰淫祠毀于正人而大德大功載諸祀典益生
死以靈感國之教化繫焉廟食其土也固宜
武備
兵制按邑志舊無兵洪武初以饒州守禦千戶所百
領兵迭守十八年罷之正德間姚源諸賊起兵備
許恭量同賦料丁壯本縣編爲機兵屬巡捕官
浮梁縣志 卷之三 武備

图 1 康熙版《浮梁县志》卷三《武备》载：“兵制，据邑志，旧无兵，洪武初，以饶州守御千户、百户，领兵迭守，十八年罢之。”

写作时代的根据，也是缺乏说服力的。

“统制”这一职官，虽然只见于南宋和清代，但是把“统制”作为“地方驻军头目”，乃是清代的军制。而南宋时的军职“统制”的含义与清代并不一样。元朝学者富大用编著的《新编古今事文类聚外集》卷六“统军司部、都统领”条目下：“宋诸军都统制者，自渡江前亦有之，然未尝为官称。建炎元年置御营司，遂擢王襄愍为都统制，都统制名自此始。”又如《宋史·职官志》：“初，渡江后，大军又有统制、副统制、统领、同统领，其下有正将、准备将、训练官、部将、队将等名，皆偏裨也。旧制：准备将而上，皆主帅升差，乃先申枢密院审察。”这两条史料明确告诉我们，南宋时的统制，不是指地方驻军，而是指由中央王朝直接控制指挥的部队中的将领的职官专名。再说，按照康熙版《浮梁县志》卷三《武备》的说法，浮梁县在明代以前，从来没有驻扎过军队防守，也没有地方武装：“兵制，据邑志，旧无兵，洪武初，以饶州守御千户、百户，领兵送守，十八年罢之。”（图1）所以，《校注》把“统制”解释为“南宋时地方驻军头目”是不妥当的。

《考辨》把《陶记》中的“完”“泉”“经总”“统制”作为四个职官，也是牵强附会的。因为南宋不存在名叫“完”“泉”的职官专名，南宋虽有“经制使”和“总制使”的职官专名，然而，“经总”职官专名，从未见于史籍记载，南宋的赋税课目才有“经总制钱”的专名。其实，《陶记》内的“统制”“经总”，与上文的“完”“泉”一样，均不是特指南宋某种职官，而是分别修饰后面的主词：“头子”“率分”“供

望雲縣，割隸雲州。置望雲銀冶。
十二月乙丑，復都水監，秩從三品。遣官迓雲南鴨池所遣使。遼陽洪寬女直部民饑，
借高麗粟賑給之。籍探馬赤八忽帶兒等六萬戶成丁者爲兵。丁卯，高麗國鴨綠江西十九
驛，經乃顏反，掠其馬畜，給以牛各四十。大都饑，下其價糶米二十萬石賑之。己巳，詔罷
遣官招集畏兀氏。改辰、沅、靖州轉運司爲湖北湖南道轉運司。立葛蠻軍民安撫司。宣政
院臣言：「宋全太后、瀛國公母子以爲僧、尼，有地三百六十頃，乞如例免徵其租。」從之。辛
未，以鐵滅爲兵部尚書，佩虎符，明思昔答失爲兵部侍郎，佩金符，使于羅孛卜兒。御史臺
臣言：「鈎考錢穀，自中統初至今餘三十年，更阿合馬、桑哥當國，設法已極，而其餘黨公取
賄賂，民不堪命，不如罷之。」有旨：「議擬以聞。」壬申，立河南江北行中書省，治汴梁。撒里
蠻、老壽並爲大司徒，領太常寺。中書省臣言：「江南在宋時，差徭爲名七十有餘，歸附後一
切未徵，今分隸諸王城邑，歲賜之物仰給京師，又中外官吏俸少，似宜量添，可令江南依宋
時諸名征賦盡輸之。」何榮祖言：「宜召各省官任錢穀者詣京師，集議科取之法以聞。」從之。
甲戌，詔：「罷鈎考錢穀，應昔年逋負錢穀文卷，聚置一室，非朕命而視之者有罪。」仍遣使布
告中外。庚辰，太陰犯御女。江北州郡割隸河南江北行中書省。改江淮行省爲江浙等處
行中書省，治杭州。賑闊闊出饑民米。闊里帶言：「乃顏餘黨寘女直之地，臣與月兒魯議，

本紀第十六　世祖十三　三五三

图2《元史》本纪第十六《世祖十三》载：元世祖于至元二十八年批准在江南地区恢复南宋时的税制。

给”“移用”，从而构成南宋时代的四种特定的赋税课目的专有名词。关于南宋这几种赋税课目的内涵，笔者在《蒋祈〈陶记〉校注》做了探讨，在此不再一一赘述。

这里有一个问题必须说明，《陶记》记述元代浮梁州所承担的税额时，为什么要沿用南宋时的课税名目呢？这是因为，元代一度对江南地区沿袭南宋的税制。对此，《元史》有明确的记载：至元二十八年（1291）“十二月壬申，中书省臣言：‘江南在宋时，差徭为名七十有余，归附后一切未征。今分隶诸王城邑，岁赐之物仰给京师。又中外官吏俸少，似宜量添，可令江南依宋时诸名征赋尽输之。’何荣祖言：‘宜召各省官任钱谷者诣京师，集议科取之法以闻。’从之。”[6]（图2）《续资治通鉴》卷一百九十《元纪・八》对元世祖于至元二十八年十二月壬申，批准在江南地区恢复南宋时的税制也做了类似的记载。这就是说，元世祖忽必烈于至元二十八年下令，在江南地区全面恢复南宋时的赋税。《陶记》中出现的南宋赋税课目，就是元代“依江南宋时诸名征赋尽输之”的具体反映。

由此看来，《陶记》中“统制之供给”和“经总之移用”，只能说明元代在一个特定时期沿袭宋代“诸名征赋”罢了，不能作为《陶记》写于南宋的根据。

## 二、瓷窑税制和窑炉结构

蒋祈《陶记》记述当时景德镇瓷窑税制时写道：“窑之长短，率有口数。官籍丈尺，以第其税”；“兴烧之际，按籍纳金。”

《考辨》认为：元代“在六七十年的时间里（元早、中期）轻刑薄赋”，与《陶记》所载“按籍纳金”瓷窑税制不符合。《考辨》为此特援引《元典章・户部八》：

“至元五年七月初五日制，国用使司来申：均州管下各窑户合纳课程，除民户磁窑课程依例出纳外，军户韩玉、冯海依赖军户形势告刘元帅文字拦当，止合（《考辨》把“合”字误刊为“令”——笔者注）将烧到窑货三十分取一，乞施行。制，府照得先钦奉圣旨节文：磁窑、石灰、矾、锡榷课斟酌定立课程，钦此。兼磁窑旧例，二八抽分办课，难同三十分取一。除已移咨枢密院行下合属将合纳课程照依旧例办课外，仰照验。钦依（《考》把“依”字误刊为“此”字——笔者注）施行。”

笔者认为，《考辨》所说，值得研究。

首先，元代存国九十年，从税制角度讲，经常处于变动状态。对此元人著述多有记载。例如，元・姚桐寿《乐郊私语》：“国朝至元三十年（1293），以留梦炎议置市舶司。初议番舶货物十五抽一，惟泉州三十取一，用为定制。然近年长吏巡徼，上下求索，孔窦百出。每番船一至，则众皆懽呼曰：‘亟治厢廪家当来矣。’至什一取之，犹为未足”（图3）。同书又载，元仁宗时，“税额一节，往往增加无算，市中不堪其扰。当延祐间（1314—1320），程文宪条言江南茶盐酒醋等税，近来节次增添比初时十倍。今又逐季增添缘管课程官虚添课额，以谄上司，其实利则归己，虚额则张挂欠籍。云云。奉仁宗皇帝圣旨，诸色课程从实恢办”（图4）。

其次，《考辨》所引《元典章・户部八》所载：元代以“烧到窑货”和《陶记》所载“按籍纳金”的窑业征税方式，两者没有本质上的差异；两者谁轻谁重要看其税率。按照《元典章・户部八》所载，至元五年以前，“烧到窑货”三十分取一的税率，可属“薄赋”，但是，改为“二八抽分办课”，其税率高达25%。而且，不是按照实际销售额，而是以“烧到窑货”来计算，这就属于可怕的“苛政”

甘心爲韋中表趙文敏知之邀還邸中得免明日難拜
翰林承旨壽以懼禍病免及僧格伏誅詔還前官大德
間以老疾不起時論惜之有集若干卷行於世
澉浦市舶司前代不設惟宋嘉定間置有騎都尉監本
鎮及鮑郎鹽課耳國朝至元三十年以留夢炎議置市
舶司初議番舶貨物十五抽一惟泉州三十取一用爲
定制然近年長吏巡徼上下求索孔竇百出每番船一
至則衆皆懽呼曰亟治廂廩家當來矣至什一取之猶

欽定四庫全書　　樂郊私語　　十四

爲未足昨年番人憤憤至露刃相殺市舶勾當死者三
人主者隱匿不敢以聞射利無厭開釁海外此最爲本
州一大後患也
潘從事澤民嘗爲余言本州達嚕噶齊額森布哈本北
人以至正三年至海上時方八月秋濤大作潮聲夜吼
震撼城市布哈初至聞此夜不敢臥起問門者門者熟
睡呼之再三始從夢中荅曰潮上來也及覺知是官問
懼其荅遲連聲曰禍到也禍到也狂走而出布哈誤聽

图 3 元姚桐寿《乐郊私语》载："国朝至元三十年（1293——笔者注），以留梦炎议置市舶司。初议番舶货物十五抽一，惟泉州三十取一，用为定制。然近年长吏巡缴，上下求索，孔窦百出。每番船一至，则众皆權呼曰：'亟治厢廪家当来矣'。至什一取之，犹为未足。"

也
稅務在安仁橋西十五步務爲宋樞密郭三益彰慶館
基也余悲此地昔爲迎賓文酒之所今爲剝斂叫囂之
場前後何雅漓懸隔也近來盜賊四起在在用兵課賦
無藝即稅額一節往往增加無算市中不堪其擾當延
祐間程文憲條言江南茶鹽酒醋等稅近來節次增添
比初時十倍今又逐季增添正緣管課程官虛添課額
以諂上司其實利則歸已虛額則張挂欠籍云云奉仁

欽定四庫全書　　樂郊私語　　七

宗皇帝聖旨諸色課程從實恢辦既許從實豈可虛增
除節莫增課額實數及有續次虛增數目特與查照並
行蠲減從實恢辦明旨凛然今但掛壁而已
張氏之陷平江也總管宣城貢師泰懷印脫身易姓名
爲端木氏隱居雲間時一往來海上嘗寓於資聖寺與
僧壽量相得甚歡量有戒行嘗絕江浮淮以遊湖湘之
間泛彭蠡過洞庭登祝融望大庾還至天目傳法於中
峯大師行脚於四遠凡三十年於是歸隱於寺題其樓

图 4 元姚桐寿《乐郊私语》载：元仁宗时，"税额一节，往往增加无算，市中不堪其扰。当延祐间（1314—1320），程文宪条言江南茶盐酒醋等税，近来节次增添比初时十倍。今又逐季增添缘管课程官虚添课额，以谄上司，其实利则归已，虚额则张挂欠籍。云云。奉仁宗皇帝圣旨，诸色课程从实恢办"。

了。《考辨》把这种高税率的“苛政”，说成是“薄赋”，实在令人费解。

再其次，《考辨》所引《元典章·户部八》刊载的这则史料表明，当时”军户韩玉、冯海依赖军户形势告刘元帅文字拦当，止合将烧到货三十分取一，乞施行”的建议，并未获准，元廷依然实施”兼磁旧例，二八抽分办课”的税制。（图 5）

其后，元代税制的不稳定性还表现在至元十三年（1276）十二月庚寅，元世祖“诏谕浙东西、江西东、淮东西、湖南北府州县官吏军民：凡故宋繁冗科差、圣节、上供、经总制钱等百有余件，悉除免之”[7]。但是，到至元二十八年（1291），忽必烈又批准在江南全面恢复南宋时的苛捐杂税[8]。

元贞二年（1296）以前，在江南地区，按照南宋时的税制征收秋、夏两税。到了大德元年（1299）

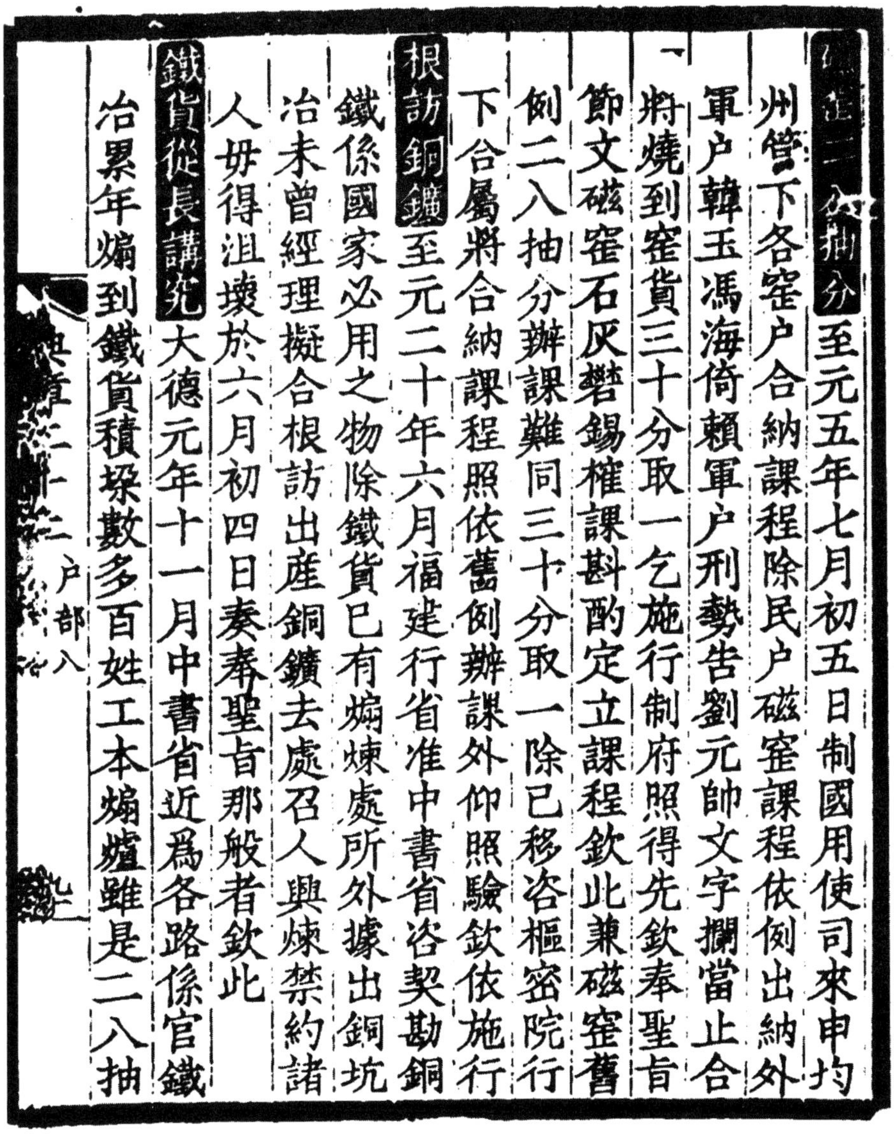
磁窯二八抽分 至元五年七月初五日制國用使司來申均州管下各窯户合納課程除民户磁窯課程依例出納外軍户韓玉馮海倚賴軍户刑勢告劉元帥文字攔當止合將燒到窯貨三十分取一乞施行制府照得先欽奉聖旨節文磁窯石灰礬錫榷課斟酌定立課程欽此兼磁窯舊例二八抽分辦課難同三十分取一除已移咨樞密院行下合屬將合納課程照依舊例辦課外仰照驗欽依施行

根訪銅鑛 至元二十年六月福建行省准中書省咨契勘銅鐵係國家必用之物除鐵貨已有煽煉處所外據出銅坑冶未曾經理擬合根訪出産銅鑛去處召人與煉禁約諸人毋得沮壞於六月初四日奏奉聖旨那般者欽此

鐵貨從長講究 大德元年十一月中書省近爲各路係官鐵冶累年煽到鐵貨積垛數多百姓工本煽爐雖是二八抽

典章二十二 户部八

图 5《元典章·户部八》载：元廷依然实施“兼磁窑旧例，二八抽分办课”的税制。

三月，元成宗又批准改在江浙行省所辖的江东、浙西，依着亡宋例缴纳秋、夏两税；在江西地区只征收秋税，而不征收夏税；而在浙东、福建、湖广地区只征收夏税[9]。

在元代一个时期内，除了江南依宋时诸名征赋尽输之外，而且还增设了"额外课"，如盐、茶、酒、醋、姜、白药、钢铁、铝、矾、竹木、漆、瓷、煤、炭、窑冶，以至于山泽、河泊、池塘、荡、山场、蒲、竹苇、柳、柴、山楂、曲、酵、乳牛、羊皮、鱼苗、历日、牙例、抽分、撞岸、房地租、契本、门推等等，无不有税[12]。所以《考辨》做出的《陶记》中所记载的瓷窑税制与元代迥异，而只符合"南宋统治集团剥削的风格"的论断，是不符合历史实际的。

当然，如果我们孤立地考察《陶记》所记载的瓷窑税制，就像《考辨》所说"可宋可元，没有严格的时代界限"，但是，当我们把《陶记》中的"瓷窑税制"与《陶记》所谈到的"窑炉结构"联系起来考察，那么，《陶记》著述于元代的烙印，就鲜明地凸现在我们面前。

景德镇窑场在宋代以前，与南方其他窑场一样兴盛龙窑。仅在湖田古窑址，露出地表的宋代龙窑就有八座，其中六座因不在湖田文物管理所保管范围之内，而予以保护性掩埋[10]。宋代以前龙窑兴盛的主要原因是：（一）龙窑结构简单，建筑材料不贵[11]；（二）龙窑窑床面积大，例如龙泉宋代出土龙窑可以放置墩一百七十多排，每排容一千三百多件。如果整柱满载，估计一次可烧二万五千件[12]，加之龙窑升温快，降温也快，可以速烧，所以龙窑出瓷产量颇大；（三）龙窑火焰流通比直焰窑均匀，所烧瓷器质量较好[13]。

古陶瓷科学家用现代科学测试手段，对出土的唐、宋景德镇瓷器进行研究，结果表明，景德镇窑场在古代龙窑中所烧制出来的瓷器质量甚佳：景德镇唐代杨梅亭窑白瓷胎的白度已达70%，宋代湖田、湘湖窑的青白瓷胎的白度和透光度都很高，已接近现代细瓷水平。按照周仁先生等的研究成果，景德镇在唐、宋时之所以能烧制出这样好的瓷器，与当时窑工们熟练地掌握了烧成技术是分不开的[14]。

但是，宋代容量庞大的龙窑，碰上了元代"兴烧之际，按籍纳金"[15]的瓷窑税制却倒了霉。我们知道，"籍"在古代文献中可作"容量"解，如《汉书・义纵传》："治敢往，少温籍。"颜师古注："籍，含容也。'少温籍'，言无所含容也。"同样，《陶记》内的"籍"，亦可做此义解。按照《陶记》所述的元代瓷窑税制：窑户所承担的税额，系由官府衙门派员到窑场测定窑炉容量所得出的数据而确定，这就是《陶记》所说的"官籍丈尺，以第其税"。不仅如此，而且其征税方法又非常苛刻，不管你烧成质量如何，只要点火开窑，就须缴交定额金。正如《考辨》所说："烧成是瓷器生产流程中最后一个带有关键性的工序，也是最不容易控制的一个工序。由于古代烧窑全凭经验，窑室内的温度与火焰的性质（气氛）极不容易控制，如果稍有疏忽，陶工们的劳动就将毁于一旦。"加之元代税制执法十分严厉："窑有尺籍，私之者刑。"[16]因此，各地瓷窑窑场面临两种抉择：要么垮台，要么在改革窑炉上面寻找出路。也就是说，要找到这样一种窑炉，它既要大大地缩小窑炉的容积，又能提高烧成比率。在这场窑炉结构改革中，景德镇窑工们异常活跃，并出现了筑炉专家魏氏。对此，清代御窑监理唐英《陶成示谕稿・序》有所追述："窑之高卑、阔狭、大小、浅深暨夫火堂、火拭、火眼、火尾之规，种种不一，相继涌现，精其工，而供其役者，为景德镇魏氏专其业而得其传，元明以来无异也。"

景德镇出土的元代古窑址，印证了上述文献记载的可靠性。据报道："印刷机械厂院内出土的一座元代陶焙烧卵白釉与青花瓷器的残窑，其形制奇特，和我国古代流行的龙窑、阶梯窑都不相同，其平面倒和景德镇的还在使用的一座清代遗留下来的柴容（即镇式窑）有某些相似之处。可见景德镇著名的‘镇式窑’早在元代就已初具锥雏型，印证了清人唐英《陶成示谕稿》。它极有可能出自元代的筑窑专家魏氏工匠之手。[17]

按照王宗沐《江西省大志·陶书》记载，明代前期，景德镇瓷窑容积较小：“（色窑）制员而狭，每座止容烧小器三百余件。”这就从侧面说明，与宋代龙窑相比，元明之间的景德镇瓷窑容量已大大地缩小。这就是元代景德镇窑炉改革的重要成果之一。

元代景德镇魏氏首创的这种新型镇式窑的优点，目前虽无文献和出土窑址等实物资料可考，但是，在元明镇式窑基础上发展起来的清代镇式窑，在1954年经过景德镇陶研所窑炉工艺家的鉴定：“它的热利用率高，烧成温度一千三百五十度，每公斤瓷器仅用五千至六千千卡。其他各地间歇式窑则在一万千卡以上。”[18]

辩证哲学告诉我们，一种工艺改革的完成，不是一蹴而就，它必然有一个发生、发展和不断完善的过程。尽管元代魏氏首创的新型镇式窑，在元代中后期开始烧制出精美的釉里红瓷和青花瓷，从而掀开了中国瓷业生产的新篇章，但是，在整个元代，景德镇窑场所出产的瓷器，却呈现出“粗瓷产量激增”的局面。这一切，正是由元代“兴烧之际，按籍纳金”瓷窑税制所引起为窑炉改革而造成烧成工艺变化所导致的必然结果。总之，我们从宋、元两代景德镇窑炉结构巨变这一角度来考察，就能发现《陶记》所述“兴烧之际，按籍纳金”的瓷窑税制，不属宋代的法规，而是元代的章程。

## 三、制胎、装烧与装饰工艺

蒋祈《陶记》谈到当时景德镇窑场制胎工艺时写道：“进坑石泥，制之精巧，湖坑、岭背、界田之所产已为次矣。”

明代崇祯年间宋应星《天工开物·陶埏》描述当时景德镇制胎工艺时却说：“土出婺源、祁门两山。一名高梁山，出粳米土，其性坚硬；一名开化山，出糯米土，其性粢软。两土和合，瓷器方成。”显然，蒋祈所描述的制胎原料及其工艺与明代晚期的大不相同。《考辨》从这种现象出发，做了这样的推理：（景德镇）“陶工使用的‘二元配方’法制胎，最晚不晚于明代，但是文献记载总是要晚于生产实践的”，加之“宋代瓷胎中 $Al_2O_3$ 的含量都在17%左右，元代与元代以后都在20%或20%以上”。由此刘新园同志得出了“《陶记》所说的制胎工艺，不是元代比较先进的工艺，而是宋代或宋代以前的工艺”。

刘新园同志的这两个推论是难以成立的。

我们知道，宋应星《天工开物》成书时间是在明末崇祯十年（1637）。从朱元璋推翻元朝，于1368年建立明朝政权起，到明朝末代皇帝崇祯十年（1637）中经269年之久。元朝从元世祖忽必烈推翻南宋王朝到元末至正王朝也经历了90年。在这种情况下，我们怎么能够像《考辨》那样，仅仅依据“文献记载总是要晚于生产实践的”这样一条推理，就能够得出宋应星于崇祯十年在《天工开物》所记载的景德镇制胎工艺的二元配方，一定会在三百多年前的元代就已经推广使用了这样一个重大的结论呢？

现在我们再来研究《考辨》的第二个推论。

《考辨》所说的元代景德镇瓷器胎内 $Al_2O_3$ 含量都在20%或20%以上，是依据下列测试标本：

元初湖田窑影青芒口碗、湖田窑枢府瓷小足折腰碗、元大都出土青花大盘和湖田窑青花大盘。

首先，《考辨》所说的第一个标本——元初景德镇湖田窑影青瓷芒口碗，乃是《考辨》作者自己提交给景德镇陶研所的。众所周知，景德镇窑影青瓷盛行于宋、元两代，然而《考辨》作者手中的这件影青芒口碗在未对其时代特征做科学考证的前提下，就认定它是景德镇窑场元初的产品，并把它作为研究元代制胎工艺的标准器，这种做法未免过于草率。

其次，从元代至顺二年以后沉没于南朝鲜新安海底的中国沉船[19]内打捞出了上万件瓷器，从中却找不到一件青花瓷。加之蒋祈《陶记》内容也没有涉及青花瓷的生产和销售。这两件事相互印证，就足以说明：景德镇青花瓷器作为商品瓷投入市场，是在元代中后期的事情。因此，用景德镇元代中后期投入市场的青花瓷胎 $Al_2O_3$ 含量来证实景德镇窑场二方配方制胎工艺出现于元代初期，乃是风马牛不相及的误举。

再其次，按照李德金先生等《南朝鲜新安海底沉船中的中国瓷器》一文中的说法，不仅“元大都出土青花瓷”是景德镇窑场元代中晚期出现的产品，而且景德镇枢府款瓷器也是出现于元代中晚期[20]。

最后，按照古陶瓷科学家的测试，景德镇窑场宋、元两代瓷器胎内 $Al_2O_3$ 含量，并不是像《考辨》说的那样“宋代瓷胎 $Al_2O_3$ 的含量都在17%，元代与元代以后的都在20%或20%以上”。例如，同仁先生等测试宋代景德镇白虎湾白碗瓷片瓷胎的 $Al_2O_3$ 含量为19.24%，而元代景德镇窑场所产的釉里红玉壶春瓶残器瓷胎 $Al_2O_3$ 含量也只是19.68%，甚至明代嘉靖年间景德镇场出产的青花罐残器 $Al_2O_3$ 含量低达18.9%，比宋代景德镇白虎湾窑的白碗瓷片瓷胎 $Al_2O_3$ 含量还要低0.34%[21]。冯志达先生测试景德镇元代出产瓷器瓷胎 $Al_2O_3$ 含量，得出了与周仁先生等类似的结论：“湖田窑元代黑釉器 $Al_2O_3$ 含量为18.44%。”[22] 陈尧成先生等测试景德镇出产的明代瓷器瓷胎 $Al_2O_3$ 含量也得出了近似结论：“明嘉靖青花瓷片瓷胎 $Al_2O_3$ 含量为18.49%。”[23]

冯先铭先生等主编的《中国陶瓷史》第九章第二节，也转录了这样一条科学测试资料：景德镇窑场明代宣德青花大瓶 $Al_2O_3$ 含量为19.03%。上面所引的古陶瓷科学界的测试资料表明：（1）宋代景德镇白虎湾窑瓷胎 $Al_2O_3$）含量接近20%；（2）景德镇在元、明两代出产的些青花瓷和黑釉器瓷胎内 $Al_2O_3$ 含量比宋代景德镇白虎湾窑出产的还要低。这就充分说明：瓷胎中的 $Al_2O_3$ 含量及其变化，并不能确切地反映瓷胎的配方以及工艺流程的变化。

《考辨》的三段推论法的两个前提既然不能成立，那么他以此所得出的所谓“《陶记》所说的制胎工艺不是元代比较先进的工艺，而是宋代或宋代以前的工艺”的结论，自然就不符合当时景德镇窑场的历史真貌。

按照周仁先生等的研究成果，景德镇窑场在“元明时期是配胎技术改进中的过渡时期”[24]。《陶记》对当时景德镇制胎工艺的记述，恰好鲜明地反映了这一点。首先，在蒋祈生活的时代，景德镇场的制胎原料，已由质量较高的“进坑”瓷石，取代了质量较次的“湖坑、岭背、界田”出产的瓷石；其次，在蒋祈生活的时代，景德镇窑场对瓷器原料——瓷石的加工非常重视，用蒋祈的话说就是：“进坑石泥制之精巧。”陶瓷工艺科学研究结果表明：制瓷工艺中的原料处理是一个重要的工艺过程，它直接影响到瓷器的白度、透光度、机械强度等性能。因此，胎泥淘炼的精纯程度是判别陶瓷工艺发展水平的一个重要依据。周仁先生等在测试景德镇历代瓷器瓷胎的显微结构时发现：景德镇窑场唐宋瓷胎“有大量的颗粒较大和棱角较明显的石英留存”；元明瓷胎“石英的含量相对减少，但颗粒大小和形状仍无变化”；清代瓷胎“石英含量已大大地减少，而且石英颗粒大小和形状也变得细小、浑圆而少棱角”[25]。周仁先生等认为，造成景德镇历代瓷器瓷胎显微结构这种有规则变化的根本原因之一，就是由于景德镇各个历史阶段对瓷胎原料粉碎、加工的精纯程度不同而导致的必然结果。从这里我们就可以看出《陶记》对当时景德镇窑场制胎工艺的描述，反映的不是宋代而是元代景德镇的生产工艺水平。

正如《考辨》中所说，景德镇窑场在元代“粗瓷产量激增”，“只有个别的青白瓷还保留宋代光致茂美的特点”。造成这种现象的根本原因，就是传统的制胎配方及其工艺一时还不能适应改革后的窑炉结构，只是到明代摸索出了一套“二元配方”以及工艺流程规律之后，瓷胎的烧制才完全适应了新的窑炉结构，景德镇窑场的瓷业生产才获得稳定而高速的发展，从而使得景德镇窑场跃居全国之冠：“真开等郡瓷窑所出，色或黄滞无宝光，合并数郡不敌江西饶郡产。”[26]

现在我们再来考察蒋祈《陶记》所记述的当时景德镇窑场装烧和装饰方法的时代特征。

刘新园同志等于1980年在《景德镇湖田窑考察纪要》中报道说：“整个南宋时期的碗、盘多有芒口，仰烧影响较小，显然，覆烧法在这时已占绝对优势。”[27] 刘新园同志于1980年在题为《景德镇湖田窑各期典型碗类造型特征及其成因》中称：“到元中期，经过改进的仰烧法就在景德镇瓷器生产中大为风行了。”[28] 刘新园同志等在1976年写的《景德镇湖田古瓷窑各期碗类装烧工艺考》中所说的“芒口瓷器与覆烧窑具在（元代）后期的湖田窑，就渐渐地被淘汰了”[29]，则与出土实物不相符合。李德金先生等在《朝鲜新安海底沉船中的中国瓷器》一文中指出：“值得注意的是，景德镇窑出的（元代）碗和盘，都是芒口镶银扣，这显然是一些覆烧的瓷器。”[30] 按照上述考证和出土器物，我们就可看出，景德镇窑场在元代初期到中期之间这一历史阶段，必然是“覆烧、仰烧”同时并存的时代。而《陶记》记述当时景德镇窑场的装烧方法恰好是“覆烧”与“仰烧”同时并存，由此可见，《陶记》不是写作于南宋，而必定诞生于元代。

但是《考辨》为了有利于论证自己的观点，却把《陶记》内的“或覆、仰烧焉”解释为“以覆烧为主”，然后以“覆烧法最流行的时代是南宋中后期”作为桥梁，引导出蒋祈《陶记》的写作“必然是南宋中后期而不是元代”的结论。显然，这种推导的前提论据，根本不符合于《陶记》的原意！因为道理十分简单，把《陶记》中的“或覆、仰烧”解释为“以覆烧为主”，违反了古汉语的基本常识。因为《陶记》中的“或覆、仰烧”句中的“或”作“有的”解，“覆”与“仰”之间的“或”承前省略，这句话译成现代汉语就是：“有的（窑，采用）覆烧（工艺）；有的（窑，采用）仰烧（工艺）”，即覆烧（工艺）与仰烧（工艺）同时并存。

《考辨》对蒋祈《陶记》所记载的装饰方法推论为“以印花为主”，亦不符合《陶记》的原意。因为蒋祈《陶记》所说的“印花、画花、雕花之有其技”句中的“印花”“画花”“雕花”三者之间，不存在主次，而是属并列关系。

为了更好地说明这个问题，我们必须联系《陶记》这句话的前后文来考察。蒋祈《陶记》在谈到当时景德镇窑场的成型和装饰工艺时写道：

陶工、匣工、土工之有其局；利坯、车坯、釉坯之有其法；印花、画花、雕花之有其技，秩然相规，各不相紊。

这段引文，从语法角度来考察，文中的“有其局”“有其法”“有其技”，三个分句属并列关系，焦点同是落在当时景德镇窑场比较细致分工上面：“秩然规制，各不相紊。”同样，第三分句内的“印花，画花、雕花”三者之间也是并列关系，焦点同是落在“有其技”上面。这个分句的意思是说，在蒋祈生活的那个时代，景德镇窑场的瓷器装饰工艺“印花”“画花”“雕花”，三者技艺都很高明。

由此看来，蒋祈《陶记》所记述的制胎工艺和装烧工艺以及装饰工艺，都不是宋代的遗存而是元代留下的鲜明痕迹。

## 四、镇瓷的内销市场

关于景德镇瓷器作为商品在国内市场流通的文献记载最早的是汪肩吾写的《昌江风土记》。他说：

“其货之大者，摘叶为茗，伐楮为纸，坯土为器，自行就荆、湘、吴、越间为国家利。其余纺丝布帛负贩往来盖其小者耳。”（图6）

据康熙版《浮梁县志》卷七《隐逸传》载：“汪肩吾，字均山，两就举不合遂自隐。后辟阴皆不就。”其所著的《昌江风土记》被排在南宋遗存文献之列。同治《饶州府志》所载“历代隐逸贤士传”，也把他排在宋代之列[31]（图7）。由此看来，汪肩吾无疑是南宋人，他所记述景德镇瓷器的行销情况，当然发生在南宋。按照汪肩吾的说法，景德镇在南宋时，瓷器贸易被排在茶叶、纸之后，其内销市场仅限于荆、湘、吴、越之间。

景德镇瓷器的内销，在明代有很大的发展。明代嘉靖年间，江西布政使王宗沐《江西省大志·陶书》中，对此有具体记载：“自燕云而北，南交趾，东际海，西被蜀，无所不至，皆取景德镇。”明末江西分宜教谕宋应星的《天工开物·陶埏》，对此也做了类似的记载：“若夫中华四裔，驰名猎取者，皆饶郡浮梁景德镇所产也。”这就是说，到了明代，景德镇瓷器的内销市场，已遍及全国。

现在我们再来看《陶记》所述的内销市场：

“浙之东、西，器尚黄黑，出于湖田之窑者也。江、湖、川、广，器尚青白，出于镇之窑者。碗之类，鱼水、高足……此川、广、荆、湘之所利；盘之属……江、浙、福建之所利。两淮所宜，大率皆江、广、闽、浙，澄泽之余。”

十分明显，蒋祈《陶记》所述内销市场的范畴，超越了南宋的“荆、湘、吴、越”，而达到了“川、淮、闽、广”，但较明代的“北燕云，南交趾”又大为逊色。这就说明《陶记》是著述于宋、明之间的元代。

其次，我们从元代江南不同地区的经济状况的角度来考察，也能看出《陶记》所述内销市场的时代特征。众所周知，江、湖、川、广，在元代是长江以南比较富裕的区域，而青白瓷又是瓷器中的上品，所以景德镇窑所出的青白瓷在这里获得了较好的销路，这就是《陶记》所说的“江、湖、川、广，器尚青白，出于镇之窑者”。而两淮之地，由于受到宋蒙战争的长期蹂躏，田园荒芜，民生凋敝。元朝统一中国后，于至元二十二年（1285）元世祖忽必烈敕诏“听民自实，两淮荒地，免税三年”[32]，但是到至大元年（1308），两淮地区的经济还未复苏：“江淮民采草根树皮为食。”[33] 直到延祐六年（1319）元朝皇室才诏谕：“两淮民种荒田者，如例输税。”[34] 这里又给《陶记》所述“两淮所宜，大率皆江、广、闽、浙，澄泽之余”做了很好的注脚。

另外，《续资治通鉴》记载：“世祖至元二十二年二月壬戌卢世荣奏言：‘可于各路立路易司，

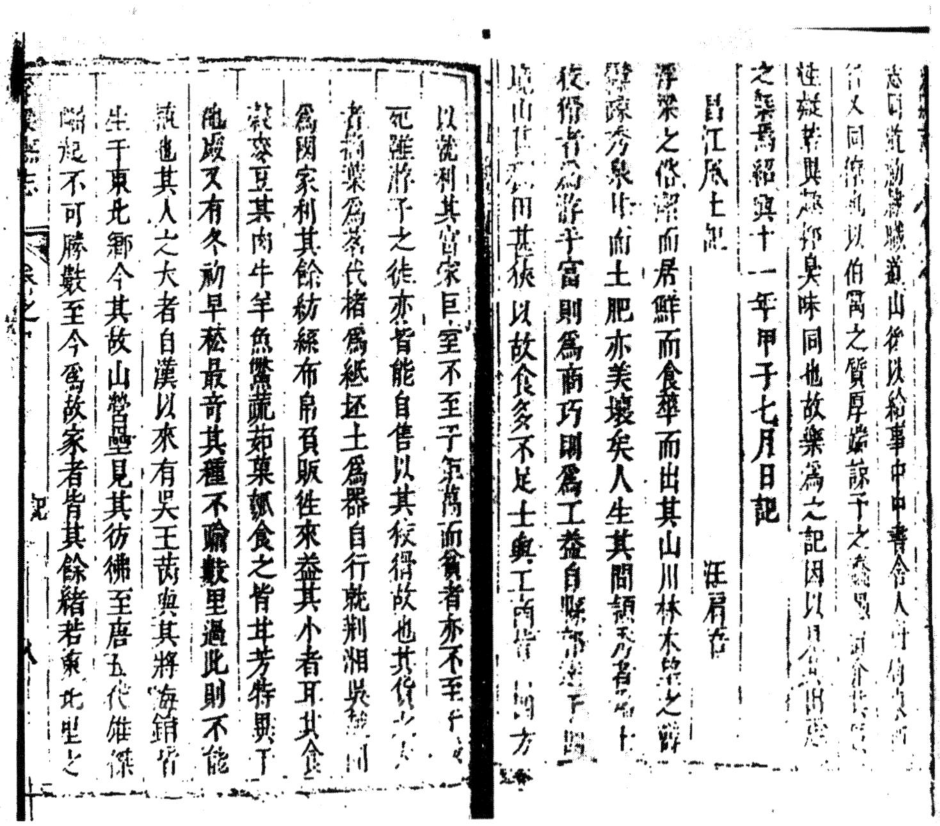
之築焉紹興十一年甲子七月日記

昌江風土記　汪肩吾

浮梁之俗深而居鮮而食華而出其山川林木泉之爵
發蹤秀泉比而土肥亦美壤矣人生其間頴秀者爲士
役猾者爲游子富則爲商巧則爲工益自縣治至于四
境山其谷田其旅以故食多不足士與工商皆[illegible]四方
以能利其宮家巨室不至于飢餓而貧者亦不至于
死雖游子之徒亦皆能自售以其役得故也其貨之大
者摘葉爲茗伐楮爲紙坯土爲器自行就荆湘吳越間
爲國家利其餘紡絲布帛負販往來蓋其小者耳其食
穀麥豆其肉牛羊魚鱉蔬茹菓瓜食之皆甘芳特異于
他處又有冬初早菘最奇其種不踰數里過此則不能
就也其人之大者自漢以來有吳王芮與其將梅銷皆
生于東北鄉今其故山營疊見其彷彿至唐五代雄傑
崛起不可勝數至今爲故家者皆其餘緒若東北里之

图 6 南宋·汪肩吾《昌江风土记》载：“其货之大者，摘叶为茗，伐楮为纸，坯土为器，自行就荆、湘、吴、越间为国家利。其余纺丝布帛负贩往来，盖其小者耳。”

领诸牙侩人，计商人物货，四十分取一，以十为率，四给牙侩，六给官吏俸。’……帝皆善而行之。”[35]元·陶宗仪《辍耕录》卷十一《牙郎》也载：“今人谓‘驵侩’者为‘牙郎’，本谓之‘互郎’，主互市事也。”从《辍耕录》和《续资治通鉴》所载的这两条史料，也可看出元代市场活动的形式与《陶记》所述的“交易之际，牙侩主之”的记载完全合拍。

再其次，我们从《陶记》所记述的当时景德镇窑场一个特定的内销市场——“浙之东、西”来考察，也能发现《陶记》所显示的鲜明的时代烙印。

这是因为，南宋“浙之东、西”不仅是宋室王朝的政治、经济、文化中心，而且也是当时江南最大的制瓷中心。对此，叶宏明《青峰翠色——介绍浙江青瓷》一文中有所专述。他说：南宋浙江青瓷发展到鼎盛时期，其中尤以龙泉哥窑、弟窑和杭州修内司、郊坛下两官窑为最著”，“目前发现龙泉青瓷古窑址就有两百多处”[36]。显然，在这个特定的历史阶段内，景德镇瓷器只有以少量的精品，才能在这个地区与“龙泉青秘”相抗衡，因此，在南宋时都城临安有青白瓷器店铺[37]，但是到了蒋祈所生活的时代，“浙之东、西”用瓷生活习惯发生了巨大变化，人们再也不爱用“翠如美玉”的“龙泉青秘”，而是崇尚“黄黑”釉瓷。而且，这种瓷器的主要来源，不是本地龙泉窑场的产品，而是来自邻省景德镇窑的湖田窑，即《陶记》所说的“浙之东、西，器尚黄黑，出自湖田之窑也”。

如果按照《考辨》把《陶记》看作是诞生于南宋，那么，就无法解释上述这种矛盾的现象。如果我们把《陶记》看成为元代的作品，那么这种看来矛盾的现象，就能得到比较合理的解释：随着南宋政权的灭亡，中国制瓷中心就开始从“浙之东、西”向景德镇转移。这从元王朝于至元十五年在景德镇设立“浮梁瓷局”掌烧造瓷器一事中可以明显地反映出来。因此，景德镇的黄黑釉瓷一度在元代打人“浙之东、西”的市场，乃是情理之中的事情。

景德镇湖田窑在元代生产黑釉瓷，有出土器物可资佐证。如刘新园同志《景德镇湖田窑考察纪要》（载于《文物》1980 年第 11 期）中报道：宋代湖田窑豪猪岭遗存只见青白瓷，而未见黑釉瓷；但在元代前期湖田窑乌泥岭遗存中，“该坑积有淘洗瓷土的粗渣，渣中有黑釉碗盏”。刘新园《景德镇湖田古瓷窑各期碗类装烧工艺考》也报道：湖田窑元代碗盘的堆积中，就有“底心露胎的黑釉粗碗与桶式匣钵”。再如，赵曰斌《试论景德镇湖田窑的黑釉瓷》也指出：“湖田窑的黑釉瓷，烧造较集中的区域是在刘家坞。其堆积层约三十余米。从调查资料来看，刘家坞的黑釉瓷叠压在枢府瓷堆积之上，这地区的黑釉瓷生产，当为元代中、晚期”[38]（图 8）。

《考辨》把《陶记》所述内销市场断定为南宋，主要是根据绍兴议和后的南宋疆界。他说，《陶记》所述内销市场，“从范围上看，只有江、湖、川、广、两浙、福建、两淮的南方数省，不越江淮以北。这个圈子显然是绍兴议和以后的南宋王朝的半壁山河。那么文中所述就必然是镇瓷在这一特定时期的内销范围了”。

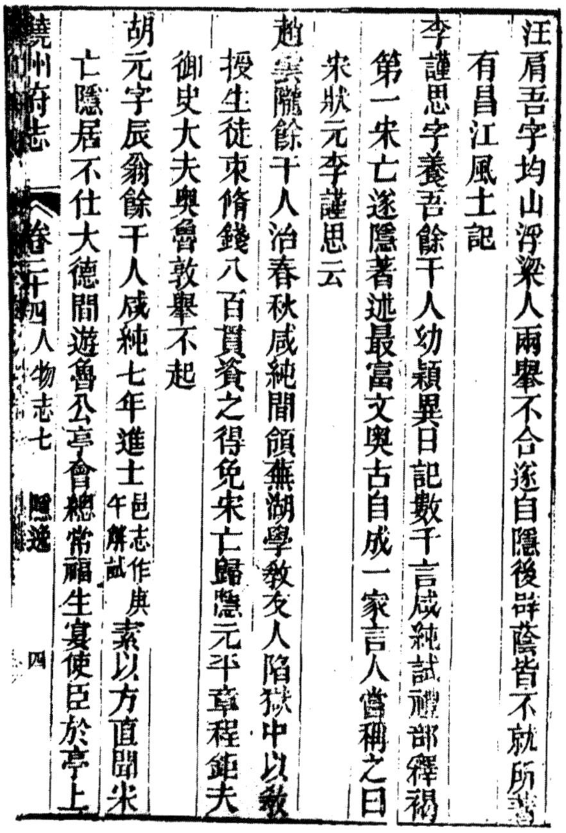
汪肩吾字均山浮梁人兩舉不合遂自隱後辟薦皆不就所著
有昌江風土記
李謹思字養吾餘干人幼穎異日記數千言咸純試禮部釋褐
第一宋亡遂隱著述最富文奥古自成一家言人嘗稱之曰
宋狀元李謹思云
趙宾隴餘干人治春秋咸純間領兼湖學教友人陷獄中以教
授生徒束脩錢八百貫資之得免宋亡歸隱元平章程鉅夫
御史大夫輿魯敦舉不起
胡元字辰翁餘干人咸純七年進士邑志作庚午解試素以方直聞宋
亡隱居不仕大德間遊魯公亭會總管福生宴使臣於亭上
饒州府志《卷二十四人物志七 隱逸 四

图 7 同治《饶州府志》“人物志·隐逸”把汪肩吾排在宋代之列器的行销情况，当然是指南宋。按照汪肩吾的说法，景德镇在南宋时，瓷器贸易被排在茶叶、纸之后，其内销市场仅限于荆、湘、吴、越间。

这个立论表面看来，似乎有力，但细加分析，却纯系臆断！

这是因为，绍兴议和后，尽管金与南宋的军事对峙一度得到缓和，但是到宁宗嘉泰三年（1203）后，金与南宋之间的战争帷幕重又拉开。对此，《宋史·宁宗本纪》有具体记载：“全国多难，（南宋）朝廷乘其隙，沿边聚粮增戍，且禁襄阳榷场，边衅之开，盖自始。”嘉泰四年（1204）五月丁亥，宁宗下诏伐金，并“简荆襄、两淮田卒，以备战兵”。嗣后，一直到端平元年（1234），金与南宋在西起川、陕，东至两淮的广阔地带，展开了激烈的拉锯战[39]。理宗绍定四年“八月己未，元兵破武休，入兴元，攻仙人关”。端平元年金亡后，蒙古军队随即发动了对南宋的进攻。《宋史·理宗本纪》和《续资治通鉴》等文献，对这些战事的记述就不一一征引了。

如果确如《考辨》所想象的那样，蒋祈是在南宋宁宗嘉定七年到理宗端平元年期间（1214—1234）来写作《陶记》，那么蒋祈面对如此激烈而残酷的军事冲突，怎么会把“川、湖、两淮”地区说成是景德镇瓷器的主要销售市场呢！否则，贩运景德镇瓷器的商贩岂不要冒着生命危险，到硝烟弥漫的战场去运销景德镇瓷器吗？

图 8 景德镇湖田窑出土的元代黑釉高足盏

另外，《考辨》作者把“两淮”所指地域理解为“不越江淮以北”之说，明显地犯了一个常识性的错误。众所周知，淮河发源于河南、湖北两省交界的桐柏山，由西向东流，流经河南、安徽、江苏三省，注入洪泽。从自然地理学的角度讲，“两淮”是指淮河南北流域所经地区。从中国历史政区演变这个角度讲，则是指淮南东路和淮南西路。据《宋史・地理志》记载，宋代设置的淮南东路的辖境，北逾淮河，包有今江苏北部，安徽淮北各一部分和河南永城、鹿邑等县。因此，无论是从自然地理学的角度，还是从中国历史政区这个角度来讲，《陶记》所述内销市场之一的“两淮”，都突破了南宋东部所辖疆界。

再说，瓷器市场的伸展，首要作用的是瓷窑本身所具备的生产条件，否则，北宋时是南北一统的形势，为什么看不到景瓷大量北销的文献记载呢？

《考辨》虽然对元代以前的景瓷内销市场做了一些考证，但他对景瓷销行史无限拔高的做法，显得十分软弱无力。例如，《考辨》仅以清人吴极《昌南历记》内“武德四年，有民陶玉者，载瓷入关中，称为假玉器，献于朝廷，于是诏仲初等暨玉制器进御”为据，论断景德镇瓷器早在唐代就把我国西北作为销售市场[40]是没有说服力的。因为《昌南历记》中的这则材料是说：新平制瓷巧匠陶玉，把自己所制作的瓷器，作为异宝——假玉器献于朝廷，而不是指景德镇窑厂把关中作为自己推销瓷器的市场。再说，在唐代，中国产瓷挂冠名窑是邢窑和越窑，陆羽《茶经》对当时国内产瓷主要名窑排列名次时，不仅没有提到景德镇（当时叫新平镇）窑，而且洪州窑也是放在第六位。

到了宋代，景德镇瓷器虽然由于“宋真宗命建年书于器底，于是天下咸知景德器矣”，[41]但是宋代产瓷的王冠，仍然不是景德镇窑场。北宋时，汝窑和定窑名扬天下，南宋时，则以（修内司和郊坛下）官窑和龙泉窑为群窑之首。《考辨》所引证的《宋会要辑稿・食货・五二》记北宋汴京建隆坊皇家瓷、漆器仓库时列举的“饶州瓷器”和婺源《嵩峡齐氏宗谱》卷首“蝬公行实”记有齐宗蝬于庆历五年（1045）解运镇瓷至京师的史实，并不能作为景德镇瓷器在北宋把中原地区作为销售市场的依据。因为前者是“皇家用瓷”，属于景德镇进献给皇室的贡物，后者则是指“解运镇瓷”，即齐宗蝬奉命押解景德镇进献御用皇室用瓷到京师，并不是说齐宗蝬私家贩卖（或窑户自行销售）瓷器。对此，地方史料有明确的记载：“护公（即指齐宗蝬）字咸英，生于宋真宗咸平元年（998）戊戌八月朔旦时，世居德兴体泉。仁宗景祐三年（1036）丙子，以春秋明经请浙江举入仕。初任景德镇窑丞，九载无失。庆历五年（1045）乙酉八月十五，因部御器经婺源下槎，土名金村段，行从误毁御器。蝬叹曰：‘余奉命，愿死，从者何辜。’即吞器亡……皇祐元年（1049）己丑三月初七日，诏封新安元帅掣麾侯。”[42]

《考辨》提出的景德镇窑场在元代占据了“中原市场”并运销到新疆等地的论断，是依据下面两个论据所构成：“从近年来取得的考古资料来看，景德镇元代陶工制造的‘枢府’、影青和青花瓷器，不仅发现于河北磁县沉船与保定以及新疆霍城窖藏，而且还在元大都居住遗址中成千上万地出土。尤其重要的是：北京市文物工作队在北京西涤胡同发掘时，而且还发现了大都一处经营景德镇瓷器的店铺，店铺内还大量地、成垛地堆放着‘枢府’碗盘，足见元代景德镇瓷器在京师市场的活跃程度。”

现在我们分别来考察《考辨》所提出的这些论据。

如前所述，《陶记》内没有涉及青花瓷的生产和销售，景德镇青花瓷投放市场是《陶记》写作之后的元代中晚期的事情。而《考辨》所引证的保定、新疆霍城窖藏和元大都居住遗址出土的少量景德镇窑瓷器都伴有青花瓷，所以《考辨》提出的这些出土器物，无益于其立论。

其次，《考辨》所引证的河北磁县元代沉船内，虽然没有青花瓷，但它是官厅“彰德（中书）分省粮船”，而且倾覆的时间又在元朝末期至正十二年（1352）。沉船内微量的景德镇瓷器，又多是“枢府”瓷[43]。按照清人蓝浦《景德镇陶录・历代窑考》的记载：“枢府窑，元之进御器”，这就是说，枢府瓷并不是作为商品用瓷而生产的。所以，河北磁县元代沉船出土瓷器，同样无益于《考辨》的立论。

再其次，元大都后英房和旧鼓楼大街豁口东侧窖藏出土的景德镇烧造的影青瓷或枢府釉瓷，都伴有精致的青花瓷出土，而且元大都遗址出土的瓷器品质繁多：既有景德镇场出产的瓷器，又有龙泉青瓷、霍州窑白瓷和钧窑器，其数量最多者是磁州窑黑（褐）白花瓷。另外，从后英房遗址的发掘情况来看，住宅的主人是在非常仓促的情况下离走的，以致有很多贵重物品，如螺钿、漆器、水晶石、端砚等，都没有来得及拿走，还有200余颗红、白玛瑙围棋子散乱地撤在正房的砖地上。[44]显然其遗址的年代，当处于元代期间，因此，元大都晚期址出土的少量景德镇瓷器，也无益于《考辨》的立论。

最后，《考辨》所讲“北京市文化工作队在北京西涤胡同元大都遗址中，发现大都一处经营景德镇瓷器的店铺，店铺内还大量地成垛地堆放着枢府碗盘”则与考古出土实物报道不相符合。《中国大百科全书・考古学》对这批出土瓷器是这样描述的：“在西涤胡同遗址中，有一座类似库房的建筑，墙壁坚厚，东墙尚存三米多高，房内出土大量瓷器，有些碟、碗是成套叠放在一起的。”[45]考古学家在报道这则材料时，既没有肯定这是一处经营景德镇瓷器的店铺，又没有认定那些成套叠放在一起的碟、碗就是景德镇窑场烧造的枢府瓷，在这种情况下，《考辨》把它作为景德镇窑场在终元一代占领京师瓷器市场的证据，显得十分轻率。

其实，从考察国内考古出土实物资料之角度，来研究《陶记》所载内销市场上的时代特征，我们可以得出与《考辨》相反的结论：《陶记》绝对不可能写于南宋。这是因为，陕西省略阳县南宋遗存（汉中地区文化馆等《陕西省略阳县出土的宋瓷》，《文物》1976年11期）、辽宁朝阳金大定二十四年墓（中国硅酸盐学会《中国陶瓷史》，文物出版社）和北京丰台瓦窑村金代塔基（赵光林《从几件出土文物漫谈宋元影青瓷》，《文物》1973年5期）都出土了景德镇青白瓷。须知南宋和金代时的陕西省略阳县、甘肃灵台和北京丰台都在南宋的疆域之外而被金国控制。按照《考辨》所持的“在古代，那里出现了景德镇瓷器，就表明那个地方属景德镇瓷器的内销市场范围”的思维逻辑，岂不南宋时的景德镇瓷器商人，岂不是把处在战争对立状态下的敌国作为自己的内销市场？实在荒唐！

## 五、并存竞争的瓷窑

蒋祈《陶记》在记述上一个历史时代，与景德镇并存竞争窑场及其竞争时的情景时，写道：

“景德陶，昔三百余座。埏埴之器，洁白不疵，故鬻于他所，皆有‘饶玉’之称。其视真定红磁、龙泉青秘相竞奇矣。”

上文中的“昔”，《考辨》认为是：“南宋人回忆北宋时窑业情景。”此说不妥。笔者认为，这个“昔”是指包括北宋和南宋在内的整个宋代。

首先，我们从“真定红瓷”的定窑谈起。《陶记》谈到定窑的隶属都治时，为什么不说“定州”，而要说“真定”呢？考古发掘资料证明、定窑在今河北曲阳县的涧滋村。按照宋代史籍记载，庆历八年（1048）置定州路安抚使，曲阳县在其辖境之中[46]。政和三年（1113），定州升为中山府，曲阳仍在其辖境之中[47]。这就是说，曲阳县在宋代庆历至政和年间（1048—1113）直辖于定州路。政和三年后，则隶属于中山府，而中山府在宋代又隶属于定州路，所以宋代学者著文谈及定窑时，往往都以定州指代。如《苏东坡集》卷三《试院煎茶诗》：“定州花瓷琢红玉”，诗句中的“定州”即指代定窑。又如宋代邵伯温《闻见录》和叶寘《垣斋笔衡》提到定窑瓷器时，均以“定州”指代“定窑”。而蒋祈《陶记》谈到当时的定窑瓷器时却说“真定红瓷”。像蒋祈这样有一定文学素养又非常熟悉陶瓷工艺及其发展史的人，如果真的是像《考辨》所论断的那样，是生活在南宋的话，是绝对不会对当时大名鼎鼎的定窑窑场的郡县隶属关系，做出错误记述的。《校注》为了弥补这个漏洞，把“真定”释为汉武帝元鼎四年（前13）设置的“真定国”是不符合一般事理逻辑的。难道宋代人谈到当时的地名隶属关系时，不沿用当代的建置，相反，倒要跳过几个历史朝代，取用一千二百多年前的已经废置了的政区建置吗？其实，我们只要把《陶记》所记述的定窑窑场隶属郡治与元代史料一对照，情况就一目了然。《元史・地理志》载，“曲阳，元初改垣州……逮移镇归德，还隶中山府，复为曲阳县”，这就是说，曲阳县在元代的一个具体历史时期内，曾隶属于中山府。元代设置的中山府与旧时宋代的中山府的隶属郡治不一样，宋代的中山府隶属于定州路[48]，而元代的中山府则隶属于真定路[49]，这就是《陶记》用“真定”指代“定窑”的根本原因。

其次，我们从定窑和龙泉窑的自身工艺发展史来看，定窑制瓷工艺发展史上的巅峰时期，虽然如河北省文物工作队《河北曲阳县涧磁村定窑窑址调查与试掘》的简报中所说“制品以北宋最精”[50]，但是，它在南宋时期，仍然有巨大的影响。例如南宋时刊刻的《袖中锦》一书，在“天下第一条”中，把仿照越窑青瓷釉烧制的“高丽秘色”与定窑白瓷，同时评为“天下第一”；而龙泉窑场到南宋时，才进入“极盛时期”[51]。所以，《陶记》中的“昔”不是限指“北宋”，而是包括北宋和南宋在内的整个宋代。

《考辨》论断《陶记》中的“龙泉青秘”限指北宋龙泉窑场的产品，是由下述两个论据所构成：其一，龙泉窑场在北宋生产“薄而光亮的秘色”瓷，而在南宋却改烧“厚而柔润，如美玉的翡翠般的梅子青与粉青”瓷；其二，以中国科学院上海硅酸盐研究所周仁等同志发表在《考古学报》（1973年第一期）的测试报告：（龙泉窑）“五代至北宋产品为石灰釉”，南宋产品为石灰碱釉。现在，我们分别来考察这两个论据。

查周仁先生等发表于1973年第1期《考古学报》上的《龙泉青瓷烧制工艺的科学总结》一文，虽然如《考辨》所说，北宋龙泉青釉“基本上属于石灰釉”，南宋时代的龙泉青釉则“属于石灰——碱釉”。但是，按照周仁先生等研究成果，龙泉窑在南宋改用“石灰——碱釉”，目的仍是“使青釉厚而不流，气泡不致变大，从而获得丰满古雅，有如美玉的独特风格”。周仁先生等又指出：“青瓷釉色的优劣，虽与配方有关，但更重要的却在烧成这一关。根据经验，烧成温度、冷却方法、窑内气体的成分及其浓度的变化，对于青釉的呈色极为敏感。同一配方，在不同烧成条件和气氛下，可得出各种不同的色调和釉色。”

冯先铭先生的见解与周仁先生等的看法近似。他说，“在配料、选料和烧窑等方面都依靠经验，往往以同样方法烧制同样的品种，但烧成的结果，规格各不统一”[52]，所以传世的青瓷，很少见到釉色完全雷同的瓷器。例如周仁先生等所测试的龙泉青瓷，从外观釉色来看，“十三个标本，没有两个完全相同的”[53]。又如，“陕西铜川瓷厂商剑青同志在黄堡镇耀州窑遗址，曾收集标本一百多片，青的色调达几十种，像蟹甲青、葡萄青、蛋青、虾青、豆青等等不足而定”[54]。正是基于这个原因，后世称龙泉青瓷釉色，一律用青色概之，“哥窑、龙泉弟窑，均青色”。[55]而“秘色”也是泛指“青色”，如宋人庄季裕《鸡肋篇》（成书于南宋）卷上：“龙泉出青瓷，谓之秘色。”将祈《陶记》用“青秘”形容龙泉窑场瓷器的釉色，就更加形象地把龙泉青瓷的变幻多姿的青釉色泽活灵活现地勾划出来了。《考辨》之所以把“青秘”作为限指北宋时代的龙泉青瓷的釉色特定专词，是由于没有搞清“青秘”和“秘色”的含义和龙泉窑场的工艺发展史的结果。

现在我们再来考察《陶记》对景德镇当时竞争对手的记述。

我们知道在南宋，江南著名的窑场是龙泉窑和吉州窑。如果蒋祈真的是生活在南宋的话，那么他在《陶记》内记述当时与景德镇争夺市场的对手时，为什么不说“龙泉”“吉州”窑，反而说成是“建阳、临川、南丰他产有所夺”呢？《考辨》为了解释这个极其矛盾的现象，借用了达尔文的“种内竞争”理论。他说，“龙泉、吉州窑是生产青釉器或黑釉器，与景德镇的产品不同”，而建阳、临川、南丰这三窑在宋代，“它们都在模仿景德镇而生产青白瓷”，所以它们与景德镇窑场就构成了所谓“种内竞争”了。

然而，考古发掘出土资料证明，建阳、临川、南丰三地，除了南丰窑以外，临川和建阳在宋代与龙泉、吉州一样，是以黑釉瓷和青釉瓷闻名于世。陈柏泉同志在《江西临川、南丰窑址调查》一文报道说，“临川白浒窑遗址，宋代瓷碗通体施青绿釉和豆青色玻璃釉，宋代瓷壶和瓷罐的釉色则为黑褐和酱褐两种”[56]。杨后礼同志《临川县白浒窑调查》对白浒窑遗址堆存器物的釉色也做了类似的报道：在古窑址遗物中“黄褐色釉瓷壶和青釉带黄、青绿釉瓷碗的数量最多，豆青色和白色釉瓷碗则为数较少”[57]。宋伯胤《建窑调查记》报道宋代建阳窑出产的瓷器釉色时写道，“建窑的釉色有五种”：“第一种黑色，像漆发毫光”；“第二种，黑色釉，发亮光”；“第三种，黑色釉地，上有土黄色的毫毛纤纹”；“第四种，蓝黑色釉地，上有黄褐色毫毛直纹”；“第五种黑色釉发闪光”，“胎骨全作紫黑色”[58]。叶文程《建窑初探——兼谈最近芦花坪窑址发掘的新收获》，谈到建阳窑出土瓷器釉色时也说：“建窑黑轴瓷器是以黑色或绀黑色为主，至于杂有其他的颜色，或许是烧时变化的缘故，而不是建窑产品的主要釉色。其产品的主要釉色是黑色釉、紫色釉或褐色釉而带有兔毫斑纹。”[59]

宋代临川、建阳窑场遗址出土瓷器的色釉表明，《考辨》论断临川和建阳窑在宋代“都在模仿景德镇而生产青白瓷”是不符合历史真貌的。《考辨》所依据的事实前提既然不能成立，那么达尔文“种内竞争”理论也就无助于他的立论了。

其实，我们只要如实地把《陶记》看作是元代的作品，那么上述矛盾的现象就能得到比较合理的解释。这是因为吉州窑在元代已开始衰败，所以它也就不会成为景德镇窑场的竞争对手了。对此有大量文献记载可证。例如明代曹昭《格古要论》：“相传宋丞相过此（指吉州窑），窑变为玉，遂不烧。”《青原山志》卷六《游记》也载：“其为窑岭者六七处，宋时所开，出土明腻，宋末窑变，乃移于饶；或曰土断，近之不见。”

元代临川窑和建阳窑在销售市场方面，构成对景德镇窑场压力的具体原因，目前虽无文献资料可考，但是南丰窑场在元代构成对景德镇窑争夺销售市场的威胁，却是有据可查的。据《正德建昌府志》卷一《沿革·郡县革》卷六《公署》记载，南丰县在南宋时，辖区大大缩小：“绍兴八年（1171），安抚李纲等奏，分南城，置新城县，分南丰，置广昌。”与此同时，南丰的税务机构也同被撤销：“南丰税务，唐开元六年知县游茂洪建，宋绍兴间废。”这就从侧面说明，南丰窑场在南宋时，瓷业生产并不景气。而到了元代，情形就不一样了：南丰县竟破格晋升为江西行省的直属特区：“元至元十九年（1282）升南丰为州，直隶江西行省。”[60]元代封建王朝之所以如此器重南丰，一个极其重要的原因，就是南丰窑场所出产的瓷器给当局带来了很大的经济效益。对此，同治版《南丰县志》援引元代大德四年刘埙等编撰的南丰《元州志》做了追述：“若夫《元州志》载：白舍之白瓷器，瑶里圩之苎布，瞿村之白简纸，当时已称其苦窳稀薄，不足应四方之求。”陈柏泉同志《江西临川南丰址的调查》印证了上述史料的可靠性。他说：南丰白舍窑“经调查发现有大小窑岭十六座，绵延二公里长。地面散布的瓷片极多，就其堆积数量估计，昔时当是江西规模较大的重要窑场之一”[61]。近年来，对南丰白舍窑的规模，又有了新的发现。南丰县文化馆范兴如同志提交给全国古陶瓷学会1981年吉安年会论文《南丰白舍宋元古瓷窑址的探讨》一文中称：南丰白舍“大小窑址三十九座，窑体堆积完整的有二十座[62]”。比陈柏泉同志在20世纪60年代调查所发现的窑址规模翻了一倍多。按照陈柏泉同志的调查材料，南丰白舍古瓷窑遗址的出土器物中“尽是白瓷”，白瓷“分三种类型”：“白釉瓷”“影青瓷”“粗白瓷”。“白釉瓷与影青瓷，胎质洁白细腻，釉汁晶莹润泽。粗白瓷色泽中泛黄呈蛋壳色。胎质比较粗糙。以白釉瓷及粗白瓷为多，影青瓷略少。而其中的白釉瓷比吉州永和窑的白瓷更佳，且全产薄胎器，胎厚笨重之器极少见。”[63]这就说明，元代南丰窑既有能力生产薄胎器的精细瓷，又能大量生产普通老百姓使用的粗白瓷，所以它才有“不足应四方之求”的盛况。因为元代的南丰窑场所出产的白瓷“不足应四方之求”，所以，它才能在销售市场的竞争中，对景德镇窑形成了巨大压力，从而印证了蒋祈《陶记》“……南丰他产有所夺”的说法。

必须指出，《考辨》在构筑自己的“种内竞争”理论所做的几个铺垫也是主观臆测的。例如他借用冯先铭先生介绍南丰窑的材料，来支撑自己的所谓南丰窑纯粹是“宋代瓷窑”立论的做法，不仅扭曲了南丰的历史真貌，而且也曲解了冯先铭先生的原意。因为冯先铭先生于1965年发表在《文物》杂志上的《新中国陶瓷考古的主要收获》一文，是介绍南丰窑场内的部分古窑遗址的地表的调查材料，而不是对整个南丰窑场下断代结论[64]。又如《考辨》所做出的建阳窑“未闻在元代还有继续烧造的记载”之推论，就显得比较轻率。按照李德金等三同志《南朝鲜新安海底沉船中的中国瓷器》中的说法，从“沉船中打捞出来的中国瓷器有黑釉瓷117件，其中有建窑的黑釉（天目釉）碗、水罐[65]”。这就说明建阳窑在元代还在烧造瓷器。叶文程同志在《建窑初探——兼谈最近芦化坪窑址发掘的新收获》一文中也指出："建窑黑釉器创烧于北宋，而繁盛于南宋及元初，元末以后是建窑黑釉器停烧或废烧时期。"[66] 据考古调查，建阳地区于"1982 年 3 月至 6 月的文物普查中"，"发现唐至清代古废窑址十余处"，其中之一就有元代的"沉头仔富道址"[67]。

再如，《考辨》所说的"南朝鲜新安海底沉船中出土的元代瓷器"，"未闻有所谓临川窑的遗物"也是不确切的。因为英国学者约翰·艾尔斯《新安海域发现的中国元代沉船》一文中，就认为打捞出来的"一些光滑的'蛋壳'釉白炻器"是"临川窑"场的产物[68]。

总之，无论是从定窑在宋元两代所隶属郡治变化的考察，还是从定窑与龙泉窑工艺发展史的探究，无论是从龙泉窑场所产瓷器色釉的变化及其成因的探索，还是对建阳、临川古瓷窑出土瓷器釉色的分辨，无论是从探讨建阳、临川窑烧造瓷器的下限，还是对南丰窑的鼎盛时期的研究，我们都能发现：蒋祈《陶记》对与景德镇并存竞争窑场的描述，正是元代景德镇制瓷工艺家正视现实、回顾历史的如实记载。

## 六、《陶记》相对写作年代的推断

上面，我们通过蒋祈《陶记》所述的行政建置、职官、机构、税制、工艺、市场等多种途径考证，都证明《陶记》是著述于元代。下面，我们再进一步考察《陶记》的相对写作年代。

我们知道，《陶记》所涉及的内容非常广泛，特别是对制瓷工艺，如景德镇瓷用原料的产地、胎釉的制备、成型、装饰、装坯、焙烧乃至制匣原料的论述，既详尽又精当。不仅为研究中国瓷器工艺发展史，而且也为研究科技史的同志们提供了极为丰富而又难得的史料。

但是，这样一篇有价值的专论，为什么不见于其他经籍记载，而只见诸地方县志呢？我想，这与下述两个原因有关。其一，蒋祈在当时所处的社会地位，既不是像清代唐英那样的监陶命官，受命于当局，又不是专攻文墨、著书立说的名儒，而是景德镇民间窑场一位影响颇大而又受人尊敬的经营瓷器制造的专门家。他除了这篇《陶记》外，没有留下其他有价值的作品，因而不为世人所注意。其二，蒋祈的这篇瓷器专论《陶记》，不是为了单篇刊行，而是像唐英在乾隆年间为县志撰述瓷器论文那样，专为编撰地方志而作。由于《陶记》所论述的是景德镇的主要特产——瓷器及其生产制作的现状和沿革，加之它论述得体，所以它就成为了构筑《浮梁县志》的一份骨骼主干材料。正是基于这个原因，蒋祈《陶记》就附录于我们常见的历届版本的《浮梁县志》之中。如果我们沿着这个思路来考察，那么《陶记》的相对写作年代，就鲜明地凸现在我们的面前。

明永乐己亥（1419）《浮梁县志》编撰者朱昭（浮梁北隅人）在回顾《浮梁县志》编写史时这样写道："宋嘉定己亥（1215）史定之作《番阳志》，浮梁类焉。咸淳庚午（1270）郑兴作县志。元元贞丙申（1296）乃升为州，至治壬戌（1322）郡守段廷珪命州臧廷风撰州志……"[69] 这就是说，《浮梁县志》最早由郑兴编撰于南宋。按照元代至治、泰定年间的浮梁州知州屠济亨在泰定乙丑（1325）写的《浮梁志·序》的记载，南宋郑兴编撰的《浮梁县志》没有流传下来："浮梁旧为县，今升州。县旧有志而毁，今宜志而阙。"清代乾隆年间的浮梁县知县沈嘉徵《浮梁县志·序》也有明确的记载："宋时郑君兴为志不传。"既然南宋的《浮梁县志》失传，那么元代臧廷风编撰的《浮梁志》的材料来自何处呢？浮梁州知州屠济亨在同一文中作了说明："余出守是州之三月，郡刺史清泉段公蒙旨董陶至州。州土臧履袖其先人南徐文学掾廷风所撰《浮梁志》一编，甚巨。告诉于公曰：'尝以是命我先人。承命以来，周游览，采残碑、断简之记载，参遗黎故老之谈，述前所闻，论后所见，幸而成编……'，段公因履所请，遂命吾有司刊梓，以传吾宦游，首至必访求文献，以广见闻……"[70]这就是说，成书于元代至治壬戌到泰定乙丑（1322—1325）的《浮梁志》的材料来源有三：一是编者采自"残碑、断简之记载"，二是编者"参遗黎故老之谈"；三是知州受命于饶州郡守段廷珪，亲自"宦游"，"访求文献"。

王朝矩《番郡琐录》卷三，对元代至治、泰定间饶州路总管——段廷珪的事迹有所记载："元段廷珪，字君璋，清泉人。至治、泰定间饶州路总管。对路学与荐福寺争东湖、久不决。廷珪断归路学，又申免海道运粮，踏勘水旱赈恤饥贫。"

载录在《浮梁志》中的蒋祈《陶记》，从它的内容来考察，显然既不属于前代遗留下来的"残碑、断简之记"，也不属流传于"遗黎故老之谈"，而必定是应浮梁州知州"宦游""访求文献"之需而撰述。

如果这个推论能成立的话，那么蒋祈《陶记》的写作相对年代，必定就在元至治壬戌到泰定乙丑（1322—1325）这三年之间，即饶州路刺史段廷珪于"至治壬戌"，"命有司刊梓"臧履《浮梁州志》初稿，到浮梁州知州屠济亨完成"访求文献，以广见闻"充实州志使命的"泰定乙丑"年间。

元代臧廷凤编撰，屠济亨作序并补辑的《浮梁志》，同样遭受战火的蹂躏。但是，按照地方史料记载，毕竟有"十存一二"[71]的篇幅流传下来，而蒋祈《陶记》就是其中的幸存物之一。从此以后，《陶记》就成为人们了解、研究景德镇陶瓷发展史和中国科技发展史的一份极其珍贵的资料。

关于《陶记》的写作时代，本来早在140年前，在乾隆七年（1743）《浮梁县志》中已经解决。但是，随着刘新园同志的《陶记》著于南宋说的提出，国内外陶瓷史学界在这个问题上也就出现了波动。这样就迫使我们有必要对《陶记》的著作时代做进一步的考察。为此，笔者用了较大的篇幅论证了乾隆七年版关于《陶记》著于元代说的命题，同时又对刘新园同志关于《陶记》著于南宋说的立论及论据予以逐一考察，并对其种种失误之处进行了辨正。

马克思主义哲学认为：真理愈辩愈明。为了把《陶记》的研究引向深入，笔者希望得到陶瓷史界的同行指正，以便对深入开展景德镇瓷器发展史和中国陶瓷发展史的研究有所稗益。

（原载于《景德镇陶瓷》1983年第3期，2007年6月修定）

**[注释]**

[1]《景德镇陶录》卷五《历代窑考》。

[2]元·屠济亨《浮梁县志·旧序一》，康熙版《浮梁县志》卷首。

[3]《宋史·食货志》。

[4]载《古今图书集成·经济汇编·食货典》卷一百四十一《赋税部》。

[5]明嘉靖《江西省大志》卷七《陶书·建置》："元更景德镇税课局，监镇为提领"。

[6]《元史》本纪第十六《世祖十三》。
[7] 同 [6]
[8] 同 [6]
[9]《元典章》二十四《户部》十《起征夏粮》。
[10] 景德镇市文物管理委员会湖田窑管理所赵曰斌同志提供。
[11] 叶宏明、贾鹤鸣《浙江古代龙窑》，载《河北陶瓷》1979 年第 3 期。
[12] 洪光注《驰名世界的中国瓷器》，载中国科学院自然科学史研究所编《中国古代科技成就》一书，中国青年出版社出版。
[13] 同 [12]
[14] 周仁等《中国历代名窑陶瓷工艺的初步科学研究》，载《考古学报》1960 年第 2 期。
[15] 蒋祈《陶记》。
[16] 同 [15]
[17] 刘新园、白焜《景德镇湖田窑考察纪要》，载《文物》1980 年第 11 期。
[18] 江西省轻工业厅景德镇陶瓷研究所《1959 年陶瓷科学研究工作报告选辑》，江西省轻工出版社出版。
[19] 韩国郑良谟《新安海底发现的陶瓷器及其问题所在》（丁炯淳等译，载中国古陶瓷研究会《通讯》第 16 期）；南朝鲜新安海底元代沉船内又打捞出“墨书至治三年（1323）六月货签”；又据三上次男《元代陶瓷和南朝鲜新安海底出现的新资料》（载《中国古外销陶瓷研究资料》第三期）载：“沉船内有‘辛未铭文’漆器”[26]，而元代‘辛未’年只有一个，由此可知，该沉船于元文宗至顺二年（1331）以后沉没。”
[20] 李德金等《南朝鲜新安海底沉船中的中国瓷器》载《考古学报》1979 年第 2 期。
[21] 同 [14]
[22] 凌志达《我国古代黑釉瓷的初步研究》，载《硅酸盐学报》1979 年 8 月第 7 卷第 3 期。
[23] 陈尧成等《历代青花瓷器和青花色料的研究》，载《硅酸盐学报》1978 年第 3 卷第 4 期。
[24] 周仁等《景德镇历代名瓷器胎釉和烧制工艺的研究》，载《硅酸盐学报》1960 年第 4 卷第 2 期。
[25] 同 [24]。
[26] 宋应星《天工开物・陶埏》。
[27] 刘新园等《景德镇湖田窑考察纪要》，《文物》1980 年 11 期。
[28] 刘新园《景德镇湖田窑各期典型碗类造型特征及其成因》，载《文物》1980 年第 11 期。
[29] 刘新园、白焜《景德镇湖田古瓷窑各期碗类装烧工艺考》，载《景德镇陶瓷》1976 年第 1 期。
[30] 同 [20]
[31] 同治版《饶州府志》卷二十四《人物志・隐逸》。
[32]《元史・本纪》第十三。
[33]《纲鉴易知录》卷九十。
[34] 日《元史》卷二十三《武宗二》。
[35]《续资治通鉴・元纪五・世祖至元二十二年》。

[36] 叶宏明《青峰翠色》，载《河北陶瓷》1982 年第 3 期。
[37] 南宋吴自牧《梦梁录》卷十三“诸色杂货”有“青白瓷器碗、瓯、碟、茶盏”，耐得翁《都城记胜》“铺席”条内载有“青白碗器铺”。
[38] 赵曰斌《景德镇湖田窑的黑釉瓷》，载《景德镇陶瓷》增刊：《中国古陶瓷研究专辑》第 1 辑，1983 年。
[39]《宋史・宁宗本纪》：宁宗开禧二年（1206）十月，金人自清河口渡淮，围楚州，十月破枣阳军，犯庐州，围和州，破信阳军，围襄阳，破随州，犯真州，破西和州、濠州、安丰军。十二月，围德安府，破成州，攻六合县，破大散关。开禧三年（1207）金复破大散关。嘉定七年（1214）正月丁卯，四川制置使遣提举皂郊、博马务何九令率诸将与金人战于秦州城下，败还。嘉定八年（1215）兰州盗程彦辉求内附，四川制置使董居谊却之。嘉定九年（1216），秦州人唐进与其徒等引众十万来归，四川制置使董居谊拒却之。嘉定十年（1217），四月，金人占领光州中渡镇，并分兵犯樊城，围枣阳光化军。四月辛酉，庐州钤辖王辛败金人于光山县之安昌砦，杀戎统军完颜掩。五月癸卯，赵方请下诏伐金，遂传檄谕中原官吏军民。从此以后，金与南宋之间的战事愈演愈烈，直至金国被蒙古和南宋军队摧毁而灭国。
[40]《考辨》作者刘新园同志于 1992 年在《景德镇瓷窑遗址的调查与中国陶瓷史上的几个相关问题》一文中修正了自己的观点，认为《浮梁县志》吴极《昌南历记》所载唐代景德镇有类似假玉器的白瓷不足为据。转引自李家治《中国科学技术史・陶瓷卷》第 313 页，科学出版社，1998 年。
[41] 乾隆四十八年版《浮梁县志・杂记》。
[42]《嵩峡齐氏宗谱）卷首《护公行实》。
[43] 河北磁县文化馆《河北磁县南开河元代木船发掘报告》，载《考古》1978 年第 6 期。
[44] 中国科学院考古研究所、北京市文物管理处“元大都考古队”于 1972 年所发表的四篇发掘报告和专论是：《元大都的勘察与发掘》（载《考古》1972 年第 1 期）、《北京西绦胡同和后桃园的元代居住遗址》（载《考古》1972 年第 4 期）《元大都发现的八思巴字》（载〈考古》1972 年第 6 期）、《北京后英房元代居住遗址》（载《考古》1973 年第 5 期）。
[45]《中国大百科全书・考古学》，第 629 页。
[46]《宋史・地理志》。
[47]《宋会要辑稿・方域五》。
[48] 同 [47]
[49]《元史・地理志》。
[50] 河北省文物工作队《河北曲阳县涧滋村定窑址调查与试掘》，载《考古》1965 年第 8 期。
[51] 周仁等《龙泉青瓷烧制工艺的科学总结》，载《考古学报》1973 年第 1 期。
[52] 冯先铭《瓷器浅说》，载《文物》1959 年第 3 期。
[53] 同 [51]
[54] 同 [52]
[55] 许之衡《饮流斋说瓷》。
[56] 陈柏泉《江西临川南丰窑址调查》，载《考古》1963 年第 12 期。

[57] 杨后礼《临川白浒窑调查》，载《文物工作资料》1960 年第 2 期。
[58] 宋伯胤《建窑调查记》，载《文物参考资料》1955 年第 3 期。
[59] 叶文程《建窑初探——兼谈最近芦花坪窑发掘的新收获》，载《建窑德化窑专题研究》书稿（厦门大学历史系油印本）。
[60]《元史·地理志》。
[61] 同 [56]
[62] 范兴如《南元丰白舍宋元古瓷窑址的探讨》，《景德镇陶瓷》1984 年增刊。
[63] 同 [62]
[64] 冯先铭《三十年来我国陶瓷考古的收获》，载《故宫博物院院刊》1980 年第 1 期。
[65] 同 [20]
[66] 同 [59]
[67] 福建博物馆林忠干、建阳县文化馆王治平《建阳古瓷窑考察》，全国古陶瓷学会吉安年会论文，刊于《景德镇陶瓷》1983 年增刊号《古陶瓷研究专辑》。
[68] 约翰·艾尔斯《新安海域发现的中国元代沉船》，故宫博物院研究室编译，载中国古外销陶瓷研究会编印《中国古外销陶瓷研究资料》1981 年第 1 辑。
[69] 朱昭《浮梁县志序》，载康熙版《浮梁县志》卷首“旧序二”。
[70] 屠济亨《浮梁志·序》，载乾隆四十八年版《浮梁县志》卷首“旧序一”。
[71] 同 [69]

# 再论《陶记》著于元代

熊寥

蒋祈《陶记》著于元代的历史烙印比较多，其中尤以“景德”和“州家”更为鲜明。

## 一、景德镇与“景德”

《陶记》：“景德，陶，昔三百余座。”文中的“景德”，为景德镇的简称。蒋祈《陶记》把景德镇简称为“景德”，是《陶记》显示其写作时代的一个重要标志。

这是因为，自宋真宗景德元年（1004），景德镇得名之时起[1]，宋代学者从不把表地名的“景德镇”，简称为“景德”，否则将会同表时间的“景德”年号相混淆。凡属宋代重要典籍在涉及“景德镇”时都是如此。例如，《宋史·食货志》记载“景德镇瓷窑博易务”设置时，称“景德镇”的全称：元丰五年“八月，置饶州景德镇瓷窑博易务”。《宋史·莫蒙传》涉及景德镇地名时，不把它简称“景德”，而是记其全称：“责监景德镇。”宋代学者王存《元丰九域志》卷六，记载浮梁县辖地“景德镇”时，也没有简称为“景德”，而是写其全称。同样，《宋会要辑稿》涉及景德镇时，都是称其全称。如《宋会要辑稿》食货十六，记载景德镇熙宁十年（1077）的商税时写道：“景德镇三千三百三十七贯九百五十七文。”又如《宋会要辑稿》食货十一“钱法杂录”，记载大中祥符二年（1009）饶州地区的酒、面税岁额时写道：“饶州及余干、浮梁……石头镇、景德镇九务，酒面钱岁额四万七千五百九贯。”南宋文献涉及景德镇时，也从不简称为“景德”，而是写其全称。如南宋著名学者，江西鄱阳人洪迈撰《夷坚志乙卷》第三“淳熙元年（1174）夏，浮梁景德镇渔者设网于鄱江”。文中把“浮梁县”简称为“浮梁”，但对景德镇，却不简略，而是书其全称。同书多次提到“景德镇”这一地名时，都毫无例外地称其全称。

入元以后，元代典籍则把景德镇简称为“景德”。例如《元典章·吏部三·场务官》“额办课程处所”条载：五百锭之上的课程处所中有“浮梁景德”（图1）。文中把景德镇简称为“景德”。

刘新园同志《考辨》附件（载于《景德镇陶瓷》1981年“陶记”研究专刊），以《浮梁程氏族谱·名宦录》中记载北宋程祈和程邻的籍贯乡里时，把“景德镇”简称“景德”为据，认定宋代浮梁人习惯把“景德镇”简称为“景德”，是误解了《浮梁程氏忠堂统谱》（刘新园同志把它误记为《浮梁程氏族谱》）的著作时代而导致的误判，因为《浮梁程氏忠堂统谱》不是出于宋代人的手笔，而是明代学者编撰的。对此，《浮梁程氏忠堂统谱名宦录》[2]本身记载十分具体而明确：《宋徽猷阁待制赠大中大夫、上

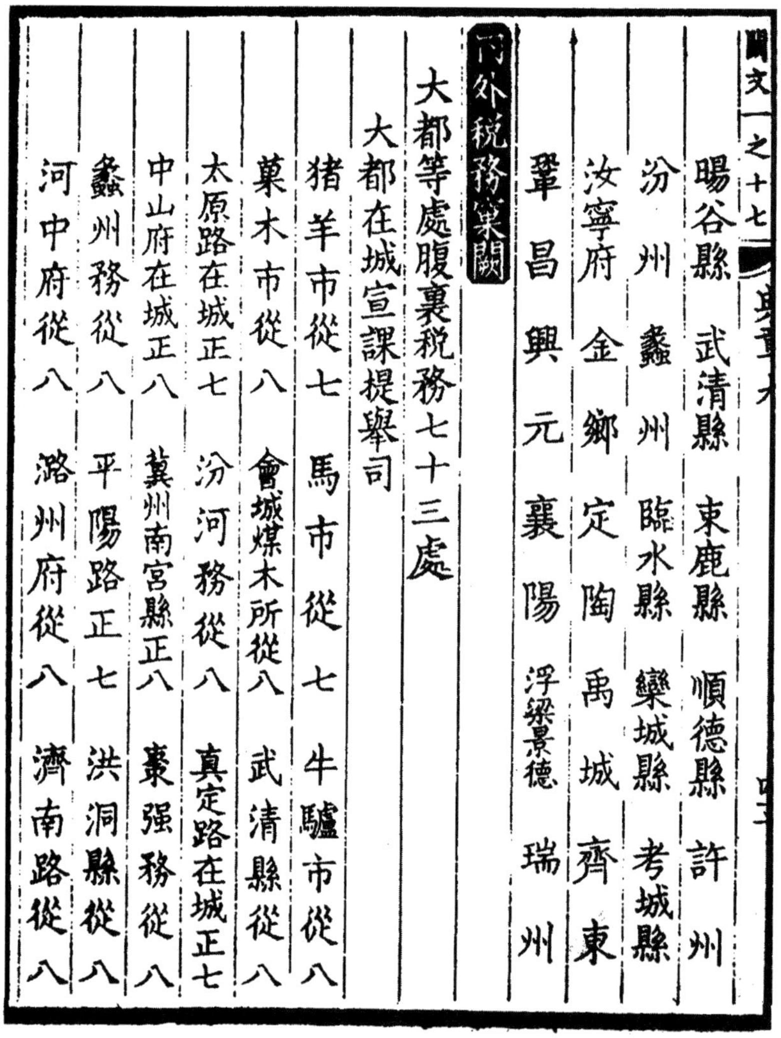

暘谷縣　武清縣　東鹿縣　順德縣　許州
汾州　蠡州　臨水縣　欒城縣　考城縣
汝寧府　金鄉　定陶　禹城　齊東
鞏昌　興元　襄陽　浮梁景德　瑞州
門外稅務窠闕
大都等處腹裏稅務七十三處
大都在城宣課提舉司
猪羊市從七　馬市從七　牛驢市從八
菓木市從八　會城煤木所從八　武清縣從八
太原路在城正七　汾河務從八　真定路在城正七
中山府在城正八　冀州南宮縣正八　棗強務從八
蠡州務從八　平陽路正七　洪洞縣從八
河中府從八　潞州府從八　濟南路從八

图 1《元典章 · 吏部三 · 场务官》所载："浮梁景德"中的"景德"为"景德镇"的简称

柱国钦之程公传》和《宋尚书都官员外郎赠中宪大夫彦忠程公传》，乃是明朝嘉靖间进士授儒学训导程鲁轩撰写的《名宦录》九人传记内的两个。《浮梁程氏忠堂统谱》不仅收录了程鲁轩自己写的"后记"，而且还收录了明代监察御史卢琼、明代通议大夫、兵部左侍郎孙台山于嘉靖壬子（1552）写的"序言"。他俩写的"序言"中，都明确提到《名宦录》为程鲁轩所作。另外，该谱还收录了清代学者程兆滨于乾隆丁巳（1737）写的《鲁轩公传》，传中着重记述了程鲁轩编写"名宦录"的经过事迹。

明代学者把"景德镇"简称为"景德"，又是沿用元代典籍的习惯。如前引《元典章》"吏部三"记载元代景德镇税课局的级别时写道："五百锭之上，浮梁景德。"这里把"浮梁州"简称为"浮梁"，把"景德镇"简称为"景德"。《元典章》在记述景德镇税提领的行政级别时，也是把"景德镇"简称为"景德"。

上述史实表明，《陶记》把景德镇简称为"景德"，反映的不是宋代人而是元代人对景德镇称呼的习惯，显现出《陶记》成文于元代的非常鲜明的历史烙印。

## 二、州家

《陶记》:“予观数十年来官斯去者,无不有州家挂欠之籍,盖尝推求其故,则有由矣。”文中的“州家”，是显示《陶记》写作时代的又一个重要的历史烙印。

《陶记》“州家挂欠之籍”中的“籍”，是指税簿。宋·胡太初《昼簾绪论·尽己篇》：“民户合管产业，籍之于县，县道河抱税额，籍之于州。州视额督趣县，视产起催。此常式也。”

先来考察一下“州家”的含义

《陶记》“州家挂欠之籍”的前一段，是讲国家下达的像“宪之头子、泉之率分、统制之供给、经总之移用、州之月桩、支使、醋息，镇之吏俸、孤遗、作匠”，和“春秋军旅、圣节、郊祀、赏赉、试闱、结葺”等各种课赋，都要“州家”负责征收和汇集上交。《陶记》“州家挂欠之籍”这一段本身是讲，作者几十年来亲眼看到的历届离位官员，没有一任州家不拖欠国家规定上缴的税款（官府税簿上记载这些拖欠数字）。“州家挂欠之籍”的下一段，是分析造成“州家挂欠之籍”的五大原因。从“州家挂欠之籍”这一段文字及其上下文来看，“州家”是一位地区行政长官，这位行政长官要对景德镇所在的浮梁地区的税收，承担直接的行政责任。

刘新园《考辨》附件，出《陶记》著于南宋的先验需要。把《陶记》内的“州家”，释为“南宋饶州郡守”[3]。

为了检验此说是否能成立，先来考察一下南宋的征税体制。

南宋各县地方上的税赋征收，如宋·陆子《与宋漕使书》所云：“大军月桩起于绍兴初用……郡县积负日加，岁增版漕监司督之州郡，郡督之县，县督之民。”[4] 这就是说：“县是国家机器征税的基层政权单位。”《宋史·职官志》也做了类似的记载：“县令，掌总治民政、劝课农桑、平决狱讼，有德泽禁令，则宣布于治境。凡户口、赋役、钱谷、赈济给纳之事皆掌之，以时造户版及催理二税。”

南宋时，各县的税收由本县县令负其责。对此，宋代文献有明确记载：绍兴六年（1136），“所收经总司钱，元降指挥，县委知令拘收”[5]。绍兴十七年（1147）改为“诸县委县丞，无县丞示主簿专拘收、检察本县”[6]。到了绍兴二十一年，复改为“县委知令检”[7]。

南宋中央王朝鉴于“诸县收支如版账钱物等，皆知县自专”[8]，在淳熙十二年（1185）对各县的税收实行一种新的制度:“诸县应于收支,必使丞佐等通签,及县丞所管财赋,则必使知县检察。”[9]

南宋时，各县税额收齐后，上解到所隶属的州府。但是，州府经办各县税收的聚解的官员，不是州（府）的首席长官——郡守，而是州（府）的通判厅。对此，宋代文献有明确的记载。《宋会要辑稿》“食货三五之二四”：“绍兴六年十一月三日，尚书省言：‘诸州及管下县镇场务，所收经总制司钱，元降指挥，县委知令拘收，发赴通判厅聚，每季发赴行在，非奉朝旨，不得支用。”

南宋时，州府督察各县税收的官员，也不是郡守而是通判：“绍兴十六年五月二十八日，户部言，诸路经总制无额钱物，系专委通判检察造账。”[10]“绍兴二十一年（1151）十月五日，户部言，诸路州军所收经总钱物，州委通判，县委知令检察。”[11]

南宋之所以实行这种税收制度，是因为其税目太多，必须委专官办理。对此，宋代文献也有具体记载：（乾道）二年，十二月五日诏："经总制窠名繁多，若令守臣管干，恐不专一。今依旧令，（县）知、通（判）共同拘催。县委令丞管干，如任有所钱限内起发比额有增，依见行格法，（县）知、通（判）分授酬赏。若比较有亏，依已降指挥责罚，仍令提刑司检察。如有侵隐、妄支，具姓名按劾。"[12]

按照宋代的这种征税体制，南宋饶州郡守不直接插手景德镇所在的浮梁县的税额征收，作为浮梁县的上司机关——饶州，只是通过本州通判厅拘催浮梁县和其他辖县的税款，再聚解到中央指定的行所，浮梁县的税款收缴完成情况由本县县令承担直接的行政责任。蒋祈《陶记》内的"州家"，却要承担景德镇所在的浮梁地区的税收完成情况的直接行政责任。由此可见，刘氏把《陶记》内的"州家"释为"南宋饶州郡守"与历史事实相悖。

其次，从景德镇与饶州的行政隶属关系来说，也不能把《陶记》内的"州家"释为"南宋饶州郡守"。浮梁从唐初置县以来[13]，直到清代，景德镇历来是浮梁县下的辖镇，而浮梁县又是饶州郡府下的一个辖县。作为浮梁县的上司机关的"饶州"，只能通过而不能撇开浮梁县这一级政权，去直接征收浮梁地区老百姓的税款。

另外，从《陶记》"州家挂欠"的下一段所云："尝记《容斋随笔》载，昔之守令不市陶器，父老所传仅二人焉"，也可看出《陶记》内的"州家"不是指宋代饶州郡守。《容斋随笔》为南宋江西籍学者洪迈所撰。《陶记》所引《容斋随笔》"昔之守令不市陶器"，是《容斋随笔》一集卷四"浮梁陶器"条："《彭器资尚书文集》有送许屯田诗曰：'浮梁巧烧瓷，颜色比琼玖。因官射利疾，众喜君独不，父老争叹息，此事古未有。'注云：'浮梁父老言，自来作知县买瓷器者一人，君是也。作饶州不买者一人，今程少卿嗣宗是也，惜乎不载许君之名。"由此可知，蒋祈《陶记》所援引的洪迈《容斋随笔》谈到宋代饶州郡守，不是用"州家"，而是"守"（即郡守的简称）来指代，讲到宋代浮梁县县令，是用"令"（即县令的简称）来表示。如果蒋祈《陶记》确是写于南宋的话，那么在谈到饶州郡守，自然是像他所援引的《容斋随笔》那样，用"郡守"来表示，决不会以"州家"来指代。

其实，只要破除《陶记》著于南宋的先验设想，如实地把《陶记》放在一定历史条件下考察，《陶记》内的"州家"的含义，就鲜明呈现出来。

自从秦代推行郡县制以来，历代政权对地方上的税额征收，都是以县为基本单位。《陶记》内的要对景德镇所在的浮梁县地区，完成国家下达的各种名目的税收，承担直接的行政责任的"州家"，显然不属州府一级的长官，而应是县级长官。景德镇所在的浮梁地区，自唐初置县以来，直到清末，作为国家政权的一个基层行政机构，一直称为"县"，惟独在元朝改为浮梁州，但行政级别仍属县级，隶属于饶州。此事《元史・地理志》和明嘉靖《江西通志》都有具体记载。因此，《陶记》内的"州家"，是指浮梁州知州。《陶记》所述的景德镇所在的浮梁地区的税收，由浮梁州州家承担直接的行政责任一事，与元代典籍所记载的元代税收体制相吻合。元代税制继承南宋的征税体制，税款征收以县为基本单位："宣抚司款内一切科放差发文字，止依一次，尽数科讫，府科于州，州科于县，县科于民，并同此例，分作三限送纳。"[14]"诸差税，皆司县正官监视，人吏置局均科。"[15]在元代"息赋役平"列为元代县尹的"五事考课"之一。[16]

《陶记》下述这段话，"予观数十年来官斯去者，无不有州家挂欠之籍"，又表明蒋祈在《陶记》内所谈的"州家"不是前朝的历史人物，而是蒋祈本人自己几十年来在景德镇所亲眼所见的离任而去的历届浮梁州知州，由此可见，蒋祈写作《陶记》时间必定在元代无疑。

（原载于《中国陶瓷与中国文化》，浙江美术学院出版社，1991）

---

**[注释]**

[1]《宋会要辑稿·方域》“江东东路市镇”。

[2]《浮梁程氏忠堂统谱》藏景德镇档案馆。

[3] 同 [1]

[4] 转引自同治《金溪县志》卷三十三。

[5]《宋会要辑稿》食货三五之二。

[6] 同 [5]

[7] 同 [5]

[8] 同 [5]

[9] 同 [5]

[10] 同 [5]

[11] 同 [5]

[12]《宋会要辑稿》“食货三五之二四”。

[13]《新唐书·地理志》。

[14]《元典章·圣政》卷之二。

[15]《元史》卷十九“食货一”。

[16]《元典章·圣政》卷之一。

# 宋元镇税制度与《陶记》的著作时代

——答刘新园同志

熊寥

**内容提要**

按照《宋会要辑稿》和南宋《庆元条法事类》的记载，宋代的"镇"属于县辖的一级行政机构，"监镇官"要"依知县法司管公事"；宋代的税务体制是以"县"为基层单位。《刘文》所持："（景德）镇税缴（饶）州，始自北宋熙宁间""南宋（景德）镇税仍直缴饶州"之说，乃是误读宋代史料而做出的误判。

据《元典章》记载，元代的税制同宋代一样，也是按行政建制管理。税额的分配、征收和上缴，同宋代一样都是以县为基本单位进行。《刘文》所持"元代（景德）镇税直缴江浙行省"也属扭曲史料的误判。

由此可知，《陶记》所载"州家无不有挂欠之籍"句中的"州家"，不可能是指宋元时期的"府"（或"路"）级首席长官，而应该是景德镇所隶属的"县"级首席长官。浮梁从唐初置县以来，惟独在元朝称"州"，其他时期称"县"。可见《陶记》中的"州家"乃是指元代浮梁州知州。

蒋祈《陶记》是我国最早较为全面记载景德镇早期制瓷工艺及其相关制度的重要文献，它是研究世界瓷都——景德镇陶瓷史和中国陶瓷史极为珍贵的典籍。

刘新园同志于 1981 年在《景德镇陶瓷》杂志上发表文章，论断《陶记》著于南宋。

笔者在经过研究《陶记》的全部内容和宋元两代的政治、经济、文化等背景材料之后，认为刘新园同志《陶记》南宋说不能成立，并于 1983 年发表《蒋祈〈陶记〉著于元代辨——与刘新园商榷》，文中对刘新园同志《陶记》南宋说的全部论据一一进行了辨正；与此同时，又从《陶记》所涉及的行政建制、职官、税制、景瓷内销市场、并存竞争瓷窑以及制胎、装饰、烧成工艺等诸方面进行研究，从而揭示了《陶记》著于元代的众多的历史印痕。

文章发表后，经受住了历史检验，因为它不仅得到了国内外陶瓷学界的充分肯定[1]，而且科技界在研究出土宋元景德镇瓷器的成果时陶瓷专家的测试技术所证实。例如，近年陈显求先生等通过测试研究发现：元代景德镇青白瓷胎与宋代景德镇青白瓷胎一样，其胎的结构与一般的石英—长石—高岭三成分陶瓷不同，它是由大量的玻璃相基质、云母残骸和残留石英所组成，这种结构是以瓷石为原料的我国古代南方精细瓷胎的典型代表。元代景德镇枢府瓷胎是由石英、云母和少量的长石组成，成瓷所依靠的液相主要由云母类矿物供应，瓷胎的结构是石英、云母残骸分布于玻璃基质之中，这种结构是以瓷石为原料的我国古代南方精细瓷胎的典型代表[2]。陈显求先生等关于元代景德镇窑场烧造青白瓷和枢府瓷均单独采用瓷石为原料制胎的科研成果与蒋祈《陶记》所载当时景德镇以“进坑石泥”为原料制胎完全合拍。

最近，刘新园同志发表的《宋元时代的景德镇税课收人及其相关制度的考察——蒋祈〈陶记〉著于南宋之新证》（刊于内部刊物《景德镇方志》1991 年第三期，以下简称《新证》），对笔者所揭示的《陶记》著于元代的种种历史烙印和笔者批评他在《陶记》断代研究上的众多失误，未提出异议，而是另从对《陶记》“官斯去者，无不有州家挂欠之籍”中的”州家”释义，试图把已经被推倒的《陶记》南宋说重新扶植起来。

且不说刘新园同志《新证》文中把《陶记》中的“州家”释为“饶州”、视为《陶记》著于南宋的新证是何等乏力（因为作为行政建置的“饶州”，自它被设置之后，历代相沿，因而自身不能显示时代风貌），即使沿着刘新园同志《新证》的思路，围绕《陶记》“州家”释义进行讨论，得出的结果也恰好同刘新园同志的主观愿望相反，非但无助于刘新园同志《陶记》南宋说，相反倒又一次证实《陶记》必定著于元代。

## 一、刘新园“《陶记》著于南宋之新证”的框架

刘新园同志《新证》框架如下：他先来论证“镇税缴州始自北宋熙宁间”“南宋镇税仍直缴饶州”“元代镇税直缴江浙行省”，然后他在这个基础上予以推论：既然“元代镇税越过浮梁州和饶州路直接缴到江浙行省”，而“宋代镇税越过浮梁县缴交到饶州府”，那么《陶记》中的“州家”应为“南宋饶州”。刘新园同志宣称：这是他独家发现的《陶记》著于南宋的一条新证。

## 二、宋代镇税的上缴

刘新园同志的《新证》，既然是在宋元两代镇税制度基础上支撑起来的，那么笔者就按照其思路，先来研究一下宋元镇税有关问题。

为了搞清宋元两代景德镇税课上缴制度，首先要搞清“镇”的含义和宋元景德镇的行政隶属关系。

镇的设置，始于北魏，出于军事目的。隋唐以来，镇置将、副，地位很低。五代后周有军镇、偏镇之制，捍防守御之外，有征课收入的记载。镇的历史，在宋代进入崭新的时期，军事意义已经消失，而占有重要的经济地位。镇市提供的各种征榷税课，成为封建政府财政收入的来源之一[3]，官修地图正式标明县以下各镇的地理位置。宋代设镇的标准是“民聚不成县而有税课者则置官监之”[4]。

据《元丰九域志》载，宋神宗元丰年间，全国镇市达一千九百多个，南方诸路约占一千三百多。江苏常熟一县就有六个镇市。杭州仁和县于端拱元年（988）设置了临平镇、范浦镇和北关江涨桥镇[5]。按照《宋会要辑稿》的记载，饶州浮梁县景德镇设置于北宋真宗景德元年（1004）[6]。

宋代的镇大多数设监镇、也有少数不设官，其税收由富豪买朴缴纳。如南宋绍兴六年（1136）“舒州乞罢许公、双港、石溪三镇监税官，将逐务召人买朴”[7]。

宋代景德镇的窑业生产兴盛，一直设有监镇官。据史籍记载，宋代的莫濛[8]李齐愈[9]先后都任过景德镇的“监镇”。宋代景德镇监镇官的公机关——监镇厅，原建于景德镇的东南，后摧于水患，于嘉泰二年（1202）迁于镇西[10]。

宋代统治者接受前代的历史教训，对于县、镇的隶属关系，规定得清楚明确。即《宋会要辑稿》职官四八之九二所说：“镇将掌巡警盗窃。唐有品秩，五代以来，皆节帅自补亲随与县令抗礼，公事专达于州。自建隆二年（961）置县尉主乡盗贼，镇将所主止郭内而已，仍统于县，副将兼都虞侯”（图1）。自此以后，宋代的镇成为从属于县辖的一级行政机构。

后来宋哲宗赵煦于元祐元年（1086）二月二十一日下达诏令，重申监镇官“依知县法司管公事，著为法”[11]。

面对宋代上述这种“县”、“镇”之间的隶属关系，刘新园同志在自己《新证》文中也不得不承认：“从建置角度上说，镇确实小于县，监镇也应在县令之下。”

下面再来研究一下刘新园同志在《新证》文中提出的宋代“镇税越县缴州”的问题。刘新园同志在《新证》一文中论断“镇税缴州始自北宋熙宁间”，唯一的论据是《宋会要辑稿·食货》记载饶州地区部分税务机构在熙宁十年（1077）商税、盐税和酒曲税的税额。

只要对税制具有一般常识的人都知道，各个税务机构所承担的征税税额，同其把征收来的课利上缴的途径，完全是风马牛不相关的两个不同概念。因此，刘新园同志以《宋会要辑稿·食货》所

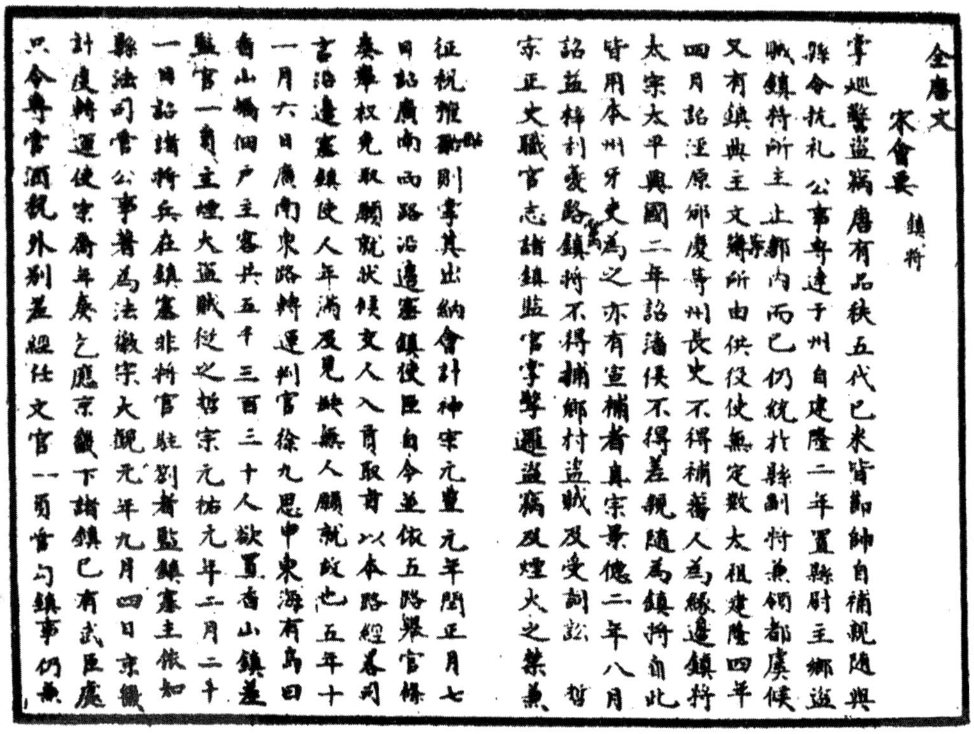
全唐文
宋會要 鎮將
掌巡警盜竊唐有品秩五代已來皆節帥自補親隨與縣令抗禮公事專達于州自建隆二年置縣尉主鄉盜賊鎮將所主止郭內而已仍統於縣副將兼領都虞候又有鎮與主文籍所由供役使無定數太祖建隆四年四月詔涇原邠慶寧州長史不得補舊人為緣邊鎮將太宗太平興國二年詔藩侯不得差親隨為鎮將自此皆用本州牙吏為之亦有宣補者真宗景德二年八月詔益梓利夔路鎮將不得捕鄉村盜賊及受詞訟 哲宗正史職官志諸鎮監官掌警邏盜竊及煙火之禁兼征稅榷酤則掌其出納會計神宗元豐元年閏正月七日詔廣南西路沿邊塞鎮使臣自今並依五路縣官條奏舉權免取願就狀候文人入貢取旨以本路經略司言沿邊塞鎮使人年滿及見缺無人願就故也五年十一月六日廣南東路轉運判官徐九思中東海有島曰香山輸佃戶主客共五千三百三十人欲置香山鎮差監官一員主煙火盜賊從之哲宗元祐元年二月二十一日詔諸將兵在鎮寨非將官駐劄者監鎮寨主依知縣法司管公事著為法徽宗大觀元年九月四日京畿計度轉運使宋喬年奏乞應京畿下諸鎮已有武臣處只令專管酒稅外別差經任文官一員管勾鎮事仍兼
職官四八之九二

图1《宋会要辑稿》职官四八之九二载：“镇将掌巡警盗窃。唐有品秩，五代以来，皆节帅自补亲随与县令抗礼，公事专达于州。自建隆二年（961）置县尉主乡盗贼，镇将所主止郭内而已，仍统于县，副将兼都虞侯。”

载熙宁十年，饶州地区部分税务机构所承担的征税税额，来证明他的“镇税缴州始自北宋熙宁间”的立论，是缺乏说服力的。

刘新园同志在《新证》一文论断“南宋镇税仍直缴饶州”，是依据《庆元条法事类》卷三十六中的下面三条史料：

（1）诸税务团条印，知州面勒雕造，岁一易之，旧印送州毁。

（2）诸官监场务及县、镇、寨，应赴州送纳钱物，并州给印历，随钱物库务监官往来通签用印(《新证》引文缺“印”字）（县、镇、寨远或钱物多处，置二历互用），岁终缴赴磨勘。

（3）诸场务课利，次日纳军资库，少者五日一纳，并当日给钞。外县、镇、寨，次月上旬并纳，先具起离月、日，报纳处拘催。

下面分别来分析《新证》所引这三条史料。

先来考察第一条史料。这条史料是说，各个税务机构使用的“团条印”是由州府首席长官督造的，其印每年更换一次，旧印送州府销毁。仅此而已。文献史料并没有涉及镇税上缴的途径与方式。但是，刘新园同志却从这条史料出发做了如下推论：既然南宋不独是景德镇，就连小于镇的“务”“团”所用税印，均由州郡雕造颁发，县一级政权不得过问，那么这就表明，南宋镇税仍然是越县直缴饶州。

《新证》的这种推论遇到同书《庆元条法事类》卷七十四“给纳印记”条内记载的“诸受纳官物团印（仓库各别为样）、长印、梢印，州、县长官监造。起纳日以印样缴送销簿官司对钞比验。至纳毕，长官监毁”，其破绽就暴露出来了。这条史料明确告诉人们，南宋各税务机构使用税务印章如团印、长印、梢印，不仅州府而且各县也可自行监造起纳。由此可见，刘新园同志《新证》以税印的监造权来证“镇税越县缴州”是难以成立的。

另外，《新证》一文中铨释这条史料时，把“团”视为宋代镇下面的个行政机构，也是欠妥的。史料中的“诸税务”是一个词组，意为“各个税务机构”，“团条印”是税务机构使用的公事印章。但是，刘新园同志却把其断句为：“诸税务、团条印”并把句中的“务”“团”游离出来而冠之以镇下面的两个行政机关，这样不仅扭曲了这句话的本义，而且也背离了历史的真实，因为南宋的“镇”下面，没有“团”的行政建置。

下面再来研究刘新园同志在《新证》一文中所援引的第三条和第条史料。

《新证》援引的第二条史料虽然提到“诸官监场及县镇、寨，应赴州送纳钱物”，但是如何上缴？是按照刘氏所想象的那样，镇税越县缴州，还是依照行政隶属关系逐级上交，即镇、寨税收上交给所隶属的县，再由县汇聚解州？文中没有交待，因为这条史料强调的是“课利”的递解，上交的部门库务官要造清单并加盖印历，接收部门也要在收条上加盖印历。年终时要把这些单据交到州府审查。

《新证》援引的第三条史料记载的是各个税务机构收上来的“课利”、递解到上级专门机构的时限和有关手续，它同样没有涉及镇税上交的途径。在这种历史背景情况下，刘新园同志在《新证》一文中以这两条史料为基础来构筑他那“镇税越县缴州”的立论，就犹如空中楼阁，缺乏立足的基石，不推自倒。

历史的真实同《新证》一文中的臆测相反，宋代的税务体制是以县为基层单位。对此，南宋《庆元条法事类》有明确的记载。该书卷三十“经总制”条下：“诸经总制钱物，知通专一拘收（县委令丞，无丞处委主簿），仍令通判（无通判处委签判），就军资库别置库眼，选差曹职官一员，躬亲出纳，

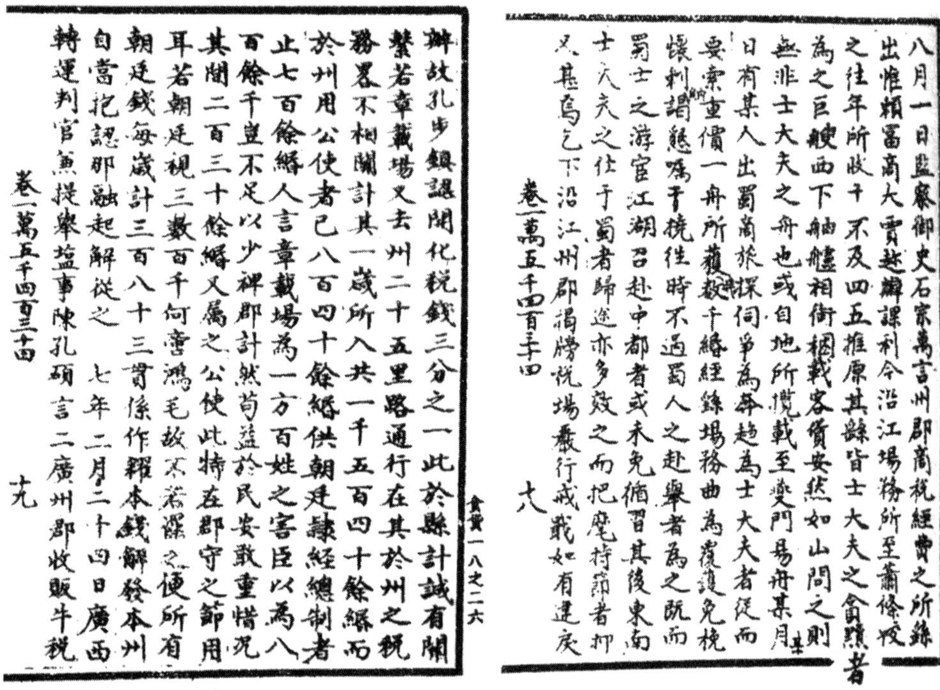
食貨一八之二五

八月一日監察御史石宗萬言州郡商稅經費之所繇出惟賴富商大賈趍辦課利今沿江場務所至蕭條被之往年所收十不及四五推原其繇皆士大夫之貪黷者為之巨艘西下舳艫相銜捆載客貨安然如山問之則無非士大夫之舟也或自地所攬載至夔門易舟某月某日有某人出蜀商旅探伺爭為舉趍為士大夫者從而要索重價一舟所獲數千緡經繇場務曲為覆護免稅懷刺謁懇嘱于稅住時不過蜀人之赴舉者為之既而蜀士之游宦江湖召赴中都者或未免循習其後東南士大夫之仕于蜀者歸途亦多效之而把麾持節者抑又甚焉乞下沿江州郡揭牓稅場嚴行戒戢如有違戾

卷一萬五千四百三十四　十八

食貨一八之二六

辦故孔步鎮認開化稅錢三分之一此於縣計誠有關繫若章戴場又去州二十五里路通行在其於州之稅務略不相關計其一歲所入共一千五百四十餘緡而於州用公使者已八百四十餘緡供朝廷隸經總制者止七百餘緡人言章戴場為一方百姓之害臣以為八百餘千豈不足以少裨郡計然苛擾於民安敢重措況其間二百三十餘緡又屬之公使此特在郡守之節用耳若朝廷視三數百千何啻鴻毛故不若罷之便所有朝廷錢每歲計三百八十三貫條作罷本錢解發本州自當抱認郡融起解從之　七年二月二十四日廣西轉運判官兼提舉鹽事陳孔碩言二廣州郡收販牛稅

卷一萬五千四百三十四　十九

图 2《宋会要辑稿》“食货”一八之二五载：孔步镇隶开化县，故“孔步镇认开化税钱三分之一”。

通判常又点检，郡守每月一次驱磨。逐季于次季孟月二十五日以前，尽数起发。提点刑狱司拘催、检察。如州、县违限亏欠，并行按劾。”同书卷四十七“税租簿”条下：“诸县岁造税簿正额外，其人户畸零之税，县申州，州申转运司。本司类聚，报尚书户部，而违限者各杖八十。”同书卷四十七“拘催税租，赋役令”条下：“诸税租法，（提点刑狱司同）监司于催科前，委知州、通判，责（县）令承举行，依限催纳。候限满察其勤惰，以优劣申监司。”又“诸税租，州辄差官吏下县催督，若县未入，未限，或未经科校，辄差人下乡者，并杖一百”。这里记载得很清楚，宋代的各种税租，州府不是一竿子插到底，而是把税收指标下达给辖县，定期派员催督辖县完成各种税收。县属下辖各政区的税课，如果县里没有催缴上来，或者县里对下属政区税课的上缴，没有规定入限时间而没有及时收到；或者未按国家的规定下达课税，那么该县官员就要受到国家的制裁。

记载宋代经济、政治事务的另一部重要典籍——《宋会要辑稿》所述宋代县、镇税制与《庆元条法事类》完全合拍。

按照《宋会要辑稿》记载，宋代税额的分配是以县为基本单位，各县承担的税额又分摊到县属镇乡。例如《宋会要辑稿》“食货”一八之二五：嘉定六年（1213）十二月十一日窑，“权发遣衢州王棐言：‘管下有税场二，曰孔步镇、曰章载场，皆非朝廷差官处。考其废置：孔步镇隶开化县，路通徽、严。开化僻左，不于此置征，则丝添之税，皆不入开化，而月解青册无所取办。故孔步镇认开化税钱三分之一……’”（图 2）。这里说得清清楚楚，孔步镇承担隶县开化税额的三分之一。

《宋会要辑稿》“商税五”的下述记载，也表明宋代镇税机关为属县所辖：“乾道二年（1166）

四月二十二日诏：‘绍兴府萧山县西兴镇税兼烟火公事案关，改作绍兴府萧山县新林堰税务称号’。从两浙诸司之请也。”同书又载：“绍兴三十二年（1162）八月十一日诏：‘赣州七里镇东江务并归城下商税务’，从江西转运司请也。”

宋朝学者陆子《与宋漕使书》所载也同样表明宋代税课以县为基本单位予以征收：“大军月椿起于绍兴初……郡县积负日加，岁增版漕监司，督之州郡，郡督之县，县督之民。”

宋代由于税课以县为基本单位，所以中央皇朝把“凡户口赋役钱谷赈给之事”和“时造户版及催理二税”，作为检察县令政绩的一条重要标准[12]。

宋代中央皇朝鉴于“诸县收支，如版账钱物等，皆知县自专”，又于淳熙十二年（1185）二月二十一日，孝宗批准：“自今诸县应于收支必使丞佐等通签。其县丞所管财赋，则必使知县检察。将来如有以赃获罪，并量轻重责罚。”[13]

宋代各县所属镇的税收上缴，也不是像刘新园同志在《新证》一文中所想象的那样“越县缴州”，而是按行政隶属关系上缴于隶县。各县汇集自己辖区的税收后，再聚解到州。对此，宋代典籍有明确而具体的记载。《宋会要辑稿》“食货三五之二四”：绍兴六年（1136）十一月三日，“尚书省言，诸州及管下县镇场务，所收经总制司钱，无降指挥。县委知令拘收，发赴通判厅聚”。这里说得很清楚，“诸州及管下县镇场务”所经手收纳的“经制总司钱”，州府不直接插手，而是由隶县委派官员拘收。各县汇集自己辖区税务机构收纳的税课后，再解送到州府通判厅。同书又载：“自绍兴十七年（1147）为始，诸县委县丞，无县丞委主簿专拘收、检察本县并酒税等处应合收杂色钱物。经管画寔分桩窠名，专置库银桩管，依限解通判厅”（图3）。文中所说的“本县并酒税等处”，是指县直接管理的税收机构和县属包括辖镇在内的专门酒税等处税务机构。这条史料更是明确表明：宋代镇税（即文中所说“应合收杂色钱物”）决不是如刘新园同志在《新证》一文中所说“越县缴州”，而是为隶县官员监督检察和拘收到县。各县对镇和其他县辖税务机关送交上来的税课，分门别类予以登录、统计和保管，然后按国家规定日期聚解到所隶州府通判厅。对于镇、县、州的税课上交时限宋代典籍也有具体记载。南宋《庆元条法事类》卷三十“上供·物

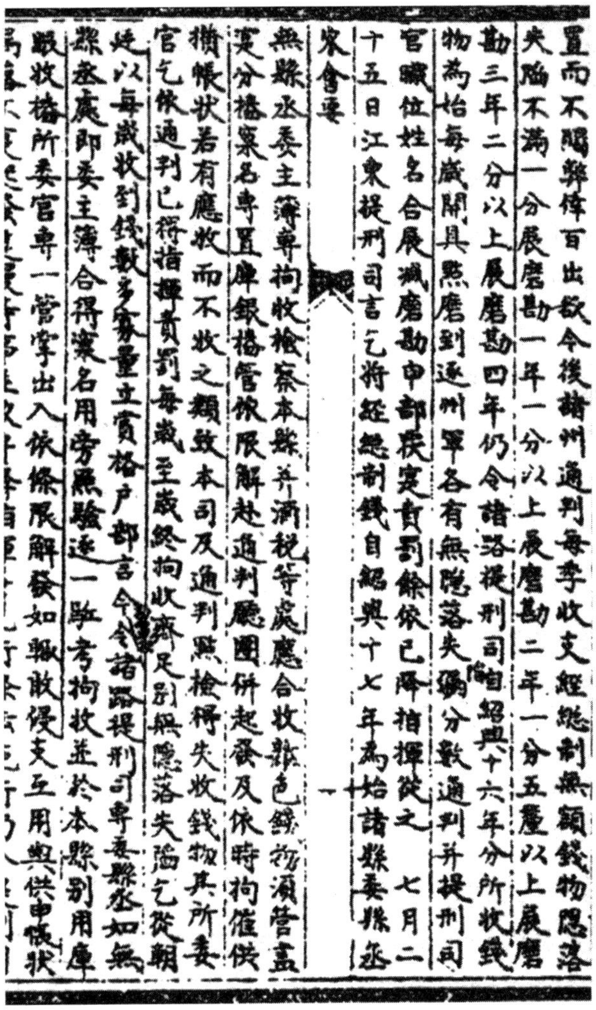
置而不隨弊倖百出欲今後諸州通判每季收支經總制無額錢物隱落
失陷不滿一分展磨勘一年一分以上展磨勘二年一分五釐以上展磨
勘三年二分以上展磨勘四年仍令諸路提刑司自紹興十六年分所收錢
物爲始每歲開具點磨到逐州軍各有無隱落失陷分數通判并提刑司
官職位姓名合展減磨勘申部取旨賞罰餘依已降指揮從之 七月二
十五日江東提刑司言乞將經總制錢自紹興十七年爲始諸縣委縣丞
宋會要
無縣丞委主簿專拘收檢察本縣并酒稅等處應合收雜色錢物須管畫
寔分樁窠名專置庫銀樁管依限解赴通判廳圍併起發及依時拘催供
攢帳狀若有應收而不收之類致本司及通判點檢得失收錢物其所委
官乞依通判已得指揮責罰每歲至歲終拘收不足别無隱落失陷乞從朝
廷以每歲收到錢數多寡量立賞格户部言令諸路提刑司專委縣丞如無
縣丞處即委主簿合得窠名用旁照驗逐一點考拘收並於本縣別用庫
眼收樁所委官專一管掌出入依條限解發如輒敢侵支互用與供申帳狀

图3《宋会要辑稿》“食货三五之二四”载：“自绍兴十七年为始，诸县委县丞，无县丞委主簿专拘收、检察本县并酒税等处应合收杂色钱物。”

法”：“诸县镇场务，应本月收趁到无额上供钱物，并于次月五日尽数解纳。”这里讲的是县辖税务机构上交所收纳的税课到隶县的时限。

各县收齐辖区税务机关送交的税课后，要在月终聚解到所隶州府。《宋会要辑稿》“食货三五之二十”记载了此事：建炎三年（1129）十月二十三日，“臣僚言……县镇并限月终起发赴州”。

各州府收齐辖县送交来的税课，要上缴给中央，即《宋会要辑稿》“食货三五之二四”所说的“每季发赴行在”，按照《庆元条法事类》卷三十记载，具体起解的时间为“逐季于次季孟月[14]二十五日以前，尽数起发”[15]。

对于税课的征收与上缴，“如州县稍隐漏，擅便支使，起发违限，并依上供法科罪”[16]。按照《庆元条法事类》记载，“诸州县镇场务收到经总制钱物，解纳违限，杖八十”[17]。

由此看来，刘新园同志在《新证》文中提出的所谓宋代权威史料《宋会要辑稿》和《庆元条法事类》证明，宋代景德镇税课决无上缴所在县——浮梁县的可能，而是越过浮梁县直接向饶州府上缴的论断，不过是刘新园同志个人一种主观臆断。历史真实恰恰相反，按照《宋会要辑稿》和《庆元条法事类》的记载，宋代行政建制是：“镇”属于县辖的一级行政机构，监镇官要“依知县法司管公事”；宋代景德镇税课是按照行政建置的隶属关系上缴到所属隶——浮梁县，然后由浮梁县汇集全县辖区的税课，按国家规定的时限，聚解到饶州府通判厅。

## 三、元代镇税的上缴

《新证》一文中宣称他自己提出的“元代镇税直缴江浙行省”的论断，“元代文献有非常翔实的记载”。但是，细检其文却发现，刘新园同志所谓“元代文献有非常翔实的记载”的依据不过是从《元典章·吏部·内外税务窠阙》中所记下的一条孤零零的史料。为便于分析，特予转录如下：

江浙行省四十处，杭州在城税课提举（直隶省）

| | | | |
|---|---|---|---|
| 盐官州长安务 | 正八 | 镇江路 | 从七 |
| 平江路 | 正七 | 饶州路 | 正八 |
| 平江路 | 正七 | 饶州路 | 正八 |
| 常熟州 | 从八 | 池州路 | 从八 |
| 建康路 | 从七 | 海盐澉浦务 | 从八 |
| 常熟路 | 正八 | 松江府华亭县 | 正八 |
| 宜兴县 | 从八 | 台州路 | 正八 |
| 徽州路 | 从八 | 余杭县 | 正八 |
| 衢州路 | 从八 | 长州县 | 从八 |
| 富阳务 | 从八 | 嘉定州 | 从七 |
| 吴县木渎务 | 从七 | 温州路 | 从七 |
| 昆山州 | 从八 | 太平路 | 从八 |
| 庆元路 | 从七 | 绍兴路 | 正八 |

| | | | |
|---|---|---|---|
| 金坛县 | 从八 | 崇德路 | 从八 |
| 浮梁景德务 | 正八[18] | | |
| 嘉兴路 | 正八 | 江阳州 | 从八 |
| 湖州路 | 正八 | 乌程县南浔务 | 从八 |
| 无锡州 | 正八 | 淳安县 | 从八 |
| 建德路 | 正八 | 信州路 | 从八 |

首先，《新证》引《元典章·吏部·内外税务窠阙》所记这条史料，出现多处错误。例如，把元代的常州路说成为“常熟州”；把元代的“江阴州”说成为“江阳州”。又如，元代余杭县税务官的级别为“从八”，刘新园同志则把元代余杭县税务官的级别提高到“正八”。再如，把“海盐州浦务”说成为“海盐澉浦务”。

其次，我们只要仔细研究一下这条史料就能发现，它只是记载了位于江浙行省境内的税务机构及其行政级别，它根本未涉及镇税的上缴方式和单位。刘新园同志在《新证》一文中依据这条史料，推断“元代景德镇的税课提领任满离职，不仅不得向浮梁州，而且也毋需去饶州路，而只能到江浙行省交割商税的增亏情况”，纯属他个人的一种主观臆测。

与《新证》所论相反，这条史料表明，元代的税制同宋代一样，是按行政建置管理。因为这则史料记载得十分清楚，在江浙行省范围内的40处税务机构，只有坐落在江浙行省首府内的“杭州在城税课提举”归行省直辖，其他39处，都依行政政区设置。而且史料对其中一些税务机构的行政隶属关系记载得很清楚，如：“海盐州澉浦务”“盐官州长安务”“松江府华亭县”“浮梁县景德务”（笔者按：“浮梁县”应为“浮梁州”。对此，《元史·地理志》有明确记载：浮梁……元元贞元年升州）”“乌程县南浔务”（图4）。

另外，《新证》出于立论的需要，把史料中的“杭州在城税课提举（直隶省）”中的“省”说成是指代中央的“大都中书省”，也是不妥的。为了便于分析刘新园同志在对简称指代词“省”释义上的失误，先照录史料如下：“江浙行省四十处，杭州在城税课提举（直隶省）。”按照汉语修辞学，史料中第二句话中做宾语的“省”，是承前简称指代，即是前一句话中做主语的“江浙行省”的简称。由此可见，刘新园同志把句中的“省”释之为“大都中书省”，显然违反了汉语修辞学中的常识。

蒙古太宗（孛儿只斤窝阔台）八年（1236）在括户基础上“始定天下赋役[19]。元代赋役，南方按土田征收、推派，北方则以户口征，即危素《休宁县伊唐君核田记》所云：“大抵江淮之北，赋役求诸户口，其田（南）则取诸土田。”[20]

元代税课额的分配、征收和上缴，同宋代一样都是以县为基本单位。对此，元代典籍有具体记载。《元典章三》“圣政”卷之二：“中统元年五月，中书省奏准，宣抚同条款内一件科放差发文字，止依一次尽数科讫。府科于州[21]，州[22]科于县，县科于民，并同此例，分作三限送纳。”（图5）《元典章》卷之十一“户部·差发”，对元代这种税制也做了类似记载：“中统元年五月，中书省奏准宣抚司条款内一件，今年照勘定合科差发总额，府科与州，验民户多寡，土产难易，以十分为率，作大门摊均。”[23]这两条史料明确告诉我们，元朝的税课，中央每年一次性把征税指标下达给各个

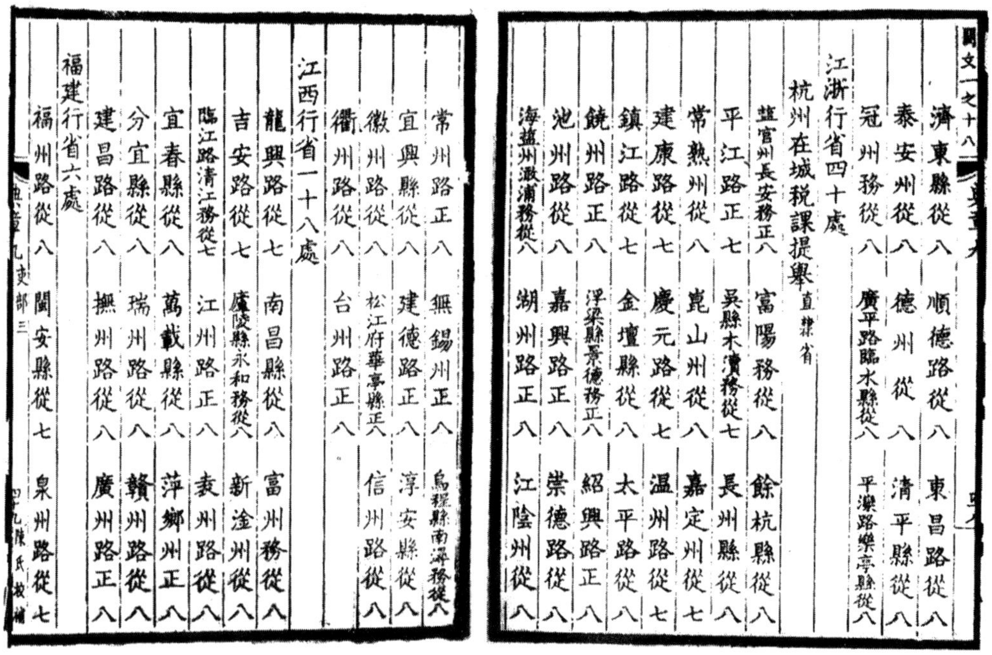
濟東縣從八　順德路從八　東昌路從八
泰安州從八　德州從八　清平縣從八
冠州務從八　廣平路臨水縣從八　平灤路樂亭縣從八
江浙行省四十處
杭州在城稅課提舉直隸省
鹽官州長安務正八　富陽務從八　餘杭縣從八
平江路正七　吳縣木瀆務從七　長州縣從八
常熟州從八　崑山州從八　嘉定州從七
建康路從七　慶元路從七　溫州路從七
鎮江路從七　金壇縣從八　太平路從八
饒州路正八　浮梁縣景德務正八　紹興路正八
池州路從八　嘉興路正八　崇德路從八
海鹽州澉浦務從八　湖州路正八　江陰州從八
常州路正八　無錫州正八　烏程縣南潯務從八
宜興縣從八　建德路正八　淳安縣從八
徽州路從八　松江府華亭縣正八　信州路從八
衢州路從八　台州路正八
江西行省一十八處
龍興路從七　南昌縣從八　富州務從八
吉安路從七　廬陵縣永和務從八　新淦州從八
臨江路清江務從七　江州路正八　袁州路從八
宜春縣從八　萬載縣從八　萍鄉州正八
分宜縣從八　瑞州路從八　贛州路從八
建昌路從八　撫州路從八　廣州路正八
福建行省六處
福州路從八　閩安縣從七　泉州路從七

图 4《元典章·吏部·内外税务窠阙》载：江浙行省四十处，杭州在城税课提举（直隶省）

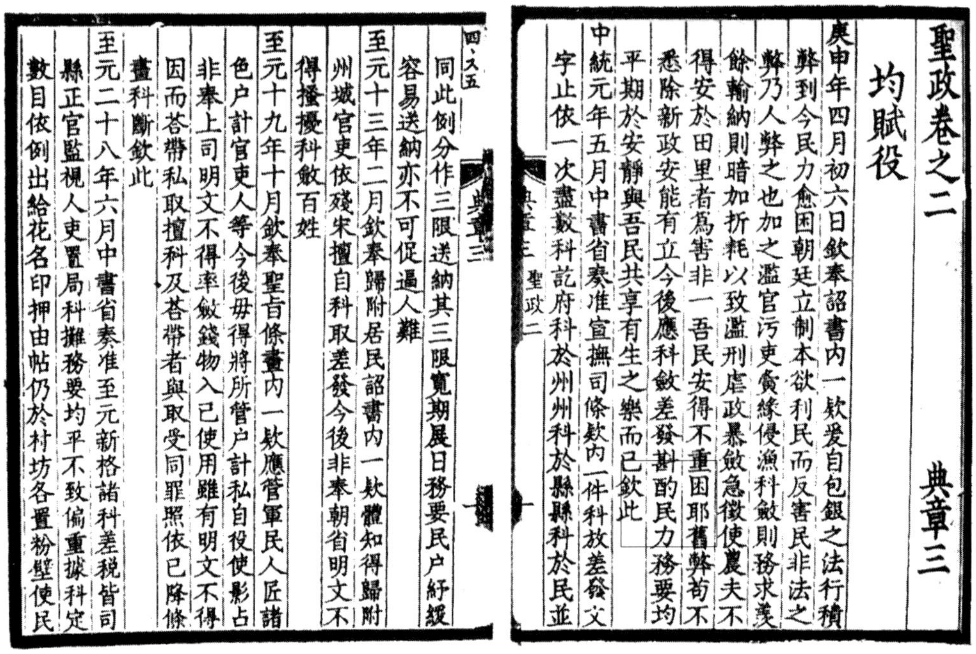
聖政卷之二　典章三
均賦役
庚申年四月初六日欽奉詔書內一款爰自包銀之法行積
弊到今民力愈困朝廷立制本欲利民而反害民非法之
弊乃人弊之也加之濫官污吏貪緣侵漁科斂則務求羨
餘輸納則暗加折耗以致濫刑虐政暴斂急徵使農夫不
得安於田里者為害非一吾民安得不重困耶舊弊若不
悉除新政安能有立今後應科斂差發斟酌民力務要均
平期於安靜與吾民共享有生之樂而已欽此
中統元年五月中書省奏准宣撫司條款內一件科放差發文
字止依一次盡數科訖府科於州州科於縣縣科於民並
同此例分作三限送納其三限寬期展日務要民户紓緩
容易送納亦不可促逼人難
至元十三年二月欽奉歸附居民詔書內一款體知得歸附
州城官吏依殘宋擅自科取差發今後非奉朝省明文不
得搔擾科斂百姓
至元十九年十月欽奉聖旨條畫內一款應管軍民人匠諸
色户計官吏人等今後毋得將所管户計私自役使影占
非奉上司明文不得率斂錢物入己使用雖有明文不得
因而苔帶私取擅科及苔帶者與取受同罪照依已降條
畫科斷欽此
至元二十八年六月中書省奏准至元新格諸科差稅皆司
縣正官監視人吏置局科攤務要均平不致偏重據科定
數目依例出給花名印押由帖仍於村坊各置粉壁使民

图 5《元典章三》“圣政”卷之二《均役》载：“中统元年五月，中书省奏准，宣抚司条款内一件科放差发文字，止依一次尽数科讫。府科于州，州科于县，县科于民，并同此例，分作三限送纳。”

路（府），各府接到国家征税指标后，分派到辖县（州）。各县（州）依照国家下达的税额，再行分派到县属各个政区。税课的上缴则是各县（州）汇集自己辖区的税粮钱物、再依限上解到隶路（府），各路（府）汇集辖县（州）的税课后，依限聚解到国家指定的地方。

元朝政府在税课问题上，特别重视府县首席长官的作用。元朝皇廷规定，路（府）、县首席长官不仅监督税务官的执法，而且要对税课的征送、上缴直接承担行政责任。对此，元代典籍记载颇详。《元典章三》“圣政”卷之二载：“至元二十八年（1291）六月，中书省奏准‘至元新格’，诸科差税，皆司县正官监视，人吏置局，科摊务要均平。”（图6）。这里讲的是县首席长官，要督促县辖税务官奉公执法。《元典章》卷二四“户部”十，则记载了府、县首席长官要承担本处税课违限的行政责任：“至元三十年（1293）四月……钦奉圣旨，节该税粮初限十月，中限十一月，终末限十二月。终违限者，初限笞四十，再犯杖八十，但结揽税石及自愿令结揽与官司许诸人首告得实并断，按笞奚罪戾，令结揽官司，依原科石罚赔赴所，指仓分送纳。若本处不差正官，权官部税将来有失限或税石不足，各处达鲁花赤管民官、部民官、部粮官不分首从，一同断罪，钦此。照得上年税石违限，不行纳足去处，定将各路府州司县正官、首领官人吏，依条判罪。宣慰司首领官人吏违慢，亦行断罪。任满官但有拖欠税石，无得给由，如有看循，故行给由者，定勒赔纳。拖欠税石，更行断罪。奉此。都省合下，仰依上施行。”元代的浮梁州属县级行政建置，作为税务机构的“景德务”及其首席长官“税提领”，为浮梁州所辖。正是这个缘故，《元典章》无论是记载各税提领的行政级别，还是记述各处税务机构，当涉及景德镇时，都要注明其与浮梁的隶属关系。前者称为“浮梁景德提领”，后者称“浮梁景德务”。

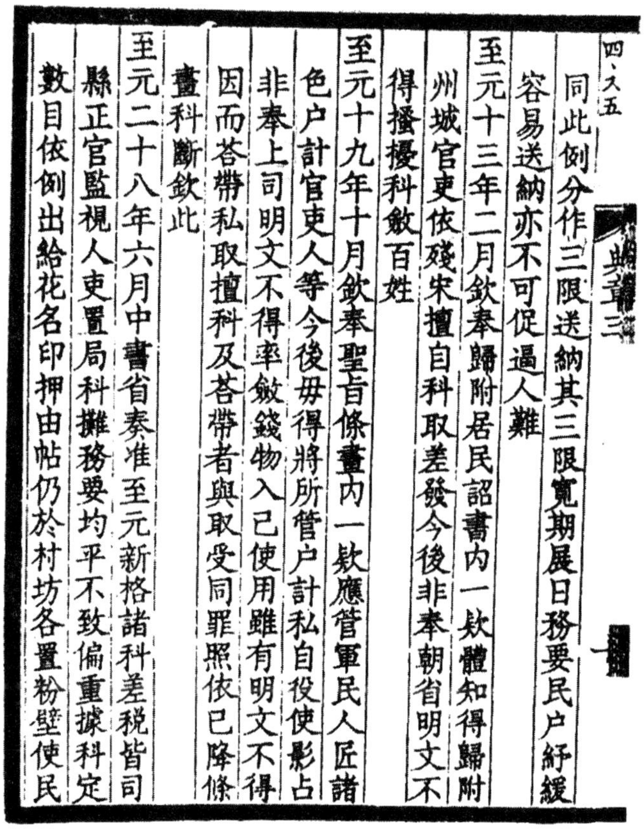
四、六五　典章三

同此例分作三限送納其三限寛期展日務要民户紓緩
容易送納亦不可促逼人難
至元十三年二月欽奉歸附居民詔書内一欵體知得歸附
州城官吏依殘宋擅自科取差發今後非奉朝省明文不
得搔擾科斂百姓
至元十九年十月欽奉聖旨條畫内一欵應管軍民人匠諸
色户計官吏人等今後毋得將所管户計私自役使影占
非奉上司明文不得率斂錢物入己使用雖有明文不得
因而苔帶私取擅科及苔帶者與取受同罪照依已降條
畫科斷欽此
至元二十八年六月中書省奏准至元新格諸科差税皆司
縣正官監視人吏置局科攤務要均平不致偏重據科定
數目依例出給花名印押由帖仍於村坊各置粉壁使民

图6《元典章三》“圣政”卷之二载：“至元二十八年（1291）六月，中书省奏准‘至元新格’，诸科差税，皆司县正官监视，人吏置局、科摊务要均平。”

按照元代这种税制，景德镇税提领征收来的税课，自然不是像刘新园同志所臆断的那样，越过浮梁州和饶州路，直接缴交到江浙行省，而是按行政建置的隶属关系，上交到浮梁州。浮梁州汇集包括景德镇在内的各个行政辖区税课后，依限解送到饶州路。饶州路汇集各县税收后，再解到国家指定的地方。

## 四、《陶记》中的“州家”释义

《新证》一文中把《陶记》内“官斯去者，无不有州家挂欠之籍”中的“州家”释为“饶州”，欠妥。

首先，从修辞学的角度来看，理解文章中某个词的含义，应该从分析文章自身的内在逻辑出发，文章的背景材料仅是一个参照系数而已。我们撇开宋、元镇税制度的讨论，在探讨《陶记》“州家”一词含义时，要把它置于特定的语言环境中来考察，才能得出正确的结论。

综观《陶记》全文，“官斯去者，无不有州家挂欠之籍”紧承的前一段，是讲当时国家下达的像“宪之头子，泉之率分，统制之供给，经总之移用，州之月桩、支使、酷息，镇之吏俸，孤遗、作匠”等税额，和“春秋军族、圣节、郊祀、赏赉、试闱、结葺”等费用，都由当政者负责征收和筹集，如收缴不力，上司的责罚就随之降临。

“官斯去者，无不有州家挂欠之籍”是讲离任官员，没有一个不在州家税簿上拖欠税收的。文章紧承这两句话是分析造成“挂欠之籍”的五大原因。

由此可见，《陶记》“官斯去者，无不有州家挂欠之籍”中的“官”，是指管理景德镇的首席长官，“州家”则是景德镇首席长官的上司行政机构。按照中国古代行政建置，“州家”是指景德镇隶县——浮梁。

现在再来研究《新证》一文中对《陶记》“州家”的释义。

通检刘新园同志研究《陶记》断代的两篇文章可以发现，刘在界定“州家”含义时，既未对《陶记》行文结构进行考察，又未对《陶记》“官斯去者，无不有州家挂欠之籍”这两句话自身的内在逻辑予以分析，他于 1981 年发表的文章[24]纯系出于主观立论的需要，凭空地把“州家”说成为“饶州”。他现在发表的《新证》这篇文章，则离开《陶记》行文自身的逻辑分析，试图通过“宋代镇税直缴饶州”和“元代镇税直缴江浙行省”的先验臆断，设法把《陶记》“州家”说成是“饶州”。进而他又以这种推测为出发点，进而把《陶记》“官斯去者，无不有州家挂欠之籍”，说成是记述了“景德镇税课收入越过所在县——浮梁县，直接上缴所在州——饶州”的税课制度。刘新园同志这样做，既扭曲了《陶记》的本义，又扭曲了宋元两代税课制度的历史面目。

## 五、《陶记》南宋说新证的塌陷

刘新园同志提出的所谓“《陶记》著于南宋之新证”，是在“宋代镇税缴州”和“元代镇税缴省”这两个基点上架设起来的。随着刘新园同志所依托的这两个基点的塌陷，所谓“《陶记》著于南宋之新证”也就犹如“海市蜃楼”，转瞬即逝。

同刘新园同志的主观愿望相反，从宋、元镇税制度这个角度考察，又一次证实《陶记》必定著于元代。这是因为，既然宋、元两代税制都是按行政建置管理，那么《陶记》内的作为景德镇首席长官的上司机构的“州家”，自然是元代元贞二年（1296）设置的浮梁州。作为县级行政机构的“浮梁”自它设置以来，唯独在元朝称为“浮梁州”，其他各个朝代都叫“浮梁县”。

（原载《景德镇陶瓷》1992年第2卷，第3期。2007年5月修订）

**[注释]**

[1]熊寥《中国古陶瓷研究中若干“悬案”的新证》第六章第一节第107、108页，上海三联书店2008年版。

[2]陈显求等《湖田影青、枢府瓷结构和影青釉的ESR谱》，《中国古代陶瓷科学技术成就》，上海科学技术出版社，1985年。

[3]戴静华《关于宋代镇市的几个问题》《宋史研究论文集》，河南人民出版社，1984年。

[4]《宋会要辑稿》方域七之二六。

[5]《宋会要辑稿》方域一二之一八。

[6]《宋会要辑稿》方域一二之一七。

[7]《宋会要辑稿》方域一二之一九。

[8]《宋史·莫濛传》。

[9]康熙二十一年《浮梁县志》卷三。

[10]]康熙十二年《浮梁县志》卷一。

[11]《宋会要辑稿》职官四八之九二。

[12]《宋会要辑稿》职官四八之二九。

[13]《宋会要辑稿》职官四八之四一。

[14]孟月——四季的第一个月，即正月、四月、七月、十月。

[15]《庆元条法事类》卷三十“上供”。

[16]《宋会要辑稿》食货三五之一六。

[17]《庆元条法事类》卷三十“经总制”。

[18]《元典章》史部一：正八品税提领，一千锭之上三十七处……饶州、江州……。从八路税提须五百锭之上，南昌县、浮梁景德……《元典章》吏部三载“场务官”行政级别时提到：一千锭之上，提领正八，有婺州、饶州、杭州长安。五百锭之上，提领从八，有庐陵水和、浮梁景德等。从这两条史料看来，《元典章》吏部三“内外税务窠阙”内的“浮梁景德务正八”，当是“浮梁景德务从八”之误。

[19]宋子贞《中书令耶律公神道碑》载《国朝文类》卷五七。

[20]《危太朴文集》卷二。

[21]州：相当于县，如元代浮梁称“浮梁州”。

[22]州：此处的“州”相当于府。

[23]《元典章》卷之十一“户部·差发”。

[24]刘新园《将祈〈陶记〉著作时代考辨》，《景德镇陶瓷》1981年《陶记研究专刊》”。

# “缗”“经总”及其他

## ——答曹建文同志

熊寥

**内容提要**

“曹文”所持“元代货币单位以‘锭’为计，不可能以‘缗’为计”之说不妥。仅据《元史》所载，元朝以“缗”为货币单位就有七十余处。“曹文”把《陶记》中所列税目看作是“瓷业课赋”；把《陶记》中“经总之移用”，视为“南宋设置的经总制钱”，都违背了《陶记》本意。“曹文”说元朝没有恢复南宋税制与史料所载不合。关于元朝一度在江南地区恢复南宋时的税制，不仅《元史·本纪》第十六“世祖三”做了具体记载，而且《续资治通鉴》卷一百九十《元纪八》也做了类似的记载。“曹文”把《陶记》中的“州家”释为南宋时的“监当官”，同时又把元代“饶州路总管”说成是“直接负责景德镇瓷业税课征榷”的税务官，均与史实不合，且违背《陶记》的本义。“曹文”一方面坦承“定窑所在的曲阳县在北宋及金代从未直属过真定府”；但是，另一方面又把《陶记》中“真定红瓷”“说成为宋代的时代烙印，自相矛盾。“曹文”对“南丰”在南宋时，辖区大大缩小，其税务机构也同时被撤销，而到了元代南丰县破格升为江西行省的直属特区一事，也做了不妥当的解说。

曹建文同志《关于《陶记》著作时代问题的几点思考》（以下简称”曹文”）（刊于《景德镇陶瓷》1993 年第 4 期）的立论框架如下：通过对《陶记》中的“缗”“经总”“州家”和《陶记》涉及的税目的释义，得出《陶记》著于南宋的结论。

笔者认为，“曹文”的立论欠妥，特撰文剖析。

## 一

“曹文”提出：“缗”是揭示《陶记》著作时代烙印的一个见证。其理由为：“宋政府的赋政收支的货币单位都是以‘缗’为单位来计算的”，“‘缗’指成串的铜钱，一千文为一缗”；“元政府在全国范围内统一使用的是一种名为‘钞’的纸币”，“元初颁订的钞法一直到终元之世，元官府税收的货币单位则一直是以‘锭’为计的，从未见，也不可能以‘缗’为计的”。“曹文”由此推论：“宋代景德镇瓷业课赋的货币单位也必定是以‘缗’来计算的”，而《陶记》谈到当时景德镇窑业的课赋的货币单位是以“缗”计量，所以《陶记》应著于宋代。

下面来研究“曹文”提出的这个立论。

先来考察一下宋代赋税的货币单位。

确实，宋代某个历史时期的货币单位，是以“缗”为计的。例如《宋史·食货志》载：“熙宁初，同、华二州，积小铁钱比四十万缗。”但是，把整个宋代的货币单位，都说成是以“缗”为计，就值得推敲了。

例如，《宋会要辑稿》第一二九册，《食货十六·商税二》记载北宋熙宁十年（1077），景德镇全年的商税额：“共三千三百三十七贯九百五十七文”。文中以“贯”和“文”为货币单位。

又如，《宋史》卷一百八十《食货志》：“至道中，岁铸八十万贯，景德中，增至一百八十三万贯。”文中也以“贯”为货币单位。同书卷一百八十五：“至道二年（996），两京诸州收榷课铜钱一百二十一万四千余贯，铁钱一百五十六万五千余贯。”文中同样以“贯”为货币单位。

再如，宋人吴自牧《梦梁录》卷十八谈到南宋税收时写道：“度宗践祚之初，首遵先朝遗制，蠲免临安府近例岁贡增添纳进钱一百一十五万八千五百四十贯有奇”（图1）。文中也是以“贯”为货币单位。

宋代文献记载表明，南宋有一个时期的税收单位为会子“贯文”或“贯”。吴自牧《梦梁录》卷十八“免本州岁纳及苗税”：“咸淳岁（1265—1274），九县畸零税捐，除赦文蠲免一尺以外，尹京潜皋墅更与本州代输一尺以上捐畸零税色，计一十四万六千五百七十一匹有奇，总该界钱十八界、会子计三万四千四百人十贯文。”同书卷十八“免本州商税”载：“杭州五税场，自越安抚节斋申请减放外，一岁共收十八界、会四十二万贯为定额”；“咸淳二年（1266）二月，又降旨再免商税五日，以便商贾。自后帅府遵承朝旨，接续展放，蠲免税额，常以五月为期，朝有每五月一次照东府征额拨一十八界、一十七万五千贯文，以补郡费。”

上述史料表明，“曹文”提出的“宋政府的赋政收支的货币单位都是以‘缗’为单位来计算”的立论，

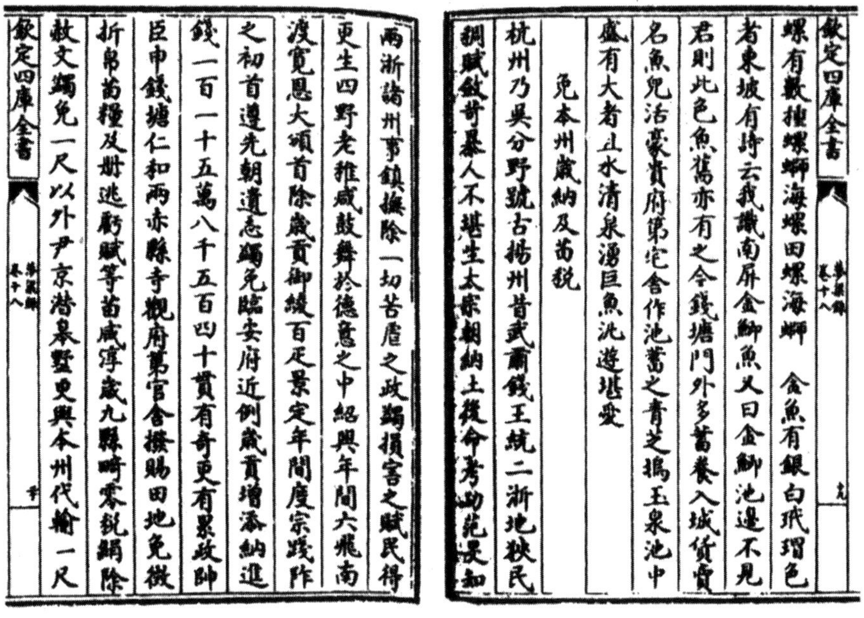
欽定四庫全書
夢粱錄 卷十八
螺有數種螺螄海螺田螺海螄　金魚有銀白玳瑁色
者東坡有詩云我識南屏金鯽魚又曰金鯽池邊不見
君則此色魚舊亦有之今錢塘門外多蓄養入城貨賣
名魚兒活豪貴府第宅舍作池蓄之青芝塢玉泉池中
盛有大者且水清泉湧巨魚泳遊堪愛
免本州歲納及苗稅
杭州乃吳分野號古揚州昔武肅錢王統二浙地狹民
稠賦斂苛暴人不堪生太宗朝納土後命考功范旻知
兩浙諸州事鎮撫除一切苛虐之政蠲損害之賦民得
更生四野老稚感鼓舞於德意之中紹興年間六飛南
渡寬恩大頒首除歲貢御綾百疋景定年間度宗踐祚
之初首遵先朝遺志蠲免臨安府近例歲貢增添納進
錢一百一十五萬八千五百四十貫有奇更有累政帥
臣申錢塘仁和兩赤縣寺觀府第官舍撥賜田地免微
折帛苗糧及册逃虧賦等苗咸淳歲九縣畸零稅絹除
赦文蠲免一尺以外尹京潛皋墅更與本州代輸一尺
欽定四庫全書
夢粱錄 卷十八

图1 宋·吴自牧《梦梁录》卷十八“免本州岁纳及苗税”文中，以”贯”为货币单位。

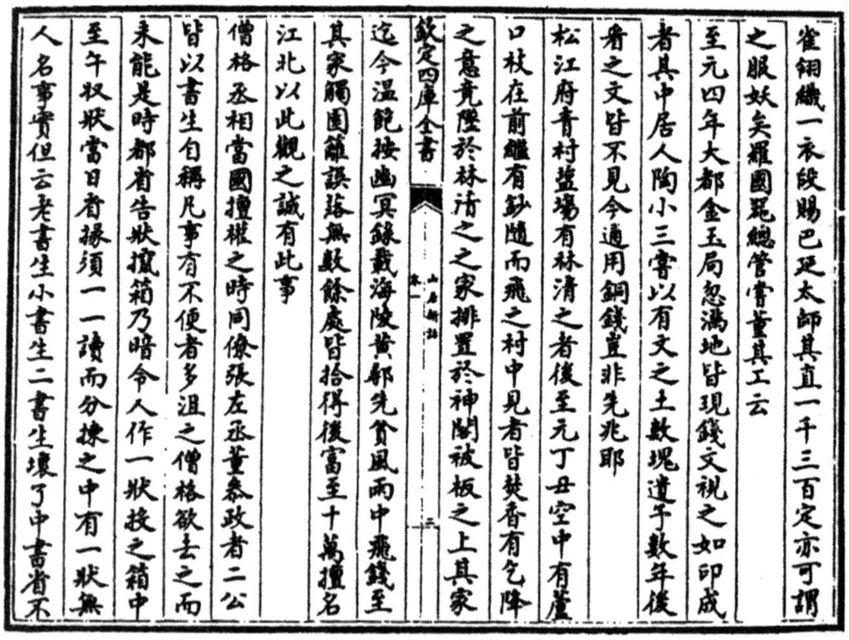
雀铜織一衣段賜巴延太師其直一千三百定亦可謂
之服妖矣羅國罷總管審董其工云
至元四年大都金玉局忽滿地皆現錢文視之如印成
者具中居人陶小三審以有文之土數塊遺予數年後
看之文皆不見今通用銅錢豈非先兆耶
松江府青村鹽場有林清之者後至元丁丑空中有蘆
口杖在前繼有鈔隨而飛之村中見者皆焚香有乞降
之意竟墮於林清之之家排置於神閣板之上其家
欽定四庫全書　山居新話　卷一　三
迄今温飽按幽冥錄載海陵黄郛先貧風雨中飛錢至
其家觸圍籬誤落無數餘處皆拾得後富至十萬擅名
江北以此觀之誠有此事
僧格丞相當國擅權之時同僚張左丞董叅政者二公
皆以書生自稱凡事有不便者多沮之僧格欲去之而
未能是時都省告狀擴箱乃暗令人作一狀投之箱中
至午收狀當日省掾須一一讀而分揀之中有一狀無
人名事實但云老書生小書生二書生壞了中書省不

图 2 元·杨瑀《山居新话》卷一载：元代一度“通用铜钱”。

与历史事实不符。

其次，“曹文”所持“元代禁用铜钱、统一使用纸币”之说，不妥。

按照《元史》记载：“若（铜）钱，自九府圜法行于成周，历代未尝或废”；同样在元代，“历代铜钱，悉以古例”[1]。至大三年正月丙申，武宗“命以历代铜钱与至大铜钱相互参用”；同年“八月丙辰，以行用铜钱诏谕中外”[2]。到了至正十年，元顺帝于“至正十年下诏：……其以中统交钞一贯文，省权铜钱一千文，准至元宝钞二贯。仍铸至正通宝钱与历代铜钱并用”；“至正十一年，置宝泉提举司，掌铸至正通宝钱”[3]。

元·孔齐《至正直记》卷一《楮币之患》载：“至正壬辰（1352），天下大乱，钞法颇艰，癸巳又艰涩。至于乙未年（1355），将绝于用……丙申（1356）绝不用，交易唯用铜钱耳。”成书于元至正庚子（1360）的杨瑀《山居新话》卷一也载：“今通用铜钱”（图 2）。

俞沛铭先生《货币史话》讲到元朝的货币制度时，与《元史》所载大体相合：“元代铸过一些铜钱，但它比历朝都要少。当时政府为了维持纸币，还曾禁止过使用铜钱，可是由于纸币不断贬值，老百姓在私下仍旧还用铜钱，于是铜钱又逐渐恢复了合法的地位。元代的铜钱上有的铸蒙古文，也有的并铸汉文和蒙古文。有一种“‘至正之宝’直径达八厘米，是中国历史上直径最大的钱币”。《湘湖冯氏宗谱》卷七引元人冯胜原记：“癸巳年（1353）又遇大旱，自四月十五日雨，至八月十五方止，每谷一称，作价花银一两，人民十丧八九。”即使元宝钞享有较高信誉的元代前期，在货币流通中，金属钱币仍占有重要位置。这从《新元史·何荣祖传》下述记载可以显示出来：“荣祖身至大官而僦地以居，饮食器用青瓷杯，中宫闻之，赐以上尊及金五十两、钞二万五千贯。”

文献记载表明，“曹文”所持元朝货币单位“一直是以锭为计的，从未见，也不可能以‘缗’为计”的立论，也与历史事实不合。

仅据《元史》所载，以“缗”为货币单位就有七十余处。例如《元史》卷六十六《河渠志三·蜀堰条》：“其工之值、物之价，以缗计者四万九千有奇”（图3）。文中以“缗”为货币单位。又如，《元史》卷一百七十四《耶律有尚传》：“大德改元，更诏为国子祭酒……既以年老，力请还家，朝廷复颁楮币七千缗、即其家赐之。”文中也以“缗”为货币单位。同书卷一百八十三《王守诚传》：“他如以赃罪诬人，动至数千缗，与夫小民田婚之讼，殆百十计，守诚皆辨析详谳，辞穷吐实。”（图4）。文中依然以“缗”为货币单位。

另外，《续资治通鉴》一书也多处记载了元朝一度以“缗”为货币单位的史实。该书卷一百八十九《元纪·七》：元世祖于至元二十六年正月己亥，“诏：出楮币一百五十万缗、米四百石、盐五万斤以为佣直”。文中以“缗”为货币单位。同书卷二百《元纪·十八》：延祐中，仁宗皇帝“又赐廷显玉带。廷显欲取大官羊钱一万五千缗充其价……”文中同样以“缗”为货币单位。同书卷二百零一《元纪·十九》：至治二年“岁省费六十万缗”，文中同样以“缗”为货币单位。

叶子奇《草木子》卷之三上《克谨篇》：元“台省要官皆北人为之，汉人、南人万中无一二。其得者不过州县卑秩……宪使招权，非得数千缗”。同书卷之四下《杂俎篇》也载：“自秦王伯颜专政，台宪官皆谐价而得，往往至数千缗。”（图5）按此记载，元朝也曾一度以“缗”作为货币单位。《草

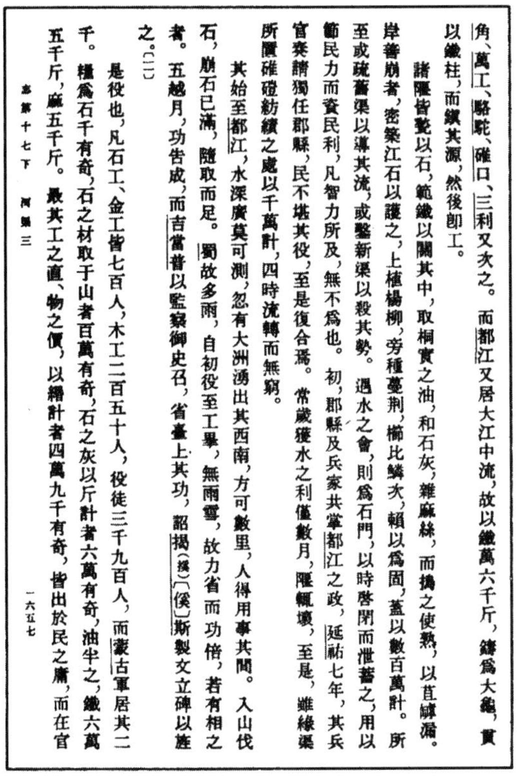
角、萬工、駱駝、碓口、三利又次之。而都江又居大江中流，故以鐵萬六千斤，鑄爲大龜，貫以鐵柱，而鎮其源，然後即工。

諸堰皆甃以石，範鐵以關其中，取桐實之油，和石灰，雜麻絲，而擣之使熟，以苴罅漏。岸善崩者，密築江石以護之，上植楊柳，旁種蔓荊，櫛比鱗次，賴以爲固，蓋以數百萬計。所至或疏舊渠以導其流，或鑿新渠以殺其勢。遇水之會，則爲石門，以時啓閉而泄蓄之，用以節民力而資民利，凡智力所及，無不爲也。初，郡縣及兵家共掌都江之政，延祐七年，其兵官奏請獨任郡縣，民不堪其役，至是復合焉。常歲獲水之利僅數月，堰輒壞，至是，雖緣渠所置碓磑紡績之處以千萬計，四時流轉而無窮。

其始至都江，水深廣莫可測，忽有大洲湧出其西南，方可數里，人得用事其間。入山伐石，崩石已滿，隨取而足。蜀故多雨，自初役至工畢，無雨雪，故力省而功倍，若有相之者。五越月，功告成，而吉當普以監察御史召，省臺上其功，詔揭(溪)[傒]斯製文立碑以旌之。[二]

是役也，凡石工、金工皆七百人，木工二百五十人，役徒三千九百人，而蒙古軍居其二千。糧爲石千有奇，石之材取于山者百萬有奇，石之灰以斤計者六萬有奇，油半之，鐵六萬五千斤，麻五千斤。最其工之直、物之價，以緡計者四萬九千有奇，皆出於民之庸，而在官

志第十七下　河渠三　一六五七

图3《元史》卷六十六《河渠志三·蜀堰条》载：“以缗计者四万九千有奇。”

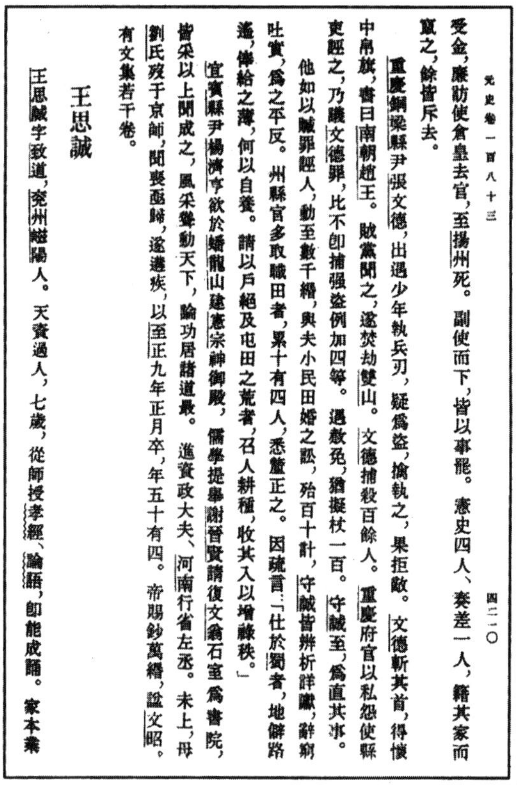
元史卷一百八十三　四二一〇

受金，廉訪使倉皇去官，至揚州死。副使而下，皆以事罷。憲史四人、奏差一人，籍其家而寘之，餘皆斥去。

重慶銅梁縣尹張文德，出遇少年執兵刃，疑爲盜，擒執之，果拒敵。文德斬其首，得懷中帛旗，書曰南朝趙王。賊黨聞之，遂焚劫雙山。文德捕殺百餘人。重慶府官以私怨使縣吏誣之，乃議文德罪，比不即捕强盜例加四等。遇赦免，猶擬杖一百。守誠至，爲直其事。

他如以贓罪誣人，動至數千緡，與夫小民田婚之訟，殆百十計，守誠皆辨析詳讞，辭窮吐實，爲之平反。州縣官多取職田者，累十有四人，悉釐正之。因疏言：「仕於蜀者，地僻路遙，俸給之薄，何以自養。請以戶絕及屯田之荒者，召人耕種，收其入以增祿秩。」

宜賓縣尹楊濟亨欲於蟠龍山建憲宗神御殿，儒學提舉謝晉賢請復文翁石室爲書院，皆采以上聞成之，風采聳動天下，論功居諸道最。進資政大夫、河南行省左丞。未上，母劉氏歿于京師，聞喪亟歸，遂遘疾，以至正九年正月卒，年五十有四。帝賜鈔萬緡，謚文昭。有文集若干卷。

王思誠

王思誠字致道，兗州嵫陽人。天資過人，七歲，從師授孝經、論語，即能成誦。家本業

图4《元史》卷一百八十三《王守诚传》载：“他如以赃罪诬人，动至数千缗。”

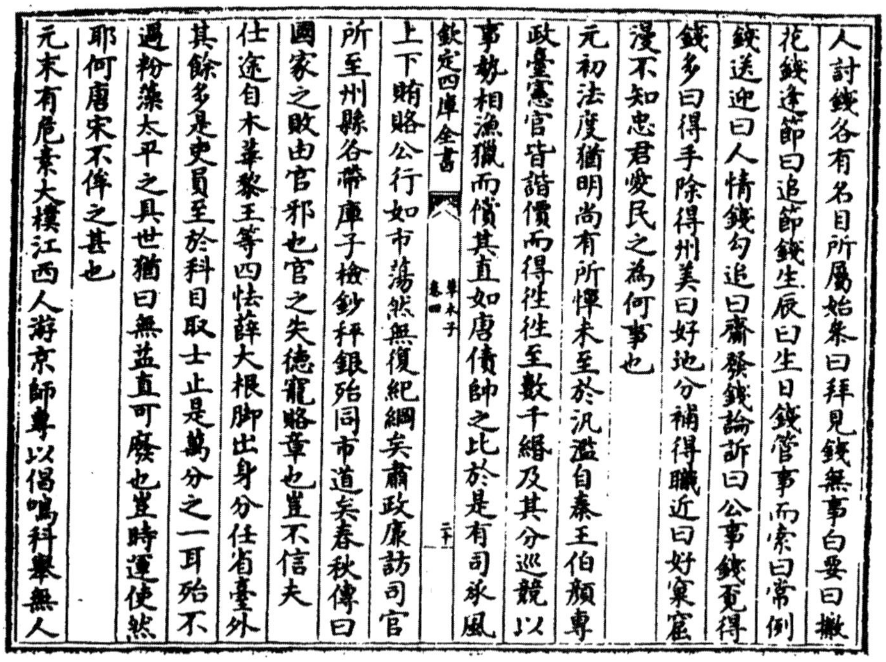

人討錢各有名目所屬始參曰拜見錢無事白要曰撒
花錢逢節曰追節錢生辰曰生日錢管事而索曰常例
錢送迎曰人情錢勾追曰齎發錢論訴曰公事錢覓得
錢多曰得手除得州美曰好地分補得職近曰好窠窟
漫不知忠君愛民之為何事也
元初法度猶明尚有所憚未至於泛濫自秦王伯顏專
政臺憲官皆諧價而得往往至數千緡及其分巡競以
事勢相漁獵而償其直如唐債帥之比於是有司承風
欽定四庫全書 草木子 卷四
上下賄賂公行如市蕩然無復紀綱矣肅政廉訪司官
所至州縣各帶庫子檢鈔秤銀殆同市道矣春秋傳曰
國家之敗由官邪也官之失德寵賂章也豈不信夫
仕途自木華黎王等四怯薛大根脚出身分任省臺外
其餘多是吏員至於科目取士止是萬分之一耳殆不
過粉藻太平之具世猶曰無益直可廢也豈時運使然
耶何唐宋不侔之甚也
元末有危素大樸江西人游京師尊以倡鳴科舉無人

图 5《草木子》卷四载：元代“自秦王伯颜专政，台宪官皆价而得，往往至数千缗。”

木子》的作者——叶子奇，是元末明初浙西有名的学者，明洪武年间（1368—1398）任巴陵县主簿，洪武十一年（1378）因事下狱。《草木子》一书是他在狱中用瓦磨墨写的笔记，出狱后续成之。

由此可见，“曹文”提出的元朝“上自政府的财政收支，下至民间的商品贸易，都以元宝钞（指纸币——笔者注）为准”的论断，与史实不合。

既然“曹文”所说的“宋政府的赋政收支的货币单位，都是以‘缗’为单位来计算的”和“元初颁行的钞法一直到终元之世，元官府税收的货币单位则一直是以“锭”为计的，从未见，也不可能以‘缗’为计”的立论都不能成立，那么“曹文”由此架设起的“宋代景德镇课赋的货币单位也必定以‘缗’来计算的立论自然坍塌，而《陶记》著于南宋这样一种推论，显然也就成为一种误判。

## 二

“曹文”把《陶记》“经总之移用”，视为“南宋设置的‘经总制钱’”，又说什么元代没有恢复“经总制钱”，从而论断《陶记》著于南宋。

我们先来考察一下《陶记》“经总之移用”的含义。

从古汉语语法角度讲，《陶记》内“经总之移用”不是并列关系，而是偏正关系，“之”字前面的“经总”，是修饰、限定“之”字后面的“移用”，“移用”才是这个偏正短语的主词。因此，作为一种税目来讲，“经总之移用”是指宋元时期的“移用额钱”，“经总”在这里起限定“移用”

的归属范围的作用。《古今图书集成·食货典》卷二百三十“杂税部”引朱熹《乞减移用额钱札子》，提到“移用”税：“近自乾道九年（1173）内蒙使司于经常分录钱数之外，创立名色，每月抛‘移用额钱’一千二百余贯，均于城下及两县酒税务趁办。”

但是，“曹文”却把《陶记》“经总之移用”中的“经总”作为这个短语的主词，从而把“经总之移用”说成是“经总制钱”税，用他的原话讲就是：“《陶记》在记述当时景德镇瓷业课赋中提到‘经总之移用’税一项这应该是指……南宋设置的‘经总制钱’。”这就是说，“曹文”把“经总之移用”当作主谓结构的短语，把“经总”视为这个短语的主词，这样“曹文”在解释这个短语时，不仅违反了古汉语语法的一般性常识，而且也使其含义模糊不清了。如果按照“曹文”的这种逻辑，把《陶记》“经总之移用”中的“经总”视为语句中的主词，而构成“经总制钱”税，那么《陶记》同一段落的“宪之头子”中的“宪”“泉之率分”中的“泉”“统制之供给”中的“统制”“州之月桩、支使、醋息”句中的“州”，岂不都成了句中的主词，而成为一种税目的专名，实在欠妥！

“曹文”为了支撑“元代未恢复过‘经总制钱’”的立论，还对下述史料作了不妥当的释义。为了便于分析，先转录这段史料。

《元史》卷十六《本纪·世祖纪》第十六：

“至元二十八年（1291）十二月壬申，中书省臣言：‘江南在宋时，差役为名七十有余，归附后一切未征。今分隶诸王城邑岁赐之物仰给京师；又中外官吏俸少，似宜量添，可令江南依宋时诸名征赋尽输之。’何荣祖言：‘宜召各省官任钱谷者诣京师。集议科取之法以闻’。从之。”

“曹文”对这段史料做了这样的演绎推论：“其一，提出‘令江南依宋时诸名征赋尽输之’的人，不是元世祖忽必烈，而是中书省臣；其二，元世祖对中书省臣的提议，并没有表示赞成，元世祖赞成的是何荣祖所说的‘宜召各省官任钱谷者诣京师，集议科取之法以闻’；其三，对于集议的结果知何，《元史》中根本就没有提及，是否恢复以及是部分恢复还是全面恢复都不得而知。”

下面来分析一下这段史料及其“曹文”的释义。

尽管提出“可令江南依宋时诸名征赋尽输之”建议的人，是中书省臣，但是何荣祖紧接着中书省臣的话音提出的“宜召各省官任钱谷者诣京师，集议科取之法以闻”的建议，是对中书省臣建议的延伸和具体落实措施。因为何荣祖的建议，不是讨论什么要不要恢复、还是全面恢复或部分恢复南宋诸名征赋的问题，而是在赞同中书省臣提出“恢复南宋诸名征赋”的建议的前提下，进一步提出“宜召各省官任钱谷者”到京师集议“科取”南宋诸名征赋的具体办法。何荣祖的建议，离开了中书省臣的建议，就失去了支托和存在的意义，因此，中书省臣的建议和何荣祖的建议，是一件事情的前后两个组成部分。元世祖的“从之”，是对中书省臣和何荣祖两项建议的批准。由此可见，“曹文”把“中书省臣”和何荣祖的建议割裂开来，释为元世祖只赞成何荣祖的建议，并没有表示赞成“中书省臣”的建议的说法，实有先验论之嫌疑。

毋庸置疑，元代一度推行的“令江南依宋时诸名征赋尽输之”的课赋制度，自然包括恢复征收“南宋经总制钱”，因此“曹文”提出的“元代未恢复过‘经总制钱’”的论断，与史实不合。

“曹文”以《元典章》卷二十四《户部十·起征夏税》条，来否定《元史》卷十六《本纪·世祖纪》第十六所载元世祖于至元二十八年（1291）十二月壬申批准“令江南依宋时诸名征赋尽输之”的史实的做法不妥。道理非常简单，因为元代税制常常处于变动状态之中。“曹文”所引这段史料本身就显示出这种特征：元贞二年（1296），江南地区依南宋旧例征收秋、夏两税，即《元典章》卷二十四《户部十·起征夏税》所载“元贞二年九月十八日奏过事内一件，节该，江南百姓每的差税，亡宋时秋、夏税两遍纳有”。第二年（大德元年，1297）改为“江浙省所管江东、浙西这两处城子里，依著亡宋例纳有，除那的外，别个城子里依例纳秋税，不曾纳夏税”。同年三月，元成宗又批准中书省的提议，在“浙东、福建、湖广”地区又“依亡宋体例”恢复起征夏税。元·姚桐寿《乐郊私语》文中也记载了元代税制的变动情况：“国朝至元三十年（1293），以留梦炎议置市舶司。初议番舶货物十五抽一，惟泉州三十取一，用为定制。然近年长吏巡徼，上下求索，孔窦百出。每番船一至，则众皆懽呼曰：‘亟治厢廪家当来矣’。至什一取之，犹为未足。”在这种历史背景下，“曹文”以元贞二年（1296）和大德元年（1297）元廷征收秋、夏两税事，来否定元世祖于至元二十八年（1291）十二月壬申批准“令江南依宋时诸名征赋尽输之”的史实的做法是缺乏说服力的。

另外，“曹文”以《元史》卷九十三《食货志·一》文中的一段话，来否定元世祖于至元二十八年（1291）十二月壬申批准“令江南依宋时诸名征赋尽输之”的史实，从而佐证自己“元代未恢复过‘经总制钱’”的立论的做法，也不妥。

先照录“曹文”所引用的这段引文：

“《元史》谓：‘先王理财之道，往往取之无度，用之无节，于是汉有告缗、算舟车之令，唐有借商、税间架之法，宋有经总二钱，皆掊民以充国，卒之民困而国亡，可叹也已’”。“接着又道‘前代告缗、借商、经总等制，元皆无之，亦可谓宽矣。’据此，元代未恢复‘经总制钱’应该是非常明确的。”

下面研究“曹文”的上述引文及其推论。

首先，《元史》所载元世祖于“至元二十八年（1291）十二月壬申批准实施‘令江南依宋时诸名征赋尽输之’”的税课政策这一史料，乃是出自《元史》的核心部分之一的“本纪·世祖纪”，而宋濂等编撰《元史·本纪》部分又是依据《元十三朝实录》编撰而成[4]，其历史的真实性毋庸置疑。

其次，“曹文”所引这段话出自《元史》卷九十三《食货志一·序》。这段话不是记载元朝的事实，而是《元史》编撰者宋濂等对包括元代在内的历代税制利弊的一种回顾和评述。

只要认真阅读过《元史》，就可发现宋濂等在评述元代税制的见解并不准确，特别表现在颂扬元代税制之“宽”，而与元代实际的税制（包括宋濂等《元史》所记述的）元代税制之“酷”的历史事实发生严重“抵触”。例如宋濂等《元史》卷九四《食货志二·额外课》所载，在元朝一个历史时期内，所增设的“额外课”，其中包括：盐、茶、酒、醋、姜、白药、钢铁、铝、矾、竹木、漆、磁、煤炭、窑治，以至于山泽、河泊、池塘、荡、山场、蒲、竹苇、柳、柴山楂、曲、酵、乳牛、羊皮、鱼苗、历日、牙例、抽分、撞岸、房地租、契本、门推等等，无不有税。这在中国古代史上并不多见；又如《元典章》二十二《户部八·磁窑二八抽分》条载：“磁窑、石灰、矾、锡榷课”，“兼磁窑旧例，二八抽分办课”，其税率高达25%。而且不是按照实际营业额，而是以“烧到窑货”来计算。如此之高税额和不顾实际营业状态的税制，同样在中国古代史上也不多见；再如，上引元姚桐寿《乐郊私语》又载：元仁宗时，“税额一节，往往增加无算，市中不堪其扰。当延祐间（1314—1320），程文宪条言江南茶盐酒醋等税，近来节次增添比初时十倍。今又逐季增添缘管课程官虚添额，以谄上司，其实利则归已，虚额则张挂欠籍。云云奉仁宗皇帝圣旨，诸色课程从实恢办”。元代这样的税制，显然与“宽”无缘。

宋濂等《元史·食货志》之所以出现“序文”的主观评述与元代客观实际税制本身发生矛盾，乃是由于宋濂等编撰《元史》过于仓促有关。对此，赵翼《二十二史劄记》卷二十九有所考证：明“洪武二年，（明太祖）得《元十三朝实录》，命修《元史》，宋濂、王祎为总裁。二月开局，八月成书。而顺帝一朝史犹未备，乃命儒士往北采遗事。明年二月重开史局，六月书成”。尽管“其天文、五行诸志则有郭守敬所创简仪、仰仪诸说：职官、兵、刑诸志又有虞集等所修《经世大典》；水利、河渠诸志则有郭守敬成法及欧阳元《河防记》以为据依，故一朝制度亦颇详赡”，但是“三十二卷以前系初次进呈，三十三卷以后则第二次进呈者诸臣以太祖威严，恐干烦渎，遂不敢请将前后两书重加编订耳”。正如赵翼《二十二史劄记》所言，“一部全史，数月成书”，“时日迫促，舛漏自多”。正是在这种背景之下，主编者宋濂等一方面按照《元十三朝实录》中的史料，在《元史》卷十六《本纪·世祖纪》第十六，记载了元世祖于至元二十八年（1291）十二月壬申批准“令江南依宋时诸名征赋尽输之”（自然包括南宋时的“经总制钱”税目在内）的史实；另一方面又发出“前代告缗、借商、经总等制元皆无之，亦可谓宽矣”与元代实际税制相抵触的言论。

由此可见，“曹文”以宋濂等《元史·食货志》“序文”中对元代税制印象的主观评述，来否定《元史·本纪·世祖纪》所载：元世祖于至元二十八年（1291）十二月壬申批准“令江南依宋时诸名征赋尽输之”的历史客观事实的这一做法，似乎也有“先验论”之嫌疑。

值得指出的是“曹文”在引用宋濂等《元史·食货志》“序文”对历代税制评述话语时，还出现了有悖宋濂等《元史·食货志》本意的现象。例如，“曹文”把宋濂等推崇的“先王理财之道”说成是“取之无度，用之无节”，这恰好与宋濂等的本意不符。因为宋濂等《元史·食货志》“序文”谈到自己所推崇的“先王理财之道”是这样写的：“《传》曰：‘生财有大道，生之者众，食之者寡，生之者疾，用之者舒’。此先王理财之道也。”而“取之无度，用之无节”之语，乃是宋濂等批评后世的一些治国者的经济政策，用其原话说就是：“后世则不然，以汉唐观之，当其立国之初，亦颇有成法，及数传之后，骄侈生焉。往往取之无度，用之无节。”毋庸置疑，在特别注重事实的历史考证研究工作中，一旦发生对史料的误读就很难得出符合历史真相的正确结论。

既然“曹文”提出的《陶记》“经总之移用”就是“南宋设置的经总制钱”和元代没有恢复征收南宋经总制钱”的论断，都属与史实不合的误判，那么“曹文”由此而推演出来的《陶记》著于南宋的论断，也就无法成立了。

## 三

“曹文”认为，《陶记》所述税目为瓷业课赋；在宋代，像茶、盐、酒税、场务、冶铸等非农业上的课赋，都是由州官来负责，宋代各地州府还专门设有掌管这类税收的“监当官”；元代泰定（1324—1328）后由饶州路总管征榷，所以《陶记》“州家挂欠”，是指景德镇瓷业课赋及其官员的挂欠，《陶记》“州家”不是指“浮梁州”而是“饶州”。

现在来研究一下“曹文”的这些立论和推论。

先来考察一下《陶记》列具的课赋税收是否专属于景德镇瓷业课赋的范畴。

为了便于分析，特节录《陶记》这段文字：

“夫何昔之课赋优裕，而今之事于此者常怀不足之虑也？宪之头子，泉之率分，统制之供给，经总之移用，州之月桩、支使、醋息，镇之吏俸、孤遗、作匠，总费月钱几三千余缗。而春秋军旅、圣节、郊祀赏赉、试闱、结葺，犹不与此，通融计之，月需百十五缗，则权官可以逭责，反是则谴至矣。”

只要稍微仔细阅读一下这段文字，就可知道，它记述的是当地权官（既首席长官）必须筹集的费用细目及其总颇，其中包括“宪之头子、泉之率分、统制之供给、经总之移用、州之月桩、支使、醋息”杂税，和支付驻镇官吏的俸禄、宗子孤遗的生活费，以及官府作匠的薪金。这几项，每月需筹集“几三千余缗”。这笔费用还不包括所承担的“春秋军旅、圣节、郊祀赏赉、试闱、结葺”等费用。如果加上这些，那末平均每月还需等集一百一十五缗。此可见，“曹文”将《陶记》所述费用及其细目统统归之于“瓷业课赋”之说，完全背离了《陶记》的本意。

不仅《陶记》“月需几三千缗”和“月需百十五缗”不属瓷业课赋，而且《陶记》列具的当时杂税税目“宪之头子，泉之率分，统制之供给，经总之移用，州之月桩、支使、醋息”也不属瓷业课赋。《宋会要辑稿》“食货三五之一六”谈到“头子”税说：“高宗建炎二年（1128）十二月，翰林学士知制诰兼侍读叶梦得言：‘宣和之初（1119），以东南用兵，尝设经制司量添酒钱及增收一分税钱、头子钱等，取之于微，而积之于众’。”《续资治通鉴·孝宗》淳熙七年（1180）十二月：“头子等窠名五十二项，并入经总制起发。”由此可知，“头子”税同样不属瓷业课赋。《宋史·食货志下二》谈到“率分”税：“鼓铸钱刀素有税限，悯其劳苦，特示矜宽。自今五月一日至八月一日，止收半功，本司每岁量支率分钱以备医药。”可见“率分”税也不属瓷业课赋。其次，“月桩”也不属瓷业课赋，这从《古今图书集成》“食货典·杂税部”引宋人赵汝愚言中可以看出：“诸县措诸月桩钱，其间名色类多违法，最为细民之害。试举其大者则有曰：曲引钱、曰：纳醋钱、卖契钱、户长甲帖钱、保正牌限钱、折纳牛皮筋角钱。两讼不胜则有罚钱，既胜则令纳欢喜钱，殊目异目，在处非一。”再其次，从朱熹《乞减移用额钱札子》所述“自乾道九年，内蒙使司于经常分隶钱数之外，创立名色，每月抛移用额钱一千二百余贯，均于城下及两县酒税务趁办”，可知“移用”钱同样不属瓷业课赋。另外，“支使”和“醋息”都不属瓷业课赋。对此，拙作《〈陶记〉校注》已做了诠释，在此就不再一一赘述了

由此可见，“曹文”把《陶记》所述税目，视为瓷业课赋，实属不妥。

下面再来研究一下宋代非农业税收的征收形式。

“曹文”提出：“在宋代、像茶、盐、酒税、场务、冶铸等非农业上的课赋大都是由州官来负责，宋代各地州府还专门设有掌管这类税收的‘监当官’”；《陶记》中的“州家”应为宋代州郡的监当官。“曹文”这个立论是通过下述途径架设起来的。“曹文”先引《宋史》卷一百六十七《职官志七·监当官》中的这样一条史料：

“监当官：掌茶、盐、酒税场务征输及冶铸之事。诸州军随事置官，其征榷场务，岁有定额。岁终课其额之登耗以为举判。凡课利所入，日具数以申于州。建炎初（1127），诏：监当官，凡交割必置历，以稽其剩欠……”

然后“曹文”据此引伸写道：“这里不但把州‘监当官’掌管征输税收的方面说得很清楚，而且指明了在南宋建炎初以后，州‘监当官’在离任时必须有其税收剩欠情况的记载，正因为如此，蒋祈才能看到数十年来离任的‘州家挂欠之籍’”。最后，“曹文”由此推导出：蒋祈《陶记》“州

家挂欠之籍”句中的“州家”是指“饶州”。

下面来分析“曹文”所援引的史料及其推论。

首先“曹文”对自己所引用的《宋史》卷一百六十七《职官志七·监当官》这段史料进行了“技术加工”。为了说明这个问题，特引录这段史料的原文——《宋史》卷一百六十七《职官志七·监当官》载：

“监当官：掌茶、盐、酒税场务征输及冶铸之事。诸州军随事置官，其征榷场务，岁有定额。岁终课其额之登耗以为举刺。凡课利所入，日具数以申于州。建炎初，诏：监当官阙，许转运司具名奏辟一次，以二年为任。实有六考，方许关升。烦剧去处，许添差一员。凡交割必置历，以稽其剩欠……”（图6）。

对照《宋史》卷一百六十七《职官志七·监当官》所载的原文，可以发现“曹文”对这段史料进行了两处改动，一是将史料第一段中的“岁终课其额之登耗以为举刺”，改为“岁终课其额之登耗以为举判”，即将史料中的“举刺”改为“举判”；二是将史料的第二段进行删节，即把史料的第二段“建炎初，诏：监当官阙，许转运司具名奏辟一次，以二年为任。实有六考，方许关升。烦剧去处，许添差一员。凡交割必置历，以稽其剩欠……”删节为：“建炎初，诏：监当官，凡交割必置历，以稽其剩欠，……”

“曹文”这种做法不妥。如前所述，“曹文”援引这段史料的目的，乃是旨在推导出蒋祈《陶记》“州家挂欠之籍”中的“州家”是指“饶州”，而如果如实照录这段史料的原文，就与其立论发生冲突，因为这段史料讲得很清楚：宋代对在州府“掌茶、盐、酒税场务征输及冶铸之事”的“监当官”以“二年为任”，对其任职业绩的考查，并不是限于其征收税额的多寡，而是“实有六考，方许关升”。

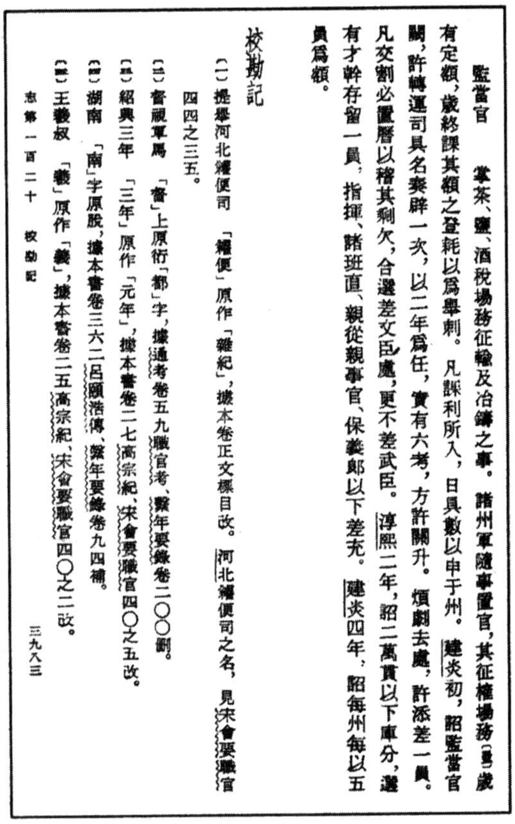

監當官　掌茶、鹽、酒稅場務征輸及冶鑄之事。諸州軍隨事置官，其征榷場務〔三〕歲有定額，歲終課其額之登耗以爲舉刺。凡課利所入，日具數以申于州。建炎初，詔監當官闕，許轉運司具名奏辟一次，以二年爲任，實有六考，方許關升。煩劇去處，許添差一員。凡交割必置曆以稽其剩欠，合避差文臣處，更不差武臣。淳熙二年，詔二萬貫以下庫分，選有才幹存留一員，指揮、諸班直、親從親事官、保義郎以下差充。建炎四年，詔每州每以五員爲額。

校勘記

〔一〕提舉河北糴便司　「糴便」原作「雜紀」，據本卷正文標目改。河北糴便司之名，見宋會要職官四四之三五。

〔二〕審觀軍馬　「審」上原衍「都」字，據通考卷五九職官考、繫年要錄卷二〇〇刪。

〔三〕紹興三年　「三年」原作「元年」，據本書卷二七高宗紀、宋會要職官四〇之五改。

〔四〕湖南　「南」字原脫，據本書卷三六二呂頤浩傳、繫年要錄卷九四補。

〔五〕王藝叔　「藝」原作「義」，據本書卷二五高宗紀、宋會要職官四〇之二改。

志第一百二十　校勘記　　三九八三

图6《宋史》卷一百六十七《职官志七·监当官》

经“曹文”删节后的史料，就给人一种假象：宋代考查“掌茶、盐、酒税场务征输及冶铸之事”的监当官的业绩，主要是通过“凡交割必置历”，以达到“稽其剩欠”的目的。“曹文”这种通过删节史料的办法，来佐证自己的立论的做法，对于重史实的考证性文章，实在不可取。

其次，蒋祈《陶记》中的“州家”是指主管当地的县级首席长官。按照宋代的行政建制，宋代诸州府的监当官与诸州府的首席长官——守令（知府）是两个完全不同的职务。宋代诸州府的监当官为主管州府的首席长官——守令（知府）属下的部门业务负责人，仅仅限于“掌茶、盐、酒税场务征输及冶铸之事”。而按照《宋史》卷一百六十七《职官志七·府州军监》记载，宋代诸府州的首席长官——守令（知府）的职责是："掌总理郡政、宣布条教、导民以善而纠其奸慝，岁时劝课农桑，旌别孝悌。其赋役、钱谷、狱讼之事、兵民之政皆总焉。察郡吏德义才能而保任之，若疲软不任事，或奸贪冒法，则按劾以闻。"

由此可见，"曹文"把蒋析《陶记》中的"州家"释为宋代时的"监当官"；把《陶记》中的"州家挂欠之籍"，释为宋代"监当官，凡交割必置历，以稽其剩欠"，不仅与史实不合，也与《陶记》所载"州家"本义相悖，同时也说明"曹文"作者没有看懂《陶记》。

宋代典籍记载表明，宋代税额的分配是以县为基本单位。县下的税场由本县统管，对此，宋代典籍有明确记载。例如，《宋会要辑稿》"食货一八之二十三"载："开禧元年（1205）六月二日，广东提举陈杲言：'广州肇庆府惠州共管墟税八十三场……'"；《宋会要辑稿》"食货一八之二十五"载：嘉定六年（1215）十二月十一日，"权发遣衢州王棐言：'管下有税场二，曰：孔步镇：曰：章载场，皆非朝廷差官处。考其废置：孔步镇隶开化县，路通徽、严：开化僻左，不于此置征，则丝添之税，皆不入开化，而月解青册无所取办，故孔步镇认开化税钱三分之一，此于县计诚有关系'"（图7）。这里说得很清楚：孔步镇税场承担隶县开化县税额的三分之一。宋朝学者陆子《与宋漕使书》也同样表明，宋代税课以县为基本单位予以征收："大军月桩起于绍兴初（1131）……郡县税负日加，岁增版漕监司督之州郡，郡督之县，县督之民。"

宋代各县所辖镇场务的税款征收与上缴（也括非农业税在内）是按行政隶属关系管理，对此，宋代文献有明确记载。南宋《庆元条法事类》卷三"经总制"条下："诸经总制钱物，知通专一拘收（县委令丞，无丞处委主簿），仍令通判（无通判处委签判），就军资库别置库眼，选差曹职官一员，躬亲出差……如县违限亏欠，并行按劾。"另一部重要典籍《宋会要辑稿》，对于宋代县、镇税制的记载，与《庆元条法事类》完全合拍，该书"食货三五之二四"：绍兴六年（1136）十一月三日，"尚书省言，诸州及管下县镇场务，所收经总制司钱，元降指择，县委知令拘收，发赴通判厅聚"。同书又载："自绍兴十七年（1147）为始，诸县委县丞，无县承委主簿专拘收、检察本县并酒税等处，应合收杂色钱物，经管画实分格窠名，专置库银桩管，依限解通判厅。"

由此可见，"曹文"所持宋代非农业税由州官直接负责，税款越县缴州之说，与史实不合。

"曹文"出于把《陶记》中的"州家"释为"饶州"立论的需要，还以《景德镇陶录》所载"元改宋监镇官为提领，至泰定后又以本路总管监陶，皆有命则供，否则止税课而已"为由，试图证实元朝泰定（1324—1328）后，景德镇瓷业税课改由饶州路总管征榷。

现在来分析"曹文"此论的失误之处。

首先，元朝中央政府在景德镇设置御土窑。对此，元·孔齐《至正直记》卷二"饶州御土"条载："饶州御土，其色白如粉垩。每岁差官监造器皿以贡，谓之御土窑。烧罢即封，土不敢私也。"同书卷四"窑器不足珍"条又载："在家时，表兄沈子成自余干州归，携至旧御土窑器径尺肉碟二个，云是三十年前所造者，其质与色绝类定器之中等者，博古者往往不能辨。"文中说的"旧御土窑器"，即为元代景德镇御土窑的产品。元代至治、泰定年间的浮梁州知州涂济亨于泰定乙丑（1325）写的《浮梁州志序》，记载了饶州路总管段廷圭于至治年间（1321—1322）奉命督陶一事："余出守是州之二月，郡刺史清泉段公蒙旨董陶至州。"元至顺《镇江志》卷十九则记载了官居镇江等处稻田提举的堵闰于"至顺二年（1331）七月，奉命督陶器于饶，行次三衢之常山，以病卒"的史实。明万历陆万垓《江西省大志》卷七《陶书续补》也载："元泰定本路总管监陶，皆有命则供，否，则止。"

"曹文"所援引的《景德镇陶录》这段话，只是讲：当元廷下达烧造御瓷任务给景德镇御土窑时，中央政府就派饶州路总管监陶；如果朝廷没有下达烧造御瓷指令时，御土窑则封闭。它根本没有涉及元朝的征税制度。须知，成书于清代嘉庆二十年（1815）的《景德镇陶录》，毕竟是一部汇集和阐述景德镇和有关地区陶瓷史料的专书，而不是一部研究元代税收制度的专著，要真正搞清元代征

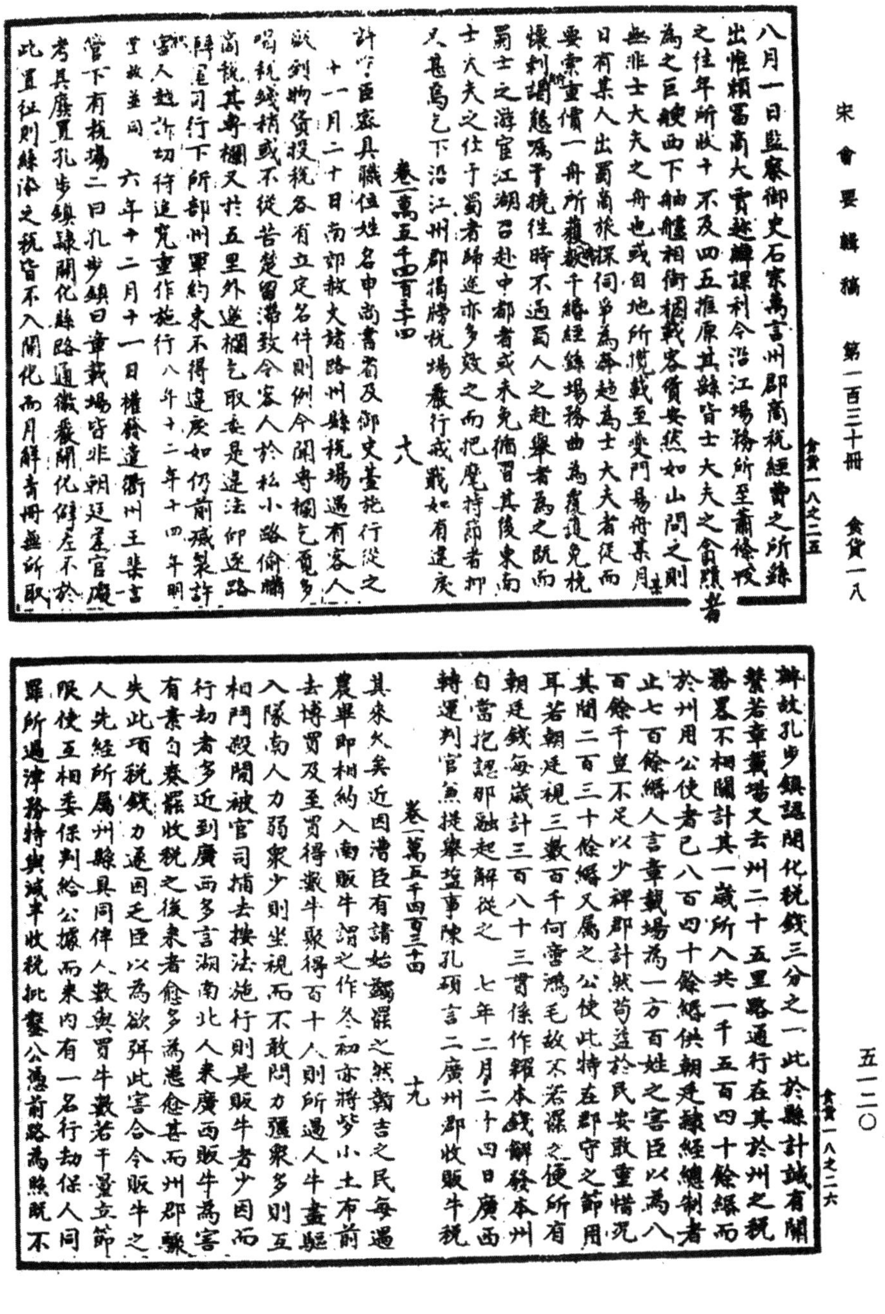
宋會要輯稿 第一百三十冊 食貨一八
食貨一八之二五

八月一日監察御史石宗萬言州郡商稅經費之所繇
出惟賴富商大賈懋遷課利令沿江場務所至蕭條蓋
之往年所收十不及四五推原其繇皆士大夫之貪黷者
為之巨艘西下舳艫相銜糴載客貨安然如山問之則
無非士大夫之舟也或自地所攬載至夔門易舟某月某
日有某人出蜀商旅探伺爭為奔趨為士大夫者從而
要索重價一舟所獲數千緡經繇場務曲為覆護免稅
懷刺謁態為請挽往時不過蜀人之赴舉者為之既而
蜀士之游宦江湖召赴中都者或未免循習其後東南
士大夫之仕于蜀者歸途亦多效之而把麾持節者抑
又甚焉乞下沿江州郡揭牓稅場嚴行戒戢如有違戾
卷一萬五千四百三十四 六八
許[illegible]臣寮具職位姓名申尚書省及御史臺施行從之
十一月二十日南郊赦文諸路州縣稅場遇有客人
販到物貨投稅各有立定名件則例令闌專攔乞覓多
喝稅錢稍或不從苦楚留滯致令客人於私小路偷瞞
商稅其專攔又於五里外邀攔乞取甚是違法仰逐路
轉運司行下所部州軍約束不得違戾如仍前[illegible]許
客人越訴切待追究重作施行八年十二年十四年明
堂赦並同 六年十二月十一日權發遣衢州王粜言
管下有稅場二曰孔步鎮曰章戴場皆非朝廷差官處
考其廢置孔步鎮隸開化縣路通徽嚴開化僻左不於
此置征則綠洛之稅皆不入開化而月解青冊無所取

辦故孔步鎮認開化稅錢三分之一此於縣計誠有關
繫若章戴場又去州二十五里路通行在其於州之稅
務畧不相關計其一歲所入共一千五百四十餘緡而
於州用公使者已八百四十餘緡供朝廷隸經總制者
止七百餘緡人言章戴場為一方百姓之害臣以為八
百餘千豈不足以少裨郡計然苟益於民安敢重惜况
其間二百三十餘緡又屬之公使此特在郡守之節用
耳若朝廷視三數百千何啻鴻毛故不若罷之便所有
朝廷錢每歲計三百八十三貫係作糴本錢解發本州
自當抱認郡融起解從之 七年二月二十四日廣西
轉運判官兼提舉鹽事陳孔碩言二廣州郡收販牛稅
卷一萬五千四百三十四 九
其來久矣近因漕臣有請始蠲罷之然蠲吉之民每遇
農畢即相約入南販牛謂之作冬初亦將些小土布前
去博買及至買得數牛聚得百十人則所過人牛盡驅
入隊南人力弱衆少則坐視而不敢問力强衆多則互
相鬥毆間被官司捕去按法施行則是販牛者少因而
行劫者多近到廣西多言湖南北人來廣西販牛為害
有素自褁罷收稅之後來者愈多為患愈甚而州郡艱
失此項稅錢力遂困乏臣以為欲弭此害合令販牛之
人先經所屬州縣具同伴人數與買牛數若干置立節
限使互相委保判給公據而來內有一名行劫保人同
罪所過津務特與減半收稅批鑿公憑前路為照既不
五一二〇
食貨一八之二六

图 7《宋会要辑稿》"食货一八之二十五"载："孔步镇隶开化县"，"故孔步镇认开化税钱三分之一"，表明宋代税课以县为基本单位予以核算。

税制度，应当从元代典籍中寻求答案。

按照《元典章》“圣政二”的记载，元代税课由“宣抚司条款内一切科放差发文字，止依一次尽数科乞，府科于州，州科于县，县科于民，并同此例，分作三限送纳”。这里说得很清楚，元代的征税体制是：中央把税额下达到府，府科于州，州科于县，县科于民，县是征税的基层单位。这种征税体制、并不限一种农业税，而是包括非农业税在内的“一切科放差发”。

其次，从元代行政建制角度来看，“曹文”所持“饶州路总管直接负责景德镇瓷业税课的征榷”之说，也不妥。

元代蒙古皇帝于至元十三年平宋后，把全国划为十二个省区，其中，中书省一，行中书省十一个。省以下为路（有的称府）。景德镇所在的浮梁隶属于饶州路，元代饶州路隶属于江浙等处行中书省。至元二十年定十万户之上者为上路，十万户之下者为下路。饶州路辖区住户达六十八万二百三十五户，属上路[5]。饶州路辖县有三：鄱阳县、德兴县、安仁县。辖州三：余干州、浮梁州、乐平州。

元代“路”级政区的管理机构为“总管府”，首席长官称为“总管”。饶州路为上路，饶州路总管秩正三品。总管府辅助首席长官——总管进行工作的官员还有同知、治中、判官各一员。至元二十三年，又增置推官二员，专治刑狱。总管府的附属机构则有司狱司、平准行用库、织染局、杂造局、惠民药局、税务、录事等。其中从事税务工作的史员有提领一员、大使、副使各一员。我们一旦搞清楚了元代的政区建制和“路”级政区管理结构——总管府及其附属机构，就可知道“曹文”所持“泰定（1324—1328）后”，“元时景德镇的瓷业税课”“改由饶州路总管征榷”之说，显然与史实不合！

退一万步说，即使如“曹文”所想象的那样，饶州路撇开浮梁州直接负责景德镇的瓷业税课的征榷，也轮不到饶州路的首席长官——“总管”自己出马，因为总管府下面附设有专门管理本路税务的吏员——提领、大使和副使。何况元代的征税体制同宋代一样，税课的下达和上缴都是以县（州）为基本单位。

由此可见，“曹文”所持元代饶州路总管撇开浮梁州、景德镇这两级行政机构，一竿子插到底，负责征榷景德镇税收，属于误判之论。

其实，《陶记》“州家挂欠”中的“州家”根本不是指饶州府首席长官，而是指浮梁州首席长官。对此，笔者已在《蒋祈〈陶记〉著于元代辨——与刘新园同志商榷》和《宋元镇税制度〈陶记〉著作时代》做了专论，在此不再赘述。

既然“曹文”无法改变《陶记》“州家”为浮梁州首席长官的释义，那么他也就无法抹掉（陶记》著于元代的鲜明的时代格印，因为浮梁历来称县，唯独在元朝称为“浮梁州”。

## 四

“曹文”为了维系他的《陶记》著于南宋立论的需要，还提出了一条很奇怪的论据，即《陶记》没有提到“浮梁瓷局”。

“曹文”谈到这个问题时这样写道：“浮梁瓷局，秩正九品。至元十五年立。掌烧造瓷器，并漆造、马尾、棕藤、笠帽等事”，“如果说《陶记》著于元代，……那么《陶记》作者蒋祈就决不可能不知道浮梁瓷局”的存在，“为什么……《陶记》一点没提及……浮梁瓷局呢？”所以“《陶记》著于元代之说是值得怀疑的。”对此，我要反问一下“曹文”作者：当今专门主管景德镇窑业的国家管理机构是江西省陶瓷工业公司，设置在景德镇的轻工部陶瓷研究所被人称为“当代御窑”，按照“曹文”的思维方式，就势必得出下述结论：当代学者撰写的有关景德镇瓷业的文章，都必须涉及江西省陶瓷工业公司和轻工部陶瓷研究所，否则，他们写的谈论景德镇瓷业文章都要被排斥在这个时代之外了！

## 五

《陶记》把南丰窑场视为景德镇窑场的竞争对手一事，也显示《陶记》必定著于元代。据《正德建昌府志》卷一《沿革·郡县革》记载，南丰县在南宋时，辖区大大缩小：“绍兴八年（1171），安抚李纲等奏，分南城置新城县、分南丰置广昌。”《宋史》卷八十八，对此也做了类似的记载：“绍兴八年（1171），析南丰南境三乡置广昌”；与此同时，南丰的税务机构也同时被撤销：“南丰税务，唐开元六年（718）知县游茂洪建，宋绍兴间废。”这就说明，南丰窑场在南宋时瓷业生产并不景气。而到了元代，情形就不一样了：南丰县竟破格升为江西行省的直属特区，对此，《元史》卷六十二《地理志·五·南丰州》有具体记载：至元“十九年（1282）南丰县升州，直隶（江西）行省”（图8）。如《元（南丰）州志》载，元代白舍窑白瓷，不足应四方之求。而《陶记》在谈到当时景德镇窑场的竞争对手时，又特地提到南丰窑，这就从一个侧面证实《陶记》必定著于元代。

“曹文”出于自己立论的需要，对于南丰在元代升为江西行省直辖州一事做了这样的解说：“这并不能推出南丰窑在此时仍兴盛，因为元代决定县是否升州的依据，主要是看该县的人口数量。”下面来剖析“曹文”的解说。

按照《元史》卷六十二《百官志七·诸州》所载：“江南既平，（至元）二十年（1283）又定其地五万户之上者为上州，三万户之上者为中州，不及三万户者为下州。于是升县为州者四十有四。”

然而，南丰县在至元十九年（1282）住户人口，实际上只有二万五千七十八户[6]，按照当时的规定，元代时的南丰不仅不能进入“上州”的行列，而且还达不到“中州”的住户标准（“三万户之上为中州”），依据当时南丰地区的实际住户，南丰至多只能列为“下州”的行列。但是，元代时的南丰却越级“上州”而成为直属江西行省的“省辖州”。由此可见，“曹文”所持“元代决定县是否升州的依据，主要是看该县的人口数量”为由，来否定元代南丰窑的兴盛的立论，乃是不愿正视历史事实真相的一种偏见。

元代时的南丰，越级“上州”而成为直属江西行省的“省辖州”，显然是由它独特的经济地位决定的。元代时的南丰有三大特产：白瓷、苎布、白简纸。对此，清代同治版《南丰县志》援引元代大德四年刘埙等编撰的南丰《元（南丰）州志》做了追述：“若夫《元（南丰）州志》载：白舍之白瓷器，瑶里圩之苎布，瞿村之白简纸，当时已称其苦窳稀薄，不足应四方之求。”但是“曹文”为了维护自己立论，于是又对《元（南丰）州志》这段记载，做了这样的解说：“《元（南丰）州志》关于白舍白瓷器的这段记载，说明的并不是南丰窑的兴盛，而恰恰是南丰窑的衰落。‘苦窳’是粗劣的意思，“不足应四方之求”是指这种粗劣的白舍白瓷器不足以适应满足四方之需求，而不是说这种粗劣的白舍白瓷器已应付不了四方对它的越来越大的需求”。

下面来研究“曹文”的解说。

按照汉语修辞学，汉语中的任何一个词都不限定只有一种含义，而是在不同的语言环境中，具有不同的含义。例如，当前流行的“酷”，本义为“残酷”，其同义词是“残忍”，在一般情况下属于贬义词。但是，在特定的情况下，“酷”又属褒义词范畴，表示“非常时髦”“帅气十足”。因此，分析一个词的具体含义要十分重视当时的语言环境。

通观《元(南丰)州志》所载“白舍之白瓷器，瑶里圩之苎布，瞿村之白简纸，当时已称其苦窳稀薄，不足应四方之求”的全文，文中的“苦窳”，意谓“非常稀少”“十分难求”。《元（南丰）州志》所载这段话的意思是：元南丰州白舍窑烧造的白瓷器、瑶里圩出产的苎布和瞿村出产的白简纸这三大产品，由于受到全国欢迎而供不应求。

由此可见，“曹文”把《元（南丰）州志》文中的“苦窳”释为“粗劣”；把《元（南丰）州志》所载这段话释为：“粗劣的白舍白瓷器不足以适应、满足四方之需求”，完全背离了《元（南丰）州志》的本意。

笔者在《蒋祈（陶记〉著于元代辨》中曾经论证《陶记》所载“真定红瓷”，乃是《陶记》著于元代的一个鲜明的历史印痕。因为定窑古址所在的曲阳县涧滋村，在宋代隶属于定州路，所以宋代人把曲阳窑所产瓷器，称为“定窑瓷器”，而在元代曲阳窑一度隶属于真定路，所以元人蒋祈在《陶记》称曲阳窑所产红瓷为“真定红瓷”。“曹文”面对这样的史实做了下述辩解：“一是，蒋祈《陶记》中的‘浙之东西’‘江、湖、川、广’‘川、广、荆、湘’‘江、浙、福建’‘两淮’“‘江、广、闽、浙’等，这些地域的名称都是宋代行政区域的简称，而元代行政区域的名称与宋代是很不一样的”；二是，真定府在宋代及金代不是一般的州府，而是定州所在的河北西路的治所或首府，是定州的上级机关所在。“曹文”由上述两条理由推导出：在宋代，把曲阳窑所产红瓷叫作“真定红瓷”的可能性是存在的。

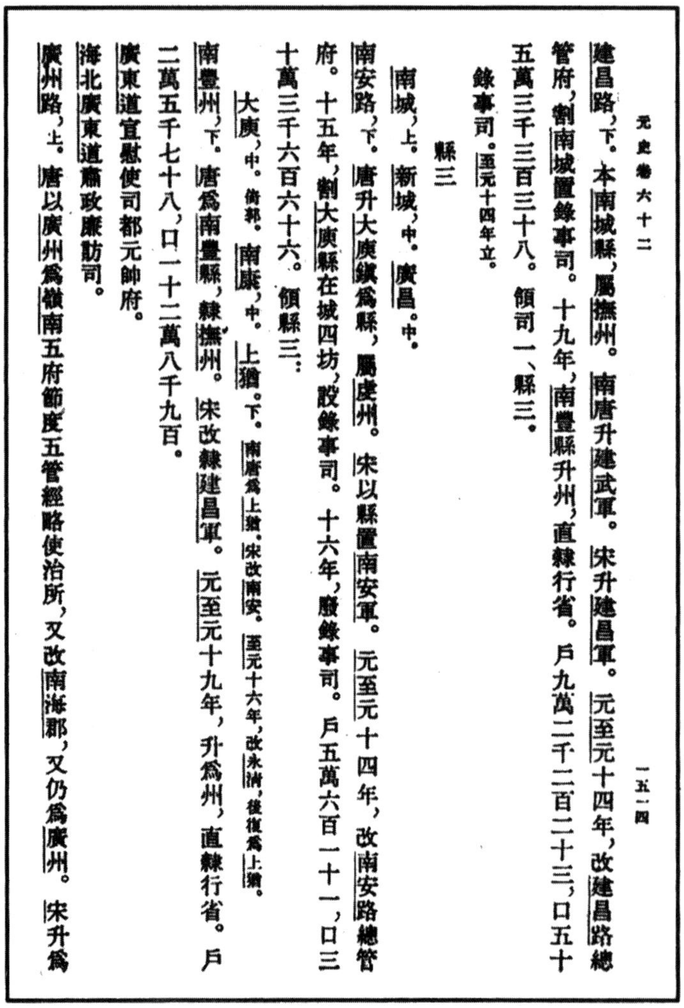
元史卷六十二　一五一四

建昌路，下。本南城縣，屬撫州。南唐升建武軍。宋升建昌軍。元至元十四年，改建昌路總管府，割南城置錄事司。十九年，南豐縣升州，直隸行省。戶九萬二千二百二十三，口五十五萬三千三百三十八。領司一、縣三。

錄事司。至元十四年立。

縣三

南城，上。新城，中。廣昌。中。

南安路，下。唐升大庾鎮為縣，屬虔州。宋以縣置南安軍。元至元十四年，改南安路總管府。十五年，割大庾縣在城四坊，設錄事司。十六年，廢錄事司。戶五萬六百一十一，口三十萬三千六百六十六。領縣三：

大庾，中。倚郭。南康，中。上猶。下。南唐為上猶。宋改南安。至元十六年，改永清，後復為上猶。

南豐州，下。唐為南豐縣，隸撫州。宋改隸建昌軍。元至元十九年，升為州，直隸行省。戶二萬五千七十八，口一十二萬八千九百。

廣東道宣慰使司都元帥府。

海北廣東道肅政廉訪司。

廣州路，上。唐以廣州為嶺南五府節度五管經略使治所，又改南海郡，又仍為廣州。宋升為

图 8《元史》卷六十二《地理志·五·南丰州》载：至元“十九年(1282)，南丰县升州，直隶（江西）行省”。

先来研究“曹文”所持的第一条理由，即“曹文”所说：蒋祈《陶记》中的“浙之东西”“江、湖、川、广”“川、广、荆、湘”“江、浙、福建”“两准”“‘江、广、闽、浙’”等，都是宋代特有的行政区域的简称。

首先，《陶记》所涉及的地域简称，在元代史籍中屡见不鲜。例如，《元史》卷九《本纪·世祖六》载：至元十三年十二月庚寅，元世祖“仍谕江之东西、浙之东西、淮之东西官吏等检核新旧钱谷”。文中所载地域之名“江之东西”“浙之东西”“淮之东西”与《陶记》所载地域简称合拍。又如《元史》卷九《本纪·世祖六》又载：至元十六年三月乙丑，元世祖“给西川、福建、两广之任官驿马”；“至元二十五年正月，癸丑，江淮行省言。两淮土旷民寡，兼并之家皆不输税”。文中所载地域之名“（西）川”“福建”“两广”“两淮”，也与《陶记》所载地域简称合拍。再如，《元典章·吏部》卷之三《官制》载：“迁转闽、广官员：至元二十八年九月二十七日，江西行省准中书咨，该奏准迁调福建行省官员咨请与都省差去官，照依下项事理定夺……”文中所载地域之名“闽”“广”“福建”均与《陶记》所载地域简称相同。

其次，《陶记》所载地域简称，其中有的具有较为浓郁的元代特征。例如《元史》卷二十二《本纪·武宗一》载：”大德十一年八月甲午，……浙东、浙西、湖北、江东郡县饥，（武宗）遣官赈之。”文中“浙东”“浙西”，即指元代“江浙行省”所辖的“浙东道”地区和“浙西道”地区，与《陶记》中的地域简称——“浙之东西”，即浙东和浙西吻合。但是宋代的两浙路”及其所辖“两浙东路”和“两浙西路”，在宋代往往简称为“两浙”。例如，《宋史》卷一百七十五《食货志·方田》：“熙宁七年，两浙察访司沈括言……”；同书又载：“绍圣元年，两浙丝蚕薄收。”文中的“两浙”，意谓宋代的两浙路，即宋代的“两浙东路”和“两浙西路”。

凡此种种表明，“曹文”所持“《陶记》所涉及的地名简称，都为宋代所特有”的立论，与史实不合。

现在来分析“曹文”所持《陶记》“真定红瓷”为宋代印痕的第二条理由，即所谓“真定府在宋代及金代不是一般的州府，而是定州所在的河北西路的治所或首府，是定州的上级机关所在”。

首先，“曹文”提出的“真定府在宋代是定州所在的河北西路的治所或首府”之说，与史实不合。因为宋代中央政府于庆历八年在河北西路设置了两个安抚使，即真定府安抚使和定州路安抚使。真定府安抚使“统真定府、磁、相、邢、赵、洺六州”；“定州路安抚使，统定、保、深、祈信、安肃、顺安、永宁八州”[7]。因此，“曹文”把真定府说成是“定州所在的河北西路的治所或首府”，显然是违反历史地理常识的误判。宋代曲阳县窑场在定州路境内，而不为真定府所辖，所以“曹文”援引《宋史》《地理志·河北西路》，对其立论没有任何帮助。

其次，金代时的曲阳县窑场与宋代时一样，不为真定府所辖，而在中山府境内，因此，“曹文”援引《金史》《地理志·河北西路》，对其立论也没有任何帮助。

必须指出的是，“曹文”一方面坦承“定窑所在的曲阳县在北宋及金代从未直属过真定府”；但是，另一方面又以种种违反历史常识的“理由”把《陶记》中“真定红瓷”曲解成宋代的时代烙印，“曹文”的这种文风实在不可取。

## 六

在结束本文之前，不得不指出“曹文”所存在的文风问题。他在讨论《陶记》“临川、建阳、南丰他产有所夺”的时代印痕时，对于他的立论稍微有点帮助的古窑址调查的报导材料，就赞誉为是“根据出土遗物的分析对比，参照各地墓葬、瓷窑资料以及有关文献记载”得出的结论，并说这种结论“比仅仅基于文献上的传说得出的结论，更具有说服力”。对其立论不利的古窑址调查材料，就进行指责。例如，他批评花兴如先生对南丰白舍瓷窑址和窑体堆积的调查中谈到“晚期的白舍窑晚到元代”，是根据《元州志》的记载和蒋祈《陶记》，是一种“循环论证”。又如，他认为叶文程先生“关于建窑黑釉器仍繁盛于元初”的论断，是根据《景德镇陶录》“建窑入元犹盛”的记载。尤其令人惊讶的是他对陈柏泉先生调查临川白浒窑的同一材料，采取两种绝然不同的态度。由于陈柏泉先生调查材料中所说的“在白浒窑遗址上只发现有唐代和宋代的遗物”，对他的立论有所帮助，就大加赞扬，说什么“关于临川窑，现在大都还是根据陈柏泉 1959、1960 年对临川白浒窑的调查来了解的”，但是当陈柏泉先生调查临川窑的同一材料中有：“临川白浒窑的宋代瓷碗为青绿釉和豆青色釉”，未提到青白釉，而影响了他的所谓“种间竞争”和“种内竞争”的立论时，又认为陈柏泉先生的古窑址调查“很粗略”。

“曹文”对待古籍文献资料也是这样。如前所述，他认为花兴如先生和叶文程先生在研究古窑址资料时，援引了清代《景德镇陶录》中的史料，是陷入了循环论；但是他自己却仅仅依据《景德镇陶录》中的一条史料，而且对其内在含义还没有弄清楚的情况下，就对元代税制贸然下断语，实在是过于简单和草率。

至于他推崇的用“种内竞争”和“种间竞争”来诠释《陶记》“临川、建阳、南丰他产有所夺”的失足之处，无需笔者再去花费笔墨，因为他自己已经否定了自己。下面所引就是“曹文”否定自己的“种内竞争”和“种间竞争”立论的话语：“仅仅用‘种内竞争’和‘种间竞争”来解释，是不够的，……还必须注意到当时以青白瓷见长和为大宗产品的景德镇窑在国内的主要市场是‘江、湖、川、广’，这一点在《陶记》中说得很清楚，由于‘江、湖、川、广器尚青白’”，因此“能够成为景德镇窑市场劲敌的只能是那些也能够生产较高质量青白瓷的，并距‘江、湖、川、广’市场较近的瓷窑了”。他究竟要把读者引导到哪里去，似乎他自己也难以回答。

上述分析表明，“曹文”提出的《陶记》著于南宋的立论，完全不能成立。

综观《陶记》全文，著于元代的历史印痕，到处可见。

（原载《景德镇陶瓷》1993 年第 3 卷，第 4 期。2007 年 2 月修订）

---

**[注释]**

[1]《元史》卷九十三《食货志十二》。

[2]《元史》卷二十三《本纪·武宗二》。

[3]《元史》卷九十七《食货志五·钞法》。

[4]赵翼《二十二史劄记》，上海文盛书局，清光绪二十七年，1901 年。

[5]《元史》卷六十二《地理志五·饶州路》。

[6]《元史）卷六十二《地理志五·南丰州》。

[7]《宋史》卷八十六《地理志·河北西路》。

# 关于《陶记》中瓷器销售市场、杂税条目及“州家”“磨勘”“泉””缗”的辨析

——答杨长锡同志

熊寥

**内容提要**

“杨文”所持《陶记》南宋说，毫无新意，不过是把被笔者揭示出完全错误的论点、论据，重又翻检出来再行复述而已。本文在分析“杨文”立论失误的基础上，又以新的史实再次揭示出《陶记》著于元代的历史印痕。

杨长锡同志所撰《蒋祈〈陶记〉著作时代考辨》（以下简称“杨文”，刊于《陶瓷研究》，1997年6月）一文，其立论框架如下：通过对《陶记》所载景德镇瓷器销售“市场”“杂税”“州家”“磨勘”“泉”“缗”的释义，得出《陶记》著于南宋的结论。笔者认为，杨长锡同志的立论欠妥，特撰文剖析。

## 一、《陶记》所载市场及及“两淮”“广”“浙”

“杨文”从景德镇瓷器销售市场角度，力挺蒋祈《陶记》著于南宋说。其理由有如下四条：

一、“元以后景德镇瓷器遍销全国”，只有南宋景德镇瓷器的销售市场才“局限于‘浙之东西，江、湖、川、广、福建和两淮’这半壁江山之内”；

二、《陶记》中“两淮”具有南宋地名的特点；

三、《陶记》中的“江”和“广”隐含了南宋地名的特点；

四、《陶记》中的“‘浙之东西’，具有较为明显的南宋时代特征”。

先来研究“杨文”的第一条论据。“杨文”所说“元以后”给人两种含义的理解：一是“元以后”不含元代，是限指“明代”和“清代”；二是“元以后”包含元代，意指元代和元代以后的明代、清代等。综观“杨文”，显然在杨长锡同志心目中的“元以后”意指第二种含义，即指元代和后来的明代、清代。

“杨文”提出元代“景德镇瓷器遍销全国”的立论，却没有引证任何一条“见于记载”的文献来佐证他的这种说法。似乎这不是“杨文”的一时疏忽，而是“杨文”根本拿不出来。“杨文”还提出北宋景德镇瓷器“不但进御汴京（今河南开封）皇宫，也大量销往淮河以北的中州大地寻常百姓家”之论，“杨文”不仅不提出具体例证来说明，而是以所谓“这些都是史学界众所周知的事实”来一笔带过；更有甚者，把他个人臆测的所谓“元代景德镇瓷器遍销全国”之论，说成是“家喻户晓”

之事。

关于景德镇瓷器作为商品在国内市场流通的记载，最早的文献是汪肩吾写的《昌江风土记》。他说：“其货之大者，摘叶为茗，伐楮为纸，坯土为器，自行就荆、湘、吴、越间，为国家利。其余纺丝布帛负贩往来，盖其小者耳。”[1] 据康熙版《浮梁县志》卷七《隐逸传》载，汪肩吾是生活在宋代而隐居浮梁的贤士，并且他所著的《昌江风土记》被排在南宋遗存文献之列。同治《饶州府志》的历代隐逸贤士传，又把他排在宋代的最末位[2]。由此看来，汪肩吾无疑是南宋人，他所记述景德镇瓷器行销情况，当然是指南宋。按照汪肩吾的说法，景德镇在南宋时，瓷器贸易被排在茶叶、纸之后，其内销市场仅限于荆、湘、吴、越间。

景德镇瓷器的内销，在明代有很大的发展。明代嘉靖年间，江西布政使王宗沐对此有具体记载：“自燕云而北，南交趾，东际海，西被蜀，无所不至，皆取景德镇。”[3] 明末崇祯年间，江西分宜教谕宋应星《天工开物·陶埏》对此也做了类似的记载：“若夫中华四裔，驰名猎取者，皆饶郡浮梁景德镇所产也。”这就是说，到了明代，景德镇瓷器的内销市场已遍及全国。

现在我们再来看《陶记》所述的内销市场：“浙之东、西，器尚黄黑，出于湖田之窑者也；江、湖、川、广，器尚青白，出于镇之窑者；碗之类，鱼水、高足……此川、广、荆湘之利；盘之属……江、浙、福建之所利；两淮所宜，大率皆江、广、闽、浙澄泽之余。”十分明显，蒋祈《陶记》所述内销市场的范畴，超越了南宋的“荆、湘、吴、越”，而达到了“川、淮、闽、广”，但较明代的‘北燕云，南交趾’又大有逊色。这就说明《陶记》是著述于宋、明之间的元代。

“杨文”所持《陶记》所记景德镇瓷器销售市场局限于南宋半壁江山之论，乃是刘新园同志于1981年发表的《蒋祈〈陶记〉著作时代考辨》[4]（以下简称《考辨》）文中所持《陶记》著于南宋之“论据”的翻版。用《考辨》话说就是：“《陶记》所述内销市场，‘从范围上看，仅只有江、湖、川、广、两浙、福建、两淮的南方数省，不越江淮以北。这个圈子显然是绍兴议和以后的南宋王朝的半壁山河。那么文中所述就必然是镇瓷在这一特定时期的内销范围了’。”

对于《考辨》所持的这个立论的失实之处，笔者已在1983年发表的拙作《蒋祈〈陶记〉著于元代》[5]中做了分析。为读者检索方便，现引述如下：“这个立论表面看来，似乎有力，但细加分析，却纯系臆断！因为《考辨》作者在这里明显地犯了一个常识性的错误；他竟然把‘两淮’所指地域，理解为‘不越江淮以北’！众所周知，淮河发源于河南、湖北两省交界的桐柏山，由西向东，流经河南、安徽、江苏三省，注入洪泽湖。从地理学的角度讲，‘两淮’是指淮河南北流域所经地区。从中国历史政区演变这个角度讲，在宋代则是指淮南东路和淮南西路。据《宋史·地理志》记载，宋代设置的淮南东路的辖境，北逾淮河、包有今江苏北部、安徽淮北各一部分和河南永城、鹿邑等县。因此，无论是从自然地理学的角度，还是从中国历史政区这个角度来讲，《陶记》所述内销市场之一的“两淮”，都突破了南宋东部所辖疆界。如果像《考辨》所说，《陶记》所述内销市场是指南宋期间的事情，那么岂不要出现这样一种无法解释的奇怪现象：景德镇当地瓷器商贩（即《陶记》说的“土人货之者”），在金与南宋的军事对峙中不仅能自由出入国境，而且还能随意地到金国控制的淮北地区去做瓷器生意吗！再说，瓷器市场的伸展，首要的作用是瓷窑本身所具备的生产条件，否则，北宋时，是南北一统的形势，为什么看不到景瓷大量北销的文献记载呢！

下面再来研究“杨文”力挺蒋祈《陶记》著于南宋说的第二条理由，即“杨文”所谓“《陶记》

中‘两淮’也具有的南宋地名的特点”，查其依据是：“宋代有淮南东西二路，宋代史籍多合称‘两淮’，与《陶记》所述相同；而元代其地属河南江北等处行中书省（简称‘河南行省’）的一部分。‘两淮’地多称‘江北’，亦有称‘淮南’的，元后无‘两淮’之称。”首先，“杨文”提出“元代”‘两淮’日地多称江北亦有称‘淮南’的元后无‘两淮’之称”的说法与史实不合。

元代“两淮”——“淮西江北道肃政廉访司”（简称“淮西道”或“淮西”）和“江北淮东道肃政廉访司”（简称“淮东道”或“淮东”）——隶属于元“河南江北等处行中书省”。按照《元史》记载，蒙古皇帝多次在诏书中提及“两淮”。例如《元史·本纪》第十三载，至元二十二年（1285）九月乙亥，元世祖忽必烈敕诏：“听民自实，两淮荒地免税三年”；又如《元史·本纪》第二十六载：元仁宗延祐四年（1317）十月乙酉，元中央政府“给两淮屯田总管府职田”；再如，《元史·本纪》第二十七载：元英宗延祐七年（1320）四月己巳元中央政府“增两淮、荆湖、江南东西道田赋，斗加二升”。

其次，按照《宋史·地理志》的记载，南宋时的淮南东、西二路，战事几乎不息，其中不少地区处于宋、金之间拉锯战的胶着状态。例如南宋时的淮南东路所辖楚州境内的山阳县和盐城县，于“建炎间没于金，绍兴元年复”；南宋时的淮南东路所辖的泰州，“建炎三年入于金，寻复”；南宋时的淮南东路所辖的泗州，“绍兴十二年入金，后复”，泗州辖县淮平，“绍兴二十一年地入金”；南宋时的淮南东路所辖的真州“建炎三年入于金，寻复”；南宋时的淮南东路所辖的通州，“建炎四年入于金，寻复”；南宋时的淮南东路所辖的招信军（本泗州盱眙县）“宝庆三年入于金，绍定四年复”；南宋时的淮南东路所辖的海州，“建炎间没于金，绍兴七年复。隆兴初，割以界金，隶山东路。嘉定二十一年复。宝庆末李全废之。绍定四年，全死，又复。淳祐十二年，全子壇又据之，治朐山。景定二年，壇降，置西海州”。南宋时的淮南西路也与淮南东路的情况相似，例如南宋淮南西路所辖的蕲州，“建炎初为盗所据，绍兴五年收复”。南宋淮南西路所辖的光州，“嘉熙元年兵乱”；南宋淮南西路所辖的无为军，“建炎二年入于金，寻复”。

正因为南宋时期的“两淮”地区，处于金与南宋拉锯战的残酷恶劣状态下，致使“两淮”农田荒芜，百姓疲于奔命。对此史籍多有记载，例如，《宋会要辑稿·食货》二之一四载，南宋绍兴五年二月，邵彪言：“淮南户逃窜，良田沃土悉为茂草”；又如《建炎以来系年要录》卷八十七，记绍兴五年三月邵楠言：“濒淮之地，久经兵火，官私废田，一目千里”；再如《续资治通鉴》卷一百五十八载，南宋宁宗嘉定元年五月，金右司郎中王维翰曰：“两淮兵后，千里萧条”。在这种历史背景下，景德镇窑场怎么会把它作为自己的瓷器销售市场呢?

既然由于战事，南宋时的“两淮”不能成为景德镇瓷器的一个内销市场，那么《陶记》所记景德镇瓷器内销市场之一的“两淮”，不仅未能支撑“杨文”所持《陶记》著于南宋说，相反地又一次成为《陶记》著于元代的一个鲜明的历史烙印。

现在再来研究“杨文”力挺蒋祈《陶记》著于南宋说的第三条理由，即“杨文”所谓：《陶记》中的“江”和“广”“隐含了南宋地名的特点”。其所罗列的理由有二：一、“宋代‘江、广’都是包含两路的大方域复合政区名简称，而元代有江西、江浙两个首字的‘江’的行省，无疑有指代不明、含混不清的后果”；二、“《陶记》三次提到‘广’，说明其地必然是当时景德镇瓷器的重要市场，必然是个大方域，但是，宋代经济相对繁荣的‘广南东路’元时已并入江西行省；元代后期从湖广行省分置的‘广西行省’只是西南一隅，且为人烟稀少、经济落后的蛮荒之地，不可能是景德镇瓷器的重要销售市场，因此《陶记》中的‘广’必指宋广南东西二路”。

笔者认为，“杨文”此说不妥。

首先，由于南宋时有“江南东西”两路，元代则有“江西等处行中书省”，因而，记中的“江”可宋可元，时代特征并不明显。

同样，由于南宋时有“广南东路”和“广南西路”，元代则有“岭南西道肃政廉访司”（简称“广西道”和“广西”）和“海北广东道肃政廉访司”（简称“广东道”和“广东”），因而，《陶记》中的“广”，可宋可元，时代特征也并不鲜明。

其次，“杨文”以“《陶记》三次提到‘广’”；元代的“广西”，“只是西南隅，且为人烟稀少、经济落后的蛮荒之地，不可能是景德镇瓷器的重要销售市场”为由，认定“《陶记》中的‘广’必指宋广南东西二路”的结论是站不住脚的。这是因为，在宋、元两代，“广西”地区所处的地理位置——即“杨文”所谓地处中国“西南一隅”的“广西”——并未由于朝代的变更而发生变化；而“杨文”没有（也不可能）提供可以证明元代时的“广西”地区“经济落后”；宋代时的“广西”地区“经济繁荣”的历史证据。而且，南宋时的“广西”地区经济状况并不是如“杨文”所想象的那样处于“繁荣”状态，对此，《宋史》卷一百八十三《食货志下五・盐下》有明确的记载：“南渡……广西地广莫而凋瘁，食盐有限，商贾难行”；“广南去中州绝远，土旷民贫，赋入不给”。再说，从人口变化状况角度来考察，元代时的“广西”地区倒要比宋代繁荣得多。对此，《宋史》卷九十《地理志六・广南西路》有明确的记载：宋代时“广西”所辖“静江府”，“元丰户：四万六千三百四十三”（其人口数字，该书未载）。而到元代时，其地改名为“静江路”，其户为二十一万八百五十二（人口有一百三十五万二千六百七十人）[6]。也就是说，该地元代时的住户，要比宋代扩增了五倍。又如，宋代元丰年间时的柳州，“户为八千七百三十”[7]，到了元代，其地住户有一万九千一百四十三[8]，即元代时的“柳州”的住户比宋代增加一倍多。

上述资料表明，“杨文”从地处“西南一隅”的“广西”地区的人口和经济状况，来推断《陶记》的著作时代，不仅无益于其立论，相反，又一次从一个侧面证实《陶记》必定著于元代。

另外必须指出的是，元代并不存在“广西行省”的建置，“杨文”把元代的“广西道”，说成为“广西行省”是不符合历史实际的。

现在来探讨“杨文”力挺蒋祈《陶记》著于南宋说的第四条理由。

先来研究“杨文”提出的“《陶记》中的‘浙’”，是指“包含两路的大方域”，“‘浙之东西’与宋代‘浙江东路、浙江西路’吻合”的说法是否能站得住。

首先，“杨文”把《陶记》中的“浙”，说成“包含两路的大方域复合政区名简称”，不妥。这是因为，《陶记》中“浙”，已由《陶记》自身做了界定；“浙”为“浙之东西”。用《陶记》的原话说：就是“浙之东西，器尚黄黑”。

其次，“杨文”所持《陶记》中的“‘浙之东西’与宋代‘浙江东路、浙江西路’吻合”的说法，也不妥。

宋代只设有“两浙路”及其所辖“两浙东路”和“两浙西路”，而无“浙江东路”和“浙江西路”的称名。对此《宋史・地理志》有明确记载：“两浙路，（北宋）熙宁七年分为两路，寻合为一，九年复分，七年复合。府二：平江、镇江。州十二：杭、越、湖、婺、明、常、温、台、处、衢、严、秀。南渡后复分临安、平江、镇江、嘉兴四府，安吉、常、严三州，江阴一军为西路，史称两浙西路；绍兴、庆元、瑞安三府，婺、台、衢、处四州为东路，史称两浙东路。”

这就是说，在整个宋代（包括北宋和南宋）只存在“两浙路”及其所辖“两浙东路”和“两浙西路”称名。“杨文”所讲的‘浙江东路、浙江西路’，在整个宋代没有这种称名的行政政区建制。既然整个宋代不存在“浙江东路、浙江西路”的称名政区，那么“杨文”所持《陶记》中“‘浙之东西’与宋代‘浙江东路’‘浙江西路’吻合”之说就无法成立了。

“杨文”把《陶记》所载“浙之东西”理解成南宋时的“两浙路”，不符合南宋人对南宋时的“两浙路”的称名习惯，因为南宋人称谓南宋时的“两浙路”，多直呼“两浙”。例如，绍兴二年（1132），南宋高宗“诏两浙路收买牛具，贷淮东人户”[9]，文中的“两浙”即指南宋时的两浙路。又如，开禧二年（1206）南宋宁宗“诏两浙州县已开围田，许原主复围”[10]；文中的“两浙”也是指南宋时的两浙路；再如，“乾道四年（1168），减两浙、江东西路……夏税和买折帛钱之半”[11]，文中的“两浙”同样是指南宋时的两浙路。

再其次，“杨文”所持“浙之东西”在元代“其地属江浙行省，无‘浙之东西’称名”，同样违反历史真实。

按照《元史・地理志》记载，元代把全国分为12个行政政区，其中“中书省”1个；“行中书省”11个。辖区范围较大的“行中书省”，增设“道”级行政政区。例如湖广等处行中书省（简称“湖广行省”）下设四个“道”级行政政区；江南湖北道肃政廉访司（简称“湖北道”或“湖北”）、岭北湖南道肃政廉访司（简称“湖南道”或“湖南”）、岭南广西道肃政廉访司（简称“广西道”或“广西”）和海北海南道肃政廉访司（简称“海南道”或“海南”）。

“道”级行政机构——“道肃政廉访司”下辖“路”级行政政区。例如江浙等处行中书省（简称“江浙行省”）下辖的“道”级行政机构——“江南浙西道肃政廉访司”（简称“浙西道”）辖杭州路、湖州路、嘉兴路、平江路、建德路；“浙东海右道肃政廉访司”（简称“浙东道”，或“浙东”），辖婺州路、绍兴路、处州路、温州路、台州路。

《陶记》所载“浙之东西”即指元代“江浙行省”所辖的“浙西道”（简称“浙西”）和“浙东道”（简称“浙东”）所辖地域。

《陶记》把元代“江浙行省”所辖的“浙东道”和“浙西道”地区，简称为“浙之东西”，符合元人称呼当时地名的习惯，例如，《元史》载：至元十三年（1276）十二月庚寅“诏谕浙东西、江西东、淮东西、湖南北府州县官吏军民……”[12]。文中的“浙东西”，与《陶记》所载“浙之东西”一样，均指代“江浙行省”所辖的“浙东道”和“浙西道”地区。又如，《元史・食货志》第四十五载：“及汝、颖倡乱，湖广、江右相继陷没，而方国珍、张士诚窃据浙东西之地，虽縻以好爵，资为藩屏”、文中的“浙东西之地”，与《陶记》所载“浙之东西”一样，亦指代“江浙行省”所辖的“浙东道”和“浙西道”地区。再如，《元史・本纪》第九载：至元十二年（1275）十二月辛巳，元世祖“谕江之东西、浙之东西……官吏等检核新旧钱谷”，文中的“浙之东西”，即与《陶记》所载“浙之东西”一样，都是指代当时的“浙东道”和“浙西道”（简称“浙东西”）。

由此可见，《陶记》谈及当时景德镇瓷器内销市场之一的“浙之东西”，闪烁着《陶记》著于元代较为明显的历史烙印。

通过以上考证可以发现，从《陶记》所述内销市场的角度来考察，又一次充分显示《陶记》必定著于元代。

## 二、《陶记》所载“川”

“杨文”说：“《陶记》两次提到‘川’，字里行间丝毫没有外敌将至的气氛，但是蒙古兵还没有进攻和攻占四川”，由此，“杨文”还把《陶记》的著作时代的下限定在“南宋宝祐（“杨文”把南宋理宗纪年“宝祐”误刊为“宝裕”）二年”（1254）。笔者认为，此论不妥。

《陶记》中的“川”，即“四川”。据《宋史·地理志》记载，“川”在宋代，其地域分别隶属于“成都府路”“潼川府路””利州路”和“夔州路”。按照《元史·地理志》记载，“川”在元代为“四川等处行中书省”的简称，其辖有“西蜀四川道（肃政）廉访司”“四川南道宣慰司”和“叙南等处蛮夷宣慰司”地域。

从蒙古与南宋军事对抗时，“蒙古兵攻占四川”的时间这一角度来考察，无法得出“杨文”所持《陶记》的著作时代的下限应在南宋“宝祐二年”（1254）的结论。

按照史籍记载，蒙古汗国铁木真于太祖五年（南宋纪年为宋宁宗嘉定三年，公元1210）与金绝交，翌年二月起兵伐金，一路势如破竹。蒙古汗国窝阔台于太宗六年（南宋纪年为宋理宗端平元年，公元1234）正月灭金。翌年（南宋纪年为宋理宗端平二年，公元1235）九月，窝阔台举兵伐宋，蒙古汗国太宗八年（南宋纪年为宋理宗端平三年，公元1236）七月窝阔台部将阔端率汪世显入蜀，取宋关外数州，斩蜀将曹友闻。蒙古汗国太宗八年十月，阔端入成都，窝阔台诏谕秦、巩等二十余州皆降。蒙古汗国太宗十三年（南宋纪年为宋理宗淳祐一年，公元1241）七月，蒙古军队自河口渡淮，攻宋辖扬州、滁州。蒙古乃马真后四年（南宋纪年为宋理宗淳祐五年，公元1245）秋，乃马真后命蒙古骑军都元帅察罕等率骑三万掠南宋淮南西路，攻寿州，拔之。遂攻泗州、盱眙及扬州[13]。

在蒙古与南宋政权处于这样生死存亡的恶战状态下，生活在“川”地（其地域在宋代分别隶属于“成都府路”“潼川府路”“利州路”和“夔州路”）的民众挣扎在死亡线上，贩卖景德镇瓷器的商人怎么还会把它作为自己的内销市场呢？这就表明，“杨文”把《陶记》记载当时景德镇瓷器内销市场之一的“川”视为《陶记》著作时代的下限应在南宋“宝祐二年”的依据，实属违背史实之论。恰好相反，正是在这种历史背景下，《陶记》所载景德镇瓷器内销市场之一的“川”，成为《陶记》著于元代的一个十分鲜明的历史烙印。

## 三、《陶记》所载杂税

“杨文”从《陶记》所载杂税角度，力挺蒋祈《陶记》著于南宋的理由是：《陶记》所载杂税名目大都是宋代特有或沿袭前朝的；《陶记》所载杂税名目，元代是否沿袭或部分沿袭？由于“杨文”作者“未能遍查《元史》，不能下绝然定论”。

为了有助于揭示“杨文”立论的失误，先来回顾一下，20世纪80年代笔者与刘新园同志在讨论《陶记》断代问题时，所涉及关于《陶记》所载杂税课目问题时双方的观点。

在对待《陶记》所载“宪之头子”“泉之率分”“统制之供给”“经总之移用”“州之月桩”以及“圣节”等杂税课目的时代属性问题上，笔者所持《陶记》著于元代与刘新园同志所持《陶记》著于宋代两说之间均无异议，两者都认为《陶记》所载的各种杂税，都属南宋税制中的课目。

又按史籍记载，元世祖在统一中国的前夕，一度下令废除南宋税制，即《元史》卷九《世祖纪六》所载：至元十三年（1276）十二月庚寅，“诏谕浙东西、江西东、淮东西、湖南北府州县官吏军民：‘凡故宋繁冗科差、圣节、上供、经总制钱等百有余件，悉除免之’”。

但是十五年后，当全国政局稳定之后，元世祖又下令全面恢复南宋时的税制，对此，《元史》卷十六《世祖纪十三》有明确记载：“至元二十八年（1291）十二月壬申，中书省臣言：‘江南在宋时，差徭为名七十有余，归附后一切未征。今分隶诸王城邑岁赐之物仰给京师。又中外官吏俸少，似宜量添，可令江南依宋时诸名征赋尽输之。’何荣祖言：‘宜召各省任钱谷者，诣京师集议科取之法以闻之。’从之。”

对于元代全面恢复南宋税制一事，由于《元史》记载十分详明，因而在研究《陶记》断代问题上，笔者所持《陶记》著于元代与刘新园同志所持《陶记》著于南宋两说之间，也均无异议。例如笔者在谈到此事说：“元世祖忽必烈于至元二十八年下令，在江南地区全面恢复南宋时的赋税。《陶记》中所出现的南宋赋税课目，就是元代‘依江南宋时诸名征赋尽输之’的具体反映。”[14] 刘新园同志在《考辨》中谈到此事时，也做了类似的表述：“可以肯定，前面（指《陶记》所载和其文所考证过的）所述的税目，即使在元代（也）曾沿用过。”[15]

也就是说，早在 1981 年和 1983 年，笔者与刘新园同志围绕《陶记》的著作时代的断代问题，就分别对《陶记》所载赋税课目的时代属性，做过较为详细的考证，双方都认同《陶记》所载赋税课目属南宋税制，并在元代一度恢复征收。

再看“杨文”对《陶记》所载赋税课目的“考证”，多属望文生义、牵强附会之谈。例如，“杨文”在谈到《陶记》所载“圣节”时这样写道：“《陶记》将‘圣节’列为其他地方开支，其实也是一项杂税。唐代中期为庆贺皇帝、皇后生日而设立了‘圣节上供’税名，宋代沿袭此制。”“杨文”说的这段话存在三个误区。

首先，“杨文”提出：“《陶记》将‘圣节’列为其他地方开支，其实也是一项杂税”一事、属于多此一举。因为《陶记》本身认为“圣节”就是一项杂税，只不过是把它列为第二类而已。《陶记》谈到当时浮梁州所承担的税额时分两大类，一是“宪之头子、泉之率分、统制之供给、经总之移用、州之月桩、支使、醋息；镇之吏俸、孤遗、作匠，总费月钱几三千余缗；二是春秋军旅、圣节、郊祀赏赉、试闱结葺，犹不与此，通融计之，月需百十五缗”。其中“圣节”税是划在第二类。两项税额合计，浮梁州每月需承担税额三千一百十五余缗。

其次，《陶记》记载当时税目，只谈到“圣节”，未提及“上供”，然而“杨文”却把《陶记》所载“圣节”变成了“圣节上供”税。“杨文”这种轻率做法，既违反《陶记》本意，又与历史史实相悖。因为在宋代税制中，“圣节”与“上供”是两种不同的税目，对此宋代史籍有明确记载。例如南宋洪迈（绍兴十五年进士、孝宗时官端明殿学士）作于乾道二年的《减贡金札子》内谈及当时的“圣节”税时写道：“绍兴间来，每年遇‘圣节’，饶州有贡金一千两。”《宋史·本纪》第二十五则记载了当时的“上供”税：建炎三年八月己亥，减福建、广南岁‘上供’银三分之一。”

再其次，“杨文”提出“唐代中期为庆贺皇帝、皇后生日而设立了‘圣节上供’税名”之说，未见有任何史料证据支持。

其实，唐代肇始的是“圣节”，而根本不是什么唐代开始设立“圣节上供税”。对此，清代著名学者顾炎武《日知录》第十四“圣节”条记载颇详：“玄宗开元十七年（729）八月五日癸亥，上以降诞日，宴百僚于花萼楼下。百僚表请：‘以每年八月五日为千秋节。王公以下献镜及承露囊，天下诸州成令宴乐，休假三日，仍编为令’。从之”。

“杨文”把《陶记》所载“泉之率分”释为“官府或云泉司将铸钱的‘率用本钱’与所铜钱之间的差价作为一项杂税”，也属望文生义之说。因为《宋史》卷一百八十《食货志下二·钱币》，对当时的“率分钱”已有明确释义：“景德四年，诏曰：鼓铸钱刀，素有程限，悯其劳苦，特示矜宽。自今五月一日至八月一日止收半功，本司每岁量支率分钱以备医药。”宋·王彦辅《麈史》卷下也载：“熙宁初，予官陕郊时，初复十铸钱监，兵闻锡气久而病瘠，以至不能起。惟以蒸豚啖之，可以销释。所支率分钱内充实均给。”

“杨文”为了维护自己的立论，还往往回避对己不利的史料。例如《元史》本纪第十六《世祖十三》已经载明：元世祖忽必烈于至元二十八年下令，在江南地区全面恢复南宋时的赋税。但是“杨文”却说：《陶记》所载杂税“元代是否沿袭或部分沿袭？笔者未能遍查《元史》，不能下绝然定论。但是笔者已查到《元史·世祖纪六》中‘凡古宋繁冗科差、圣节上供、经总制钱等百余有种，悉免除之’的记载”。

“杨文”选择性地使用部分对己有利的史料《元史·世祖纪·六》，不去正视《元史》本纪第十六《世祖十三》所记载的元世祖于至元二十八年全面恢复南宋时税制的事实，如此立论不免失察太甚。

## 四、《陶记》所载“州家”

《陶记》所载“州家”乃指“浮梁州知州”，从而成为《陶记》著于元代的一个特别鲜明的历史印痕，因为景德镇所隶属的浮梁唯独在元代称“州”，而在其他时代均称“县”。对此，笔者已在《蒋祈〈陶记〉著于元代辨》和《宋元镇税制度与〈陶记〉的著作时代》两文中做了具体考证。

“杨文”对笔者围绕“州家”所做的考证未提出异议，而是从另外角度提出《陶记》中的“州家”应为南宋时的“饶州”。其立论框架如下：宋代“各官监场务和县镇官员都是由州考查的，而考查的主要内容，又是税课完成情况，税课完成情况又是由通判厅核算的，因此，景德镇的监镇税官必定到饶州通判厅去办‘挂欠之籍’”；元代镇税务提领“由路府管理，乃至直隶于行省”，“元代浮梁景德务的税务提领决不可能到浮梁州去办“挂欠之籍”，“杨文”由此得出结论：《陶记》“无不有州家挂欠之籍”句中的“州家”，是指南宋时的“饶州”。

先来研究一下《陶记》中的“州家”及其“挂欠之籍”的含义。《陶记》涉及“州家”时是这样写道：“夫何昔之课赋优裕，而今之事于此者常怀不足之虑也？兖之头子，泉之率分，统制之供给，经总之移用；州之月桩、支使、醋息；镇之吏俸、孤遗、作匠，总费月钱几三千余缗。予观数十年来官斯去者，无不有州家挂欠之籍，盖尝推求其故，则有由矣……”显然，《陶记》“无不有州家挂欠之籍”句中的“州家”，乃是指负责主管景德镇税收的官员。“无不有州家挂欠之籍”，意指由于当时国家下达的税额过重，“数十年来”主管景德镇税收的官员都无法完成税收的征缴任务，因而离任时在浮梁州留下了欠收数额的账单。

如果按照“杨文”的思维逻辑，把《陶记》中的“州家”释为“饶州”那就与《陶记》中的“州家”的含义发生冲突，因为“饶州”是个地名。也许“杨文”会辩解：“此处的‘饶州’，意指‘饶州知府’。”那就表明，“杨文”把当时主管景德镇税收的官员看作是“饶州知府”。“杨文”的这种见解，又与宋、元两代的税制体系发生冲突，因为宋代税额的分配和征收，都是以县为基本单位。对此，宋·胡太初《画簾绪论·尽己篇第一》有明确记载：“民户合管产业，籍之于县。县道合抱税额，籍之于州。州视额督趣县，视产起催，此常式也。”南宋《庆元条法事类》卷四七对此做了类似记载：“诸税租，县于起催前两月真书开具每户应纳数单子，折变者具折变实数送纳处所。令佐分定乡村案簿点对毕，付催税人，给散纳户。”同书又载：“诸县造税簿……县于起纳前百日前，限五日申州，州限十日转运司。本司类聚一路，限半月报尚书户部。”“在这种政治经济体制下，对景德镇税收承担直接责任者自然不是“饶州知府”，而是景德镇隶县——浮梁县令。

这里还有一个问题需要说明，按照《宋会要辑稿·方域十二之十七》记载，“江东东路饶州浮梁县景德镇，景德元年（1004）置”，又按照《宋史·职官志七·镇寨官》记载：县辖“人烟繁盛处”的镇，设“监镇”。

按照宋代的政治体制，镇的“监镇”权限小，实际上是隶属于县的一个办事机构，对此，《宋会要辑稿·职官》四十八之九十二做了明确记载：宋代立国之初，鉴于“五代以来，（监镇官）皆节帅自补亲随，与县令抗礼，公事专达于州，自建隆二年置县尉主乡盗贼，镇将所主只廓内而已，仍统于县”。北宋哲宗皇帝于元祐元年（1086），又下达诏书重申这一建制和法规。对此，《宋会要辑稿·职官》四十八之九十二也做了明确记载：“元祐元年二月二十一日诏：‘诸将兵在镇寨，非将官驻扎者，监镇寨主依知县法司管公事，著为法。’”因此，“监镇”虽然“兼征税榷酤”，但是仅限于“掌其出纳会计”，掌管税务的权责实际上在“县令”身上。宋代中央皇朝把“凡户口、赋役、钱谷、赈给之事”和“时造户版及催理二税”，作为检察县令政绩的一条重要标准[16]。

既然宋代明文绝对禁止“监镇与县令抗礼，公事专达于州”，而明确规定：“镇仍统于县”“监镇依知县法司管公事”，那就表明：宋代“镇”乃是隶隶属于县的一个职能部门。

由此可知“杨文”所持“在税收管理上，宋代景德镇监镇与其顶头上司——浮梁县知县平起平坐，由饶州府直管”乃是对相关历史知识的误判。

“杨文”之所以提出宋代“各官监场务和县镇官员都是由州考查的”的误判，又与他对所引史料做了错误理解有关。

“杨文”在引述《庆元条法事类》卷三十六所载“诸官监场务及县、镇、寨，应赴州送纳钱物，并州给印历，随钱物库务监官往来通签用（县、镇、寨远或钱物多处置二历互用），岁终缴赴州磨勘”这条史料后，接着写道：“文中‘岁终缴赴州磨勘’是个‘关键’，‘磨勘’就是‘考绩升迁’，用现代话说就是以税课完成情况来考查干部的政绩，决定干部的升职或降职，这个权利属于州衙门。”

“杨文”把这条史料中的“磨勘”释为“考绩升迁”，违背此则史料所载的本意。

在古代典籍中，“磨勘”有两种含义。第一种含义为“覆勾账籍”，即核查账目。据《宋史·职官志》第一百一十五记载：宋代设有“掌覆勾三部账籍，以验收入之数”的专门机构——“都磨勘司”。第二种含义为定期勘验官员政绩，以定升迁。

“杨文”所引这段史料中“磨勘”应为“核查账目”之意。因为这条史料强调的是规范“课利”的递解手续：上交“课利”的部门（即史料所说：“诸官监场务及县、镇、寨”）的库务监官要造具上交“课利”的清单并加盖自己单位的印历，接收部门（即史料所说的“州”）也要在清单上加盖印历（即史料所说的“应赴州送纳钱物，并州给印历随钱物库务监官往来通签用”）。年终时要把这些交接单据送到州府核查账目（即史料说的“岁终缴赴州磨勘”）。

“杨文”把上引史料中的“磨勘”释为“考级升迁”，不仅与这条史料的本义不符，而且还与宋代“考官”制度相悖。因为在宋代，考核“各官监场务和县镇官员”的权力，不在“州”府，而属吏部。对此，《宋史·职官志》第一百一十六有明确记载：“吏部掌文武官吏选试、拟注、资任、迁叙、荫补、考课之政令、封爵、策勋、赏罚、殿最之法。”吏部待郎左选“掌承直郎以下拟注、州府判司、诸县令佐监当及磨勘功过之事”。

“杨文”所说“考查的主要内容又是税课完成情况”，同样与宋代“磨勘”制度不合。按照《宋史·职官志》第一百一十六所记：吏部“考功郎中以七事考监司：一曰举官当否；二曰劝课农桑，增垦田畴；三曰户口增损；四曰兴利除害；五曰事失案察；六曰校正刑狱；七曰盗贼多募”。“以‘四善’‘三最’考守令（四善：德义有闻、清谨明著、公平可称、恪勤匪懈为善。三最：狱讼无冤、催科不扰为治事之最；农桑垦殖、水利兴修为劝课之最；屏除奸盗、人获安处、赈恤困穷、不致流徙为抚养之最）”。“计在官之日，满一岁为一考，三考为一任”。文中的“州府判司”，是指州府的首席长官——知府及其包括“通判”在内的“判司”；文中的“诸县令佐监”，是指县的首席长官——县令（又称知县）及其县令的辅佐官员——县丞、尉和监镇等。

这就是说，在宋代政治体制下，饶州府知府、通判和浮梁县知县、景德镇监镇的“考级升迁”，均由吏部管理，具体操作官员乃是吏部的“考功郎中”。“考功郎中”对“州府判司”和“诸县令佐监”的考查，并不是如“杨文”所想象的那样，仅仅考查“税课”，而是设有七条标准，税课仅为其中之一。而且就“税课”来说，也不是如“杨文”所说“以税课完成情况来考查干部的政绩，决定干部的升职或降职”，而是以“催科不扰为治事之最”作为考查“州府判司、诸县令佐监”的政绩的一条重要标准。

由此可见，“杨文”把《陶记》中的“州家”释为宋代“饶州”，乃是既违背历史知识又违背《陶记》本意的一种主观想象之论。

其实，《陶记》中的“州家”，不是指南宋“饶州府知府”，而是指元代“浮梁州知州”。因为在税务管理体制上，元承宋制，元代税课额的分配、征收和上缴，同宋代一样都是以县为基本单位。对此，《元典章》卷三“圣政”做了明确记载：“宣抚司款内一切科放差发文字，止依一次尽数科讫。府科于州[17]，州[18]科于县，县科于民，并同此例，分作三限送纳。”《元典章》卷三“圣政二”又强调：“诸科差税，皆司县正官监视，人吏置局，科推务要均平。”《元典章》卷二五“户部·差发”，对元代税制也做了类似记载：“中统五年五月中书省奏准宣抚司条款中云：‘今年照勘定合科差发总额，府科与州验民户多寡，土产难易，以十分为率，作大门推均科讫。”[19]这三条史料明确告诉我们，元朝的税课，中央每年一次性把征税指标下达给各个路府，各路府接到国家征税指标后，分派到辖县。各县依照国家下达的税额，再行分派到县属各个政区。税课的上缴则是各县汇集自己辖区的税粮钱物，再依限上解到隶府，各府汇集辖县的税课后，依限聚解到国家指定的地方。

在这种政治体制下，元代景德镇税收的责任是落在其隶州——浮梁州的首席长官知州（《陶记》把其简称为“州家”）身上。而元代景德镇税提领不过是其隶州——浮梁州知州手下一位办事官员。这从他的官名就可看出来：“浮梁州景德务。”

必须指出的是，“杨文”出于自己立论的需要，还常常对有关史料进行刻意的“处理”。例如，他只引《元典章·吏部三·内外税务窠阙》的篇目，而不引录原文，就做了这样的发挥：“元代江浙行省共辖三十路、一府、二州，下辖二十六州（县级州，浮梁州属此等）、一百四十三个县，共设四十处税务机构，分别管理上述路州府和州县的征榷任务。当时饶州路有三县、三州，而税务只有‘饶州路务’和‘浮梁景德务’两处。两处都是正八品，即年税额在一千锭之上的税务机构。饶州路务管理三县三州的税务、浮梁景德务管理浮梁州和景德镇的税务。这说明：元代税务是跨州县的官府结构，至少是由路府管理，乃至直隶于行省，因此，元代的浮梁景德务的税提领决不可能到浮梁州去办‘挂欠之籍’。”

史实上完全不是这回事。我们只要仔细研读一下《元典章·吏部三·内外税务窠阙》所载“江浙行省四十处”这条史料，就能发现：该史料只是记载了坐落在江浙行省境内四十处税务窠阙（实际上只记了十五处）的名称和行政级别，仅此而已，别无他哉?

“杨文”所说“元代江浙行省共辖三十路、一府、二州，岂有下辖二十六州（县级州，浮梁州属此等）、一百四十三个县，共设四十处税务机构，分别管理上述路州府和州县的征榷任务”的说法，

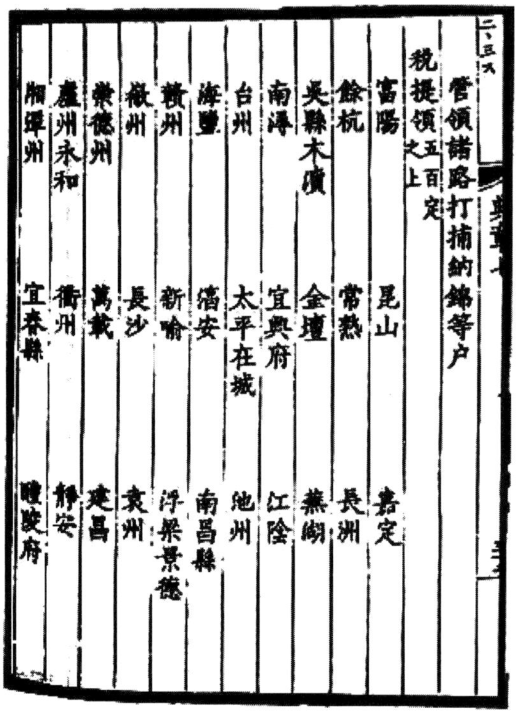

二·三八

管領諸路打捕納綿等户

税提領五百定之上

富陽 昆山 嘉定
餘杭 常熟 長州
吴縣木瀆 金壇 蕪湖
南潯 宜興府 江陰
台州 太平在城 池州
海鹽 淳安 南昌縣
贛州 新喻 浮梁景德
徽州 長沙 袁州
崇德州 萬載 建昌
廬州永和 衢州 静安
湘潭州 宜春縣 醴陵府

图 6-6-1《元典章·吏部一》载：浮梁景德务税额在五百锭之上。

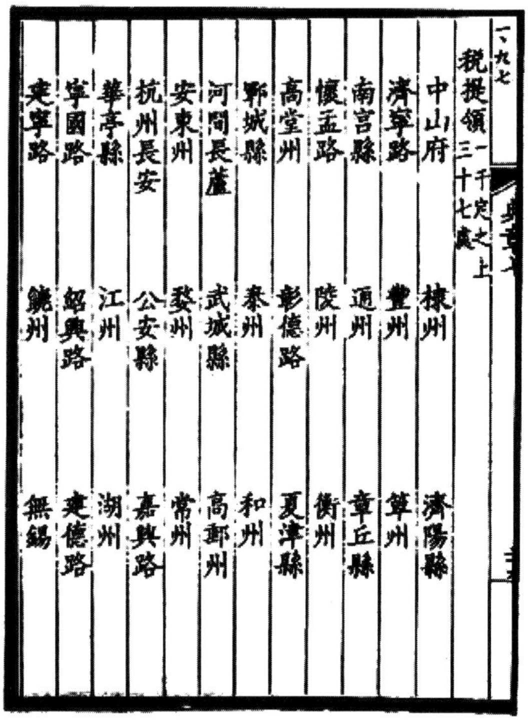

一·九七

税提領一千定之上 三十七處

中山府 棣州 濟陽縣
濟寧路 豐州 單州
南宫縣 通州 章丘縣
懷孟路 陵州 衛州
高堂州 彰德路 夏津縣
鄆城縣 泰州 和州
河間長蘆 武城縣 高郵州
安東州 登州 常州
杭州長安 公安縣 嘉興路
華亭縣 江州 湖州
寧國路 紹興路 建德路
建寧路 饒州 無錫

图 6-6-2《元典章·吏部一》载：饶州路务税在一千锭之上。

完全背离了《元典章·吏部三·内外税务窠阙》所载："江浙行省四十处"这条史料的本意。

现在再来研究"杨文"所持'元代浮梁景德务'的级别为'正八品'，与'饶州路务'同处一个级别"之论的是与非。

按照史料记载，元代税务机构的级别与征税额相挂钩，年税额在一千锭之上的税务机构为"正八品"，五百锭之上为"从八品"。对此，《元史·选举志》第三十二做了明确记载："至元二十九年，省议："……一万锭之上拟从六品，五千锭之上拟从正七品，二千锭之上拟从七品，一千綻之上正八品，五百锭之上从八品'。"又据《元典章·吏部一》的记载，"饶州路务"的收税额与"浮梁州景德务"的收税额不同。前者收税额在一千锭之上，后者税额为五百锭之上，因此"饶州路"税提领为"正八品"，"浮梁景德务"则为"从八品"。用《元典章·吏部一》的原话说就是："正八品税提领，一千锭之上，三十七处……饶州、江州……。从八品税提领五百锭之上，南昌县、浮梁景德……"《元典章·吏部三》"场务官"条，对此又做了类似的记载："一千锭之上，提领正八，有婺州、饶州、杭州长安。五百锭之上，提领从八，有庐陵永和、浮梁景德等。"（图1—2）

显然，"杨文"所说"'绕州路务'和'浮梁景德务'两处都是正八品同处一个级别"之论，完全违反历史事实。

总之，从《陶记》"州家挂欠之籍"的上下文来看，《陶记》中的"州家"是一位地区行政长官，这位行政长官要对景德镇所在的浮梁地区的税收，承担直接的行政责任。

在宋代负责操办景德镇税收的官员为监镇，而在元代负责操办景德镇税收官员为"浮梁州景德务"的（税）提领。如前所述，宋代景德镇监镇虽然"兼征税榷酤"，但是仅限于"掌其出纳会计"[21]，掌管税务的权责实际上是在"县令"身上。元承宋制，元代"浮梁州景德务"（税）提领，也属浮梁州知州手下具体操办景德镇地区的征税业务的办事官员。加之景德镇所隶属的浮梁，唯独在元代称"州"，而在其他时代均称"县"，由此可见，《陶记》中的"州家"，必定是指元代浮梁州知州。

## 五、《陶记》所载"泉""缗"

"杨文"从《陶记》所载"泉""缗"，论断《陶记》著于南宋，是由下述理由支撑起来的：一是"'泉'通'钱'（泛指货币），《陶记》以'泉'名货币，与宋代行文用字和特点相符"；二是"《陶记》以'缗'做货币单位"，"《宋史》和宋代私家著作中凡涉及货币都用'缗'做单位"，"以'缗'表（铜钱）千文是宋代人特有习惯"；三是"元朝稳定中原后，即于中统（"杨文"把"中统"写为"中纱"）元年（1260）特造五十两一锭的银元宝做标准货币。因此，元代史籍中，凡大笔财赋都以'锭'为单位。'锭'以下以'贯'（千文）、'文'或以银'两、钱、分、厘'做辅助单位"。

先来研究"杨文"立论的第一条理由。

首先，"杨文"所谓"《陶记》以'泉'名货币"的说法，曲解了《陶记》的本意。

《陶记》涉及"泉"字时这样写道："夫何昔之课赋之优裕，而今之事于此者常怀不足之虑也？宪之头子，泉之率分，统制之供给，经总之移用，州之月桩、支使、醋息；镇之吏俸、孤遗、作匠、总费月钱几三千余缗。而春秋军旅、圣节、郊祀赏赉、试闱、结葺，犹不与此，通融计之，月需百十五缗，则权官可以追责，反是则谴至矣。"

从《陶记》所述内容来看，《陶记》中的“泉之率分”是指一种税目；从汉语语法角度来讲，《陶记》中的“泉之率分”是一个偏正词组，“泉”字是修饰后面的主词“率分”。“杨文”把“泉之率分”中的“泉”字游离出来，释为“货币”，就扭曲了《陶记》所载的“泉”的本意。

其次，“杨文”把作为“货币”含意的“泉”，看成南宋特有的印痕，也不妥。

按照典籍记载，元代于至大三年（1299）设置“泉货监”[22]，后又在至正十一年（1351）设置“宝泉提举司”[23]。这两个机构，与“杨文”所列举的《宋史》“食货志”中的“泉司”一样，都是专门掌管“货币”的官方机构。元代“泉货监”和“宝泉提举司”中的“泉”字，与“《宋史》‘食货志’所载‘泉司’”中的“泉”字含意是完全一致的。由此可见，“杨文”把作为“货币”含意的“泉”看成南宋特有的印痕，乃属“杨文”的误判。

再来考察“杨文”立论的第二条理由，即“杨文”所说“《宋史》和宋代私家著作中凡涉及货币都用‘缗’做单位”，“以‘缗’表（铜钱）千文是宋代人特有习惯”。

首先，铜钱是宋代货币的一种。宋代金属货币除铜钱外，还有金、银、铁钱和夹锡钱（由铜、黑锡、白锡合成）；宋代又发行纸钞，其品种有会子、交子和关子等。另外，还有度牒等。随着货币的品种及其使用的时间不同，货币单位及其兑换计算方法也不一样。例如，南宋嘉定二年，黄金一两，值钱四十贯；度牒每道为钱一千贯[24]；“熙、丰年间，铜、铁钱尝并行，铜钱千，易铁钱千五百。及后铜钱日少，铁钱滋多，绍圣初，铜钱千，送易铁钱二千五百”。

其次，在宋代典籍中，做货币单位者除“缗”外，还有“贯”“文”“道”等。例如，《宋史》卷一百八十四《食货志》第一百三十七载：“元丰四年，收息四百万贯有奇，比旧三倍”，文中以“贯”做货币单位。又如《宋史》卷一百八十五《食货志》第一百三十八载：“天禧四年，转运司方仲荀言：‘本道酒课旧额十四万贯，遗利尚多’，乃岁增课九万八千贯。”文中也是以“贯”做货币单位。再如，《宋史》卷一百八十四《食货志》第一百三十七载：“孝宗隆兴二年淮东宣谕钱端礼言：‘商贩长引茶，水路不许过高邮，陆路不许过天长，如愿往楚州及盱眙界，引贴输翻引钱十贯五百文。’”文中则以“贯”和“文”做货币单位。

《宋会要辑稿》对此做了类似的记载。例如，《宋会要辑稿·食货》三十五之三十一载：“（建炎）二十五年四月十六日诏：诸路州军知道，今后拘收无额钱物及一万贯，与减一年半磨勘；及一万五千贯以上，与减二年半磨勘；如止及五十贯、依已降指挥，与减一半’。从户部请也。”文中以“贯”做货币单位。又如，《宋会要辑稿·食货》一十七之十载：“昌化军，旧不立额，熙宁十年（1077），在城：一万六千五百三十九贯一百八十三文。”文中以“贯”和“文”做货币单位。

南宋，嘉泰《会稽志》卷五：酒税“嵊县祖额，一万二千七百七十四贯九百二文”（图3）。文中记当时税额也是用“贯”。另外，宋代有时还以“度牒”单位“道”作为货币结算单位。例如，《宋史》卷一百八十一《食货志下三·会子》：“庆元元年（1195），诏：封桩库金一十五万两，两为钱四十贯；度牒七千道，每道为钱一千贯……”文中以“道”为货币结算单位。又如，《宋会要辑稿·食货》一八之一三载：淳熙十年（1185）“十月十四日，四川制置司留正总须冯宪言，知西和州王朴奏：……西和州管下三处博买铺皆接对境，旧来番汉客旅于逐处私相博易物货，以致透漏奸细无由觉察。前宣抚吴璘于彼处差官措置博买铺以量收税钱为名。因而讥察奸细，探报彼界事宜。见今胜阁铺一年额钱一千道，旧州铺一年额钱九百九十一道；威远铺一年额钱一万七百九十七道……”（图4）。文

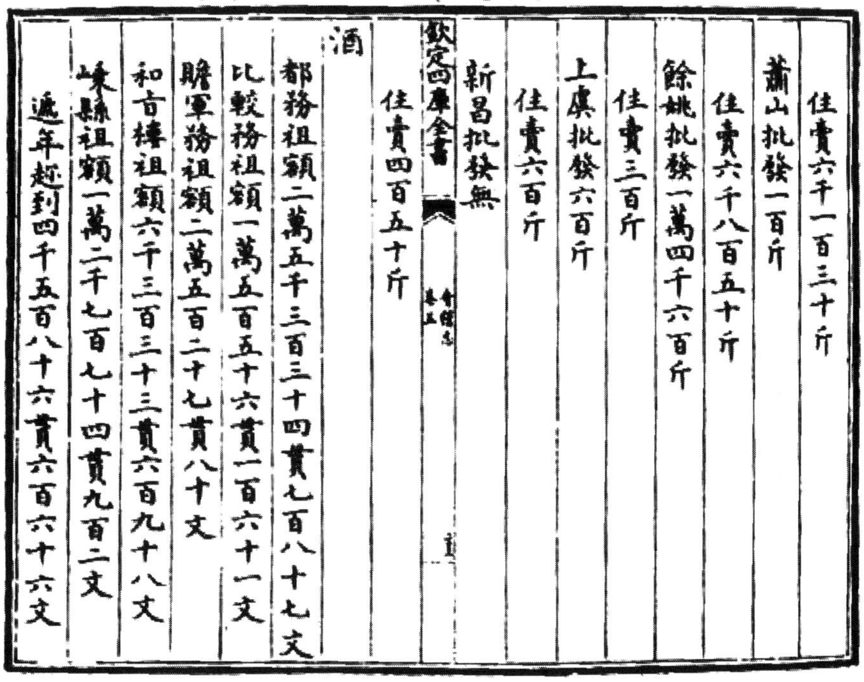

住賣六千一百三十斤
蕭山批發一百斤
住賣六千八百五十斤
餘姚批發一萬四千六百斤
住賣三百斤
上虞批發六百斤
住賣六百斤
新昌批發無
住賣四百五十斤
酒
都務祖額二萬五千三百三十四貫七百八十七文
比較務祖額一萬五百五十六貫一百六十一文
贍軍務祖額二萬五百二十七貫八十文
和旨樓祖額六千三百三十三貫六百九十八文
嵊縣祖額一萬二千七百七十四貫九百二文
遞年趁到四千五百八十六貫六百六十六文

图3宋·嘉泰《会稽志》卷五载：酒税“嵊县祖额，一万二千七百七十四贯九百二文”。（见图3）文中记当时税额用“贯”和“文”做货币单位。

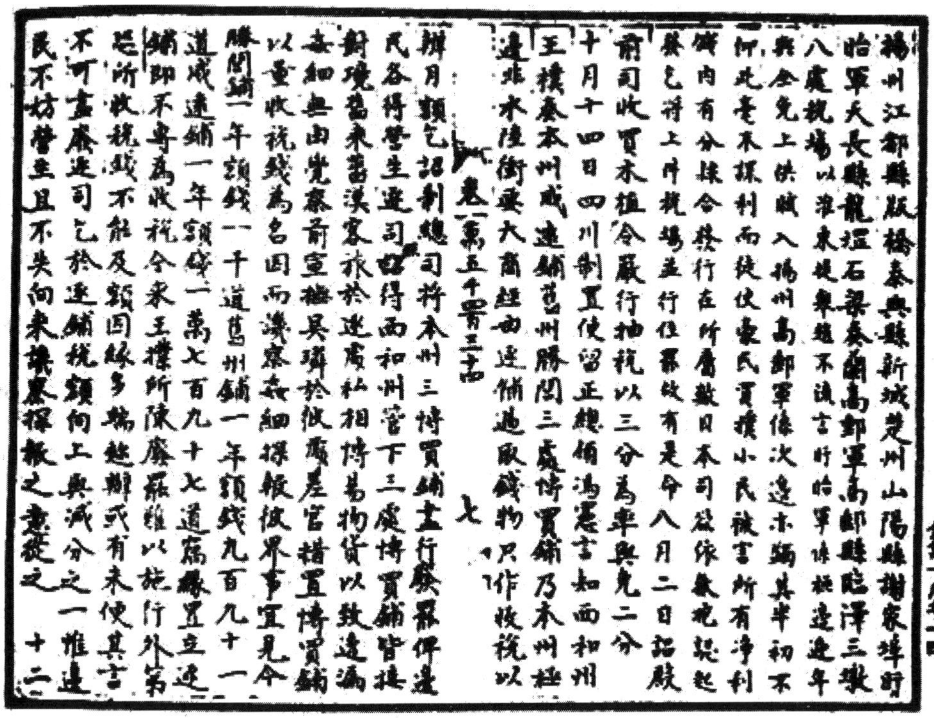

揚州江都縣瓜橋泰興縣新城楚州山陽縣謝家埠盱
眙軍天長縣龍遊石梁泰州高郵軍高郵縣臨澤三鎮
八處稅場以淮東提舉趙不謫言盱眙軍係極邊近年
興全免上供賦入揚州高郵軍係次邊亦減其半初不
知此等木採利而徒使豪民買撲小民被害所有淨利
錢內有分隸合發行在所窠數日本司欲依數起
發乞將上件稅場並行住罷故有是命八月二日詔殿
前司收買木植令嚴行抽稅以三分為率與免二分
十月十四日四川制置使留正總領鴻邁言知西和州
王積奏本州威遠鋪舊州勝閣三處博買鋪乃本州極
邊非水陸衝要大商經由之地備邊取錢物只作收稅以
七
辦月額乞詔制總司將本州三博買鋪並行罷免俾邊
民各得營生逐司得西和州管下三處博買鋪皆接
對境舊來蕃漢客旅於逐處私相博易物貨以致透漏
奸細無由覺察前宣撫吳璘於彼處差官措置博買鋪
以量收稅錢為名因而譏察奸細探報彼界事宜見今
勝閣鋪一年額錢一千道舊州鋪一年額錢九百九十一
道威遠鋪一年額錢一萬七百九十七道寫縣置立逐
鋪即不專為收稅今來王積所陳廢罷雖以施行外第
恐所收稅錢不能及額因緣多端趂辦或有未便其言
不可盡廢逐司乞於逐鋪稅額向上與減分之一惟邊
民不妨營生且不失向來譏察探報之意從之
十二

图4《宋会要辑稿》《食货》一八之一三载：“见今胜阁铺一年额钱一千道，旧州铺额钱九百九十一道；威远铺一年额钱一万七百九十七道……”文中以“道”为货币结算单位。

中也以“道”为货币结算单位。

同样，宋代私家著作，涉及货币单位时，也往往以“贯”和“文”表之。例如，宋人邵伯温《闻见录》卷第六：“贱者不下五百，元配二万石，数约破十万贯钱。”文中以“贯”为货币单位。

由此可见，“杨文”所持“《宋史》和宋代私家著作中涉及（宋代）大笔财赋都用‘缗’做单位”的说法，纯系“一叶障目”之见。

必须指出的是，由于《宋会要辑稿》中记载宋代的经济活动多以“贯”为货币单位，不符合“杨文”的立论，于是“杨文”说什么“《宋会要辑稿）中凡涉及千文都用‘贯’表示，这是因为该书上清代人从明《永乐大典》中辗转辑录而成，采用了当时的货币单位”。

宋代于秘书省设“会要所”专司纂辑《宋会要》，前后十次，成书二千二百余卷。所据为“实录”、“日历”、内外档案等。由于种种历史原因，当时稿未刊行。明初修《永乐大典》，取《宋会要》史事分人各韵。惟其时《宋会要》原稿已十亡其三，宣德间又大半毁于火。清嘉庆年间学者徐松从《永乐大典》中辑出五六百卷。后经刘富曾删并原稿成初编二百九十卷，续编七十五卷。于 1936 年影印出版。从而成为我们研究宋代历史的极为珍贵的历史资料。“杨文”在无任何历史证据的情况下，说什么《宋会要辑稿》系“清代人从明《永乐大典》中辗转辑录而成，采用了当时（明清时）的货币单位”，显示出“杨文”缺乏历史常识。

现在再来研究“杨文”立论的第三条理由，即“杨文”所说：“元朝稳定中原后，即于中统（“杨文”把‘中统’写为‘中纱’）元年（1260）铸造五十两一锭的银元宝做标准货币。因此，元代史籍中，凡大笔才赋都以‘锭’为单位。‘锭’以下以‘贯’（千文）、‘文’或以银‘两、钱、分、厘’做辅助单位”之说的是与非。”

首先，“杨文”所持：“元朝稳定中原后，即于中统元年铸造五十两一‘锭’的银元宝做标准货币”的说法，不妥。因为元世祖于中统元年十月，所造“中统元宝钞”不是“银元宝”，而是纸币，“其文以十计者四，曰：一十文、二十文、三十文、五十文；以百计者三，曰：一百文、二百文、五百文；以贯计者二，曰：一贯文、二贯文。每一贯同交钞一两，两贯同白银一两”[25]。

元世祖于中统元年所造交钞，以丝为本。每银五十两易丝钞一千两。“诸物之直，并从丝例”[26]。

“至元二十四年，遂改造至元钞，自二贯至五文，凡十有一等。与中统钞通行。依中统之初，随路设立官库，贸易金银，平准钞法。每花银一两入库，其价至元钞二贯，出库二贯五分。亦金一两入库二十贯，出库二十贯五百文。”[27]

元朝至元钞“一十文为半钱，二十文为一钱，三十文为一钱半，五十文为二钱半，一百文为五钱，二百文为一贯，三百文为一贯五钱，五百文为两贯五钱，一贯为五两，一贯为十两。五个一贯为半锭，五个二贯为一锭”。[28]

其次，“杨文”所持“元代史籍中，凡大笔财赋都以‘锭’为单位”也与史实不合。因为《元史》涉及货币时，多处记载了以“缗”为单位。例如，《元史》卷一百七十《列传·高源传》“（高源）寻除河间等路转运副使……常赋外，羡余几十万缗。至元二十四年为江东道劝农营田使”。文中以“缗”为货币单位。又如，《元史》卷一百七十三《列传·崔斌传》“岁大侵，征赋如常年，斌弛奏以免。复请于朝，得楮币十万缗”。文中也是以“缗”为货币单位。

元人私家著作，涉及元代货币时，也往往以“缗”为货币单位。下面以元代几本私家著作为例释之。

陶宗仪《辍耕录》一书就多次记载了元代以“缗”为货币单位的历史事实。例如，《辍耕录》卷十一“杭人遇难”条载：“……至正己亥（1359）冬十二月，金陵游军斩关而入，突至城下，城门闭三月余。各路粮道不通，城中米价踊贵，一斗直（值）二十五缗……”文中“一斗直（值）二十五缗”中的“缗”，即为当时元代货币单位。又如，《辍耕录》卷十五“恭敏坊”条载：“李恭敏公者所居在江阴之南门，其门首巷坊亦题曰：‘恭敏’。不知当日名坊之义，而七八十年来，子孙消削，第宅倾圮，殆尽弃遗。故址竟为里豪薛得昭所吞，土木一新，乡间竞羡，忽有人献谄于薛云：‘若不除去旧坊，终非君家利也’。薛深然之，指数恭敏之族尊且长者，惟李唐可主其事，乃呼至，赠泉百缗，李欣然撤之……”文中“赠泉百缗”，也是以“缗”为当时元代的货币单位。再如，《辍耕录》卷二十三“叶氏还金”条：“叶公政，字克明……丹阳富民束子章先与是役会饮于蕲……（子章）愿以赀囊相托，公政辞弗获，俾子章手缄而为谨藏之。越两月，子章之友朱君让率其奴来谒曰：‘子章不幸人莲台湖遇盗而死矣，子章昔寄囊中亦有某物在间，欲启囊而请之’。公政曰：‘汝寓物，子章未尝语我。子章已矣，家固无恙也’义必质诸其家，明以付汝。君让以公政匿心已有衔之去。明年既竣事，还坐丹阳驿门，要束、朱二氏父子启囊缄，得钞二百五十缗、黄金五十两、银三百两、珠八千枚、衣帛有差，归之束氏。余钞五十缗、黄金五两、银五十两、珠千枚，有朱题封，归之。朱氏盛具酒馔以谢之。前翰林院编修胶西张复初嘉公政义，为作传。”文中的“得钞二百五十缗”和“余钞五十缗”，句中的“缗”同样为当时元代的货币单位。

陶宗仪《辍耕录》一书，刊有元代学者孙作大于元代至正丙午（1366）夏六月写的《辍耕录序》。《钦定四库全书》总撰官纪昀等在“《辍耕录》提要”中称“《辍耕录》三十卷，元陶宗仪撰”，“元代朝野旧事实借此书存”。

元·苏天爵《元名臣事略》一书，涉及元代货币时，也多次记载了以“缗”为货币单位的事实。例如，该书卷九《平章廉文正王行状》载：至元十八年“……（王希宪）属疾日侵，皇太子屡遣医诊治。及葬，赠楮币二千缗……”句中的“缗”，为当时元代的货币单位。又如，同书卷九《太史郭公行状》载：“中统三年，张忠宪公荐公习知水利，且巧思绝人，蒙赐见上都便殿，公面陈水利六事，其一中都旧漕河东至通州，灌以玉泉水引入行舟，岁可省僦车钱六万缗……”，句中亦是也以“缗”为货币单位。再如，《元名臣事略》卷九《太史郭公行状》又载：“……是秋（至元三十）车驾还自上都，过积水潭，见其舳舻蔽水，天颜为之开怿，特赐公钱一万二千五百缗，仍以旧职兼提调通。”句中同样以“缗”为货币单位。

《元名臣事略》一书的作者——苏天爵，《元史》中载有其传，称：苏天爵于泰定元年，改翰林国史院典籍官，升应奉翰林文字。至顺元年，预修《武宗实录》。二年，升编撰，擢江南行台监察御史，后至元三年迁礼部侍郎，后至元五年，出为淮东道肃政廉访使，后至元六年，改吏部尚书。至正二年，拜湖广行省参知政事，迁陕西省行台侍御史。至正四年，召为集贤侍讲学士，兼国子祭酒。至正九年，召为大都路总管。至正十二年，诏仍江浙行省参知政事，总兵于饶、信，卒于军中。著有《国朝名臣事略》（即上引《元名臣事略》）十五卷、《文类》七十卷，有文稿三十卷、诗稿七卷[29]。

元·孔齐《至正直记》卷四《莫置玩器》：“义兴王仲德老先生，平日诚实喜静，唯好蓄古定、官窑、剔红、旧青古铜之器，皆不下数千缗。”文中同样以“缗”为货币单位。

元·吴澄《吴文正集》卷三十八《龙泉济川桥记》：“泰定五年正月，龙泉县新石桥成。邑之人请记始末……工毕，费缗钱约十二万五千……”文中也以“缗”为货币单位。

既然宋、元两代的典籍和宋、元两代的私家著作，都记载了以“缗”作为货币单位的事实，那么，“杨文”以《陶记》中的“缗”为由，而认定《陶记》著于南宋的立论，也就完全站不住脚了。

（写于 2007 年 1 月）

**[注释]**

[1] 宋·汪肩吾《昌江风土记》，载康熙版《浮梁县志》卷八《记》。

[2] 同治版《饶州府志》卷二十四《人物志·隐逸》。

[3] 王宗沐《江西省大志·陶书》。

[4] 刘新园《蒋祈（陶记）著作时代考辨》，刊于《景德镇陶瓷》1981 年《陶记研究专刊》。

[5] 拙作《蒋祈（陶记）著于元代辨》，刊于《景德镇陶瓷》1983 年第 3 期；拙著《中国陶瓷与中国文化》，浙江美术学院出版社，1990 年 11 月出版。

[6]《元史》卷六十三《地理志六·柳州路》。

[7]《宋史》卷九十《地理志六·广南西路》。

[8] 同 [6]

[9]《宋史》卷一百七十三《食货志一·农田条》。

[10] 同 [9]

[11]《宋史》卷一百七十五《食货志上三·布帛条》。

[12]《元史》卷九《世祖纪六》。

[13]《元史》卷二《太宗纪·窝阔台条》。

[14] 同 [12]

[15] 同 [4]

[16]《宋会要辑·职官》四八之二九。

[17] 此处指的“州”，相当于县，如元代浮梁称“浮梁州”。

[18] 此处指的“州”相当于府、路。

[19]《元典章》卷之十一“户部，差发”。

[20]《元典章》史部一：正八品税提领，一千锭之上三十七处……饶州、江州……。从八品税提领五百锭之上，南昌县、浮梁景德……。《元典章》吏部三载“场务官”行政级别时提到：一千锭之上，提领正八，有婺州、饶州、杭州长安。五百锭之上，提领从八，有庐陵永和、浮梁景德等。从这两条史料看来，《元典章》吏部三“内外税务窠阙”内的“浮梁景德务正八”，当是“浮梁景德务从八”之误。

[21]《宋会要辑稿·职官》四十八之九十二。

[22]《元史》卷九十三《元史·食货志一·钞法》。

[23] 同 [22]

[24]《宋史》卷一百八十一《食货志下三·会子》。

[25] 同 [22]

[26] 同 [22]

[27] 同 [22]

[28] 叶子奇《草木子》卷之三下《杂制篇》。

[29]《元史》卷一百八十三《列传·苏天爵传》。

# 《陶记》著于元代的三大新证

熊寥

关于《陶记》著于元代的立论，笔者在过去研究的基础上，现又进一步提出了三大新证：一是从考证景德镇高岭土掺和瓷石二元配方制胎工艺的出现，看《陶记》的著作时代；二是从考证宋元两代时的“建阳”名称的变更，看《陶记》的著作时代；三是从考证洪迈《容斋随笔》的成书时代，看《陶记》的著作时代。

第一个新证——从考证景德镇高岭土掺和瓷石二元配方制胎工艺的出现，看《陶记》的著作时代，已在《从高岭〈何氏宗谱〉看高岭土的明始采年代》《景德镇二元配方制釉工艺始用年代考》两文展开了论证。

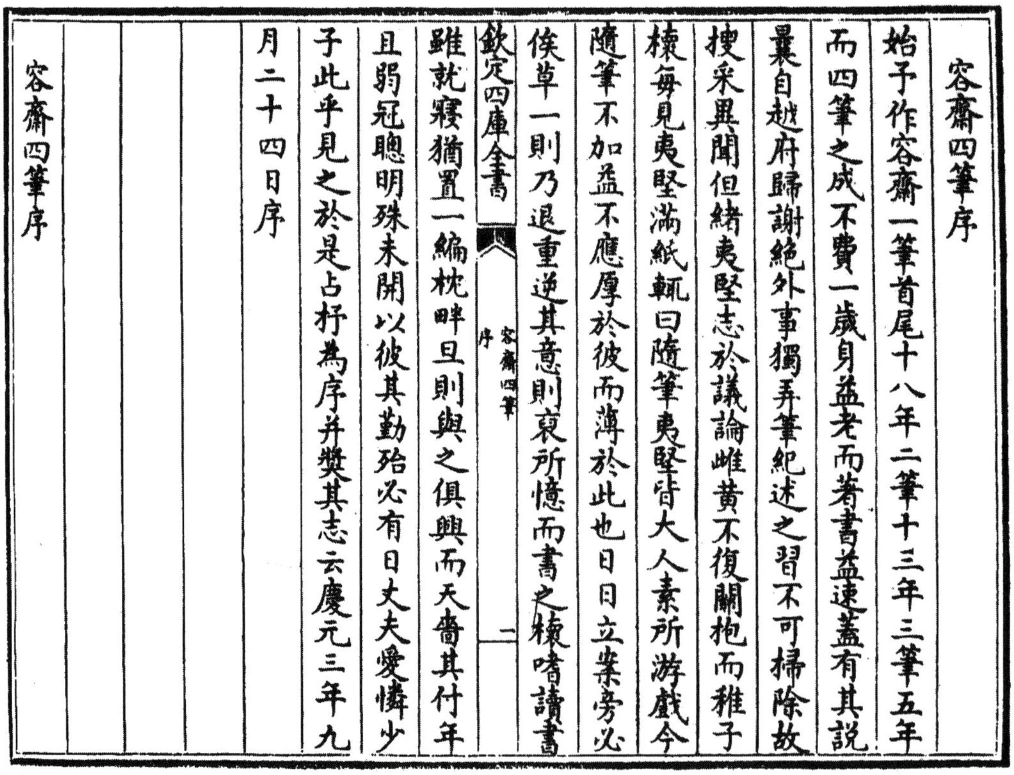
容齋四筆序

始予作容齋一筆首尾十八年二筆十三年三筆五年而四筆之成不費一歲身益老而著書益速蓋有其說曩自越府歸謝絶外事獨弄筆紀述之習不可掃除故搜采異聞但緒夷堅志於議論雌黄不復關抱而稚子櫰每見夷堅滿紙輒曰隨筆夷堅皆大人素所游戲今隨筆不加益不應厚於彼而薄於此也日日立案旁必俟草一則乃退重逆其意則裒所憶而書之櫰嗜讀書雖就寢猶置一編枕畔旦則與之俱興而天嗇其付年且弱冠聰明殊未開以彼其勤殆必有日丈夫愛憐少子此乎見之於是占抒為序并奬其志云慶元三年九月二十四日序

欽定四庫全書　容齋四筆　序　二

容齋四筆序

图 1 洪迈于庆元三年（1197）九月十四日《容斋四笔·自序》：“始予作《容斋一笔》首尾十八年，二笔十三年，三笔五年，四笔之成不费一岁。”

第二个新证——从考证宋元两代时的“建阳”名称的变更，看《陶记》的著作时代，已在《〈陶记〉中的“建阳窑”》一文中予以论述。

下面再谈第三个新证——从洪迈《容斋随笔》的成书时代，看《陶记》的著作时代。

构成刘氏《陶记》论著南宋说的一个重要基石，乃是蒋祈在《陶记》中援引的洪迈《容斋随笔》成书的年代，然而刘氏对其做了曲解。

先引述刘氏对《容斋随笔》成书年代的推论。刘氏在《蒋祈〈陶记〉著作时代考辨》（刊于《景德镇陶瓷》1981年《陶记》研究专刊）中写道：《陶记》的“上限——淳熙十四年，是洪迈《容斋随笔》的刊行之年，考蒋祈征引该书的语气：‘尝记《容斋随笔》……’的‘尝记’二字，说明他撰写《陶记》的时间，不是《容斋随笔》刊印风行后的那一年，而是距《随笔》刊印风行后，作者阅读《随笔》的那一年已有相当遥远的岁月了。究竟遥远到何种程度？仅凭这二字已不能深入，但文中有：‘予观数十年来官斯去者、无不有州家挂欠之籍’的记述，可以帮助我们探寻上限”。刘新园同志文中接着又说：“按照人们使用‘数十年’这个俗语的习惯推测，则多指三五十年之间。如果把它看作三十年，其写作上限为宋宁宗嘉定七年（1214）；如果看作五十年的话，则为理宗端平元年”（1234）。

这就是说，刘氏对《陶记》的断代是以洪迈《容斋随笔》的刊行时间为坐标。然而，经笔者核查，刘氏对洪迈《容斋随笔》刊行时间之说，与事实不合。因为洪迈《容斋随笔》的写作时间颇长，用洪迈自己于庆元三年（1197）九月十四日《容斋四笔·自序》话说就是：“始予作《容斋一笔》首尾十八年，二笔十三年，三笔五年，四笔之成不费一岁”（图1）。又据《钦定四库全书·〈容斋随笔〉提要》记载：“（容斋）五笔止十卷，盖未成而（洪）迈遂没矣。”这就表明《容斋随笔》是由《容斋一笔》《容斋二笔》（又作《容斋续笔》）《容斋三笔》《容斋四笔》《容斋五笔》共五集构成，一至四集各十六卷、第五集十卷、共七十四卷，前后费时三十八年之久。据洪返《容斋续笔·自序》（作于绍熙三年，即公元1192）载，南宋淳熙十四年（1187）刊印的是其《容斋一笔》十六卷。作为南宋鸿篇巨制的名作——洪迈《容斋随笔》七十四卷，乃是由洪迈的从孙洪伋（知赣州寺簿）于嘉定五年（1212）在赣州刊行。对此，何异《〈容斋随笔〉五集总序》（写于南宋宁宗嘉定壬申，即公元1212）有明确记载：“知赣州寺簿洪公伋以书来曰：‘从祖文敏公由右史出守是邦今四十余年矣，伋何幸远继其后，官闲无事，取文敏公随笔记录一至四各十六卷、五则绝笔之书，仅有十卷，悉锓木于郡斋用以示邦人焉’。”（图2）

既然淳熙十四年刊行的不是《容斋随笔》，而是《容斋一笔》，那么蒋祈在《陶记》中所援引的洪迈《容斋随笔》自然不是指淳熙十四年（1187）刊行的《容斋一笔》，而是指成书于南宋嘉定五年（壬申）即公元1212年的《容斋随笔》一书。

我们一旦搞清了洪迈《容斋随笔》成书的时间，那么刘新园同志把《陶记》的上限定在南宋嘉定七年（1214），下限定在端平元年（1234）立论的破绽就充分暴露出来了。这是因为按照刘新园同志寻找《陶记》的上限和下限的方法——以《容斋随笔》刊行时间为坐标，即从《容斋随笔》刊行时间南宋嘉定五年（1212）往后推三十年，就到了南宋理宗淳祐二年（1242），作为《陶记》写作的上限；以《容斋随笔》刊行时间往后推五十年则到了南宋理宗景定三年（1262），作为《陶记》写作的下限。

由于自南宋理宗端平二年（1235）起，蒙古军队正式发起了灭宋战争，蒙古军队与南宋王朝的

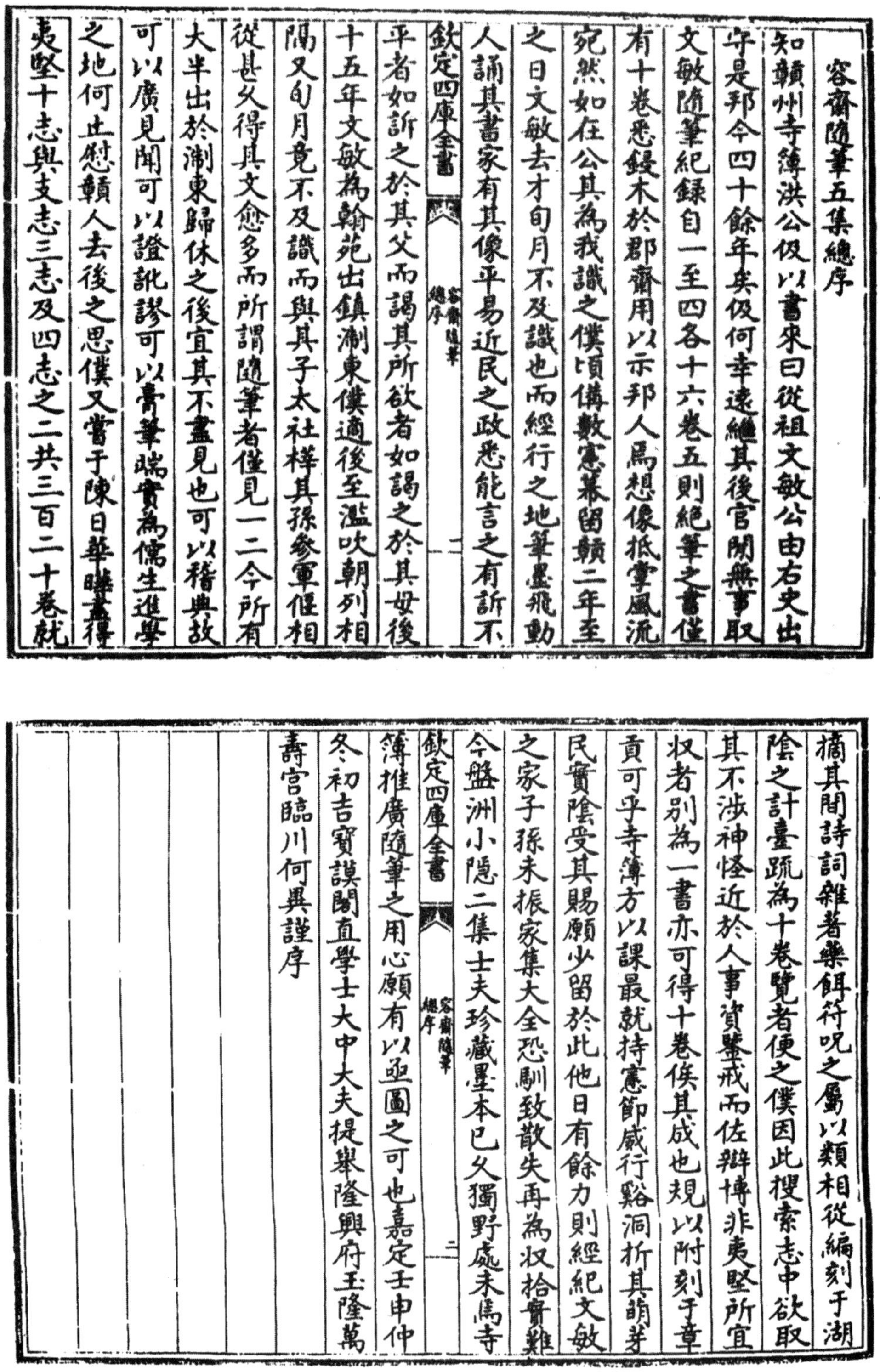

容齋隨筆五集總序

知贛州寺簿洪公伋以書來曰從祖文敏公由右史出守是邦今四十餘年矣伋何幸遠繼其後官閑無事取文敏隨筆紀録自一至四各十六卷五則絶筆之書僅有十卷悉鋟木於郡齋用以示邦人焉想像抵掌風流宛然如在公其為我識之僕頃備數憲幕留贛二年至之日文敏去才旬月不及識也而經行之地筆墨飛動人誦其書家有其像平易近民之政悉能言之有訢不平者如訢之於其父而謁其所欲者如謁之於其母後十五年文敏為翰苑出鎮浙東僕適後至濫吹朝列相隔又旬月竟不及識而與其子太社梓其孫參軍伾相從甚久得其文愈多而所謂隨筆者僅見一二今所有大半出於浙東歸休之後宜其不盡見也可以稽典故可以廣見聞可以證訛謬可以膏筆端實為儒生進學之地何止慰贛人去後之思僕又嘗于陳日華晦叔得夷堅十志與支志三志及四志之二共三百二十卷就

欽定四庫全書　容齋隨筆 總序　一

摘其間詩詞雜著藥餌符呪之屬以類相從編刻于湖陰之計臺疏為十卷覽者便之僕因此搜索志中欲取其不涉神怪近於人事資鑒戒而佐辯博非夷堅所宜収者别為一書亦可得十卷俟其成也規以附刻于章貢可乎寺簿方以課最就持憲節威行谿洞析其萌芽民實陰受其賜願少留於此他日有餘力則經紀文敏之家子孫未振家集大全恐馴致散失再為収拾實難今盤洲小隱二集士夫珍藏墨本已久獨野處未焉寺簿推廣隨筆之用心願有以亟圖之可也嘉定壬申仲冬初吉寶謨閣直學士大中大夫提舉隆興府玉隆萬壽宮臨川何異謹序

欽定四庫全書　容齋隨筆 總序　二

图2何异《(容斋随笔)五集总序》(写于南宋宁宗嘉定壬申,即1212)。“知赣州寺簿洪公伋以书来曰:‘从祖文敏公由右史出守是邦今四十余年矣,伋何幸远继其后,官闲无事,取文敏公随笔记录一至四各十六卷,五则绝笔之书仅有十卷,悉侵木于郡斋用以示邦人焉’。”

生死之战全面展开，战火延续四十余年，连刘新园同志自己文章也承认，《陶记》不可能成书于端平元年（1234）以后，因为到了这一时期，“川、荆人民一直挣扎在死亡线上，贩卖瓷器的商人决不会把易碎的上等瓷器运到战场”。由此可见、刘新园同志所持《陶记》著于南宋嘉定七年（1214）至端平元年（1234）之说，属于毫无根基之论。

总之,《陶记》著于南宋嘉定七年( 1214 )至端平元年( 1234 )之说者提出的论据没有一条可以成立。加之《陶记》著于南宋说的两大支撑：所谓实物证据——高岭《何氏宗谱》载何召一于南宋孝宗初年初开高岭土和所谓理论证据——景德镇二元配方始于元代之说的错误被揭示，《陶记》著于南宋说就没有任何依托的根基了。

（写于 2007 年 9 月）

# 蒋祈《陶记》校注

熊寥

## 一、前言

收录元·蒋祈《陶记》的《浮梁县志》的版本较多，就笔者所见有：康熙二十一年（1682）《浮梁县志》，江西省景德镇市图书馆收藏；乾隆七年（1742）《浮梁县志》藏北京图书馆；乾隆四十八年（1783）《浮梁县县志》藏江西省图书馆；乾隆五十七年（1792）《浮梁县志》藏南京大学图书馆；道光三年（1823）《浮梁县志》藏景德镇市图书馆。其中以康熙二十一年《浮梁县志》所藏蒋祈《陶记》本为最古。

本校注以康熙二十一年《浮梁县志》收录的蒋祈《陶记》为底本，文中的空字、误字照写（为检字方便，一些最明显的误字已予改正），康熙以后各种版本的《浮梁县志》收录的《陶记》，同康熙本有异者，均按版本年代的先后，依次列举，并在按语中指出其正误。

由于《陶记》成文时间较早，专业术语又多，随着景德镇窑业的不断发展，其中《陶记》内使用的不少术语已被废弃，因而增加了其难读性。为了有助于人们理解和正确地运用这一份珍贵的历史资料，本节对《陶记》全文做了较为详细的注释，同时，也校正了刘新园《陶记》南宋说附件对《陶记》校注中出现的若干失误。

## 二、蒋祈《陶记》校文

**附校：**

乾隆七年本在“蒋祈”前加“元”字，表示乾隆七年《浮梁县志》编者对蒋祈所处时代的判断，从《陶记》整个内容来看，把《陶记》的写作时间断为元代是正确的，详见本书《蒋祈〈陶记〉著于元代辩》《再论〈陶记〉著于元代》等考证文章。

乾隆七年本把“附”字改为“略云”，误。因为蒋祈《陶记》是附录于康熙《浮梁县志》之中、而且康熙《浮梁县志》收录的是全文，而不是节选。康熙《浮梁县志》本正。

“景德”校：乾隆七年本和以后各本，于“景德”字下加“镇”字，误。康熙本正。刘新园《陶记》南宋说附件援用《浮梁程氏忠堂统谱》“程钦之传”和“程彦忠传”，把康熙本《陶记》内表地名的“景德”说成是保留了宋时浮梁人对景德镇的简称的习惯，不妥。《宋会要辑稿·方域》江东东路市镇：“饶州浮梁县景德镇·景德元年（1004）置。“嗣后，在整个宋代（包括北宋和南宋）历史阶段，不能把表地名的“景德镇”简称为“景德”。否则将会同表时间的宋真宗“景德”年号相混淆。到了元代以后，人们才把“景德镇”简称为“景德”，刘新园所援引的《浮梁程氏忠堂统谱》“程彦忠传”和“程钦之传”，不是出自宋代人的手笔，而是明代学者程鲁轩于嘉靖年间所作，传中把“景德镇”简称为“景镇”，又是沿用元人的习惯。所以康熙版《陶记》对“景德镇”予以简称，就成为显示《陶记》著于元代的一个重要的历史印证。对此，本书《再论〈陶记〉著于元代》一文已做了具体论证。

**景德陶**[1]**，昔**[2]**三百余座**[3]。**诞埴之器**[4]**，洁白不疵**[5]**，故鬻**[6]**于它所，皆有饶玉之称**[7]。**其视真定红磁**[8]、**龙泉青秘**[9]**，相竞奇矣**[10]。

**窑之长短**[11]**，率**[12]**有想恐觊**[13]**数，官籍丈尺**[14]**，以第其税**[15]**，而火堂**[16]、**火栈**[17]、**火尾**[18]、**火眼**[19]**之属，则不入籍**[20]。**陶氓**[21]**食工**校：乾隆七年本更“工”为“土”不妥。“工”，劳动，在这里指从事陶瓷生产。食工，意谓依靠自己从事制作陶瓷为生。康熙本正。**不受艺佣**[22]**，埽**[23]**赁**[24]**窑□**校：乾隆七年本补“主”字，参照本文后段“窑家作辍”语，脱字疑为“家”。**以相附合。谓之“觊”**[25]。**土坯**[26]**既匣**[27]**，垛而别之，审厥**[28]**窑位**[29]**，以□**校：乾隆七年本补“谨”字，以后各本均与七年本同。**布置，谓之“障窑”**[30]。**兴烧之际，按籍纳金**[31]。**窑牌**[32]、**火历**[33]**迭□**校：乾隆七年本补“相”字，以后各本均同。**出入，谓之报火。一日二夜**[34]**，窑火既歇。商争取售，而工**校：乾隆七年本和四十八年本更“工”作“土”，道光本与以后各本，又更“土”作“上”字。按：所谓“工”者，即今之“选瓷工”（以区分瓷器等级为职业者）。乾隆本作“土”，于文意不妥，似属误刊，道光本改“土”为“上”亦不妥，因瓷器在培烧过程中，易出现程度不同的毛病，拣窑时不仅仅限于上等瓷器，而是要把质量不一的产品分出不同的等级。唐英《陶冶图说》：“瓷器出窑，分类拣选。有上色、二色、三色、脚货之名，定直高下。”康熙本正。**者择焉，谓之“栋**校：乾隆七年本作“拣”，正，康熙本误。按：“拣”，选择也。宋·周辉《清波什志》卷五：‘汝窑宫中烧造，内有玛瑙末为油，唯供御拣退，方许出卖。**窑”。交易之际，牙侩**[35]**主之，同异差互，**校：乾隆七年本补“官”字，以后各本同。**官则有考，谓之“店簿”**[36]。**运器入河**[37]**，肩夫**[38]**执券**[39]**，次第件具，以凭商算，谓之“非子”**[40]。**其窑之纲纪**[41]**大略有如此者。**

**若夫**[42]**浙之东西**[43]**，器尚黄黑**[44]**，出于湖田窑者也**[45]。**江、湖、川、广**[46]**，器尚**[47]**白**[48]**，出于镇之窑者也**[49]。**碗之类：鱼水**[50]、**高足**[51]、**碟之发晕**[52]、**海眼、雪花，此川、广荆**[53]、**湘**[54]**之所利。盘之马蹄、槟榔**[55]**；盂之莲花、要角**[56]**；碗、碟之绣花、银绣、蒲唇、弄弦，此江、浙、福建**[57]**之所利，必地有择焉者。则**校：道光本无“则”字。**炉之别：曰猊**[58]、**曰鼎**[59]、**曰彝**[60]、**曰鬲、曰朝天、曰象腿、曰香奁、曰桶子**[61]**；瓶之别：曰瓠**[62]、**曰胆、曰壶、曰净**[63]、**曰栀子、曰荷叶、曰葫芦、曰律管**[64]、**曰兽环**[65]、**曰琉璃**[66]**，与夫空头细名**[67]**，考之不一而足，惟贩之所需耳。两淮**[68]**所宜，大率江、广、闽、浙澄泽之余**[69]**，土人**[70]**货**[71]**之者，谓之“黄掉”**。校：乾隆七年本补“黄”字，正。**黄掉者云，其色泽不美而在可弃之域也。所谓器之品数，大略有如此者。**

**至若冬泥**[72]**冻脆不可以烧，坯陶既就，复不易操，则有火房。火事既毕，器不可度**[73]**，探坯窑眼，以验生熟，则有“火照”**[74]。

**进坑**[75]**石泥**[76]**，制之精巧**[77]**，湖坑**[78]、**岭背**[79]、**界田**[80]**之所产已为次矣。比**[81]**壬坑**[82]、**高砂**[83]、**马鞍山**[84]、**磁石堂**[85]**，厥土、赤石**[86]**仅可为匣模**[87]**，工而杂之以成器，则败恶不良，**

**无取焉。**

**攸山[88]，山槎[89]灰[90]之制釉者[91]取之。而制之之法，则石垩[92]炼灰，杂以槎叶[93]、木柿[94]，火而毁之，必剂以岭背"釉泥[95]"而后可用。**

**或覆、仰烧焉[96]。陶工[97]、匣工[98]、土工[99]之有其局；利坯[100]、车坯[101]、釉坯[102]之有其法；印花[103]、画花[104]、雕花[105]之有其技，秩然规制，名不相紊。**

**窑有尺籍[106]，私之者刑[107]。釉有三色[108]，冒之者罚。凡利于官者，一涉欺瞒，则牙[109]商、担夫一例坐罪[110]，其周防可谓密矣。**

**夫何昔之课赋[111]优裕，而今之事于此者常怀不足之虑也？兖之头子[112]，泉之率分[113]，统制之供给[114]，经总之移用[115]，州之月桩[116]、支使[117]、醋息[118]；镇之吏俸、孤遗[119]、作匠，总费月钱几三千余缗[120]。而春秋军旅、圣节[121]、郊祀赏赉[122]、试闱、结葺[123]，犹不与此，通融计之，月需百十五缗[124]，则权官可以逭责[125]，反是则谴至矣。**

**予观数十年来官斯[126]去者，无不有州家[127]挂欠之籍[128]。盖尝推求其故，则有由矣：窑家作辍[129]，与时年丰、凶相为表里，一也；临川、建阳、南丰它产有所夺[130]，二也；上司限期，稍不如约，则牙校[131]踵门[132]以相蠹蚀，三也；狱失其校**校：刘新园《陶记》南宋说附件，以《宋史·职官三》"考功郎中，员外郎"条："以七事考监司，一曰举官当否……六曰较正刑狱"为由，把这里"校"视为"较"的误刊，实属不妥。因为结合上下文来看，此句是指当地的司法机构的弊端，句中的"校"，意谓校正、查核，"狱失其校"，是指当地的司法机构失控，冤案屡出。康熙本正。**权官散分[133]，迩来[134]猾商狡侩**校：乾隆七年本与以后各本"侩"均"狯"，误。因为"猾商狡侩"中的"商"、是指"瓷商"，"侩"指"牙侩"。"猾商狡侩"意谓瓷商和牙侩都奸诈狡猾。刘新园《考辨》附件把"侩"释为"狡"、把"猾商狡侩"译为"奸商横行"，扭曲了此句的本意。康熙本正。**无所惮布**校：乾隆七年本"布"作"怖"，正。**四也；士居之吏，牢植不拔，殆有汉人仓、库氏之风[137]，五也。官之懵者[138]，吏掣其肘[139]，一有强明自任，则吏结豪驵之民[140]，诡辞上官[141]，必使惩之[142]，更而后已。官不少察，事势轻矣，此重可为太息[143]者也！**

**尝记《容斋随笔》[144]载：昔之守令不市陶器[145]，父老所传仅二人焉[146]"。呜呼！何辽[147]绝耶？"容斋"所记可以尽信否耶？何今未有继也！又闻镇之巨商今不如意者十之八九，官之利羡[148]，乃有倍蓰之亏，时耶？**校：康熙本把"蓰"刊为"簁"。蓰，意谓五倍。《孟子·滕文公》上篇：夫物之不齐，物之情也。或相倍蓰，或相什百，或相千万。"而簁，意谓筛。《急就篇三》："簁、箪、箕、帚、筐、篓"注："簁所以箩去粗细者也，今谓之筛。大者曰簁，小诸曰箪。"由此可见康熙本误，乾隆以后本正。

**山川脉络[149]不能静于焚毁之余，而土风[150]日以荡[151]耶，"一里窑，五里焦"之谚语其龟鉴[152]矣！或者谓："博易之务[153]废矣，窑巡[154]之职罢[155]矣，今之不可复故矣"。然河滨之陶[156]，昔人为盛德所感，故器不苦窳[157]，庸讵[158]知今日董陶[159]之器不可以复古耶[160]？是又非予所得而知也。**

（原载《中国陶瓷与中国文化》，浙江美术学院出版社，1990）

**[注释]**

[1]陶，在此作“窑”解。蓝浦原著、郑廷桂补辑《景德镇陶录》卷十“同求余论”：“陶有遥、逃二音。烧造抟埴皆可称也。《正字通》‘陶’与‘匋’同。又‘陶’即窯字，通作‘窑’‘土匋’‘匋’等字。《说文》：‘匋’，瓦器，从缶，包省声。盖古文双义并音，后始‘陶’‘窑’分称。”

[2]昔，指宋代。

[3]宋代以前，景德镇窑场作坊大多分布在南河、东河一带，如湘湖、白虎湾、盈田、黄泥头、月山下、何家棚、柳家湾、南市街一带，延绵数十里。

[4]埏，读音：Shān，意谓揉黏土，引申为制陶器。《管子·任法》：“昔者，尧之治天下也，犹埴之在埏也，唯陶之所为。”埴，音 zhi，意指黏土。《释名·释地》：“土黄而细，曰埴。”《考工记·总序》：“抟埴之工”，郑玄注：“抟之言拍也。埴、黏土也。”延埴，以陶土放入模型中制成陶器。《老子》：“埏埴以为器，当其无有器之用。”

[5]疵：小毛病。《淮南子·汜论训》：“故目中有疵，不害于视，不可灼也。”

据文献记载，景德镇烧造白瓷在唐初就出现了。明万历间江西省巡抚陆万垓《江西省大志·陶书续补》载：“唐武德二年（619），里人陶玉献假玉器由是置务设镇，历代相因。宋以奉御董造……”文中不仅就明确说到唐代景德镇烧造瓷器，而且还提到烧造白瓷（当时被誉为“假玉器”）的艺人——陶玉。明代崇祯十年（1637）碑刻《关中王老公祖鼎建贻休堂记碑》（该碑现藏景德镇陶瓷馆），刻石碑文也记述：“唐武德二年建有陶厂，规制甚（下缺），治万姓之鸱张者，而稽陶作之勤惰有繇来矣。我太祖高皇帝三十五年，改陶厂为御器厂。”另外（成书于清乾隆三十九）《陶说》，（成书于清嘉庆二十）《景德镇陶录》和各种版本的《浮梁县志》和《饶州府志》都记载唐代景德镇烧造瓷器的事实。

[6]鬻：音 yù，意谓出售。《汉书·食货志》：“通财鬻货曰商人。”

[7]饶玉：唐宋瓷器往往以瓷窑所在州名冠之。景德镇在其时属饶州辖地，故景德镇瓷又称“饶玉”。“玉”，意指洁白如玉的白瓷。

[8]真定红磁：磁，即瓷。定窑窑址在今河北曲阳滋润村。曲阳窑场在宋代属定州管辖，按照唐代以来以瓷窑所在州名命名瓷习惯，宋代学者把它称为定窑。《苏东坡集》，卷三《试院煎茶诗》：“定州花瓷琢红玉。”到了元代，曲阳县一度为真定路中山府辖地，所以元代蒋祈把曲阳窑场出产的红瓷呼之为“真定红瓷”。刘新园《陶记》南宋说附件，把《陶记》内的“真定”释为汉武帝元鼎四年所置的“真定国”不妥，因为自北朝魏天兴三年，定州开始设置，“真定国”之名就成为历史遗迹了。

[9]青秘：意谓秘色瓷，即青瓷。唐代诗人陆龟蒙用“千峰翠色”来形容秘色越窑瓷器：“九秋风露越窑开，夺得千峰翠色来。”（《全唐诗》卷六百二十九）浙江青瓷在唐代以越窑为佳，陆羽《茶经》赞其“类玉”“类冰”。五代、北宋时期，余姚上林湖窑场的秘色青瓷独步一时，到南宋时，龙泉青瓷称誉天下。南宋庄季裕《鸡肋篇》卷上：“处州龙泉县，出青瓷，谓之秘色。”

[10]宋、元景德镇窑场出产的青白瓷“光致茂美”，风行天下。景德镇窑场出产的色釉瓷器也独具特色，可与定窑红瓷相抗衡。《彭器资尚书文集》有送许屯田诗：“浮梁巧烧瓷，颜色比琼玖”（宋·洪

迈容斋随笔》卷四“浮梁陶器”），琼，赤玉。《竹书纪年》卷下：“（周夷王）年，蜀人、吕人来献琼玉”。玖，似玉的浅黑色石。《诗·王风·匠中有麻》：”贻我佩玖”，诗中所吟的色如琼玖的瓷器,即指红釉器和黑釉器。宋·周辉《清波什志》卷五也记载了宋代景德镇窑场出产的色釉瓷:“饶州景德镇陶器出于大观间（1107-1110），变色红如朱砂，时有玉碟防御使仲揖年八十余，居于饶，得数种出以比之定州红瓷器，色尤鲜明。’”

[11]窑，陶瓷制品烧成的热工设备。窑之长短，指窑的装烧容量。

[12]率：通常、大抵。苏洵《三国论》“六国互丧，率赂秦耶？”

[13]䃺《说文》：“用瓦石去垢曰䃺”《广雅·释诂》：“䃺，磨也。”这里的䃺，是指景德镇元代窑场的陶瓷作坊的具体组合形式。这种组合形式，《陶记》后文有具体解释。

[14]官籍：此处是指政府税收部门。籍，登记。《汉书·武帝纪》：“籍吏民马，补车骑马。”颜师古注：“籍者，总人籍录而取之。”

[15]第：分别类级。“以第其税”意谓以确定他们应上的税额。

[16]火堂：即火膛，窑炉前面的燃烧室。

[17]火栈：即火路，障窑时，在匣柱与匣柱之间，预留下宽约 7 ~ 10 厘米的间隙，以使火焰通畅，流布窑室。

[18]火尾：窑后室温较低部位．气氛不易控制。

[19]火眼：窑两侧的投柴孔。

[20]清·唐英《陶成示谕稿·序》：“窑之高卑、阔狭、大小、浅深，暨夫火堂、火拭、火眼、火尾之规，种种不一,相继涌现。精其工而供其役者,为景德镇魏氏专其业,而得其传,元明以来无异。”唐英所论，与蒋祈《陶记》颇相近合，由此窥见元代景德镇窑已初具明、清景德镇窑的规模。

[21]氓：音 máng，古指农村居民。《周礼·地官·遂人》：“凡治野，以下剂致氓、以田安氓”。《史记·陈涉世家》：“陈涉，瓮牖绳枢之子，氓隶之人。”陶氓，意谓从事制陶的农村居民。

[22]佣，受人雇佣。《后汉书·班超传》：“家贫，常为官佣书以供养。”艺，多才能、技艺。《论语·雍也》：“求也艺。”朱熹注：“艺，多才能。”这里的“艺”，是指制作陶瓷的技艺。“艺佣”，受人雇佣，从事陶瓷制作劳动。“陶氓食工，不受艺佣’，意谓从事陶瓷制作的陶氓，不受他人雇佣，而是自己一边生产，一边经营，自食其力。

[23]埽：读音 sāo，意谓尽其所有。《汉书·英布传》：“大王宜埽淮南之众，日夜会战彭城下”。颜师古注：“婦者。谓之尽举之。”

[24]赁，读音 lìn，意谓租，租赁。王禹《书斋》：“年年赁宅住闲坊，也作幽斋着道装。”

[25]“陶氓食工，不受艺佣，埽赁窑家，以相附合谓之“䃺”。这段语的意思是：从事制陶的农村居民，不受别人雇佣，而是自己生产，自己经营。他们做好瓷坯后，就租赁窑家的窑炉设施，并请窑家予以烧成，这种相互合作的关系，就叫作“䃺”。元代景德镇窑场，这种做坯户与烧窑户合作关系，直到清代还存在。《景德镇陶录》卷三：搭坯户——或搭柴窑或搭槎窑。烧囡窑户，即有烧自造户或自造烧亦搭一二他户坯烧。”

[26]坯：陶瓷原料经过配料和加工后，做成所需器皿的形状，称为坯。它属半成品，只有通过烧成后，才能成为陶瓷器皿。

[27] 匣：即匣钵耐火容器，用以盛装陶瓷坯体，使其在烧成时，不受火焰的直接作用和烟尘的沾污，也作为烧成时支坯的支架。

[28] 厥：代词，意谓“其”。《传·禹贡》：“（冀州）厥土惟白壤。”

[29] 窑位，窑内温度分布不均匀，上下温差和水平温差都较大，必须按坯料、烧结性能以及对制品的质量要求确定合适的窑位。

[30] 障窑，《景德镇陶录》卷四：“窑门前用空匣满排以障火，如昔厂官窑满法者。三行后始用坯器尾后，亦满粗器，以搪火焰。”

《江西省大志·陶书》：“民窑烧器，自入窑门，始九行，前一行皆粗器障火，二三行间好器杂火中间，前四、中五、后四皆好器，后三、后二皆粗器。”

唐英《陶冶图说》：“入窑时，以匣钵叠累罩套分行排列，中间疏散，以通火路。其窑火有前、中、后之分。前火烈，中火缓，后火微。凡安放坯胎者，量釉之软硬，以配合窑火，俟坯器满足，始为发火。”

《景德镇陶录》卷四：“烧窑户搭烧坯瓷，其满烧之规：当窑门前一、二行皆以粗器搪怒火，三行后始有细器。其左右火眼处，则用填白器拥燎扩焰。正中几行则满官古东青等器，尾后三、四行又用粗器拥焰，若窑冲惟排砖靠砌而已。”

[31] 纳金：缴交税金。按籍纳金，按照官府登记的窑炉装烧容量来缴纳税金。

[32] 窑牌：纳税后，官府发给窑户容许烧窑的许可证。

[33] 火历：注有日期的烧窑点火的申请书。

[34] 一日二夜：一炉窑的烧成时间为一日二夜，即 36 个小时。

[35] 牙侩：在贸易中以介绍买卖为业的人。《续资治通鉴·元纪五》世祖至元二十二年二月壬戌：“卢世荣奏言：‘……于各路立市易司领诸牙侩人，计商人物货，四十分取一，以十为率，四给牙侩，六给官吏俸……帝皆善而行之。”元·陶宗仪《辍耕录》卷十一《牙郎》也载：“今人谓‘驵侩’者为‘牙郎’，本谓之‘互郎’，主互市事也。”从《辍耕录》和《续资治通鉴》所载的这两条史料，也可看出元代市场活动的形式，与《陶记》所述的“交易之际牙侩主之”的记载，完全合拍。

[36] 店簿：在元代，牙侩为官府统管，牙侩收入的一部分，作为政府官员俸禄的来源之一。《续资治通鉴·元纪五》：“世祖至元二十五年，卢世荣奏：‘可于各路立易司，领诸牙侩人，计商人物货，四十分取一，以十为率，四给牙侩，六给吏俸。帝皆善而从之。’”所以，瓷器贸易的价格及其变迁，官府有案可查。官府记载这种由牙侩主持瓷器交易及其收缴的中介费数额的簿册，叫作店簿。

[37] 河：指景德镇昌江。古代景德镇瓷器主要通过昌江入鄱阳湖转长江外运。

[38] 肩：作动词，意谓肩挑。《左传·襄公二年》：“子驷请息肩于晋。”肩夫，指搬运瓷器的人夫。

[39] 券：契据。古代券常分为两半，各执其一作为凭证，如今之合同。《史记·孟尝君列传》：“酒酣，乃持券如前，合之。”

[40] 非子：《景德镇陶录》卷四“交易成，定期挑货，必有票计数为凭”。陶户通过肩夫发运瓷器到客户承租的船舶上，肩夫要把客户签收的票券交回给陶户．以计算发运瓷器的件数。货发齐后，陶户与客户凭这种票券相互结算。这种票券称为“非子”。解放后，景德镇窑场仍沿用这种名称。

刘新园“《陶记》宋说”附件，把“商算”释为“按比例征收商税”，非也，这里的“商算”是指陶户与客商按照“非子”来结算货物是否发齐。

[41]纲记：约定俗成的法规、法制。司马谈《论六家要旨》：“夫春生夏长，秋收冬藏，此天道之大经也，弗顺则无以为大下纲纪。故曰：‘四时之大顺，不可失也’。”

[42]若夫，句首语气助词，表示由这一层意思引出另一层意思的连词，相当于“至于”。

[43]浙之东西：浙东和浙西。浙东，指元代浙东海右道肃政廉访司辖地，包括婺州路、绍兴路、温州路、台州路、处州路、徽州路、饶州路。浙西，指元代浙西道耐政廉访司辖地，包括杭州路、湖州路、嘉兴路、常州路、建德路。

[44]黄黑种瓷：即陶瓷学界所说的“黑釉瓷”或“黑瓷”。这种黑釉瓷的色调，实际上是棕色或棕黄色，而不是真正的黑色，所以蒋祈称它“黄黑”瓷。清朝康熙年间，景德镇陶工创制的乌金釉，釉面光泽很强，亮如黑漆，才堪称真正的黑釉瓷。

[45]湖田窑：位于景德镇东南4公里处，兴烧于唐代，历宋元至明代隆庆、万历之际结束，以宋元为极盛期。赵曰斌《试论景德镇湖田窑黑釉》：“湖田窑的黑釉瓷，烧造较集中的区域是在刘家坞，其堆积层约30余米，黑釉瓷叠压在枢府瓷堆积之上，当为元代中晚期。”（《中国古陶瓷研究专辑》第1辑，《景德镇陶瓷》增刊，1983）

[46]江、湖、川、广：江，指元代江西东道肃政廉访司辖境，包括龙兴路、吉安路、临江路、抚州总管府、江州路、南康路、赣州路、南安路。

湖，指元代江(见[53])南湖北道肃政廉访司和岭北湖南道肃政廉访司的辖境，前者包括武昌路、岳州路、常德路、澧州路、辰州路、沅州路、兴国路、靖州路。后者包括天临路、衡州路、道州路、永州路、全州路宝庆路、武冈路、桂阳路。

川，指元代“四川等处行中书省”，包括西蜀四川道（肃政）廉访司（辖成都路、嘉定府路、广元路、顺庆路、永宁路）、四川南道宣慰司（辖重庆路、夔州路）和叙南等处蛮夷宣抚司（叙州路、马湖路）等。广，指元代海北广东道肃政廉访司（包括广州路、韶州路、南雄路、潮州路、德庆路、肇庆路）和岭南广西道肃政廉访司（包括静江路、南了路、梧州路、浔州路、柳州路、庆远、南丹溪洞等处军民安抚司。

[47]尚：推崇。《论语·阳货》：“君子尚勇乎？”。

[48]青白瓷：釉色介于青白之间，即青中有白，白中显青。1977年在韩国大浦市附近新安海底打捞出我国元代一艘沉船，内有瓷器一万九千多件，其中就有4813件青白瓷。

[49]镇：景德镇。唐宋景德镇窑场大多散布在景德镇周围，元代时，镇区内场增多。据景德镇陶瓷馆考古人员调查资料，景德镇市区元代窑业堆积已发现有：市中心珠山北面明清御器厂所在地；市区南部落马桥红光瓷厂建隧道窑时，出土元代窑业遗存；珠山北麓詹家弄口建房打地基时出土元代窑业遗存；市区中心明清御器厂东南赛宝坦新华印刷厂建房时，发现元代窑业遗存；莲社路南口，艺术瓷厂附近和薛家坞人民瓷厂建窑时，均出土元代窑业遗存。

[50]鱼水：以刻划花技法进行装饰的器面游鱼纹样。

[51]高足：碗的造型特征，碗腹之下有高足。

[52]发晕：酷似人喝酒微醉而面部呈红晕的色釉。

[53]荆：指元代江南湖北道肃政廉访司辖境，包括武昌路、岳州路、常德路、澧州路、辰州路、兴国路、靖州路。湖北道境内有荆山，故用荆指代之。

[54] 湘，指元代岭北湖南道肃政廉访司，包括天临路、衡州路、道州路、永州路、全州路、宝庆路、武冈路、桂阳路。湖南道境内有湘江，故用湘来指代之。

[55] 槟榔：棕榈科常绿乔木。盘的器面绘槟榔羽状复叶形状，即通常所讲的以棕榈纹为饰。

[56] 耍角：以戏曲人物作为装饰纹样。

[57] 福建：指元代福建闽海道肃政廉访司，包括福州路、建宁路、泉州路、兴化路、邵武路、汀州路、漳州路。

[58] 猊：狮子。《文苑英华》一三一载唐，牛上士《狮子赋》："穷汗漫之大荒，当昆仑之南轴，拣精刚之猛气，产灵猊之兽族。"

[59] 鼎：圆形．三足两耳，也有长方四足。这里指炉的造型似鼎，即鼎形炉。

[60] 彝：盛酒尊。《尔雅・释器》："彝、口、口、器也。"郭璞注："皆盛酒尊。彝其总名。"器形体作方形，又称方蜂。

[61] 这一节是写瓷炉造型所模拟的形状，即狮形炉、鼎形炉、彝形炉、鬲形炉、朝天炉、象腿炉、香佼炉、桶子炉。

[62] 觚：喇叭形口、长身、细腰、高圈足。

[63] 胆瓶：瓶的一种样式，器如悬胆而得名。造型为口颈相连，颈细长，肩以下渐硕，腹下部丰满。净瓶：佛教徒舆手用的澡瓶。梵语军迟。意译也作军持、车稚。《释氏要览》："净瓶，梵语军迟。此云瓶，常贮水，随身用以净手。"《文苑英华》八六一载唐・李华《东都圣善寺无畏三藏碑》："观音大圣在日轮中，手执净瓶，注水地中。"

[64] 律管：古代一种定音仪器。相传黄帝时伶伦截竹为管，以管的长短，分别声音高低的清浊，乐器的音调都以它为准则。

[65] 兽环：旧时大门上的铜环，多用刻成或铸成兽头形的铺首衔环。

[66] 琉璃：釉色类似琉璃。

[67] 空头细名：名目繁多而实际上差异较小的瓷器。以上讲瓶的命名方法：有的以象形来命名，如觚形瓶、荷叶瓶、葫芦瓶、律管瓶、象腿瓶；有的以装饰来命名，如桅子瓶、兽环瓶、琉璃瓶；有的按用途来命名，如壶瓶、净瓶。

[68] 两淮：指元代淮西江北道肃政廉访司（包括庐州路、安丰路、安路）和江北淮东道肃政廉访司（辖扬州路、淮安路）。

[69] 澄泽之余：澄，使液体里的杂质沉淀下去。泽，光润。澄泽之余，意谓把佳器选尽后留下来的次品。

[70] 土人：土著，本地人。韩愈《与鄂州柳中承书》："若召募土人，必得豪勇。"

[71] 货：买进。《宋史・食货志》："请自今所货，岁约毋过二百万缗。"

[72] 泥：陶瓷原料在成型时为泥状。

[73] 度：推侧、估计。《诗・小雅・巧言》："他人有心，予付忖度之。"

[74] 火照：《景德镇陶录》卷四："本烧户亦有自试火照之法，盖坯器入窑，火候生熟，穷不可定，因取破坯一大片，中挖一圆孔，置窑眼内用钩探生熟。若坯片孔内皆熟，则窑渐陶成，然后可歇火。"

[75] 进坑：今景德镇东部八点五公里之进坑村。

[76] 石泥：瓷石加工成陶瓷原料后，成为泥状。瓷石是由长英岩或石英粗面岩等岩石矿物受热液作

用生成的，其中硅酸盐矿物，特别是长石经蚀变后绢云母化而生成绢云母。如果绢云母化不充分，瓷石中还会有残留的长石等矿物。风化程度深的瓷石，绢云母经受长期地质作用，还伴随着发生高岭化，一部分绢云母转变为高岭石族矿物，因此，风化厉害的瓷石往往含有一定量的高岭石。这种瓷石内的绢云母有和高岭土一样的塑性，又有长石一样的熔剂作用，并有高岭土和长石在瓷器中所起的作用，加之瓷石中还有大量石英因此单纯用瓷石原料，经过成型和烧成即可成瓷。（参阅：李国桢等《中国名瓷工艺基础》，上海科技出版社）

[77]唐英《陶冶图说》：瓷石开采后，“土人藉溪流设轮作碓，舂细淘净，制如土砖，名曰白不”。

[78]湖坑：湖田村以南2.5公里的三宝蓬，历来为瓷石产区。

[79]岭背：距镇南11.5公里的牛角岭南麓的邱冲坞与下项村（距镇南约3公里）一带。

[80]界田：镇东北34公里的界田村。界田南4公里的千坑出产瓷石。

[81]比：近来，《后汉书·光武纪下》：“比阴阳错谬，日月薄食。”

[82]壬坑：壬，读音rén。浮梁方言读“壬”与“银”同音。壬坑，即今镇南2.5公里的里村银坑。银坑前之老鸦滩所产土，一直是景德镇用以制作碗盘等圆器内模的原料。

[83]高砂：镇东北11公里的高砂渡。

[84]马鞍山：今景德镇火车站附近的马鞍山，历来出产制匣原料。《景德镇陶录》卷八：“镇南有马鞍山，旧取土作烧瓷匣，后以景德镇龙脉禁止。”

[85]磁石堂：又称磁石塘，在马鞍山南麓，一直为制匣原料的重要产地。

[86]赤石：刘新园《陶记》南宋说附件，把“厥”释为“掘”。于《陶记》上下文的文理不通，非也。这里的“厥”作代词“其”解，指代上文所讲的千坑、高砂、马鞍山、磁石堂四个地区。

唐英《陶冶图说》：“匣之泥，出景德镇东里村，有黑、白、红三种。”

[87]模：制作碗、盘成形时使用的泥质内范，取其吸水便于脱坯。在石膏未应用前，景德镇坯坊均用泥模。唐英《陶冶图说》：“圆器之造每一款识，动经千百，不有模范，断难画一。其模子必须与原样相似，但尺寸不能计算。生坯泥松性浮，经火则松者紧，浮者实。一尺之坯，止七八寸，伸缩之理然也。欲求立坯之准，必先模子，故模匠不曰造，而曰定。一器非修数，尺寸款识，出器时定不能吻合，必熟谙火候泥性，方能计算加减，以定模范。”

[88]攸山：今景德镇与婺源县交界处，距镇18公里的游山。

[89]山槎：今景德镇与乐平交界处，距镇17公里的仙槎。

[90]灰：清·唐英《陶冶图说》：“釉无灰不成。釉灰出乐平县.在景德镇南百四十里，以青白石与凤尾草制炼，用水淘细、而成。配以白不细泥，调和成浆，按器种类，以为加减。”按蒋祈《陶记》记载，元代景德镇窑场的釉灰产地在攸山和山槎。

[91]《景德镇陶录》卷三：“合釉工，有配灰者，有合色者。”

[92]石垩：垩，白土，石垩，指用石头（石灰石）烧炼而成的白色粉末（石灰）。

[93]槎叶：一种蕨类植物，俗称狼鸡柴。

[94]木柹：刨削下来的木材碎片、木皮。《晋·王浚传》：“浚造船于蜀，其木柹蔽江而下。”

[95]釉泥：今称釉果，即风化较浅的瓷石。

[96]覆烧：将碗、盘之类的器物按反向扣置在各种式样的支圈和支垫内堆迭烧成。支圈和支垫起着

内匣的作用，它多用瓷胎相近的泥浆烧制而成，这样可以达到与瓷器收缩一致，不使瓷器变形的好处。覆烧的优点是能最大限度地利用窑室空间，增加堆装密度，从而节约燃料，降低成本。使用支圈和支垫内匣后可减少变形量，增加加与火焰的隔绝程度，提高瓷器质量。缺点是碗、盘的口部边沿的釉要削去。烧成的瓷器口部无釉，形成所谓”芒口”。仰烧：将瓷器的碗、盘按正向放置于匣钵内，装窑烧成有一件一个匣钵装烧的，也有十件左右装在一个匣钵内烧成的。单件装匣能保证瓷器质量，釉面不受任何影响，多件装匣，则需要将碗心与圈足相接触部分的釉层削去，避免黏结，但对美观有较大影响，只适宜日用瓷。但该法装烧密度大可降低成本。参阅李国祯、郭演仪《中国名瓷工艺基础》。

[97] 陶工：陶瓷制作匠人。

[98] 匣工：匣钵与垫饼制作匠人。

[99] 土工：开采和粗制陶瓷原料的匠人。

[100] 利坯：用铁刀旋削干坯，又称旋坯或挖坯。唐英《陶冶图说》：“圆器尺寸既定于模，而光平必需于旋，故复有旋坯之作。作内设有旋坯之车，形与拉坯车相等，唯中心立一木桩，柱视坯为粗细，其顶浑圆，包以丝锦，恐损坯也。将坯扣合柱上，拨轮转旋，用刀削旋，则器之内外皆得光平。其式款粗细关乎旋手之高下，故旋匠为紧要之工。

[101] 车坯：即做坯，俗称拉坯。唐英《陶治图说》：“而浑圆之器，又用轮车拉坯，就器之大小分为二作。其大者拉造一尺至二尺之盘、碗、盅、碟等。车如木盘，下设机局，俾旋转无滞，则所拉之坯方免厚薄偏侧，故用木匠随时修治。另有泥匠，抟泥融结，置于车盘。拉坯者坐于车架：以竹杖拨车使之轮转，双手按泥，随其手法之屈伸收放以定圆器款式，其大小不失毫黍。”

[102] 釉坯：于坯体上施釉。到清代，釉坯工分为合釉工、上釉工。唐英《陶冶图说·蘸釉、吹釉》：“圆琢名器，凡青花与观（官）、哥、定、汝等器，均须上釉入窑。上釉之法，古制，将琢器之方长棱角者，用羊毛笔拓釉，弊每失于不匀。至大小圆器及浑圆之琢器，俱在缸内蘸釉。其弊又失于体重多破坏，全器倍为难得，今圆器之小者，仍于缸内蘸釉：其琢器与圆器大件俱用吹釉法。以径寸竹筒截长七寸，头蒙细纱，蘸釉以吹。俱视坯之大小与釉之等类，别其吹之遍数，有自三四遍至十七八遍者。”

[103] 印花：把带花纹的模印工具、在未干的坯体表面，压即出四凸纹样，再施釉烧成。

[104] 画花：即划花，在坯体上用铁、竹制的刀扦等工具刻划出装饰花纹，施透明釉烧成。

[105] 雕花：包括堆花和镂雕。堆花是用手指或笔把泥浆在坯体表面堆出各种浮雕状纹。镂雕，以镂空为主，结合堆花技法来装饰瓷器。

[106] 尺籍：古代书写军令的簿册。《汉书·冯唐传》：“夫士卒尽家人子起田中从军，安知尺籍伍符。”这里是指官府登记户窑炉装烧容量的簿册。

[107] 私之者刑：私，隐瞒。刑，名词作动词用指处以刑法。私之者刑意谓如果隐瞒窑炉的装烧容量，一旦发现就将判刑。

[108] 色：成色，品种质量。《景德镇陶录》卷十：“今俗又以器之上品者为青，如呼头青、提青、三色青之类。昔只以上色、次色、三色分之。”

[109] 牙：主持交易的中间人。《旧唐书·食货志下》：“市牙各给印纸，人有买卖，随自署记，翌日合算之。有自贸易，不用市牙者给其私簿。”

[110] 坐罪：犯罪受判处。《辽史·耶律隆运传附耶律涤鲁》：“不肖子，坐罪籍没。”

[111]课赋：国家规定的税收。《旧唐书·职官志》："凡赋役之制有四：一曰租、二曰调，三曰役.四曰课。"

[112]宪之头子：宋元赋税名。《续资治通鉴·孝宗淳熙七年十二月）："头子等窠名五十二项，并入经总制起发。"《宋会要辑稿》"食货五之一九"："高宗建炎二年十月十二日，翰林学士知制诰兼侍读叶梦得言：'宣和之初，以东南用兵，尝设经制司取量添酒钱及增收一分税钱、头子、卖契钱等。取之于微，而积之于众……靖康初，相继遽罢欲望博延辟议更加讨论。经制钱除量添酒钱，近已再行拨充造船外，其余名色有似此等，可以暂济急，阙不至害民者，愿参取施行。'从之。"

按照《元史》卷十六《世祖纪十三》记载，元代一度全面恢复南宋税制，至元二十八年（1291）"十二月壬申，中书省臣言：'江南在宋时，差徭为名七十有余，归附后一切未征。今分隶诸王城邑岁赐之物仰给京师。又中外官吏俸少，似宜量添，可令江南依宋时诸名征赋尽输之。'何荣祖言：'宜召各省任钱谷者，诣京师集议科取之法以闻之'。从之。

[113]泉之率分：赋税名。《宋史·食货下二》："鼓铸钱刀素有程限，悯其劳苦，特示矜宽。自今五月一日至八月一日止收半功，本司每岁量支率分钱以备医药。"

宋·王彦辅《麈史》卷下："熙宁初、予官陕郊时，初复十铸钱监，兵闻锡气久而病脊，以至不能起。惟以蒸豚啖之，可以销释。所支率分钱内充实均给。"

[114]统制之供给：赋税名。

[115]经总之移用：赋税名。《宋会要辑稿》"食货三五之二四"：绍兴十六年"五月二十八日，户部言，诸路经总制无额钱物，系专委通判检察造账……"《古今图书集成·食货典》卷二百三十"杂税部"引朱熹《乞减移用钱额札子》："近自乾道九年，内蒙使司于经常分录钱数之外，创立名色，每月抛'移用额钱'一千二百余贯、均于城下及两县酒税务趁办。"

[116]州之月桩：赋税名。《古今图书集成·食货典》"杂税部"引宋·赵汝愚言："诸县措诸月桩钱，其间名色类多违法，最为细民之害。试举其大者则有曰曲引钱、曰纳醋钱、卖契钱、户长甲帖钱、保正牌限钱、折纳牛皮筋角钱。两讼不胜则有罚钱，既胜则令纳欢喜钱，殊目异目，在处非一。"

王应麟撰、翁之圻注《困学纪闻》卷十五载："陈君举因轮对言曰：……上供起于元丰，经制起于宣和，总制、月桩起于绍兴，皆迄今为额。折帛和买之类不又与焉。茶引尽归于都，茶场、盐钞尽归于榷货务，秋苗半解十八九归于纲运，皆不在州县，州县无以供，则豪夺于民……"

[117]支使：《宋史·职官志七》"幕职官"有"观察文使"名目，并云："凡节度推、判官从军额、察推及支使从州府名。"

[118]醋息：宋·胡太初《昼簾绪论》理财篇第九："此外则有牛验醋息，与夫茶麦牙契免丁房贷，自可随宜拘榷。"

[119]孤遗：《古今图书集成·食货典》卷一百四十引朱熹《乞蠲减漳州上供经总制额等钱状》："近年以来，州县增添寄居待缺、宗子孤遗、养老、归正等官，岁所支钱比之往时日有增广，以此州郡窘匮而县道急迫日以益甚，无复赢余可以补趁。"

[120]缗：穿钱的绳子，此处指成串的钱，一千文为一缗。

[121]圣节：赋税名。为庆贺帝王、帝后生日所纳之贡金。康熙二十三年《饶州府志》卷三十四"疏"引洪迈（乾道二）《减贡金札子》："绍兴间来，每年遇圣节，饶州有贡金一千两而麦金十两之额

与他例同……所谓诸州只贡只系银绢，饶固有之，且已兼任泉、臬两司之数为若千两，独此郡任焉。”

[122]郊祀赏赉：谓地方为助皇帝祀天赏赐官员而纳之税金。清·赵翼《廿二史札记》卷二十五《宋郊祀之费》：“宋制每三岁一亲郊，大小各官皆得荫子……是郊祀恩荫已极冗滥。此外又有赏赉，计每次缗钱五百余万，大半以金银、绫、绢、绸平其值给之……。按，范镇疏云：‘赋税繁重，转运使于常赋外进羡钱以助南郊，无名敛率，不可胜数；然南郊之费，大概出于外僚科敛，所进之羡余，是又因百官之滥恩，而腹万民之财力，立制抑何谬耶？’”

[123]试闱、结葺：旧称试院为闱。试闱，生员考试。葺，修理房屋。《左传·昭公二十三年》：“必葺其墙屋。”杜预注：“葺，补治也。”

[124]缗：穿钱的绳子，亦指成串的钱，一千文为一缗。

[125]权官可以逭责：权官，意指地方首席长官。逭：避，逃。《书·太甲中》：“自作孽，不可逭。”从“宪之头子”到这句，是讲浮梁州州家应完成的国家所规定的上述税收。这些税目属宋代赋税旧名，元代统一中国前夕，曾一度废除这种苛捐杂税。至元十三年，忽必烈“沼谕浙东西，江西东，湖南北府州县官吏军民：‘凡故宋繁冗科差，圣节上供，经总制钱等百有余件，悉除免之’。”但是，到至元二十八年，又恢复宋代税制，即“令江南依宋时诸名征赋尽输之”。（事载《元史·本纪》卷十六《世祖十三》）详见《蒋祈〈陶记〉著于元代辨》第二部分。

[126]斯：尽。《吕氏春秋》：“斯食之。”

[127]州家：刘新园《陶记》南宋说附件，把它释为“宋时对州府的别称”，不妥，因为宋代没有这种称呼的习俗。

景德镇为浮梁县所辖，浮梁县隶属于饶州。按照《陶记》记载，景德镇应缴纳的各种赋税，由州家直接负其责。如果依刘新园氏意见，把《陶记》里的州家释为饶州府的首席长官，岂不是说，饶州府首席长官跳过浮梁县的中介环节，要直接负责征收景德镇的各种赋税？这与宋代的行政建置及其机制发生冲突，其实，《陶记》里的州家，不是指宋代饶州首席长官，而是元代浮梁州知州，因为在元代，浮梁县改为浮梁州。详见笔者《蒋祈〈陶记〉著于元代》和《再论〈陶记〉著于元代》。

[128]籍：元代政府规定地方应缴交而且注入官府簿册的税额。挂欠之籍，没有完成国家规定的税收的缺额（官府簿册上有具体记载）。

[129]辍：中止。《论语·微子》：“耕而不辍。”

[130]临川、建阳、南丰它产有所夺：元代临川、建阳、南丰三处窑场，对景德镇窑场构成竞争对手的具体情况，详见笔者《蒋祈〈陶记〉著于元代辩》和《〈陶记〉中的“建阳窑”》等文。

[131]牙校：低级的武官。《新唐书）一百七十一“石雄传”：“（雄）少为牙校，敢毅善战，气盖军中。”

[132]踵门：亲至其门。《孟子·滕文公上》：“（许行）踵门而告文公曰：‘远方之人，闻君行仁政，愿受一廛而为氓。”

[133]权官散分：刘新园《陶记》南宋说附件，把“权官”释为“代理官员”，不妥，因为它和前后文发生冲突。再说刘新园所引证《宋史·曾从龙传》：（曾从龙使金还）疏言“州郡累月阙守，而以次官权摄者.彼惟其摄事也，自知非久，何暇尽心干民事”中的“以次官权摄者”同《陶记》内的“权官”是风马牛不相及的两个不同的概念。前者是“次官”代理首席长官行使施政权力，即“权摄”，

后者中的“权官”是指官府执掌政权者。即首席长官，在此指浮梁州知州。“权官散分”意谓浮梁州知州的职权被分散而大大削弱了。

[134]迩：近。《诗·郑风·东门之墠》：“其室则迩，其人甚远。”迩来，近来。

[135]土居之吏：当地人出任衙门的吏员。

[136]殆：几乎。《诗·小雅·节南山》：“式夷式已，无小人殆。”笺：“殆，近也。”《礼·檀弓下》：“哀哉，死者而用生者之器也，不殆于用殉乎哉。”

[137]库氏之风：宋，郑樵《通志》卷二十八“氏族略”之“以官为氏，库氏”；“汉文帝时，有仓氏、库氏，为吏之久，故子孙以为氏。”此处意指当时景德镇的地方势力，盘根错节。

[138]懵：无知貌，白居易《与元九书》》：“其他懵然无知。”

[139]掣其肘：捉住其肘。杜甫《遭田父泥饮美严中丞》：“高声索果粟，欲起时被肘。”

[140]豪驵之民：驵，读音zǎng，粗大貌。《尔雅·释言》：“奘，驵也’。郭璞注：“今江东呼大为驵，驵犹粗也。”豪驵之民，意指当时景德镇地方上的游手好闲的粗野之民。

[141]诡辞上官：诡辞，捏造事实，编造假话。上官，上级官府。此处意指，捏造事实，编造假话，向上级官府诬告。

[142]之：代词，指代“强明自任者”。

[143]太息：深切悲叹。屈原《楚辞·离骚》：“长太息以掩涕兮，哀民生之多艰。”

[144]《容斋随笔》：南宋学者洪迈著《容斋随笔》五集，于嘉定五年（1212）刊印。

[145]市陶器：市，购买。《国语·齐》“市贱鬻贵。”陶器，从陶瓷工艺学角度讲，陶器与瓷器有质的区别。陶器通常有一定吸水率，断面粗糙无光，不透明，敲之声粗哑，大多无釉。瓷器的胎致密，基本上不吸水，有一定的半透明性，通常都施有釉层。但是我国古籍文献内的“陶”的含义较为广泛，它既可表示“陶器”、又可表示“瓷器”，还可表示“陶瓷”，另外它又可表示“窑”。此处“陶器”意谓瓷器。

[146]父老所传仅二人：洪迈《容斋随笔》一集卷四“浮梁陶器”：“《彭器资尚书文集》有送许屯田诗曰：‘浮梁巧烧瓷，颜色比琼玖，因官射利疾，众喜君独不。父老争叹息，此事古未有。’注云：‘浮梁父老言，自来作知县不买瓷器者一人，君是也。作饶州不买者一人，今程少卿嗣宗是也’。惜乎不载许君之名。”

[147]辽：久远。阮籍《咏怀》：“人生乐长久，百年自言辽。”

[148]羡：贪欲，想慕。《淮南子·说林》：“临河而羡鱼，不如归家织网。”

[149]脉络：人身的经络，此处意谓山川的自然机制及其资源。

[150]土风：当地的风俗，此处意谓当地保护自然资源的风气。

[151]荡：毁坏。《国语·周语》下：“夫周，高山、广川、大薮也，故能生是良材，而幽王荡以为魁陵、粪土、沟渎。”

[152]龟鉴：龟可卜吉凶，鉴，镜子。龟鉴，比喻借鉴。苏轼《乞校正陆贽奏议上进札子》：“聚古今之精英，实治乱之龟鉴。”

[153]博易之务：《宋史·食货志》载：宋元丰五年“八月，置景德镇瓷窑博易务”。

[154]窑巡：待考。宋代设有“景德镇窑丞”官职。《篁峡齐氏宗谱·护公行实》：“护公（齐宗蠖）

字咸英，生于宋真宗咸平元年（998）戊戌八月朔旦时，世居德兴体泉。仁宗景祐三年（1036）丙子，以春秋明经请浙江举人仕。初任景德镇窑丞，九载无失。庆历五年（1045）乙酉八月十五日，因部御器经婺源下槎，土名金村段，行从误毁御器。护叹曰：‘余奉命，愿死，从者何辜。’即吞器亡……皇祐元年（1049）己丑三月初七日，诏封新安元帅麾侯。”

[155]罢：停止。《论语·子罕》：“夫子循循然诱人，博我以文，约我以礼，欲罢不能，既竭我才。”

[156]河滨之陶：《史记·五帝本纪》：“舜耕历山、历山之人皆让畔；渔雷泽，雷泽之人皆让居；陶河滨，河滨器皆不苦窳。”

[157]苦窳：粗劣。《荀子·议兵》：“械用兵革窳楛，不便利者弱。”杨惊注：“窳，器病也，音庾。楛，滥恶，谓不坚固。”

[158]庸讵：反诘之辞，意谓岂，何以。潘岳《秋兴赋》：“苟趣舍之殊涂（途）兮，庸讵识其躁静。”

[159]董陶：开业制造陶瓷。

[160]刘新园考辨附件把“然河滨之陶……不可以复古耶”这一段，释为“舜陶河滨时，无博易之务与窑巡之职的设置，而其器质地优良，又怎么能知道，今日的景德镇就因无博易务与窑巡之职的设置而不能恢复旧时的繁荣呢”，欠妥，因为这里的句式不是承前省略，而是承上展开。“然河滨之陶，昔人为盛德所感，故器不苦窳”，这一层是谈历史，意思是说，远古时的制陶匠师，被帝舜亲自在河滨制作陶器的高尚情操所感动，所以匠师们创造出来的陶器质量没有低下的。“庸讵知今日董陶之器不可以复古耶？”讲的是对未来的展望，作者用反问的句式写道：怎么知道今日开业制造陶瓷的匠师，就不能像远古匠师那样制造出优质陶瓷器皿来呢！

原载《中国陶记与中国文化》，浙江美术学院出版社，1990年

# 蒋祈《陶记》现代汉语译文

熊寥

景德镇烧造瓷器的窑，过去有三百多座。它们制成的产品，胎釉纯洁素白，没有一点小毛病，因此销售到外地，被誉为“饶玉”。它们同真定红釉瓷和龙泉青秘瓷争奇斗艳。

瓷窑的装烧容量大都有一定的组合形式，俗称“惿数”，官府丈量其尺寸并登记注册以确定其纳税份额，但窑里的“火膛、火栈、火尾、火眼”等部位则不记入簿册。从事陶瓷制作的农村居民不受他人雇用，而是自己一边生产，一边经营自食其力。他们制好瓷坯后，租下窑户的全部瓷窑设施，并请窑户予以烧成。坯户和窑户的这种相互合作叫作“惿”。做好的泥坯装进匣钵之后，分别堆叠起来。进窑装烧时，要审视其窑内的各个部位，然后小心翼翼地把盛着各种不同坯件的匣钵，按照烧成的不同要求，依次放到各个适当的窑位上，这就叫作“障窑”。

开窑烧造时，制陶匠师要按照官府丈量并登记注册的装烧容量，以及由此规定的税额缴纳税金。纳税时，还要向官府递交注明开窑烧造时日的火历，官府收税后，再发给同意烧造的窑牌，这叫做“报火”。

每烧一窑，需一日两夜。瓷窑一旦歇火，瓷商争先恐后地上前去订货。匠师把烧成质量不一的瓷器分出等级，这道工序叫作“拣窑”。

在进行瓷器买卖时，由牙侩主持。交易成后，各种产品的价格及牙侩的介绍费，都要登录簿册，以备官府查核，这就叫它“店簿”。

搬运瓷器的脚夫把瓷器运下河时，都拿着（陶户发货）品类件数的证给瓷商。客户收货后，又发给脚夫相应的“凭证”，以便陶户和瓷商进行核算。这种凭证，称为“非子”。

上述瓷业生产约定俗成的法规大致是这些。

浙东和浙西地区，喜欢湖田窑出产的黄黑釉瓷器；江西、湖北、湖南、四川、广东、广西地区，喜欢镇区窑场烧造的青白瓷。

碗类产品有：鱼水纹碗、高足碗；碟类产品有：发晕碟、海眼碟、雪花碟；这类产品在四川、广东、广西、湖北、湖南很受欢迎。马蹄盘、槟榔盘；莲花盂、耍角盂绣花、银绣、蒲唇、弄弦之类的碗、碟，在江西、浙江、福建畅销。总之，不同品种的瓷器，必须选择不同的地城去销售。

炉类产品有：猊炉、鼎炉、彝炉、鬲炉、朝天炉、象腿炉、香奁炉、桶子炉。

瓶类产品有：觚瓶、胆瓶、壶瓶、净瓶、栀子瓶、荷叶瓶、葫芦瓶、律管瓶、兽环瓶、琉璃瓶，真是名目繁多、应有尽有，任凭瓷商选购。

在淮东、淮西地区行销的产品，大多是在江西、广东、福建、浙江地区销售不出去的次品。当地人买这种瓷器，称它为“黄掉”。所谓“黄掉”是指其色调不美，属于可废弃的范围。

关于产品的品种花色大体上就是这些。

冬天，泥料因寒冷冻结而变脆，不能烧成，做好的泥坯也不易操作，于是就出现了专门为制造和烘烤泥坯的暖房。规定的烧炼时间到了，但窑内的瓷器是否烧成还不能确定，这时要用铁钩把先同瓷坯一起放进窑内的坯片从窑眼钩出，看其是否烧熟。这种用于检验窑炉内瓷器生熟的坯片，叫作“火照”。

进坑出产的瓷石制成的胎料，加工精细。湖坑、岭背、界田出产的原料，质量较差。景德镇附近的壬坑、高砂、马鞍山、磁石堂出产的土质和赤石原料，只能做匣钵和模具，如果把这类原料做成瓷坯，那么烧制出来的器皿必定败恶不良，所以这类原料不能用来制造瓷器。

攸山和山槎两地出产的釉灰，是配釉工不可缺少的。釉灰的制作方法是：先将石灰石锻烧成白色粉末，然而把粉末放在狼鸡柴和杂柴碎片、木皮一起煅烧，即成釉灰。合釉时，除用这类釉灰外，还必须加入岭背出产的“釉果”，这样才能制成为可用的釉料。

装烧方式分为覆烧和仰烧两种。陶瓷制作匠人、匣钵制作匠人和陶瓷原料开采和粗制匠人，因操作对象不同而各有各的场所；旋坯工、拉坯工和施釉工，各有各的手艺；印花工、划花工和雕花工，各有各的技巧，他们在陶瓷制作中条理井然，分工明确，各专一行。

瓷窑的大小容量载入官府簿册后，如果私自扩大，就会被官府查办。瓷器产品分为上、中、下三个等级，如果以次充优，将受到惩罚。凡有触犯官府利益的欺骗或者隐瞒行为、一经查出，不论是主持交易的牙侩，还是订购瓷器的商人，或是搬运瓷器的担夫，一律都要受牵连而被惩治。这种对窑业的防范可谓严密呀!

为什么从前的地方官员在完成征缴国家规定的税收后，地方财政还是那么宽裕，而今天的主事者却常常担心无法完成朝廷下达征收的税呢？这是因为上交给朝廷的税收名目五花八门：宪之头子、泉之率分、统制之供给、经总之移用；州之月桩、支使、醋息；镇之吏俸、孤遗、作匠等，这些上交的税额，每月总费几乎达三千余缗。而春秋军旅、圣节、郊祀、赏赉、试闱、结葺等税额还不包括在内。单这些开支，每月也得支付一百一十五缗。浮梁州知州上缴了这些税款，才算卸了责任，否则就要遭受上司的申斥。

我发现，几十年来，凡是离任的浮梁州知州，没有一员不在官府账簿上拖欠税款的。推究其缘由，大概有下述根源：首先，农村的收成好坏直接影响到窑业的兴衰，一遇灾荒，窑家随之歇业；其次，临川、建阳、南丰三大窑场与景德镇窑争夺销售市场；再其次，上交税款的期限如果稍有延迟，那么上司就要派遣全副武装的衙役上门来催逼骚扰；第四，吏员殆于政事，冤案屡出。知州本人的权利被分散，加之近来瓷商狡猾，牙侩狡诈；第五，土著吏员的地方势力根深蒂固，无法动摇，大有像汉人仓、库氏那样以姓氏居官爵的遗风。糊涂一点的知州，下属吏员就牵着他的鼻子走。一旦出现精明能干，并想有所作为的知州，那么衙门吏员就勾结地方劣绅恶棍，捏造事实向上诬告，直到要使他受惩办被撤换才肯罢休。上级官府对这种局面却视为不见，无动于衷，这就叫人感到太可悲了！

我曾在《容斋随笔》里看到过这样的记载：过去的饶州府太守和浮梁县令不买瓷器者，据当地父老所传，只有两个人，噢！怎么这样稀少呢？“容斋”的记述可靠吗？为什么今天不再有这样的清官呢？我又听说，现在镇上的特大富商，十之八九很不如意。官府贪图高额利税，相反却出现一至五倍的亏空，难道这是时运吗？山川的自然资源被焚毁之后不应丢下不管，保护自然资源的风俗日甚一日在消失啊！应该从“一里窑，五里焦”的谚语中得到反省。有人说：“瓷窑博易务废除了，窑巡官职也撤销了，如今已不可能恢复到过去那样的繁荣状态了。”但是，远古制陶匠师被帝舜亲自到河滨制作陶器的高尚情操所感动。所以他们制作出来的陶器质量没有低下的，怎么知道今日开业制造瓷器的匠师不能恢复旧日的繁荣呢？对于这一点只有让事实来回答。

# 评《蒋祈〈陶记〉著作时代考辨》

## —与刘新园先生商榷

马文宽

（中国社会科学院考古研究所，北京 100710）

**目次**



## 一、前言

《陶记》是中国第一部有关陶瓷生产技术、管理及其行销等方面的论著，对其进行深入的理解和断代有益于中国陶瓷史、科技史的研究，故我国老一辈陶瓷研究学者傅振伦、陈万里、冯先铭等先生都对《陶记》给以关注，傅振伦先生在耄耋之年（1979 年）还对《陶记》进行了译注[1]。约与《陶记》同时期，伊朗人阿布尔·卡西姆于 1301 年著有《阿布尔·卡西姆有关陶瓷的论著》[2]。两文均受到国内外陶瓷学者的重视。

《景德镇陶瓷》1981 年《陶记》研究专刊发表了刘新园先生的《蒋祈〈陶记〉著作时代考辨》[3]（以下简称《考辨》），后又于 1983 年在《文史》第 18、19 两期连续刊载[4]，为刘新园的成名之作。1983 年秋熊寥先生在《景德镇陶瓷》第 4 期上发表了《蒋祈〈陶记〉著于元代辨——与刘新园先生商榷》[5]一文（以下简称《元代辨》），亦是熊寥的成名之作。上述两文的观点针锋相对，在陶瓷界产生了一定影响。沉寂七年之后，1990 年熊寥又发表《再论〈陶记〉著于元代》[6]。1991 年刘新园也发表了《宋元时代的景德镇税课收入与其相关制度的考察——蒋祈〈陶记〉著于南宋之新证》（以下简称《新证》[7]。1992 年熊寥对《新证》进行反驳，发表了《宋元镇税制度与〈陶记〉著作时代——评刘新园〈陶记〉著于南宋之新证》[8]。学界同仁各从一说，对两人观点之是与非则无人给与全面评论，仅傅振伦先生在经受了刘新园的“批判”以后，在 1989 年整理其将要出版的论文集时仍坚持《陶记》成书于元代的观点[9]，实难能可贵。另外，1993 年景德镇陶瓷学院曹建文撰文《关于〈陶记〉

著作时代问题的几点思考》，其结论是"笔者倾向《陶记》著于南宋"[10]。同期杂志还发表了熊寥的反驳文章《"缗"、"经总"及其它——答曹建文[11]。

2004年法籍华人赵冰博士发表了法文版《〈陶记〉译注》，第一次引用《福建通志》中有关蒋祈的记载，并推测蒋祈的活动时期应在南宋晚期（13世纪中期）。其后她又发表了《〈陶记〉撰写年代的学术争论》一文。这两文认为，如果假定蒋祈就是《陶记》的作者，那么《陶记》成文最迟不晚过臧廷凤时代（宋元交接之际，13世纪中后期）;《陶记》被编收入臧廷凤汇编的《浮梁志》而保存至今的可能性最大。她还观察到现存几个清代版本均明显有遗失句子、段落的痕迹（比如有关装烧工艺部分）和文采风格不一的现象（如结尾部分），认为这些细节也比较符合《陶记》最初以写版流传的假设。赵冰还提出了《陶记》著于元代之说可能最早出自景德镇御厂监陶官唐英（1682一1756年）之手，并特别探讨了该观点的历史、文化和政治成因及其影响[12]。赵冰博士有关《陶记》的一些观点值得重视，有益于这一学术课题的深入研究。

现在这一争论已过二十余年，从众多新的考古资料和大量古瓷研究的新成果来看，可以对《陶记》的成书年代做出一些合乎实际的判断。笔者认为刘、熊二位所论均有合理之处，本文兼收之；但二文亦均有所偏颇。由于刘新园常年在景德镇工作，其文有较大的影响。故本文着重于对刘文进行评述，同时对《陶记》所书内容进行考察并述其成书大致年代。

## 二、《考辨》资料运用评述

刘文中出现资料性的错误如下。

1.5页倒4行"一八五六，法国巴黎出版的儒莲（M.5.Julien）《中国瓷器制造术》"，应更正为儒莲（5.Julien）《中国瓷器历史及其制造》（HistoireetfebricationdelaPorcelainechinoise）。刘先生在儒莲的名字前加了M，是不必要的，书名翻译亦欠妥。

2.5页倒3行"一九一O年英国牛津大学出版的巴沙尔（5.M.Bushell，）的《中国的陶瓷》"。他做的注文是"J.A.Pope《ChinesePorcelainfromtheArdebilShrine》41-42页。"查Pope原书注93及该书的"文献目录"应是"S.W.Bushell，OrientalCeramicArt，collectionofW.T.Walters，NewYork，D.Appleton&Co.，1899"，正确的翻译应是"一八九九年纽约阿普莱顿有限公司出版的《东方陶瓷艺术—沃尔特斯的收藏》"。故此书不是"一九一O年英国牛津大学出版的"，也不应译为"《中国的陶瓷》"。此处刘先生把本书与巴沙尔的另一本关于《陶说》的译著合二而一了。另一本书是一九一O年牛津克拉伦登出版社（Oxford，TheClarendonPress，1910）出版的巴沙尔的译著《中国陶瓷叙述，<陶说>之译文……》（DescriptionofChinesePotteryandporcelain，BeingaTranslationoftheT'aoShuo……）。

3.5页倒2行"……两书，都分别对它作过法文与英文的节译"。查波普原文并非如此。第一，应更正为"三书"。因为波普在其所著《阿达比尔陵寺收藏的中国瓷器》一书中，除了引述上两书外，还引用了1951年伦敦劳特里赤和基根出版社（Roudedge&KeganPaul）出版赛耶（Sayer，GeoffreyR.）的《景德镇陶录》（Ching-Te-ehent'ao-lu）一书。第二，在波普所著一书中，他介绍了上述三本书对《陶记》中所论及的"江、湖、川、广器尚青白，出于镇之窑"一句话的三种不同的翻译[13]，并不是两书对《陶记》作了“节译”。

4.17 页倒 6 行引《陶记》“景德陶，昔三百余座，诞值之器洁白不疵，故鬻于他所皆有饶玉之称，其视镇定红瓷，龙泉青秘相竞奇矣”作为论述《陶记》年代的主要根据之一。下面我们就看一看刘新园是如何“印证史料”来完成此项研究的。

（1）20 页 4 行，“一九六 O 至一九六二年河北省文化局文物工作队又对它（指定窑）进行了科学发掘，其《简报》谓：该窑创烧于晚唐，制品以北宋为最精，‘靖康’之变后，陷入金国境内，窑事‘从盛转衰’，‘烧制质量日益粗陋’”。现在我们看一看这个《简报》。《简报》介绍了调查与试掘的情况，主要报道了晚唐层出土遗物 87 件，五代层 39 件，北宋层 127 件。由于试掘没有发现金、元地层，仅采集到金代瓷 3 片，元代瓷 2 片[14]。客观地说由于时代和条件所限，仅根据采集

的 3 件瓷片及简单的论述就推断金代瓷器“烧造质量日益粗陋”是欠妥的。而刘新园抓住此处“粗陋”二字，作为立论的主要根据。但当时能看到金代定窑瓷器的考古资料起码有以下一些。

1961 年辽宁朝阳金大定二十四年（1184 年）马令夫妇墓出土定窑刻花瓷碟 2 件[15]。1963 年浙江绍兴缪家桥南宋水井出土牙白印花菊瓣纹瓷碗 5 件、牙白划花瓷洗 9 件、牙白划花瓷盘 1 件[16]。1971 年江苏吴江南宋庆元元年（1195 年）叶奖妻邹氏墓出土定窑葵口六棱刻花大腕 1 件、八角盘 1 件[17]。1971 年江苏江浦南宋庆元五年（1199 年）张同之之妻章氏墓出土定窑印花盘 1 件、印花碗 3 件[18]。1973 年黑龙江绥滨中兴古城金代墓群出土许多定窑划花的碗、碟和盘，器内有双勾线的荷花或萱草[19]。1973 年北京先农坛金墓出土定窑花草纹刻花洗 1 件、花草纹刻花碟 4 件、白釉盘 1 件、六出莲瓣碗 1 件、小碗 1 件[20]。1974 年松花江绥滨奥里米古城金代墓群，几乎每一座大墓都出定窑大腕[21]。1975 年北京通县城关公社砖厂一号墓出土定窑葵瓣刻花碗 1 件、刻花盘 1 件、素瓶 1 件、素碗 2 件、素小碟 2 件。二号墓出土定窑刻莲花纹盘 3 件、刻莲花纹小盘 10 件、玉壶春瓶 1 件、素瓷碗 3 件、素小杯 2 件、素小碗 1 件、素小盘 1 件[22]。

上述仅是刘新园刊出他的文章以前发表的部分考古发掘金代定窑瓷资料，出土器物绝非“粗陋”。有些简报还写有出土的金代定窑瓷器“胎质薄，釉色光润，刻花精细，器形别致，充分反映了宋金时代定窑瓷器的高度水平和工匠们高超的艺术才能”之类的话语。金代定窑产品不仅行销金王朝统治的广大地区，而且在大定四年（1164 年）金与南宋议和后，还行销江南和西南的广大地域。对于这些刘新园都未论及。而且他还亲自参观了浙江绍兴缪家桥南宋水井出土瓷器，可是仅谈道“除景德镇影青瓷器与龙泉青瓷外，还有不少的黄黑茶盏”[23]，将十余件精美的金代定窑瓷则排除在外。科学研究要面对繁多的文献史料和考古资料，从中选出合于实际的材料，有时是沙里淘金，费尽周折，有时还要排除错误的史料，以求去伪存真，但绝不能以是否符合自己的观点为标准来进行取舍。

（2）20 页 9 行，“龙泉窑……浙江省文管会于一九五六至一九六一年对它进行了科学的发掘，《简报》谓其五代 - 北宋的产品呈艾叶青色，与越窑的所谓‘秘色’瓷器相似”。《简报》实谓龙泉窑五代产品“釉层薄，釉色青中泛黄”；宋代产品“釉汁透明，淡青中微带灰色”，并无“艾叶青色”之说，更找不到“与越窑的所谓‘秘色’瓷器相似”的句子。

（3）20 页 11 行，“宋人庄季裕在《鸡肋编·卷上》说：龙泉县出青瓷，谓之‘秘色’……宣和中禁廷制样需索，益加工巧”。此处未能忠实地引用原文。

《鸡肋编》原文如下："处州龙泉县……又出青瓷器，谓之秘色。钱氏所贡盖取于此。宣和中禁廷制样需索，益加工巧。"[24] 两相对照可看出刘新园使用资料的随意性。第一，刘新园知道加了引号的引文要绝对忠实于原文，故不用引号。第二，"龙泉县出青瓷"这句话并不错，但不是原文，是刘新园"自组"的句子。第三，把关键的"钱氏所贡盖取于此"仅八个字的一句重要的话给删除了。因而造成了该文的一系列的错误。

《四库全书总目提要》指出，《鸡肋编》"间失考证"。上述引文即是一例。因为这里所说的"秘色"瓷及"钱氏所贡盖取于此"，指的是五代时吴越小王朝遣使向中原王朝进贡的"秘色"瓷，应是越窑青瓷，绝不是龙泉窑青瓷。在五代末北宋初年龙泉窑尚在起步阶段，根本不能生产出精美的贡瓷。生在两宋之际的庄季裕错误地把越窑移到了龙泉窑是情有可原的，因为当时没有专门研究瓷器史的人员提供可靠的研究成果。但在20世纪80年代还把越窑移到了龙泉窑，就令人不可思议了。

在刘新园以前，朱伯谦等先生于1963年发表的《浙江省龙泉窑址调查发掘的主要收获》一文确实引用了《鸡肋编》的这条内容，并写到"1960年，我们在发掘大窑和金村两地的古窑址时，发现在北宋窑床下面有五代的瓷片堆积层。这证明庄季裕关于龙泉窑始自五代的说法是可信的[25]。但不久朱伯谦先生便在他所著的（龙泉青瓷简史》中纠正了这一错误认识。只因"文革"而未能及时刊出，到1989年才发表在《龙泉青瓷研究》[26] 一书中，并在1990年收入到他的文集[27]。在此文中朱先生明确说明《鸡肋编》的这段记载是"值得怀疑和商榷的"，并提出了三条理由给与驳斥。大致内容是，在各种文献记载吴越国王的贡瓷中"不见龙泉窑瓷器"；在已发掘的五代吴越国王钱氏家族墓和辽墓中没有出现龙泉青瓷；在太平兴国三年吴越国降宋以前，"龙泉窑尚处在就地销售的小规模生产阶段，产量少，质量不高，是绝不会被吴越国王看中的"。

半个多世纪以来考古工作者对龙泉窑进行了多次调查并有多次大规模系统发掘，成果颇丰。目前学界对龙泉窑一些具体问题的观点不尽一致，但其基本轮廓是清楚的。龙泉窑始于五代末年或北宋初，其时尚处在就地销售的小规模生产阶段。北宋及南宋初期主要生产厚胎薄釉青瓷，南宋中期以后是龙泉窑产品质量达到最高峰，生产出了薄胎厚釉，温润如玉的"粉青""梅子青"等高质量的瓷器，但厚胎薄釉瓷仍继续生产。元代是龙泉窑生产最为兴旺时期，产品质量虽有所下降，但产量超越前代，是外销瓷最主要的品种。在简单回顾了龙泉窑的生产历史以后可以看出，《陶记》所云的"龙泉青秘"确系沿袭了《鸡肋编》的错误。而刘新园继续沿着这一错误，又进行了一系列错误地论述。如后文所述，刘新园据此论证"定窑、龙泉窑与景德镇窑同在北宋时代竞相斗艳的史实"便是错误的。北宋早中期龙泉窑产品绝不可能与同时的精美定窑白瓷和景德镇青白瓷"竞相斗艳"。

（4）20页13行，"考古资料与文献记载完全符合。至南宋，该窑（指龙泉窑）工艺大变，产品的釉色已由北宋薄而光亮的'秘色夕，变为厚而柔润的"如美玉、翡翠般"的梅子青'与'粉青'了"。他的注文是引自前述朱伯谦等先生1963年的文章。笔者查阅了原文后，发现这段话与原文有所区别。原文将南宋龙泉窑青瓷分为白胎与黑胎两类。"白胎青瓷的施釉技术较之北宋也大有进步，釉层润厚，色泽晶莹。釉色有粉青、梅子青、青褐、青灰、灰黄、鹅皮黄、密蜡、芝麻酱、淡蓝等。其中以粉青和梅子青最佳，色泽鲜艳滋润，如美玉翡翠。"两相对照，第一，原文没有将北宋龙泉窑"薄而光亮"的釉色与"秘色"相联系。该文引证了《鸡肋编》仅是想要说明龙泉窑的起始年代问题。第二，白胎青瓷的釉色有多种，粉青与梅子青仅是其中的两种。

（5）20 页 14 行，“1973 年中国科学院上海硅酸盐研究所周仁等同志又对该窑（指龙泉窑）历代产品进行了理、化测试，……发表的报告谓：其五代至北宋产品为‘石灰釉’，南宋产品为‘石灰碱釉’……不能混淆”。我国科技考古的先驱者周仁先生所做的关于龙泉窑的理化测试是正确的。其报告确实述说了五代、北宋产品为“石灰釉”；南宋产品为“石灰碱釉”。但这并不能支持刘新园的观点。

首先，我国使用石灰釉自商周以来已有三千余年的历史，但各个历史时期的釉料配方不同，釉层薄厚有别，烧成温度也有所差异，因而釉的质量和颜色也就多种多样了。另外，周仁先生也没有说五代、北宋龙泉的釉色为“艾叶青色”。刘新园应该知道“石灰釉”、“石灰碱釉”仅表明釉的种类并不表明釉色，也不能表明窑口。五代、北宋的越窑、龙泉窑和其他窑口都使用“石灰釉”，但釉色有很大区别。

其次，报告找不到任何文字支持他的观点，而是相反。如该文没有把龙泉青瓷说成是“青秘”瓷器。周仁先生指出五代和北宋是龙泉窑的初创期，瓷器“在外观上的主要特点是釉层较薄，釉色不纯，或则绿中泛黄，或则黄中带绿，釉面一般都有开裂，釉面光泽很强，釉层透明度很高，外观如同玻璃一样。这些都反映了当时龙泉青瓷的工艺水平还未完全成熟”[28]。“工艺水平还未完全成熟”的初期龙泉青瓷如何能与成熟发展的越窑瓷相比呢？因之，周仁先生的科学论述无论如何也与龙泉县“出青瓷，谓之秘色”及“龙泉青秘”对不上号。

（6）20 页倒 13 行起，“定窑、龙泉与景德镇窑同在北宋时代竞相斗艳的事实不独见于蒋祈的《陶记》，而且还有考古资料可证。近十年来，江苏省镇江市博物馆在镇江一带发掘了大量的北宋墓葬。其一九七八年冬季清理的一个北宋初年的墓葬中，就曾发现过龙泉窑的秘色瓜棱盖罐和景德镇烧造的许多影青碗盏摆在一起”。在此处他做了一个注：“笔者曾于 1979 年 2 月至镇江博物馆参观了这批遗物。主持清理这批墓葬的肖梦龙同志向笔者介绍了发掘经过，资料尚未发表”。在这里我们又看到了刘新园对考古资料运用得极为草率。

文物考古工作者都知道，业内有一条为大多数人都遵守的一条不成文的规定，即在考古资料没有正式刊出以前，任何人没有得到发掘者的同意是不能随意加以运用。目前我们不知道刘新园是否得到发掘者的同意。如未得到允许就给以发表是为正直学者所不取的；如得到同意应忠实地加以描述和运用。刘新园极为草率地引用了镇江博物馆的考古发掘资料，故与镇江博物馆于 1987 年发表的发掘报告《镇江宋墓》有极大出入。刘新园所指的“一个北宋初年的墓葬”是 1979 年 11 月发掘的镇江乌龟山 Ml。他说的“龙泉窑的秘色瓜棱盖罐”，在报告中写的是“越瓷青釉八棱瓶”。在该报告的结语中对此瓶也给与了极高的评价，“其造型别致，结构端庄，釉色青翠，在制作上也别具一格……当属北宋早期越窑产品。他的出土，为研究宋代越窑提供了极有价值的实物资料[29]。从事多年古瓷研究的刘新园在参观了实物以后，又再一次把出土的越窑青瓷错误地指为龙泉窑瓷，令人不可思议。

刘新园进而联系了镇江北宋晚期偏早的熙宁四年（1071 年）章岷墓出土金、银镶口的影青 [清白] 瓷盏、碗、执壶以及一对酱色釉定窑瓷瓶[30]，并把镇江这两座墓出土瓷器放在一起加以引申而得出了如下的论断：“这些遗物也与蒋祈的《陶记》一样，为我们勾画出龙泉、定州与景德镇三窑的产品，同在北宋京口市场竟奇斗艳的图景，只是勾画的形式不同而已。”刘新园先把北宋早期墓出土的越窑瓷指为龙泉窑瓷，再把相差几乎近百年的两座墓葬出土不同窑口的瓷器摆在一起，就构成了“龙泉、定州与景德镇三窑产品，同在京口竞奇斗艳的图景”，以符合自己的观点。如此这般地运用考古资料进行论述实属少见。

## 三、《考辨》研究方法评述

如果说由于刘新园把金代定窑瓷器“粗陋”的说法奉为圭臬并有意误导《鸡肋编》中的一条错误史料造成了他的一系列错误分析和判断的话，那么瓷胎“二元配方”始于元代的论述及对《陶记》绝对年代的推导则是他在研究方法上的失误，从而导致了《考辨》的错误结论。

1.《考辨》第9页倒6行：“由此可知，比宋代的制胎方法更先进的‘二元配方’法早在元代就使用了。”同页倒3行：“通过以上事实可以推定：《陶记》所说的制胎工艺不是元代的比较先进的工艺，而是宋代或宋代以前的工艺。由于蒋祈所征引的《容斋随笔》可作为遗文的上限，元代的制胎工艺又可作为它的下限，那么，它所记述的就必然是南宋中、后期的实况。”这样，他把所谓元代的“二元配方”作为《陶记》成书下限的重要理论根据。在此他使用了形式逻辑中最简单的三段推理。“二元配方”是元代的先进制胎工艺；《陶记》所记是宋代或宋代以前的制胎工艺；所以《陶记》成书于南宋中后期。这种推理似无可厚非，但关键的问题是这一推理的两个前提是否正确。如果前提错了，推理也就不能成立。现在我们来考察一下刘新园所述的两个前提。

景德镇窑的瓷胎配方确实是由瓷石一元配方到瓷石与高岭土二元配方的发展过程。其发展的根本原因是什么？刘新园认为《陶记》所记“仅用瓷石一种原料制胎……是完全可信的”。他进而谈到“宋代的瓷胎中 $Al_2O_3$ 的含量都在17%左右，元代和元代以后都在20%或20%以上”。对于这一变化的原因，他认为是“元代的瓷胎，也是采用了明人宋应星所说的糯米土（瓷石）和粳米土（即高岭土）二者和合制备而成的。由于高岭土中的铝氧比瓷石中的高得多（景德镇地区瓷石中得的 $Al_2O_3$ 一般为14-17%，高岭土中则多为3-37%），所以元代瓷胎中的铝氧就比宋代的提高了……由此可知，比宋代的制胎方法更先进的‘二元配方’法早在元代就使用了”。由此可以看出他把瓷胎中 $Al_2O_3$ 所占百分比的高低作为“一元配方”与“二元配方”的根本区别。这里刘新园在研究方法上出现的问题是，他仅看到了一点，而没看到全面。

正如刘新园所说，“二元配方”由于瓷石加入了高岭土，胎中 $Al_2O_3$ 的比例确实是提高了，使胎中的 $Al_2O_3$ 提高到20%或20%以上。但这不是惟一的方法，也不是唯一的标准。

周仁先生早在上世纪50年代就对景德镇制瓷原料及胎、釉进行了研究，他以景德镇的浮梁东乡高龄村出土的明砂高岭和安徽祁门瓷石为例来说明景德镇瓷胎的配制过程。这两种原料“都是在当地矿场舂细、淘洗后制如砖式，名为‘不’（音敦），又名‘不子或白不子’”。但这两种“不子”还不能直接用于制胎，还必须在瓷场内再次舂碎和淘洗，将淘洗出的渣滓弃去不用，留下细颗粒部分用于制造细瓷，称为精泥。这样明砂高岭的 $Al_2O_3$ 由3.82%提高到36.01%；祁门瓷石的 $Al_2O_3$ 由15.61%提高到17.65%。而明砂高岭精泥中小于1微米颗粒部分的 $Al_2O_3$ 又提高到37.22%；祁门瓷石精泥中小于1微米颗粒部分的 $Al_2O_3$ 又提高到29.87%[31]。上述说明制瓷原料经过在矿场和瓷场的两次舂细、淘洗后，就可以提高其 $Al_2O_3$ 的含量。

瓷胎中 $Al_2O_3$ 含量在20%或以上并不是使用“二元配方”的唯一标准。且不论距景德镇不远的安徽繁昌窑早在五代和宋代生产的青白瓷的瓷胎中 $Al_2O_3$ 含量大都超过 20%，在测试 9 个标本的 $Al_2O_3$ 含量为 20.78-2.86%[32]。故有学者认为繁昌窑早在五代就使用了“二元合成配方”[33]。当然这一观点还可以进一步讨论。即使是宋代景德镇窑所产青白瓷的瓷胎中 $Al_2O_3$ 含量也有的接近 20%，甚至于超过 20% 达到 22.16[34]。反之，在测试的景德镇落马桥出土的 4 片元青花中，有三片胎中 $Al_2O_3$ 的含量不到 20%，分别为 17.74%、19.56% 和 19.62%; 仅有一片为 22.63%[35]。另外，在测试的景德镇六片元代釉里红中，有四片胎中 $Al_2O_3$ 的含量不到 20%，分别为 15.29%、15.54%、18.83% 和 19.45%; 仅有两片为 20.71% 和 20.60%[36]。这里所测标本胎中的 $Al_2O_3$ 含量多数不到 20%，是不能用所谓“二元配方”的“理论”来解释，而只能说明景德镇用瓷石“一元配方”不仅是宋代也是元代的一种制胎工艺，这也说明“二元配方”不一定是元代唯一先进的制胎工艺。从瓷胎 $Al_2O_3$ 含量的多寡不能判断“二元配方”起于元代，其究起于何时有待进一步研究。

我国首次记载景德镇使用“二元配方”的是成书于明末崇祯十年（1637 年）宋应星的《天工开物》。“土出婺源、祁门二山。一名高梁山，出粳米土，其性坚硬。一名开化山，出糯米土，其性粟软。两土和合，瓷器方成。其土作成方块，小舟云至镇。造器者将两土等分入臼舂一日，然后入缸水澄。其上浮者为细料，倾跌过一缸。其下沉底者为粗料。细料缸中再取上浮者，倾过为最细料，沉底者为中料”[37]。刘新园把“二元配方”定在元代，如果依元代灭亡之年 1368 年计算，距《天工开物》已有 269 年了；如按忽必烈建立元朝 1271 年算起则距《天工开物》有 36 年。在如此漫长的二三百年间，我国记载有关景德镇陶瓷生产文献，特别是王宗沐于嘉靖三十五年著的《江西大志·陶书》，其内容较《陶记》为丰富也没有提到“二元配方”。因而刘新园的“二元配方”始于元代论缺乏史料根据。他只根据几个测试数据就取得了陶瓷史研究的重大“突破”，用这种极为简单的研究方法所取得的结论是很难经住考验的。

退一步说，即使刘新园的“比宋代的制胎方法更先进的‘二元配方’法早在元代就使用了”是正确的，那也不能证实《陶记》成书于 1214 一 1234 年间。因他的元代使用“二元配方”的说法过于笼统，没有指明是在元代早期、中期还是晚期[38]。如果“二元配方”在元代晚期才使用，那就不排除《陶记》成书于元代中期或早期；如果“二元配方”在元代中期才使用，那就不排除《陶记》成书于元代早期；如果“二元配方”在元代早期就使用了，那也不排除《陶记》成书于南宋末期。因而所谓的元代“二元配方”无论如何与他的结论一《陶记》应当写于 1214 一 1234 年间没有必然的联系，更不能作为重要的论据。刘新园在行文中往往缺乏填密的论证，此仅一例而已。

2. 刘文以《陶记》成书于 1214 一 1234 年。下面对此做进一步考察。

刘文定《陶记》的时代下限是所谓的宋元战争开始之前一年，即 1234 年。理由是《陶记》在“分析景德镇窑业不振的原因时，只写了自然灾害（即所谓“时年丰、凶”）、政治腐败（“狱失其较”等）与沉重的赋税，并没有涉及战争。”他继而写到“从端平二年（1235 年）开始，蒙古贵族就在川、荆一带发动了大规模的侵宋战争……战火延续四十余年，川、荆人民一直挣扎在死亡线上。”“显然，蒋祈描写的这一情况必在一二三四年（即端平元年）以前”。但他的这一推论也是经不起推敲的。因为在中国历史上，几乎每一个朝代都有一个建立、发展和衰亡过程，朝代建立之初，为了巩固其统治而施行一些较为宽松的政策，但随着时间的推移，统治阶级追求享受和奢侈的生活必然导致政治的腐败，并把名目繁多的苛捐杂税强加于人民。当统治者与被统治者的矛盾达到不可调合的时候，战争也就不可避免了。我国各个朝代大多是在农民战争中而灭亡，当然也有些朝代衰落时是在民族战争中而亡。南宋在经过了与蒙元数十年的战争灭亡了。元代不是也经过了几十年的农民战争而消亡了吗！因而是否记载了自然灾害、政治腐败、沉重的赋税，以及是否发生了战争都不构成《陶记》成书年代的直接证据。如果把宋元之间的战争开始之年作为《陶记》成书的下限。那么同理也可以把元末农民战争的开始之年作为《陶记》成书的下限。但这些推理都是无根据的。

刘文把《陶记》的上限定在1214年是引了《宋会要辑稿》的一条记载，宋孝宗淳熙十年（1183年）规定地方“州郡”与“场务县道”官员在离任与上任时要将“诸色钱谷”结交清楚，并上报户部[39]。他把这件事的第二年即1184年作为推算的基点年代。另外他还引《陶记》中的一句话“予观数十年来官斯去者，无不有州家挂欠之籍”。以后就在“数十”或“数十年”两三个字上做起了文章。他说“这里运用的‘数十’是一个不大于百，不小于二十的约数。然而按照人们使用‘数十年’这个俗语的习惯推测，则多指三五十年之间。如果把它看作三十年，其写作上限为宋宁宗嘉定七年（1214年）。如果看作五十年的话，则为理宗端平元年（1234年），便与下限重合了”。这里笔者还需给他补充一点，他的上、下限是这样得出的：1184+30=1214;1184+50=1234。刘文就是这样利用简单的数学加法轻而易举地把一个困扰学界多年的重要课题给解决了。下面我们可以看到他的这些论述多处有悖于常理。

（1）作为推断基点的1184年是否恰当？刘新园为了证实此点引用了前述《宋会要辑稿》的记载，淳熙十年（1183年）“韩彦质奏：‘州郡财赋，场务县道所入财谷皆有名色，在法不得易。而守臣无忌惮者，竭公帑之储以快私欲，至于终更悠为妄用，席卷而去不恤后人，循致败坏，使继之者无可措手。乞今后守臣任满，将所留诸色钱谷交割下政，具数申户部置籍’。上曰：‘须令后政限一月具数申户部照会’。王淮等奏：‘前政只言数赢，后政只言数缩。今令前后政各具申’。上曰：‘过限不申去处，令户部以闻’”。这段所记的地方官不是单指某一级的官吏，而指的是“州郡”和“场务县道”各级。因而刘文把《陶记》中的“州”仅指为南宋饶州是不全面的。另外，在1295年浮梁县已升为浮梁州[40]。故此处的“州”也可指为元代浮梁州。

（2）刘文既没有考证出蒋祈的籍贯、也没有考证出蒋祈长期移居他乡。那么如何知道蒋祈在饶州府或浮梁县生活居住了三五十年呢？

（3）刘文没有考证出蒋祈的生存年代、生活经历。《陶记》所云“予观数十年”，连“予”的生存年代都不知道，为何“数十年”就一定与1184年相联系呢！刘氏在不知蒋祈生卒年代的情况下就断定他看到了1184年以后三五十年的“州家挂欠之籍”是没有根据的想象之辞。

（4）刘文在推论《陶记》的年代时用了一系列的虚拟词汇，如“约数”、“习惯推测”、“如果把”、“如果看作”等。而在作结论时就斩钉截铁地变成了极为肯定的词汇“断定”了。如他写道“我所断定的这个著作时间，比陈万里、冯先铭先生所说的写于元至正间要早一个世纪以上”。陈、冯二位先生的断代可能有点欠缺。而刘文的“断定”则是建立在上面指出的一系列错误论据和论述基础之上。

此外，在前述刘新园所写的两篇文章中多处指责傅振伦、陈万里和冯先铭三位前辈学者对《陶记》成书年代论述的错误，进行了毫不客气的“批判”。上述学者都对中国陶瓷史研究做出过重要贡献，但由于时代和条件所限，他们在研究中可能出现失误或不足，作为后学应给与指正，但刘氏在《新证》

一文中不仅点名批判傅振伦和冯先铭先生，而且还把所有认为《陶记》成书于元代的人统称之为“各色人”，并在结语中以“胜利者”自居，写道“由于［《元代辨》］得到了考古界和陶瓷界的名流们的支持，终于在读者中产生了影响，也给笔者以反面的启发，显然有益于学术讨论，理应予以赞扬”[41]。很明显刘新园对前辈学者（包括在国内外享有盛誉的著名考古学家夏鼐先生）[42]没有支持他的《考辨》表示不满，并以刻薄的字眼加以还击，实属不该。上述学者不支持《考辨》是有道理的。首先，人们对《陶记》的认识有一个渐进的过程。从康熙二十一年版《浮梁县志》未标明年代，到乾隆七年以后诸版《浮梁县志》以及一百年来国内外陶瓷学者都认为《陶记》成书于元代是有一定道理的。《陶记》所书内容虽有一些南宋因素，但今存版《陶记》确实有大量元代内容，成书于元代（详见后述）。其次，我们仔细比较《元代辨》与《考辨》后会发现，两文虽均有合理与正确的部分，亦存在着不足和错误，但前者的写作较后者规范，且失误较少；后者错误多而明显。从这两点来看，前辈学者对《元代辨》与《考辨》的评价是客观公允的。

综上所述，刘文在资料运用和研究方法上均存在着严重缺陷，在结论上也就必然是错的，至于其他不足之处就不一一指出了。下面重点谈谈《陶记》所述内容及成书的大致年代。

## 四、有关《陶记》的一些认识

### （一）关于《陶记》作者蒋祈（沂）

前述法籍华裔陶瓷学者赵冰博士首次在《福建通志》中找到了有关蒋祈的资料。笔者查阅了《福建通志》《重纂福建通志》《仙进县志》后得知，蒋祈（沂）字子举，福建仙游县人，出生于士大夫家庭。其父蒋雝在上述三《志》中均有传，以《重纂福建通志》记载较详，“蒋滩字元肃，少博学强记，下笔数千言。与同郡林光朝等十人俱知名，号莆阳十先生。绍兴十四年试词赋薦春秋举于乡，绍兴二十一年罢兼经科。再以词赋荐登进士第，调泉州教授”。郡守王十朋对之颇为赏识。后知江阴军，转知通州。“秩满人勤，首言江东盐课较之淳熙七年（1180 年）出入之数亏两万缗……将除知赣州，为执政所沮。退居十余年，卒于家”[43]。他著有《春秋解三卷》《时政十议》《朴斋遗稿二十卷户[44]。可以看出蒋与王十朋（1112-1171 年）同时而稍晚，约卒于 12 世纪 90 年代。其子蒋祈的生平以《仙避县志》记载较详细，但不知何故将“祈”改写成“沂”。“蒋祈字子举，之子，以父荫补官，博治群书，倜傥有大志。嘉定元年（1208 年）借朝奉郎充持书金国军前副使。三至金帐和议，请还淮陕侵地。既而和议成，朝廷方准赏授官而沂卒。与方信儒、王居安为密友”[45]。他著有《蚍蜉集》十卷、《北征诗》一卷[46]。可见蒋祈（沂）做官并非通过科举走向仕途，而是通过“父荫”得到“借朝奉郎”的七品虚官。《宋史》记载，绍兴以后阶官凡四十种，朝奉郎在二十二位，为正七品田[47]。蒋祈（沂）与方信儒同时。方信儒在《宋史》有传，生卒年约 1176-1222 年。蒋祈则卒于嘉定和议不久，约在 1208-1209 年间。如果上述三《志》记载的蒋祈（沂）就是《陶记》的作者，那么《陶记》应写于 1208-1209 年以前。蒋雝尚有从子，蒋有秋，字力父，嘉定十年（1217 年）进士。与王迈同年，居官所至有廉名，终朝奉郎知永春县[48]。但从三《志》所记蒋、蒋祈（沂）、蒋有秋三人的经历来看均未与江西饶州或浮梁县有过联系。这有两种可能，其一，我们还没有找到有关蒋、蒋祈（沂）的详细史料。其二，蒋祈并非《陶记》作者，系后人所伪托。目前笔者对此两点不敢妄下结论，但今本《陶记》确系存在着许多问题。

### （二）今存版《陶记》并非原著

我们现今看到康熙、乾隆及道光诸版本《浮梁县志》中的《陶记》是一个不完整的刊本。从康熙版“蒋祈陶记附”到乾隆版“元蒋祈陶记略云”的变化说明，“元”字应是乾隆版编者考证后所加，“略云”表明其为删节本。成书于嘉庆二十一年的《景德镇陶录》大量引用了《陶记》的内容，如“湘湖窑（附），镇东南二十里外有湘湖市，宋时亦陶，土墉值，其体亦薄，有米色、粉青二色。蒋《记》云‘器雅而泽’”[49]。今存版《陶记》无此记载，这一点傅振伦先生早在1979年即已指出[50]。清代董陶官唐英在《陶城记事碑》中记有湘湖窑，厂“仿米色宋釉，系从景德镇东二十里外，地名湘湖有故宋窑址，觅得瓦碟，因仿其色泽款式。粉青色宋釉其款式色泽同米色宋釉，一处觅得”[51]。看来湘湖窑确系宋代窑址，今存版《陶记》仅记景德镇湖田窑，而漏掉了湘湖窑。《景德镇陶录》在“均窑”条下记载了景德镇仿均瓷的情况，“蒋记云近年新烧皆沙土为骨，釉水微似，制有佳者，俱不耐久”[52]。此条为今存版所无，亦应为元人所加。另外（陶记》对景德镇瓷器生产的记载不详，而且颇为凌乱，这与蒋祈（沂）的文人身份不相符合，可能蓝浦在著《景德镇陶录》时尚能见到《陶记》的不同版本。

### （三）今存版《陶记》部分内容有南宋时代的烙印

1.《鸡肋编》著者庄绰的生卒年代不详，大致生活在北宋晚期到南宋初期，即北宋哲宗绍圣（1094-1095年）到宋高宗绍兴（1134一1161年）间。书前自序题为绍兴三年（1139年），而所记有绍兴九年（1139年）事[53]。《陶记》引证了此书。

2.《容斋随笔》著者洪迈的生卒年为1123一1202年，《容斋随笔》第一次印刷是在宋孝宗淳熙十四年，即1187年[54]，故《陶记》写本不应早于此年。

3.“博易务”，“务”是宋代官设贸易机构，宋神宗熙宁五年（1072年）“遂诏出内努钱帛，置市易务于京师”。元丰五年（1082年）“八月，置饶州景德镇瓷窑博易务”[55]。南宋时兴废无常，终废于何时？待考。

4.《陶记》所记职官多为宋代所有，《考辨》多有所论，不赘述，现仅举“统制”一职说明之。《宋史·职官志七》：“旧制，出师征讨，诸将不相统一，则拔一人为都统制以总之，未为官称也。建炎初，置御营司，擢王渊为都统制，名官自此始。……初，渡江后，大军又有统制、同统制、副统制、统领、同统领、副统领，其下有正将、准备将、训练官、部将、队将等名，皆偏裨也。”宋史·兵志八》还记载了“统制”的月支供给为一百五十千。绍兴“十三年，诏：‘殿司诸统领将官别无供给职田，日赡不足，差兵营运，浸坏军政。可与月支供给：统制、副统制月一百五十千，统领官百千，正将、同正将五十千，副将四十千，准备将三十千，皆按月给。既足其家，可责后效。若仍前差兵负贩，从私役禁军法，所贩物计赃坐之，必罚无赦。州县知而不举，同罪”。可以看出，“统制”确是南宋军队中的职官名称。

5.《陶记》所列各种苛捐杂税多为南宋所有。刘新园在其两文中多有论述。他引《元史》世祖二十八年（1291年）“中书省臣言：‘江南在宋时，差摇为名七十有余。归附后一切未征。今可令江南依宋时诸名征赋尽输之’。何荣祖言：‘宜召各省官任钱谷者诣京师，集议科取之法以闻’。从之”[56]。

故刘新园云："《陶记》所列税目就可宋、可元，没有严格的时代限制了。' 川可宋、可元"，说明《陶记》中有部分宋代内容。

6.《陶记》所列各种苛捐杂税以及对景德镇陶瓷生产衰退的描述，从一个侧面反映了南宋政权行将灭亡的破败情景；绝不是反映一个正在兴起和发展王朝的社会景象。因而《陶记》应写于南宋末期，但无版本流传，其原貌已不可知。

### （四）今存本《陶记》有明显元人加入或更改的内容

1.《陶记》所列税目"可宋、可元"，故不排除有些税目为元世祖二十八年以后仍然征收。

2. 前述宋代曾有"务"的设置，到元代仍有之。如《元典章》"吏部三・内外税务案网"条中就记有"盐官州长安务……浮梁县景德务……海盐州橄浦务[57]。

3.《陶记》所记征收窑户税制反映了元代的内容。金代（包括南宋）的瓷窑税制未见文字记载，可能为"二八抽分"。据《元典章》记载，"至元五年七月初五日，制，国用使司来申：均州管下个窑户合纳课程，除民户磁窑课程依例出纳外，军户韩玉、冯海倚赖军户形势告刘元帅文字拦当，止合将烧到窑货三十分取一，乞施行。制，府照得先钦奉圣旨节文：磁窑、石灰、矾、锡榷课斟酌定立课程，钦此。兼磁窑旧例，二八抽分办课，难同三十分取一。除已移咨枢密院行下合属，将合纳课程照依旧例办课外，仰照验。钦此，施行"[58]。笔者对这段文献的理解与刘新园有所不同。至元五年即公元 1268 年，距南宋灭亡（1279 年）尚有 11 年。此时蒙古政权各项政治、经济制度尚未健全，故多用前朝"旧例"。刘新园忽略了此条文献中的一次"依例"，两次"旧例"的记述，而错误地认为"元代的瓷窑课是二八抽分"。如是，刘新园没有理解这段史料的真实含义，也是他对史料的随意取舍。"二八抽分"应属金、南宋及元世祖初期的瓷窑税制。此后元代的瓷窑税制是否仍是"二八抽分"，有待研究。另外，此处所云"府照得先钦奉圣旨节文：磁窑、石灰、矾、锡榷课斟酌定立课程，钦此"，意思是元世祖忽必烈命令政府有关部门要制定关于瓷窑、石灰、矾、锡的收税章程，但笔者学识有限，没能找到元代关于瓷窑税收的文献记载，亦有待进一步探寻。

刘新园引证《陶记》的两句话"窑之长短，率有瓷数，官籍丈尺，以第其税"和"兴烧之际，按籍纳金"后，认为这是南宋的税制，较重，元代的较轻。稍具瓷窑考古常识的人都会认识到，这种税制与南宋陶瓷生产是矛盾的。偏居江南一隅的南宋小朝廷在财政上颇为拮据，为此南宋政权大力发展海外贸易，其最主要的一项措施是大力鼓励瓷器生产作为对外贸易的重要商品，以获取税收和进口必要的商品。据《宋史・食货志下》载，早在宋太祖开宝四年（971 年）置市舶司于广州后，就用瓷器等换取外国货物，与"大食、古逻、阇婆……并通贸易。以金、银、婚钱、铅、锡、杂色帛、瓷器市香药、犀、象、珊瑚……等物"。由于对外贸易使钱币大量外流，造成"钱荒"，故从北宋中期起政府就大力禁止钱币外流。这也促进了瓷器的生产。到南宋时乳香进口数量不足，还须用金银购买。宋宁宗嘉定十二年（1219 年），"臣僚言以金银博买，泄之远夷为可惜，乃命有司止以绢帛、绵绮、瓷、漆之属博易"。嘉定十五年（1222 年），"臣僚言，国家置舶官于广、泉，招徕岛夷阜通货贿。彼之所缺者如瓷器、茗、醛之属皆所愿得。故以我无用之物易彼有用之货"[59]。这些均对江南诸省的瓷器生产起了刺激作用。因而浙江、福建、广东等省外销瓷的生产者便把龙窑加长，大多为六十米左右，有的可到八十余米，甚或还有到一百余米者。但多数窑炉建造较为简陋，曲折如蛇形，如浙江龙泉上段13号窑长总长82米[60]；龙泉金坝蛇18号窑长72米；石大门山55号窑残长42.9米，实长约70余米[61]；龙泉山头窑12号窑长62.6米[62]；龙泉入窑湾3号窑残长50.15[63]；福建建阳大路后门山等地发掘出的“五座较完整的黑釉瓷窑长度均在百米以上，其中的Yl、Y3长度超过130米，创全国宋窑长度之最”[64]；漳浦县罗宛井窑长103.5米[65]；武夷山遇林亭要Yl长73.2米，YZ长113.1米[66]；广东潮州笔架山3号窑炉“窑室残长65.5米”，“或全长约100米上下”[67]。上述种种考古资料说明，如果宋代的瓷窑炉是“官籍丈尺，以第其税”，“兴烧之际，按籍纳金”及“窑有尺籍，私之者刑”的话，窑炉就不会如此加长了，建造也就不会草率了。因窑炉加长无疑产量大增，但产品的正品率相对减少。窑户不会做既多纳了税，而正品率还相对减少的傻事。反观南宋乌龟山官窑（即郊坛下官窑）发掘的两座龙窑则分别长23米[68]和37.5米[69]，说明南宋官窑的窑炉短是为了易于控制窑温和烧成气氛，从而提高正品率并烧造出高档瓷器。宋代民窑长度在50米以下者很少，仅浙江泰顺玉塔发掘北宋末期到南宋初期的1号窑长为37.36米，2号窑则为48米[70]。但这是特殊的例子，因玉塔是浙江唯一烧制青白瓷的窑口。元代龙窑建造的笔直而工整，长度缩短到50米以下，多为30米左右。如龙泉县源口杉木林三条元代窑炉，两条总长分别为3.5和28.3米，另一条全长为20米[71]。龙泉金香湾5号窑长34.3米，石大门山17号窑长3.3米，61号窑长36.4米[72]。龙泉岭脚窑长48.5米（窑后壁破坏），入窑湾2号窑长45.5米，碗圈山2号窑长34.55米[73]。宋代景德镇使用的亦应是龙窑，“仅在湖田古窑址，露出地表的宋代龙窑就有八座”[74]。到元代晚期其长度已缩短到20米左右。最近北京故宫博物院、江西省文物考古研究所与景德镇陶瓷考古研究所共同在景德镇丽阳乡瓷器山发掘一条元代晚期民窑。这条龙窑长为24.3米[75]。二十世纪70年代刘新园与白焜先生对湖田窑址进行了调查，1979年发现清理了一条元代晚期窑炉，其长度已缩短到19.8米[76]。元代后期景德镇还出现了窑炉建造专业户，创建了魏氏窑。乾隆《浮梁县志》载“窑之高卑、阔狭、大小、浅深暨夫火膛、火栈、火眼、火尾之规制种种不一。精其工而供其役者为景镇魏氏，专其业而得其传，元明以来无异也”[77]。这种魏氏窑为葫芦形窑。明末《天工开物》中所绘“瓷器窑”图就是前大后小葫芦形[78]。雍正间成书的《南窑笔记》记载“窑形似卧地葫芦，前大后小”[79]。成书于嘉靖二十年（1815年）的《景德镇陶录》云：“结砌窑巢，昔不可考，自元明以来镇土著魏姓世其业，若窑小损坏，只需补修。今都邑人得其法，遂分业补窑一行。然魏族实有师法薪传。”[80]

元代龙窑建造较宋代的为考究，而且大为缩短以及景德镇魏氏民窑的出现均表明元代陶工已从追求烧成数量到追求烧成质量的转变。这不仅表明窑炉的进步，也是由于元代实行“官籍丈尺，以第其税”和“兴烧之际，按籍纳金”税制的结果。这种税制的叙述显然是元人加入《陶记》的内容。附带言及，已故陶瓷学者熊海堂先生认为，景德镇龙窑结构由长到短以及窑炉结构的不断改进是“景德镇窑持久发展的奥秘”原因之一，这是很有见地的，但他根据刘新园的文章推定这一变化发生在南宋后期[81]。笔者认为，根据上述文献记载和大量的考古资料来看，这一重大变化应始于元代。我国龙窑由长变短与精心建造是瓷器生产发展的必然结果，而元代税制又加速了这一进程。

4.北宋诗人苏东坡用“定州花瓷琢红玉”来形容定窑红瓷。北宋哲学家邵雍之子邵伯温在南宋初年写有《闻见录》称之为“定州红瓷”[82]。成书于南宋（1192年）的《清波杂志》亦称之为“定州红瓷”[83]。《陶记）则称之为“镇定红瓷”。定州与镇定不同的地名称呼应代表了不同的历史时期曲阳县的隶属关系。北宋时曲阳县先属于定州，后属于中山府。《宋史·地理志二》载，河北西路有四府：镇定、中山、信德、庆源。“中山府……庆历八年（1048年）始置定州路安抚使……政和三年（1113年）升为府，改赐郡名曰中山……县七：安喜、无极、曲阳、唐、望都、新乐”。

金代曲阳县仍属中山府。《金史·地理志中》载，“河北西路。天会七年（1129年）析为西路。府三……真定府……彰德府……中山府，宋府，天会七年降为定州博陵郡定武军节度使，后复为府。县七……安喜、新乐、无极、永平、庆都、曲阳、唐”。据《元史·地理志一》载，曲阳在元初仍属中山府，“中山府，唐定州。宋为中山郡。金为中山府。元初因之”。后来中山府又隶属于镇定路。“镇定路，唐恒山郡，又改镇州。宋为真定府。元初置总管府，领中山府”。再以后曲阳划归保定路。《元史》载，“保定路（上），本清源县……元太宗十三年升顺天路，置总管府。至元十二年（1275年）改保定路。……县八……曲阳”。“曲阳……唐为曲阳县。宋为中山府，金因之。元初改恒州，立元帅府……逮移镇归德，还隶中山府，复为曲阳县，后隶保定”。此处有两点需加以说明。

首先，镇定路何时领中山府？据《元史·邸顺传》载，邸顺长期占据曲阳县，投靠蒙古人，成为当时河北地方武装割据势力之一。1216年“朝廷升曲阳为恒州，以顺为安抚使”。1231年邸顺“从太宗攻河南诸部，招降民十余万，以顺知中山府”。1239年“从大军破归德府，留顺戍之”。此后邸顺脱离了他的地盘。同年“中山府……太宗十一年割（祁、完）二州隶顺天府。后为散府，隶镇定”[84]。可能此年或不久后中山府划归了镇定路。

其次，曲阳何时划归保定路？前述至元十二年（1275年）改顺天路为保定路。故曲阳县划归保定路应在此年以后，但究在何年？待考。

上述说明宋、金、元初曲阳县均属中山府，但在1239年或不久后中山府已改属镇定路，1275年以后曲阳又划归保定路。因之，曲阳县只有在这一段时间属于镇定路，在此以前曲阳县均未属过真定。但这里还需要说明在蒙古灭金以后，蒙古与南宋处于敌对状态，南宋臣民不会使用蒙古政权统治区划变更的名称。故《陶记》将苏东坡的“定州花瓷琢红玉”和邵伯温及周煇的“定州红瓷”改写成“真定红瓷”，只能发生在南宋灭亡以后，元人所为，这也是元人更改《陶记》内容的一例。

5.前已述及，今存本《陶记》所云“景德陶，昔三百余座，诞植之器洁白不疵，故餐于他所，皆有饶玉之称，其视镇定红瓷，龙泉青秘相竞奇矣”是错误的，其中“镇定红瓷”肯定为元人所云，“龙泉青秘”则是元人沿袭南宋《鸡肋篇》的错误。《景德镇陶录》在引用时是这样写的：“《蒋记》云‘景德镇陶器有饶玉之称，视镇定红瓷足相竞。’”[85]无论兰浦所引《陶记》这话是原文或是其意，都把“龙泉青秘”排除在外，以纠其误。或许兰浦时尚能看到《陶记》的不同版本？

6.《陶记》云：“予观数十年来官斯去者，无不有州家挂欠之籍。”“州家”的含义是什么？刘新园的解释是宋代的饶州。熊廖认为是元代浮梁州。下面我们看一看“州家”究作何解。《元史·地理志五》载：“浮梁州，唐以来为县，元元贞元年（1295年），升州。”这可能是因为在元世祖至元十五年（1278年）设立浮梁磁局后，景德镇生产瓷器的地位日趋重要，因而不久将浮梁县升为浮梁州。故“州家”肯定是指浮梁县提升后的浮梁州，不应是宋代饶州。《明史·地理志四》载：“饶州府……浮梁……元浮梁州，洪武初降为县。”浮梁县志》载“洪武二年改州复为县”。如是元代的浮梁州到明初仍旧降为浮梁县，元代的浮梁州仅存在于1295-1369年的74年间，那么《陶记》所云“州家”应限于这一时段内使用。

7.目前已知最早的浮梁县志仅是南宋嘉定乙亥（1215年）史定之著《番阳志》的一部分，咸淳庚午（1270 年）郑兴作县志，元泰定乙丑（1325 年）臧廷凤著的《浮梁州志》。诸志均已遗失不传。现仅存元代浮梁州知州屠济亨于泰定乙丑(1325 年)为臧廷凤著《浮梁州志》所写的一篇短序。序中云：“余出守是州之二月，郡刺史清泉段公蒙旨董陶至州，州士臧履袖其先人南徐文学椽廷凤所撰浮梁志一编，甚拒。告请于公曰，公尝以是命我先人，承命以来……段公因履所请，

遂命吾有司刊梓以传。”如是，臧廷凤所著的《浮梁州志》应是目前所知刊载蒋祈《陶记》的载体。下面考证与《浮梁州志》有关的人物。

段廷珪，生卒年不详。他在至治、泰定间（1321-1328 年）任都阳郡刺史。作为浮梁州的上级官员出于对景德镇陶瓷生产的关注，于至治二年（1322 年）“命州士臧廷凤撰州志”[86]。史载“元更景德镇税课局监镇为提领，泰定本路总管监陶”[87]。于是泰定二年（1325 年）“郡刺史清泉段公蒙旨董陶至州”。因而段廷硅是以饶州路总管监陶的第一人，他到浮梁州后遂命刊梓《浮梁州志》。

臧廷凤，浮梁县臧湾市人。“五岁中景定壬戌（1262 年）童科（一说为进士）”。由此可推知臧廷凤生于 1257 年。他是一位博极群籍的饱学之士，曾教授镇江（南徐文学椽，南徐古州名，治京口，今镇江），人称梧冈先生，著有《梧冈文集》《浮梁州志》”。《浮梁州志》刊刻于泰定乙丑，即 1325 年，是他的遗著。据前引“州士臧履袖其人……所撰浮梁志一编”可知，臧廷凤死于 1325 年或以前。他生活在宋、元之际，故乾隆县志将其《梧冈文集》归于宋；将《浮梁州志》归于元。由于臧廷凤常年生活在浮梁县（州），对景德镇的陶器生产一定会给与关注，在编纂《浮梁州志》时将《陶记》润色、增删后收入其中是很有可能的。

臧履，臧廷凤之子，也是一位文人，泰定间（1324-1328 年）曾任景德镇长萝书院训导。景德镇长萝书院在当时是一所有名的书院，元代著名的文人，明初一代文宗宋镰之师一吴莱曾在延佑间任书院山（讲学并总领院务）。“泰定二年进士方回请于总管段廷硅，以训导臧履、直学阂济重修”长芗书院[88]。这可能与臧履协助其父完成《浮梁州志》有关。因臧廷凤接受编修《浮梁州志》时，年事已高，其子相助责无旁贷。还有可能在完成编修以前臧廷凤已故去，后由臧履完成。鉴于臧履对编修《浮梁州志》有功，故荐辟其为训导，监修长芗书院。

在考察了上述三人与《浮梁州志》的关系以后，似可以得出这样的推测：只有臧廷凤（或许还有其子臧履）才能将前述“予观数十年来官斯去者，无不有州家挂欠之籍”加入到蒋祈《陶记》中。因只有本地人才能说“予观数十年”，外地人在饶州生活（非移居）或在浮梁州做官不可能有数十年之久。蒋祈（沂）是福建仙游人，没有在此做官或在此居住“数十年”的纪载。这些体现了今存本《陶记》有元人加入的内容，也说明刘新园对“数十年”及“州家挂欠之籍”的解释并由此得出的《陶记》成书于 1214-1234 年的结论是没有任何根据的臆测，因而“州”也就不是指“宋代的饶州”了。

## 五、结语

确定《陶记》成书年代的重要意义在于，我们可以确切了解其时陶瓷生产状况，以加深我们对中国陶瓷史、科技史的研究。刘新园在没有对《陶记》所记内容进行详细考订的情况下，在研究中使用了错误和有缺陷的文献史料，对考古资料的运用也以是否符合自己的观点来取舍，因而他的论述缺乏起码的史料根据。另外他在研究方法上也存在着问题，往往是只看到问题的一面而不顾其余。

他对瓷胎“二元配方”始于元代的论述及对《陶记》绝对年代的推导是在没有进行缜密的考证下得出的。刘新园认为《陶记》成书于南宋虽有部分合理成分，但他定其绝对年代为1214-1234年则是无根据的，或是在错误的根据下推演的，不能令人信服，不宜采用。但他首先对《陶记》的成书年代提出质疑，引起了学者们对《陶记》的注意。仅从这一点来说，《考辨》的出现有益于学术讨论。

《陶记》可能初写于南宋末期，以写本流传，其原貌已不可知。今存康熙、乾隆、道光诸版很有可能是经浮梁县臧湾人臧廷凤改写、增删后收在其所撰《浮梁州志》中，应成书于元代，不晚于1325年。熊、刘二位所讨论的均是今存版《陶记》。康熙二十一年版未标明年代。乾隆七年版则将其定为元代，这是其编者经一番考证而得出的。今存版《陶记》是个残缺不全本，存在着遗漏并有多处为元人所加和改写，确有大量元代内容。因而近一百年来国内外学者均认为今存版《陶记》成书于元代是正确的。关于《陶记》作者是否就是福建仙游人、三使金国的蒋祈（沂）尚存疑问，或系重名，或系伪托，均需进一步探讨。

以上是笔者的初步研究，是否如此不敢断言，愿与刘、熊二位先生及有志于对《陶记》探究者进一步深入挖掘史料，以期对这一课题的研究有所进展或得到比较圆满地解决。

**[注释]**

[1]傅振伦：夸蒋祈〈陶记略）译注》，《湖南陶瓷》1979年1期。

[2]J.W.Allan, Abu’l-Qasim’sTreatiseonCeramics, Iran, 1973.

[3]刘新园：《蒋祈〈陶记〉著作时代考辨》，《景德镇陶瓷》1981年《陶记》研究专号（总第10期）。本文所引均出自此刊本。

[4]刘新园：《蒋祈（陶记）著作时代考辨》，《文史》第十八、十九辑。

[5]熊寥：《蒋祈〈陶记〉著于元代辨》，《景德镇陶瓷》1983年4期。

[6]熊寥：《再论〈陶记〉著于元代》，《中国陶瓷与中国文化》第五章第二节，191-200页，浙江美术学院出版社，1990年。

[7]刘新园：《宋元时代的景德镇税课收入与其相关制度的考察—蒋祈〈陶记〉著于南宋之新证》，《景德镇方志》1991年3期。

[8]熊寥：《宋元镇税制度与〈陶记〉著作时代－评刘新园〈陶记〉著于南宋之新证》，《景德镇陶瓷》1992年3期。

[9]傅振伦：《元蒋祈〈陶记〉译注》，《中国古陶瓷论丛》，中国广播电视出版社，1994年。

[10]曹建文：《关于〈陶记〉著作时代问题的几点思考》，《景德镇陶瓷》1993年4期。

[11]熊寥：《“缗”、“经总”及其它－答曹建文》，《景德镇陶瓷》1993年4期。

[12]赵冰博士与笔者的私人通信。

13]J.A.Pope, Chines‘Porcelain from the Ardebil Shrine, Seeond Edition, pp.41-43, London and New Jersey, 1981.

[14]河北省文化局文物工作队：《河北曲阳县涧磁村定窑遗址调查与试掘》，《考古》1965年8期。

[15]辽宁省博物馆：《辽宁朝阳金代壁画墓》，《考古》1962年4期。
[16]绍兴县文物管理委员会：《浙江绍兴缪家桥宋井发掘简告》，《考古》1964年11期。
[17]苏文：《江苏吴江出上一批宋瓷》，《文物》1973年5期。
[18]南京市博物馆：《江浦黄悦岭南宋张同之夫妇墓》，《文物》1973年4期。
[19]黑龙江省文物考古工作队：《黑龙江畔绥滨中兴古城和金代墓群》，《文物》1977年4期。
[20]马希贵：《北京先农坛金墓》，《文物》1977年11期。
[21]黑龙江省文物考古工作队：《松花江下游奥里米古城及其周围的金代墓群》，《文物》1977年4期。
[22]北京市文物管理处：《北京市通县金代墓葬发掘简报》，《文物》1977年1期。
[23]刘新园：《蒋祈（陶记>著作时代考辨》，《景德镇陶瓷》1981年《陶记》研究专号。
[24]庄绰：《鸡肋篇》，《四库笔记小说丛书》，《清波杂志外八种》，上海古籍出版社影印本，1991年。
[25]朱伯谦、王士伦：《浙江省龙泉青瓷窑址调查发掘的主要收获》，《文物》1963年1期。
[26]浙江省轻工业厅编：《龙泉青瓷研究》，文物出版社，1989年。
[27]朱伯谦：《朱伯谦论文集》，紫禁城出版社，1990年。
[28]周仁：《历代龙泉青瓷烧制工艺的科学总结》，《考古学报》1973年1期。
[29]镇江市博物馆：《镇江宋墓》，《文物资料丛刊》第10集，文物出版社，1987年。
[30]镇江市博物馆：《镇江市南郊北宋章岷墓》，《文物》1977年3期。
[31]周仁：《景德镇瓷器的研究》，《中国古陶瓷研究论文集》，32-33、36、39页，轻工业出版社，1983年；李家治：《中国科学技术史陶瓷卷》，323页，科学出版社，1998年。
[32]邓泽群等：《繁昌窑青白瓷的研究》，《2002古陶瓷科学技术5国际讨论会论文集》，上海科学技术文献出版社，2002年。
[33]胡悦谦：《安徽江南地区的繁昌窑》，《东南文化·中国古陶瓷研究会1994年会论文集》1994年增刊。
[34]李家治：《中国科学技术史·陶瓷卷》，327页，科学出版社，1998年。
[35]张志刚等：《景德镇落马桥元青花瓷的科学技术研究》，《1999古陶瓷科学技术4国际讨论会论文集》，232页表一，上海科学技术文献出版社，1999年。
[36]承焕生等：《元代釉里红的PIXE研究》，《2002古陶瓷科学技术5国际讨论会论文集》，275-278页表1，上海科学技术文献出版社，2002年。
[37]潘吉星：《天工开物译注》，283页，上海古籍出版社，1993年。
[38]刘新园于1982年在《中国陶瓷（古陶瓷研究专辑）》上发表了《高岭土史考》一文，认为高岭土的发现与应用，最晚不得晚于元英宗至治二年（1322年）。在结语中“认为高岭土引进瓷胎与二元配方（即瓷石加高岭的制胎法）确立的年代，至迟在元泰定间（14世纪20年代），但不会早于元初”。即使按此说也不排除《陶记》成书于南宋末期或元泰定以前。
[39]徐松辑：《宋会要辑稿》，5803页，中华书局，1957年。
[40]《元史·地理志五》，中华书局，1976年。
[41]刘新园：《宋元时代的景德镇税课收入与其相关制度的考察—蒋祈〈陶记〉著于南宋之新证》，《景德镇方志》1991年3期，15页。

[42] 熊寥在 1990 年把《元代辩》全文转载于所著的《中国陶瓷与中国文化》一书中，并将考古界和陶瓷界几位前辈学者支持他观点的私人通信及《景德镇陶瓷》杂志的“审稿登记表”影印插入该书中。不知熊寥先生此举是否均得到了当事人的同意。如未征得同意就给予刊出，则欠妥当。
[43] 陈寿祺总纂：《重纂福建通志》卷一百八十九，23-24 页，同治七年正谊书院藏版。
[44] 陈寿棋总纂：《重纂福建通志》卷七十一，7 页，同治七年正谊书院藏版。
[45] 胡启植、王椿修，叶和侃纂：《乾隆仙道县志》，《中国地方志集成·福建府县志集》，上海书店出版社影印本，2000 年。
[46] 陈寿棋总纂：《重纂福建通志》卷七十一，9 页，同治七年正谊书院藏版。
[47]《宋史·职官志九》，4064-4066、4015-4016 页，中华书局，1977 年。
[48] 胡启植、王春修，叶和侃纂：《乾隆仙遮县志》，《中国地方志集成·福建府县志集》，上海书店出版社影印本，2000 年。
[49] 蓝浦原著、郑廷桂补辑：《景德镇陶录》，《美术丛书》二集第八辑，116-117 页，神州国光社，1947 年。
[50] 傅振伦：《元蒋祈〈陶记〉译注》，《中国古陶瓷论丛》，175 页，中国广播电视出版社，1994 年。
[51] 程廷济总修、凌汝锦编纂：《浮梁县志》卷五下，15 页，江西图书馆根据抄本翻印，1960 年。
[52] 蓝浦原著、郑廷桂补辑:《景德镇陶录》,《美术丛书》二集第八辑，137 页，神州国光社，1947 年。
[53] 庄绰：《鸡肋篇》，见《四库笔记小说丛书》，《清波杂志外八种》，127 页，上海古籍出版社影印本，1991 年。
[54] 洪迈：《容斋随笔》，215 页，上海古籍出版社，1978 年。
[55]《宋史·食货志下八》，中华书局，1977 年。
[56]《元史·世祖纪》，355 页，中华书局，1976 年。
[57]《沈刻元典章》卷九吏部三，北京市中国书店重刻光绪三十四年本。
[58]《沈刻元典章》卷二十二户部八，北京市中国书店重刻光绪三十四年本。
[59] 徐松辑：《宋会要辑稿》，6567 页，中华书局，1957 年。
[60] 浙江省文物考古研究所：《龙泉东区窑址发掘报告》，61 页，文物出版社，2005 年。
[61] 中国社会科学院考古研究所浙江队:《浙江龙泉县安福龙泉窑址发掘简报》,《考古》1981 年 6 期。
[62] 李知宴：《浙江龙泉青瓷山头窑发掘的主要收获》，《文物》1981 年 10 期。
[63] 上海博物馆考古部：《浙江龙泉安仁口古瓷窑址发掘报告》，《上海博物馆集刊》第三期，上海古籍出版社，1986 年。
[64] 福建省博物馆：《五十年来福建省文物考古的主要收获》，《新中国考古五十年》，文物出版社，1999 年。
[65] 王文径：《中国福建古陶瓷标本大系－漳浦窑》，17 页，福建美术出版社，2005 年。
[66] 福建省博物馆：《武夷山遇林亭窑址发掘报告》，《福建文博》2000 年 2 期。
[67] 广东省博物馆：《潮州笔架山宋代窑址发掘报告》，4、61 页，文物出版社，1981 年。
[68] 朱伯谦：《试论我国古代的龙窑》，《朱伯谦论文集》，109 页，紫禁城出版社，1990 年。
[69] 中国社会科学院考古研究所等：《南宋官窑》，17 页，中国大百科全书出版社，1996 年。

[70]浙江省考古所等:《浙江泰顺玉塔古窑址的调查与发掘》,《考古学集刊》第1集,中国地质出版社,1981年。
[71]浙江省文物考古研究所:《龙泉东区窑址发掘报告》，248、256、259页，文物出版社，2005年。
[72]中国社会科学院考古研究所浙江队:《浙江龙泉县安福龙泉窑址发掘简报》,《考古》1981年6期。
[73]上海博物馆考古部：《浙江龙泉安仁口古瓷窑址发掘报告》，《上海博物馆集刊》第三期，上海古籍出版社，1986年。
[74]熊寥：《蒋祈〈陶记〉著于元代辨－与刘新园同志商榷》，《景德镇陶瓷》1983年4期，38页。
[75]丽阳乡瓷窑址联合考古队:《景德镇丽阳乡瓷器山瓷窑址发掘未开启的元代龙窑》,《中国文物报》2005年11月23日。
[76]刘新园、白焜：《景德镇湖田窑考察纪要》，《文物）1980年11期。
[77]程廷济总修、凌汝锦编纂：《浮梁县志》卷五下。
[78]潘吉星：《天工开物译注》，137页，上海古籍出版社，1993年。
[79]佚名：《南窑笔记》，《古瓷鉴定指南（三编）》，85页，北京燕山出版社，1993年。
[80]蓝浦撰，郑廷桂补辑，《景德镇陶录》，《古瓷鉴定指南（二编）》，24页，北京燕山出版社，1993年。
[81]熊海堂：《东亚窑业技术发展与交流史研究》，102页，南京大学出版社，1995年。
[82]邵伯温撰：《闻见录》，13页，中华书局，1983年。
[83]周煇撰：《清波杂志》，《四库笔记小说丛书》，《清波杂志·外八种》，上海古籍出版社影印本，1991年。
[84]《元史·地理志一》，中华书局，1976年。
[85]蓝浦撰，郑廷桂补辑：《景德镇陶录》，《古瓷鉴定指南（二编）》，3页，北京燕山出版社。
[86]程廷济总修、凌汝锦编纂：《浮梁县志·旧序四》，江西图书馆根据抄本翻印，1960年。
[87]程廷济总修、凌汝锦编纂：《浮梁县志》卷五下，江西图书馆根据抄本翻印，1960年。
[88]程廷济总修、凌汝锦编纂：《浮梁县志》卷三下，江西图书馆根据抄本翻印，1960年。

# 日本陶记研究

RIBENTAOJIYANJIU

# 元·蒋祈《陶记》略

尾崎洵盛

蒋祈的《陶记略》被公认为是研究元代景德镇窑业情况最重要的资料。该文被收录于《浮梁县志》《江西通志》《饶州府书》等，五十年前，卜士礼将其译成英文。[1]

然而正如其名所示，《陶记略》恐怕并非全文，而是有所省略。[2][3]

卜士礼的译文大体不背其义，但其中亦有明显的错译、漏译，还有的地方无视原文，随意添加。此外，有些语句虽对照原文翻译，却难以理解，有些地方则无法分辨正译与误译。[4]

虽然目前尚未找到足够的证据来证明蒋祈的身份，但是英国维多利亚·阿尔伯特博物馆藏有一盘，盘底写有“政和窑，至元正年蒋祈仿第一百零九”，此盘为哈里斯旧藏。[5][6]

由《陶记略》中“予观数十年来官于斯土者云”的记载来看，笔者认为蒋祈不是元代初期人，而应该是元代中期以后人。其次，“狱失其校全官散分云”的描述，符合元朝末年朝纲松弛，蒙古高官逐渐失去对汉人的掌控这一史实，因此是证明《陶记略》写作于元末的证据之一。此外，如注3所述，再早也不会早于泰定二年。因此，此盘的纪年大致是正确的。

关于蒋祈的来历，从《陶记略》一文分析，大致可获得以下几点认识：他出身于景德镇或周边地区，抑或是在此地生活了数十年的异乡人；他是汉人且未担任过知州一类的官职。关于他的职业，至今无人知晓。仅从《陶记略》的记述来看，蒋祈与《景德镇陶录》的作者蓝浦一样，可能是个教书先生。虽然有人认为其关于瓷业的记述完全符合实际情况，但该文仅仅是客观的描述而非基于个人经验的主观叙述。可是若从上述蒋祈署名款的瓷盘来看，他本人又绝对与窑业关系匪浅。

伯希和从铭文推断，蒋祈乃是陶工。其实自古以来，中国陶工中目不识丁者众。盘底的铭文并不精致，《陶记略》决不可能出自陶工之手。

什么是政和窑？蒋祈仿第一百零九瓷器有何意义？至今仍未找到解决此类问题的关键。哪怕经过赫瑟林顿和伯希和两人的努力考证，问题仍然悬而未决。若稍加推测，蒋祈很可能跟明万历年间以制作流霞盏和卵幕杯而闻名的昊十九，日本的青土木米、尾形乾山一样，拥有较高修养又热爱烧造瓷器，他将自己的窑命名为政和窑。但这也仅是猜测。

**[注释]**

[1] 西方陶瓷研究者多据此英译本来阐述元代景德镇窑业情况。

[2]可以想见经过历届《浮梁县志》重修后的誊写(大约重修过13次),中间产生的错误恐怕不止一两处。
[3]也因此产生不少难懂之处。使其更难懂的原因之一是其中夹杂了元代此地的方言。比如“蒲唇”“弄弦”“海眼”“雪花”等器皿纹样名称。还有诸如“汉人仓库氏”之类，虽不算方言，但仅在此地特定时期通用的词汇。其它还有如“狱失其校全官散分”的含义，“权官”“上司”“土居之吏”等词的异同与相互关系，如果没有对当时此地特定情况和环境等的说明，很难把握它们在《陶记略》中的正确含义。
[4]在笔者翻译《陶记略》过程中，会将卜士礼的错译之处指出并更正，不明之处亦会指出，企盼得到大家的指教。
[5]关于此盘的真伪以及器底铭文的意义，一直争议不断。笔者未见过实物，仅就所见照片来看，似不是伪作。如果是伪作，那真是一件刻意精心仿制的作品了。
[6]据此推断，蒋祈乃是至正元年前后人。至正是元朝晚期顺宗的年号，至正十年前后天下大乱，至正十二年，徐寿辉、郭子兴在江西安徽等地起义，建立天完政权。

注1.卜士礼，《东方陶瓷艺术》，第三部分，第四章，99-102页.

霍布森与伯希和两人引用此书的页码不同，前者记为178-183页，后者记为644页。笔者翻阅此书发现，332页前介绍中国陶瓷，剩余部分介绍朝鲜、日本陶瓷，全本约400多页。因此，他们二人参考的应是不同版本。（保罗·伯希和，《中国陶瓷史注释》，39页；罗伯特·霍布森，《中国陶器与瓷器》，第一册，159页。）

注2.伯希和认为卜士礼将书名译为《元蒋祈瓷器简论》,此种译法虽也行,但针对《陶记略》的意义，译为《元蒋祈简要瓷器论》更为贴切。卜士礼的译法会让人误以为这不是全文，而是省略版本。

注3.《浮梁县志》的第一个版本是南宋末年郑兴撰本，在此之前，可见于南宋宁宗嘉定乙亥（八年，1215）所撰的《番易志》内。下列为历次重大修改版本。

第一版，南宋咸淳庚午（六年，1270）郑兴撰

第二版，元泰定乙丑（二年，1325）臧廷凤撰

元贞二年浮梁变县为州,版本亦改为《浮梁州志》。此版本乃是至治壬戌(二年,1322)时任郡守(饶州路总管知府）的段廷珪令州士臧廷凤撰写，泰定乙丑中秋后五日，知州涂济亨题序。由此可知，该版乃是费时三年撰写而成。然而卜士礼却误把臧廷凤受命的至治二年当作是该版本公开刊出的时间。他认为《陶记略》初次编入县志是在元版中，但伯希和认为是在下述的明初版本中。（卜士礼，《东洋陶瓷艺术》，第三部分，第四章，99页；保罗·伯希和，《中国陶瓷史注释》，40页）。笔者更加倾向于伯希和的观点，理由如下：《陶记略》写作于元代晚期，陶巡一职撤销以后。根据涂济亨序文可知，郡守段廷珪到达浮梁执掌董陶务时，臧廷凤已经过世，其子臧履将其之前奉段廷珪之命撰写的州志遗稿交出。段廷珪赴任董陶务之前，陶巡一职还未被撤销。因此蒋祈《陶记略》写于臧廷凤的《浮梁州志》之后，不可能被编入这版州志。

有关此问题，会在下文详叙。

涂济亨亦作屠济亨。

第三版，明洪武初年？邑士徐逊编

据朱昭所编县志序中“我太祖高皇帝混一区宇天下郡邑修集志书以新华夏之典然偃武修文之初而地志无所取征焉得邑士徐逊摭拾草就故元之典故悉无所考我朝名宦事物皆所未载乃循袭旧闻而已云云嗟乎徐志颇详而失之泛计志从简而失之略”可知，此版本乃是徐逊私撰，而非官撰。《陶记略》很可能在这之前还未被编入县志。

第四版，明洪武十二年（1379）计希孟编

同年己未四月知县程励作序。伯希和认为这一版是最先收录《陶记略》的。

第五版，永乐十七年（1419）？朱昭等编

唐敏和朱昭作序。由朱昭序中“永乐己亥幸遭圣朝编集大一统志条成凡例颁布中外爰儒臣驻节各郡广延儒士诹询典宝时典教袁公吉司训唐公敏偕邑儒方子剡等嘱余披採编集。”可知其来由。

第六版，明嘉靖廿一年（1542）？汪宗尹？编

由卢琼序中“汪侯少泉莅政二年云云人阜物畅之暇未尝释卷乃披阅群书咨诹众论取旧志规矱之条而就枣属予叙焉”可知其来由。作序年份不详。但卢琼是正德年间进士，后任监察御史，享年81岁。隆庆元年，赠光禄卿《浮梁县志》卷七，可推测此版本作于嘉靖年间。此外，嘉靖年间担任此地知县的是汪宗尹，他嘉靖十九年上任，廿二年离任，此版本重修于他上任后第二年，于是推断为嘉靖廿一年。

第七版，万历三十三年（1605）周起元撰

周起元为当时知县。周起元、李大钦、周龙光等作序。李大钦序中有“天天幸浮人得清漳周侯三年政成而志亦成它人倥偬不暇聚讼不决者侯以退食馀间就之何钞敏也”。

第八版，康熙十二年（1673）王临元等修纂

第九版，康熙二十二年（1683）陈淯修纂

第十版，乾隆七年（1742）沈嘉徽、汪壎等修纂

第十一版，乾隆四十八年（1783）程廷济、凌汝绵等修纂

第十二版，乾隆五十七年（1792）何浩修纂

第十三版，道光三年（1823）贺熙龄修纂

光绪版《江西通志》与康熙二十二年版《浮梁县志》相比，异字、错字、漏字等不下23处。因为后者更为准确，所以多引用此版。

原文：景德镇陶昔三百余座埏埴之器洁白不疵故鬻于他所皆有饶玉之称其视真定红磁龙泉青秘相竞奇矣

译文：景德陶昔三百余座。埏埴之器，洁白不疵，故鬻于他所，皆有饶玉之称。其视真定红磁，龙泉青秘相竞奇矣。

注：“景德镇从前有陶窑三百多座”这一说法，并未在资料中找到相关记录，笔者对宋元时期此地窑业情况的研究兴趣甚浓。此处的“从前”大概是指南宋时期。北宋时期繁荣一时的北方窑系因为金代的入侵而陷入不振，而如景德镇窑一样的南方窑系却因为宋王朝的南渡而蓬勃发展起来。当时的窑业与明清相比，规模不大，但就当时的产量来说，三百多是很大的数字了。

众所周知，此处的真定红瓷即为定窑红瓷。关于定窑产地，从来都是定州、真定两说并行。《格古要论》《遵生八笺》等著作支持定州说，而按《景德镇陶录》所载“按定州系直隶州，在真定之西南，

非真定也。真定为常山，定州为中山”，则是代表了后者说法。可是，《留青日札》《文房肆考》等文献又记有“出定州，今直隶真定府”，即定州属真定府。《陶说》也赞同这一说法，虽然其内容像是前两种说法的折中，但实际跟定州说是一个意思。其实，这两种说法都是正确的。明洪武元年改元制度下的真定路为真定府，辖区内共有五个州，二十七县。五州即定州、冀州、晋州、赵州和深州。明显，定州在真定府的辖区内。所以，无论是定窑出自定州这种说法，还是定窑出自真定这种说法，都没有差别。严谨一点说，定窑出自真定府（真定路）的定州。宋元明清时期，此地皆称作真定府（真定路），但清雍正元年，改真定府为正定府。《陶说》写于乾隆时期，书中“正定府定州”这一说法，严格来说是不正确的。当然，《格古要论》等著作的定州说都是正确的，单单只有《陶录》记载了一些不必要的内容来迷惑世人罢了。

“龙泉的青秘”虽然可以指龙泉窑青瓷里的秘色瓷，但是此处只是使用形容词修饰龙泉青瓷而已。

原文：窑之长短率有甈数官籍丈尺以第其税而火堂火栈火尾火眼之属则不入于籍陶甿食工不受艺佣埽赁窑主以相附合谓之甈

译文：窑之长短，率有甈数，官籍丈尺，以第其税。而火堂、火栈、火尾、火眼之属，则不入于籍。陶氓食工，不受艺佣埽赁，窑主以相附合谓之甈。

注：由后段译文可知，甈为窑口烧造时所需要的一组陶工。窑的长短不同，所需要的陶工人数也不同。官府将所需陶工人数和窑的尺寸登记入册，然后以此为依据，进行课税定级。

火膛是烧火的地方，卜士礼将火栈译为火道，火尾译为烟突，火眼译为风穴。

“甿”指农民，“陶甿”则指此人既是陶工又是农民，因为他们的土地是从窑主那里承租来的，所以除日常耕种外，还需作为陶工为窑主干活，并且不获得酬劳。“艺佣”一词在《江西通志》里作“艺备”，意思不通。邑志里作“佣”。即使这样，解释起来也很困难，“佣”解释为“佣赁”，对于陶工而言“艺”则解释为“赁银”，“埽”通“扫”，“埽赁”则指“作为杂役获得的赁银”，所以“艺佣埽赁”指陶工应得的赁银。卜士礼的英译本中也是如此解释。这一制度施行于元代景德镇，是研究当时景德镇窑业发展的重要部分

“以相附合”作何解释？卜士礼并未对其有明确解释，而提及陶工围绕窑主周围土地定居。但是，原文中并未有如此记述。特别是如果陶工们居住在窑主附近，双方都会很便捷，然而原文并未记载。依笔者拙见，此处含义并非卜士礼所译之意。如果笔者理解不错的话，“以相附合”是指轮流召集人配合进行窑业生产。此处“附合”为一组，用于每次烧造之时，也就是说一组为甈。这些人平时要耕作，不可能常常作为陶工做工。因此出现这种交互召集制度也不难理解了。甈为此地造字，字典中难寻。

原文：土坯既匣垛而别之审厥窑位以谨布置谓之障窑

译文：土坯既匣，垛而别之。审厥窑位以谨布置。谓之障窑。

注：“匣”指放入匣钵。“垛”通“垛”，指将东西放入匣钵中叠加。

原文：兴烧之际按籍纳金窑牌火历迭相出入谓之报火

译文：兴烧之时，按籍纳金，窑牌、火历迭相出入。谓之报火。

注："兴烧"指窑内点火。如前文所叙，在开窑之前，需要按之前登记在册的数据缴纳相应的税金。不知为何，卜士礼将其译为依据窑的尺寸和陶工人数来缴纳税金。

《景德镇陶录》卷八引用该节，记为"烧时窑牌火照。迭相出试。谓之报火"。不知为何变更至此。就笔者所读《江西通志》，康熙重修《浮梁县志》等，都与原文一致，无"照"有"历"，无"试"有"入"。

在《景德镇陶录》卷四，记述有试照之法和自试火照之法。前者是为测试坯体质量，后者是为测试器皿烧成所需的火候。《景德镇陶录》中的"火照"，不知是否是作者考虑到试照和自试火照而改写的。然而，"窑牌"与"火照"迭相出试仍然不知作何解释。

笔者也难以理解此句意思，只能勉强猜测一二。"牌"一般指牌子、牌印和牌照，有许可证、执照和许可证明书的意思。笔者认为此处"窑牌"为缴纳税金后官府下发的许可证。"历"一般指经历、履历等，有记录报告书的意思。"火历"可以理解为记录烧造过程的报告书。那么，这句话可以理解为"缴纳税金后，官府下发烧造许可证书，窑主也需上交烧造记录报告书，这称之为报火"。"迭相出入"可理解为相互间的发放受领，上交纳受。显然，火历是烧造完成后上交，报火也就是指火历的上交。跟官府下发的窑牌没有关系。

原文：一日二夜窑火既歇商争取售而上者择焉谓之拣窑

译文：一日二夜，窑火既歇，商争取售。而上者择焉，谓之拣窑。

注：一日二夜指烧成需要的时间。"售"同"卖"同义。卜士礼将"上者择焉"译为"挑选上品"。《浮梁县志》写作"工者"。"拣"指挑选。

原文：交易之际牙侩主之同异差互官则有考谓之店簿

译文：交易之际，牙侩主之。同异差互官则有考，谓之店簿。

注：牙侩是买卖经纪人，检查账目是否有差的是官府。卜士礼将此节译为"为计算销量，每个窑都配备了一名会计，卖方由官府颁发许可证，官府负责检查账目。""店簿"被译为店铺经营许可证。如此译法，笔者难以苟同。

原文：运器入河肩夫执券次第件具以凭商算谓之非子其窑之纲纪大略有如此者

译文：运器入河，肩夫执券，次第件具，以凭商算，谓之非子。其窑之纲纪大略有如此者。

注：卜士礼将"运器入河"译为运到河边，笔者认为这是正确的。具体一点说，是运送到停靠在河边的船中。卜士礼将肩夫译为拥有许可证的搬运工，笔者不知道许可证一意从何而来。他认为"执券"是指发给搬运工的纸片，上面记有搬运数量，一天工作结束后，凭纸片上的数量获取对应的酬劳。这确实是现场督工的有效手段，但笔者认为应该是每一趟搬运都会发放一张票，最后凭借票的数量来结账。此外，卜士礼认为非子是搬运票。"凭"有凭证、凭据的意思，此处应该是可凭依的证据。

以上第一段，是对当时景德镇窑业制度的一般性介绍。虽然并不详细，却仍可以让我们窥探一二元代景德镇窑的情况。

原文：若夫浙之东西器尚黄黑出于湖田之窑者也江湖川广器尚青白出于镇之窑者也

译文：若夫浙之东西，器尚黄黑，出于湖田之窑者也。江湖川广，器尚青白，出于镇之窑者也。

注：“浙”通“浙”。浙之东西指现在的浙江省。唐代时，浙江分东西两道，即浙江东道和浙江西道。宋代，改道为路，变为浙江东路和浙江西路。元代，又改回浙江东道和浙江西道。总之，浙之东西指现在的浙江省。

卜士礼将“江”译为“江南”，这种译法也算正确，但是又如何定义江南的区域呢？历代以来，江南这一说法都很模糊。在现代，江南是指江苏、安徽和江西三省的长江以南地区。但是清初设置的江南省，包含现在的江苏、安徽二省，实际上也包含了部分长江以北地区。康熙时期，江苏、安徽二省分开。再往前追溯，宋代的江南路东限闽海，西界夏口，南抵大庾，北际大江。也就是现在江苏省的长江以南，丹徒以西，安徽省的长江以南以及江西省的全境。唐代的江南道范围更广，包括现在的浙江、福建、江西、湖南，以及江苏、安徽和湖北的大江以南，四川东西部和贵州东北部。元代，设十一行中书省，并无江南行中书省。含有“江”字的是江浙行省和江西行省。在江浙等处行中书省内，有江南诸道，它的辖区包括集庆路（上元、江宁、句容），天平路（当涂、芜湖、繁昌），池州路（贵池、青阳、建德、铜陵、石埭、东流），信州路（上饶、玉山、戈阳、贵溪、永丰），庆德路（庆德、建平），以及现在的安徽省长江以南地区，江西省的小部分地区。江西省的大部分地区是不包括在内的。

从“江”与“湖川广”并列的关系来看，此处应该理解为江西省。这样解释的话，就不能把安徽省的北部全部排除在外。所以将前文提及的宋代的江南考虑为长江以南的江苏、安徽以及江西省全境比较妥当。

“湖”在宋代指湖南湖北两路，在元代指湖广行中书省，辖境包括现在广东广西两省的部分地区，以及贵州四川的南部。

“川”指四川省。元代时，设置有四川行中书省。

“广”指大体现在的广东广西两省。元代时，与湖南湖北等地并为湖广行中书省。卜士礼将此译为广东，难免狭隘。

此处原文可以理解为：长江以南的浙江地区热爱黄黑器皿，它们出自湖田窑。浙江地区以外的地方，人们崇尚青白瓷，它们出自景德镇。也就是说，长江以北地区，湖北四川等地喜爱景德镇烧造的青白瓷。

该段记载了元代瓷器的分布状况。当时景德镇瓷器主要流行于中国南方，与其他窑口相比，地位超然。景德镇瓷器在中国北方又是怎样的呢？书中未见记载。但是，比之磁州定窑，以及河南、河北、山西、山东等地各窑口生产的价格低廉的粗瓷，可能还是很有优势的。

此外，此处的“青白”很可能是指青花，卜士礼将其译为“青瓷器”，未免有失妥当。霍布森在其著作《支那古陶瓷》的脚注里提及，这很可能是淡青色的，可以译为影青瓷。这种解释非常有趣，但是宋末元初青花瓷器已经问世，还是应该理解为青花瓷。

原文：碗之类鱼水高足碟之发晕海眼雪花此川广荆湘之所利

译文：碗之类，鱼水高足。碟之发晕、海眼、雪花。此川广荆湘之所利。

注：鱼水高足碗是指绘有鱼水纹样的高足碗。卜士礼将其译为“鱼水碗”与“高足碗”，实际是一件东西。

“碟之发晕”指什么？至今无人能解。卜士礼将“发晕”译为色彩的晕染，从字面来看，似乎通顺，可是这种碟又到底具体指什么？此外他将“海眼”“雪花”照字面直译，具体指什么，却不清楚了。

如前所述，“川广”指四川、广东以及广西地区。“荆湘”被卜士礼译为湖南和湖北。“利”被他译为在此地贩卖可获利，笔者也赞同这种说法。

原文：盘之马蹄槟榔盂之莲花耍角碗碟之绣花银锈蒲唇弄弦之类此江浙福建之所利必地有择焉者

译文：盘之马蹄、槟榔。盂之莲花、耍角。碗碟之绣花、银锈、蒲唇、弄弦之类。此江浙福建之所利，必地有择焉者。

注：马蹄形状的盘子。《饮流斋说瓷里》提及马蹄尊有两种，一曰瓶，一曰盂。盂广口无颈。此处盘可能与它相似。又有说马蹄尊是模仿犀牛角制品烧成的德化白瓷杯。关于槟郎，卜士礼将其译为釉色。霍布森据此认为是红褐色的。《陶说》卷六里列举的万历窑器皿中有槟榔盝一项，盝指小匣。卜士礼将其译为槟榔盒。此处槟榔盝应该不是指槟榔色的小匣，而应该是形状像槟榔果的小匣。同理，此处的盘也应该解释为形状像槟榔的盘。

“耍角”在《江西通志》里作“要角”。卜士礼将其译为切四角四边形，认为是切去四角的四边形盘子。卜士礼将“绣花”译为描绘的纹样，“银锈”则是银器纹样。

他将“蒲唇”译为凹槽面。器壁的一侧？笔者认为“蒲”作“蒲伏”即“匍伏”，也就是“匍匐”，此处“蒲唇”很可能是指碗碟撇向外的边。

卜士礼将“弄弦”译为串联起来的细绳。但“弄弦”很可能假借于“隆线”。假借字的问题十分复杂，只有等日后元代景德镇的音韵研究更进一步时，再来探讨这一问题。

原文：炉之别曰猊曰鼎曰彝曰鬲曰朝天曰象腿曰香奁曰桶子瓶之别曰觚曰胆曰壶曰净曰桅子曰荷叶曰葫芦曰律管曰兽环曰琉璃与夫空头细名考之不一而足惟贩之所需耳

译文：炉之别：曰猊，曰鼎，曰彝，曰鬲，曰朝天，曰象腿，曰香奁，曰桶子。瓶之别：曰觚，曰胆，曰壶，曰净，曰桅子，曰荷叶，曰葫芦，曰律管，曰兽环，曰琉璃。与夫空头细名，考之不一而足，惟贩之所需耳。

注：“炉”指香炉。“猊”指狻猊。卜士礼此处译为像狮子形状的香炉，而且特别指出此处的狮子是形象怪异的狮子。盖上饰有狮子的陶瓷香炉并不少见，但是整个器体都是仿狮子形状的陶瓷香炉未曾见过。有关前者，在徐竞的《高丽图经》中可找到如下记载“陶炉，狻猊出香亦翡色也。上有蹲兽。下有仰莲以承之云云”。此外，在该书第三十卷，亦记载有“兽炉。子母兽炉。以银为之。刻镂制度精巧。大兽蹲踞。小兽作搏攫之形。返视张口，用以出香云云”。此处所提香炉乃是银制，按理，狮子状的陶瓷香炉也应存在，但是《陶记略》中的猊炉具体指什么就不清楚了。

毫无疑问，鼎、彝、鬲是青铜器器型。“朝天”又指什么呢？卜士礼认为是祭天仪式时所需要的炉。

“象腿”指像大象的腿部一样的形状。腿是指股和胫的总称，通俗来讲，股指大腿，胫指小腿。卜士礼将其译为“象足”。现代有命名为“象腿瓶”的瓷器，但是香炉里面是否有此形状，仍未可知。有关“象腿瓶”，《饮流斋说瓷》有如下记载：“象腿瓶式颇特别。自口至足直下。无纡曲。但非圆式。乃三瓣之海棠式也。口际凸起厚边。近口稍粗。近足稍窄。市人呼曰象腿。亦象形语也。云豆淡茄乳鼠等色为多。”

“香奁”是妇人所用的化妆盒。卜士礼将其译为正方形的装香小盒。奁确实也有用来盛装香，所以也不能完全否定他的译法，但是“正方形”又是从哪来的呢？圆形、六边形都是有的。

卜士礼将“桶子”译为圆形的管子。

瓶子类别里的“觚、壶、葫芦、兽环”不难理解。

“胆瓶”一名沿用至今，直口，鼓腹，因瓶子似胆形而得名。有关“胆瓶”，《饮流斋说瓷》有如下记载：“胆瓶。胆瓶形如悬胆。口径直下。腹征椭圆。形式有大有小。古时铜瓶此式尤盛行。瓷制以乾隆为多。”

说起“净瓶”，常常会想到观世音菩萨手中所持的玉瓶。卜士礼将其译为用于洗礼，带有把手和注口的瓶。卜士礼所译很可能是有原型对照的。铜制的佛教器皿，瓶颈细长，但是同时具有把手和注口的，未曾见过。高丽青瓷中虽然有此形制，但如何确定元代景德镇所烧造的也是这个形状呢？此外，“净瓶”在梵语中被称为“军持”，用于净手，亦被称为“澡瓶”。有关军持，《陶说》第四卷有如下记载：“寄归传。军持有二。瓷瓦者净用。铜铁者浊用。庶物异名疏。梵语军持。一云军迟。此云瓶也。按西域记。捃稚迦。即澡瓶也。然则军持之名。捃稚讹文。又省迦字。释家以之洗手。故曰澡瓶。亦曰净瓶。词林海错云。蒙古人谓净瓶曰羊讹。佛教东汉入中国。至六朝而盛。故附于此。”

“栀子”指栀子的果实，这种形状的瓷瓶曾在定窑产品中见过。此类型很可能是器型稍长，四周饰有数条细线。

荷叶瓶具体指的是何种形状，至今无解。项墨林的《图谱》中，记有龙泉窑芭蕉卷叶状的瓶子，记忆中西方旧藏里有此类型的实物。

那么，荷叶瓶是否是莲叶卷叶状的瓶子？抑或是就是所说的荷包瓶？荷包瓶是指形如荷叶包袱状的瓶子。据说此种形制创烧于宋代定窑。《饮流斋说瓷》有如下记载：“荷包瓶。形扁圆。口腹均大。类如荷包。故名。宋定始有斯制故此式。又大都有凹雕暗花也。以纯色釉者为多。”卜士礼仅简单将其译为“莲叶形”，难以就此得知具体形状。

卜士礼将“律管”直译为“音乐管”，具体什么的“管”未可知。下文“兽环”译法亦是如此。具体瓶身形状如何，瓶耳形状如何，一概不知。如果这样的话，也可能是被称为“管耳”的东西。

琉璃瓶是什么？琉璃指玻璃，但是那时此地不生产玻璃瓶。此处应该是指通体钴蓝色的瓶子。元代时，就已经开始使用钴作为青料了。由《格古要论》记载的“又有青黑色戗金者多是酒壶酒盏甚可爱”可知，此处的青黑色（即琉璃）是元代青花料的发色效果，不似后世回青的明快艳丽。《格古要论》写成于明洪武二十年，距元代仅二十年，对于元代景德镇的琉璃制造情况的应大致可信。“瓶之别”可以是形状的不同，也可以是色彩的不同，所以此处“琉璃”用来指代色彩，并无不妥。卜士礼将其译为玻璃形状，是讲不通的。

此外，元代大量使用钴料来烧造宫殿琉璃瓦，这在《元史》中多有记载。在第九十卷中，有如下记载：“大都四窑场，秩从六品，提领、大使、副使各一员，领匠夫三百余户，营造素白琉璃砖瓦，隶少府监。至元十三年置。其属三：南窑埸，大使、副使各一员。中统四年置。西窑埸，大使、副使各一员。至元四年置。琉璃局，大使、副使各一员。中统四年置。”

中统是忽必烈的年号，中统四年即南宋景定四年，贾似道专权之时。世祖忽必烈于桓州即位，次年定为中统元年，四年后改年号为至元，至元四年在燕京（北京）营建都城，至元九年将燕京称为大都。上述的“大都四窑场”设置于至元十三年，而设置于中统四年的琉璃局应该是它的附属机构。由此可知，当时为烧造琉璃瓦使用了大量钴料。当然，南宋，甚至北宋，可能也有烧造琉璃瓦，这需要进一步的研究。

由《辍耕录》中记载的宫阙制度可知，琉璃瓦种类繁多，有白琉璃、绿琉璃、青琉璃、碧琉璃等。此处的碧琉璃和青琉璃很可能就是用钴料烧造的。

“空头”在现代汉语中缺乏特指名目。那么“空头细名”则指名称繁多难以一一细表。卜士礼此处译为“空名和细小分别，难以明确”，意思不对。又将“惟贩之所需耳”错译为“只对商贩有价值”。此处应理解为“只贩卖对方需要的”。

原文：两淮所宜大率皆江广闽浙澄泽之馀土人货之者谓之黄掉黄字掉云者以其色泽不美而在可弃之域也所谓器之品数大略有如此者

译文：两淮所宜大率皆江广闽浙澄泽之余，土人货之者谓之黄掉。黄掉云者，以其色泽不美而任以弃之域也。所谓器之品数，大略有如此者。

注：两淮是指淮水左右的淮西（庐凤一带，又称淮右）和淮东（淮扬一代，又称淮左）。闽指福建地区。“澄泽之余”指挑选完色泽美丽的瓷器之后的剩余，也就是残次品。

《陶记略》第二段介绍了瓷器类别以及各地的偏好。霍布森认为浙江省偏爱黄黑器，比之其他地方，文化水平低，两淮地方购买黄黑器的残次品，则文化水平更低。伯希和指出他将“黄掉”错译为“黄料”。

原文：至若冬泥冻脆不可以烧坯陶既就复不易操则有火房火事将毕器不可度探坯窑眼以验生熟则有火照

译文：至若冬泥冻脆不可以烧，坯陶既就复不易操，则有火房。火事将毕，器不可度，探坯窑眼，以验生熟则有火照。

注：卜士礼将“不易操则有火房”译为“当坯体刚刚成型时，十分柔软，必须小心谨慎地运入火室”。如果“火房”译为“火室（fire-chamber）”，那么“炉（furnace）”与“窑”的异同是什么呢？此外，为何将“则有火房”译为“必须小心谨慎地运入火室”？“不易操”是“不易操作”的意思，依笔者拙见，此处是将“燥”错刊成了“操”。冬季，坯体难以干燥，所以需要将其放在特殊的火房中，使用炭火加速干燥。夏冬之间，无论哪个窑口都不会把刚做成的坯体直接放入窑中。所以，无论是不易操作也好，不易干燥也好，都不会把刚制作完成的坯体直接入窑。所以，此处“火房”是不同于“窑”的。根据陶书彩画需用数一项记载，明代时有“兜柴”，用于烘坯，每斤价值银二分五厘。此处烘坯操作应该同冬日使用火房干燥的操作一致。彩画需用数一项中，除记载了墨、

金箔等必需品外，也包含了很多与彩画无关的用品如铁线（很可能用于切泥条）、石斛纸（鱼缸等大型器造坯时使用）、青瓦（用途不明）、润车香油（抹在辘轳上的油）、夏布（明确记为漆匠用）等，兜柴也包括在其中。

窑眼指观察火候的孔。《景德镇陶录》第四卷有关于自试火照之法的记载："本烧户亦有自试火照之法，盖坯器入窑，火候生熟，究不可定。因取破坯一大片，中挖一圆孔，置窑眼内，用钩探验生熟。若坯片孔内皆熟，则窑渐陶成，然后可歇火。"

原文：进坑石泥制之精巧湖坑岭背界田之所产已为次矣比壬坑高砂马鞍山，瓷石堂厥土赤石仅可为匣模工而杂之以成器则皆败恶不良无取焉

译文：进坑石泥，制之精巧，湖坑、岭背、界田之所产已为次矣。比壬坑、高砂、马鞍山、瓷石堂的厥土、赤石，仅可为匣模，工而杂之以成器，则皆败恶不良，无取焉。

注：进坑、湖坑、岭背、比壬坑、瓷石堂等地具体在哪，无人可知。界田位于旧李村所在县的东北60里的丰田。高砂位于县西面3里的樵溪。马鞍山位于县的南部。原文中"模"下面是"工"字，卜士礼并未将其翻译。此外，在《景德镇陶录》第八卷，"模工而杂之以成器则皆败恶不良无取焉"皆未有收录。很可能此处"工"字前后也有漏字。卜士礼将"匣模"翻译为匣钵和模型。

原文：攸山山槎灰之制釉者取之而制之之法则石垩炼灰杂以槎叶木柿火而毁之必剂以岭背釉泥而后可用或覆仰烧焉

译文：攸山山槎灰之。制釉者取之。而制之之法，则石垩炼灰，杂以槎叶木柿，火再毁之，必剂以岭北釉泥而后可用。或覆、仰烧焉。

注：攸山所在地不详。"槎"本意指筏子，此处可理解为小枝。卜士礼将其译为山间灌木。"槎叶木柿"应该理解为柿木的小枝。殷弘绪将其译为山楂，但是《浮梁县志》里有明确记为"澁子（涩的果实）"的植物。此外，县志里并没有"木柿"相关的记载，《陶记略》中的"木柿"应该就是与柿子相关的东西，此处山楂说是错误的。卜士礼将其译为柿子木，但这是将它与山槎混合在一起翻译了。

原文：陶工匣工土工之有其局利坯车坯釉坯之有其法印花画花雕花之有其技秩然规制名不相紊

译文：陶工、匣工、土工之有其局，利坯、车坯、釉坯之有其法，印花、画花、雕花之有其技，秩然规制名不相紊。

注：该段记述了窑业的分工合作，各司其职，秩序井然。利坯指削坯，车坯指辘轳车拉坯，釉坯指施釉，卜士礼将"规制名"翻译为都提供有技术名称。

原文：窑有尺籍私之者刑釉有三色冒之者罪凡利于官者一涉欺瞒则牙商担夫一例坐罪其周防可谓密矣夫何昔之课赋优裕而今之事于此者常怀不足之虑也

译文：窑有尺籍。私之者刑。釉有三色，冒之者罚。凡利于官者，一涉欺瞒，则牙商、担夫一例坐罪。其周防，可谓密矣。夫何昔之课赋优裕，而今之事于此者常怀不足之虑也。

注：由此段开始，进入《陶记略》的重点部分。窑的尺籍在前文记为“窑之大小”。对隐瞒虚报者，处以刑罚。“釉有三色”的意思不明。卜士礼将其译为“根据质量，施釉必须有三个层次的颜色”，意思难以理解，也不知道他为何如此翻译。此外，“根据质量”又是从何处理解来的？此处绝不可以如此翻译。

牙商指买卖的商人，担夫指劳动者，他们连座受罚。“周防”指预防犯罪的处罚规定很周到。

从前税赋较轻，常有盈余，而现在常常要担心收支不平。“利于官者一涉欺瞒”指一旦妨害了官府的利益，然而卜士礼将其译为“每一步都需要贿赂监察官员”。

原文：宪之头子泉之率分统制之供给经总之移用州之月桩支使醋息镇之吏俸孤遗作匠总计月钱几三千余缗而春秋军旅圣节郊祀赏赉试闱结葺犹不与此通融计之月需百十五缗则权官可以逭责反是则谴至矣

译文：宪之头子，泉之率分，统制之供给，经总之移用，州之月桩，支使之醋息，镇之吏俸，孤遗之作匠，总费月钱几三千余缗。而春秋军旅，圣节，郊祀赏赉，试闱，结葺犹不与此，通融计之，月需百十五缗。则权官可以逭责，反是则谴至矣。

注：这是比较难理解的一段。如何句读呢？笔者的断句方式如译文所示。

“宪”是下级官员对于长官的称谓，亦称“大宪”或“宪台”。“头子”指头子钱，是除规定的租税以外征收的附加税。

“泉”应是“泉府”的简称，是负责征收市税的机构。“率分”指税课。

“统制”是指宋代出征军统帅的都统制。元代“都统制”简略为“统制”。此处则指为出征军统帅交纳的金钱。

“经总”是“经总制使”的简称，即宋代的经制使（掌管财赋的官吏）和总制使（总辖官吏）的合称。“移用”此处为供养的支出。

“月桩”是“月桩钱”的简写，指每月所需军费。“州”指浮梁州。元贞元年，改县为州。

“支使”指属僚，如唐代节度使、观察使的属官都是支使。“醋”指报酬，“息”指慰劳，“醋息”则是作为慰劳报酬所需的支出。

卜士礼将“孤遗作匠”译为陶匠的遗孤和遗孀。使用了倒装法。笔者认为卜士礼译法可行。但是不明白为何此处要提及陶工的遗孤和遗孀？前后语句联系，似乎意思不通。此处“作匠”可能是方言，指救助费，也可能是“作匡”的错刊。

“缗”指串起的一串穴明钱，一串即是一贯文。三千缗则是三千贯。

“军旅”指军队。“旅”作“团旅”，从前五百兵士为一旅。

“圣节”指天长节，或者也可能指天长、地久两节。

“郊祀”指村里的社庙，或者指对天地的祭祀。此处为后者。

“赏赉”指赏赐、褒奖。

此处的“赏赉”是指春秋时节对军队的赏赐。圣节、郊祀时当然也要论功行赏。

“闱”指科举考场。“试”字有无，皆无影响，从语感角度出发，将其添加。“结葺”指修葺屋顶，也有建造的意思。但是建造房屋一般称为“结茅”，且房子盖好后，可以保存几十年。所以此处应该是修葺屋顶，或者是修缮房屋。

“通融计之月需百十五缗”指全部大体计算下来，平均到每个月，除了三千余缗，还需一百十五缗。

“权官可以逭责反是则谴至矣”指如果权官们征收了要征收的税金，那么知州可以免责，反之，则要追究责任。关于此事，下文详述。

以上是笔者的拙见，与卜士礼的译文有观点不同之处。现将不同之处指出，共同探讨。

对照原文，卜士礼译文为：

“征收来的金钱用于州的最高长官，以及他的属僚，用于饶州官员的每月花销，用于景德镇的警察，以及给陶工的遗孤和遗孀的补助，每月共计三千贯。以及春秋季节用于士兵，圣节和祭祀的税金，用于修缮厅堂的礼物和金钱，共计一百五十多贯，都由官员来强制征收。”

卜士礼将“宪之头子”译为“州的最高长官”，“泉之率分”译为“州最高长官的属僚”，“州之月桩”译为“每月饶州官员的花销”，“镇吏俸”译为“景德镇的警察”。他还漏译了“统制之供给”，“经总之移用”和“支使醋息”。他的译文没有体现原文中供养的意思。遇到难以翻译的字眼，不能随意地删去或跳过。此外，他将“州”翻译为“饶州”也是不对的，如前文所说，浮梁改县为州。

接下来，他又译为“对春秋时分军队的赋课，对圣节和郊祀的税和礼物”，原文中并无赋课、税等字样。

他将“权官可以逭责”译为“所有都由官员来强制征收”，不明白为何如此翻译。他又认为受“谴”的对象是普通群众，这是没有把握好原文的意思。

原文：观数十年来官斯去者无不有州家挂欠之籍尝推求其故则有由矣窑家作辍与时年丰凶相为表里一也临川建阳南丰他产有所夺二也上司限期稍不如约则牙校踵门以相蠹蚀三也狱失其校权官散分迩来猾商狡狯无所惮怖四也土居之吏牢植不拔殆有汉人仓库氏之风五也官之懵者吏挚其肘一有强明自任则吏结豪驵之民诡辞上官必使悊之更而后已官不少察事势轻矣此重可为太息者也

译文：予观数十年来官斯去者，无不有州家挂欠之籍。盖尝推求其故，则有由矣。窑家作辍，与时年丰，凶相为表里一也。临川，建阳，南丰他产有所夺二也。上司限期稍不如约，则牙校踵门以相蠹蚀三也。狱失其校，权官散分，迩来猾商狡狯无所惮怖四也。土居之吏，牢植不拔，殆有汉人仓库氏之风五也。官之懵者，吏挚其肘，一有强明自任，则吏结豪驵之民，诡辞上官，必使悊之更而后已。官不少察，事热轻矣，此重可为太息者也。

注：这一段也很难理解。“来官斯去者”指来此地赴任的外地官员，与下文的“土居之吏”相对照。来任的官员位居高位，本地官员则是他的属僚。元代的官府里最高长官一职从来都是由蒙古人担任，绝不可能由汉人担任（参照《元史・百官志》）。在浮梁州，监州一职由蒙古人担任，他下属的知州一职则是由汉人担任。这种情况并不仅限于浮梁州，其他州亦是如此。到了县一级，则是监县与知县。此处的“来官斯去者”很可能是指由汉人担任的知州，“权官”则是由蒙古人担任的监州。

“挂欠”指借钱。“挂欠之籍”指借条，来此地上任的官员手中没有谁是没给州民写过借条的。卜士礼也是此观点。

“作辍”的“辍”是停止的意思。丰年时大量烧造，凶年时停止烧造。即使烧了也会有卖不出去的情况。官府的收入当然也会因此减少。

对于有关临川、建阳、南丰窑的记载，笔者兴趣甚浓。西方的陶瓷学家们认为该记述证明了这些窑口在元代十分繁荣。

卜士礼将“牙校”译为“巡警”。“牙”是“牙门”即“衙门”，“校”是指小吏。他将此条译为“如果你交税晚了一天，巡警们就会来敲门并且毁掉所有东西，包括毛毛虫”，这种译法非常可笑，“蠹”是蛀蚀木材的虫子，与毛毛虫不属一类。

受此监督的是何人？应该是汉人知州。他受蒙古人监州的监督。此处是指知州需要从窑业从事者那征收一定金钱然后将其交付给监州。如果逾期，监州就会派遣牙校（诸如宪兵或保安队队员之类）将其带回不让其归家。无计可施的知州只能向州民借钱支付。

有关“狱失其校云云”，卜士礼译为“监狱没有狱卒，官员们擅离职守，狡猾之人也因此无所忌惮”。他没有指出此处“权官”特指蒙古人担任的长官。元朝末年，纲纪紊乱，蒙古人势力衰退，也因此加大了对汉人的压榨。“猾商狡狯”中“狯”应为“侩”。“猾商”“狡侩”重复啰嗦。“侩”指牙侩，也就是买卖中间人。

“土居之吏”指出生于此地的下属官吏。他们势力牢固。“殆有汉人仓库氏之风”意思不明，卜士礼也未翻译。笔者猜测是不是这些本地的下属官吏，在知州等受罚时，不受半分波及，就像仓库一样一直屹立不倒，所以被戏谑为“仓库氏”。

“官之懵者云”中的“官”指来上任的外地知州，因为他对此地情况知之不详，本地的小吏就会使用各种手段阻挠他办事。如果他官威较盛，小吏们不敢亲自上阵，就会勾结“豪驵之民”（奸诈的买卖中间人以及恶徒），让他们去向蒙古人高官们进谗言，使知州遭难调任它处。如果官员没有察觉，就会被他们愚弄得官威尽失。

这一段记述了汉人知州夹杂在蒙古人权官、本地小吏以及猾商狡侩之中，处境艰难。

原文：尝记容斋随笔载昔之守令不市陶器父老所传仅二人焉呜呼何辽绝邪容斋所记可以尽信否耶邪何今未有继也

译文：尝记容斋随笔载。昔之守令，不市陶器，父老所传仅二人焉。呜呼何辽绝耶邪。容斋所记可以尽信否邪。何今未有继也。

注：从此段开始，卜士礼都未翻译。

《容斋随笔》是南宋初期洪迈所作。洪迈官至敷文阁待制、端明殿学士，曾任赣州婺州知县，通晓浮梁情况。

《容斋随笔》中“昔之守令云云”，亦被收录在《景德镇陶录》卷八：“彭器瓷尚书文集有送许屯田诗序云。浮梁父老言。自来作知县不买瓷器者一人。君是也。作饶州不买瓷器者一人。今程少卿嗣宗是也。惜乎不载许君之名。”（容斋随笔）

来此地就任守令，却不购买陶器，是为官清廉的体现，至今只有知县许屯田和饶州府尹程少卿两人做到。购买陶器是可以的，但是大量购买而后转卖获利却是不可以的。

很遗憾我们无从得知《容斋随笔》中许屯田（号）的具体姓名。根据《浮梁县志》，北宋皇祐年间至熙宁年间，在此就任的知县有 10 人，他很可能是熙宁年间的许彭年。

“彭器瓷尚书”在邑志中作“彭器资尚书”，他是鄱阳人，出身贫寒，历任兵部侍郎、吏部尚书。

年轻时，曾流落浮梁一带。(《宋史》第三百四十六卷有其传记。)《浮梁县志》收录有《送许屯田诗》：“浮梁巧烧瓷，颜色比琼玖。因官射利疾，众喜君独否。父老争叹息，此事古未有。”

从前，若有如此廉官，百姓都会感到欣喜快慰，而现在却是为他担忧。因为如前文所述，知县往往处境困难。

原文：又闻镇之巨商今不如意者十八九官之利羡乃有倍蓰之亏时耶邪山川脉络不能静于焚毁之馀而土风日以荡废邪一里窑五里焦之谚语其龟鉴矣或者谓博易之务废矣窑巡之职罢矣今之不可复古矣然河滨之陶昔人为盛德所感故器不苦窳庸讵知今日董陶之器不可以复古邪是又非予所得而知也

译文：又闻，镇之巨商，今不如意者十八九。官之利羡乃有倍蓰之亏。时邪？山川脉络，不能静于焚毁之余，而土风日可以荡邪。“一里窑，五里焦”之谚语其龟鉴矣。或者谓，博易之务废矣，窑巡之职罢矣，今之不可复古矣。然河滨之陶，昔人为盛德所感。故器不苦窳。庸讵知今日董陶之器，不可以复古邪。是又非予所得而知也。

注：“羡”指有余。“倍”指两倍。“蓰”指五倍。“亏”指缺、失。

“一里窑，五里焦”指一里的窑所耗的薪柴需要砍伐五里的树木，或者是五里之内都被窑火余焰所熏焦。所以说“土风”能将其荡除。前文的“焚毁之余”也是与此处谚语对照。

“博易务”是唐代此地监督官窑的机构。“河滨之陶云云”出自《史记·五帝本纪》中“舜陶河滨器皆不苦窳”。由“窑巡之职罢矣”以及“庸讵知今日董陶之器不可以复古邪”可知，蒋祈写作《陶记》时，监陶官已经被废止。

至元十五年，设立浮梁瓷局，负责瓷器的烧造以及漆造马尾棕籐笠帽等的生产，配置秩正九品的大使副使各一名。此事记载于《元史·百官志》。它废止于何时，不详。

《陶说》卷三记有“镇设自宋景德中因名置监镇奉御董造云云元更监镇为提领本路总管监陶”，以及《景德镇陶录》卷五记有“改宋监镇官为提领至泰定后又以本路总管监陶”。前文注 3 中提及泰定二年，饶州路总管段廷珪就任监陶官，也表明那时已经将提领改为监陶了。但是至今仍未有人就浮梁瓷局与监陶官之间关系的提出疑问，所以问题也一直没有得到解决。

## 后记

有关宋代瓷器中钴料的使用情况，可以在《宋会要·食货》第 55 卷第 14990 条“窑务”中找到相关记载。

“京东西窑务掌陶土为砖瓦器给营缮之用，旧有东西二务，景德四年废止。于河阴置务，于京城西置受纳场，岁六百万。大中祥符二年复置东窑务，以诸司使副使三班三人监领匠十二百人。受纳场改为西窑务，以三班二人监所有匠，有瓦匠、砖匠、装窑匠、大色匠、粘胶匠、鸱兽匠、青作匠、积匠、鞏窑匠、合药匠十等，岁千一百五十四万。二月兴工，十月罢作。”

此处“青作匠”很可能就是负责制作琉璃瓦，“大色匠”则是负责制作琉璃瓦以外的黄、赭、绿等色的瓦片。

《景德镇陶录》中亦有对景德镇制造琉璃的记载，“唐琉璃窑。镇在唐代瓷陶之外，又有琉璃窑，为市埠桥盛姓所业。有盛鸿者，登乾元第，为利州司马擢行人。其族人以敕造不称获罪，鸿疏辨免，不欲族裔承匠籍，遂废其业。见《昌南记》”。

此处“琉璃”不能理解为玻璃，应该是指依靠钴料呈色的单色瓷器，即琉璃色瓷器。《陶说》和《景德镇陶录》中有唐代陶玉进贡假玉器的记载。此处的“假玉器”应该是指景德镇产的半透明状似玉的瓷器。颜色应该是白色，或者近似白色的影青，与白玉类似，故而得名。假玉器是武德年间记事，琉璃窑是乾元年间记事，中间虽隔了一百四五十年，但都同属唐代。此外，陶工们在唐代就已经开始在烧造明器中使用钴料。

汉人知州为蒙古人高官征收“宪之头子钱”等各类苛捐杂税的行为，与现下中国的情况有几分相似。军阀们罗列数十种税目，并且提前征收未来二三十年里甚至五十年里的税金。此外，敌人来袭或者城市暴乱时，出动军队需要支付补偿金。如果普通群众们筹集不出补偿金，那么则是由当地富豪支付。蒙古人就像是军阀，而汉人知州向当地富豪借钱来履行他的征收职责。

殷弘绪参照的《浮梁县志》，应该是康熙二十二年陈淯重修本。儒莲参照的是道光本。（儒莲，《中国瓷器的历史和制造》，67 页。）儒莲认为《浮梁县志》共有二十一个版本，但根据笔者的统计，不超过十三个版本。此外，他漏掉了宋代郑兴本，将元代臧廷凤本误认为是第一版。

# 元代的景德镇窑业——以蒋祈佚文《陶记》为中心

佐久间重男

## 一

在中国陶瓷史上，元朝制瓷工艺引人瞩目，除前代的青瓷、白瓷、青白瓷（影青）、褐釉器、黑釉器（天目）等单色釉器外，新增多种装饰技法，如釉下彩的白瓷青花（染付）、釉里红（俗称“辰砂”）以及釉上彩的五彩（色绘、赤绘）[1]。白瓷青花是一种使用钴釉在白地瓷胎上绘画烧造而成的釉下彩瓷器，它的出现结束了以单色釉器为中心的时代，从而过渡到盛行五彩等彩画釉器的明、清两代，是重要的过渡期、转折期。

近年来，元代陶瓷器的研究主要立足于世界各地的传世品以及中国本土的出土遗物，从美术史层面和考古学层面入手[2]。无论是对白瓷青花的研究，还是对青瓷、白瓷等的研究，都取得了显著的进展。最近，在韩国西南部木浦的冲合，全罗南道新安郡的道德岛冲 2 公里处的海底发现沉船，自 1976 年至 1977 年间，沉船中共打捞出六千余件中国瓷器，实在是意义非凡。此外，伴随瓷器打捞而出的是十万多铜钱，其中确认有元代至大三年（1310）铸造的“至大通宝”，因为该币后期不再出现，故推断此沉船当为 14 世纪前期的元代贸易船。此船装载的中国瓷器中，可能存在少量难以追溯时代的产品，但基本都应该是同时代的产品。其中，以龙泉窑系的青瓷和景德镇窑的白瓷、青白瓷数量最多，前者共计 3406 件，后者共计 2281 件，其余为少量吉州窑的白釉黑花、黑釉（天目）、褐釉陶瓷，以及广州窑的仿钧窑陶瓷。沉船的打捞为元代陶瓷器的研究补充了新的资料[3]。

这些年，依靠遗物来进行研究的模式十分盛行，却鲜少有研究着眼于那些记录有元代窑业地以及窑业活动的文献。元人蒋祈的佚文《陶记》记述了景德镇窑业情况，元末明初曹昭的《格古要论》记录了元代以前各地的制品，此外，地方志中亦见有零星记载。其中，蒋祈的《陶记》散佚，完本不存，现存本乃是收录在后世《康熙浮梁县志》《光绪江西通志》中的概要版本。虽是残本，它却是记录元代景德镇窑业情况的唯一文献资料，作者详细记述了自己所见所闻，该书具有极高的史料价值。然而，虽然此书早已得到重视，我国的尾崎洵盛亦曾尝试译注[4]，但因为记录本身存在省略、方言、特殊用语等，难解之处颇多，十分遗憾未能充分解读。本稿借鉴前辈们的研究成果，以佚文《陶记》内容为中心进行探讨，企盼究明元代景德镇窑业的实际情况一二。

# 二

众所周知，景德镇位于江西省鄱阳湖东岸，为浮梁县山间中的城镇，地处昌江中游。从汉代起属鄱阳县，东晋时期此处设置新平镇，唐武德四年（621）升为新平县，开元四年（716）改为新昌县，天宝元年（742）又改名为浮梁县[5]。据传唐代初期，此地陶工便已经进献“假玉器”，换言之，此处在唐初就已经开始生产品质优良的瓷器了。世人熟知的“景德镇”一名，乃是宋真宗在景德元年（1004）赐年号于此地，设立“景德镇”[6]，命他们烧造上供的御器[7]。也有说，景德镇为天下所知乃是因为瓷器的器底写有景德年号，此处烧造的白瓷、青白瓷胎土洁白且薄，釉面光泽莹润，作为青瓷的对照物闻名天下。从那以后，景德镇窑或饶州窑之名渐渐为人所知，成为宋代名窑之一[8]。

元代时期，景德镇窑沿袭宋代旧制。至元十二年（1275）二月，饶州被元军占领，翌年三月杭州临安府沦陷，至元十四年，设置饶州路总管府，属江浙等处行中书省（江浙行省），杭州为省都，自此纳入元朝统治之下。至元十五年设立浮梁瓷局，《元史・百官志》卷88有谓：“浮梁磁局，秩正九品，至元十五年立，掌烧造磁器，并漆造马尾、棕、藤笠帽等事，大使、副使各一员。”该记载中提及的以马尾、棕、藤为材料的笠和帽，也是浮梁瓷局的管理对象，这些很可能是此地的特色产品。至于选择“浮梁瓷局”的称谓，应该是因为它的最主要职责就是管理景德镇瓷器制品的烧造以及征税。设立浮梁瓷局的早期，时值宋元交替，但此地受兵戈破坏较少，它的设立表明元朝廷想要尽早掌管南宋以后景德镇窑的生产，延续瓷器的流通。

至元八年（1271），元世祖作为中国王朝的继承者改国号为元，定帝都于大都（北京）。营造帝都的土木工程规模宏大，于是大量烧造砖瓦的工场在大都陆续建设起来。依《元史・百官志》，大都设有四个窑场，少府监“领匠夫三百余户，营造素白、琉璃砖瓦”[9]。这是官窑的规模，为朝廷的工程烧造各色炼瓦。

与之相对，由《元史・百官志》可知，元朝宫廷御用的调度品，诸如各类宝石、贵金属的装饰品，玉器和金银器皿等，将通过诸路金玉人匠总管府以及将作院等官衙置办制作，那么陶瓷器呢？此外，宣徽院、光禄寺等所需的大量宴会用酒食器，又是如何置办的呢？并未有因此设立官窑的记录。很可能与宋代一样，由各地主要窑进贡而来。另，元代郊祀、宗庙等所需的仪式用祭器多仿古代造型，《元史・祭祀志》卷47有谓：“中统（1260—1263）以来，杂金、宋祭器而用之，至治初（1321），始造新器于江浙行省，其旧器悉置几阁。”宗庙的祭祀原是混用金宋的祭器，英宗至治初年全部换为新器。

最初是在江浙行省烧造新器，龙泉窑、景德镇窑二大窑业产地属江浙行省辖内，新祭器应当就是从这两处窑业产地的青瓷、白瓷抑或青白瓷中挑选。明初洪武三年（1370），礼部奏曰：“今祭祀用瓷，合古意。惟盘盂之属，与古簠、簋、登、铏异制。今拟凡祭器皆用瓷，其式皆仿古簠、簋、登、豆，惟笾以竹。”[10]由此可知，明初不仅将祭器全部换为瓷器，而且皆仿古制。事实上，虽然《元史・祭祀志》中只有零星记载，但可以确认祭器中的青瓷盘或青瓷牲盘上有文字存在。

《万历江西省大志・陶书》卷7“建置条”：“元泰定时，本路总管监陶，皆有命则供，否则止。”《元史・泰定帝本纪》中并未有此记载，仅见于相关地方志中。英宗至治年后的泰定年间（1324—1327），饶州路总管拥有郡守地位，若朝廷有生产上贡瓷器的命令下达，他需要作为监陶官担负起责任，若没有命令下达，则解除监陶责任。此处“有命则供，否则止”表明宫廷的生产订单具有临时性，订单规定御用瓷器的样式、数量，并要求在一定期限内完成上贡，于是这些瓷器在民窑中经过层层把关烧造而成。曹昭《格古要论·古窑器论》提及“古饶器”时：“御上窑者，体薄而润，最好。……元朝烧小足印花者，内有枢府字者高。云云。”上贡的御用瓷器胎土薄，且光泽莹润，是最好的，此处提及的可能是宋代的制品，但这一说法也同样适用于元代。此外，在元朝，小足印花的瓷器中，内部写有“枢府”字样的是高级品，表明是来自中央官厅——枢密院的订单。另，《万历江西省大志·陶书》卷7“建置条”：“宋景德中始置镇，因名。置监镇一员。元更景德镇税课局，监镇为提领。”宋代景德镇设负责税务的监镇，元代时更改为景德镇税课局，主管官员被称为提领。那么，此处的景德镇税课局与至元十五年（1278）设置的浮梁瓷局又有何关联呢？

原来，税课司局掌管各色课程，与宋代税务一样是征收商税以及其他杂税的机关，元代时设有提领一名，大使、副使各一名。景德镇税课局的主要责任大概是针对民窑征收窑课，以及对出入此地的内外商人征收商税。如前文史料所述，浮梁瓷局掌管瓷器烧造以及笠帽等漆造，除继续维持前代以来此处瓷器生产的盛名外，主要负责贡品的置办和窑课的征收。为主管官员配备大使、副使各一名。若将两者机构相比较的话，前者为生产、流通机构，以征税为重点，后者则以生产管理为重点，并不征税。可见，两者在当时景德镇并不是共存的。换言之，在泰定年间“有命则供，否则止”，饶州路总管肩负督造官之责时，浮梁瓷局还不存在。

如此看来，元朝接手南宋景德镇的瓷器生产后，为了它的继续发展，首先在至元十五年设立浮梁瓷局，用来同时满足官方和民间的需求，随着民间需求的不断增加，浮梁瓷局改为景德镇税课局，并为权力进一步扩大的提领配备大使、副使一名，从而可以全面开展税收工作。

## 三

上文探讨了朝廷层面，下文将探讨景德镇的生产、流通机构是如何运作的。

蒋祈《陶记》[11]有谓：“景德陶，昔三百余座。埏埴之器，洁白不疵。故鬻于他所，皆有饶玉之称。其视真定红磁、龙泉青秘，相竞奇矣。”景德镇烧造瓷器的窑有三百多座，尾崎洵盛在其译注中指出“昔”乃是指南宋时期。这一说法是妥当的，元初景德镇窑完全沿袭南宋旧制。换言之，元初设置浮梁瓷局时，官府登记的窑数应该有三百余座，《陶记》下文中记述的窑课的征收方法也是以此为依据的。

宋代以来洁白莹润的白瓷、青白瓷是景德镇瓷器的代表，有饶玉之称。它们与同为宋代名窑的真定（真定路管下的定州窑）红瓷，浙江龙泉窑的青瓷相比，毫不逊色。《陶记》又载：“窑之长短，率有䅺数，官籍丈尺以第其税，而火堂、火栈、火尾、火眼乏属，则不入于籍。陶畩食工[12]，不受艺佣，埽赁窑主，以相附合，谓之䅺〔I〕。土坯既匣，椠而别之，审厥窑位，以谨布置，谓之障窑〔II〕。兴烧之际，按籍纳金，窑牌、火历迭相出入，谓之报火〔III〕。一日二夜，窑火既歇，商争取售，而工者择焉，谓之拣窑[13]〔IV〕。交易之际，牙侩主之，同异差互，官则有考，谓之店簿〔V〕。运器入河，肩夫执券，次第件具，以凭商算，谓之非子〔VI〕。其窑之纲纪，大略有如此者。”为方便介绍，将上述记载分为I～VI六个部分，它们简单却完整地记述了当时景德镇瓷器产业从制坯、烧成到成品贩运的各个过程，是难得一见的史料。

I 部分介绍了窑课的征收对象，以及窑户（窑元）与陶户（陶工）之间的关系。窑课以窑户的窑为课税对象。景德镇的窑是单室，窑的大小与其长度成比例，官方登记下窑的长度然后定下课税的等级，窑的火堂（焚又）、火栈（火道）、火尾（后尾的烟突连接处）、火眼（色见孔）不包括在内。此处，课税对象为窑内烧成的制品部分。窑的长短与䃘数成比例，䃘是此地的专门用语，但是具体是指什么呢？它与窑户和陶户的关系密切相关。

有关䃘的说明，《陶记》："陶甿食工，不受艺佣，埽赁窑主，以相附合，谓之䃘。"陶工（陶甿）作为陶户，凭借制胎手艺独立维持生计，不受窑户（窑主）的雇佣，前者支付租费委托后者搭烧，互为一体。如此一来，窑户和陶户为分工形态，一个窑户附合若干陶户，形成团队组织[14]，可看作是共同窑的一种形态。所以，一个窑户的窑的长短，与委托他搭烧的陶户数的多少形成比例。依《景德镇陶录》卷 3 记载，明清时期存在三种形式：窑户自造自烧，与别户搭烧，两者并存。元代是否也是如此，暂且不明。但是似乎窑户与别户搭烧更为常见。

此外，对窑的登记弄虚作假者会受到刑罚。《陶记》："陶工、匣工、土工之有其局，利坯、车坯、釉坯之有其法，印花、画（划）花、雕花之有其技，秩然规制，名不相紊。窑有尺籍，私之者刑，釉有三色，冒之者罚。凡利于官者，一涉欺瞒，则牙商、担夫一例坐罪。其周防可谓密矣。"当时民窑的各部门分工作业，职责明确，互不侵犯，皆于官的统治之下。II 部分记录了满窑情况。制作完成的瓷胎全部放入匣钵内，然后将匣钵堆叠，好器和粗器分开，认真考虑窑内位置进行布置。关于明代民窑满窑，《万历江西省大志・陶书》"窑制条"有谓："民窑烧器，自入窑门始九行，前一行皆粗器障火，三行间有好器杂火，中间前四、中五、后四皆好器，后三、后二皆粗器视前行。"窑室分为前后九列，前一列堆满粗器来阻挡烈火，前二、前三列放置中等器杂于火中，中间的前四、中五、后四列放置上等器，后三、后二、后一列如同前一列放置粗器。窑室前后分成几列与窑的长短相关，这种组合应该也适用于元代。为何将满窑称为障窑，很可能与"前一行皆粗器障火"中提及的障火现象有关。

III 部分记述了完成满窑后兴烧之际的流程。烧造瓷器的时候，依据官府台账上的登记征收窑课，向官府提出烧造许可申请书，即火历[15]，交纳税金后获得许可证，即窑牌。这称为报火。这意味着一年中烧造几次，就要重复几次上述程序，交纳几次窑课。若有违反行为，则会受到处罚。

IV 部分关于烧成后瓷器的选择，称为拣窑。由清代唐英《陶冶图说》[16]可知，从入窑到出窑一般为三日，第四日开窑，此处"一日二夜"即 36 个小时烧成，表明元代的窑与后世的窑相比较小。开窑之时，烧成的器物被分为上等品、下等品，商人竞相购买。

V 部分记载了瓷器交易情况，但内容较难理解。牙侩或牙行作为中间商主导交易的进行，这十分常见，但"同异差互，官则有考，谓之店簿"到底指什么呢？浮梁县志本"官"字脱漏，依据江西通志本填补。如果原文没有错误，如何解释呢？尾崎洵盛推测为"核算时为判断正确与否由官府来检查它"。但是如果官府不介入商业交易中，店簿的存在就没有意义了。笔者认为其应该跟商税则例有关。前代以来，交易物资需要交纳商税即住税、过税，为此官府制作了商税则例。"官则"指商税则例，则例记载了各类商品的名称、品种、件数单位、税率等，瓷器店中写有瓷器品名等的备忘簿应该就是店簿。如果此种解释合理的话，那么原文则指瓷器的品种、形状、大小有异的时候，可以依靠店簿核查。

Ⅵ部分中，如果同外来客商达成交易，则需要搬运工将瓷器搬运到等待在昌江河边的船上。有关“肩夫执券，次第件具，以凭商算”，《景德镇陶录》卷4有谓：“交易成，定期挑货，必有票，计器数为凭。……其瓷票、换票，皆素纸为之，或印行号、户号，加写器数，字或全用墨写。”虽然记述的是清代的情况，却可以作为参考。“券”即瓷票，素纸上按有瓷器店的印章，并墨书搬运的瓷器件数。肩夫每搬运一趟瓷器就从瓷器店领一张瓷券，搬运结束后与瓷器店的记事本核对，以防止有所遗漏。“非子”意味不明，很可能是景德镇的俗语，难道是指搬运瓷器的搬运工？上文记述了景德镇瓷器从烧成到贩运的经过，下文则开始介绍瓷器的国内市场。

《陶记》：“若夫浙之东西，器尚黄黑，出于湖田之窑者也。江、湖、川、广，器尚青白，出于镇之窑者也。碗之类，鱼水高足，碟之发晕、海眼雪花。此川、广、荆、湘之所利。盘之马蹄、槟榔，盂之莲花、耍角，碗碟之绣花、银锈、蒲唇、弄弦之类，此江浙、福建之所利。必地有择焉者。则炉之别，曰猊、曰鼎、曰彝、曰鬲、曰朝天、曰象腿、曰香奁、曰桶子。瓶之别，曰觚、曰胆、曰壶、曰净、曰桅子、曰荷叶、曰葫芦、曰律管、曰兽环、曰琉璃。与夫空头细名，考之而不一而足。惟贩之所需耳。两淮所宜，大率皆江、广、闽、浙澄泽之馀，土人货之者，谓之黄掉。黄掉云者，以其色泽不美，而任以弃之域也。所谓器之品数，大略有如此者。”浙（浙）的东西即现在的浙江省以及江苏省东南部地区，崇尚黄黑色的陶瓷，这是湖田窑的产品。《景德镇陶录》卷5：“镇河南岸又，有湖田市，元初亦陶，土确垆质粗，多黄黑色。即浇白者亦微带黄黑。当时浙东西行之器颇古雅……今窑市已墟，湖田村落尚在，其窑器犹有见者。”

与此相对的，江、湖、川、广即江南路（现在长江以南的江苏西部、安徽和江西）、湖广（湖北、湖南）、四川以及广东地区，崇尚青白瓷器，这是景德镇窑的产品。此处青白瓷所指为何？尾崎洵盛认为是后世的青花白瓷即青花，“元代生产青花已经得到确认，所以此处应是指青花”。这种解释是否合理？现在虽然已经明确了元青花的存在，但是若仔细地研讨原文，最初“皆有饶玉之称”记录的是白瓷或青白瓷，那么自然，与湖田窑黄黑色瓷器相对应的应该是景德镇窑最具代表性的青白色瓷器，青白色瓷器即青白瓷（影青）。碗之鱼水高足，碟（小皿）之发晕，海眼雪花（涡卷纹或波涛纹），是四川、广东、湖北、湖南地区的喜好，盘之马蹄、槟榔型，盂之莲花、耍角型，碗碟之绣花、银锈，蒲唇、弄弦型，是江苏、浙江、福建地区的喜好，要根据各地的需求进行选择贩运。上述类型，联系前文可知，记述的都是景德镇窑的青白器。《景德镇陶录》卷5：“元之进御器，民所供造者，有命则陶。土必细白埴腻，质尚薄。式多小足、印花。……又有高足碗，蒲唇、弄弦等碟，马蹄盘，耍角盂各名式，器内皆作‘枢府’字号。当时，民亦仿造。然所贡者，俱千中选十，百中选一，非民器可逮。”《景德镇陶录》的撰者参照蒋祈的《陶记》以及曹昭的《格古要论》，对枢府窑进行说明。此处细白莹润的瓷器指的是胎体薄的白瓷或青白瓷。从民窑的订单成品中精挑细选，剩下大量的二、三等品流入民间。此外，民间也会针对市场仿造，贩运到上述各地区。所以，“青白器”指青白瓷，广义上指代白瓷一类。

如此看来，并不能在《陶记》文字记载中找到元青花的踪迹，即现在所说的具有雄健、厚重的器型，着重釉下彩装饰纹样的白瓷青花。但是，碗之鱼水高足，碟之海眼雪花指什么？如果是指鱼水纹、涡卷纹和波涛纹等纹样，它们常见于青花、釉里红器，如果这些瓷器都是指青白瓷的话，它们的纹样应为印花、划花之类。

如上所述，《陶记》的前半部分内容与后半部分不同，分别侧重于景德镇瓷器的生产与流通，笔者认为所有的论述都是以元朝前半期的正常状况为前提的。

## 四

蒋祈的《陶记》写成于何时呢？蒋祈具体为元朝哪个时期人，因为并未发现他的传记，《陶记》又未记录年代，所以写作时间很难确定。但是，可以从《陶记》内容窥得一二，作者将古今状况对比，特别是在后半部分，客观记述了当时社会情势的变化过程，景德镇民众所受到的压迫进一步增强。值得注意的是，原文将浮梁称为州，浮梁县升为浮梁州是在元代元贞元年（1295）[17]，并非元初。依据《陶记》后半部分内容，它应该写成于元代后半期。

此外，现存有传为蒋祈制作的瓷器。藏于伦敦维多利亚·阿尔伯特美术馆的一件瓷器（釉里红）盘器底,写有“灵和窑至正元年蒋祈仿第一百零九”,基于此,尾崎洵盛认为蒋祈生活于至正元年(1341）前后[18]。有关此器的真伪，一直争论不休。此器记有制作者蒋祈的姓名以及仿制号码，不论这件东西做得好或不好，可以看出他对景德镇窑十分关注且造诣颇深，作为此地的居住者，蒋祈意欲仿制传统的镇瓷，亲自烧造瓷器也是自然而然的事情了。如果这件瓷盘真如铭文所记乃是蒋祈自制，那么尾崎洵盛的观点是正确的，则可以推断《陶记》写成于元代后半期，接近元末。另，此件瓷器为釉里红瓷盘，这为釉里红的编年提供了重要史料。

元朝是蒙古人的王朝，控制着东亚广阔的版图，因此所需的军事防卫费用也是巨大的，推翻南宋王朝后，生产力发达的江南地区成为它的主要财政来源。中期以后，不断的帝位继承问题使得国政紊乱。此外，历代皇帝多醉心于喇嘛教，建造寺院佛塔，

大兴土木使得财政紧迫，面向汉人民众的税收也因此增加。以生产瓷器而闻名的浮梁州景德镇自然成为朝廷的焦点，税目林立，剥削加强。《陶记》后半部分记：“夫何，昔之课赋优裕，而今之事于此者，常怀不足之虑也。”蒋祈列举了得到复活的南宋的各种恶税，镇民每月负担总计为铜钱 3115 缗[19]。

《陶记》又谓：“予观数十年来官斯去者，无不有州家挂欠之籍。盖尝推求其故，则有由矣。窑家作辍，与时年丰凶，相为表里一也。临川、建阳、南丰，他产有所夺二也。上司限期，稍不如约，则牙校踵门以相蠹蚀三也。狱失其校，权官散分，迩来猾商狡侩无所惮怖四也。土居之吏，牢植不拔，殆有汉人仓库氏之风五也。官之懵者，吏挚其肘，一有强明自任，则吏结豪驵之民，诡辞上官，必使惩之，更而后已。官不少察事，势轻矣。此重可为太息者也。”此处“州家”指浮梁州之家，即从事瓷器产业的景德镇民众。“挂欠之籍”指滞纳税金簿，原文意为：数十年来，就自己的所见，来此地赴任的知州，没有谁不承担镇民的滞纳税。

蒋祈记述了镇民出现滞纳税的五点原因，第一点是窑业的经营受年的丰凶、自然条件影响较大。第二点是来自临川（江西省抚州府临川县）、建阳县（福建省建宁府建阳县）、南丰（江西省建昌府南丰县）等窑的市场竞争，它们妨碍了景德镇窑产品的销路，应当重视。第三点，上贡以及其他生产订单，稍有逾期，就会让手下的牙校、守备兵闯入家中打砸掠夺。第四点，乘着朝纲弛缓，近

来狡猾的瓷器商和中间商与官宦勾结，肆无忌惮地逃税漏税。第五点，本土的胥吏固守自己的势力，私占瓷器的行为多有发生。此外，来此地赴任的官员若是平庸者，则会受到胥吏们的掣肘，若是强势聪敏者，胥吏们就会勾结有力的中间商，向上级官员进谗言，使得他被更换。可以说蒋祈如实记述了元代后半期景德镇的状况。

《陶记》最后部分有谓："又闻，镇之巨商，今不如意者十八九。官之利羡，乃有倍蓰之亏，时耶。山川脉络，不能静于焚毁之馀，而土风日可以荡耶。一里窑五里焦之谚语，其龟鉴矣。或者谓，博易之务废矣，窑巡之职罢矣，今之不可复古矣。"这部分记述了同样的状况。从事瓷器产业的景德镇巨商生意不兴，不如意者十之八九。

因此，官府的收益也出现数倍的缺损（税金的滞纳），时势所致嘛。《陶记》不仅记述了滑商狡侩的肆无忌惮的活动，还记载了当时围绕景德镇瓷器产业的新旧势力的交替。"博易之务废矣，窑巡之职罢矣"，并不意味着作为税务官厅的税课局和监督窑业的窑巡官在这个时间点被废止，而是指有名无实化，现实中很难充分履行自己的职能。正如蒋祈所记录的，近来，滑商、狡侩（亦称为豪驵）肆无忌惮，他们与本土的胥吏们以及上级官僚勾结活动，这些都是机构有名无实化的佐证。

元朝后半期，从仁宗（1312—1320）、英宗（1321—1323）时期起，蒙古人出身的宫廷贵族亲近汉族文化，以大都为中心的儒教教养派与上都为中心的游牧传统派之间的矛盾进一步激化。英宗被暗杀之后到最后顺帝即位的十一年间，朝廷历经五位皇帝，借助着帝位继承的内部纠纷，游牧系色目人出身的权臣逐渐取代蒙古贵族在中央政权中的地位，把控政治实权[20]。如此局面下，地方的政治机构弛缓，社会秩序不安定，蒋祈所处的正是这样的时代。此外，色目人出身者在朝廷扩大了权势后，需要配合他们奢靡生活使用的日常用具，对于陶瓷器的兴趣是可以想见的。钴釉白瓷青花的出现，也正说明了这一点。依据《陶记》的记载，蒋祈所处的时代，一方面景德镇的巨商十有八九经营不善、滞纳税金，另一方面，上级官僚和胥吏们伙同奸商、豪驵推动新的商业资本出现，笔者认为这一现象与其说揭示了景德镇瓷器产业的颓废，不如说直面了新旧交替期。元代后半期的新旧交替中，原本以传统的白瓷、青白瓷为主的瓷器产业，过渡到以青花、五彩为主的新瓷器产业。笔者认为这也与中央政权的变动有关。

然而并没有找到蒋祈关于白瓷青花、五彩的明确记录，很可能是因为他虽然经历了新旧过渡期，但那时候还没有完全普及。《格古要论》[21]成书于洪武二十年（1387），作者曹昭出生于松江，元末明初人，其作"古饶器条"有谓："元朝，烧小足印花者，内有枢府字者高。新烧者足大，素者欠润，有青花及五色花者，且俗甚矣。"元朝新烧成的瓷器中，足大且素白的瓷器缺乏莹润感，有在素瓷上描绘青花和五色花者，无论哪个都很俗气。毋庸置疑，青花指白瓷青花，五色花指五彩瓷。新烧之器出现于元代后半期的新旧交替期之后到元末之间。根据《格古要论》的记载，青花文字真正普及开来是在元末之后。当时的士大夫阶层以及文人们仍然崇尚传统的白瓷、青白瓷等单彩釉器，认为青花、五彩瓷器俗不可耐。三上次男博士指出白瓷青花和五彩瓷的装饰技法受到西亚伊斯兰教陶器的影响，认为与元朝后半期色目人出身者在朝廷中的势力扩张有关。最初是为了迎合这些居住在中国的色目贵族以及伊斯兰商人的喜好，尝试烧造各类新瓷器，随后慢慢普及开来，成为一般种类。这些彩画陶瓷不仅仅迎合了他们的喜好，也得到了汉人庶民阶层的认可，从而流行起来。元末，天下大乱，贫农出身的朱元璋一统天下，建立明朝。这些瓷器符合庶民出身统治者的审美，它们作为宫廷御用瓷器愈发洗练，新瓷器达到成熟。总而言之，以蒋祈的《陶记》为中心元代景德镇窑业实况概括如下：

（1）作为陶瓷生产者，窑户（窑元）与陶户（制坯工）分工合作，各自独立，一个窑户附合若干陶户，他们一般以团体组织形式进行生产；

（2）但是，生产者实际上是在本地瓷店、中间商等商业资本的支配下；

（3）元朝前半期主要生产南宋以来传统的白瓷、青白瓷；

（4）元朝后半期，传统瓷器生产衰落，开始生产青花、五彩等彩画瓷器，这一现象与色目人政治势力扩张有关；

（5）元末，青花、五彩瓷已经达到一定程度的普及。但是，因为有关元代景德镇窑业变迁的史料不足，难以有新论，只能日后再研讨。最后，恳请各位指正，不胜感激！

---

**[注释]**

[1]三上次男《有关元代陶瓷器的二、三有趣问题》（《出光美术馆报》27，1977年12月）

[2]每日新闻社编《中国两千年之美》（1965年刊），东京国立博物馆编《日本出土的中国陶瓷》（1975年刊），矢部良明《元青花》（《陶瓷大系·41》，平凡社，1974年刊）。矢部先生的文章立足最新研究成果，提纲挈领，实为佳作。

[3]首尔国立中央博物馆编《新安海底文物》（1977年刊）。

[4]尾崎洵盛《元蒋祈陶记略》（《陶磁》第9卷，第5号，1937）。另，有关《陶记略》一名的由来，《康熙浮梁志》卷4“陶政条”记为《蒋祈陶记附》，《光绪江西通志·经政略》卷93”陶政条“记为《元蒋祈陶记略云》，两者的撰者都引用了蒋祈的著作，无论是“附”还是“略云”，《陶记》作为原著的名称更为妥当。

[5]《光绪江西通志·地理沿革表六》卷4“饶州府条”。

[6]《宋会要辑稿·方域》第192册“江东东路市镇条”：“饶州浮梁县景德镇，景德元年置。”

[7]《万历江西省大志·陶书》卷7“建置条”：“水土宜陶，宋景德中始置镇，因名，置监镇一员。”同条，“按，唐武德二年（619），里人陶玉献假玉器，由是置务设镇，历代相因，宋以奉御董造。”《雍正江西通志》卷27“土产条”引用前文的《陶书》，《康熙浮梁县志》卷4“陶政条”将其简略为：“自唐武德二年，陶人献假玉器，由是置务，宋景德中始设镇，因名，以奉御董造。”此外，乾隆时期朱琰的《陶说》卷3“饶州窑条”：“水土宜陶，镇设自景德中，因名，置监镇奉御董造，饶州窑自此始。”

嘉庆时期蓝浦的《景德镇陶录》卷5“景德镇历代窑考条”，关于宋代景德窑，记有：“宋景德年间烧造，土白壤而埴，质薄腻，色滋润，真宗命进御瓷器，底书‘景德年制’四字，其器尤光致茂美，当时则效著行海内，于是，天下咸称景德镇瓷器。”再往唐代追溯，“陶窑条”条：“镇钟秀里人陶氏所烧造，邑志云，唐武德中，镇民陶玉者，载瓷入关中，称为假玉器，且贡于朝，于是昌南镇瓷名天下。”又，“霍窑条”：“为东山里人霍仲初所作，当时呼为霍器，邑志载，唐武德四年，诏新平民霍仲初等，制器进御。”随后，《光绪江西通志·经政略》卷93“陶政条”：“唐武德四年，陶玉献假玉器，由是置务，霍仲初最知名，宋景德中置镇，始遣官制瓷贡京师，应官府之需，命陶工书建年景德于器”，很明显此段文字是基于《景德镇陶录》的记载。

如上所述，明代《陶书》系统与清代《陶录》系统有关唐宋时期景德镇窑的记载，二者差别很大，很难断定具体哪个为真。但是，《陶录》的记载以邑志为基础的同时，引用了哪个地志不明，很可能是后世的改作，所以可信度与《陶书》相比较小。

《陶书》中进献假玉器的人为“陶王”，《陶录》中为“陶玉”、“陶氏所烧造”。指陶工王氏也未可知。此外，《陶录》系统中记载宋代景德镇设有官窑，但《陶书》中则是“奉御董造”，即委托民窑生产上贡瓷器。

[8]宋代中央瓷器库中收纳的各州上贡瓷器有：明州窑（浙江省鄞县小白市）、越州窑（浙江省余姚县上林湖）、饶州窑、定州窑（河北省曲阳县涧磁村）、青州窑（山东省博山县）、汝州窑（河南省临汝县）、耀州窑（陕西省铜川县黄堡镇）、建州窑（福建省建阳县）等。爱宕松男认为在宋代，上至以朝廷为首的官僚士大夫阶层，下至都市乡村庶民阶层，瓷器在社会必需品中占有很大比例。爱宕松男《宋代瓷器行用的普及》（京都女子大《史窗》1977年3月）。

[9]依据《元史·百官志》卷90，大都的窑场中，南窑场、琉璃局设立于中统四年（1263），西窑场设立于至元四年（1267），至元十三年大都设置第四个窑场，配备轶从六品的提领、大使、副使各一名。《元史·百官志》卷85“工部条”：“平则门窑场，提领一员、大使一员、副使一员，给从六品印，至元十三年置。”此外，至元二十五年新设光熙门窑场，为大都第五窑场，用于生产砖瓦。

[10]《明史·礼志》卷47“笾豆之宝条”。

[11]依据内阁文库本，康熙二十二年刊的《浮梁县志》卷4“陶政条”引用的《陶记》记载。脱字部分，依据《光绪江西通志》所收本补足。

[12]《光绪江西通志》作“土”。“土”即陶土，可解释为土坯。

[13]《康熙浮梁县志》中“拣（揀）窑”的“拣（揀）”作“楝”，此处意为选择，即“拣（揀）”为正确，依光绪本订正。

[14]《景德镇陶瓷史稿》（江西省轻工业厅陶瓷研究所编，1959年刊）第59页，注中引用《陶记》同段原文，并解释为“一个窑户由几个坯户来搭烧，他们一伙宾主，就谓之覭，这一解释是合理的。笔者认为尾崎洵盛的译文解读有误。

[15]《光绪江西通志》作“火历（歴）”，《康熙浮梁县志》作“火历（曆）”，后者更好。尾崎洵盛根据“火历（歴）”，将其解释为“烧造过程的报告书，烧造完成后提出”。如此一来，没有“兴烧之际的手续”的意思。笔者认为应当作“火历（曆）”，指明确记载了入窑烧造年月日的烧造许可申请书。交纳窑课后发放窑牌（一种鉴札），即许可证，然后才能开始烧造。“窑牌、火历迭相出入”意为官府收到火历后下发窑牌。“报火”意为窑点火报告。

[16]朱琰《陶说》卷1所收。

[17]《元史·地理志五》卷62“饶州路条”。

[18]《元蒋祈陶记略》，尾崎洵盛有关记铭瓷器的记录是引用赫瑟林顿，《中国早期陶瓷》，伦敦，1922年，第20章，142-144页。笔者则是通过三上次男教授阅览同书以及其中的插画确认，在此

对三上次男教授表示诚挚感谢。尾崎洵盛的引文中，“灵和窑”之下为“至正元年”，可以确定“至正元年”为印刷中误排。此外，三上教授指出日本也有一件同款蒋祈制作品，“灵和窑”被明确记为“宣和窑”，“灵”字是否是“宣”字的误读？

[19] 有关各种税目，《陶记》有谓：“夫何，昔之课赋优裕，而今之事于此者，常怀不足之虑也。宪之头子，泉之率分，统制之供给，经总之移用，州之月桩，支使醋息，镇之吏俸，孤遗作匠，总计月钱几三千余缗。而春秋、军旅、圣节、郊祀、赏赉、试闱、结葺，犹不与此。通融计之，月需百十五缗。则权官可以逭责，反是则谴至矣。”每月总额达 3115 余缗，一年则是 37000 余缗，作为一地的税收，这是非常惊人的数字。

[20] 村上正二《游牧民族国家·元》（《图说中国的历史·6》1977 年，讲谈社刊），页 175。游牧系色目人出身的权臣代表有：钦察出身的武将燕帖木儿，他的副官蔑儿乞族出身的武将伯颜，以及伯颜的侄子托托帖木儿（脱脱）。

[21] 百部丛书《夷门广牍》所收三卷本。《格古要论》卷下“古窑器论·古饶器”。

# 蒋祈《陶记》译注

佐久间重男

## 一、前言

本文为元人蒋祈《陶记》的译注。《陶记》原稿散佚不存，现存本乃是收录在后世《康熙浮梁县志》《光绪江西通志》的概要版本。《陶记》现存本是记录元代景德镇陶瓷器以及窑业状况的唯一文献资料，作者将古今情况对比，并详细记录下自己的所见所闻，尤其是对当时窑业的生产以及贩卖情况的记述，具有极高的史料价值，十分珍贵。《陶记》成文于元代，但因为尚未发现蒋祈的传记，所以具体时间不明。从记述内容来看，应当写成于元代中后期，即 14 世纪前半期。需要注意的是，现有“至正元年蒋祈仿第一百零九”铭文款釉里红瓷盘，若真如铭文所记，此盘乃是蒋祈亲自制作，那么《陶记》的写作年代可大致推断为至正元年（1341）前后。

对《陶记》的关注由来已久，通常被写成蒋祈的《陶记略》。但是，笔者认为《陶记》一名更贴近原著的题名。此文被后世诸多著作收录，《康熙浮梁县志》卷 4“陶政条”中记为“蒋祈陶记附”，《光绪江西通志・经政略》卷 93“陶政条”中记为“元蒋祈陶记略云”，此二者地方志的撰者引用了蒋祈的著作，并分别添加“附”和“略云”，由此推断，原著的名称为《陶记》更为妥当。

有关《陶记》内容，正如 1937 年尾崎洵盛在其《元蒋祈陶记略》（《陶磁》第九卷第五号，昭和 12 年 12 月）一文中指出的，参考了卜士礼（S.W.Bushell）的英译文，但卜士礼并没有全文译注。他还指出，除了原文在转写过程中出现的脱误错简，记述本身就夹杂了多处省略、方言、特殊用语等，这些都给解读带来了极大的困难。在此，借助前辈们的研究，笔者斗胆尝试为《陶记》进行译注。

现存《陶记》原文不超过 1086 个字，笔者译注之时为校勘原文，检索了日本藏有的《正德饶州府志》《万历江西省大志》《康熙浮梁县志》《康熙饶州府志》《雍正江西通志》《同治饶州府志》和《光绪江西通志》，发现各处引用的《陶记》原文范围都不超过《康熙浮梁县志》（陈淯等撰，康熙二十一年刊）和《光绪江西通志》（赵之谦等撰，光绪七年刊）。如此，除比较两者地方志的原文文本之外别无他法，依据内阁文库本《康熙浮梁县志》（简称为康熙本）或《光绪江西通志》（简称为光绪本），将需要填补的地方补足。

译注之时，为便宜行事，原文分为八小节，并标注标点。校订的同时，对必要部分进行注解。虽然想要尽可能保证正确性，但不明之处甚多，误解之处亦不少，所以笔者恳请专家学者不吝赐教。

## 二、原文译注

按原文、译文、注的顺序写作。译文中（ ）为同义语，〔 〕为补足语。

景德一陶，昔三百余座。埏埴之器，洁白不疵，故鬻于他所，皆有饶玉之称。其视真定红磁二、龙泉青秘，相竞奇矣。

一光绪本中“景德”后添加“镇”字。

二光绪本“磁”作“瓷”。

景德镇[1]的陶业，从前有三百多座窑[2]。埏埴之器（陶瓷器）[3]，洁白没有瑕疵，所以贩卖至别的地方，皆有饶玉之称[4]。它被拿来与真定红磁[5]和龙泉青秘[6]相比，相互竞奇矣。

---

**[注释]**

[1]景德镇位于江西省鄱阳湖东岸，为浮梁县山间中的城镇，地处昌江中游。

[2]所谓昔三百余座窑，很可能是基于元初至元十五年（1268），设置浮梁瓷局时官府登记的窑数。尾崎洵盛解释为南宋时期的窑数，但他并没给出依据。另一方面，元初景德镇窑基本沿袭了南宋旧例，所以南宋情况也应相同。

[3]“埏埴”的“埏”指揉和，“埴”指黏土，意为用黏土制坯，“埏埴之器”即指制坯之后烧成的陶瓷器。

[4]“饶玉”意为近似饶州玉器的器物，宋代以后，景德镇窑亦被称为饶州窑，此处用来称赞白瓷和青白瓷（影青）的洁白莹润。《万历江西省大志·陶书》有谓：“唐武德二年，里人陶玉献假玉器。”由此可知，人们将土贡瓷器称为假玉器。

[5]“真定红磁”，应该是形容定州窑象牙色的莹润白瓷。定州宋代属真定府，元代属真定路，曹昭《格物要论》：“古定器，土脉细，色白而莹润者贵。质粗而色黄者，价低。外有泪痕者，是真。划花者最佳。素者亦好。绣花者次之。……有紫定，色紫，有黑定，色黑如漆。土俱白，其价高如白定。俱出定州。”宋代定州窑烧造白定、紫定、墨定或黑定三种，古窑址中均有标本出土。但是，苏轼《试院煎茶诗》（《苏东坡集》卷三）中有“定州花瓷琢红器”一句，此处称赞的定州窑红瓷碗到底是何种釉色，至今未明。据说是宋代文彦博的秘藏，因为是诗句中的用语，所以很可能进行了美化。

[6]“龙泉青秘”，指浙江省龙泉县烧造的翠青色的青瓷。唐末五代时期，吴越国进贡的越州窑青瓷精品被称为秘色青瓷，宋代以后，龙泉窑取代越州窑烧造上等青瓷，所以形容其为青秘。越州窑以浙江省东北部余姚县上林湖为中心，龙泉窑以浙江省西南部龙泉县大窑为中心，现已发现多处古窑址。

窑[1]之长短，率有揘数。官籍丈尺以第其税，而火堂、火栈、火尾、火眼之属，则不入于籍。陶眝食工[2]，不受艺佣，埽赁窑（主）[3]，以相附合。谓之揘。土坯既匣，垛[4]而别之，审厥窑位，以（谨）布置。谓之障窑。兴烧之际，按籍纳金，窑牌、火历[5]迭（相）出入。谓之报火。一日二夜，窑火既歇，商[6]争取售，而工[7]者择焉。谓之拣[8]窑。交易之际，牙侩主之，同异差互，（官）

则有考。谓之店簿。运器入河，肩夫执券，次第件具，以凭商算。谓之非子。其窑之纲纪，大略有如此者。

**[注释]**

[1]康熙本中作“窑”，光绪本中作“窯”，下同。

[2]光绪本中“工”作“土”。若土解释为陶土，意思相同。

[3]( )部分，康熙本中缺漏，依据光绪本补充。

[4]光绪本中“垛”作“垛”，意思相同。

[5]光绪本中“曆(历)”作“歷(历)”。

[6]光绪本中“商”作“商”。

[7]光绪本中“工”作“上”。

[8]康熙本中作“楝”，校正为光绪本的“揀(拣)”，意为选择。

〔景德镇的〕窑的长短，率有甓[1]数〔以此为比例〕。官府将窑的丈尺登记在官簿上，然后决定课税[2]等级，窑的火堂[3]、火栈、火尾、火眼部分，不登记于官簿〔除外〕。陶甿[4]（陶户）通过制坯维持生计，没有〔独立〕艺佣[5]，向窑主（窑户）支付租赁费〔委托烧造〕，相互合作。这称之为甓。将用黏土制坯而成的陶瓷器放入匣钵，堆叠，填满窑室，〔好器和粗器〕分开，审查窑内位置后慎重分配。这称为障窑[6]。烧造瓷器的时候，〔预先〕对照官簿登记记录交纳税金，〔因为向官府提交火历[7]申请书以获得窑牌许可证〕，窑牌、火历相迭出入[8]。这称为报火[9]。一日二夜[10]〔窑火焚烧〕，窑火歇后，商人争相购买，挑选烧成的精品。这称为拣窑[11]。交易之际，牙侩[12]负责交易的斡旋，〔瓷器品种的〕异同和大小不一致时，对照官则[13]协定。这称之为店簿。搬运瓷器入河（昌江码头），肩夫（挑夫）从〔瓷器店〕领取瓷券[14]，〔上面记录有〕搬运瓷器件数，是计算器数的凭证。这称为非子[15]。窑业的纲纪，大体如上所述。

**[注释]**

[1]诸桥《大汉和辞典》中，“甓”通“甎”，后者指打磨器物的瓦石，有碎瓦之意，此处意思不通。原文中甓应为当时景德镇窑的通用俗语。作为陶户的陶工，独立制作器坯维持生计，不受窑户雇佣，他们向窑户支付租赁费委托烧造器坯，二者形成一体。窑户和陶户分工，一个窑户附合若干陶工组成共同体，形成共同窑的形态。这种陶户委托窑户烧造器坯的形式，在明清时期被称为搭烧。原文中将陶户支付窑户租赁费委托后者烧造器坯的形式称为甓，所以甓与后世的搭烧同义。因此，窑户的窑的长短与搭烧陶户数形成比例。

[2]课税从窑户处征收，称为窑课。

[3]火堂指窑的点火口、燃烧室，火栈指火焰通路即火道，火尾指后部烟囱的连接处，火眼指色见孔（窑眼）。

[4]“陶甿”中“甿”意为民，指陶户、陶工。

[5]“艺佣”指因具有陶艺技能而被雇佣。

[6]此处记为满窑，有关明代民窑满窑，《万历江西省大志·陶书》：“民窑烧器，自入窑门始九行，前一行皆粗器障火，三行间有好器杂火，中间前四、中五、后四皆好器，后三、后二皆粗器视前行。”景德镇窑均为单室，窑室分为前后九列，前一列堆满粗器来阻挡烈火，前二、前三列放置中等器杂于火中，中间的前四、中五、后四列放置上等器，后三、后二、后一列如同前一列放置粗器。窑内前后分为几列取决于窑的长短，这种安排布局沿用至元代。为何将填满窑室称为障窑，很可能与“前一行皆粗器障火”中提及的障火现象有关。

[7]依据光绪本中的“火歷”，尾崎洵盛将其解释为“烧造过程的报告书，烧造完成后提交”，即兴烧时的手续。笔者依据康熙本的“火曆”，认为它明确记载了入窑烧造的年月日，是烧造许可的申请书。那时，交纳窑课后获得许可证，即窑牌（一种鉴札），然后才能开始烧造。

[8]“窑牌、火历迭相出入”，意为官府收到火历后发放窑牌。

[9]“报火”，指窑室开火的报告。

[10]依据清代唐英的《陶冶图说》（朱琰《陶说》卷一所收），烧窑需要三日，第四日开窑，此处一日二夜烧成的话，或许是因为元代的窑比后世的小。

[11]“拣窑”指挑选烧成后的瓷器，开窑的日子将烧成的器物分为上等品、下等品。

[12]“牙侩”亦称“牙行”，商业交易的中间商。

[13]原文中“同异差互，官则有考，谓之店簿”到底什么意思？尾崎洵盛推测为“计算不符的场合由官府来检查是否符合”。但是，官府并不介入商业交易中，店簿具体所指不明。笔者认为“官则”是指官府制定的商税则例。宋代开始，物资交易时需要交纳商税，为此官府制定商税则例。则例记载了各类商品的名称、品种、大小、件数单位、税率等。瓷器店铺中若设有瓷器商品相关部门的话更好，仅做此部分的账簿，称为店簿。若这一解释妥当的话，在此语境下则是指，瓷器种类、形状、大小各不相同，审查核定时可参考店簿。

[14]原文中虽记为“券”，但应指瓷券，与后世的票、瓷票相同。《景德镇陶录》卷4：“交易成，定期挑货，必有票，计器数为凭。……其瓷票、换票，皆素纸为之，或印行号、户号，加写器数，字或全用墨写。”票即瓷票，素纸上捺印瓷器店名，并写上搬运工搬运的瓷器数量，是计算器数的凭证。传票的一种。

[15]“非子”是景德镇俗语，具体所指不明。是指搬运瓷器的搬运工，还是指搬运工所持的瓷券？

若夫浙之东西，器尚黄黑，出于湖田之窑者也。江[1]、湖、川、广，器尚青白，出于镇之窑者也。碗[2]之类，鱼水高足，碟之发晕、海眼雪花。此川、广、荆、湘之所利。盘之马蹄、槟榔，盂之莲花、耍角，碗碟之绣[3]花、银锈、蒲唇[4]、弄弦之类，此江浙、福建之所利。必地有择焉者。则炉

[5]之别，曰猊[6]、曰鼎（双短竖）[7]、曰彝[8]、曰鬲、曰朝天、曰象腿[9]、曰香奁、曰桶子。瓶之别，曰觚、曰胆、曰壶、曰净、曰桅子、曰荷叶、曰葫芦、曰律管、曰兽环、曰琉璃。与夫空头细名，考之而不一而足。惟贩之所需耳。两淮所宜，大率皆[10]江、广、闽、浙澄泽之余，土人货之者，谓之黄掉。（黄）掉云者，以其色泽不美，而任以弃之域也。所谓器之品数，大略有如此者。

---

**[注释]**

[1]光绪本“江”字脱漏。

[2]光绪本“碗”作“盌”。

[3]光绪本“绣”作“繡”。

[4]光绪本“唇”作“脣”。“脣”为俗字。

[5]光绪本“炉”作“爐”。

[6]康熙本作“猊”，依光绪本订正。

[7]光绪本作“鼎”，“鼎（双短竖）”为俗字。

[8]康熙本作“（上下结构：彐〈工几〉大）”，未见于辞典，依光绪本订正。

[9]光绪本“腿”作“腿”。

[10]光绪本无“皆”字。

如果是在淛的东西[1]，崇尚黄黑[2]〔色〕〔陶瓷〕器，这是在湖田窑[3]生产的产品。在江、湖、川、广[4]地区，崇尚青白[5]〔色〕器，这是〔景德〕镇窑生产的产品。碗的种类，有鱼水纹的高足[6]碗，碟（皿）有发晕和海眼、雪花[7]之类，这些是川、广、荆、湘[8]地区需要的。盘的马蹄、槟郎〔形〕，盂的莲花、耍角[9]〔形〕，碗和碟有绣花、银绣[10]，蒲唇、弄弦[11]〔形〕之类等，这些是江浙、福建地区需要的。〔如此〕必须依据这个地方〔的需要〕选择。有关香炉的类别，有称为猊[12]、有称为鼎（双短竖）、有称为彝、有称为鬲、有称为朝天[13]、有称为象腿[14]、有称为香奁[15]、有称为桶子。有关瓶子的类别，有称为觚、有称为胆[16]、有称为壶、有称为净[17]、有称为桅子[18]、有称为荷叶、有称为葫芦、有称为律管[19]、有称为兽环、有称为琉璃。〔除此之外〕还有各种叫不出名字的器物，难以一一列举。但是，只要根据需求进行贩卖。两淮[20]地区所需的器物，都是江、广、闽、浙[21]地区挑选后剩下的，土人贩卖这种，称之为黄掉。所谓黄掉，器物色泽不美，本应该被废弃。有关器的品质种类，大致如上所述。

---

**[注释]**

[1]“淛”通“浙”。“淛之东西”指浙东路，浙西路，此种称谓始于南宋。现在的浙江省以及江苏

省扬子江以南地区。

[2]“黄黑”形容外观的色泽，指天目、黑釉陶瓷器。

[3]湖田窑位于景德镇东南约四公里处。1980年4月，笔者前往景德镇访问，实地参观了湖田窑古窑址。窑址占地40万平方米，除琵琶山为明代窑址外，刘家坞堆积山为南宋到元古窑址，望石坞堆积山为北宋到南宋中期古窑址。望石坞出土有青白瓷（影青）覆烧窑道具碎片，刘家坞出土有黑釉天目、枢府白瓷碎片。此外，在刘家坞中发现的白瓷青花数约占千分之四，其中包含至正类型的元青花陶片。由此可知，湖田窑历经宋、元、明三代，除烧造黑釉、天目以外，亦烧造青白瓷、白瓷、白瓷青花等。为何蒋祈的《陶记》只记载了湖田窑的黑釉器？是因为元朝初期，湖田窑的黑釉器专门销往江苏、浙江地区，所以具有代表性么？

[4]“江”指江南路，现在江苏省、安徽省的扬子江以南地区，以及江西省全境。“湖”指湖北路、湖南路，现在湖北省、湖南省的大部分地区，“川”指西川路，现在的四川省，“广”指广东路，现在的广东省、广西省地区。

[5]有关青白器，虽然有白瓷青花说，但仔细研读蒋祈的文章，前文中“皆有饶玉之称”的记述，夸赞的白瓷很可能就是青白瓷，此外，此处对应湖田窑的黄黑色器，列举青白色器，青白瓷应该就是指影青瓷。

[6]“鱼水高足”，应该是指饰有鱼水纹样的白瓷或青白瓷高足碗。

[7]“发晕”意为晕染，形容青白瓷的浓淡。海眼、雪花意味不明，很可能前者指涡卷纹，后者指浪花、波涛纹。

[8]“荆”是“楚”的别名，一般指湖北、湖南两省，“湘”是湖南省的别称，“荆湘”仍然指湖北、湖南两省。

[9]“莲花”指花瓣形，“耍角”指方形、菱形的口缘部有角凸出。

[10]“绣花”“银绣”意味不明。可能是指青白瓷的铁锈纹饰。“绣”在江南俗语中指一片棉，音同“锈”。

[11]“蒲唇”“弄弦”意味不明。猜测“蒲唇”指口缘部模仿菖蒲的花向外侧延伸，“弄弦”指半圆或者月牙形的器形，也可能是指弄乱弦纹。

[12]“猊”指“狻猊”，狮子的别称。

[13]“朝天”具体指哪种形状的香炉，不明。若是“朝天髻”的简写，妇人把头发集中束起于头顶，称为总发，流行于五代蜀地，那么此处可能是指模仿该发型的香炉。

[14]“象腿”，光绪江西通志本作“象腿”，二者意思相同，指大象的腿，此处则是模仿象腿的香炉。许之衡《饮流斋说瓷》卷七：“象腿瓶，式颇特别，自口至足，直下无纡曲。”

[15]“香奁”指妇女的化妆箱，即装香的箱子，具体指哪种香炉，不明。

[16]胆瓶，口部中等大小，腹部鼓起宛如胆形。《饮流斋说瓷》：“胆瓶，形如悬胆，口径直下，腹征椭圆，……古时铜瓶，此式尤盛行，瓷制以乾隆为多。”

[17]净瓶，颈细而长，有把手和注口。佛教用器，梵语中称为“军持”，僧侣用于洗手，又称“澡瓶”。

[18]“栀子”指栀子树的果实，此处指宛如栀子的瓶子。

[19]“律管”指音律管，考虑为双管耳瓶。“兽环”指兽首下方饰有环的双耳瓶。在新安海底出土的

元代景德镇瓷中，这两者均有发现。

[20]“两淮”指淮北、淮南，现在江苏省的扬子江以北地区。

[21]如前所述，“江”指江南路，“广”指广东路，“闽”是福建省别名，“浙”指浙东路、浙西路地区。

至若冬，泥冻脆，不可以烧坯。陶既就，复不易操，则有火房。火事将毕，器不可度，探坯窑眼，以验生熟，则有火照。进坑石泥。制之精巧。湖坑、岭背、界田之所产，已为次矣。比壬坑、高砂、马鞍[1]山、磁[2]石堂，厥土赤石，仅可为匣模工，而杂之以成器，则皆败恶不良无取焉。攸山山槎灰之，制釉者取之。而制之之法，则石垩[3]炼灰，杂以槎叶木柿，火而毁之，必剂以岭背釉泥，而后可用。或覆[4]仰烧焉。

---

**[注释]**

[1]光绪本作“案”。

[2]光绪本作“瓷”。

[3]康熙本作（上下结构：〈弓弓〉土），未见于辞典，按光绪本作“垩”。

[4]光绪本作“覆”。

到了冬季，泥土受冻从而变脆，不能制坯烧造。即使能制成陶（瓷坯），操作也不容易，〔因此〕有火房[1]。窑火将熄时，窑中器皿〔的烧成程度〕难以估计，通过窑眼（色见孔）检查坯的生熟，即有火照[2]〔之法〕。进坑生产的石泥（陶石），若被用来制作器坯的话精巧〔品质更加优秀〕。湖坑、岭背、界田[3]出产的，次于前者。最近壬坑[4]、高砂、马鞍[5]、磁石堂〔出产的〕，土是带有红色的陶石，匣钵、模型[6]等制作中使用，将它与〔别的陶土〕混合制坯而成的器物，皆败恶不良[7]没有可取的。攸山[8]的山槎制成灰，制釉者取之。有关制作之法，将石垩（石灰）炼灰，混合槎叶、木柿[9]后，再次焚烧，一定要〔在其中〕添加岭背出产的釉泥作为中介溶剂，之后就可以使用了。〔器的烧成〕或覆[10]烧，或仰烧。

---

**[注释]**

[1]火房指有供暖的房间。尾崎洵盛认为，原文中“不易操”的“操”是“燥”的误写，冬天坯体难以干燥，所以需要放置到特殊的火房中，利用炭火使它慢慢干燥。若非如此，按“操”字解释为“操作”，冬天即使能够制坯，但刻花、划花等精细纹饰的操作也不容易，需要在火房中进行。亦或者，上述两点原因都有被考虑到，所以使用火房，本文按“操”字理解。

[2]“火照”是检查窑内器皿烧成优良与否的方法。《景德镇陶录》卷四详细记述了清代自试火照之法。将瓷坯的碎片挖一圆孔，放置在窑眼内侧，用铁钩将其取出，检查烧造生熟。
[3]“进坑”即现在景德镇东8.5公里的进坑村，“石泥”指粉碎瓷石后的白土。“湖坑”指现在湖田窑遗址南部2.5公里的三宝蓬，“岭背”指镇南9公里手角岭的南麓一带，瓷石、釉药的产地。“界田”即镇东北34公里的界田村。
[4]尾崎洵盛读作“比壬坑”，认为是三字地名，但下接的“高砂”为两字地名，最后的“马鞍山”和“磁石堂”是三字地名，笔者认为此处读作“壬坑”更为自然。此外，“比”字意为“最近”。“壬坑”应该是指现在景德镇南2.5公里的银坑。
[5]“高砂”指镇东北11公里的高砂村，“马鞍山”指镇东的马鞍山，历代制匣原料的重要产地。“磁石堂”亦称“磁石塘”，位于马鞍山南麓。
[6]原文中“匣模”指匣钵和模型。原文中“仅可为匣模工而杂之……”一句，理解困难。尾崎洵盛将“工”解释为苦思、焦虑，前后有可能有字脱漏。笔者读作“匣模工”，意为匣模的工作，制作的意思。
[7]“败恶”指烧造时破损开裂的器物，即瑕疵品。
[8]“攸山”指位于景德镇和婺源县交界的游山，距离景德镇18公里。笔者认为“山槎”是山上刈割的柴草，属柴火一类。有说“山槎”为地名，指位于景德镇和乐平县交界的仙槎。
[9]“槎叶”指柴草，“木柹”指涩柿木的小枝。
[10]“覆”指覆烧，即将碗、盘口缘部朝下放入匣钵烧造，“仰”指仰烧，即口缘部朝上堆叠烧造，两者都是可进行大量生产的叠烧方式。有关景德镇覆烧工艺，参阅刘新园《景德镇宋元芒口瓷器与覆烧工艺初步研究》（《考古》，1974年第6期）。

陶工、匣工、土工之有其局，利坯、车坯、釉[1]坯之有其法。印花、画花、雕花之有其技，秩然规制，名不相紊。窑有尺籍，私之者刑。釉有三色。冒之者罚[2]。凡利于官者，一涉欺瞒，则牙商、担夫一例坐罪。其周防可谓密矣。

---

**[注释]**

[1]康熙本中皆作“（石由）”。
[2]光绪本作“罪”。

陶工、匣工、土工[1]有其局〔主管部门〕，利坯、车坯、釉坯[2]有其法〔方法〕，印花、画花、雕花[3]有其技〔技能〕，秩序井然，相互之间名称不会混淆。窑有尺籍[4]，私自侵犯者受刑。釉有三种[5]，任意假冒者受罚。凡有利于官府的，一旦涉及到欺瞒行为，牙商、担夫[6]一律连坐获罪。防范周到而严密。

**[注释]**

[1]"陶工"，广义上指从事陶土制坯的工人，"匣工"指专门制作匣钵的工人。"土工"可能指专门挖掘陶石、黏土的工人，也可能指将陶土洗炼成泥的工人。这些工作，具有产业分工形态，分化出了专门的职业。

[2]"利坯、车坯、釉坯"是从陶工的职责中分化而来，"利坯"指将制成的坯的器表修整平整。"车坯"指使用陶车，即辘轳制坯，又称"做坯"。"釉坯"指挂釉工作。

[3]"印花、画花、雕花"，属于陶工工作，在制成的器坯上装饰纹饰，印花指用刻有纹样的模子按压出花纹，雕花指用刀具将纹样以外的部分剔除以凸出纹样。画花指用笔在器坯上描出纹样，一般分为描花和绘花，若"画（畫）"是"划（劃）"的简写，则指雕刻出深浅线条纹样的划花纹。

[4]"尺籍"，与原文中"官籍丈尺以第其税"相关联，窑户（窑主）向官府登记窑的长度，大小。此处意为：若窑户伪造窑的长度进行申报，则会受到处罚。

[5]"釉有三色"，尾崎洵盛认为"此处三色可能并不是指颜色，而是指品质"，笔者赞同这一观点。此处意为：釉药分三种品质，若任意偷换，则会受到处罚。

[6]"牙商"指牙和商，牙指牙行、牙侩，即交易的中间商，商指商店的销售以及外来的客商，此处指经营陶瓷器的瓷行、瓷店、瓷商一类。"担夫"同"肩夫"，指搬运瓷器的挑工。

夫何，昔之课赋优裕，而今之事于[1]此者，常怀不足之虑也。宪之头子，泉之率分，统制[2]之供给，经总之移用，州之月桩，支使醋息，镇之吏俸，孤遗作匠，总（计）[3]月钱几[4]三千余缗。而春秋、军旅、圣节、郊祀、赏赉、试闱、结葺，犹不与此。通融计之，月需百十五缗。则权官可以逭责，反是则谴至矣。

**[注释]**

[1]光绪本"于"作"於"。

[2]康熙本作"製"，光绪本"制"为正确，此处校正。

[3]康熙本此处不明，依光绪本补充"计"字。

[4]光绪本"几"作"凡"。

为什么从前的课赋[1]〔轻〕有余，而如今的当事者[2]却常常担心〔收支〕不足？〔现今，除正税以外还加征附加税〕，给宪[3]〔官〕的头子[4]〔钱〕，给泉[5]〔府〕的率分，给统制[6]的供给，经、总[7]〔制钱〕的移用，〔浮梁〕州的月桩[8]〔钱〕，支使的醋息[9]〔钱〕，〔景德〕镇的吏俸，孤遗、作匠[10]〔的补助金〕，〔地方公费的负担〕每月总计铜钱三千余缗[11]。此外，春秋、军旅、圣节、郊祀、赏赉、试闱、结葺[12]〔的各项经费〕，还不包含在其中，大概估算的话，每月需要一百十五缗。〔如果征收顺利〕则权官完成了他的职责，〔当事者〕违反了这一收支的话，就会立即受到〔上司〕的谴责。

---

**[注释]**

[1]"课赋"又称"赋课"，指租税的分摊。元朝的税收，在初期至元、大德年间（1271—1307）以正税为中心，税量、科差等能够维持财政健全，中期以后支出增加，天历年间（1328—1329）的税额与初期相比，增加了20倍。《元史·食货志》卷93："自时厥后，国用浸广。除税粮、科差二者之外，凡课之入，日增月益。至于天历之际，视至元、大德之数，盖增二十倍矣。而朝廷未尝有一日之蓄，则以其不能量入为出故也。虽然，前代告缗、借商、经总等制，元皆无之，亦可谓宽矣。"引文最后提及的"前代经总等制"是指宋代的经制钱总制钱，这一税目在元代已经消失。但实际上，蒋祈的《陶记》中亦提到了"经总之移用"，元史的撰者很可能是依据了天历时期的记录，这一税目在元末复活，与其他各种附加税一起出现，增加了工商业者的负担。

[2]原文中"今之事于此者"，指现在的当事者，很可能是浮梁州的知州（知事）或者是驻扎在景德镇的征税官、税课局员等下级官吏。

[3]"宪"是下级官吏对上官的称谓，宪官是担任监察、监督的上级官员或上级长官。

[4]"头子钱"，始于宋代，商税一千文铜钱中征收几文的附加税，即手续费的一种。宪之头子钱，应该是指征收给上级官员的手续费，是他们收入的一部分。

[5]"泉"很可能是泉府院、行泉府院、行泉府司的略写。《元史·食货志》"市舶条"："至大元年，复立泉府院，整治市舶司事。二年，罢行泉府院，以市舶提举司隶行省。"至大元年（1308），设立泉府院，负责市舶司海外贸易业务的顺利开展。如此一来，市舶司经费由泉府院负责发放。景德镇所在的饶州路总管府属于江浙行省，江浙行省最初在上海设立庆元市舶司，后又在澉浦设立市舶司，行泉府院为了筹集资金拨发经费给它们，向同行省辖内的府州县镇市征税。所谓"泉之率分"，很可能是指行泉府院税收的分摊部分，景德镇也要被征收此税。

[6]"统制"为武官用语，宋代将出征军司令官称为都统制。此处应该指饶州路境内驻扎军的指挥官。"统制之供给"意为提供给司令官的金钱。

[7]"经"是"经制钱"的略称，"总"是"总制钱"的略称，二者皆为宋代岁入项目，恶税的代表。繁杂的课税增收率增加，总计分后设立新的岁入项目。元朝末年随着各项经费的增加，朝廷模仿宋例恢复了这两项。"移用"意为地方经费的供给、通融。

[8]"月桩钱"为南宋税目名称，又称为"大军钱""大军月桩钱"，始于绍兴二年（1132），韩世忠以军费为由，命令江南东路转运使每月在上供钱、经制钱、转运司移用钱中筹措出十万缗。临时税演变为常赋，江南、两浙、湖南路的民众受恶税所压，苦不堪言。元末复设此税。"州"指浮梁州，

元代成宗元贞元年（1295）浮梁由县变州。“州之月桩”指浮梁州每月以军用金调达为名征收的经费。
[9]“醋息钱”亦见于宋代，有两层含义。第一，醋专卖获得的利润，第二，成为保甲制中的都保正、副保正时的役人（差役）税、手续费一类。此处应属后者，“醋”意为报酬，“息”意为慰劳，“支使”指地方监司的属官，即为支付他们酬劳而征收的手续费。
[10]“孤遗”指孤儿和遗族，“作匠”指陶工等手艺人。相比前文中税收都是支付给上级下级官僚的津贴，此处则是支付给孤遗作匠的社会福利金。上文中有“镇之吏俸”，此处孤遗作匠也应该是景德镇以救济名义征收的。
[11]“缗”，一千文铜钱为一缗，即一贯。钱三千缗则是指三千贯铜钱。
[12]“春秋”指春秋两季的祭祀，“军旅”指军队，“圣节”指皇帝生日仪式，“郊祀”指皇帝祭天祭地仪式，“赏赉”指赏赐，“试闱”指科举考场，“结葺”指修理衙门，涉及的各项经费都由百姓负担。

予观数十年来官斯去[1]者，无不有州家挂[2]欠之籍。盖尝推求其故，则有由矣。窑家作辍，与时年丰凶，相为表里一也。临川、建阳、南丰，他产有所夺二也。上司限期，稍不如约，则牙校踵门以相蠹蚀三也。狱失其校，权官散分，迩来猾商狡侩[3]无所惮怖四也。土居之吏，牢植不拔，殆有汉人仓库氏之风五也。官之懵者，吏挚其肘，一有强明自任，则吏结豪驵之民，诡辞上官，必使惩之，更而后已。官不少察事，势轻矣。此重可为太息者也。

---

**[注释]**

[1]光绪本“去”作“土”。
[2]康熙本作“掛”。
[3]光绪本“侩”作“狯“。

就我所见，这数十年来此地〔赴任〕为官者[1]，没有谁不持有〔浮梁〕州各家的挂欠之籍[2]（滞纳税金簿）。曾经推求其中原因，〔变成这样〕是有原因的。窑家作辍[3]（兴废），与时年的丰凶互为表里，此其一。被临川、建阳、南丰[4]生产的〔瓷器〕竞夺了市场，此其二。上司决定期限，稍有预期，〔他的手下〕牙校[5]就会登〔窑家〕门，以相蠹蚀，此其三。刑狱（审判）失去校（处罚）[6]，权官〔的权限〕分散[7]，近来猾商、狡侩[8]无所忌惮，此其四。土著胥吏固守势力圈，有汉人仓库氏之风[9]，此其五。〔来当地上任的〕官员若是愚钝者[10]，就会受到胥吏们的掣肘，若是聪敏强势者，胥吏们就会勾结豪驵之民（有力的中间商），向上级官员进谗言，一定使他受罚，并更换官员。〔因此赴任的〕官员若稍不明察，势〔他的权限〕就会变轻。这实在是令人重重叹息[11]。

**[注释]**

[1]“官斯去者”指来浮梁州赴任的知州等官。依据《元史·百官志》，元朝将州分为上、中、下三等，江南平定后的至元二十年（1283），朝廷规定五万户以上的地区为上州，三万户以上的地区为中州，不足三万户的为下州。依据《元史·地理志》，饶州路辖内的浮梁州属中州，派遣至中州的官员中达鲁花赤、知州属正五品（年俸四十贯），同知为从六品（年俸二十贯），判官为从七品（年俸十五贯），此外还有辅佐他们的吏目、提控案牍等官。“达鲁花赤”意为蒙古人专任的监督官，与知州同级，知州以下的官职由汉人担任，笔者认为实务是由知州以下官员负责。此外，元初此处设立浮梁瓷局，任命有大使、副使，随后设立景德镇税课局，派遣提领等官。

[2]有关“州家挂欠之籍”中“州家”，笔者认为是指浮梁州的家，主要指从事瓷器生产的景德镇民众。诸桥《大汉和辞典》中，“挂欠”解释为“逾期余额的滞纳金”。尾崎洵盛认为“挂欠之籍指借钱证明，意为来此地赴任的官吏没有不向州民写借钱证明的”，笔者不赞成这一说法。笔者认为诸桥辙次的解释是正确的。“挂欠之籍”意为逾期余额滞纳金的账簿，即滞纳税金簿，指这数十年来赴任官吏间交接的东西。

[3]“作辍”意为兴废盛衰。“时年丰凶，相为表里”，指窑业的兴废盛衰受年的丰凶，即自然条件的影响很大。

[4]“临川”指江西省抚州府临川县，“建阳”指福建省建宁府建阳县，“南丰”指江西省建昌府南丰县。此处意为各窑开始争夺市场，影响了景德镇窑产品的销路。此外，有关这三县的窑器，《景德镇陶录》卷七记载如下。

临川窑，“元初烧造，即今抚州府之临川县。土埴细薄，色多白微黄，有粗花者”。南丰窑，“出盱江之南丰县，元代烧造。土埴细质稍厚，器多青花，有如土定等色。”接着有又援引蒋祈《陶记》，“蒋记云，夫何，昔之课斯陶者日举，今则州家多挂欠？原其故有五，临川、建阳、南丰产有所夺三也。按此是说，镇陶之利，为三邑陶所夺。可见临窑、南窑在元时亦盛。”有关建阳窑，“古建州窑也。出宋代，为今之建宁府建阳县。始于建安，后迁建阳，入元犹盛。云云。”，即人们所说的建盏，古窑址位于建阳县水吉镇。

此外，1960 年发现南丰窑的古窑址，依据后期的调查，南丰窑始烧于宋代，烧造单一的青白瓷，从遗物来看，与景德镇的偏青不同，该窑大部分的产品釉色偏白，以盘、碗为主，装饰纹样多为刻花（冯先铭《三十年来我国陶瓷考古的收获》，故宫博物院刊，1980 年第 1 期）。釉色偏白，很可能与《景德镇陶录》中所说的土定之色类似，那么“器多青花”中的“青花”又到底指什么呢？青花一般指白瓷青花，但出土遗物中并未见任何青花器，如果元代南丰窑烧造青花，应该会有记录，此处是不是将刻花青白瓷不慎记为青花了？这是今后的研究课题。

[5]“牙校”意为守卫本卫的武官，此处指驻扎在饶州路境内的一队守备军。景德镇窑为上供以及其他订单生产瓷器，上司决定期限，一旦稍微超过约定的期限，手下的守备兵就会上门搜家，夺取他们的财物。

[6]“狱失其校”，“狱”指刑狱即审判，“校”指犯人佩戴的首枷、足枷等刑具，意为审判不能进

行公正的处罚，因上司的压力和贿赂而逃脱。

[7]“权官散分”，并不能给出明确解释，可能是指拥有权限的上级官僚来此担任一定的职务，相互之间没有关联。

[8]“猾商狡侩”，意为狡猾的瓷器商和中间商。此处指，近来纲纪松弛，权官分散，狡猾的瓷器商和中间商乘机勾结官宦，肆无忌惮地逃税，扩大势力。

[9]“土居之吏”指本地出身的胥吏，“牢植不拔”指牢牢扎根，固守势力，任意夺取他人地盘。“有汉人仓库氏之风”用来形容胥吏活动，“仓库氏”很可能亦被称为“仓胥、仓差、仓橐（下半部分为〈石石〉）”，指米仓等仓库的看守，他们利用职权中饱私囊，因为这一职务专门由汉人担任，所以原文写作“汉人仓库氏”。

[10]“官之懵者”，指来此地赴任的官员中的平庸者。

[11]“太息”，意为哀民生之多艰，而深深叹息。

尝记容斋随笔载，昔之守令不市陶器，父老所传仅二人焉。呜呼，何辽绝耶。容斋所记，可以尽信否耶[1]。何今未有继也。又闻，镇之巨商[2]，今不如意者十八九，官之利羡，乃有倍蓰[3]之亏，时耶。山川脉[4]络不能静于焚毁之馀，而土风日可以荡耶。一里窑五里焦之谚语，其龟鉴矣。或者谓博易之务废矣。窑廵[5]之职罢矣。今之不可复古矣。然河滨之陶，昔人为盛德所感，故器不苦窳。庸讵知，今日董陶之器，不可以复古耶。是又非予所得而知也。

---

**[注释]**

[1]光绪本“耶”作“邪”。以下皆同。

[2]光绪本“商”作“商”。

[3]康熙本作“簁”，光绪本“蓰”为正确，从之。

[4]光绪本“脉”作“脈”。

[5]光绪本“廵”作“巡”。

尝试记起《容斋随笔》[1]中的记载，从前不买卖陶瓷器的守令[2]，〔浮梁州〕父老口中相传的仅有两人[3]。呜呼，为何辽绝了？荣斋所记，是否应该尽信。为何如今后继者〔一个人都〕没有，为什么？〔我〕又闻，镇上的巨商，现在不如意者十之八九[4]，官府的利羡（收益）有倍蓰之亏（数倍的损失）[5]。这是时势〔所致〕吗？〔浮梁的〕山川的脉络（自然条件），焚毁之余不能停止[6]，土风[8]会一日日地殆尽吧？谚语“一里的窑，五里的焦”8，一定要引以为戒。又有人说是博易之务[9]的废止，或者说是窑廵之职[10]的废除。现在不可能复古了。然而，河滨之陶[11]（陶瓷器生产）是过去的人们感沐盛德〔制作而成〕，因此器不苦窳。今日，董陶[12]之器不能复古么？如何才能知道呢。这就不是我所能得知的了。

---

**[注释]**

[1]《容斋随笔》，南宋洪迈著作。写成于1180年。洪迈（1123—1202），饶州鄱阳人，字景卢，号荣斋，谥文敏。绍兴十五年（1145）进士，官居左司员外郎，孝宗时期任赣州、婺州知州，因政绩突出，拜翰林学士，后又进端明殿学士，辞官后卒。

[2]“守令”意为郡守县令，指府州县的知事。

[3]《容斋随笔》卷四“浮梁陶器”条：“彭器资尚书文集，有送许屯田诗曰，浮梁巧烧瓷，颜色比琼玖，因官射利疾，众喜君独不，父老争叹息，此事古未有，注云，浮梁父老言，自来作知县不买瓷器者一人，君是也，作饶州不买者一人，今程少卿嗣宗是也，惜乎不载许君之名。”彭器资指北宋的彭汝砺，饶州鄱阳人，字器资，治平（1064—1067）中期进士第一，官至中书舍人、兵部侍郎、吏部尚书，著有《鄱阳文集》，应该就是此处所说的《彭器资尚书文集》。依浮梁父老所言，当时不买景德镇陶瓷器的清廉守令，只有浮梁知县许屯田和饶州知府程嗣宗二人。蒋祈援引此例，当时宋代就很少听说此地有如此清廉的守令，更不要说现在的元代，虽然怀抱有一丝期望，却对现状止不住叹息。

[4]“镇之巨商云云”，从事瓷器产业的景德镇巨商，如今十之八九营业不振，难以维持生计。

[5]“官之利羡”指官府获得的收益，“利”指利益，“羡”指剩余。“倍蓰”中“倍”指两倍，“蓰”指五倍。景德镇所在的浮梁州，每年的滞纳税额增加，官府的收益也数倍损失。尾崎洵盛认为是官府的收益数倍增加，恰恰相反，联系前文来看，他的解释不通。此处“乃”意为“于是”，“所以”，上下文乃是顺接关系，并非转折关系。

[6]“山川脉络云云”，景德镇处于群山环抱之中，盛产优质的陶土、陶石，且燃料丰富，镇位于昌江支流沿岸，便于行舟，诸多的地理自然条件使得窑业生产成为可能，难以使其停止。“焚烧之余”指陶瓷器生产的窑火余焰，意为火源。

[7]“土风”即风土，指景德镇的风俗，社会环境。“土风日可以荡耶”，为了追求陶瓷器生产、流通的利益，各种职业的人聚集，景德镇因此丧失了农村的淳朴，正如横暴的胥吏、猾商狡侩所表现的那样，人情一日日消耗殆尽。

[8]“一里窑，五里焦”中的“里”并不是距离单位，而是村落、部落单位。即，一个村落烧窑，周边五个村落都会受其影响。景德镇的窑业生产并不仅限于镇内，浮梁境内大部分区域基本都会受影响。

[9]“博易”指通商贸易等商业行为，“务”是朝廷的派出机构，掌管各种商业行为、税课等。宋代有称为“博易务”的场务，元代为广东海外贸易设有市舶提举司和海南博易提举司，浮梁州或者景德镇是否设立名为博易务、博易提举司的官厅，至今不明。景德镇设置有税课局，负责景德镇的通商和税务，主管官员为提领（《万历江西省大志·陶书》），博易务也许就是指这一机关。元末博易务被废止，浮梁州的州官代行税务，实际上，元末税课增加，税务并没有简化，这难道不是有名无实化么？因此，现在才会发出想要回到过去却不能回去的感慨。

[10]“窑𡱰之职”与“博易之务”一样，具体指何种官职，不明。依字面意思，意为为管理、监督窑

业生产而派遣的巡视官。元代初期设立浮梁瓷局，配置大使、副使各一名（《元史·百官志》），中期以后泰定年间（1324—1327）饶州路总管兼监陶官，负责管理上供瓷器、订单瓷器的生产，当然也算是巡视官。但是因为本路总管的监陶官“皆有命则供，否则止”，所以并不是常置的官职。无论是哪一种，因为“窑埏之职罢矣”与“博易之务废矣”组成对句，所以若一定要给出具体机构具体官职的话，则是负责景德镇窑业生产管理、商品流通的机构，负责征收窑课、商税的主管官员，有名无实，现实中很难充分完成自己的职责。

[11]“河滨之陶”，指太古时期舜在河滨烧造陶器的故事。出自《史记·五帝本纪》“舜陶河滨，器皆不苦窳”。朱琰《陶说》卷 2：“按：陶始于炊器，大抵如今黄沙之质。至虞而泰尊，无瓦大，详及礼器，其制略备，当有精粗之别。故曰上陶。其后，虞阏父入周为陶正，陈敬仲奔齐为工正。抑或以上陶之裔故也。”“上陶”即《周礼·考工记》提及的有虞氏的上陶，指舜的陶器。原文“昔人为盛德所感，故器不苦窳”意为：从前的陶工被舜的盛德感化，从而诚心诚意地制陶，制成的陶器跟舜的陶器一样没有苦窳。“苦窳”指粗劣易于损坏。

[12]“董陶”的“董”意为纠正、监督，指监督陶瓷器的制作，此处当然也包含景德镇烧造的产品。

1980 年 7 月 15 日

（追记）本稿校正之时，景德镇陶瓷历史博物馆刘新园先生惠送《陶记》研究专刊《景德镇陶瓷》（1981 年 4 月）一册。该册刊登了刘新园先生的《蒋祈〈陶记〉著作年代考辨》，以及白焜先生的《宋蒋祈〈陶记〉校注》。他们批判了蒋祈元人说，大胆假设《陶记》写作于南宋时期（1214—1234）。由于时间不足，本稿未能涉及这一重大问题，只能留待他日论议。二位先生的文章中关于《陶记》所提地名现在位于何处的种种考证，使笔者受益颇多，在此对他们表示衷心的感谢。

1981 年 5 月 9 日

# 评介刘新园《蒋祈〈陶记〉著作时代考辨——兼论景德镇南宋与元代瓷器工艺、市场及税制等方面的差异》

爱宕松男



## 一、绪言

自唐代陆羽的《茶经》起，随着瓷器在士大夫阶层里的普及，围绕陶瓷进行论述的著作不断增加，其中以北宋蔡襄的《茶录》、南宋叶寘的《坦斋笔衡》[1]和元末明初曹昭的《格古要论》最具代表性。明末清初以后，这一趋势越发明显，著作繁多，如周高起的《阳羡茗壶系》，袁宏道的《瓶史》、张应文的《清秘藏》、屠隆的《考槃余事》、文震亨的《长物志》、田艺蘅的《留青日札》、梁同书的《古窑器考》、吴骞的《阳羡名陶录》、谷应泰的《博物要览》以及唐秉钧的《文房四考图说》。然而，令人遗憾的是，这些著作多侧重于对茶器、花器和文房用具的描写，抑或专注于对莹润釉色和雕花彩绘的鉴赏，视角难免局限。在追求文雅脱俗的士大夫阶层眼里，日常生活中使用的饮食器具显然是不值一提的。而且，他们对于瓷器的描写也多停留在把玩鉴赏层面，鲜少提及它的制作过程。

但是，值得注意的是，这一情况在明末清初开始改变。暂且不表本文要论述的蒋祈的《陶记》，从嘉靖时期王宗沐的《江西省大志》[2]开始，到隆庆时期陈学乾的《陶政录》，再到乾隆时期唐英的《陶成记事》和《陶冶图说》，这些不仅是明清两朝御窑场官僚手中的窑场业务记录，也是所谓的“经济书”。

御窑场官员奉朝廷之命烧造钦限瓷器和部限瓷器，种类、品质和数量不容许有半分差错，并且需要在限定的时间内烧成并上贡给朝廷。因此，与一般的士大夫相比，他们需要操心御窑场的一切杂务，从陶料釉料的置办到劳工的管理。陶瓷不再仅仅是赏玩的对象，它们渐渐成为社会经济史的研究对象。御窑场隶属朝廷，生产中不计成本，因此这些官方的窑业记录并不能直接套用到民窑生产中去。对于追求利润的民窑来说，许多问题需要解决（按：商品价格、市场、产量、技术、课税等，简单来说，交换经济的开放度，具体来说，市场销路的扩张度及其相关问题。），所以记录下民窑相关情况是有必要的。

13世纪后半期到14世纪前半期，御窑场还未设立，但景德镇已经发展成为中国最大的窑业产地。被认为是元人的蒋祈写下了《陶记》一书，记录下了对当时景德镇繁荣发展做出巨大贡献的民窑情况，该书是研究中国瓷器产业的重要文献。从嘉庆时期蓝浦的《景德镇陶录》开始，到此后的中外研究者（按：中国的陈万里、冯先铭、傅振伦和孙瀛洲，日本的尾崎洵盛、小林太市郎和佐久间重男，欧洲的卜士礼、伯希和以及赫瑟林顿[3]。）都给予了《陶记》高度评价，认为该书是研究元代景德镇窑业的重要基础文献。

**[注释]**

[1]南宋初期人，叶寘的《坦斋笔衡》已佚。未收录在《说郛》中，见于陶宗儀《南村辍耕录》第二十九卷。

[2]嘉靖三十五年（1556），《江西省大志》七卷由时任江西提学副使的王宗沐监修完成。完本未留存，仅剩天一阁三卷残本。现行本为万历二十五年（1597）时任江西巡抚的陆填，根据隆庆年间（1567—1572））南康府通判陈学乾的《陶政录》以及嘉靖三十五年后御窑场相关文书增修的八卷本。

陈学乾的《陶政录》未留存。隆庆以降，曾有一段时间，御窑场的长官是由江西布政司管下十三府中，除较远的赣州、南安二府以外，南昌、瑞州、九江、南康、饶州、广信、建昌、抚州、吉安、临江和袁州十一府的通判轮流担任的，《陶政录》是他们在任期间的记录。

唐英的《陶冶图说》二十则被引用在光绪七年《江西通志》第九十三卷。唐英是乾隆时期御窑场督陶官，与康熙时期的藏应选以及雍正时期的年羹尧齐名。雍正六年（1728）时任官窑辅佐官的唐英与督陶官年羹尧一起烧制出粉彩瓷器，创造了雍正官窑的辉煌。乾隆元年至十四年，唐英担任督陶官，成功仿制出宋明各色釉瓷，推动制瓷工艺在乾隆时期达到巅峰。他模仿南宋楼璹的《耕织图》，绘制陶冶图二十幅，记录下清乾隆官窑制瓷的详尽工艺。他的《陶冶图说》后被引用在朱琰的《陶说》和蓝浦的《景德镇陶录》，是研究古代制瓷工艺的宝贵文献资料。

[3]参照刘新园《蒋祈〈陶记〉著作时代考辨》第一节。

## 二、关于蒋祈《陶记》成文于元代的疑问

长久以来，学界普遍认为《陶记》写作于元代。但对接触这一资料的读者来说，对此观点时常

抱有怀疑。

第一，断定《陶记》是元人蒋祈所作的原委并不清晰。

众所周知，现今发现的最早收录该文献的，是《浮梁县志》康熙二十一年（1682）本，此版本为陈淯所纂修（按：更早版本是王临元和曹鼎共纂的《浮梁县志》康熙十二年本，现藏于北京图书馆，为残本，缺失“物产志”，其中未见《陶记》相关记录[1]）。在《浮梁县志》康熙二十一年本中，并未提及蒋祈为元人。但到了李洊德和汪壈共纂的《浮梁县志》乾隆七年本，毫无任何依据，武断认定为元人蒋祈所作。为何如此武断地认定蒋祈是元人？总该有些依据，无论这依据是否可信。很可能是以收录《陶记》的前朝县志为依据，这些县志在乾隆七年尚有保存（按：现已不存。根据《浮梁县志》康熙二十一年本卷首序文判断，失有南宋一篇，元朝一篇和明朝五篇[2]），当然这也仅仅是猜测。如果这几篇《四库全书》也未收录的《浮梁县志》在乾隆七年确实尚存，那又怎么解释比乾隆七年本还早半个世纪的康熙二十一年本却未采用蒋祈元人说的说法呢？

第二，蒋祈铭款传世瓷器的辨伪。

虽然这与《陶记》记述内容毫无关系，但如果这些瓷器皆为真品，那么这就是判断蒋祈在世年代的关键性证据。藏于伦敦维多利亚·阿尔伯特博物馆的一件釉里红盘，以及藏于故宫博物院的两件釉里红洗，它们的器底分别记有“灵和窑，至正元年蒋祈新仿第一百零九”“宣和窑，至正元年蒋祈仿第一”“政和窑，至正元年蒋祈仿第二”铭文[3]。如果仅就此来看，蒋祈应为元至正年间人。

但是围绕这些传世瓷器本身，就存在很多疑点。“政和窑”“宣和窑”很可能是指代北宋官窑，但是北宋晚期兴建的官窑仅十余年便遭遇国破而消亡，也不可能是南宋时期遗物。此外，釉里红釉乃是元代新创的技法。所以无论怎么看，它们都不可能是烧制于北宋，再传世至元朝晚期。不仅这三件瓷器本身疑云缠绕，相关的记录也充满无数疑点（按：此处记录指博物馆收藏目录和图版目录）。

在上述两个博物馆发表的图录中，均未提及这三件蒋祈铭款釉里红瓷器。这个世纪 20 年代，伯希和与赫瑟林顿在他们文章中提及了“釉下铜彩纹盘”，并刊登了它的黑白照片，证明该瓷器确系维多利亚·阿尔伯特博物馆的藏品。然而在讲谈社最新出版的《东洋陶瓷》第六卷中（按：昭和五十六年八月发行，为维多利亚·阿尔伯特博物馆藏瓷专刊。笔者苦于没有机会直接接触实物，于是十分期待能在这册彩色印刷册中看到蒋祈传世瓷器的介绍。），并未找到有关蒋祈釉里红盘的只言片语。两次釉里红洗情况亦是如此。现在北京故宫博物院的藏瓷一部分来源于新中国成立后的出土，献纳和购入（按：如果釉里红洗是以这种方式进入故宫，《文物》或《考古》应有相关报道，但是未有耳闻。），另一部分则是清皇室的旧藏。

在清室善后委员会发表于民国十四年（1925）的《故宫物品点查报告》中，也未见相关信息。这不得不让人怀疑釉里红洗的真伪。但是，时至今日仍未有从其技术、工艺和美术层面著文反驳的，而且在陈万里先生、孙瀛洲先生这样的著名学者也将其认定为元代瓷器的现状下，单凭相关记录的不合理来断定它们为伪作，未免有些武断[4]。有关这点，刘新园主张赝品说，主要基于以下两点：一个是冠以年号的“政和窑”和“宣和窑”，另一个是器底书写款铭的方式，两者结合可知，这与元代景德镇瓷实际情况不符（按：以皇帝建年名窑始于永乐窑，器底写款乃是宣德以后）。再者对《陶记》的记述内容进行分析考证得出，其内容符合南宋景德镇窑业实际情况，而与元朝情况不符。在此基础上，再来考证蒋祈传世瓷器的真伪，似乎就很好理解了。

第三，蒋祈《陶记》记述内容与元代景德镇窑业实际情况不符。

首先是关于技术层面上的疑问，如制瓷原料（陶土、釉药），烧窑方式（覆烧、仰烧）和雕刻纹样（雕花、划花、印花）。有些问题，对于仅依靠文献的我们来说很难发现，但对于就职于景德镇陶瓷学院的刘新园来说，多年的田野经验能帮助他很快发现问题的关键。其次是关于社会政治经济史层面上的疑问，（1）关于景德镇窑业在繁荣期占领的全国市场范围以及来自临川、建阳和南丰窑的市场竞争问题；（2）认为导致景德镇窑业走向衰退的主要原因是"窑之头子钱"等沉重的附加税制度。针对这些疑问，刘新园一一进行了详实的考证。笔者将在下一章节对刘新园《蒋祈〈陶记〉著作时代考辨》一文进行介绍与评价。

刘新园否定了学界长久以来《陶记》写于元代的传统说法，对中国瓷器产业史研究意义重大。文章发表已过两年半，却仍未得到正确的评价，实是遗憾[5]。笔者身为中国陶瓷研究的一员，特撰此文以表支持。

---

**[注释]**

[1]朱士嘉，《中国地方志综录》。刘新园指出康熙十二年本缺少"物产志"，"其中是否收有《陶记》已无从考索。现在，最早收有这一文献的，就要算我们最近才在景德镇发现的康熙二十一年本了。"他亲自对照了北京图书馆藏有的康熙十二年本。

[2]尾崎洵盛教授的《元蒋祈陶记略》一文，刊登于《陶磁》九卷五号（昭和十二年十二月）。在文中他明确指出了丢失的七篇县志：南宋咸淳六年（1270）郑兴撰《浮梁县志》、元至元二年（1322）臧廷凤撰《浮梁州志》、明洪武初年徐逊编《浮梁县志》、洪武十年(1377)计希孟编、永乐十七年(1419)朱昭等编、嘉靖十八年（1539）、汪宗伊撰和万历三十三年（1605）周起元撰。

[3]有关维多利亚·阿尔伯特博物馆所藏釉里红盘，参阅赫瑟林顿，《中国早期瓷器》，1922。有关故宫博物院所藏釉里红洗，参阅陈万里，《我对青白瓷看法》，《文物》，1959年，第6期；孙瀛洲，《元明清瓷器鉴定》，《文物》，1966年，第3期。

④对于这三件署有蒋祈铭款的至正元年釉里红瓷器，笔者一直深表怀疑。在它们被公开确定为伪作之前，根据它们以及《陶记》内容，可以限定可能的时代范围。首先假设蒋祈生于南宋晚期的宝祐三年（1255），那么在江南完全并入元朝版图的至元十六年（1279）之前，蒋祈都是宋人，之后的60年江南都在元朝统治之下，蒋祈则算是元人。那么《陶记》有可能记录的是他24岁之前南宋景德镇窑场情况。但是，另一方面，元朝除摒弃了南宋末年的苛捐杂税，税制其他部分均沿袭了南宋旧例，那么《陶记》中所记载的瓷课，在南宋和元朝应该相同。于是在拙作《有关宋代瓷课》（《内田博士颂寿纪念集》，1978年8月）一文中，笔者也认为蒋祈乃是元朝晚期人。现在，笔者赞成刘新园的观点。

[5]冯先铭、安志敏、安金槐、朱伯谦、汪庆正编《中国陶瓷史》（1982）。虽然该书引用了刘新园此文（第八章第二节三），但仅仅涉及烧制枢府器采用的垫饼仰烧法。此外，关于《陶记》内容的引用（第六章第三节一、第八章第一节五），也只是用来说明宋元时期窑业情况，并未提及新说。

佐久间重男，《蒋祈〈陶记〉年代考》（《法政史学》第三十四号，昭和57年4月）。这是最早一篇反对《陶记》成书于元代说，并提倡刘新园南宋说的文章。作者详细介绍了刘新园的六点论证，并对后三条提出异议。

a.当时景德镇窑场使用的陶土是单一石泥（由瓷石炼制成粉末状的泥料）；

b.当时主流的装烧方式是堆叠覆烧法，盛行的雕刻纹样是印花；

c.来自临川、南丰、建阳三窑的市场竞争是景德镇窑业不振的主要原因之一；

d.将蒋祈认定为元人，是乾隆七年县志武断的结果；

e.《陶记》里记录的景德镇瓷内销市场仅限淮水以南，不在淮水以北，是南宋时期的特征。

f.瓷窑税、附加税不是元朝的制度。

他认为后三条并不能成为南宋说的依据，因此刘新园的新说论证尚且不充分。

因佐久间重男教授的书评在先，未免重复烦琐，与其观点一致处，笔者简单记之。

## 三、刘新园文章的构成

刘新园在《蒋祈〈陶记〉著作时代考辨》[1]一文中，全面否定了《陶记》成文于元代的传统说法，并提出该文献是蒋祈记录南宋中后期景德镇窑业发展情况。《陶记》是研究中国窑业发展的重要珍贵资料，然而它的年代校订仍未得到学术界的肯定。

一方面，《蒋祈〈陶记〉著作时代考辨》一文刊登于由景德镇陶瓷馆发刊的《景德镇陶瓷》杂志，该杂志普及率较低[2]；另一方面，围绕《陶记》相关的衍生问题甚多，牵扯过深。

如笔者一般从刘新园文章中受益颇多者大有人在，同样也有像佐久间教授者，他在《蒋祈〈陶记〉年代考》，只认同了刘先生的部分观点[3]。

有关《陶记》的研究，除需要对其本身内容进行分析探讨，也须对其相关衍生问题进行考察，如作者蒋祈的来历、蒋祈元人说的根据、署有蒋祈姓名的三件釉里红瓷器等。刘新园文章共有十个章节，第三至第八章节对《陶记》本身内容进行了分析探讨，第二和第九章节则侧重于《陶记》衍生问题的研究。

一、问题的提出

二、讨论的上、下限与版本流传概况

三、关于胎、釉的制备

四、装烧与装饰特征

五、镇瓷的内销市场

六、并存竞争的瓷窑

七、关于瓷窑税制

八、关于附加税的名目、月额与职官

九、相对写作年代的断定

十、关于《陶记》与蒋祈“新说”的判别

围绕《陶记》的研究，《蒋祈〈陶记〉著作时代考辨》著文八章节，而围绕写作年代的探讨仅仅两章节，“极有可能是水平不高的古董商参照乾隆志而作的冒名伪器（第十章）”强调赝品的可能性，从而反驳蒋祈元人说，同样，基于简单的考证，“把《陶记》首先定为元代著作的‘始作俑者’，就必然是乾隆七年的编修者了（第二章）”，如此武断的判定是不妥当的。这些难免成为该文的瑕疵，并不能强化结论。

刘新园文章的精髓在于他对《陶记》记述内容的考证。笔者在评介他文章的过程中，也参考了白焜的《宋蒋祈〈陶记〉校注》[4]。

---

**[注释]**

[1] 刘新园，《蒋祈〈陶记〉著作时代考辨——兼论景德镇南宋与元代瓷器工艺、市场及税制等方面的差异》，景德镇陶瓷馆，《景德镇陶瓷》，第十期，《陶记》研究专号，1981 年 4 月。

[2] 佐久间重男，《蒋祈〈陶记〉年代考》，《法政史学》，三十四号，昭和 57 年 4 月。依据注四，《景德镇陶瓷》杂志还未被我国购入。

[3] 同上。

[4] 白焜，《宋蒋祈〈陶记〉校注》，景德镇陶瓷馆，《景德镇陶瓷》，第十期，《陶记》研究专号，1981 年 4 月。此校注为与刘新园共同研究成果，两篇文章相互补充。特别是白先生的校注，对南宋史实，课税制度有更深入的研究。

## 四、针对刘新园对《陶记》考证的若干看法

本章节，以刘新园对《陶记》文本的考证为基础，针对《陶记》年代考，提出几点自己看法。刘新园论证《陶记》一文记述内容符合南宋史实的资料，主要分为两部分：

（I）文献记录与窑场出土瓷片并行考证（第三章、第四章）

（II）文献资料的第一考证（第五章—第八章）

### （I）考古资料考证

A 釉料与陶土

1. 釉是覆盖在瓷器表面的一层玻璃质薄层。釉的熔点低于胎土，在坯体烧结时，釉料应当完成熔融成液体状态，从而均匀包裹坯体表面。关于釉药，《陶记》记载如下：

攸山山槎[1]灰之，制釉者取之。而制之之法，则石垩炼灰，杂以槎叶木柿[2]毁之。必剂以岭背釉泥，而后可用[3]。

由上可知，釉药是由石泥混合石灰制成，而石灰是由石灰石与槎木叶子、木片烧炼而成。关于釉药，从明末宋应星的《天工开物》到清初唐英的《陶冶图说》，除烧石灰时使用的植物不尽相同之外，

其他完全相同。（按：明末记用“桃竹叶”，清初记用“凤尾草”。）然而，关于陶土，差别甚大。

2. 作为坯体的陶土选自岩石风化形成的黏土。虽然由于成品种类的不同，陶土需要具有不同的特性，但硅酸和铝的含量都占 90% 以上。（按：制作景德镇青白瓷的陶土需要具备 1200 度以上的耐火性，且铁元素含量要低。）关于陶土，《陶记》记载如下：

进坑石泥，制之精巧，湖坑、岭背、界田之所产，已为次矣[4]。

由上可知，景德镇郊外进坑的石泥质量最好，其次为湖坑、岭背和界田出产。（按：石泥为瓷石粉碎后制成的人工黏土。）《陶记》记载制胎原料时，只说到“石泥”一种，这与《天工开物》中所载的“二元配方”差异巨大。后者是由高岭山的硬米土与开化山的糯米土混合制备而成。时至今日，“二元配方”仍在景德镇广泛应用。从这点来看，刘新园从文献资料中制胎原料的记载差异入手的思路是很清晰的。下表为《景德镇宋、元瓷器瓷胎化学组分比较表》（表一），由此可知，宋代瓷器中硅酸、钙、镁元素的含量相对元明瓷器较高，相反，铝元素的含量较少。刘新园认为，这种差异是由于陶土的不同带来的，宋代瓷器使用单一的石泥，而元明瓷器则使用了“二元配方”的陶土（表二）。这是刘新园论证《陶记》成文于南宋的第一条有力证据。

B 装烧方式与装饰纹样特色

装烧是指窑工把陶瓷用原料制成后，使用窑具（按：匣钵、托钵、渣饼、支钉等）把坯件间隔堆叠起来烧制，主要分为仰烧法（按：把瓷胚正放在匣钵内）和覆烧法（按：将物件倒扣着放入匣钵内）。装饰纹样是指器物表面装饰的各种纹样，随着青花技法的流行，元中期起各式纹样在景德镇层出不穷。有关装烧装饰，《陶记》记载如下：

或覆（烧）、仰烧焉。……印花、划花、雕花之有奇迹。

由上可知，装烧方式主要是以覆烧为主，覆烧仰烧并存；装饰纹样则是以印花为主，同时采用划花和雕花技法。刘先生文章第四章节即从此处入手。有关宋元时期景德镇窑场的装烧方式[5]：

1. 匣钵单器仰烧法始于北宋初年，并一直沿用至今。北宋中期，陶工开始采用多级垫钵覆烧法，在总生产中占有 10% ~ 20%。南宋中期后，景德镇抛弃了原先使用的多级垫钵，而采用“支圈组合式的覆烧窑具”，此法在总生产中占有 80% 以上。覆烧法在这一时期成为主导烧法。元代早期，仰烧法有所改善，并出现了涩圈叠烧法，仰烧法也因此夺回优势地位，覆烧法也在元代后期完全没落。因此可以推断，仰烧覆烧并存且覆烧法占主导地位的时期应该是南宋中后期[6]。

2. 划花始于北宋早期，北宋至南宋早期最为流行，印花则盛于南宋及元代，雕花则流行于北宋中期至元代。因此印花最为流行且划花和雕花并存的时期应该是南宋中后期。这与上述装烧规律相吻合。

这是刘新园论证《陶记》成文于南宋的第二条有力证据。

**[注释]**

[1] 白焜先生认为攸山、山槎皆为地名，为景德镇向东17公里的游山和向方17公里的仙槎。如果山槎是地名的话，引文中的第一句又该如何理解？因此，山槎应该理解为植物名词，应为桐科植物或者殼斗科植物。特别是接下来有“槎叶木柿”，山槎理解为植物的话，比较容易理解。

[2] 关于“槎叶木柿”，尾崎洵盛和佐久间重男将其翻译成“小枝和叶和柿木”“柴草和柿小枝”，都是错误的。这应该翻译为“槎的叶子和木片”。

[3] 白焜先生认为石垩是石灰石炼制而成的白色粉末，即石灰，釉泥则是由钾、钠元素含量较多的瓷石炼制而来的石泥。

[4] 白焜先生认为，“进坑”指景德镇向东8.5公里的进坑村，“湖坑”指湖田村向南2.5公里的三宝蓬，“岭背”指景德镇向南9公里的牛角岭南麓的邱冲坞、下项村一带，“界田”指景德镇东北34公里的界田村。

[5] 刘新园在《景德镇湖田古瓷窑各期碗类装烧工艺考》中，阐述了景德镇窑场装烧方式的变迁。该文刊载于《景德镇陶瓷》杂志第一期。笔者未读过该篇，但读过其发表于《文物》杂志1980年第11期的《景德镇湖田窑各期典型碗类的造型特征及其成因考》。两篇内容应大致相同。

[6] 装烧方式的变迁如下图所示。

<table>
<tr><td></td><td>五代</td><td>北宋初期</td><td>北宋中期</td><td>北宋晚期</td><td>南宋初期</td><td>南宋中期</td><td>南宋晚期</td><td>元代初期</td><td>元代中期</td><td>元代后期</td><td>明清</td></tr>
<tr><td rowspan="5">仰烧</td><td rowspan="2">a. 支钉叠烧</td><td></td><td></td><td></td><td></td><td></td><td></td><td></td><td></td><td></td><td></td></tr>
<tr><td></td><td></td><td></td><td></td><td></td><td></td><td></td><td></td><td></td><td></td></tr>
<tr><td></td><td colspan="10">b. 匣钵单烧</td></tr>
<tr><td></td><td></td><td></td><td></td><td></td><td></td><td></td><td colspan="4">c. 涩圈叠烧</td></tr>
<tr><td></td><td colspan="4">d. 多级垫钵叠烧</td><td></td><td></td><td></td><td></td><td></td><td></td></tr>
<tr><td>覆烧</td><td></td><td></td><td></td><td></td><td></td><td colspan="6">e. 支圈组合式匣钵叠烧</td></tr>
</table>

a. 称为重合叠烧，使用支钉（小块状支钉）托起坯体底部，然后把坯体放置在垫柱上，再将需要烧制的瓷器坯体一件一件堆叠起来，坯体间使用支钉隔离，最后入窑烧制。很明显，这种烧造方式，会在瓷器上留下支钉痕。

b. 把垫饼放入匣钵中，再把单一坯件放入匣钵中，然后把匣钵叠加，入窑烧制。可以得到满釉瓷器，但窑室空间利用率低。

c. 将碗、盘内心刮釉成圈，在入窑时，将上件器物圈足（未施釉）直接置于下件器物的涩圈上，依次叠置，进行烧制。成本低廉，主要用于烧造粗瓷。

d. 垫钵内分作数级：先把口径较小的芒口碗碟扣置在垫钵最下级，再依次扣置直径较大的器坯，装满后入窑烧制。此法可覆烧大小不同规格不一的产品，但亦会造成芒口。

e. 为改善多级垫钵叠烧的弊端，北宋定窑首创了与筒形匣钵配合使用的支圈组合式匣钵叠烧。这种工艺虽然可以大规模生产统一规格器物，但是亦会造成芒口。

**（I）文献资料考证**

A 市场销路与并存竞争的窑场

1. 对于民窑来说，稳定的销路是保障正常生产的前提。关于市场销行情况，《陶记》记载如下：

若夫浙之东西，器尚黄黑。出于湖田之窑者也。江、湖、川、广，器尚青白。出于镇之窑者也。碗之类。鱼水、高足……此川、广、荆、湘之所利。盘之马蹄、槟榔……此江、浙、福建之所利。两淮所宜，大率皆江、广、闽、浙澄泽之余。士人货之者，谓之黄掉。黄掉云者，以其色泽不美而在可弃之域也。

江、浙、荆、湖、湘、川、广、福建、两淮是指被金国夺去淮水以北十二路[1]后，南宋王朝的十五个行政区划，即淮南东西路、江南东西路、两浙东西路、和荆湖南北路。广南东西路、福建路、成都府路、潼州府路、利州府路、夔州府路也属于其中，在讨论最盛期的销路市场时，也应该给予重视。一方面，北宋时期，首都开封府的瓷器库中藏有供宫廷使用的定窑、越窑以及饶州窑瓷器，在饶州、浮梁县任职的官员在期满调回后也会向朝中的同僚赠送景德镇瓷器。同时，一般商业销路也是以汴梁为中心向畿内扩散，这可以从出土文物[2]及文献资料得到印证。不应该漏掉以东京开封府、西京河南府为中心的河南路市场（按：当时的京东西路和京西北路）。到了元朝，在京师大兴府居住遗址[3]（按：现在的北京市），从保定县的窖藏和磁县的沉船里都发现了大量景德镇瓷器。这说明市场已经跨域河南路往河北路扩张。刘新园在第五章节探讨了景德镇瓷器的内销情况，并认为《陶记》所述的市场范围与元代的不同，而与南宋时代的吻合。在第六章节中对这一考证，进行了补充说明。

2. 蒋祈认为来自临川窑、南丰窑和建阳窑的市场竞争是当时景德镇窑业陷入不振的原因之一。根据近年发掘结果，这三个窑口在宋代就已经不再繁荣。

临川窑：江西省临川县西南 4 公里处白浒渡附近，一甲村、二甲村和毛家村窑址。创烧于南北朝末期，没落于元朝初期，以烧青釉瓷著称，盛于唐宋时期。

南丰窑：江西省建昌府南丰县向南 27 公里处白舍街 16 座窑址。烧造影青瓷和白瓷，没落于宋代。

建阳窑：福建省建阳县东北方向 80 公里处水吉镇的池墩、溪口乡和碗窑乡三地分布宋代窑址。池墩窑主要烧造黑釉瓷，溪口乡窑和碗窑乡窑主要烧造青白瓷。

这三个窑口在元代均已没落，如果《陶记》成书于元代，这与“临川窑、南丰窑和建阳窑造成景德镇窑业不兴”说法相悖[4]。这是刘新园论证《陶记》成文于南宋的第三条有力证据。

B 瓷窑正税与附加税

1. 每一个朝代都有其特定的税制，税制的研究有助于我们寻找时代烙痕。刘新园在第七章节和第八章节里，对瓷窑税制进行了探讨。据《陶记》记载：

窑之长短，率有䂓数，官籍丈尺，以第其税。……兴烧之际，按籍纳金。

由上可知，当时的赋税并不是以成品数为标准，而是按窑的大小来缴纳。而且，在兴烧之际就要交税。刘先生评价其为“这是一种最罕见、最狡猾的苛政”。宋代瓷窑税制未见于任何文献资料，但元代税制则记述清楚。元代的瓷窑课是二八抽分，纳税按“烧到窑货”，即按成品计算。显然，《陶记》所载税制与元代实际情况相去甚远。因此断定《陶记》所载税制乃是南宋时期瓷窑税制。

刘新园在第七章节里的论证，乍看之下，似乎正确。但这条论证违背了事实，在这一错误认识上展开的论证，所得到的论点也不足为信。那么所说的违背的事实是什么呢？首先第一点，针对《陶记》中“窑之长短，率有尠数，官籍丈尺，以第其税。……兴烧之际，按籍纳金”的记载，刘新园推断出“其时的赋税并不是以成品做计量标准，而是按窑的大小来确定的。而且在兴烧之际就要交税，也就是说，瓷器在半成品的阶段，官府就得到赋税了”，所施行的是“预借法”。所谓“预借”，即提前强行征收赋税。刘新园援引《宋史·食货志》中“淳祐八年（1248）监察御史兼崇政殿说书陈求鲁奏。……常赋之入尚为病。况预借乎。预借一岁未已也，至于再，至于三；预借三岁未已也，至于四，至于五。窃闻今之州县，有借淳祐十四年者矣”，来说明“预借”的存在。并认为瓷器在半成品的阶段就需交税，也属于“预借”。这是无视了中唐以来的岁课本质。

第二点，被刘新园征引来说明元代瓷课的唯一资料就是《元典章》。其第二十二卷有谓：“至元五年（1268）七月初五日，制国用使司来申。钧州管下各窑户合纳课程。除民户磁窑课程依例出纳外。军户韩玉、冯海依赖军户形势。告刘元帅文字拦当。止令将烧到窑货。三十分取一。乞施行。制府照得。先钦奉圣旨节文。磁窑、石灰、矾锡榷货。斟酌定立课程。钦此。兼磁窑旧例。二八抽分办课。难同三十分取一。除已移咨枢密院。行下合属。将合纳课程。依旧例办课外。仰照验钦依施行。”刘先生因此断定元代的瓷窑课是二八抽分，纳税按成品计算。笔者在1978年8月发表的《关于宋代的瓷课》（内田吟风博士颂寿纪念东洋史论集）一文中也提到，河南省钧州窑场里被编入军户的窑户，以自己不属于州县民户为由，拒绝缴纳二八抽分的瓷课，要求同商户一样三十分取一，制国用使司并未通过这一请求，仍照旧例征收瓷课。但以“烧到窑货”为征收对象的是商税（按：商税是指以现品为征收对象的关市税），绝不等同于瓷课。唐宋以来，商税与山泽税（按：瓷窑税属其中一种）的征收是不同的[5]。刘新园对《元典章》引文理解有偏颇，将两者混淆，从而认为《陶记》中记载的瓷窑税与元朝的瓷课从根本上就不同。但是事实绝非如此，瓷窑税制无论在宋代还是在元代本质上都是相同的[6]。所以这不能用来充当《陶记》南宋说的论据。

2. 景德镇窑场中，乡村户除需缴纳正税瓷课外，还需负担各种附加税。沉重的税赋导致了景德镇窑场的衰退，《陶记》中有如下记载：

宪之头子、泉之率分、统制之供给、经总之移用、州之月桩、支使、醋息、镇之吏俸、孤遗、作匠。总费月钱几三千余缗。而春秋军旅、圣节、郊祀赏赉、试闱结葺犹不与此。通融计之，月需百十五缗。

在第八章节中，刘新园通过考证《陶记》中所提及的附加税施行时间来推断《陶记》的写作年代。他首先引用《元史本纪》中“至元十三年十二月庚寅。诏谕浙东西、江东西、淮东西、湖南北府州军县官吏军民……其田租、商税、茶盐酒醋、金银铁冶、竹货、湖泊课程。从实辨之。凡故宋繁冗科差、圣节上供、经总制钱等百余件。悉除免之”。以及“至元二八年十二月壬申。中书省臣言。江南在宋时，差徭为名七十有余。归附后一切未征。今分隶诸王城邑岁赐之物。仰给京师。又中外官吏俸少。似宜量添。可令江南，依宋时诸名征赋尽输之。（中书右丞）何荣祖言[7]。宜召各省官任钱谷者诣京师。集议科取之法以闻。从之”，来说明元世祖在至元十三年虽有蠲免“故宋繁冗科差”百有余件的诏令，但在至元二十八年又一度恢复过宋时的课赋。

随后对《陶记》中提及的附加税名目进行深入研究，“州之月桩”以下的名目，宋元皆有，研究对象进一步锁定在“宪之头子”“泉之率分”“统制之供给”、“经总之移用”四项。最后发现，“统制”和“经总制司”乃是宋代特有职官[8]。这是刘新园论证《陶记》成文于南宋的第四条证据。

但刘新园对于《元史本纪》中提及的至元二十八年纪事的理解是有误的。这仅仅是何荣祖提案[9]，有关提案的结果，也未在《元史》中找到任何记载。相反，在《元史》第九十三卷，“世陈元之治。以至元、大德为首者，盖以此。自时厥后国用寖广。除税量、科差二者之外。凡课之入日增月益。至于天历之际。视至元、大德之数。盖增二十倍矣。而朝廷未尝有一日之蓄。则以其不能量入为故也。虽然前代告缗、借商、经总等制，元皆无之。亦可谓宽矣。”由此可知，元朝末期不征收除正规课利以外的附加税。特别要指出的是，此处的“经总制”是南宋军费最大的来源税目，但在元代被废止。这很好地证明了蒋祈所记录的时代为南宋时期。

虽然刘新园在第八章节的论述中存在些许理解错误，但他其他的论证足够支撑他的新说。依靠考古资料进行论证，年代的界定仍然会存在相对性，但依据文献资料进行制度考证，有可能会得到确切年代。

---

**[注释]**

[1] 北宋末年二十六路还存在淮水以北的十二路：京东（东西）路、京西（南北）路、河北（东西）路、永兴路、秦凤路、河东路、京畿路、燕山府路和云中府路。此外，北宋时期，两浙路不再分东西路，并为一路。

[2] 刘新园此处举例的河北南部巨鹿县出土的景德镇影青瓷器，并未见于民国十二年李详耆和张厚璜共著的《巨鹿宋瓷从录》，亦未见于刘新园提及的1955年傅振伦的《中国伟大的发明——瓷器》，而是在1982年刊行的《中国陶瓷史》第六章第三节中被记载为河南省宋墓出土。

[3] 元大都的后英房遗址与鼓楼大街窖藏相关信息已刊登于《元大都的勘查和发掘》（《考古》1972年第1期），但有关西涤胡同发掘的经营景德镇瓷的瓷器铺情况，尚未发表报告。

[4] 关于蒋祈为何不提宋元时期和景德镇激烈争夺市场的龙泉、吉州窑，而选择记录了人们不太知名的建阳、临川与南丰三窑，刘新园认为这是因为龙泉、吉州窑主要生产青釉器或黑釉器，与景德镇的产品不同，属于“种间竞争”；而建阳、临川与南丰三窑都是生产青白瓷，与景德镇产品相同，属于“种内竞争”。对此，笔者难以苟同。

[5] 首先，福建地区也是湖田窑黑釉瓷的市场之一，在景德镇窑与建阳窑市场竞争的时候，不仅仅是与溪口乡窑和碗窑乡窑的青白瓷市场竞争，也有与池墩窑黑釉瓷的市场竞争；第二点，建阳、临川与南丰三窑与景德镇窑相比在青白瓷烧造技术上不占优势；第三点，临川、南丰窑距景德镇窑仅300多公里，它们的产品主要流通在中低端市场。刘新园的论证明显缺乏关于市场构成的分析。同理，

在其文第七章节，南宋时期景德镇窑场采用支圈组合式的覆烧窑具，开始大量生产芒口器，他在未了解市场的情况下，认定那时瓷课实行“预借”。由于篇幅有限，关于市场构成的拙见将另起稿详述。

[6]有关这点，马端临在其《文献通考》自序中提及：“征榷之途有二。一曰山泽。茶盐坑冶是也。二曰关市。酒酤政商是也。……善言利者曰。山海天地之藏而豪强擅之。关市货物之聚而商贾善之。取之于豪强商贾。以助国家之经费。而毋专仰给于百姓之赋税。是崇本抑末之意。乃经国之远图也。”在遵循这一赋税理念的宋代，山泽税以生产量为基准实行二八抽分制，商税则是对商品货物征收五十分抽一的过税和三十分抽一的住税。此外，在《宋会要稿·食货三十四·坑冶杂录》中亦提及：“绍兴七年（1137）工部言。知台州黄严县刘觉民乞。将应金银坑场。并依熙（宁）·（元）丰法。召百姓採取。自备物料烹炼。十分为率。官收二分。其八分许坑户自便货卖。今来江西转运司相度到。江州等处金银坑冶。亦依熙丰二八抽分。经久可行。委实利便。从之。”

[7]由《元典章》公文可知，元朝瓷课在至元五年（1268）以前都是按旧例施行。金朝入侵沿袭了北宋制度，元朝沿用了南宋瓷课税制。

[8]刘新园认为“宪之头子钱”在南宋指提点刑狱官，在元代则指肃政廉访司，“泉之率分钱”在南宋指提点坑冶铸钱司，在元代则指宝泉提举司，于是暂不考虑此二者，而重点研究“统制”“经总”这两个宋代特有的职官，并推定即使元朝在至元二十八年采用南宋附加税税制，也不会包含“统制”“经总”两条相关税目。结论无可非议，但是关于他将“泉之率分”认定为铸钱司的率分钱这点，笔者尚有存疑。限于篇幅，拙见将另起稿详述。

[9]何荣祖（1221—1299），字继先，河北省广平县人。历任检察官、中书参知政事，因与尚书右丞相桑哥政见不合，告病辞官。至元二十八年正月，桑哥获罪罢免，随后何荣祖被任命为尚书右丞。就任后，上书陈言增税之弊，“上言。国家用度不可不足。天下百姓不可不安。今理财者弗顾民力之困。言治者弗图国计之大……”。他主张朝廷肃清朝纲和整顿财政。针对以财政不足为由要求复活南宋附加税制度的提案，奏请慎重审议。由《元史》第168卷似乎可以推断，他的努力阻止了南宋附加税制的复活。

## 五、总结

以上四个章节，介绍了刘新园的近作《蒋祈〈陶记〉著作时代考辨》一文，以及阐述了笔者的若干见解。刘新园将《陶记》中记载的景德镇窑场单一陶土的使用和主流印花纹样情况，与出土瓷片进行对照，得出其记述内容符合南宋中后期的窑场情况。由于临川窑、南丰窑和建阳窑的市场争夺，以及沉重的税制，景德镇窑业由繁荣走向衰败，通过对文献资料的不断考证，得出这一状况发生于南宋时期。

虽然他在论证的过程中，出现了若干理解错误，但他的《陶记》南宋说的正确性是不容怀疑的。这是一项了不起的成果，刘新园可以在随后的研究中进一步缩小《陶记》的写作年代。此外，他引用洪迈的《容斋随笔》来推断《陶记》成书的上限年代，即《容斋随笔》初次刊行之年——淳熙十四年（1187），下限则定为宋蒙战争开始的端平二年（1235），理由是《陶记》中分析景德镇窑业不振的原因时，并没有涉及战争。上限的断定无可争议，但下限的断定却明显论据不足。蒙古帝国开始南侵后的二十年里，一直未能突破四川、湖北的防御，对南宋国土的波及较小。白焜先生将下限定为建阳县改名为嘉禾县的景定元年（1260）乎更为合理。

总之，刘新园确定了蒋祈的《陶记》写成于淳熙之后的南宋中后期。记载中国陶瓷的南宋史料向来稀少，此番发现也因此意义重大。他的新说早晚会成为定论，希望海内外学界能早日给予其肯定，进一步推动中国陶瓷研究的进程。

# 南宋文献——蒋祈撰《陶记》译注

爱宕松男

中国陶瓷器历史悠久，驰名中外，但有关其制作过程的系统性记录仅见于明末嘉靖万历年间《江西省大志》[1]中《陶书》卷，以及清初雍正乾隆时期唐英的《陶成记事》和《陶冶图说》[2]。明末清初，御窑厂盛极一时，与宋代不同，窑务管理权从宦官手中[3]转移到官员手中，这为详细记录的出现创造了条件。但是御窑厂专为宫廷烧造瓷器，无需考虑市场，产业性不强。因此，有益于研究产业史的民窑记录文献就很让人期待了。

以民窑为记录对象的著作，除康熙晚期（1712—1722）法国传教士殷弘绪的景德镇窑业调查报告外[4]，还有清中期嘉靖二十年（1815）蓝浦的《景德镇陶录》，明末崇祯十年（1637）宋应星的《天工开物》，以及最近被认定为元代晚期的蒋祈的《陶记》，后三者被公认为民国以前的三大代表性文献资料。《陶录》侧重于记述窑场内部的组织与分工，《天工开物》则是专注于烧造技术的说明。而针对民窑最关心的市场分布、瓷课制度、统治机构等情况，则当属成书最早的《陶记》，比之前两者，它具有更高的研究价值。一百年间，东西方有关此书的校注、译注，共计五篇。

（1）最初为 1897 年，卜士礼英译本。

卜士礼，《东方陶瓷艺术》。（纽约，1897）——第四章。

（2）下列诸篇皆立足前人研究，补充完善研究缺陷。

尾崎洵盛《元蒋祈陶记略》（昭和 12 年 12 月《陶磁》9 卷 5 号）

（3）傅振伦《蒋祈〈陶记略〉译注》（《湖南陶瓷》1969 年，第 1 期）

虽然笔者未读过此文，但通过白焜校注，可以推测其概要。

（4）佐久间重男《蒋祈〈陶记〉译注》（昭和 56 年 6 月《东洋陶瓷》第 7 号）

（5）白焜《宋蒋祈〈陶记〉校注》（《景德镇陶瓷》1981 年第 10 期）

需要注意的是，前四篇的作者都认为《陶记》写成于十四世纪前半期或者元朝晚期，唯有白焜将其视为十三世纪初期，即南宋中期的文献。虽然两者的断定年代相隔不过百年，却不容轻视。因为这一百年里，王朝更迭，社会激变，若不能正确把握《陶记》的著作年代，那么在解读其所记述的历史信息，特别是政治制度时，就很容易陷入到误区。

1981 年，刘新园发表《蒋祈〈陶记〉著作年代考辨》（《景德镇陶瓷》第 10 期）一文。他驳斥了毫无根据的蒋祈陶记元代说，并明确指出该书写作于南宋中期[5]。白焜是刘新园的研究合作伙伴，他的校注与前四篇译注有着本质上的不同，这标志着《陶记》研究步入正轨。虽然白焜的校注与前者相比，正确度很高，但是仍处于研究的初期，尚有补充和订正之处。作为注译，应该为各条目正确指出可信的出处，引用时必须选择最权威的资料。此外，不应仅简单列举引文而疏忽了对内容的说明。白焜的校注除了此类的不足外，亦存在少量的校定空白和谬误。针对上述现状，笔者将在下文以蒋祈《陶记》为直接研究对象，结合宋代瓷器产业史研究，对不足之处进行补充，修改谬误，并指出未考虑之处。企盼得到各位专家学者的指正。

*蒋祈《陶记》文本已被多次校注，此处不再详述，本文以白焜的校注文本为准。

*有关译注中使用的省略语，除刘新园的《蒋祈〈陶记〉著作年代考辨》以外，其他写作为尾崎、佐久间、白焜的译注、校注。

*〔 〕中的内容乃是笔者为意义通畅而添加。

*翻译时，文本被分为十个部分，各部分标题乃是笔者添加。

**[注释]**

[1]嘉靖三十五年王宗沐监修的七卷本《江西省大志》部分佚失，现仅存天一阁所藏三卷（洛兆平，《天一阁藏明代地方志考录》）。现行的八卷本《江西省大志》乃是万历二十五年时任江西巡抚的陆填下令，依据嘉靖三十五年以后御窑厂相关文书补修而成。

[2]雍正初年的《陶成记事》和乾隆八年的《陶冶图说》，被多次引用于雍正十年、光绪七年的《江西通志》。

[3]陶宗仪《南村辍耕录》第二十九卷引有叶寘的《坦斋笔衡》："……政和间，京师自置窑，烧造（青瓷），名曰官窑，中兴渡江，有邵成章，提举后苑，号邵局，袭故京遗制，置窑于修内司造青器，名曰内窑……"。但是据《宋史》第469卷《邵成章传》记载，他是钦宗时期的内侍，南迁后虽然仍服务于南宋高宗皇室，但未找到他与官窑的相关记述。此外，在元末陆友的《研北杂志》上卷中记有，"绍兴中，秦桧修礼乐，以文太平，用内侍邵谔主之，时方造玉辂及卤簿仪仗，百工皆从之，谓之邵局，故浑〔礼？〕仪器，犹铸谔姓名。"由此可知，"邵局"是指内侍邵谔主管的制造局，这与叶寘说法不一致。但是，修内司属于殿中省，南宋官窑又被称为修内司窑，无论是邵成章还是邵谔，毫无疑问，它的管理者都是内侍。然而，在明清御窑厂，即使是临时主管，也是任命官员担任，一般是由饶州府官员主管，或者工部、内务府等派员。

[4]根据小林太市郎所译《殷弘绪支那陶瓷见闻录》的绪言，景德镇窑业调查报告出自于《耶稣会士书简集》第十二、十六集，该书汇编了1702年至1776年期间基督教传教士之间的来往信件，共三十四册。

[5]刘新园的新说考证严密，对中国瓷器产业史研究具有重要意义。笔者曾发表《评介刘新园〈蒋祈《陶记》著作时代考辨〉》（昭和58年10月《集刊东洋学》第50号）。

## 一、景德镇窑前史——北宋时期窑场

景德[1]陶[2]，昔[3]三百余座。埏埴之器[4]，洁白不疵[5]。故鬻于他所，皆有饶玉[6]之称。其视真定红磁[7]、龙泉青秘[8]，相竞奇矣。

景德〔镇〕[1]的制陶[2]业以前[3]有三百余座窑。〔这些窑烧造的〕以黏土为坯体的容器[4]，它们是洁白无瑕[5]的高级白瓷，所以贩卖于各地时赢得了饶玉[6]美称。〔由此可知〕，当时景德镇的白瓷与定州窑的红磁[7]以及龙泉窑的秘色青瓷[8]并列，相互间比较精巧度。

---

**[注释]**

[1]唐末、五代时期，跋扈的节度使任命自己的部下为镇将，然后将他们派往辖区内的各地，驻扎在军事要地，并负责当地的征税、治安和审判，这种特殊的聚居点被称为镇。宋代统一后，节度使的权力被剥夺，官僚制中央集权完成，镇将制度也因此被废止，原来的城镇被大量淘汰，新的城镇开始形成。有关宋代的城镇，南宋高承的《事物起源》有如下记载："宋代之制，民聚不成县而有税课者，则为镇，或以官监之。"县城以外需要负担一定份额税课的乡村聚落称为镇，会任命官吏。有关监镇官一职，可见于《宋会要辑稿》职官四八："诸监镇官，掌擎逻盗窃及烟火之禁，兼征税榷酤，则掌起出纳会计。"镇是县的下属机关，主要负责征收商税、酒税等税课，同时负责治安。

景德镇位于昌江南岸，在江西省饶州浮梁县内。根据《宋会要辑稿·方域十二》，景德镇设立于北宋初期的景德元年（1004）。在此之前，它不过是浮梁县西兴乡内的一个村落。此地窑业情况的记录最早见于宋代文献，但根据最新的调查，在景德镇东北面的石虎湾、西南面的胜梅亭都发现了五代的窑址。宋代统一后，安稳的社会环境推动了窑业的快速发展，北宋初期，此地是饶州辖内最大的聚落点。这种因为窑业而形成的聚落，商人、工匠占了多数，该地的瓷课、商税和酒税也占了浮梁县税收的很大比例。设镇七十多年后的熙宁十年（1077），景德镇商税已达3357贯，而浮梁县5475贯，德兴县仅3797贯。

此外，关于《陶记》开头将景德镇缩写成景德，白焜援引《浮梁程氏族谱》中徽猷阁待制程邻和尚书都官员外郎程祈的传记，他们都被记载为"景德长香里人"，认为这是南宋当地人的惯例。

[2]"陶"古同"匋"。《康熙字典》：有tao和yao两音，来分别指代瓦器和窑两种意思。白焜将此处的"陶"理解为窑，笔者是不赞同的。通读《陶记》全文，"陶"字出现七回，"窑"字出现十五回，作者本身已将此二者含义区别开来。将此处"陶"与下文"陶氓"中的"陶"理解为窑的话，缺乏客观性。

[3]《陶记》元末说支持者认为"昔三百余座"中的"昔"指南宋和元朝初期，但这与下文提及的和定州窑红瓷、龙泉窑秘色青瓷之间关系相悖。刘新园基于此提出的北宋说是极妥当的。

北宋中期高级官员彭汝砺（1042—1095）所作的《鄱阳集》，是见证北宋景德镇窑业繁荣的唯一资料。第一卷中，《答赵温甫见谢茶瓯韵》："我昔曾涉昌江滨，故人指我观陶钧，庞眉老匠矜捷手，为我百转雕舆轮，镌刓刻画走风雨，须臾万态增鲜新，盘龙飞凤满日月，细花密叶生瑶珉，轻浮儿女爱奇崛，舟浮辇运倾金银……”可以想象，聚集在窑场的商人倾尽金银，高价买入饰有精巧雕刻纹样的高级青白瓷，再运往远处销售。

[4]“埏埴之器”指用黏土（因为是青白瓷的坯料，所以是含有极少量铁元素的特殊黏土）塑形的容器，也就是坯体。将其上釉、入窑，再经过1200度左右的高温烧造成瓷器。

[5]“洁白不疵”指既没有烧损，也没有髻（走形）、墾（釉、胎毁损）、薜（釉、胎破裂）、暴（脆）。一旦出现这些瑕疵，连低档瓷器都算不上。对于高档瓷器来说，瑕疵主要指支钉痕（日本称之为“五德迹”）和芒口（覆烧时出现的口缘部露胎）。为了避免这种缺陷，应该将坯体仰置在匣钵中。刘新园认为景德镇窑场在北宋开始使用匣钵，并且流行仰烧，“洁白不疵”一节也符合北宋史实。

[6]高纯度的厚釉经过高温，均匀地覆盖在胎土上，不论是色釉还是无色透明釉，釉中透出光泽，莹润而高雅。所以将高级瓷器比喻为玉器。此类喻法自古有之，比如唐代陆羽的《茶经》中的“越瓷类玉”，顾况的“越泥似玉之瓯”和元稹的“瓯凝碧玉泥”，但他们都是以越州青瓷为夸赞对象，未提及别的窑口产品。

虽然《江西省大志》万历二十五年（1597）重修本中有“按唐武德二年（619），里人陶玉献假玉器”的记录，指出景德镇青白瓷在唐代初期就有“假玉器”之名，嘉庆二十年（1815）蓝浦的《景德镇陶录》以及清朝历代的《浮梁县志》也都引用了这一说法，但是并没指出具体的典故出处，所以也不可尽信。将景德镇青白瓷比喻为玉器，很可能是由于彭汝砺诗中的“……浮梁巧烧瓷，颜色比琼玖……”（《鄱阳集》卷三，《送许屯田》）如果真是如此，那也是北宋时期的事了。

[7]“真定红磁”指位于河北省定州曲阳县涧磁村、燕山村的定州窑所产的红釉器，（按：按照宋代行政区划，曲阳县属河北西路定州（后改名为中山府），而非真定府。此处写作“真定”，不过是使用了汉唐的雅称。）关于红瓷的论议颇多，直到1982年冯先铭等编著的《中国陶瓷史》指出，在窑址中采集到的酱釉碎片中有的呈红色（按：日本称为柿釉，因铁氧化而呈色）。

有关北宋时期的记录，朱琰的《陶说》和蓝浦《景德镇陶录》都引用了苏轼《东坡集》卷三《试院煎茶》中关于文彦博所藏红瓷的描述“……又不见近时潞公煎茶学西蜀，定州花瓷琢红玉……”此外，南宋初期周辉的《清波杂志》亦记录了北宋晚期宗室赵仲楫的所藏，“饶州景德镇，陶器所自出，于大观间（1107—1110）有窑变，色红如朱砂，谓荧惑缠度，临照而然，物反常为妖，窑户亟碎之，时有玉牒防御史〔赵〕仲楫年八十余，居于饶，得数种，出以相示云，比之定州红瓷器，色尤鲜明”。这两者都被白焜所征引，但他遗漏了下面这则重要的记录。邵博温的《河南邵氏闻见前录》：“仁宗一日幸张贵妃阁，见定州红瓷器，帝坚问曰，安得此物，妃以〔御史中丞〕王拱宸所献为对，帝怒曰，尝戒汝勿通臣僚馈送，不听何也，因以所持柱斧碎之，妃愧谢，久之乃已。”北宋仁宗时期，他的宠妃张贵妃（温成皇后）收下了汪拱宸献上的定州红瓷，可见定州红瓷在当时十分珍贵。

最后，值得一提的是，定州窑红瓷此处被写成“红磁”。众所周知，“瓷”与“磁”同音，意义却完全不同。根据唐代慧琳的《一切经音义》卷39以及宋代丁度的《集韵》，“瓷，张戬考声云，瓦类也，加以药石而色光泽也。”“瓷，陶器之致坚者也。”瓷器是指坯体表面覆盖高纯度的厚釉再经过高温烧造呈现鲜明色泽有莹润感的器物。而“磁”根据《集韵》中“磁，石名，可以引针”的记载，可理解为带磁性的磁石，河北省南部的磁州也是因为盛产这种磁石而得名。宋代以后，粗瓷器在平民阶层普及，磁州窑的粗瓷在华北地区占有很高的市场比例，这一背景下，平民阶层将所有窑口产品都用“磁器”（磁州窑产品）指代。（按：日本关西的“濑户物”和九州的“唐津物”本来都是固有名词，后来转变为指代一般窑口产品的普通名词。）明代晚期谢肇浙的《五杂俎》有谓：“今俗语，窑器谓之磁器者，盖河南磁州窑最多，故相沿名之。”这种俗语很容易被文化水平较低的平民阶层接受，但是精英阶层绝不会将两者混淆。所以，《陶记》中原来很可能写的是“真定红瓷”，但是在不停转录誊写中，误写成了“真定红磁”，笔者认为是在康熙年间《浮梁县志》的转载中出现了错误。所以虽然笔者没有改动《陶记》原文，但是在记述内容时全被改写成“瓷器”。

[8] 龙泉窑是指以浙江省处州龙泉县为中心（按：县内已发现大窑、金村等23处窑址），包括庆元、云和和丽水等县，创烧于五代的青瓷窑场。釉色和纹饰受后汉以及三国、南朝时期周边的青瓷窑，即越州、婺州和温州窑的影响，一直兴烧至明代。北宋时期，它继承了越州窑的秘色青瓷，所以此处称为“龙泉青秘”。

越州窑创烧于后汉，随着烧造技术的不断改进，到了三国时期，品质已高于江南地区长期以来烧制的原始青瓷，晚唐时，更是成为天下闻名的窑口，因其精致无比的釉色，而被称为越州窑秘色青瓷。南宋初期，五代钱氏吴越国官窑一说盛行，例如周辉的《清波杂志》卷五和赵彦卫《云麓漫钞》卷十均有此记载，但是南宋曾慥在《高齐漫录》中驳斥了这一说法，“近人秘色瓷器，世言钱氏有国日，越州烧进为供奉之物，不得臣庶用之，故云秘色，尝见陆龟蒙诗集《秘色瓷器》云，九秋风露越窑开，夺得千峰翠色来，好向中宵盛沆瀣，共嵇中散斗遗杯，乃知唐已有秘色矣”。唐僖宗中和元年（881），即唐朝灭亡前25年，陆龟蒙已经使用“秘色青瓷”这一称谓。但是越州窑在吴越国的地位，确实是等同官窑的。五代初期，徐寅在《贡余秘色茶盏》一诗中写道，“捩翠融青瑞色新，陶成先得贡我君，功剜明月染春水，轻旋薄冰盛绿云……”烧成之后，挑选精品进献给吴越王。吴越青瓷闻名遐迩，北宋官库（按：位于京师开封府城内建隆坊的瓷器库）自建国以来便开始收集供宫廷使用的越州青瓷。但是在当时已经烧造了近千年的的越州窑（按：在此期间，窑场渐渐往越州（现在浙江省绍兴府）辖内的会稽、上虞、萧山、余姚迁移）因为原料枯竭而急速衰退，不得不让位于南部处州山间兴起的龙泉窑。南宋庄季裕《鸡肋编》：“处州龙泉窑出青瓷器，谓之秘色，钱氏所贡，盖取于此，宣和中禁廷制样须索，益加工巧。”庄季裕将最后一任吴越国王钱俶进献给宋太宗的数十万件金釦秘色青瓷误认为是龙泉瓷，可想而知，进入宋代后，取代了越州窑的龙泉窑已经能烧造出御用规格的瓷器了，到了北宋末年，烧造技术更是登峰造极。

关于秘色青瓷的色调，唐诗里有将其比喻为莲叶，如“越瓯荷叶空”（孟郊），又或者形容为“千峰翠色”（陆龟蒙）、“捩翠融青”（徐寅）。毫无疑问，青瓷属于青色系统，如《云麓漫钞》所记：“今〔处〕州之龙溪（龙泉溪口？）出者，色粉青，越〔州〕乃艾色……”青中泛黄的艾色（葱绿色）确切一点是指橄榄色。但是，刘新园认为龙泉窑青瓷的釉色在北宋时期由于石灰釉的使用而呈现出薄而光亮的青色，到了南宋，因改用石灰碱釉，而呈现出翡翠般的梅子青和不透明的薄青。这一釉色的变化，意味着北宋几乎再无龙泉窑秘色青瓷，而原文所载“龙泉青秘”则表明了《陶记》记述的是北宋时期的情况。

## 二、南宋时期的窑制和瓷课

窑之长短[9]，率有𫠅数[10]。官籍丈尺以第其税[11]。而火堂、火栈、火尾、火眼之属[12]，则不入于籍。

瓷窑的规模[9]〔大小不一〕根据长短具有若干𫠅[10]。官员实测后将其长度登记在簿籍上，以此为依据来决定〔瓷课的〕等级[11]。但是火堂、火栈、火尾、火眼[12]的大小多少并不在登记范围。

**[注释]**

[9]《江西省大志》“窑制条”记载有御窑厂青瓷窑的规模，“缸窑，每座前宽六尺，后如前绕五寸，入身六尺顶圆，……青窑比缸窑略小，前宽五尺，后五尺五寸，入身四尺五寸。”但此处仅记录了前、后、高，而省略了长度，应是近四边形的圆顶窑。唐英的《陶冶图说》记录了长，可知为长方形。记载如下:“窑制长圆，形如覆瓮。广宽皆丈许，深长倍之。”由此可知，明代御窑容量约是清朝的十分之一。此外，明代民窑比御窑大两倍甚至三倍，《江西省大志》：“青窑系烧小器，制员而狭，每座止容烧小器三百余，……民间青窑约二十余座，制长阔大，每座容烧小器千余件。”明代景德镇民窑比之官窑，无论是宽度还是长度，都有所扩大，高六尺、宽六尺、长九尺，一般标准为六尺、九尺、十二尺。笔者认为南宋民窑也应大致如此。

[10]关于“𫠅”，尾崎洵盛在《元蒋祈陶记略》中（《陶器》九卷五号，昭和十二）解释为，“烧造一窑所需要的一组陶工”，而在1959年江西省轻工业厂陶研究所编《景德镇陶瓷史考》中又进一步解释为，“是一个窑户由几个坯户来搭烧，他们一伙宾主，就谓之𫠅”几个没有窑的匠人联合起来租赁一部分窑，和窑主一起烧造的形式，在日本被称为寄合窑。后者的观点被佐久间重男《蒋祈〈陶记〉译注》（《东洋陶瓷》第7号，昭和56年6月）、傅振伦《蒋祈〈陶记略〉译注》（笔者未读）和白焜认可，似乎已成定论。确实，从《陶记》后段记述来看，这种搭烧方式在南宋景德镇窑场十分普遍，但是如果就把𫠅断定为这种搭烧方式，未免有些武断。为何?

第一，仔细阅读本段，𫠅数是指实地测量尺数并登记入册的客体，应该是实物。如果𫠅指组合，尺数的测量等就没有意义了。

第二，如注9所述，南宋时期景德镇的窑场规模与明代相比并无太大变化，一座民窑能容纳小器千余件，按寄合窑形式一座窑需要三组，一组最少三名，（按：窑主应比组员烧造的瓷器多），那么每一个组员不过80个左右，产量非常少，这样能被算独立产业者么？从这点来看，𫠅的意义还需考察。

𫠅同甋，瑳垢瓦石，此处无此意。很可能是借音的假借字。与chuang或者shuang同音的“床”或“牀”。都是能让人横躺或者安置物品的细长台子。烧窑时，安放坯体的匣钵堆积成柱状，这些柱状的匣钵并不是随意摆放的。为充分利用窑室空间，以及使火焰、温度均匀，匣钵需要按规则横列摆放。如《江西省大志》所记：“民窑烧器，自入窑门始九行，前一行皆粗器障火，三行间有好器杂火，中间前四、中五、后四皆好器，后三、后二皆粗器，视前行，官窑烧造者重器一色，前以空匣障火，官窑之器纯，民窑之器杂，制繇异也。”虽然多少会有一些差异，但无论是官窑还是民窑，基本都是九行制。《景德镇陶录》卷四也有大同小异的记载，可以推测清朝应该也是九行制。因为横列的匣钵柱在窑内占据固定位置，所以测量尺数之后，就能大致推算一窑的烧造坯数。匣钵柱并不是直接安放在窑内地面的。因为如果那样的话，最下层的匣钵就不能充分受热，一般会在距离地面10厘米处安放一块耐火黏土制成的搁板，再将匣钵柱放在搁板上。京都清水窑称其为“棚板”。借助这一搁板，匣钵柱底下的火道畅通，最下层的匣钵也因此能充分受热。“棚板”是用来安置匣钵柱的台子，当场也可以被称为“床”或“牀”了。䙡是目不识丁的工匠们口口相传的“牀”的假借字，是确定窑长短的基数。

[11]按照窑的长短（按：具体指窑内一定间隔里横列安置平行匣钵柱的搁板，即䙡的长度的总和。），来设定不同等级的赋税，即作为产业税的瓷课。关于瓷课，正如笔者在拙文《有关宋代瓷课》（内田吟风博士颂寿纪念东洋史论集——1978）中所述，这是与田赋、徭役并列的第三种公课，马端临《文献通考》自序有谓：“征榷之途有二，一曰山泽，茶盐坑冶是也，二曰关市，酒酤征商是也。”山泽税与关市税差别甚大，前者属于山泽湖海税。从前，自然资源属于国家，民众利用自己资本来挖掘、加工成商品时，需要交纳此税。以坑冶课，即金银铜铁课最为代表。因为陶瓷器从业者需要使用黏土、陶石等地下资源，所以也要像矿山业者交纳金银课一样交纳瓷课。南宋时期所用窑业原料为白土，所以需要交纳白土课，《宋史》第413卷：“宁宗开禧中（1205—1228），赵必愿知泉州，罢白土课。”因为原料属于国家财产，科率很高，查定年度额为二八抽分，也就是现物税。《宋会要辑稿·食货三十四·坑冶杂录》：“绍兴七年（1137）工部言，知台州黄严县刘觉民乞，将应金银坑场，并依熙〔宁〕·〔元〕丰法，召百姓採取，自备物料烹炼，十分为率，官收二分，其八分许坑户自便货卖，今来江西转运司相度到，江州等处金银坑冶亦依熙丰二八抽分，经久可行，委实利便，从之。”如金银一类的国家必需货物在原则上是现物征收，其他的种类，例如白土和陶瓷器，则要先换算成钱币再折算缴纳。年额需要预先核定一定的额度，所以被称为岁课。

至于商税的征收，则发生于商人将已经征收过产业税的成品贩卖给消费者阶段，也就是物品税、消费税，与前者相比，科率较低，通过要塞位置设立的关口时征收五十分抽一的过税，在商铺销售时征收三十分抽一的住税。商品的现物量是课税的基准，从这点来看，产业税和商税性质不同，所以科率也不同。

此外，瓷课与以年为征收单位的金银课不同，每一窑每一次兴烧都需要交税。因为每个窑每年兴烧的次数不同，只能分批征收，课税基准也不是按照烧造结果，而是预先核定窑室的大小，然后决定额度，很符合产业税的特点。刘新园在其文第七章中，将产业税（瓷课）和物品税（商税）混淆，需要进行改正。

[12]尾崎、佐久间认为火堂、火栈、火尾分别是指燃烧室（胴木间）、火焰通路和窑后室，白焜认为是指火膛（窑前面的燃烧室）、火路（匣柱间预留给火焰通过的间隙）和窑后室（温度较低，气氛不易控制处），他们三者观点一致。但是关于火眼，前二者认为是观察颜色的孔，白焜则认为是窑两侧的投柴孔。笔者赞同白焜观点。它们虽然是窑室的附属部分，但并非是课税的对象。虽然瓷课是以窑的容量大小为基准，但严谨来说，是指除去火栈、火尾后的剩余空间，也就是说以横列的匣柱长度的总和（高度一定）为基准。

## 三、陶户（制陶业者）的分类

陶甿食工，不受艺佣[13]。埽赁窑（主）[14]，以相附合。谓之「」〔工〕[15]。

陶户（制陶业者）是指具有一技之长的陶匠，他们不受雇于他人，而是凭此技术亲自参与烧造，自立门户[13]。〔但是因为他们大部分人都不是窑的所有者〕，所以烧造时，会通过支付给窑主（窑的所有者）损耗费来租赁一部分窑室[14]，和窑主配合完成烧制。这种工人被称为「」〔工〕[15]。

---

**[注释]**

[13]“甿”的原意确实是指农民，但在后世此字通“氓”，用来指代普通民众。佐久间认为无需像尾崎那样拘泥于原意将其解释为农民，也不能那样解释。特别是南宋时期的景德镇窑，不能假设成半农半陶的原始经营形态。

此处“陶甿”等同于“陶民”，即制陶工人，他们租赁一部分窑室进行烧制，是成品的所有者，但他们同时也是陶匠，这一实际情况充分证明了：当时的景德镇窑业尚处于家庭手工业阶段，资本与经营、技术(制作)与经营还没有分离。仅通过这些记述，极有可能会产生陶匠都是业者，不接受雇佣的错觉。但当时的景德镇瓷并不是一个人就能完成全部工序的那种粗瓷水平。至少造坯、釉药、刻花三个步骤已经非常专业化。一般来说，仅凭个人或者家庭劳动力很难完成这些全部工序，必然会雇佣陶匠。有关这个问题，笔者认为应当是存在学徒制。（《宋代陶瓷器窑场中的产业机制》，《史窗》39号）

[14]关于“埽赁”，尾崎认为“埽”通“扫”，所以可以理解为清扫报酬，即土地租金兼杂役报酬。但是这种说法是以把窑主视为窑业者兼地主，把陶甿视为佃农为前提的，所以不在讨论范围。如此，只剩下江西省轻工业厅陶瓷研究所《景德镇陶瓷史稿》中提及的，“一个窑户由几个坯户来搭烧，他们一伙宾主就谓之䙺”。即窑户（窑的所有者）与租赁他一部分窑的多名坯户（无窑的业者）结合起来进行共同烧窑。佐久间是接受这一说法的，他将这种寄合窑形式与《江西省大志》中提及的明代景德镇窑场的搭烧制进行类比，白焜甚至将其与《东京梦华录》中的杂赁和《梦梁录》中四司六局的假赁等同起来。对前者的搭烧制没有异议，但对后者将其与杂赁、假赁等同，实在难以让人苟同。前者的埽赁指租用了一部分窑室的坯户向窑主支付自己应该承担的租金，而后者的杂赁、假赁可以以四司六局之一的帐设司为例进行说明。

“帐设司，专掌仰尘、缴壁、桌帏、搭席、帘幕、罘罳、屏风、绣额、书画、簇子之类。”有专门人员接受一定金额的酬劳后负责宴席的一切陈设（按：包括仰尘（防尘的顶棚）、椅子、食桌、壁挂、帘幕、坐垫、装饰用匾额、书画等所有的租金、企划费、人工费等），所以这是向专门人员支付的承包费用，两者之间有些许微妙差异，很难将他们等同视之。有关搭烧制，“窑民们，除将全部窑室租赁给坯户外，自己还帮助他们烧瓷器。”窑主把窑室全部租给坯户，负责兴烧的人，若理解为烧窑承包者（按：这种场合下，“埽”通“扫”，意为丢弃、消灭。），并没有搭烧之意。“搭烧”从字面来说，指“跟随烧制”，即把窑主的坯体作为主体，租借窑室等陶户的坯体跟跟随体一起烧造(这种场合下，“埽”通“扫”，意为除去，即借用除去窑主坯体后剩余的窑室空间），所谓“埽赁”，是指承担自己那部分的租金，而不是像杂赁、假赁那样的承包费用。

[15] 所谓「」，正如注 10 所述，指窑室里用耐火黏土制成的搁板，用来安置横向排列的匣钵柱。从该段来看，将搭烧的无窑陶户称之为「」，意思不通。笔者认为「」之后遗漏了“工”字。如果是“谓之「」工”，则可理解为“所谓扫赁于窑主的无窑陶户，是指借用窑中的匣钵来烧制自己坯体的陶匠”，如此不仅使定义更加具体化，而且也消除了文体上的违和感，前后都是四字句，唯独“谓之「」”是三字句。如果说，在原文上增补不过是笔者的个人想法的话，那么通过修改句读方式也可以达到同样的目的。即把下文“土坯既匣云云”中的“土”字看作是“工”的错字，应该接在上句的末尾。“土”和“工”字形相似，在乾隆七年本《浮梁县志》的《陶记》中，上文的“陶甿食工”就写成了“陶甿食土”，所以，不能说这种猜想是毫无根据的。

因为该节只叙述了搭烧制，造成了南宋时期景德镇窑场全部都是搭烧的印象，但不能因此就认为是这些小规模从业者们促成了当时景德镇的盛况。拥有自己窑口并自主烧造的大规模从业者是存在的。发掘的影青瓷上印刻有许家、段家、吴家、张家、汪家、蓝家、朱家、徐家、程家等标记，指的就是他们。《景德镇陶录》中记载的烧囵窑户也是指这种，但是烧囵窑户和搭坯窑户共存的模式并不是清朝独创，而是宋代便存在了。

## 四、满窑～烧成的各阶段

土坯既匣，垛而别之。审厥窑位，以谨布置。谓之障窑[16]。兴烧之际。按籍纳金，窑牌、火历迭相出入。谓之报火[17]。一日二夜。窑火既歇。商争取售，而工者择焉。谓之拣窑[18]。交易之际。牙侩主之。同异差互，官则有考。谓之店簿[19]。运器入河，肩夫执券。次第件具，以凭商算。谓之非子[20]。其窑之纲纪，大略有如此者。

陶土制成的坯〔上釉〕放入匣钵之后，按大小差别叠加，选择窑室内合适的位置横向排列匣钵，一定要十分谨慎地布置妥当。这称为障窑[16]。〔满窑之后〕开始烧造时，要缴纳依据之前登记在册的窑籍核定的瓷课，提交兴烧申请书，获得许可证后开始烧窑。这一手续称为报火[17]。经过一日二夜，烧窑结束进入开窑阶段，〔为采购而聚集在窑场〕的瓷器商人挑选出优质产品，争先恐后地购买。这称为拣窑[18]。交易之时，牙侩〔买卖中间人〕作为见证人和担保人，促成契约书的完成。日后若当事人之间发生违约纠纷，或者商税申报不实的场合，官府将据此裁决。该契约书被称为店簿[19]。将买下的瓷器〔利用昌江的水运〕从窑场运往河岸时，搬运工会从制陶者那领取记录有搬运瓷器种类和件数的传票，然后再将其交到河岸商人的手中，商人凭此判断收取商品的质量和数量。这种传票被称为非子[20]。以上就是窑场的大致纲纪。

**[注释]**

[16]“匣”指匣钵，一种烧窑工具。由耐火黏土制成，用来盛放坯体，以防止上过釉的坯体在1000度以上的高温燃烧中与火焰直接接触从而覆上灰。正如唐英《陶冶图说》所记：“瓷坯入窑，最宜洁净，一沾泥渣，便成斑驳，且窑风火气冲突，易于伤坯，此坯胎之所必用匣钵套装也。”

白焜认为，“匣”在现在的华北地区被称为“笼子”或者“碗笼”，最早的标本出土于湖南省湘阴县隋代窑址（周世荣，《从湘阴古窑址的发掘看岳州窑的发展变化》，《文物》，1978年第1期），而景德镇则是从北宋初期开始使用匣钵。此外，刘新园认为从南北朝时期至两宋时期，景德镇的匣钵在不断改进，历经单烧用匣钵、涩圈叠烧用匣钵、叠烧用多级垫钵和叠烧用支圈组合式匣钵。

窑位。窑室内位置不同，温度不同。必须要慎重考虑装坯匣钵的位置。《陶冶图说》：“入窑时，以匣钵叠累罩套，分行排列，中间疏散，以通火路，其窑火有前中后之分，前火烈，中火缓，后火微，凡安放坯胎者，量釉之软硬，以配合窑位。”《江西省大志》对此有更加具体的说明，匣钵柱横向排列成九行（从窑门开始分别称为前一、前二、前三、前四、中五、后四、后三、后二、后一），每三行分别对应烈火、缓火、微火，据此来安排粗瓷和精瓷位置。“民窑烧器，自入窑门始九行，前一行皆粗器障火，三行间有好器杂火，中间前四、中五、后四皆好器，后三、后二皆粗，视前行。”这一记述有模糊之处，且与下列《景德镇陶录》卷四的记载有出入，“烧窑户搭烧坯瓷，其满窑之规，当窑门前一二行，皆以粗器障搪怒火，三行后始有细器，其左右火眼处则用填白器拥燎搪焰，正中几行则满官古、东青等器，尾后三四行又用粗器拥焰。”总之，第一行放置胎、釉耐热度均高的粗器来阻挡烈火，二～三行在粗器的外面放置若干好器，中央的四～六行安排精器，后面的七～九行放置和前三行同等的粗器，最后的第九行则放置最粗糙的碗。此外，关于《江西省大志》中提及的“三行间有好器杂火”，小林和佐久间将此处“杂火”理解为“加到火中”。笔者认为应当解释为“〔粗器与精器〕的混杂烧造”。

障窑。白焜认为“障窑”即指满窑，现在景德镇称之为“满窑”或者“码窑”。虽然确实有装窑的意思，但是，意义上应该解释为“窑室的分隔”。“障”，防也，此处应指“障火”，有分界之意。

[17]有关窑场产业税（瓷课）的征收，笔者已经在注11进行过论述。烧窑是陶瓷生产的最后一道工序，在这一阶段被课税是理所当然的。课税对象很可能是满窑最大的坯件数去除平均烧损率后的部分。

火历、火牌应该就如佐久间解释的那样，分别是指记载有预计开窑时间和结束时间的烧窑点火申请书，和从官方那里获得的许可证。联系下文“迭相出入”，“报火”等语，白焜认为“火历”可能是指一夜三班的烧窑工的交替时刻表。“迭相出入”一词是伴随瓷课出现的，向官员提交申请书，从而获得许可证，所以白焜的观点笔者难以苟同。但他认为“窑牌疑为书有烧窑人姓名的牌照”这一观点，还是值得参考的。对于登记在官簿上的窑，官府很可能拥有窑主们名字的牌子（姓名牌），将姓名牌与烧窑点火许可证一同发送，烧窑结束后，再把牌子返还给官府。

[18]烧窑一次，需要一天两夜，即大约36个小时。可参照《陶冶图说》记载：“……俟窑内匣钵作银红色时止火，窨一昼夜始开，计入窑至出窑，类以三日为率，至第四日晨开窑。”从第一天的傍晚持续烧到第三天的早晨，歇火后，将器皿放在窑内慢慢冷却24个小时，直到第四天早晨开窑。

关于拣窑，《陶冶图说》中有详细记载：“瓷器出窑，每分类拣选，以别上色、二色、三色、脚货等名次，定价值高下，所有三色、脚货，即在本地货卖，其上色之圆器与上色、二色之琢器，俱用纸包装桶……至二色之圆器，每十件为一筒，用草包扎装桶，以便运载。”即按成品的品质将其分为四个等级。

[19] 牙侩。牙郎、驵侩的统称。牙郎即互郎，由“互市交易的商人”讹传而来，驵侩指“说和双方买卖的头目”，是生意的中间人和担保人。

关于“店簿”，迄今为止，只有佐久间提出猜想，认为是“瓷器店按照商税则例所作的账簿”。但如果作为账簿来讲，在当事人之间发生违约纠纷时，是不具有效力的。所以笔者推测这应该是某种契约合同。

牙郎主要是协调甲方瓷器制造商和乙方商人进行价格谈判，如果达成一致，就会帮甲乙双方准备需要签署的合同书。两份合同书的接尾处写有“合同”二字。牙郎作为该交易的保证人，有义务为甲乙双方日后的纷争负责。在进行不动产买卖时，向官府纳税并在契书上盖上官印（按：这被称为“红契”，不经官府的称为“白契”。），公证土地台账的登记变更和所有权的变更。动产的场合，同样适用。该契约书是交纳商税的凭据。但是因为商品在官府处并不备有台账，需交纳商税的乙方就会与牙郎共谋，签署白契，以此来逃税或者漏税。因此，甲方手中的合同契约就有可能成为向官府告发乙方的证据。

[20] 白焜认为“非子”是盖有戳记或书有特殊记号的证券，作为商算（按比例征商税）的凭证。但是这么重要的文书会让搬运工携带么？笔者表示怀疑。有关将谈妥的商品搬运至商人车船，《景德镇陶录》卷4：“凡诸路客至，必雇定把庄头，挑收窑户瓷器，发驳则把庄头雇夫给力，送下河。”商人预先定下把庄头（烧窑工组合长）并与他签订雇佣契约，将买入的瓷器搬运至住处或者借用的仓库。出发的时候，把庄头让烧窑工人充当搬运工把这些买好的瓷器搬运到昌江边等待着的船上。此时“商行买瓷，牙侩引之，议价批单，交易成，定期挑货，必有票，计器数为凭，其挑去瓷，有色杂茅损者，亦计其数载票，交陶户换补佳者，谓之换票，其瓷票、换票皆素纸为之，或印行号、户号，加写器数字，或全用墨写。”制瓷商会给商人开具具有商号、户号印押的发货单（瓷票），发货单上记有搬运瓷器的数量和质量。商人根据发货单清点货物，如果出现不符，会给制瓷商自己写有种类和数量的传票（换票），要求补换。非子应该就是指这种瓷票和换票。

## 五、镇瓷的种类和市场

若夫浙之东西，器尚黄黑。出于湖田之窑者也[21]。江、湖、川、广，器尚青白。出于镇之窑者也[22]。碗之类，鱼水、高足[23]。碟之发晕、海眼、雪花。此川、广、荆、湘之所利[24]。盘之马蹄、槟榔，盂之莲花、耍角[25]。碗碟之绣花、银锈、蒲唇、弄弦之类[26]。此江、浙、福建之所利。必地有择焉者。则炉之别，曰猊、曰鼎、曰彝、曰鬲、曰朝天、曰象腿、曰香奁、曰桶子[27]。瓶之别，曰觚、曰胆、曰壶、曰净、曰栀子、曰荷叶、曰葫芦、曰律管、曰兽环、曰琉璃[28]。与夫空头细名，考之而不一而足。惟贩之所需耳。两淮所宜，大率皆江、广、闽、浙澄泽之余。土人货之者，谓之黄掉。黄掉云者，以其色泽不美，而任以弃之域也[29]。所谓器之品数，大略有如此者。

若在浙的东西，黄黑瓷特别珍贵，这是湖田窑的黑釉器[21]。另一方面，在江、湖、川、广地区，特别喜爱青白瓷，这是景德镇窑独有的青白瓷[22]。〔改变视角，考察这些地方对器形、釉调和装饰的偏好〕，碗有鱼水碗、高足碗足[23]。碟有发晕釉、海眼釉、雪花釉等，这些在川、广、荆、湘地区需求很大[24]。盘有马蹄盘、槟榔盘，盂有莲花盂、耍角盂[25]。碗碟中绣花、银锈、蒲唇、弄弦等[26]在江、浙、福建地区很有销路。〔总之每个地区需求都不相同〕必须根据地区选择不同的产品来贩卖。例如按形状，香炉分为〔狻〕猊炉、鼎炉、彝炉、鬲炉、朝天炉、象腿炉、香奁炉、桶子炉等[27]。瓶子也分为觚瓶、胆瓶、壶、净瓶、梔子瓶、荷叶瓶、葫芦瓶、律管瓶、兽环瓶、琉璃瓶等[28]。除此之外的种种称谓，不再一一详述。总之针对市场需求贩卖产品。只有在两淮地区〔事情稍微不同〕，大致在江、广、闽、浙一带，次等品十分好卖〔即最下级市场〕。有专门处理粗瓷器的当地商人，这些粗瓷器被称为黄掉。黄掉，色泽不美，是可以废弃处理的[29]。以上是镇瓷品质和种类的概况。

**[注释]**

[21]黑釉、黄釉的呈色剂是氧化铁，由于铁元素的含量不同而呈现出不同的黄黑釉色。刘新园指出，在1963年绍兴缪家桥发掘的南宋水井中，除发现了景德镇影青瓷和龙泉窑青瓷外，还发现了大量黄黑茶碗。（浙江省文物管理委员会，《绍兴缪家桥宋井发掘简报》，《考古》，1964年第11期）

湖田窑。窑址位于景德镇东南四公里处，兴烧于五代，至明代晚期结束。宋元时期最为繁荣。根据刘新园和白焜的《湖田窑考察纪要》（《文物》，1980年第11期），南宋地层中出土了大量黄黑茶碗。顺便一提，刘新园认为日本的天目茶碗就是指湖田窑的黄黑器，这是不正确的，在日本“天目”一般指广义上的黑釉器。此外，在中国，提及黑瓷的话，建盏（福建省建阳县池墩村窑）最具代表性，晚唐的秦韬玉将其称为闽瓯，北宋的陶谷、蔡襄、黄庭坚、程大昌等亦爱赏玩建盏，所以不能忽视南宋时期湖田窑和建阳窑在两浙黑釉市场的竞争关系。

淛（浙）以及江、湖、川、广、荆、湘、福建等大致覆盖了宋代疆域的十五路。“浙”指浙江东西路（浙江省和江苏省的江南东部，234万户，438万人口），“江”指江西东西路（江西省和江苏省、安徽省的江南地区，96万户，172万人口），“湖、荆、湘”指荆湖南北路（湖北省和湖南省，25万户，44万人口），“川”指成都府路、潼川府路、利州府路和夔州府路（四川省，440万户，1196万人口），“广”指广南东西路（广东省和广西省，102万户，215万人口），“福建”指福建路（福建省，134万户，282万人口），“两淮”指淮南东西路（淮水以南的山东省、河南省、江苏省和安徽省，11万户，27万人口）。

[22]列举的青白瓷市场有江南路、荆湖北路、四川诸路和广南路，根据冯先铭等人编著的《景德镇陶瓷史》第六章第三节中出土青白瓷宋墓列表，江西省最多，其次在浙江省、江苏省江南、四川省、湖北省和广东省也有出土。

[23]鱼水碗。“鱼水”一般用来比喻君臣、夫妻关系，这会不会就是日本俗称为“夫妇茶碗”的碗？如果这样的话，就是以“对”为单位，《江西省大志》中有与桌器、个器并列的对器。

高足碗。由北宋周羽翀的《三楚新录》可知，在五代末期的高氏荆南国，此碗十分流行。

[24]发晕碟。是不是为了获得不透明或者半透明的釉调而刷了乳白釉？

海眼碟。“海眼”是“玉”的别称。是不是指具有玉一般莹润光泽的影青瓷？

雪花碟。众所周知，陆羽在《茶经》中将越州青瓷和邢州白瓷进行釉色对比时，将后者类比为雪。这种场合下，“雪花”很可能是指代与青白瓷相对的白釉器。

[25]马蹄、槟榔盘。从形状来看，它们是指椭圆形、桃梨形的盘子。

莲花、耍角盂。前者指口沿花瓣状的盘子，即花口钵（盂），后者指口沿方边棱角，即呈棱角突出。相对器体浑圆的圆器来说，这种有棱角的被称为琢器。前者可用辘轳造型，后者不可，需要将器体各部分拼接加工。从口沿来说，耍角属于广义上的琢器。

[26]绣花、银锈、弄弦指纹饰，蒲唇指器形。

绣花，即繡花，虽然清初谷应泰的《博物要览》有提及北宋定窑白瓷的纹饰：“其纹有划花、绣花、印花三种。多用牡丹、萱草、飞鸟三种。”但是联系实际情况，因为未明确提出“施针绣花”，所以“贴花说”“绣花说”都有被提出，至今仍未能统一观点。但是应该是指像刺绣用针绣出的凸起花纹一样的凸雕。

银绣是否是指像错银或者戗金一样，烧上金银箔纹样的手法？理解起来确实困难。

弄弦指刻出了弦纹的阳文、阴文。

蒲唇也是花口，指刻痕较深的葵口一类的器形，应该相当于《博物要览》中提到的菖蒲盆。

[27]鼎、鬲、彝是中国特有的器形，最早出现于新石器晚期的黑陶中，随后成为古代青铜器礼器，再到陶瓷器中的香炉。

“猊”是“狻猊”的简称，指香炉盖钮上饰有狮子装饰。北宋晚期徐兢的《宣和奉使高丽图经》中有关于高丽狻猊青瓷香炉的记载：“狻猊出香亦翡色也。上有蹲兽。下有仰莲以承之。”

佐久间认为“朝天”是用来安置香炉的台座，宛如五代后蜀流行的妇女高髻。《中国陶瓷史》第七章第六节刊载有《宋代各式炉示意图》。

象腿。光绪《江西通志》第九十三卷收录的《陶记》中写作为“象腿”。“腿”有脚肿之意，此处则指肿胀的形状，“腿”即“股”，则是圆筒形状。依据许之衡《饮流斋说瓷》卷七中所举“象腿瓶”一例，“腿”应是“腿”的讹传。“象腿瓶，式颇特别，自口至足，直下无纡曲，但非圆式，乃三瓣之海棠式……市人命曰象腿，亦象形语也。”许之衡所见象腿瓶，从口部自足部整个器体都是三瓣式，所以“式颇特别”，一般“象腿”应为长圆筒形，用来命名瓶和炉。

香奁。妇人的化妆箱、镜匣或者香料箱。汉代明器中所见的褐绿釉香奁呈三足圆筒形，配有笠妆盒盖，香奁炉形状也应大致如此。

桶子。有“桶”和“斗”二意，有方形和圆筒形两种形状。前文把圆筒形皆称为象腿，那么此处桶子应该指方形。

[28]瓶，口小腹大，是用来盛放液体的容器，从这点来看，与壶没有差别。非要区分的话，前者体形上呈椭圆形、筒形，而后者则接近球形。

觚瓶。模仿古代礼仪用的青铜器酒杯（觚），敞口、长身，器体有四角、六角、八角之分。

胆瓶。许之衡《饮流斋说瓷》卷7：“形如悬胆。口径直下。腹征椭圆。”鼓腹的瓷器造型多是从古青铜器处借鉴而来。类似的器形有錐把瓶、鸡心瓶。

净瓶。器体如梅瓶，长颈，有盖，有注口。原名Kundikā，乃是印度佛教僧侣适用的水瓶。唐代释义净在《南海寄归内法传》中提到，净用用瓦器，浊用用铜铁。在中国，它被音译为“捃稚迦”（玄奘，《大唐西域记》卷十），后被略写成“军持”“军迟”。意为净瓶、澡瓶（宋代释法云《翻译名义集》）。朱琰《陶说》卷4：“军持。按西域记捃稚迦，即澡瓶也，然则军持之名，捃稚讹文，又省迦字，释家以之洗手，故曰净瓶。”

栀子瓶、荷叶瓶。因口沿部似栀子果实、荷叶而得名。同样还有蒜头、莲蓬瓶。《饮流斋说瓷》卷7：“蒜头者，口似蒜头而体段则近油锤，……莲蓬者，口上作一莲蓬式，有数小口……荷叶者，口际之边翻出向下，如荷叶然。”

葫芦瓶。体形如葫芦者。

律管瓶。多嘴瓶，即肩部附有多个管筒。

兽环瓶。饰有诸如象耳、龙耳、凤凰耳等兽耳。

琉璃瓶。上述瓶子都是按器体特征分类，最后的琉璃瓶则是按照釉色来命名。亮釉指光泽度高的透明薄釉。《饮流斋说瓷》卷3：“亮釉又名玻璃釉，乃薄釉也，薄釉而能备种种诸美，其胎之精细不待言矣，……玻璃釉之制，盖甚古矣，自宋迄清初，凡带有玻璃釉者，虽皆透脱如玻璃，然总有浑融气象，自成一种特色，譬如琥珀、水晶，虽亦如玻璃之浏亮，而与玻璃之质，究有别也。”

[29] 黄掉。黄，病也，掉，挠也，也就是残次品。即下文所说“可以废弃”的下等品。

两淮。南宋初期，淮南东西路虽然包括了河南省以及山东、江苏、安徽三省的部分区域，但辖内仅有11万户家庭，共计27万人口。女真军队在攻打汴梁后又南侵淮南，且在随后金朝和南宋朝数次交战中，淮南地区常常成为战场，所以与北宋时期相比，此地民生凋敝。从靖康二年（1127）北宋灭亡开始到绍兴十一年（1141）宋金达成第一次议和，江淮地区经历了14年的战乱期，仅仅20年的和平期后，又遭遇海陵王的侵略，从绍兴三十一年（金正隆六年，1261）到乾道元年（金大定五年，1265），历时4年。因为交战都是在大运河流域展开，淮南受难严重。议和后41年，南宋宰相韩侂胃于开禧二年（金泰和六年，1206）北伐，打破和平状态。嘉定元年（金泰和八年，1208）第三次议和，和平状态仍然没有持续很久。贞祐元年（宋嘉定六年，1213），面对蒙古军队的来势汹汹，金国迁都汴京，金朝在与蒙古的一次次交战中走向衰落。南宋、金国的边境一直战争不断，天兴三年（宋端平元年，1234），灭掉金国的蒙古军队乘势北渡黄河，讨伐南宋军队，面对比金军更强势的蒙古军，南宋大败。两国进入持续交战状态。

由于连年的战乱，淮南东西路的户数在南宋中期仅剩8万户，这8万户前往江南避难时，都是没有携带资产的贫民。他们经济实力弱，迁往他处生活时，只能购买下等粗瓷。于是，离他们最近的景德镇生产的粗瓷器就成了最好的选择。

## 六、陶土和釉药

至若冬，泥冻脆，不可以烧〔操？〕。坯陶既就，复不易操〔烧？〕。则有火房[30]。火事将毕，器不可度。探坯窑眼，以验生熟。则有火照[31]。进坑石泥。制之精巧[32]。湖坑、岭背、界田之所产。已为次矣[33]。比壬坑、高砂、马鞍山、磁石堂〔塘？〕[34]，厥土赤石。仅可为匣、模。工而杂之以成器，则皆败恶不良，无取焉[35]。攸山山槎灰之[36]。制釉者取之。而制之之法，则石垩炼灰，杂以槎叶木柿而毁之[37]。必剂以岭背釉泥[38]而后可用。或覆〔或〕仰烧焉39。

到了冬季，因为冻住的泥失去黏度，所以很难使用辘轳。即使强行使用了辘轳，也不能入窑烧造。对此，设计了火房来防止泥冻脆[30]。〔烧窑时〕接近预定的燃烧时间时，〔窑中器皿烧制程度〕不能根据实物来确定，〔预先在窑内布置〕的色见孔来观察，〔调到适合的温度〕，这种方法被称为火照[31]。

进坑〔生产的瓷石制成的〕石泥〔因为品质优秀〕所以被用来制作精瓷[32]。与之相对，湖坑、岭背、界田虽然也生产石泥，但品质不如前者，算是次品[33]。邻近壬坑、高砂、马鞍山、磁石堂〔塘？〕[34]出产的陶土包含红色的小石，只能用来制作匣钵和泥模。如果设法将它与瓷土（石泥）混合制作坯体，烧造时也会受损难以成器[35]。

攸山的山槎燃烧后制成木灰[36]，这是制釉者使用的的釉材料。制釉的方法是，首先将石灰石燃烧得到石灰，再将石灰与山槎的叶子和木片混合，再次燃烧[37]。将燃烧所得物与岭背的釉泥[38]配合就可以使用了。

〔成型的坯体上釉后烧造〕之际，可以将其仰置或覆置在匣钵中[39]。

---

**[注释]**

[30] 白焜认为“不可以烧”的“烧”和“不易操”的“操”，从语义来说，应该互换。笔者赞同这一观点。别处未见有关“火房”的记载。大概是特设的暖房，用来防止瓷土冻结。瓷土中含有水分，冻结后硬度增加，失去黏度，不能再使用辘轳对其进行塑形。

[31] 火照。火照指测量窑内温度，在日本被称为“色见”。测定兴烧中的窑室温度十分困难。根据窑内的火焰变化来推测大致温度。600摄氏度左右时火焰呈红色，随着温度上升，由橙红色变为黄色，此时大约1200度。变为白色时温度大约1300度，当白色火焰发出炫目白光时，温度已经超过1400度。这种凭借肉眼的判断，被称为“火照”“色味”。这种测定要求很高的熟练度，但烧制重要瓷器的时候需要最适合的温度，仅依赖“色见”话并不足够，所以有了《景德镇陶录》卷四提及的简单实验装置：“本烧户亦有自试火照之法，盖坯器入窑，火候生熟，究不可定。因取破坯一大片，中挖一圆孔，置窑眼内，用钩探验生熟。若坯片孔内皆熟，则窑渐陶成，然后可歇火。”在烧制坯器时，取一块相同材质的坯片，中间挖一圆孔，放置在色见孔附近，计时的时候用铁钩将其从色见孔中取出，来检验它的燃烧情况。现在使用的赛格示温熔锥是由陶瓷学家赛格尔根据色见原理进行科学改良过的，根据调整用瓷坯原料制成的圆锥的化学成分，控制其在一定温度下融化？内藤匡的《古陶瓷科学》转载了赛格尔示温熔锥温度表。

[32] 进坑。白焜认为进坑即是景德镇东8.5公里处的进村。

石泥。水力推动碓将瓷石打成粉，经水选获得高纯度的泥土然后制成泥料，即景德镇土话中的“白不”。唐英《陶冶图说》：“惟陶利用范土作胎，其土须采石炼成……土人藉溪流设设轮作碓，舂细淘净，制如砖式，名曰白不。”

[33] 湖坑。白焜认为“湖坑”疑为湖田村以南 2.5 公里的三宝蓬，此处自五代开始便是瓷石产区。

岭背。景德镇南 9 公里处牛角岭南麓的邱冲坞与下项村（乐平县辖内）北宋时期已在此地开采瓷石和釉果。

界田。景德镇东北 34 公里的界田村。界田南 4 公里处的“干坑”现在仍是瓷石产地。

[34] 壬坑。浮梁县方言中“壬”与“银”同音（ying），疑为景德镇南 2.5 公里的竟成公社银坑大队。据说银坑前方的老鸦滩的田土被用来制作圆器的内模，宋代时还会被用来制作匣钵。

高砂。景德镇东北 11 公里的高砂村。

马鞍山。位于景德镇东部。据说从前是白土、黄土、老土子等制匣原料的重要产地。有关制匣原料产地这点，康熙二十一年《浮梁县志》和《景德镇陶录》均有记载：“马鞍山。在镇市都，旧取土作匣”，“马鞍山。镇南有马鞍山，旧取土作烧瓷匣”。镇市都包含景德镇部分地区，为浮梁县五十六都之一，属兴西乡。按照县志地图，景德镇南部属于镇市都，东部属于里任都，所以坐落于镇市都的马鞍山不在景德镇的南部，而在其东部。

磁石堂。位于马鞍山南麓。上述地名考证皆参照白焜观点。

[35] 壬坑、高砂、马鞍山、磁石堂出产的用于制造匣钵和模具的泥土，“厥土赤石”理解起来有些困难。尾崎和佐久间分别认为是“这个土，由红石……”“这个土，带有红褐色的陶石”，即理解为由红色岩石制成的人工黏土，但这似乎与《陶冶图说》《陶说》《景德镇陶录》中将自然黏土称为泥土的记载不符。“匣钵之泥土，产于景德镇之东北里淳村，有黑、红、白三色之异，另有宝石山，出黑黄沙一种，配合成泥，取其入火烧炼……”白焜将其解释为“厥（撅）土”和“赤石”两种物质，“厥土”有两种：一种是耐火度约为 1630 度的硅镁质白土（掘出时呈乌黑色，培烧后呈白色）；另一种是耐火度低于白土，且含铁量较高的黄土。“赤石”疑为现在马鞍山出产的被称为老土子的红褐色石状物，这一观点符合《陶冶图说》等的记述。但是“厥土赤石”如果读为“厥土，赤石”，似乎从句读上很难理解。因为如果是从地下掘出，恐怕很少会把自然黏土特意称为“厥土”。所以，笔者认为此处应该理解为“混杂有沙石的红色黏土”。

模，意为“范”（规则）。制作物品时为获得特定形状而使用的模型。竹制的范，土制的型，木制的模，金属制的镕。此处是指碗、盘等圆器造型时使用的内范。因为是泥土制成，所以称其为土型。现在当然都是石膏制成的。

蒋祈《陶记》原文提及当时景德镇窑场使用的陶土时，无论是进坑，还是湖坑等，都是单味的石泥。明末崇祯时期宋应星《天工开物》：“凡白土曰垩土，为陶家精美器用，……景德镇从古及今为烧器地，然不产白土，土出婺源〔县〕、祁门〔县〕两山，一名高梁山，出粳米土，其性坚硬，一名开化山，出糯米土，其性粢软，两土和合，瓷器方成。”糯米土和粳米土两相调和，即使用的是二元配方的陶土。《景德镇陶录》卷四也有类似记载：“不之名类不一，而玉红、提红二者为上，然二种不性软，必多合高岭，方可用，余干不性颇健，少以高岭配合，便可用。”刘新园指出，现在景德镇窑场使用的仍然是二元配方的陶土，二元配方的陶土与《陶记》记述的单味陶土差别巨大，因此段的蒋祈的《陶记》写作于南宋时期，而非元代。

[36] 攸山。白焜认为是距离景德镇 18 公里，与婺源县交界处的游山。

山槎。白焜认为是距离景德镇 17 公里，与乐平交界处的仙槎。若按白焜所言，仙槎当地的农民与乐平县人至今仍称此地为“山槎”，将其解释为地名的话，“攸山山槎灰之制釉者取之”就很难理解了。若将“山槎”解释为柞木（桐科的樟树以及壳斗科的枹栎），那么则对应下文的“将槎叶、槎柿与石灰混杂燃烧”。

[37] 石垩炼灰。石垩即石灰（氧化钙），此处指用石灰石烧炼而成的白色粉末。然后将其与槎木灰（槎叶和槎柿灰）混合，经过水洗制成釉灰。

木柿。尾崎、佐久间都将其误认为“柿木”。虽然“柿”与“柹”的俗字“柿”类似，但两者无论是意义还是笔画数都不相同。前者八划，后者九划。八划的“柿”读 fei，通“林”，意为木片、木屑。

[38] 釉泥。白焜认为釉泥即釉果，一种由瓷石制造而来的人工黏土。但该瓷石钾、钠元素含量高，与一般瓷土相比耐火度低，适宜坯胎配釉。《陶冶图说》：“陶制各器，为釉是需，而一切釉水，无灰不成，其釉灰出乐平县，在景德镇南百四十里，以青白石与凤尾草迭叠烧炼，用水淘细，即成釉灰。配以白不细泥，与釉灰调合成浆，稀稠相等，各按瓷之种类，以成方加减。”由此可知，制釉时，与釉灰调配的釉泥（釉果）只有白不细泥一种。

此外，有关制作釉灰时往石灰中添加的草木灰，虽然《陶记》中记为山槎，《天工开物》记为桃竹叶，《陶冶图说》记为凤尾草，但从宋代到清代，添加草木灰这点是不变的。需要注意的是，虽然都是釉，但是会对粗瓷使用未添加釉果的原石灰釉。《景德镇陶录》卷 4：“釉果。凡佳器全用作质，次品亦半用之，粗器则止和水合灰，以当水釉。”

[39] 仰烧、覆烧。上釉后的坯体，放置窑中进行最后一道工序的烧造。不论使用匣钵与否，分为仰烧、覆烧两种。前者是将瓷坯底部朝下，后者则是将口沿部朝下，进行焙烧。前者的底座，后者的口沿部也因此无釉，露出瓷胎。最初采用仰烧，后为了大量烧制而采用叠烧，为了保证叠放坯体的稳定而采用覆烧。北宋定州窑的白瓷碗、钵，无论胎体多薄，都采用覆烧工艺，导致出现芒口（口沿部无釉）缺陷。但芒口处常常镶有黄金、白银制成的边圈，这又提升了器物的格调。

无论仰烧、覆烧，对于高档瓷器，原则上每个匣钵内只放置一件瓷器，但为了提高窑室空间利用率，不得不采用叠烧方式。叠烧时，为防止坯体间粘连必须放置支钉，也因此不可避免留下支钉痕。为了避免这种情况，景德镇窑场在北宋时期发明了多级垫钵，南宋时期又从定州窑引进了支圈组合式匣钵。根据刘新园《景德镇宋元芒口瓷器与覆烧工艺初步研究》（《考古》，1974 年第 6 期）、《景德镇湖田窑各期典型碗类的造型特征及其成因考》（《文物》，1980 年第 11 期），景德镇窑场的匣钵使用情况以及仰烧、覆烧工艺变迁情况如下表所示。

| | 五代 | 北宋初期 | 北宋中期 | 北宋晚期 | 南宋初期 | 南宋中期 | 南宋晚期 | 元代初期 | 元代中期 | 元代后期 | 明清 |
|---|---|---|---|---|---|---|---|---|---|---|---|
| 仰烧 | a. 支钉叠烧 | | | | | | | | | | |
| | | | | | | | | | | | |
| | | b. 匣录单烧 | | | | | | | | | |
| | | | | | | | | c. 涩圈叠烧 | | | |
| | | d. 多级垫钵叠烧 | | | | | | | | | |
| 覆烧 | | | | | | e. 支圈组合式匣钵叠烧 | | | | | |

a. 称为重合叠烧，使用支钉（小块状支钉）托起坯体底部，然后把坯体放置在垫柱上，再将需要烧制的瓷器坯体一件一件堆叠起来，坯体间使用支钉隔离，最后入窑烧制。很明显，这种烧造方式，会在瓷器上留下支钉痕。

b. 把垫饼放入匣钵中，再把单一坯件放入匣钵中，然后把匣钵叠加，入窑烧制。可以得到满釉瓷器，但窑室空间利用率低。

c. 将碗、盘内心刮釉成圈，在入窑时，将上件器物圈足（未施釉）直接置于下件器物的涩圈上，依次叠置，进行烧制。成本低廉，主要用于烧造粗瓷。

d. 垫钵内分作数级：先把口径较小的芒口碗碟扣置在垫钵最下级，再依次扣置直径较大的器坯，装满后入窑烧制。此法可覆烧大小不同规格不一的产品，但亦会造成芒口。

e. 为改善多级垫钵叠烧的弊端，北宋定窑首创了与筒形匣钵配合使用的支圈组合式匣钵叠烧。这种工艺虽然可以大规模生产统一规格的器物，但是亦会造成芒口。

## 七、瓷器生产阶段的分工

陶工、匣工、土工之有其局[40]。利坯、车坯、釉坯之有其法[41]。印花、划花、雕花之有其技[42]。秩然规制，名不相紊。窑有尺籍[43]。私之者刑。釉有三色。冒之者罚[44]。凡利于官者。一涉欺瞒，则牙商、担夫一例坐罪。其周防可谓密矣。

从事陶瓷器生产的工人，按职务可分为陶工、匣工、土工三大类[40]。〔负责做坯的陶工〕按手法又分为利坯、车坯、釉坯三类[41]。〔负责器物装饰的部门〕按技术分为印花、划花、雕花三类[42]。井然有序，各司其职，不可越界。

每个窑都有登记在官府的官籍[43]，私自伪造变更者要受刑罚。同样，釉分上中下三种规格，无视者要受惩罚[44]。凡涉及国家赋税征收，一旦欺瞒，从牙商到搬运工全部都要连坐获罪，防止违反规定的举措可谓面面俱到。

**[注释]**

[40]《江西省大志》以及《景德镇陶录》卷三都有关于窑场分工的记载。前者记述了明末官窑中工匠的分类："匣匠、泥水匠、大碗匠、盘匠、碟匠、钟匠（酒钟）、印匠、锥龙匠（雕龙）、画匠、写字匠、色匠、风火窑匠、色窑匠〔以下省略为制造用具、修缮工具的大木匠、小木匠、船木匠、铁匠、竹匠、漆匠、索匠、桶匠、染匠、碓匠。〕"后者记述了清初民窑的情况："砂土工、舂料工、陶泥工、练泥工、拉坯工（做坯）、印坯工、镟坯工（利坯或拉坯）、乳料工、画坯工、舂灰工、合釉工、上釉工、〔挑槎工、抬坯工〕装坯工、满窑工、烧窑工、开窑工〔省略彩器一项色匠内部的细分〕"两相对比，虽然前者未见"制不匠、修模匠、制釉匠、窑匠"，后者未见"匣工、修模工"，但并

不能说是遗漏。参照两者的记述，考证《陶记》原文。

陶工、匣工、土工。土工负责制瓷原料的制作和精炼。瓷石、陶土挖掘后，将其粉碎制成白不时需要砂土工、舂料工，白不水洗、捏练时需要陶泥工、练泥工（合称为泥水匠）。

匣工负责将高耐火性的特殊黏土依据坯的大小，单烧、叠烧的需求，烧造成各类匣钵。因为匣钵经过数次培烧后便不能够继续使用，所以要不断烧造新的匣钵来补充。

从制坯到施釉，即放入窑中焙烧之前的阶段都由陶工负责。

此外，陶工、匣工、土工三大工匠群体都有各自的“局”，白焜将“局”解释为作坊（工作场），但如此一来，土工方面就难以解释了。“局”应该指“职务本分”，佐久间也将其解释为“职务主管部门”。

[41] 利坯、车坯、釉坯。车坯指把白不置于辘轳上制成坯，相当于做坯工（拉坯工）。但是辘轳的使用仅限于圆器，制作琢器时需要通过雕镶，黏合等步骤使其成型。做坯工内部依照平面型器物、袋状型器物，进一步细分为大碗、盘、碟、钟匠等。

对于用白不制成初次成型的坯，需要印坯工用模子（土型）将它的尺寸均齐，而《陶记》跳过这一步骤，直接进入利坯（旋坯、挖坯）步骤，即将表面削旋光平，并到达所需的薄度。

釉坯，从字面来说，是指给经过各步骤后成型的坯施釉，在此之前，当然还有舂灰工、合釉工等负责制釉各阶段。上釉工负责挂釉，手法并不单一。《陶冶图说》：“上釉之法，古制，将琢器之方长棱角者，用毛笔榻釉，避免失于不匀，至大小圆器及浑圆之琢器，俱在缸内蘸釉，其弊又失于体重多破，故全器最为难得，今圆器之小者，仍于缸内蘸釉，其琢器与圆器大件，俱用吹釉法，以径寸竹筒截长七寸，头蒙细纱，蘸釉以吹，俱视坯之大小与釉等类，别其吹之遍数，有自三四遍至十七八遍者，此吹釉所由分也。”此处列举了三种上釉方式，即用笔涂刷坯体的榻釉（刷釉）、将坯体浸入釉料缸中的蘸釉，使用喷雾装置的吹釉。除此之外，当时应该还有用柄勺直接浇注的交釉、将釉料倒入器物内部振荡的荡釉等，此处记载将此二者遗漏。

[42] 印花、划花、雕花。彩瓷（釉上彩、釉下彩）的兴起是在元代以后，之前主要流行单色釉器。单色釉器更能衬托出雕刻纹饰的美感。雕刻纹饰分为数种。

印花指用刻有纹样的模子在坯体表面按压出花纹。可以表现出极精致的纹样。北宋定窑白瓷最具有代表性。

划花指浅画出线状轮廓，然后剔出图纹。

雕花，虽然都是阳文，但一种直刀深刻，一种斜刀广削，前者以北宋东窑青瓷为代表，后者以北宋耀州窑青瓷为代表。

除此上述雕刻纹饰外，还有堆花（用泥浆堆积出纹饰）和贴花（将泥土捏制的纹样用泥浆粘贴在坯体表面）。

[43] 尺籍，依汉制，书写诏书使用一尺一寸的木牍，书写律法使用三寸的竹简，所以有“尺一诏书、三尺之法”的说法。因为用一尺的木板书写军令，所以“兵籍”又被称为“尺籍”。但是原文此处，并不具“兵籍”之意。“尺”有“法”意，如同“尺牒”指官府的命令书一样，“尺籍”指官府的籍书。白焜也认为当解释为官府簿册，但他引用的《王迈传》有失妥当。《宋史·卷四二三·王迈传》：“王迈字贯之，兴化军仙游人，嘉定十年进士，……〔理宗朝〕俄召试学士院，策以楮币，迈援据古今，考究本末谓，……议者徒患楮穷，而弗惩兵祸，姑以今之尺籍校之，嘉定增至二十八万八千有奇，用

寡谋之人，试直突之说，能发而不能收，能取而不能守，今无他策，核军实、窒边衅、捄楮币第一义也。”文中王迈所说的“尺籍”乃是指“兵籍”。总之，《陶记》此处所提“尺籍”是对照前文中“官籍丈尺，以第其税”，指“登记在官府的窑籍”。

[44] 釉有三色。傅振伦将其解释为三种釉，即一道釉、青花、釉里红。白焜从下述两点来反驳了这一观点：①青花、釉里红属彩类，非釉类；②这三种釉没有可能被混淆。白焜认为“此处指同类瓷器在烧成后质量，有高有低，易混淆优次作弊”，并援引了《景德镇陶录》卷十的记述加以证明。“镇瓷，在唐宋不闻有彩器，元明来则多青花，或仿他处青瓷矣，然非今之所谓青也，今俗又以器之上品者为青，如呼头青、提青、三色青之类，昔只以上色、次色、三色分之。”从前景德镇使用上色、次色、三色来区别精瓷等级，到了清代初期被废止，改用头青、提青、三色青来区别。此处的“青”与青瓷、青花瓷的的呈色无关，而是用来指代品质的优良，笔者难以理解这一观点。当时青花、釉里红、五彩等各色釉色叠出，迎来了彩瓷的全盛时期，实在难以想象在这一背景下会单独以钴青的呈色为标准来评价成品，将所有“上品”都用“青”来指代。将其理解为彩瓷出现以前的宋代遗留的评价基准会不会更妥当一些？在宋代，青白瓷风头一时无二，釉色呈些微的青色，不仅是评价美观度的标准，也是判断还原燃烧是否适当的指示标准。

## 八、附加税的苛增

夫何昔之课赋优裕，而今之事于此者，常怀不足之虑也[45]。宪之头子[46]，泉之率分[47]，统制之供给[48]，经总之移用[49]，州之月桩[50]，支使醋息[51]，镇之吏俸[52]，孤遗[53]、作匠[54]。总计月钱几三千余缗。而春秋军旅[55]、圣节[56]、郊祀赏赉[57]，试闱结葺[58]，犹不与此，通融计之，月需百十五缗。则权官[59]可以逭责，反是则谴至矣。

仔细想来，往年景德镇的附加税征收一直都能圆满完成，而近年来的征税官却常常担心征收不齐税额[45]。〔究其原因，附加税名目繁杂，税赋沉重。〕宪〔司〕的头子〔钱〕[46]，泉〔府〕的率分〔钱〕[47]，统制的供给〔钱〕[48]，经总〔制钱〕的移用〔钱〕[49]，〔饶〕州的月桩〔钱〕[50]，〔饶州〕支使的醋息〔钱〕[51]，〔景德镇〕镇的吏俸[52]，〔宗子〕的孤遗[53]和作匠的〔赡养费〕[54]，总计每月大约需要三千余缗，此外，春秋两季军旅的〔推赏钱〕[55]、圣节[56]和郊祀的赏赉[57]，以及试闱的结葺费[58]等临时征收税目，每月又需要多交纳百十五缗。〔如果完成了这笔巨额税款的征收〕，负责镇税务的权官[59]则履行了他的职责，反之，则要追究责任，这将影响他的在任成绩。

**[注释]**

[45] 课赋优裕。具体来说，景德镇负责征收附加税，即负责瓷窑商税事务的官吏，为了圆满完成任务，通常会征收略超过定额的税额。

[46] 宪司头子钱。“宪”一般指监察机关，朝代不同，具体名号不同，南宋时期地方监察机关被称为提点刑狱司，通称“宪司”。《宋史・卷一六七・职官志》：“提点刑狱公事，掌察所部之狱讼，而平其曲直，所至审问囚徒，详覆案牍，凡禁系淹延而不决、盗窃逋窜而不获，皆劾以闻，及举刺官吏之事，旧制参用武臣，熙宁初，神宗以武臣不足以察所部人材罢之，六年置诸路提刑司检法官……乾道八年，用臣僚言，诸路经总制钱并委提点刑狱官督责。”

如下文注 49 所述，南宋孝宗乾道八年（1172）以后，宪司也负责征收总经制钱，这是南宋军费的主要来源。总经制钱是各式杂税的合称，但是以头子钱为中心，所以原文中记为“宪之头子钱”。

头子钱。按一定的比例在法定租赋中抽取的一种附加税，五代时期即已实施，宋太祖在开宝六年（973）又开始施行。马端临《文献通志》卷 4：“开宝六年诏，诸仓场受纳，所收头子钱一半纳官，一半公用，令监司与知州、通判同支使，头子钱纳官始于是。”“止斋陈氏〔傅良〕曰，此岁令，川陕人户两税以上轮纳钱帛，每贯收七文，每匹收十文，丝帛一两、茶一斤、秆草一束各一文，头子钱数始略见于此。”

[47] 泉府率分钱。“泉”乃是《周礼・地官司徒》中所提“泉府”：“泉府，掌以市之征布，敛市之不售货之滞于民用者，以其贾买之，物褐而书之，以待不时而买者。”征收市税（商税），然后将其作为运输、市易（物价调整）的资金，后世将掌管商税、市易事等税钱出纳事务的官府雅称为“泉府”。

率分钱。既定税目中按一定比例添加的附加税。与前文中头子钱类似，因为无论针对哪种税目都便于实施，所以常常在国家财政窘迫时征收。将始于五代的率分钱等非法附加税统称为“沿征”，宋代时期，被称为“沿征、沿纳、杂钱”。《资治通鉴长编》卷 53：“真宗咸平五年十一月壬寅，合祭天地于圆丘，大赦，诸路咸平以前残税……升州、广德军率分钱……悉除之。”咸平五年（1002），升州（南京江宁府）、广德军（安徽省广德州）的率分钱被废除。此外，在建隆二年（961）废除南唐屯田制的州县，除正赋以外，还会征收一定比例的率分钱用来充当官吏的俸给，所以不能认为率分钱被全部废止了。有关现行的商税，课税商品的种类以及税率都是依据宋代建国初期制定的商税则例施行，但是国家财政窘迫时，常常会有所动摇。《宋会要辑稿・食货十八》：“孝宗淳熙十一年（1184）二月二十五日，临安府言，检准绍兴五年五月十二日指挥节文，诸路运转司量度州县收税紧慢，增添税额五分或三分，本府契勘，诸税务日逐所趁课利，于日额并各亏欠，即不当有额外增收三五分钱数……”这一增额偶尔也会被称为头子钱（同书，绍熙元年十一月三十日诏），因为是原本税额中再增添三分、五分，所以也可以被称为商税、课利的率分钱。仅就商税、课利的率分钱来说，直接征收对象是商业、手工业从事者，而非农民。景德镇窑场是商业手工业区，因此窑户和买卖商人需要负担瓷课和商税的率分钱。

但是，白焜认为“泉之率分”指泉司，即铸钱司的率分钱。确实，“泉”通“钱”，除《宋史・食货志》中将铸钱司称为泉司外，白焜援引《宋史》卷 180、王曾《能改斋漫录》卷 13、毕沅《续资治通鉴》卷 134 来说明：南宋初期以后，饶州设置铸钱司，并且率分钱与铸钱司相关。白焜的观点似乎牢不可破，但笔者仍然有若干疑问。最大的疑问是，《宋史》第 180 卷中提及的铸钱司率分钱是否是从百姓那里征收来的？“景德四年诏曰，鼓铸钱刀素有程限，悯其劳苦，特示矜宽，自今五月一日至八月一日，止收半功，本司每岁量支率分钱，以备医药。”铸钱司年度铸钱额所需的原料，原料费，以及工人的工钱和伙食费都是由国家支出的。此外，《能改斋漫录》卷13：“予尝为铸钱司属官凡三年，其利病尤悉，盖费多而得少，……见绍兴三年十一月十二日臣僚上言，九路坑冶铸钱司，窃闻，虔、饶两州，自绍兴元年至今，共起发过一十二万二千余贯，用本钱及官兵应干请给，总用二十五万八千余贯，即是费官钱盖三之二……”引文内容也不能证明它是用于铸钱的特定税目。如此一来，“本司每岁量支率分钱”又是如何变成添加的附加税的呢？笔者认为有必要再探讨一下景德四年诏书内容。该诏书减免了铸钱司年度上供额的八分之一，（按：五月至八月三个月期间只需上供定额的一半），以用于充当负责铸钱的士兵工匠们的医疗费。具体细节，可参考王得臣《麈史》：“熙宁初，予官陕郊，初复十铸钱监，兵闻锡气久而病瘠，以至不起，惟以蒸豚啖之，可以销释，所支率分钱内充买均给，后予所至，多令如此给肉，惟建州丰国监役兵，仍多病手弱之疾。”简言之，有关铜铅中毒的军匠们的医疗费来源，不再是用别处的财政收入来贴补铸钱司，而是直接减免铸钱司的上供额度。相对原定额八分之七的上供额，八分之一的减免部分，可能被称为率分钱。如果率分钱的性质真如上所说，那么不可能是从百姓那里直接征收的税目附加税，就不会伤及景德镇窑户，也不可能成为蒋祈笔下导致南宋末期景德镇窑业衰落的原因。

[48]统制之供给钱。南宋官制中，存在三种统制官。一是《宋史》卷166职官志中所提殿前司直属的统制，北宋建国后，负责宿卫的都指挥使部下中的中级武官，二是《宋史》卷162中所见南宋创设的御营使部下中的武官，都属于中央官员。三是《宋史》卷167中，将驻扎在地方的武官称为统制。“诸军都统制、副都统制、统制、统领。旧制，出师征讨，诸将不相统一，则拔一人为都统制以总之，未为官称也，建炎初置御营司，擢王渊为都统制，名官自此始，其后神武五军及川陕宣抚司、都督府、枢密院皆置，绍兴十一年，三大将兵罢，诸军皆冠以御前二字，擢其偏裨为御前统领官，以统制御前军马入衔，秩高者为御前诸军都统制，且令仍旧驻扎，以屯驻州名冠军额之上，其后兴元、江陵、建康、镇江府、兴金鄂江池州及平江、许浦水军皆除都统制，……初渡江后，大军又有统制、同统制、副统制、统领、同统领、副统领，其下有正将、准备将、训练官、部将、队将等名，皆偏裨也……”武将的薪俸和军士的钱粮都是来源于两税和课利，在京的禁军由三司下令户部支付，地方驻扎军则由转运司监督各州支付，饶州驻扎军的俸禄自然是来源于浮梁县的两税和课利。蒋祈《陶记》将其记载为针对景德镇陶户的附加税，当统制官增加或者每人俸禄增加时，都需要追征。因为景德镇的居民多是商业、手工业从事者，所以此地附加税主要是追征瓷课、商税的课利，并因此设立了具体的税目，白焜称之为“供给钱”，并援引《宋史·兵八》：“绍兴十三年诏，殿司诸统领将官，无别供给职田，日赡不足，差兵营运，浸坏军政，可与月支供给，统制、副统制月五百五十千，统领官百千，正将、同正将五十千，副将四十千，准备将三十千，皆按月给，既足其家，可责后效，若仍前差兵负贩，从私役禁军法，所贩物计赃坐之，必罚无赦，州县知而不举同罪。”但是此诏书内容仅针对殿前司直属的统制官，很难将其直接运用到驻扎地方的统制官身上。当然，也可以理解以上述措施为基准的法令在随后被发布。实例可见于淳熙《三山志·财赋类》卷17，福建路转运司取拨的岁贡中，记有“统制供给钱一千二百贯文省为额”。当时，福建路转运司征收的统制官供给钱用于支付管下八州军统制官的俸禄。

[49]经总之移用钱。经制钱、总制钱是南宋时期为筹备巨额军费而设立的新税目。《宋史》卷179：“所谓经总制钱者，宣和末，陈亨伯以发运〔使〕兼经制使，因以为名，建炎二年，高宗在扬州，

四方贡赋不以期至，户部尚书吕颐浩、翰林学士叶梦得等言，亨伯以东南用兵，尝设经制司，取量添酒钱及增一分税钱、头子、卖契等钱，敛之于细而积之甚众云云，于是以添酒钱、添卖糟钱、典卖田宅增牙税钱、官员等请给头子钱、楼店务增三分房钱，令两浙、江东西、荆湖南北、福建、二广，收充经制钱，以宪臣领之，通判敛之，季终输送，绍兴五年，参政孟庾提领措置财用，请以总制司为名，又因经制之额增析而为总制钱，而总制钱自此始矣。”由此可知，北宋宣和二年（1120），方腊叛乱，时任随军转运使的陈遘（字亨伯）同时兼任经制使，负责军费调度。当时，增设了量添酒钱、增收一分税钱等税目，这些统称为经制钱。这一临时军费制度在北宋末年被废止，南宋初期绍兴三年（1123），户部尚书吕颐浩等人又建议重新施行，并且又新设五个税目：榷添酒钱、量添卖糟钱、增添田宅增牙税钱、官员等请给头子钱、楼店务添收三分房钱。绍兴五年，参知政事孟庾请求设置总制司，各州县出纳的税钱每 1 贯需交纳 30 文头子钱，除这 30 文中的 7 文充当总制钱外（按：30 文中 15 文为经制钱，6 文归提刑司、转运司，2 文作为州县公用钱），总制钱还包括了耆户长庸钱、转运司移用钱等九个税目。经制钱、总制钱绝不是定额的，随后数次增加过额度，主要通过增加各税目的科率，或者添加新税目来实现。

移用钱。在为特定用途所设的税目征收税额不足时，为填补这一不足，另设新的税目进行征收，所征收的税钱被称为移用钱。文献中，常常提及转运司移用钱，但鲜少提及过经制司、总制司移用钱。对于后者，白焜援引了《朱文公文集》第 20 卷中收录的《乞减移用钱额札子》：“〔朱〕熹契勘，本军财赋匮乏，官兵支遣常是不足，逐时全仰酒税课利分隶相助，近自乾道九年内，蒙使司于经常分隶钱数之外，创立名色，每月抛移用额钱一千二百余贯，均于城下及两县酒税务趁弁，自此之后，酒税所收课利，除桩移用钱外，诸司所得分隶钱数不多，致本军财计转见阙乏，支持不行……只如本军见今拖欠使司移用钱，四个月无以起解，今有公状具申，欲望台慈矜怜，特赐于元抛移用额钱上，重赐裁减，行下桩弁，非独场务可以补解逋欠，又于本军不无少有补助，干冒威严，不任悚慄。”孝宗淳熙五至六年间（1178—1179），就任于知南康军的朱熹书写了该札子，虽然通读全文，并未见“总经司移用钱”字眼，但仔细研读札子内容后，可以明白：乾道九年（1173）江南东路转运司容许南康军新立名色，每月千二百余贯的移用钱是用于补助总经制钱的移用钱。官兵的薪俸是从州的公使钱（经常分隶钱）中支出，为了解决因薪俸上涨而带来的财政危机，转运司指示南康军针对星子县以及都昌、建昌两个属县的酒税设置移用钱，所得全部用于支付官兵的薪俸。《宝庆四明志》卷 13、15、21 中，记载了明州辖内鄞、奉化、象山三县有关此类移用钱的情况。以鄞县为例：

“酒税

小溪务、係省场

收息钱，四千二百四十七贯一百七十文

诸司，四千一百八贯三百三十八文

总经制司，二千六百四十三贯一百八十八文

糴本司，九百三十五贯四百七十四文

移用司，五百二十九贯六百七十六文

本府，一百三十八贯八百三十二文

糟钱，一百一十一贯八百八十八文

诸司，三十六贯七百九十六文

经总制司，二十四贯八百九十八文

移用司，一十一贯八百九十八文

本府，七十五贯九十二文”

此外，白焜似乎认为乾道九年为补助经总制钱而设立的移用钱举措，在全国各地都统一施行了，笔者对此表示怀疑。首先，仅依据上文札子来说，乾道九年仅仅是江南东路转运司发出了指令，直接将它适用于全国范围，是不合理的。其次，《宋会要》《宋史》《文献通考》《建炎以来朝野杂记》等基本文献中也未提及相关新制度的设立。所以，朱熹札子里所提及的乾道九年移用钱应该仅限于南康军，且是在州财政困难时施行，这一措施可能最早施行于孝宗初年。随后波及面临相同状况的各州，所以上文中的明州以及蒋祈《陶记》中的饶州也可能征收移用钱。

[50]饶州之月桩钱。月桩钱先关记载可见于《宋史》卷179和《文献通考》卷19。白焜引用前者进行注解，前者与后者相比，记述就更加简略。《文献通考》：“月桩钱。始于绍兴二年也，时韩世忠驻军建康，宰相吕颐浩、朱胜非共议，令江东漕臣，月桩发大军钱十万缗，以朝廷上供、经制及漕司移用等钱应办，当时漕司不量州军之力，一例均抛，既有偏重之弊，又於本司移用钱不肯取拨，止取於朝廷窠名，曾不能给十之二三，于是州县横敛，铢积丝累，仅能充数，一月未毕，而後月之期已逼，江东西之害尤甚……十七年，减江东西月桩钱一十二万七千缗有奇，光宗登极，用吏部尚书颜师鲁奏，减江浙诸郡月桩钱一十六万五千缗有奇。”被称为大军钱、月桩大军钱的税，绍兴二年九月，建康设立江南东西路宣抚司，时值韩世思担任宣抚使，为筹备军费命令江南西路每月在上供钱、经制钱、转运司移用钱中筹措出十万贯作为临时税，第二年，波及江南西路、两浙路、荆湖南路，并变为常税。《文献通考》又载：“江浙转运赵汝愚上言，臣伏，自到任以来，不住询访民间利害，及今来巡历所至，有可以宽裕民利者，本司已随事斟酌轻重，次第罢行，独有诸县措置月桩钱物，其间名色类多违法，最为一方细民之害，臣试举其大者，则有曰麴引钱，曰纳醋钱、卖纸钱、户长甲帖钱、保正牌限钱、折纳牛皮筋角钱，两讼不胜则有罚钱，既胜则令纳欢喜钱，殊名异目，在处非一……”孝宗初年，江南西路各县滥征月桩钱，主要名目有麴引钱，曰纳醋钱、卖纸钱、户长甲帖钱、保正牌限钱、折纳牛皮筋角钱。

此外，白焜援引了《古今图书集成·食货典》中赵汝愚的上奏文，年代定为光宗初年，笔者并不赞同这一观点。依据《宋史·赵汝愚传》（卷392），赵汝愚孝宗初年任江西转运通判官。“……擢进士第一，签书宁国军节度判官，召试馆职，除秘书省正字，孝宗正锐意恢复，始见，即陈自治之策，孝宗称善，迁校书郎……迁著作郎知信州，易台州，除江西转运判官，入为吏部郎兼太子侍讲，迁秘书少监兼权给事中，权吏部侍郎兼太子右庶子，帅福建，进直学士制置四川兼知成都府……光宗受禅，除知潭州，辞改太平州，进知福州，绍熙二年，召为吏部尚书……”另外，《文献通考》中“江浙转运”应作“江西转运”。

[51]支使醋钱。有关“支使”一词，《资治通鉴》胡三省注（卷252、257）：“唐制，节度使属官有行军司马、副使、判官、支使、掌书记、巡官、衙推各一人，同节度副使十人、馆驿巡官四人，……观察使幕属有支使，以掌表笺书翰，亦书记之任也。”唐代时，节度使、观察使为幕府属官，到了宋代，二者性质转变为幕职官，一般在地方行政官厅执掌府州军监的书记。《宋史·职官志》卷167：“幕

职官。签书判官厅公事，两使〔节度使、观察使〕、防团〔防御使、团练使〕、军事推判〔官〕、判官、节度掌书记，观察支使，掌裨赞郡政，总理诸案文移，斟酌可否，以白于其长而罢行之，……凡节度推判官从军额，察推及支使从州府名。”

醋息钱的解释并不统一。《宋会要辑稿·食货十四》指出它是服乡役的徭役人所需负担的各种支出费用之一。“乾道元年八月五日，臣僚言，州县被差执役者，率中下之户，中下之家产业微，物力又薄，故凡一为〔都〕保正、〔副〕保正，鲜不破家败产……方其始参也，馈诸史，则谓之参役钱，及其既满也，又谢诸吏，则谓之辞役钱，知县迎送，僦夫脚则谓之地理钱，节朔参贺，上傍子，则谓之节料钱，官员下乡，则谓之过都钱，月认醋额，则谓之醋息钱，如此之类不可系数……”

《朱文公文集》别集卷九《施行人户诉状乞觅》则指出它是递交诉讼时百姓的负担费。“……其在都昌〔县〕旧来踏旱之弊，名色非一，不敢不以告者，凡押旱状，官中所收，则谓之醋息钱，直日司乞觅，则谓之接状钱，已下案，案吏乞觅，则谓之买纸钱，及投旱帐，则谓之投帐钱，官员下乡检踏，供帐民户着押，社司乞觅，则谓之著字钱，检踏官员随从人吏，于保正名下乞觅，则谓之俵付钱，官司行下，蠲放所纳米斛，社司随斗敷数乞觅，则谓之苗头钱，凡此之类，皆蠹民之尤者……”此外，《宋会要辑稿·食货十二》指出它是为支付官吏下乡时的补贴而向百姓征收的税钱，“乾道元年五月臣僚言，凡官员下乡，则谓之醋息钱”，即《宋会要辑稿·食货十四》中提及的“过都钱”。白焜据此，将《陶记》中的醋息钱解释为官吏下乡的补贴费，这是正确的。

但是，笔者并不赞同他将“支使〔俸禄〕”“醋息钱”分开解释。支使是府州的幕职官，所领俸禄从国库出，不同于县镇胥吏的禄米由州镇财政支出。《陶记》中支使的醋息钱应该理解为：支使被派遣到州辖内的乡村进行调查时所获的临时报酬，即向当地村镇百姓征收的醋息钱。

[52]镇之吏俸。成年男子需要履行为国家进行无偿劳动的徭役义务，均田法背景下，分为赴往京师为朝廷提供的岁役（纳物场合称为庸）和在本地州县提供的杂徭，唐朝中期，改租庸调法为两税法，徭役仅剩下杂徭。杂徭随着货币经济的发展和政治的复杂化，分化为乡役和职役。对于前者，农民在乡里听从官府指令。后者则需每天在固定时间前往官府报道，听候官府差遣，非常职业化。所以胥吏被定义为“庶人在官者”。作为职役人的胥吏，负责官府最不重要的杂务，与百姓接触，但因为他们在身份上还是庶民，所以他们的俸禄并不由国家发放。他们为维持生计，会私下向百姓收取手续费，国家也默许这一行为。此种行为的弊害渐渐扩大。北宋中期，王安石新法将差役法改为募役法，同时为消除胥吏的滥收，制定仓法，向部分胥吏发放禄米。这一新法哲宗时期被旧法党暂时废止，北宋后期、南宋时又复行。

镇吏虽然是驻扎在景德镇的监镇官部下，即胥吏，但他们追根到底隶属于县。南宋时期，会发放顾钱给县的胥吏，嘉定《赤城志》卷17：“县役人。人吏……熙宁募知后典，替曹司，自是县吏不贴差，绍兴令，募成丁有税产无过犯者充。”

[53]孤遗。《宋史·职官志》卷164：“〔哲宗〕绍圣元年诏，袒免外两世孤遗贫乏者，验实廪给之。”北宋哲宗、徽宗已与太祖、太宗相隔五世，宗族中不需履行服丧义务的疏族（袒免外之亲）增加。当然他们有封爵特权，但也有近亲官至七品以上，自己却没能蒙恩荫入仕，继而使生活陷入贫困的人。对此，如上述诏书所述，朝廷发放特别赈恤。宋王朝南渡后，大多数宗族的生计都不得不依靠朝廷的特别赈恤。《宋会要辑稿·帝系五》：“绍兴元年六月三日，臣僚言，伏见，累降德音，令存恤

所在宗室，绿州县支费滋广，廪给不继，遂致奸弊多端，真伪无别，多有饥寒流落者，乞令所在州军，选委尊属，按月类聚券历，点勘无伪冒保明，赴州帮支，从之。”移居饶州境内的宗室的赈恤费从饶州财政中支出，即由饶州辖内六县分担（按：鄱阳、余干、浮梁、乐平、德兴、安仁），那么浮梁县的分担额的一部分则转嫁到景德镇窑户身上。

白焜引用了《宋会要辑稿·帝系七》中乾道元年正月一日的赦文，但他仅引用了与临安府、绍兴府相关的后半部分，前半部分涉及州县赈恤钱的规定，亦很重要，所以此处全文转载：“〔孝宗〕乾道元年正月一日赦，勘会，州县寄居宗子等孤遗钱米，累降指挥，令按月支给，访闻，州县不为依期批勘，致有失所，未副惇睦之意，仰监司，常切检察，勘会，行在、绍兴府孤遗宗子、宗女、宗妇等所请钱米微薄，不能养赡，可比附两外〔宗正〕司孤遗体例，将见请钱米之人，籍定名字，如十五岁以上，每月添支钱一贯、米一石，十四岁以下，减半添支。（注）乾道三年十一月二日、六年十一月六日、九年十一月赦同。”

[54]作匠。《宋史·兵志十一》卷197：“器甲之制，其工署则有南北作坊，有弓弩院，诸州皆有作坊，皆役工徒而限其常课……诸州岁造黄桦黑漆弓弩等凡六百二十余万……〔南宋〕初御前军器监军器所万全军匠，以三千七百为额，东西作坊工匠，以五千为额，绍兴初，役兵才千人，久之增至五千六百余，又于诸道增二千九百余，本券外复增给日钱百七十、月米七斗半。”有关各州的作坊情况，可见《开庆四明续志》卷6中关于明州作坊的详细记载：“除戎器，戒不虞，聚而有防也，大使丞相吴公既建武藏以藏兵，敹乃甲胄，敿乃干，无敢不吊，遂以庆元府甲仗库、帐前库应管军器并改隶制置大使司院，十有三作，曰大炉作，曰小炉作，曰穿联作，曰磨锃作，曰磨擦结裹作，曰头魁作，曰熟皮作，曰头魁衣子作，曰弓弩作，曰箭作，曰漆作，曰木弩桩作曰木枪作，日役军民匠□□□人，军匠日支钱三百文、米二升，酒一升，民匠一贯五百文，诸军子弟匠五百文，米酒视军匠之数……”蒋祈《陶记》此处“作匠”指饶州武器制造作坊的军匠。南宋晚期，这些军匠成为官员的私役，从而放弃自己的本职工作，白白浪费了官府的钱米，弊害甚大。《宋史·兵志九》卷195：“〔理宗〕淳祐十一年，台臣条陈军匠不闲阅习之弊，按旧制，禁兵毋私役，比岁凡州军屯营驻扎之处，多循旧习，每一州军匠无虑数百，官无小大各战破，而雕镂组绣、攻金设色之事，靡所不有，工艺虽精，击刺不习，设有小警，何能授甲，乞申严帅守及统兵官，应军匠听归营伍，闲习训练，勿竞作无益，虚糜廪稍，以妨军实。”

[55]春秋军旅赏赉。依宋制，禁军、湘军每日操练武艺，春秋两季时进行比试，成绩优良者获得赏赐。《宋史·兵志九》卷195：“（神宗）熙宁五年四月诏，在京殿前马步诸军巡教使臣，并以春秋分行校试射，命中者第赐银楪，兵房置籍考校，以多少定殿最。”“高宗建炎元年，始颁枢密院教阅法，专习制御摧锋破敌之艺……其春秋大教推赏，依海行格法……绍兴二十四年臣僚言，州军禁卒远方纵驰，多不训练，春秋教阅，临时备数，乞申严旧制。”驻扎各州的军队进行春秋比试时所需的推赏费，由所在州负担，即从辖内各县镇的课赋中来。

[56]圣节赏赉。将天子生日作为圣节庆祝的传统由来已久。《宋史·礼志》卷65记载了太祖长春节以后历代的圣节嘉礼，孟元老《东京梦华录》卷九“宰执亲王宗室百官人上寿项”记录了徽宗天宁节的奢靡豪华。南宋初期，绍兴三十二年六月高宗让位于皇太子（孝宗），自称光尧太上皇帝，孝宗后又模仿高宗，于淳熙十六年二月传位于皇太子（光宗），自称寿皇圣帝，所以孝宗登基的第一年，

高宗天申节和孝宗会庆节并存，光宗登基的第一年，孝宗会庆节与光宗重明节并存。圣节之际，朝廷赏赐物件和筵席给皇后和百官，赏赐官钱给州县，并举办盛大的庆祝宴。《宋史·食货志下》卷179："〔徽宗期〕臣僚上言，诸州遇天宁节，除公使〔钱〕外，别给系省钱充锡宴之用，独诸路监司许支逐司钱物，一筵之馔有及数百千者，浮侈相夸，无有艺极，自是诏，遇天宁节宴，旧应给钱者，发运、监司每司不得过三百贯，余每司不得过二百贯以上，旧给数少者，止依旧。"这笔巨额的费用来源于州县以圣节进俸银名义征收的赋税。《淳熙三山志·财赋类》卷17：

"福建路岁贡上供银六万八千七百四十一两四钱。年额银四万五千两、折博香药银一万三千三百三十三两四钱、大礼助赏银七千四百八两、圣节进奉银三千两。"

[57]郊祀赏赉。天子每三年举行一次郊祀，这是国家最重要的典礼。冬至时前往南郊圆丘（天坛）祭天，夏至时前往北郊方丘（地坛）祭地。大礼完成时，大赦、进官，并赏赐百官。赏赐开销极大。依据《宋史·食货下一》卷179，太宗末年至道年间（995—997）全国财政总收入为22245800贯，每次郊祀需花费500多万贯。为了支付这笔巨额费用，当然需要向州县增加税赋。"〔仁宗〕至和中（1054—1055）谏官范镇上疏曰，……及近年，转运使复于常赋外进羡钱，以助南郊，其余无名敛率不可胜计。"《淳熙三山志》除提及岁贡上供钱外，亦记有："大礼银，每遇郊祀年，别进俸九千两"，特别指出福建路六州、二军，共计47个县，每个县大约需要承担190两。

[58]试闱结葺。科举每三年一次，在秋天举行，第一场是在州参加乡试（秋试），随后及第者即乡贡进士前往京师，参加第二年春天礼部的考试（春试），依据春试成绩选出相对数量的进士。"试闱"指举行乡试、会试的考场，即贡院。

南宋高宗建炎初年，金国女真军乘胜追击北宋朝廷至江南，宋王朝忙于应战，国家动荡，难以安定。这种情况下，科举不能按旧制举办，只能临时调整，乡试由漕司（转运司）主办，并以路为单位。所以又被称为漕试或者类试。转运司所在路的主府集中了辖内几个州甚至十几个州的乡试考生，因此主府原来的贡院变得十分拥挤，需要进行扩建。以成都府路为例，岳珂《桯史》卷10："成都〔府〕新繁〔县〕有藏艺祖御容者，莫知始何年，令长交事，楬护畀付惟谨，淳熙间，胡给事元质制置四川，闻之谓，偏陬下鄙非所宜有，命归之府，议以为，乾德平僭伪，虽銮舆不亲幸，而耆定一方，实为隽功，欲扳援章武端命故事，建殿以严崇奉，遂斥羡财鸠工，伐巨木千章，卜地筑宫有日矣，僚案或谓，郡国私建宗庙，谊盍先以闻俟报可，胡竦然，乃暂辍役，驿书请于朝，廷议果不以为然，弗之许，胡大沮念，木石已具，且动观瞻，不容已，会贡院敝甚，因撤而新之，既毕工，壮丽甲西川焉，事有适会乃如此。"饶州隶属江南东路，主府为江宁府（南京），此地贡院改建所需的试闱结葺费用自然会分担到浮梁县景德镇。

[59]权官。就本节以及下一节提及的"权官"，白焜并没有给出解释，尾崎、佐久间都认为是指有权势的官员。尾崎将其具体解释为由蒙古人担任的浮梁州监督长官，即达鲁花赤（daruga i），佐久间设想其为拥有权限的上级官僚。但笔者并不赞同他们的观点，此处"权"应作"仮"解，指权势微弱的仮官，等同于摄官（代理官、见习官）。所以《陶记》原文中的权官应该指景德镇的监镇官，如注1所述，监镇官是县下属机关中专门负责赋税、治安的监当官一类，比之亲民官（州县官），地位低下。最低等级的亲民官是县尉，从身份上来看，还是选人，而不是正式官员（工作一定年数后，由上司推荐晋升为正式官员），所以监镇官当然也是选人。《宋史·职官志》卷170"文臣荫补"条

中可见有“权官”记载：“朝请大夫〔从六品〕，带职朝奉郎〔正七品〕以上子将仕郎，小功以上亲将仕郎，缌麻上州文学。”由此可知，恩荫制下最低官位为将仕郎，南宋文官分四十个等级，将仕郎居最末。以第三十等的承务郎为界，前面等级均为京官，即正式官僚，属流品官，从第三十一等的承直郎到第四十等的将仕郎，都属流外官，即选人。上述引文后有补注：“注权官一任，回注正官，谓带职朝奉郎以上亡殁，应荫补者。”简言之，蒙恩荫的任子虽然同为选人，但与捐纳、年劳的胥吏相比，出身不同，他们是六品官、七品官的子弟，享受晋升特权，可担任任期三年的权官一职。如此看来，蒋祈《陶记》此处应理解为：权官（见习官）地位低下，当监镇官未达成征税指标时，他的考核成绩也会受到影响，以致难以再抗衡胥吏、奸商的横暴。

## 九、景德镇窑场的衰微及其原因

予观数十年来官斯去者[60]，无不有州家挂欠之籍[61]。盖尝推求其故，则有由矣。窑家作辍，与时年丰凶相为表[62]里一也。临川、建阳、南丰他产，有所夺[63]二也。上司限期稍不如约，则牙校踵门以相蠹蚀[64]三也。狱失其校，权官散分[65]，迩来猾商狡侩无所惮怖四也。土居之吏，牢植不拔，殆有汉人仓库氏[66]之风五也。官之侩者，吏挚其肘，一有强明自任，则吏结豪驵之民，诡辞上官，必使惩之，更而后已[67]。官不少察，事势轻矣。此重可为太息者也。

仅就我所见所闻，数十年来，上任此地的[60]官员〔监镇官〕，没有谁直到任期结束，还不因为没有完成征税指标，而在饶州出纳簿留下滞纳税额记录的[61]。为什么出现这样的状况？主要有以下几个原因。第一，景德镇每年农作物的收成情况会直接影响陶业从事者的生产额，后者随丰凶年增减[62]。第二，临川、建阳、南丰窑等产品竞夺市场[63]。第三，〔以瓷课为主的各种税赋〕一旦稍微超过规定的交纳期限，〔监镇官的〕上司就会派遣牙校直接上门督促窑户纳税[64]，这时窑户遭牙校苛求而蒙受财产损失。第四，需要裁决的场合，监镇官作为身份低下的权官〔屈于各种压力、干涉〕不能做出公正的判决[65]，近来狡猾的大商人和中介不忌惮法律，公然〔逃税、滞纳〕。第五，当地的胥吏如同汉代的仓氏、库氏一般巩固世袭势力[66]，如果他们发现监督他们的监镇官不谙世事，就会〔使用各种手段〕妨碍监镇官执行职务，反之，若监镇官正直而自信，那么他们就会委托有实力的商人向监镇官的上司进谗言，监镇官因此无故受罚，并最终被替换[67]。〔对于当地这一令人担心的现状〕上级官府察觉不到一点真相〔任由事态恶化〕，就会失去官府权威。上级官府认识不到〔令景德镇窑业衰微的上述五点原因〕，不得不说实在是令人感慨叹息。

**[注释]**

[60]官斯去者。此句解读困难。尾崎依据光绪七年《江西通志》中“官斯土者”，认为此处“去”是“土”的误写。佐久间将此解释为“在此为官者”，认为“斯去”指“此处”。笔者并不赞同这两种观点。

笔者认为此处应照字面意思理解为“在此处为官，后又离开者”，即“来景德镇上任监镇官一职，任期满后调任别处的人”。

[61]州家。尾崎、佐久间都将其解释为州民，笔者赞成白焜的意见，应为“宋时对州府的别称”。胡三省注《资治通鉴》卷249：“唐人谓诸节度、观察为使家，诸州为州家，诸县为县家。”“州家”一词始于唐代，沿用于宋代，是“州厅”的俗称。

挂欠。未结算的余额。景德镇监镇官同时兼任瓷窑商税务使，负责瓷课、商税、酒税等赋税征收，窑场萧条时，生产不振，兴烧次数、烧造瓷器量、交易状态都会下降，因此很难达到平时预定的税额指标。这种数额不足即为挂欠。这种挂欠会降低监镇官的在任成绩，推迟晋升。换言之，实际数额登记在州的会计簿上，是评定在任成绩的基准。

[62]指出周边诸州的农作物收成情况影响镇的税收，当时景德镇窑的市场不仅限于城市，农村也是其重要组成部分。所谓乡村市场，大小地主等富裕阶层仅占一小部分，绝大多数还是自耕农和佃农。有必要确认景德镇窑业市场分为销售精瓷的上级市场和销售粗瓷的下级市场。

[63]临川、南丰、建阳窑。前两者可参阅陈伯泉《江西临川、南丰窑址调查》(《考古》1963年12号)，后者可参阅宋伯胤《建窑调查记》(《文物参考资料》1955年第3期)以及厦门大学人类学博物馆《福建建阳水吉宋建窑发掘简报》(《考古》1964年第4期)。

临川窑。江西省临川县西南4公里白浒渡旁，现存有一甲村、二甲村、毛家村窑址。创烧于北朝晚期，繁荣于唐代，没落于宋代末年。唐代遗物，胎骨粗厚，施黑褐釉、酱褐釉；宋代遗物，胎骨细薄，施青绿釉、豆青釉。

南丰窑。江西省建昌府南丰县南27公里处白舍街现残存窑址16座。宋代时最为繁荣，进入元代逐渐衰落。遗物分影青瓷、白瓷、粗白瓷三种，其中影青瓷数量较少。

建阳窑。福建省建阳县溪口乡、碗窑乡、水吉镇南10公里处地墩村发现窑址。均属宋代窑口，前二者烧造青瓷、青白瓷，后者烧造黑瓷。

刘新园认为景德镇窑与临近窑场竞夺的是高级青白瓷市场，他忽视了三窑中也烧造黑瓷的池墩窑。《陶记》原文记载的是广义上的景德镇窑，湖田窑的黑瓷、黄瓷销往两浙路，此地存在好几个市场，就市场丧失来看，也应考虑著名的建盏黑瓷驱逐湖田窑粗黑瓷的情况。此外，镇窑与临川、南丰二窑之间存在南北200多公里的区域，其中仅饶州(鄱阳县)、洪州(南昌县)、信州(上饶县)三个中级城市，其余皆为农村地区，对于镇窑来说，这应该是最近的下等品市场。因此，有必要重新考虑镇窑被抢夺的只有高级影青瓷市场这一观点。

白焜指出建阳县于南宋景定元年(1260)改名为嘉禾县，而《陶记》并未用“嘉禾县”一名，所以《陶记》的成书下限应该在开庆元年，刘新园的端平元年(1234)下限说应该改正。

[64]牙校。中唐以后，节度使幕府中私设牙官，即武人将校。胡三省注《资治通鉴》卷223：“节镇州府皆有牙官、行官，牙官给牙前驱使，行官使之行役，出四方，自五季以后，诟詈武臣，率曰牙官。”宋代后，节度使成为虚名，地方制度上称节度州、观察州，不超府州等级。《陶记》所言“牙校”类似以前行官，是被州派遣至辖内各地驻扎军的将校、下士官。

[65]监镇官拥有裁决权。《宋史·职官志七》：“诸镇。至于管下人烟繁盛处，设管官管火禁，或兼酒税之事，凡仗罪以上并解本县，余听决遣。”由此可知，监镇官仅可施笞刑，仗罪以上需要县

里再审决定。

白焜指出因为监镇官是地位低下的权官（见习官），所以常常受制于奸商、胥吏，弊害甚大，援引《宋史·曾从龙传》卷419一节："曾从龙，〔宁宗〕庆元五年（1199）擢进士第一……迁兵部员外郎、左司郎中、起居舍人兼太子右谕德，使金还转官，疏言，州郡累月阙守，而以次官权摄者，彼惟其摄事也，自知非久，何暇尽心于民事，狱讼淹延，政令玩弛，举一郡之事付之胥吏，幸而除授一人，民望其至如渴望饮，足未及境而复以他故罢去矣……欲望明诏二三大臣，郡守有阙，即时进拟，其有求避惮行者，悉杜绝其请，其缴劾弹拄者，疾速行之……开禧间（1205—1207）丐外，知信州。"曾从龙于庆元末年至嘉泰中期出使金国，他在上奏中陈述了归途中所见两淮路州郡的制度松弛。如注29所述，南宋两淮路地区社会秩序动荡，难以施行正规官制。即使任命了州县长官，他们也会寻找各种借口不去赴任，于是由次官、三官代理，这些代理官甚至常常将政务委托给胥吏处理。不过，这种现象到底也仅限于两淮路，绝不是全国性的。监镇官虽然常常也被称为权官，但与此处权官不同，绝不能混同。更不能将监镇官的权官制与曾从龙所指的两淮州县官的权摄制等同。

[66]胥吏由当地居民充当，虽然有固定任期但却不会严格执行，特别是卸任时允许担保、推荐继任者，故而世袭化，在当地自成一股势力。另一方面，科举制下的官僚有回避制度，禁止在乡里州县为官，且三年任期满后即调任别处，所以不可能在乡里或就任地扶植势力。所以近世有谓"官有封建而吏无封建"。有关胥吏一职世袭实例，可见周密《齐东野语》卷10"洪景卢"条："洪景卢〔迈〕居翰苑日，尝入直，值制诏沓至，自早至晡，凡视二十余，草事竟，小步庭间，见老叟负暄花阴，谁何之，云京师人也，累世为院吏，今八十余，幼时及识元祐间诸学士，今子孙复为吏，故养老于此……"仓、库氏。《史记·平准书》卷30："至今上〔武帝〕即位数岁，汉兴七十余年之间，国家无事，非遇水旱之灾，民则人给家足，都鄙廪庾皆满，而府库余货财，京师之钱累巨万，贯朽而不可校，大仓之粟，陈陈相因，充溢露积于外，至腐败不可食……守闾阎者食粱肉，为吏者长子孙，居官者以为姓号，故人人自爱而重犯法，先行义而〔后〕绌耻辱焉……"哀帝时期宰相王嘉上奏文援引了司马迁对汉初国泰民安的歌颂，并提及了仓氏、库氏的由来。《汉书·王嘉传》卷86："哀帝初立，欲匡成帝政，多所变动，奏上疏曰，……孝文时，吏居官者或长子孙，以官为氏。仓氏、库氏则仓库吏之后也……"

[67]南宋宁宗时期宰相赵汝愚曾提及胥吏勾结豪强挟持官吏一事。《文献通考·征榷六》卷19："江浙转运赵汝愚上言，臣伏，自到任以来，不住询访民闲利害，及今来巡历所至，有可以宽裕民利者，本司已随事斟酌轻重，次第罢行，独有诸县措置月桩钱物，其闲名色类多违法，最为一方细民之害……臣尝询究，盖已累经朝廷指挥及前后监司约束往罢矣，大抵类能力制于一时，而不能保无于后日，其弊正如鼠穴，左固则右逸矣，至诘其所从出入，则首以月桩无科名，循例措置为辞，甚者奸赃之吏又并缘掊克以济其私，预于簿书之间，阴为抵谰之计，有司熟视，不可稽考，其间设有能自植立，整齐纪纲者，则往往窘于调度，拘率牵制，困不得逞，其豪宗大姓因得持，是数者挟持官吏，以渔猎细民，流弊万端，不可殚述……"

## 十、结语

尝记容斋随笔载。昔之守令不市陶器，父老所传仅二人焉[68]。呜呼，何辽绝耶。容斋所记，可以尽信否耶。何今未有继也。又闻。镇之巨商，今不如意者十八九。官之利羡，乃有倍蓰之亏。时耶。山川脉络，不能静于焚毁之余，而土风日可以荡耶。一里窑，五里焦之谚语，其龟鉴矣[69]。或者谓。博易之务废矣。窑巡之职罢矣[70]。今之不可复古矣。然河滨之陶，人为盛德所感。故器不苦窳[71]。庸讵知，今日董陶之器，不可以复古耶。是又非予所得而知也。

我记得曾在《容斋随笔》中读过："前任饶州长官、浮梁县长官中，不〔强制〕买卖辖内景德镇瓷器的，镇上父老口中所传的不超过两个人。"[68]〔所举二人，乃是廉洁正直、务实的县官〕与近来实际状况相比，为什么差距如此之大。洪容斋的记述是否属实？如果属实，为何现在廉洁正直的官员遍地难寻？我又听闻，现在镇上制瓷业者十之八九事业不振，所以瓷窑商税务的课利征收，比之以前，滞纳额增加了数倍。由此可见，现在景德镇窑场全面衰微，人们无论如何都应该要适应这一困难局面吧。以山川为代表的自然环境〔如同人体一样〕脉络相连，镇窑长年累月的过度烧造破坏了环境的和谐，景德镇在将来可能要面临自然资源枯竭和人力资源不足的情况。所以谚语有谓"一里的窑，带来五里的焦"，我辈一定要引以为戒[69]。但是，另一方面，有的人认为镇窑的凋敝〔不是因为时运所致〕，而是由于制度上的缺陷，即博易务的废止和窑巡一职的撤去，对此表示异议[70]。被古圣人舜的盛德感化，不诚实的河滨陶人们也不再制造粗糙的残次品[71]，由此可知，窑场的盛衰与制度的存废无关，而与相关人物是否适合有关，现在很难找到像之前那样廉洁的官吏，来担任地位重要的监陶官一职。当然，时运也是一方面原因，对于景德镇窑业能否实现复兴，我不能断定。

---

**[注释]**

[68]洪迈（1123—1202），字景卢，饶州鄱阳县人。与其兄洪适、洪遵合成"三洪"，是南宋初期的文人代表。《容斋随笔》卷4"浮梁陶器"条："彭器资尚书文集，有送许屯田诗曰，浮梁巧烧瓷，颜色比琼玖，因官射利疾，众喜君独不，父老争叹息，此事古未有，注云，浮梁父老言，自来作知县不买瓷器者一人，君是也，作饶州不买者一人，今程少卿嗣宗是也，惜乎不载许君之名。"上述记载中，洪迈引用了北宋中期吏部尚书彭汝砺的诗作。彭汝砺（1042—1095），字器资，鄱阳县人。出生于胥吏之家，为英宗朝状元，官至吏部尚书。他祖籍也是鄱阳县，所以算是洪迈的同乡前辈。其著作《鄱阳集》卷3收录有《送许屯田》五言诗："君尝治浮梁，德爱均父母，黎明令一出，百里无敢侮。黠吏窜狐鼠，惠爱沾农亩，浮梁巧烧瓷，颜色比琼玖，因官射利疾，众喜君独不，父老争叹息，此事古未有（注：浮梁父老言，自来作知县，不卖瓷器者一人，君是也，作饶州，不卖者一人，今程少卿宗是也。君尝速我饮，漓薄祇村酒，君举长满觞，我畏不濡口，京师晚相值，相笑俱老丑，我欲提君名，四方为奔走，君立掉头去，自谢吾无取，移舟去都门，待水三月久，不一诣权贵，挂席随南斗，庐陵据艰险，狱讼成渊薮，君以一目视，无恶亦无苟，三年最课上，坐冠江西部，我来

君及瓜，欲荐嗟掣肘，有才使如君，未见终不售，皆听宣室诏，莫爱潮阳守。注：广东荐君潮阳。）”据传，与彭汝砺相交的许屯田，名彭年，字子仁，屯田员外部官员，当时任职于浮梁县。浮梁县与彭汝砺家乡鄱阳县相邻，二人经常结伴出游。《鄱阳集》卷10亦收录有《同许屯田子仁宿圆通寺》七言律诗。因为许屯田为官廉洁，所以后来彭汝砺助其成为潮阳县长官。

此外，依据蒋祈《陶记》征引《容斋随笔》中有关廉能官的记述，刘新园认为《陶记》成书年代的上限应为南宋孝宗时期淳熙十四年（1187），这一假设是正确的。《容斋续笔》的卷首记载有孝宗读完《容斋随笔》刊本后与洪迈亲自讨论感想的片段。

[69]山川脉络之语出自中国独有的风水说（堪舆说）。天人合一说认为山川的方向和地形都会给人、给社会带来不可避免的影响。

谚语“一里窑，五里焦”的出处不明，可能流行于当时的景德镇窑场。县的行政区划体系为县、乡、里制，里是乡村的地域单位。唐代时，每一百户农家被编为一组，形成自治区划。北宋神宗时期施行保甲制，分为保（十户）、大保（五十户）和都保（五百户），随后乡和里之间的都保改称为都。据康熙二十一年《浮梁县志》，县分为福西乡（四都十图）、兴西乡（四都十三图）、安西乡（八都十一图）、安东乡（五都八图）、福东乡（四都四图）、寿安乡（七都八图）、兴东乡（二都三图）、锦绣乡（八都十二图）、化鹏乡（七都十六图）、新定乡（七都十六图），共计十乡、五十六都、一百零一图。景德镇所属的兴西乡由里仁都（五图）、镇市都（一图）、湖田都（二图）和长香都（五图）组成。嘉靖《江西省大志》卷7“设官条”：“嘉靖四十二年饶州府通判方叔猷建议，本镇统辖浮梁县里仁、长香等都一十三里居民……”由此可知，明末清初景德镇的管辖范围覆盖兴西乡全境，而且“图”是“里”的别称。又，镇上的窑口都是集中的，即十三里中的一里，所以有“一里窑，五里焦”的说法。

[70]景德镇瓷窑博易务。苏轼《东坡志林》卷5：“近者余安道孙献策榷饶州陶器，自监榷得提举，死焉，偶读太平广记，〔唐德宗〕贞元五年，李白子伯禽为嘉兴乍浦下场杂盐官，侮慢庙神以死，以此知，不肖子孙代不乏人也。”

余靖（1000—1064），字安道，广东省曲江县人。仁宗初年进士，官至工部尚书。因耿直纳言，而名声大噪。神宗时期，他指责孙对新法党溜须拍马。《宋史·食货志》卷186仅记载了元丰五年（1082）设立博易务，具体细节不明。《资治通鉴长编》卷329：“元丰五年八月甲寅〔五日〕饶州景德镇置瓷窑博易务，从宣义郎都提举市易司勾当公事余尧臣请也。”由此可知，最先是余尧臣建议设立博易务一职。余尧臣死后，其弟余舜臣自荐接任博易务一职，但请求被驳回。《资治通鉴长编》卷340：“元丰六年十月甲戌〔二日〕承事郎监饶州商税茶务余舜臣言，臣兄尧臣献饶州景德镇瓷窑博易务，蒙朝廷付以使事，推行其法，方且就绪，以勤官而死，乞委臣勾当，诏令赴阙，中书审其人材可否以闻，已而舜臣至，乞上殿，乃复诏令归本任。”窑巡和博易务各司其职。博易务负责镇窑瓷器的采购，以及向瓷器商人出售瓷器以赚取中间利润，窑巡负责监视瓷器生产商是否有私下买卖行为，所以窑巡算是博易务的属吏。

[71]河滨之陶。《管子·版法解》卷21：“舜耕历山，陶河滨，渔雷泽，不取其利以教百姓，百姓举利之，此所谓能以所不利利人者也。”此外，《史记·五帝本纪》卷1：“舜耕历山，历山之人皆让畔，渔雷泽，雷泽之人皆让居，陶河滨，河滨器皆不苦窳，一年而所居成聚，二年成邑，三年成都。”虽然二者的记述有差别，但所要表达的意思一致：舜的谦让美德感化了追求利益的匠人们，从而使人心聚拢，

共同推动事业繁荣昌盛。由此可知，景德镇窑场的繁荣复兴主要依靠监临行政官、征税官的廉洁正直。

昭和五十九年一月二十日完稿

追记

本稿校正之时，获赠熊寥先生新作《蒋祈〈陶记〉著于元代辨》的抽印本（《景德镇陶瓷》第20号1983年第4期）。内容正如标题所示，反驳刘新园先生提倡的南宋期著作说，主张元代著作说。因本稿已在校正阶段，所以未能给出相关译注。虽然熊寥先生的论证亦有若干引发思考之处，但笔者认为很难从根本上动摇刘新园先生的观点，所以没有再改订注释部分的必要。

# 蒋祈《陶记》年代考

佐久间重男

**（一）问题提起**

作为研究中国陶瓷史、窑业史的重要文献资料，蒋祈的《陶记》最早记述了著名瓷器产地——景德镇的窑业情况。原稿散佚不存，现存本乃是收录在后世《康熙浮梁县志》《光绪江西通志》[1]的概要版本，共计一千余字。蒋祈将明代以前景德镇窑业状况进行古今对比，并详细记录了自己的所见所闻，尤其对当时窑业生产以及贩卖的情况，具有极高的史料价值，十分宝贵。

因为尚未发现蒋祈的传记，所以《陶记》具体写成于明代以前哪个时期，至今不明。但是从乾隆以后《浮梁县志》《饶州府志》《江西通志》收录的《元蒋祈陶记略云》来看，蒋祈被当作是元代人，那么《陶记》记述对象也当属元代景德镇。此外，现存有几件至正元年（1341）蒋祈铭款瓷器，若此处蒋祈与《陶记》作者确系一人，那么蒋祈当为至正元年前后的元代晚期人，这也是学界普遍认可的观点[2]。近几年，笔者所写的《陶记》评论和译注，也都是在元代说的前提下展开论述的[3]。

但是最近，中国学者刘新园就《陶记》内容的一般解读提出疑问，并给出新说：蒋祈乃是南宋时期人，《陶记》一文写作于南宋嘉定七年（1214）至端平元年（1234）期间[4]。刘新园现为江西省景德镇市陶瓷考古研究所负责人，参与景德镇古窑址的考古发掘调查，是当地古陶瓷研究的第一人[5]。

刘新园《陶记》著作年代考辨一文，将《陶记》记述内容与宋元时期文献史料进行对比，再依据景德镇古窑址的考古发掘调查资料，从而得出结论。他的大胆假设，此前无人提及，具有划时代性。

笔者将在下文对刘新园的文章内容进行介绍，并附上自己的若干意见。

**（二）刘氏文章的内容概观**

文章摘要称："本文以文献史料和考古资料为依据，否定了二百三十多年来学术界认为《陶记》写成于元代的传统说法，论证了这一重要文献是南宋嘉定七年至端平元年（1214—1234）之间的作品。"该文从问题提出到结论共分为以下十个部分：

一、问题的提出

二、讨论的上、下限与版本流传概况

三、关于胎、釉的制备

四、装烧与装饰特征

五、镇瓷的内销市场

六、并存竞争的瓷窑

七、关于瓷窑税制

八、关于附加税的名目、月额与职官

九、相对写作年代的断定

十、关于《陶记》与蒋祈“新说”的判别

刘新园依据以下几点反驳元代说，提倡《陶记》南宋说。

第一点，有关历届收录《陶记》的地方志版本[6]。康熙二十一年本（1682）题为“蒋祈陶记附”，乾隆七年本（1742）则题为“元蒋祈陶记略云”，康熙本把它附于明代的遗文之前，显然是将其断定为明代以前的著作，但态度谨慎，并没给出具体年代。乾隆本将其定为元代著作，但却未提及任何依据。康熙二十一年以后至乾隆七年以前的六十年间，浮梁县志没有经过编修，把《陶记》首先定为元代著作的“始作俑者”，很可能就是乾隆七年本的编修者了（图 15）。

第二点，有关《陶记》原文记述的胎土、瓷胎。由“进坑石泥。制之精巧。湖坑、岭背、界田之所产，已为次矣”可知，最优质的制胎原料出自进坑，进坑在今景德镇东 8.5 公里南安公社进坑生产队，湖坑指三宝蓬东 2 公里的府坑，岭背指牛角岭背，界田指景德镇东南 35 公里的界田村，这些地方均为瓷石（陶石）产地。蒋祈所提“石泥”乃是通过某种机械方法（水碓）把上述产地的瓷石粉碎水选而制成的泥料，很明显制作瓷胎使用的是一种瓷石类型的原料。

现在景德镇制作瓷胎使用的原料是“二元配方”，即将土质的高岭土与石质的瓷石粉末混合。但是蒋祈仅仅记录了“石泥”一种，并未提及性质完全不同的高岭土。明末（1637 年刊）宋应星《天工开物・陶埏》记当时镇瓷制胎过程谓：“土出婺源、祁门两山。一名高梁（岭）山，出粳米土，其性坚硬。一名开化山，出糯米土，其性粢软。两土和合，瓷器方成。”此记述与现在景德镇的制胎方法完全相同，因此可以得知，“二元配方”的制胎法最晚不晚于明代。

刘氏指出景德镇历代瓷器胎土中的三氧化二铝（$Al_2O_3$）的含量是不等的，且其变化是有规律的。从对历代瓷器瓷胎的化学组分的测定资料来看[7]，宋代瓷胎中的 $Al_2O_3$ 的含量都在 17% 左右，元代及其以后的都在 20% 以上。换言之，元、明两代瓷器胎土的化学成分大体相同，所以元代的瓷胎应该同明人宋应星在《天工开物》中所记述的一样，由糯米土（瓷石粉末）和梗米土（高岭粘土）二者和合制备而成。高岭土中 $Al_2O_3$ 的含量为 337% ~ 37%，高于瓷石的 147% ~ 17%。所以《陶记》中记述的一种原料的石泥，应该早于“二元配方”法，即是宋代或宋代以前的工艺。

第三点，有关瓷器的装饰和窑道具。《陶记》记述装烧方法有谓“或覆、仰烧焉”，即使用窑道具匣钵烧造时，覆烧、仰烧并存。记述瓷器装饰纹样有谓：“印花、画花、雕花之有其技”，前者将“覆烧”放在首位，后者又首先提到“印花”，显然是因为这两项工艺在当时应用最广。

将瓷坯放入匣钵烧造，且覆、仰烧在景德镇并存的时代就是北宋中期至元代中期。依刘氏所言，第一期为北宋中期至南宋早期，此时以仰烧（将瓷坯正放在匣钵中烧造）为主，覆烧（口沿露胎倒置烧造）占总烧造量的 107% ~ 20%，这个时期是覆烧开始应用的初期。第二期为南宋中期至后期，覆烧工艺应用范围扩大，这一时期由原先使用的圆锥形窑具（多级垫钵）转变为圆筒形窑具（支圈组合式），可以开始装烧规格一致的产品，覆烧芒口器在 80% 以上，此时仰烧退居次位，覆烧占主导地位。第三期为元代早期至中期，仰烧法得到改善并出现涩圈叠烧法，因此仰烧法烧造的底部无釉瓷器和底心去釉瓷器数量增多，覆烧芒口瓷器的产量较南宋时期大为减少，元代后期完全淘汰。

此外，从出土与传世的景德镇瓷器来看，划花始于北宋初期，盛行于北宋至南宋早期，印花瓷器在南宋至元代产量最大，雕花流行于北宋中期至元代，但产品极少。蒋祈记述的究竟是哪个时期情况？如果孤立地研究装饰方法，很难鉴别，但若是把装饰与装烧联系起来考察，蒋祈所记述的以覆烧、印花为主的时代，就必然是南宋中、后期，而不是元代。

第四点，有关景德镇瓷器的内销市场记述。《陶记》记述镇瓷内销市场有谓："若夫浙之东西，器尚黄黑，出于湖田之窑者也。江、湖、川、广，器尚青白，出于镇之窑者也。碗之类，鱼水高足，……此川、广、荆、湘之所利。盘之马蹄、槟榔，……此江浙、福建之所利。必地有择焉者。……两淮所宜，大率皆江、广、闽、浙澄泽之余。"从记述范围来看，仅限江、湖、川、广、两浙、福建、两淮的南方数省，即宋金和议后南宋王朝的半壁江山。那么，原文所述的必然是景德镇瓷器在特定时期，即南宋时期的国内市场。

蒙古大军灭亡南宋王朝，一统中国，镇瓷在这一新形势下，不仅迅速恢复了南宋时代失去的中原市场，而且还远销至新疆。元大都（北京）也因此成为景德镇瓷器的最大市场，可《陶记》并未提及，这显然不符合元代史实[8]。

第五点，有关当时和景德镇瓷器争夺市场的别的窑口产品。《陶记》记有两处：（1）"景德陶，昔三百余座。埏埴之器，洁白不疵，故鬻于他所，皆有饶玉之称。其视真定红磁、龙泉青秘，相竞奇矣。"（2）"予观数十年来官斯去者，无不有州家挂欠之籍。盖尝推求其故，则有由矣。……临川、建阳、南丰，他产有所夺二也。"

（1）景德镇瓷器因洁白莹润而被称为"饶玉"，与定窑（现在河北省曲阳县涧磁村与燕山村一带）的红瓷以及龙泉窑（浙江省龙泉县一带）的青秘竞奇斗艳。此处"昔"原指南宋，应该是指北宋。理由如下，依据近年的发掘调查报告[9]，定窑"创烧于晚唐，制品以北宋最精，靖康之变后，陷入金国境内，窑事从盛转衰"，由此可知，北宋时期的制品最精。有关红瓷，北宋苏轼（1036—1101）《苏东坡集》卷三《试院煎茶诗》有谓："定州花瓷琢红玉。"又，龙泉窑"兴烧于五代，五代至北宋的产品呈艾叶青色，与越窑的所谓秘色瓷器相似"，此外，宋代庄季裕《鸡肋篇》有谓："龙泉县出青瓷，谓之秘色，钱氏所贡，盖取于此。……宣和中，禁廷制样须索，益加工巧。"宣和中（1119—1125）龙泉窑为宫廷生产青秘瓷器，可知蒋祈所说的"昔"正是指北宋时期。

（2）在分析景德镇窑业不振的原因时，指出是由于临川、建阳、南丰三窑的市场竞争。临川窑（江西省临川县白浒渡），光绪《临川县志》载："窑场在白浒，兴于宋，不知废于何年矣。"此地考古遗物中有白胎透明青釉器，烧造上限可能早于唐代，下限到宋代或稍后。建阳窑在福建省建阳县水吉镇的池墩、溪口与碗窑乡三地，池墩以黑釉盏（即兔毫盏）为主，溪口与碗窑乡的遗物则为青釉器和影青器，其纹饰有鱼藻等，尤其是影青器与景德镇南宋制品相似，三窑均属宋代遗址。此外，南丰窑（江西省南丰县白舍街），同治《南丰县志》载："白舍，宋时置官监造瓷器，窑数十处，望之如山。"被认为是专门烧造青白瓷（影青）的宋代瓷窑。

基于考古调查[10]以及文献资料，刘氏认为这三窑均在宋时烧造或以宋时最为极盛，可以反过来证明记述这些实况的《陶记》必然写于宋代。此外，蒋祈提及与当时景德镇竞夺市场的窑口时，并未列举著名的龙泉窑和吉州窑，是因为这两窑生产的瓷器主是青釉器（青瓷）或黑釉器（天目），与景德镇产品不同。与之相对，所提三窑的产品与景德镇的相同，或者说它们都是在模仿景德镇生产青白瓷，模仿水平之高，几可乱真。

第六点，有关瓷窑税、附加税以及职官。《陶记》有谓："窑之长短，率有劃数。官籍丈尺以第其税"，"兴烧之际，按籍纳金"。由此可知，当时的赋税并不是以成品做计量标准，而是按窑的大小来确定，兴烧之际就要交税，即瓷器在半成品阶段，官府就得到赋税了。而且，不管瓷器能否烧成，在烧成之前就要按籍纳金，这是官府最狡猾的苛政。由《元典章》卷22"铜冶条"可知，元代的瓷窑课是"二八抽分"，纳税多少以"烧到窑货"为标准。换言之，元代瓷窑课是根据成品来计算，而不是征收在"兴烧之际"的半成品阶段，显然元代情况与《陶记》记述内容相去甚远。

刘氏关于瓷窑税的见解是否妥当？笔者表示疑问。上文《元典章》的记录出自至元五年（1268）七月五日的公文书，均州（钧州）管下的窑户中的军匠窑户，请求改"二八抽分"的瓷窑课旧例，即五分抽一税，为"烧到窑货"的陶瓷制品的商税，即三十分抽一税，然而制国用使司作为最高财务局，驳回了这一请求。商税以商业交易中的物品为课税对象，向买卖瓷器的商人征收，与向窑户征收的瓷窑课（产业税）有本质的不同，两者不可混同。

山泽坑冶资源本就属于国家财产，以它们为原料的各产业，在利用国家资源时需要支付高税率的课税。元代的瓷窑课为二八抽分，绝对不轻。对于宋代金银铜铁的矿业生产，与商税不同，征收二八抽分的产业税。此外窑业地设置有称为"瓷窑务"的税务官厅[11]，元代初期二八抽分的瓷窑课很可能就是沿袭了宋代的旧例。宋代的商税和瓷窑课应该都是通过瓷窑务征收。所以，《陶记》中所说的按登记在册的窑的大小，兴烧之际交纳瓷窑课，绝不能成为判断是《陶记》写成于宋代还是元代的依据。

此外，刘新园认为兴烧之际征收半成品的瓷窑课，是导致南宋中、后期芒口青白瓷大量生产且质量低下的最大原因。然而，瓷窑课是针对窑户征收的生产税，无论宋、元都有，所以区别影响不大。相反，当时景德镇各种加增的附加税很可能才是最大的原因。

《陶记》列举了各式附加税名目："宪之头子，泉之率分，统制之供给，经总之移用，州之月桩，支使醋息，镇之吏俸，孤遗作匠，总费月钱几三千余缗。而春秋、军旅、圣节、郊祀、赏赉、试闱、结葺，犹不与此。通融计之，月需百十五缗。"这些繁杂的税目很容易在宋代文献中找到记录，却难见于元代文献，因此刘氏认为《陶记》写作于南宋。元代与宋代相距不远，江南地区很可能复活宋代旧制。针对这点，刘氏指出《陶记》所提及的"统制""经总"官职名，前者是南宋武官的职名，后者是经制司和总制司的简称，也是宋代特有的职官，因为上述职官名称不存于元代，所以《陶记》必然是南宋时期的作品。

通过以上几点，刘新园认为，无论从哪个角度来看，《陶记》都不是元代的作品，而应当写于南宋中、后期，接下来他进一步审定南宋中、后期的上限和下限。有关下限，文中分析景德镇窑业不振的原因时，只提及了自然灾害，政治腐败与沉重的赋税，并没有提及战争，所以《陶记》应写于宋蒙战争发生之前的南宋理宗端平元年（1234）。有关上限，《陶记》引用的洪迈的《容斋随笔》刊行于淳熙十四年（1187），而且淳熙十一年以前，宋代地方官在离任与接任时，其财赋的交接手续并不严格，"乞今后守臣任满，将所留诸色钱谷交割下政具数申户部置籍”[12]，又作者在撰写《陶记》时看到“州家挂欠之籍”就多至数十年，若把数十年看作三十年，即淳熙十一年（1184）的三十年后，《陶记》的上限则为南宋宁宗嘉定七年（1214）。若将数十年看作五十年，则为理宗端平元年（1234），便与下限重合了。所以蒋祈《陶记》的著作时间应该限定在南宋宁宗嘉定七年至理宗端平元年的二十年内。

若如上所述，《陶记》写成于南宋时期，那么原文中所记“州”又到底指什么？依元代说观点，指景德镇的直接上级机关即浮梁，从元代元贞元年（1295）至明代洪武元年（1368），浮梁由县升州，变为浮梁州。但是，若依刘氏观点，宋代浮梁乃是县名，《陶记》中的“州”应指浮梁县的上级官厅，即饶州。

### （三）康熙本和乾隆本的对比

刘氏论述中最大的问题，第一点就是有关对收录蒋祈《陶记》的各版本的见解。他认为乾隆以后地方志的各版本都沿袭了乾隆七年本（1742）《浮梁县志》的记载，将近年在景德镇发现的康熙二十一年本（1682）与乾隆七年本对比研究，两者基本一致，但乾隆七年本的编者誊写康熙本时，故意进行了篡改。

日本现存有内阁文库本的康熙《浮梁县志》（陈淯等撰，康熙二十一年刊），相当于康熙二十一年本，乾隆七年以后各《浮梁县志》不存，仅有后世光绪《江西通志》（赵之谦等撰，光绪七年刊），此版本沿用乾隆本，相当于乾隆七年本（本稿发表后，获得北京大学所藏的乾隆四十八年本以及道光三年本的《浮梁县志》复印本，两者进行了对比）。

**【蒋祈《陶记》原文比较表】**

| | 康熙浮梁县志本 | 乾隆浮梁县志本 |
|---|---|---|
| 1 | 蔣祈陶記附 O | 元蔣祈陶記略 O 云 O |
| 2 | 景德陶 | 景德鎮 O 陶 |
| 3 | 真定紅磁 O | 真定紅瓷 O |
| 4 | 窑 O 之長短 | 窯 O 之長短 |
| 5 | 陶甿食工 O | 陶甿食土 O |
| 6 | 埽賃窑 O □ O | 埽賃窯 O 主 O |
| 7 | 以□ O 布置 | 以謹 O 布置 |
| 8 | 火曆 O 迭□ O 出入 | 火歷 O 迭相 O 出入 |
| 9 | 商 O 爭取售 | 商 O 爭取售 |
| 10 | 而工 O 者擇焉 | 而上 O 者擇焉 |
| 11 | 謂之棟 O 窑 O | 謂之揀 O 窯 O |
| 12 | 同異差互□ O 則有考 | 同異差互官則 O 有考 |
| 13 | 碗 O 之類 | 盌 O 之類 |
| 14 | 碟之綉 O 花 | 碟之繡 O 花 |
| 15 | 炉 O 之別 | 爐 O 之別 |

| | | |
|---|---|---|
| 16 | 象腿 O | 象腿 O |
| 17 | □ O 掉云者 | 黄 O 掉者云 |
| 18 | 磁 O 石堂 | 瓷 O 石堂 |
| 19 | 石（上下结构：〈弓弓〉土）O 煉灰 | 石垩 O 煉灰 |
| 20 | 或褒 O 仰燒焉 | 或覆 O 仰燒焉 |
| 21 | （石由）O 坯 | 釉 O 坯 |
| 22 | 統製 O 之供給 | 統制 O 之供給 |
| 23 | 總費月錢幾 O 三千 | 總費月錢凡三千 |

〔备考〕O 表示不同处。

将两者不同点进行对比，首先是有关《陶记》的题名，康熙本题为“蒋祈陶记附”，乾隆本及其以后的各版本都题为“元蒋祈陶记略云”。康熙本有五处脱字，依据乾隆本填补。两者内容上并无太大区别，若干语句有差异。此外，康熙本使用俗字的地方较多。乾隆七年本的编者在誊写康熙本收录的《陶记》时，进行了任意填补和篡改。

尾崎洵盛在其《元蒋祈陶记略》一文中指出，自南宋咸淳六年（1270）第一版至清道光三年（1823）最后一版，《浮梁县志》历经十三个版本。在明一代，共重修五次，即第三版至第七版，蒋祈《陶记》原文收录在明初《浮梁县志》后，又进行了重版。但是，现存的《浮梁县志》均为清代版本，明代及其以前的版本都已散佚，所以尾崎洵盛的说法也只是推论。另一方面，刘新园依据嘉靖、万历年间《江西省大志》以及崇祯年间《天工开物》中的记述介绍了《陶记》的部分内容，所以明代《浮梁县志》是否收录仍然存疑。《陶记》原文最早发现于清代版本，即收录在康熙本中，我们可以将其理解为最早的版本。

乾隆七年本（1742）的编者在誊写康熙二十一年本（1682）时，将后者脱漏部分进行填补和更改，但是为何改为“元蒋祈”，将蒋祈判定为元人？乾隆七年本未提及任何根据，若加以推测，《陶记》原文中出现“州”字两次，景德镇的直属上级官厅为浮梁县，元代元贞元年（1295）以后，升级为浮梁州，于是得出“州”即“浮梁州”，所以是指元代。随后，乾隆四十八年本，乾隆五十七年本和道光三年本都依据乾隆七年本重修，并未对蒋祈元人说提出疑问。这导致清代蓝浦的《景德镇陶录》也将蒋祈《陶记》看作是元代时期的作品[13]，海内外陶瓷研究学者也支持这一观点，并未对此产生怀疑。

**（四）蒋祈铭文的制品**

蒋祈制作的传世瓷器是助长蒋祈元人说的原因之一。尾崎洵盛指出，现藏于伦敦维多利亚与阿尔伯特美术馆的一件瓷盘（釉里红）记有“灵和窑，至正元年蒋祈仿第一百零九”，所以蒋祈应为至正元年（1341）前后人[14]。陈万里认为：“蒋祈是至正年间的人，他的三件仿作釉里红，都是至正元年的年款：1. 灵和窑至正元年蒋祈仿第一百零九，现藏于英国维多利亚与阿尔伯特美术馆；2. 宣和窑至正元年蒋祈仿第一，以及政和窑至正元年蒋祈仿第二，均藏于北京故宫博物馆。”孙瀛洲指出：“元代瓷器带款识的记为少见，除青白釉盘碗中有印着‘枢府’或‘太禧’款的以外，一般青花、釉里红均无正规年款。多年来只见过纯红釉葵瓣口洗（盘），底上写有‘宣和窑至正元年蒋祈仿第一’。[15]”但是提出南宋说的刘新园则认为蒋祈自署名的至正元年款瓷器乃是后世伪造。理由如下：故宫博物院收藏的两件瓷器从未展出亦未有图录问世，实在是可疑。a.这两件器物都有所谓仿宣和窑、政和窑的题记，考察宋元文献和出土遗物，当时名窑多以窑场所在地冠名（汝窑、定窑、龙泉窑等），从来没有以皇帝建年名窑的习惯，带款的瓷器当制于明代宣德以后。b.孙瀛洲称蒋祈的铭文写在洗的底部，但元代至正年间碗盘洗类均用沙垫仰烧，款铭多印在碗盘的内壁。不仅没有写款于器底的先例，而且和垫沙接触的涩底（露胎）也不适宜写款。c.蒋祈《陶记》在乾隆七年才被人定为元代著作，写有蒋祈至正元年的仿古瓷极有可能是水平不高的古董商参照乾隆地方志而作的冒名伪器。

有关古陶瓷的鉴别，笔者完全是门外汉，只能听取尾崎洵盛、陈万里、孙瀛洲等中国古陶瓷著名专家的意见。之后，通过三上次男教授得知日本也有一件蒋祈同类型的制品，他借给笔者一张黑白图像。由图像可知，（釉里红）花口盘或洗的底部记有“宣和窑至正元年蒋祈仿第一百零一”铭文，并描绘有双鱼纹（鲤鱼）。盘内壁绘有两翼无爪龙配合十个团花状灵芝纹，四周环绕五只蝙蝠，外壁饰有一圈波涛纹。装饰纹样中，波涛纹、双鱼纹、灵芝纹等常见于元代常见器。中央部分是张开双翼的龙，还是龙凤一体，实难辨别，该图案罕见，十分珍奇。蝙蝠纹常见于清朝陶瓷上，元代陶瓷未见。笔者见识实在有限，只能寄希望于专家的鉴别。热切期盼北京故宫博物馆所藏蒋祈款瓷器的相关情况能早日公开发表。

## 结语

蒋祈的《陶记》史料价值极高，有关其著作年代的考证，刘新园否定元代说提出南宋说，这在学术界引起了巨大反响，笔者保留意见仅将其观点介绍给大家[16]。对于刘氏的新说，同在景德镇的熊寥从行政区划的统属关系入手，指出《陶记》原文中的“州”并非指南宋的饶州，而是元代的浮梁州，从而反驳刘新园的新说，坚持元代说[17]。

对此，刘氏从景德镇税课收入和上缴去处的关系入手，追加论证，由宋、元史料可知两者关系各个时期并不相同。从设置景德镇的北宋真宗景德元年（1004）至神宗熙宁十年（1077）的73年间，镇的税收需经过浮梁县再上缴至饶州，熙宁十年以后，不再经过浮梁县而是单独向饶州上缴。那时此地商税额达到3357贯余，与一县税额等同，这反映了窑业和商业的繁荣。南宋以后，镇的商税额超过30000贯，是熙宁十年的10倍，远远高于北宋时期，所以越过浮梁县直接上缴至饶州。元代景德镇与南宋相比，更加发达，成为全国首屈一指的经济重镇，商税额占了饶州路的二分之一，于是直接上缴至江浙行省（杭州）[18]。所以，原文中所说镇的税收，在北宋熙宁十年至南宋结束，是越过县直接上缴至饶州的，则原文中“州”指饶州，所以进一步证明了《陶记》写成于南宋。

在我国，爱宕松男最先赞同刘新园南宋说[19]，笔者在写作《陶记》相关文章时，沿用了原来的元人说，种种研究之后，发现刘氏的论说也有其合理性。

此外，元末明初浙江人士宋濂的《元史·食货志》“总说条”有谓：“世称元之治，至元、大德为首者盖以此。自时厥后，国用浸广，除税粮、科差二者之外，凡课之入，日增月益，至于天历之际，视至元、大德之数，盖增二十倍矣。而朝廷未尝有一日之蓄，则以其不能量入为出故也。虽然，前代告缗、借商、经总等制，元皆无之，亦可谓宽矣。”将其与《陶记》原文进行对比，应该能得到明确结论吧。

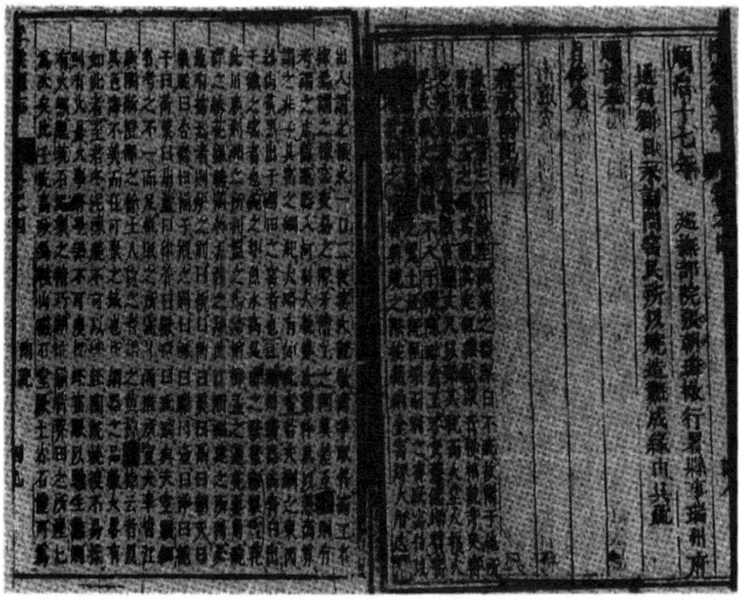

图 1 康熙本《浮梁县志》

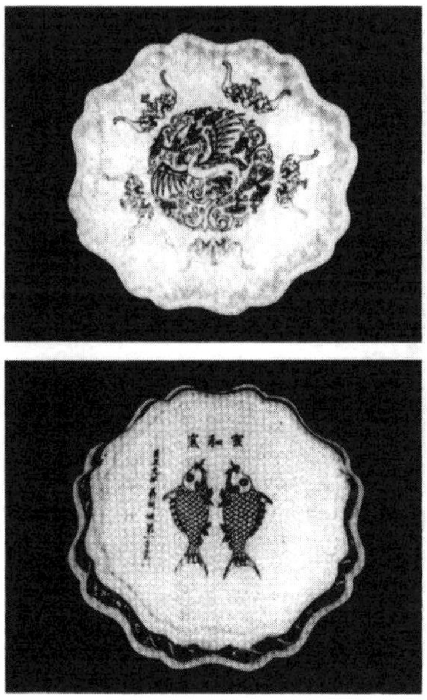

图 2 釉里红盘

**表 1　景德鎮宋·元瓷器瓷胎化学成分比較表（%）**

| 編号 | 時代 | 測試標本名称 | $SiO_2$ | $TiO_2$ | $Al_2O_3$ | $Fe_2O_3$ | CaO | MgO | $K_2O$ | $Na_2O$ | MnO |
|---|---|---|---|---|---|---|---|---|---|---|---|
| 1 | 宋 | 湘湖窑影青碗 | 75.41 | 0.35 | 18.15 | 0.81 | 0.96 | 0.63 | 2,95 | 0.46 | 0.09 |
| 2 | 〃 | 湖田窑〃〃高足碗 | 76.44 | | 16.97 | 0.81 | 0.70 | 0.33 | 2.99 | 1.05 | 0.13 |
| 3 | 〃 | 湘湖窑厚沿口白碗 | 77.39 | 痕 | 17.54 | 0.63 | 0.54 | 0.35 | 2.85 | 0.21 | 0.12 |
| 4 | 〃 | 湖田窑影青刻劃花碗 | 77.77 | | 16.41 | 0.89 | 0.66 | 0.63 | 2.71 | 1.00 | |
| 5 | 〃 | 〃〃〃〃〃芒口碟 | 76.24 | 0.06 | 17.56 | 0.58 | 1.36 | 0.10 | 2.76 | 1.02 | 0.03 |
| 6 | 〃 | 影　青　瓷 | 77.79 | 0.06 | 16.16 | 0.59 | 0.40 | 0.16 | 3.25 | 1.14 | |
| 7 | 元初 | 湖田窑影青芒口碗 | 72.94 | | 19.86 | 0.88 | 0.56 | 0.30 | 2.11 | 2.78 | |
| 8 | 元 | 〃〃〃“枢府”款小足盤 | 72.14 | | 20.56 | 1.72 | 0.54 | 0.16 | 2.44 | 2.28 | |
| 9 | 〃 | 〃〃〃〃〃〃〃〃折腰碗 | 74.29 | | 20.66 | 0.69 | 0.31 | 0.19 | 2.4 | 1.63 | 微 |
| 10 | 〃 | 〃〃〃青花大盤 | 73.13 | | 20.22 | 1.04 | 0.37 | 0.27 | 2.68 | [illegible] | 〃 |
| 11 | 〃 | 〃〃〃〃〃〃〃 | 72.75 | 0.53 | 20.24 | 0.93 | 0.24 | 0.15 | 2.87 | 1.78 | 0.08 |
| 12 | 〃 | 〃〃〃〃〃〃〃 | 72.64 | | 21.08 | 0.97 | 0.20 | 0.18 | 2.69 | 1.52 | 0.08 |
| 13 | 〃 | 元大都出土青花大盤 | 71.95 | 0.12 | 20.75 | 0.84 | 0.15 | 0.16 | 2.73 | 2.76 | 0.05 |
| 14 | 明宣徳 | 宣徳官窑青花大盤 | 73.58 | | 20.05 | 0.90 | 0.53 | 0.14 | 2.87 | 2.01 | |
| 15 | 〃成化 | 成化銘官窑青花碗 | 73.66 | 0.09 | 21.24 | 0.59 | 0.12 | 0.15 | 3.12 | 0.60 | 0.02 |
| 16 | 〃万暦 | 万暦青花蓋盒 | 71.69 | | 20.69 | 1.26 | 1.01 | 0.28 | 3.37 | 1.55 | 0.05 |
| 17 | 〃〃〃 | 〃〃〃〃梵字盤 | 74.00 | | 20.40 | 0.97 | 0.50 | 0.51 | 2.69 | 1.11 | |

（1901 年 11 月 17 日初稿，1995 年 5 月 20 日改订）

**[注释]**

[1] 内阁文库本，康熙二十一年刊《浮梁县志》卷 4“陶政条”以及光绪七年刊《江西通志》卷 93“陶政条”中所收。

[2] 尾崎洵盛《元蒋祈陶记略》(《陶磁》第 9 卷，第 5 号，1937)，陈万里《我对青白瓷的看法》(《文物》1959 年，第 6 期)，冯先铭《我国宋元时期的青白瓷》(《故宫博物院院刊》，1979 年第 3 期)。

[3] 拙稿《元代的景德镇窑业——以蒋祈的佚文〈陶记〉为中心》(《三上次男博士颂寿纪念论集》，1979)，以及《蒋祈〈陶记〉译注》(《东洋陶磁》第 7 号，1981)。

[4] 刘新园《蒋祈〈陶记〉著作时代考辨——兼论景德镇南宋与元代瓷器工艺、市场及税制等方面的差异》(《景德镇陶瓷》1981 年，“陶记”研究专刊)，此外该刊亦刊有白焜《宋蒋祈〈陶记〉校注》和颜石麟《宋蒋祈〈陶记〉现代汉语译文》。《景德镇陶瓷》为专门的陶瓷杂志，我国尚未订购。1981 年 4 月 28 日刘新园、白焜两位先生惠赠笔者一册，在此表示衷心感谢。

[5] 研究成果除此文以外，亦有《景德镇宋元芒口瓷器与覆烧工艺初步研究》(《考古》1974 年第 6 期)，《景德镇湖田窑各期典型碗类的造型特征及其成因考》(《文物》1980 年第 11 期)，以及与白焜合作的《景德镇湖田窑考察纪要》(1980 年第 11 期)、《高岭土史考——兼论瓷石高岭与景德镇十至十九世纪的制窑业》(《中国陶瓷》1982 年，第 7 期)。

[6] 日本现存收录有蒋祈《陶记》的地方志，仅有内阁文库本的康熙二十一年刊行的陈淯等撰的《康熙浮梁县志》，以及光绪七年刊行的赵之谦等撰的《光绪江西通志》。中国现存收录《陶记》的《浮梁县志》共有五个版本(参考白焜《宋蒋祈〈陶记〉校注》。

〈1〉康熙二十一年本(1682)(藏于景德镇图书馆)

〈2〉乾隆七年本(1742)(藏于北京图书馆)

〈3〉乾隆四十八年本(1783)(藏于江西省图书馆、北京大学图书馆等)

〈4〉乾隆五十七年本(1792)(藏于南京大学图书馆)

〈5〉道光三年本(1823)(藏于景德镇图书馆、北京大学图书馆等)

〈3〉〈4〉〈5〉版本均为沿用〈2〉乾隆七年本。

[7] 刘氏文章附表参照(表 1)。此表为“景德镇宋、元瓷器瓷胎化学成分比较表”，依据景德镇陶瓷研究所和中国科学院硅酸盐研究所的化学成分分析测定制成。

[8] 近年的考古调查报告称，元代景德镇的瓷器销往华北地区，甚至远销新疆。磁县文化馆《河北磁县南开河元代木船遗址发掘简报》(《考古》1978 年第 6 期)，河北省博物馆《保定市发现一些元代瓷器》(《文物》1965 年第 2 期)，新疆博物馆《新疆地区霍城县出土的元代青花瓷等文物》(《文物》1979 年第 8 期)。

[9] 河北省文化局文物工作队《河北曲阳县涧磁村定窑遗址与试掘》(《考古》1965 年第 8 期)，朱

伯谦、王士伦《浙江青瓷窑址调查与发掘的主要收获》（《文物》1963年第1期）。
[10]陈伯泉《江西临川、南丰窑调查》（《考古》1963年第12期），冯先铭《新中国陶瓷考古的主要收获》（《文物》1965年第9期）。
[11]爱宕松男，《有关宋代瓷课》（《内田吟风博士颂寿纪念东洋史论集》）。
[12]引用《宋会要辑稿·食货五六》中淳熙十年十一月二十六日权尚书户部侍郎韩彦质的上奏。
[13]《景德镇陶录》卷七“古窑考”。
[14]参照《元蒋祈陶记略》。有关记名款瓷器的记录，尾崎洵盛引用的是赫瑟林顿《中国早期瓷器》，伦敦，1922年，第20章，页142-144，笔者参阅三上次男博士对同书的插图。三上教授认为蒋祈同类的瓷器日本亦有一件，他借给笔者一张黑白图片复印件。
[15]陈万里《我对青白瓷的看法》（《文物》1959年第6期），孙瀛洲《元明清瓷器鉴定》（《文物》1966年第3期）。
[16]拙稿《蒋祈〈陶记〉年代考》（《法政史学》第34号，1982）以及本稿。
[17]熊寥《蒋祈〈陶记〉著于元代辨》（《景德镇陶瓷》1983年第4期）以及拙稿书评（《白水》No.11，1986）。
[18]刘新园《宋元时代的景德镇税课收入与其相关制度的考察——蒋祈〈陶记〉著于南宋之新证》。
[19]爱宕松男《评介刘新园〈蒋祈《陶记》著作时代考辨〉》（《集刊东洋学》第50号，1983）。

# 综合论述

ZONGHELUNSHU

# 景德镇湖田窑各期碗类装烧工艺考

刘新园　白焜

**编者按**：为了贯彻伟大领袖毛主席的“古为今用”的伟大方针，用马列主义、毛泽东思想总结我国古代陶工创造的丰富的制瓷技艺，并给编写本行业发展史的同志们提供一些资料，本刊从这一期起，将抽出一定的篇幅，刊登有关陶瓷史研究方面的专题论文。

这次发表的《湖田古瓷窑各期碗类装烧工艺考》一文，系取自作者为文物、考古部门撰写的《景德镇10-16世纪的圆器制作技艺与民营制瓷业》一书（稿本）的第三章。为了便于陶瓷工作者阅读和节省篇幅，我们刊登时删去了有关考古学的论述与大量的图片。

本文所考察的湖田窑各期碗类的装烧工艺，即指景德镇地区最有代表性的一处古瓷窑——湖田窑，从五代至明代中叶各历史时期的陶工们，把瓷用原料做成碗坯之后，再使用不同的辅助工具（即所谓“窑具”），把这些半成品间隔、装置起来，放进窑室以待焙烧的一段工艺过程。由于这个过程能从一个侧面展示出景德镇制瓷技艺从初级向高级不断演变和发展的历史，因此对它进行一些考察也还是有必要的。

关于景德镇五代——明中叶各历史时期的陶瓷装烧情况，由于当时人没有给我们留下详实的记载，以后的有关陶瓷史之类的著作也缺乏必要的论述，因此我们在这里就需要以湖田古瓷窑遗址上的各期碗类及其装烧碗类的窑具为依据，对这个地区、这一历史阶段、这类产品的装烧工艺及其发展与演变的趋势，进行初步的探讨。

## 一、五代的“支钉迭烧”

湖田窑五代的窑业堆积狭小、稀薄，散布在遗址上的碗盘等废品，除了破碎的之外，有釉面布满窑渣的（即烧窑时产生的尘渣），也有成组黏结在一起的。其单件碗盘的底心与圈足的边沿几乎都黏有用高岭土搓捏而成、未被烧结的9—12颗不等的小颗粒（这类小颗粒，被考古界称为“支钉”。以下称支钉）。与这些废品堆积在一块的，仅有少量的高约十厘米左右的缸胎柱状物（我们把它命名为“垫柱”）。这类垫柱上端的台面留有支钉，下端黏有窑底上的砂粒。除这类垫柱之外，遗址上就不再见其他的窑具了。以上遗物表明，其装烧工艺如下：

1. 以黏土做成的垫柱为底座，2. 用高岭土搓成小条，捏成“支钉”，3. 把这些支钉沿碗盘圈足的边沿黏沾9～12颗，4. 把碗坯放置在垫柱上。5. 再把圈足边沿黏有同样支钉的碗坯一个一个地重迭起来，组成一柱后，再入窑焙烧（图1）。

很明显，陶工们在这里使用垫柱，是为了把制品从窑的底基上升高，以利用窑室中较高空间的较高的温度烧成瓷器。而使用支钉，则是为了使制品在焙烧时不相互黏釉，成瓷后又可以摘取。现今考古界把这种装烧方法叫作“重合叠烧”法。其时使用这种方法，虽也能利用窑室的高空多烧几件规格相同的产品，但也有缺陷：

1. 没有把火焰与制品隔离开来，制品易被烧窑时产生的强大气流所带起的尘渣污染釉面，所以遗址上因黏渣而造成的废品很多。

2. 支钉破坏碗盘底心的釉面（除一组的最上的一个之外），严重地影响了成品的外观质量。

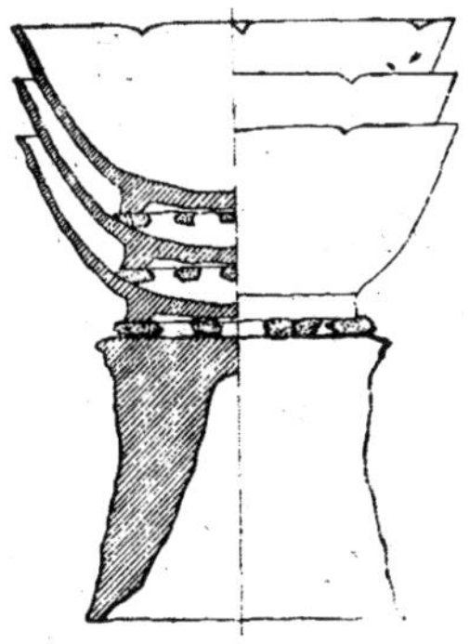

图 1

3. 用手搓捏的支钉，其大小不可能完全一致，因此被支钉间隔的制品，在高温下软化成瓷时，极易倾斜而相互黏釉。

4. 由于瓷坯在高温下荷重软化度较低，如堆叠过多，下面碗盘的足壁将会下陷而形成缺口。

那么究竟可以堆叠多少？就遗址上黏沾成组的碗盘来看，每柱都只有十二、三个。可见其时堆迭数量少，陶工们对窑室高空的利用不够，因而燃料的消耗量当也是很大的。

## 二、宋早期的“仰烧”及其匣钵

湖田窑宋早期（北宋早、中期）堆积中的碗类，除圈足内壁无釉外，整个器物釉面完整，比五代同类型产品在外观质量上大有提高。与这些新出现的碗类堆积在一起的，不见垫柱，而出现了许许多多由耐火土烧成的形如漏斗的钵状物，和比碗类圈足都要小而高的饼状物。这类饼状物，即明人宋应星在《天工开物》“陶埏”“白瓷”条中所说的“泥饼”，清人兰浦在《景德镇陶录》一书中所说的“渣饼”（现今考古界称为“垫饼”）；这类钵状物，被元人蒋祁称为“匣”，明、清人叫作“匣钵”。从其倒窑时黏有碗类的匣钵来看。（其时的匣钵内径当比所装烧的碗坯的口径大3厘米），其装烧过程如下：

1. 把一个泥制的垫饼放入已烧过的匣内，

2. 将碗坯放入匣内（把碗的圈足套装在垫饼上）

3. 把装有碗坯的匣钵一件一件地套装，堆叠起来，送进窑室（图2）。

以上所述的这种装烧方法，元人称为“仰烧”（见元人蒋祁《陶记略》：“或覆、仰烧焉”）。现今考古界称为“支烧”。很明显，日后世界通用过许多世纪的陶瓷装烧工艺，都是与这种所谓“仰烧”方法基本上相同的。

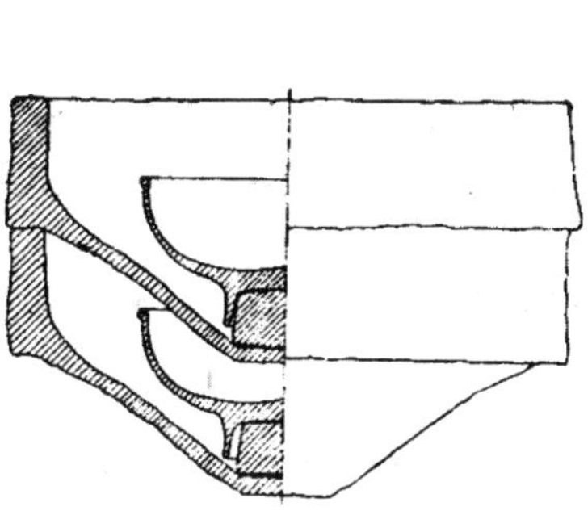

图 2

在考察这段所谓“仰烧”工艺时，最值得我们注意的还是匣钵。匣钵的采用使窑室中焙烧的制品有可能受热均匀、避免烟尘污染釉面、才能充分利用窑室竖向空间多装制品、并有可能把窑室扩大和升高。因此匣钵的采用该是改进我国瓷器的烧成质量、减少焙烧费用，扩大瓷器生产的一个多么重要的辅助工具啊！

匣钵究竟发明于我国的哪一个窑场、哪一个具体年代呢？我们暂时还缺乏足够的、科学的考古资料来阐明这个问题。但是有一点是可以肯定的，即它在北宋初年就已被我国南北著名的窑场广泛使用，而且对世界各地制瓷业的影响也是很大的。比如现代日文就直接运用“匣钵”这两个汉字，而朝鲜语中的 kapal（以汉音拼音注音，意即匣钵）[1] 也近似景德镇“匣钵”（hapo）一词的土音。

现在我们再考察整个宋代生产仰烧瓷器时都曾使用过的那些比碗盘圈足小而高的垫饼。为什么使用这种又厚又笨的垫饼？我们认为这与当时产品上挂的那层影青釉有关。因为影青釉内氧化钙含量多（将在第五章叙述），高温黏度小，如使用大于碗盘圈足的薄垫饼或垫砂托住碗的足壁支烧，那么在高温下极易流淌的釉汁就会把足壁和支垫物胶结起来。为避免胶结，宋人就只有把垫饼做小做高，顶住碗的内底，使其足壁悬空烧成了。

## 三、宋中期的多级垫钵覆烧

湖田窑宋中期（即北宋后期到南宋早期）多数碗类仍沿用宋初的仰烧方法装烧。但是遗址上出现了一些新的碗盏。这些碗盏里外满釉，只有口沿露出一线瓷胎，由于露出的骨胎比釉面粗糙，所以后来人都称这种碗盏为芒口、毛边或涩口瓷器。与这种瓷器堆积在一起的有两种窑具，一种是内壁分作数级的上大下小的瓷质的钵状或盘状物，一种是桶式的平底匣钵。

从遗址上因倒窑而抛弃的由大到小，相互黏结在一块的芒口碗盘来看，当年的装坯情况如下：

1. 用瓷泥做好内壁分作数级的钵状或盘状物。2. 先把一件口径较小的芒口碟扣置在钵状物的最下的一级上，再依次扣置直径由小而大的碗坯。3. 把扣好了碗坯的钵状物放进已经烧过了的桶式匣中，再把桶式匣重叠起来即可装窑（图 3）。

从以上的情况来看，我们应当把那种只能使用一次的（因其焙烧时需要与碗坯的收缩率一致），内壁分作数图三级的钵状物与盘状物称为多级垫钵或垫盘，把使用这类垫钵（盘）装烧瓷器的法称为垫钵覆烧法。不过，在过去，由于人们对这种仅起支垫作用的垫钵认识不清，常常把它误认为匣钵。比如，周仁、李家治同志在一篇研究景德镇古代制瓷工艺的文章中，就把湖田窑的这类垫钵称为匣钵；美国人普兰柯斯东（A.D. Bra-nkston）在其《明初官窑考》一书中，不但把同样的垫钵误认为匣钵，而且为了让这种垫钵起到匣钵的作用，还给它臆造了一个盖子[2]。关于这一点，我们曾在一篇谈覆烧的专文中做过详细的论述[3]。

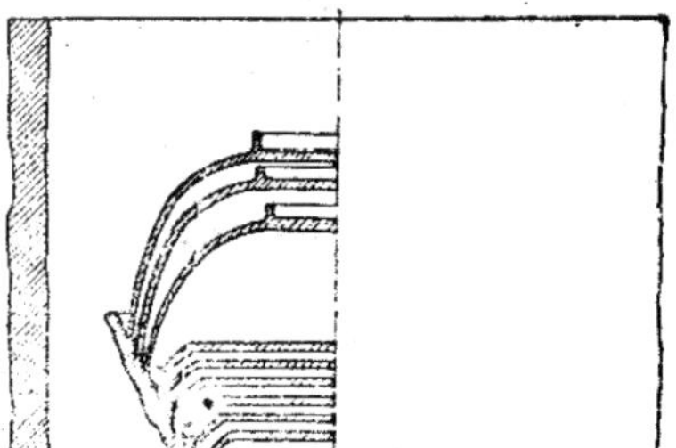

图 3

如果把这类垫钵覆烧法与以往的装烧工艺相比较，显然是别致的，它是继发明“仰烧”与匣钵之后的又一创造。它在减少碗盘变形、增加装烧密度等方面比以前的装烧方法都好。但这类装烧方法还有缺点，它除了给碗盘造成芒口之外，其由小而大的垫钵也只能覆烧大小不同、规格不一的产品，而当时社会的需要却又不是按照垫钵内装盛的产品平均需求的。因此垫钵中除了上部覆烧的一些可做餐茶具的碗盏有较好的销路之外，下部覆烧的一些杯碟就有过剩之虑了。这类垫钵覆烧法，虽有增加窑室装载量的优点，但不能增加当时社会需要量最大的产品，所以它在宋后期（南宋中、后期）就被下节即将叙述的另一种更先进的覆烧窑具所取代了。

## 四、宋后期的支圈叠烧

湖田窑宋后期的窑业堆积中仰烧碗盏与匣钵的数量减少，芒口碗盘大量增加。与这些碗盘堆积在一起的不再是垫盘与桶式匣钵，而是一种和定窑相似的瓷质的断面呈“L”形的弧形条状物与大而厚的耐火泥饼。经复原才知道这是一种不见于前代的巧妙的覆烧窑具。当年的陶工使用这类窑具装置碗坯的过程是这样的：

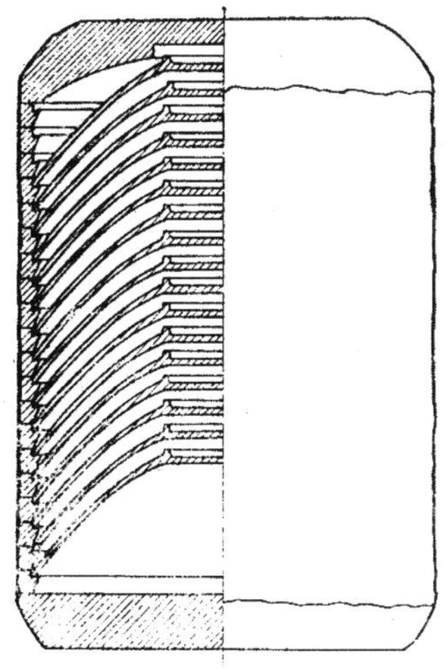

图 4

1. 以耐火土制成的泥饼为底。2. 把一个用瓷泥做成的断面呈“⊞”形的圈圈套在碗坯的芒口上。3. 再把圈与碗坯翻转过来覆放在泥饼上，又一圈一碗的跟着覆盖，就像套蒸笼似的把三十二个左右的圈与碗都依次套上。4. 再把圆心下凹的耐火泥饼翻转过来覆盖在最后的一个圈上，即组成了一个上下直径一致的外观上的圆柱体。5. 用稀薄的耐火泥浆涂抹外壁用以连接垫圈、密封空隙，便可迭装入窑（图 4）。

我们曾根据以上情况，把这类窑具称为“支圈组合式的窑具”，把这种装烧方法称为支圈覆烧法。由于支圈组合式的窑具具有垫饼与匣钵的双重作用，如果把它和宋中期的垫钵覆烧法相比较，在装烧制品时不但不需依赖匣钵那个外壳，而且还能装烧同一规格的产品。

如果把它和同时代的匣钵仰烧法相比较，能增加装烧密度约 4 倍，并有减少产品变形、节约耐火材料等优点[4]。不过我们还必需看到，支圈覆烧法虽然以其上述的优点，在我国宋代窑场风行一世，并影响到日本与朝鲜[5]。但由于它给碗盘造成芒口，严重妨碍适用，因此在当时就未完全取代仰烧法，而到元以后随着仰烧法的改善与迭烧法的使用就终于被淘汰了。

## 五、元代的叠烧、仰烧与覆烧

湖田窑元代碗盘与窑具堆积可分三类：

①底心露出一圈瓷胎的黄黑釉粗碗与桶式匣钵。

②仰烧“枢府式”碗盘与漏斗形匣钵。

③芒口碗盘与支圈组合式窑具。其中第一类装烧方式在湖田窑首次应用，第二、三类与宋代的情况基本上相似，但又不尽相同。

1. 从遗址上黄黑釉碗盘底心部位露出的一圈瓷胎与桶式匣钵来看，这类碗盘是采用重合叠烧的。不过碗盘重叠时，已不用支钉间隔，而是把碗盘底心的釉面旋出一个露胎的涩圈，再把上一个碗盘

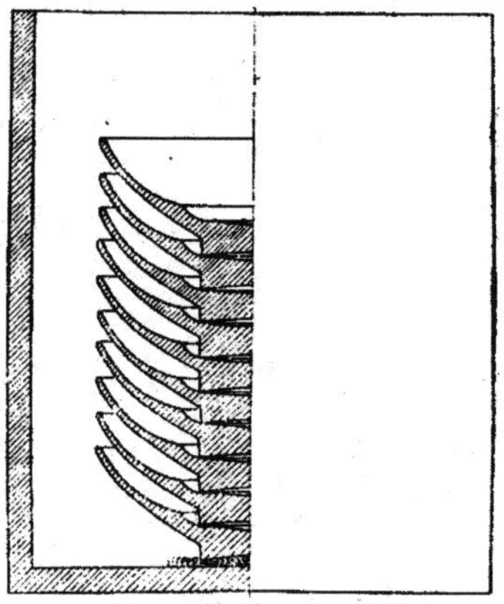
图 5

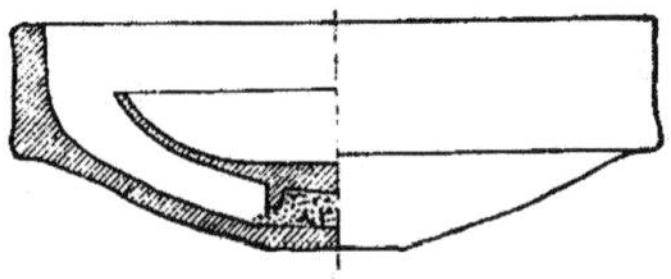
图 6

的不挂釉的底足搁置在下一个碗盘底心的涩圈上，这样依次重迭到十个左右后再装入桶式匣满窑的（图 5）。元人用这样的办法叠烧碗盘不但比五代简便，而且使用桶式平底匣装又可以充分利用窑室内的高空自由堆叠（而不像五代那样仅可堆叠十几个）。由于叠烧产品消耗耐火材料少，装烧密度大，露胎的缺陷也只在碗心，所以它比口沿露胎的覆烧器适用，价廉，其美观虽不如使用一器一匣仰烧的“枢府”碗盘，但在成本上就比它更加低廉了。因此到后来，我国许多地方生产日用粗瓷时都沿用这个办法。

2. 单件装烧的枢府式的碗盘仍沿用着和宋代基本相似的匣钵，但元人仰烧碗盘时已不使用垫饼，而是把一种有较高耐火性能的细砂装入匣钵，再在细砂上放置坯件入窑（图 6）。使用细砂搁坯装烧，垫在坯件下的砂粒因其耐火度高，在坯件成瓷的过程中不但不会烧结，而且还会跟随坯件收缩而滑动。于是元人仰烧瓷器时就把从宋代继承下来的那种高而笨的垫饼抛弃了。由于砂垫的使用，元代陶工生产仰烧瓷器时就比宋代生产同类型产品减少了制作垫饼的材料与时间，节约了更多的竖向窑位。很自然，元代仰烧瓷器的必要费用就比宋代降低了。可是，元代人生产仰烧瓷器时，为什么能够扬弃垫饼，而有可能采用宋代人从不使用的沙垫呢？我们认为，这大概是与釉料配方的改变有关系。因为元代陶工生产瓷器时扬弃了影青釉而使用所谓“枢府釉”（一种厚而柔润的青白釉）其氧化钙含量比影青釉低，在高温下黏度大，不易流淌。这样，在宋代不能使用的沙垫，在元代因其配釉技术的变革就有可能采用了。不过即使如此，元代瓷器的圈足边沿一般都不如宋代的干净，因为足壁外沿的釉层总会与垫砂接触的，所以当年搁在砂渣上烧成的“枢府”和青花碗盘的圈足边沿的釉层，一般都带有几颗微细的砂粒。而且圈足内壁的白瓷胎也常被沙渣中含有的杂质（主要是铁）染上一层褐黄色。

3. 元代除上述仰烧、叠烧外，其覆烧窑具与芒口瓷器也与宋代的不尽相同。比如芒口瓷器在元中叶以后逐渐变粗，支圈组合式的窑具也由宋代的瓷质变成粗糙的泥胎，到元后期，这类窑具与瓷器就在湖田窑渐渐消逝了。

那么在宋代具有许多优点的支圈组合式的窑具为什么会在元代被淘汰呢？现在探讨这个问题时回忆一下宋代的情况是必要的。我们在上一节叙述的支圈组合式窑具，具有增加装坯密度约 4 倍左右的优点，是就宋代使用高而厚的垫饼仰烧碗盘而言的。入元以后，陶工们采用沙垫支烧、抛弃了高而厚的垫饼、其仰烧器在窑室中的堆叠密度就比宋代同类产品要大，相形之下覆烧窑具所增加的产量在元人看来就要显得少一些；如果再把它和涩圈叠烧的装烧方法相比，重叠装烧的底心留有涩圈的瓷器的装置间隙（竖向）就几乎没有了。然而仰烧能提供适用而又美观的瓷器，叠烧又给社会带来了比芒口器更适用（把底心的“涩圈”与“芒口”比），更廉价的瓷器。很自然，当年的贵族、地主有条件使用沙垫仰烧的“枢府”与青花瓷器，而贫苦的劳动人民却又不可能在芒口碗的芒口上去包铜镶银，很自然他们就宁肯选择比芒口瓷器更适用更廉价的叠烧器，于是随着仰烧法的改进与叠烧法的流行，芒口瓷器与覆烧窑具在元后期的湖田窑就渐渐被淘汰了。宋代曾风行一时的窑具与瓷器，在元后期被淘汰，这就正标志着元代的景德镇在装烧精粗碗盘的技术上都比宋代大有进步。

## 六、明宣德以后的仰烧法

入明以后，湖田窑的匣钵比宋、元时代普遍变薄。匣钵变薄变轻有减少装开窑的劳动强度、节约耐火材料和减少热损失等优点。这样的匣钵据明人记载其使用寿命在十次左右[6]。除匣钵和元代稍有不同之外，明初的日用粗瓷仍用元代叠烧办法生产。中上等碗盘还是使用和元代一样的砂垫仰烧，所以晚明人谷应泰在《博物要览》中记述永乐官窑的压手杯时还说它有“滑底沙足”的特点。约在宣德前后，陶工们为了满足当时社会的更高要求，已不能容忍器物圈足边沿的釉层所沾黏的几颗微细的沙粒了。于是湖田窑在制造精细瓷器时，也和当时景德镇市内的“御窑”一样，开始使用大于器物圈足的薄垫饼托住坯件的足壁装匣（图 7）。把瓷泥做成的垫饼放在沙渣上，再在垫饼上搁置坯件，这样，坯件不但不会因为与匣钵的收缩率不一致而产生裂痕，而且圈足不接触沙渣，圈足外沿的釉层就不会像元代产品那样黏沾砂粒了。与此相应，明代中上等瓷器露出的不能挂釉的骨胎就变得极其有限的微小了。元代做过支垫的沙渣到了明代生产中、上等瓷器时就变成高温下收缩的垫饼与不收缩的匣钵之间的一个巧妙的滑动层了。景德镇陶工在 15 世记初创造的先进的装烧工艺一直被很多地区的瓷厂使用到现在。不过，我们还必需看到，大于器物圈足的薄垫饼的使用，虽然保证了器物圈足的外观质量，但需要用瓷泥制作垫饼，成本较高，所以明、清时代的景德镇生产日用粗瓷时，仍沿用元代的垫砂法，只是明人使用的多是石英砂，清嘉庆以后才用廉价的谷壳灰代替了石英砂[7]。

另外，我们想介绍一下湖田窑明代宣德以后的一些黏有青花碗和垫饼的匣钵。这时的匣钵内径与碗的直径的间隔距离十分狭窄，如果把碗的直径放大 15%（烧成前碗坯的直径），匣钵与碗坯之间的距离仅仅只有几毫米了。那么在明代没有条件使用橡皮工具来吸坯装匣，陶工们是怎样把碗坯放进间隙如此之小的匣钵呢？就这个问题我们请教了装坯满窑的老工人。他们判断是用两股纽线兜住垫饼，再把垫饼和碗坯一道吊入匣内，待碗坯放稳，再把吊线从垫饼下抽出就完事了。后来我们翻阅法国耶稣会来景德镇传教的神甫登特尔柯（Lepered'Entecolles）于 1712 年写自景德镇的一些书简，发现他在其书简中也描述过这类吊线装匣的情形。可见登特尔柯看见的康熙时代的装坯方法，早就在明宣德之间普遍使用了。

如果我们把明代吊线装匣的情况与本文第二节叙述的宋代仰烧碗类的装匣情况做一比较，那么在窑室每 4.7 平方米的面积内，明代就比宋代多放十七柱匣钵，可提高单位产量 20.6%[8]。从以上的考察得知：景德镇地区从五代至明中叶的陶工们，为了提高产品的烧成质量，降低制品的焙烧费用，曾不停地改善装烧工艺。所以湖田窑不同时代的碗类因装烧而留下的痕迹与装烧碗类的窑具就能标志着不同的生产水平。五代的“支钉”既有利于碗盘的堆叠，可是又限制着碗盘的堆叠，而且还会给碗盘的底心和圈足留下疤痕；宋代如水似玉的青白釉和碗内壁流利如飞的刻花纹饰，也只有因使用匣钵、

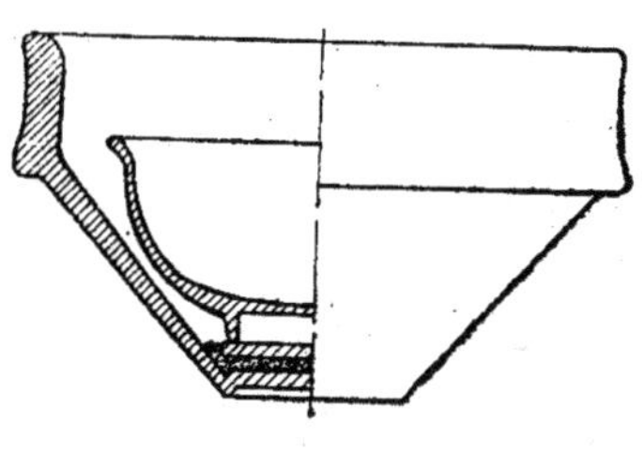

图 7

垫饼单件装烧才能孕育；南宋的支圈固然给碗盘留下了芒口，但却又能使瓷器的变形率减少，装烧密度空前增大；元代使用砂垫比宋代使用高垫饼更多地节约了窑室内的竖向空间装坯，但器物的圈足却又不如宋代的规整精致；明初使用了大于器物圈足的垫饼，人们到这时才有可能在挂了釉的圈足内书写年款。随着“大明宣德年制”之类的底款的出现，景德镇陶工便为现今世界各国瓷器在圈足内底画贴商标开创了先例。

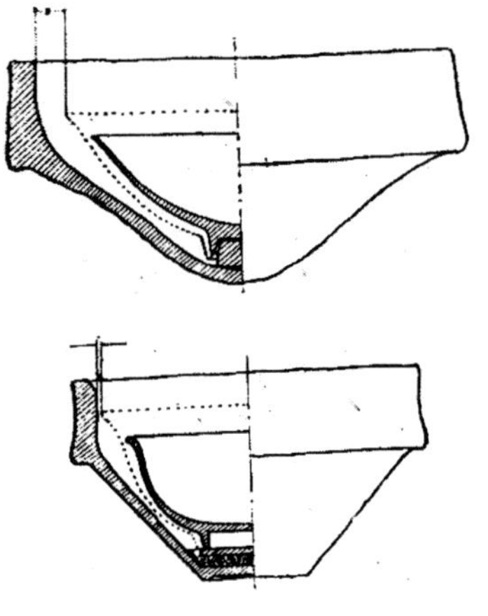

图 8

综观上述情况，湘田窑五代——明中叶近六个世纪内曾使用过“支钉”，匣钵，多级垫钵、支圈组合式覆烧窑具等，其装烧碗类的办法也由五代叠烧，宋代的仰烧、覆烧而到元明时代的再仰烧，其间几经变化。特别是元、明时代又大量流行五代的“重合叠烧”和宋初的一器一匣的仰烧，但这是高一级的重复，而且每一次的重复不是使碗类的质量得到改进，便是使窑室的装载量得到提高。可见湖田窑制瓷业使用窑具与装烧碗坯的技术，也是沿着螺旋式的轨道前进的。当后一个时代使用的辅助工具与装坯办法，和以前的时代似乎相似的时候，那已经又是前进的历史跨越了一大步，景德镇地区的瓷业生产又有了质的飞跃。

那么，窑室中每个匣柱所占的窑底基的面积应为：（匣的外径十火路的宽度）

从宋、明装坯比较图（图 8）可知：明代吊线装置口径 17.4cm 的碗坯的匣钵外径为 21 厘米；宋代用手装置同一口径碗坯的匣的外径起码 * 为：21+3=24 厘米（3 为用手装坯必需的横向间隙）。所以明代每个匣柱所占窑底基面积为（21+3）$^2$=（24cm）$^2$=576cm$^2$，宋代的则为（24+3）$^2$=（27cm）$^2$=729cm$^2$ 因为：46658cm$^2$÷570cm$^2$=81（柱）46656cm$^2$÷729cm$^2$=64（柱），所以，在 4.7 平方米的窑底基上，宋代用手装坯最多能放 64 个匣柱，明代使用吊线装匣则可以放 81 柱匣钵，这样每 4.7 平方米就可以多放 81-64=17（柱）匣钵了，也即是 81-64×100%=26.6%，所以使用吊线装匣比用手装坯能提高窑室产量约 26.6%。

* 因宋代除匣内必要空隙之外，匣壁也较明代的厚，这儿只以明代的匣壁厚度计算，所以说宋代装同样的碗坯的匣外径起码为 24 厘米。

**[ 注释 ]**

[1][5] 分别见加藤唐九朗《原色陶器大辞典》203 页和 847 页，谈交社昭和 47 年日文版。

[2] 分别见周仁、李家治“景德镇历代瓷器胎釉的研究”一文的插图“I，4”（“硅酸盐”1960 年第四卷第二期）和 A. D. Brankston《明初官窑考》71 页（香港魏李有限公司 1970 年英文增订版）。

[3][4] 见刘新园“景德镇宋、元芒口瓷器与覆烧工艺初步研究”，“考古”1974 年第 6 期。

[6] 宋应星＜《天工开物》“陶埏”“白瓷”条。“……钵佳者装烧十余度，劣者一、二次即坏”。

[7] 由于清代嘉庆 20 年刊行的兰浦的《景德镇陶录》只提到“必用渣饼垫足……又有用黄沙渣垫堤

亦不黏匣者……”而没有提到用谷壳灰垫烧。可见用谷壳灰代替石英砂当在清嘉庆20年以后才发明。见《景德镇陶录》卷四“渣饼”条。

[8]设窑室中匣柱与匣柱间的必要距离（即所谓“火路”）为3厘米。

# 景德镇湖田窑考察纪要

刘新园　白焜

图 1 湖田窑遗址全景

## 一、关于湖田窑

湖田窑是我国古代著名的窑场。遗址在今江西省景德镇市东南四公里的竟成人民公社湖田村生产队境内（图 1）。

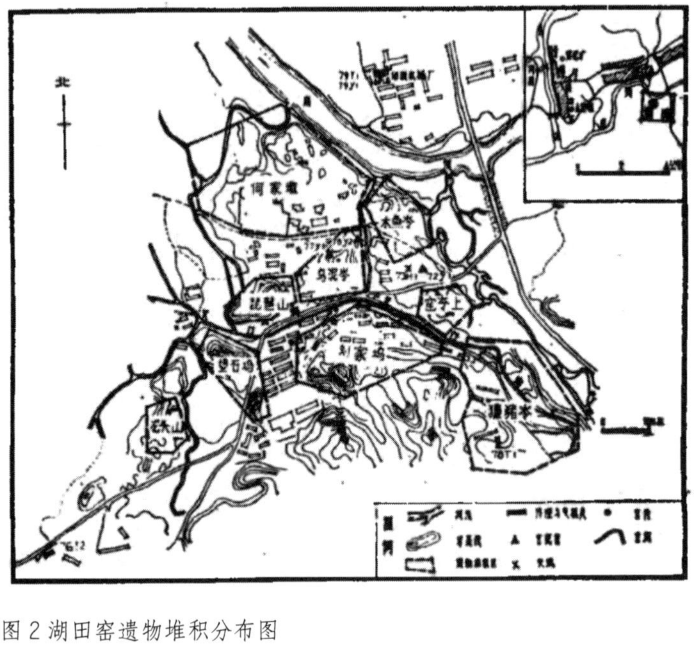

图 2 湖田窑遗物堆积分布图

湖田村位于南山与南河之间的一个台地上。南山柴草茂密，可做窑用燃料；南河联通昌江，终年能行驶小船；村南是著名的瓷石矿区——三宝蓬；村西的马鞍山则出产“老土”（一种较耐高温的黏土），为该区窑具原料的重要产地[1]。

关于湖田窑，最早见于蒋祈的《陶记》，明嘉靖二十一年刊印的《江西通志》与清乾隆、嘉庆之际的《南窑笔记》《景德镇陶录》等重要文献亦均有记述，但都略而不详。

1959 年该窑场被列为江西省级文物保护单位。1966 年后，由于“文化大革命”，遗址无人管理、也无法管理，某些部门和单位在这里任意盖房，夷平堆积约十万平方米。直到 1972 年，景德镇市有关部门才有可能派遣我们两人来到这里进行清理与试掘。从调查、清理与试掘中取得的资料来看，该窑场兴烧于五代，历宋、元至明代隆庆、万历之际结束，延续烧造长达六百余年。其窑业遗迹与遗物的堆积面积约为四十万平方米，五代至元代的分布在天门沟以南的豪猪岭、刘家坞、望石坞、龙头山和南河北岸的印刷机械厂院内；而天门沟以北的窑岭上、乌泥岭、琵琶山、木鱼岭、何家墩等地则以元、明时代的为多（图 2）。

## 二、遗存的清理与试掘

### （一）五代遗存

仅发现两处，一在刘家坞东坡，一在龙头山西南。两处的堆积都极为稀薄，范围狭小。1976 年，我们对后者做了清理，其遗物堆积可分上下两层，产品有碗、盘、壶三种，窑具仅为垫柱，未见匣钵。从每件产品的圈足和留在垫柱上的几个高岭土质的支钉来看，那时的碗盘均采用“重合叠烧”法烧成。下层产品皆为灰胎青釉器。上层除青瓷外，尚有白瓷，两类器物形制相同。

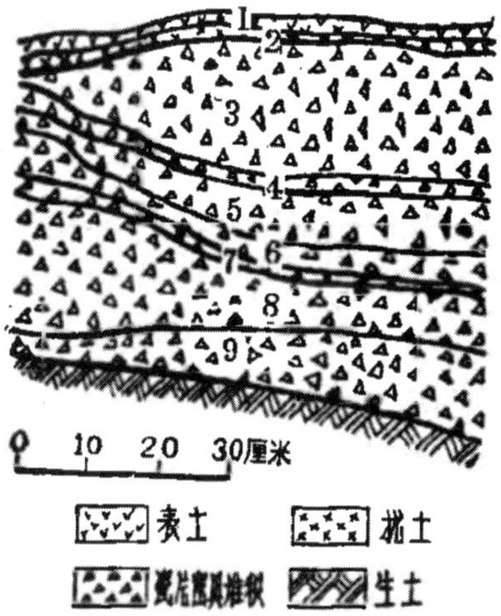

图 3 豪猪岭 78T1 北宋地层剖面图

### （二）宋代遗存

在豪猪岭，1978 年底试掘（开探沟一条）。该址除表土外，堆积可分七层（图 3），上三层器物以影青仰烧刻花斗笠碗和弧壁浅碗为主，次为芒口平底碟和鼓腹碗。窑具有匣钵、垫饼和灰胎多级覆烧垫钵。第四、五两层中出现少量芒口盘与覆烧多级垫盘，但以仰烧高足碗为多。第六、七层不见芒口器，仅有仰烧足径较大的高足碗和匣钵垫饼，不见垫柱。

六、七层遗物与五代器型相近，当为宋初制品。第四、五层中足径稍小的高足碗与江西永新嘉祐五年（1060）刘沆墓[2]中的瓷器一致。三至一层产品则与湖北麻城政和三年（1113）阎良佐墓[3]出土瓷器相同，故第一层至五层遗物为北宋中、后期。

### （三）宋末元初遗存

在乌泥岭东坡，1978 年清理，得残窑一座，宽约 2.9 米、残长 13 米，坡度 14.5 °，窑壁残高 0.6 米。窑尾有一烟道（宽 45 厘米、残高 30 厘米、残长 40 厘米，坡度 25° ）。窑内堆积可分三层，上层有黑釉与白釉粗瓷残片，第二层为窑顶塌落的楔形窑砖层，第三层（即窑床上遗物）为覆烧支圈和黄褐釉芒口碗、盘，碗、盘的造型与南宋后期影青芒口碗、盘一致，但质地较粗。有一类外壁无釉的弧壁浅碗在四川重庆北碚大德元年墓曾有出土（现藏重庆市博物馆），故得知该窑为宋代末年或元初生产粗瓷的窑炉。

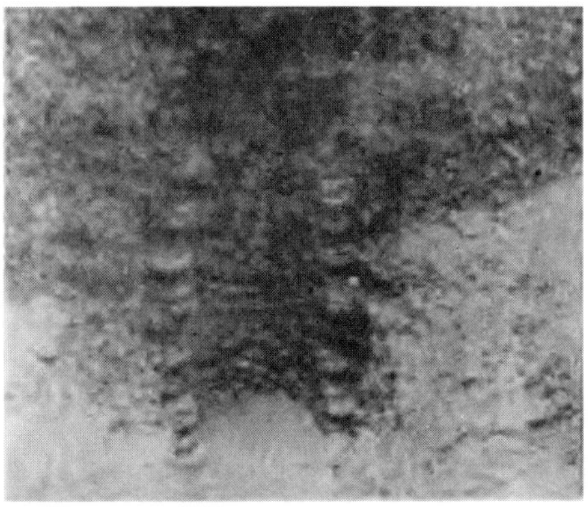

图 4 元代水井，井壁饼妆物为南宋覆烧窑具的底盖

图 5 东井出土单把罐

图 6 西井出土双系长腹陶罐及东井出土铁杈

**（四）元代遗存**

1. 灰坑一处：在乌泥岭东的平地上，1973 年清理。该坑积有淘洗瓷土的粗渣，渣中有黑釉碗盏、卵白釉印花器与九块元青花残片等，值得注意的是还有磁州窑黑彩罐残片一块。

2. 水井两口：均在刘家坞北侧天门沟边，1977 年清理。两井东西相距仅 24 米，井壁均用南宋时代覆烧窑具的底、盖砌成（图 4）。东井井内堆积分三层：第一层为黄泥加石砾，第二层为细砂土，第三层淤泥中出土了白釉粗碗、单把罐（图 5）、铁杈（图 6）以及木吊桶残片、棕绳等，西井井内多瓦砾沙泥，井底淤泥中出土一双系长腹陶罐（图 6）。井底出土的粗瓷器为元后期墓中常见物，铁杈和双系陶罐又与朝鲜新安海底沉船所出的同类遗物一致 [4]。从水井的位置来看，其东侧与元代的残作坊遗迹毗邻，井内出土物当为元代陶工日常生活用品。如果把井底的陶工用瓷与离水井仅 80 米的刘家坞堆积的精致的枢府瓷器相比较，我们便能从一个侧面看到元代社会贫富悬殊的情景。

3. 残窑一座，挡士墙一堵：在南河北岸的印刷机械厂院内，1979 年春发掘，面积共 159 平方米。该窑除后窑壁部分被破坏外，底基完整（图 7、17）。由于窑底出土的瓷器中有卵白釉折腰碗、高足杯，这类遗物曾见于元大都与磁县元代后期的沉船，故得知为元代后期窑炉。窑全长 19.8 米、窑壁残高 0.6 ~ 1.2 米、前室宽 4.56 米、后室宽 2.74 米，坡度 12° ，窑尾尚有排列成组的完好的匣钵（图 18）。该窑产品装匣时均采用带沙渣的粗垫饼，未见覆烧器物（有少量的青花涩底芒口杯也是采用仰烧法烧成的）。而南宋至元初曾大量流行的支圈组合式窑具的底盖则被用来加固窑壁和做挡土墙。

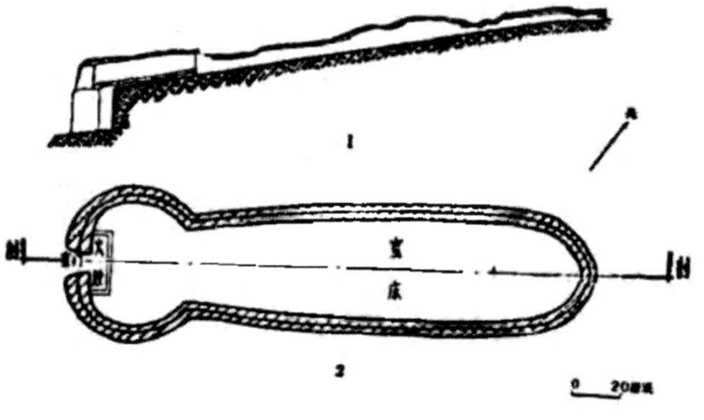

图 7 南河北岸元代后期瓷窑平、剖面图

挡土墙在窑北 3.7 米处，残长 8.0 米，东高西低（2 ~ 0.7 米），与土坡斜度相合。墙为匣钵与覆烧窑具的底、盖砌成，一桶式匣底刻有“李记”字样。

遗物堆积在窑北侧，发掘面积 62 平方米，堆积厚 3.4 ~ 1.6 米，产品有卵白釉印花与青花高足杯、折腰碗、小足盘、小酒杯与大盘等，与窑床上出土的瓷器完全一致，为该窑的废品堆积。

我们在这次发掘中曾分区统计过单位堆积中的总产量（以只能使用一次的垫饼计）与废品量（以器物的底足计）以及青花残器在总废品中所占的比例，结果发现青花残器仅占总废品的 0.45%。

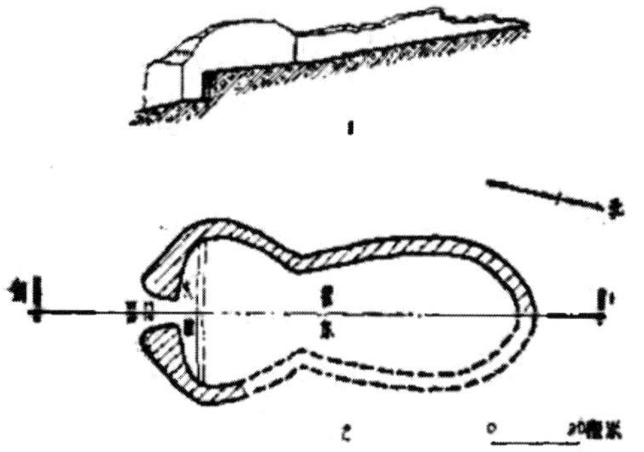

图 8 明早中期葫芦形残窑平、剖面图

**（五）明代遗存：**

1. 明早中期瓷窑一座（图 8、19）。在乌泥岭东 90 米处，1972 年清理。窑长 8.4 米，除火膛保存较好外，东窑壁已被破坏。就半壁窑墙来看，腰部内折，分前后两室，前宽后窄（3.7 ～ 1.8 米），前短后长，形似葫芦，坡度 4° -10° ，与元后期窑炉相似，仅形体较小而已。如按窑墙绘制复原图，它与《天工开物》一书的瓷窑插图相同。在当年，窑的两侧很可能有投柴孔，但由于窑壁残存无多，已无法辨认。该窑迭压在元代地层之上，窑顶塌砖下为明早中期的青花瓷器，故为元以后至明早中期（约景泰、天顺之间）的窑炉。

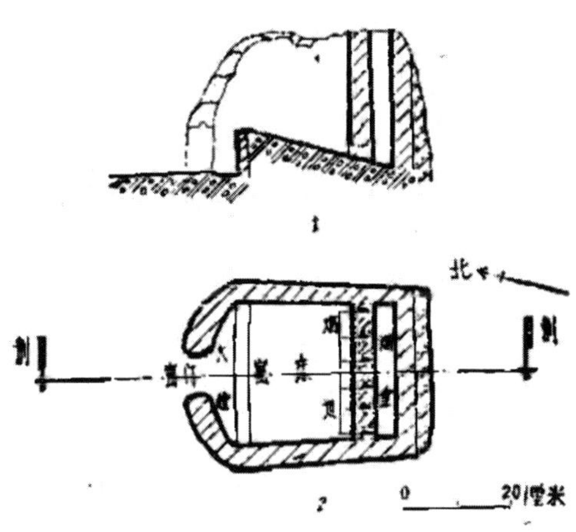

图 9 明中期马蹄形残窑平、剖面图

2. 明代中期马蹄窑一座（图 9、20），在乌泥岭顶，1977 年清理。保存较为完好。该窑为半倒焰式窑，与北方的马蹄窑相似。长 2.95、宽 2.7-2.5 米，坡度 12.5° ，东壁与后壁残高 2.3 米，有烟道六个、后烟窒一个（图 21）。该窑叠压在明初地层之上，其窑底基上出土器物 90% 都为素面白釉高足杯，只有少量的青花松竹梅弧壁碗残器，当为成化、弘治间的窑炉。由于窑壁保存较好，窑底基上尚有安放匣柱的“脚码”和少数略破的匣钵，据此推算，该窑可烧瓷碗二千个左右。印证明嘉靖间刊印的王宗沐的《江西大志》“陶书”，其形制与王书所记之“青窑”相似。

## 三、产品特征与断代

根据清理、发掘中取得的资料，结合湖田窑的整个遗物堆积概况，现将其主要产品的特征与年代分期试述如下：

**（一）五代产品：**

有灰胎青瓷和白胎白瓷两类。青瓷与唐五代越窑器胎釉相似，几乎可以乱真；白瓷瓷胎致密，透光度极好，完全符合现代瓷器的标准，为我国同期瓷器中质地最优的产品。

产品有壶、碗、盘三类。碗、盘为大足唇口或花口（图 22）。壶作长颈喇叭口，壶身较高，腹部作瓜棱状（图 23）。

以上器物除了在湖田窑与黄泥头窑等地发现之外，1953年陈万里先生还在杨梅亭、白虎湾发现过。他仅以重合叠烧为依据，把它们定为唐代的制品[5]。经比较研究，我们据以下的几点理由推定为五代遗物：1. 唐代壶类流短，这一时期的流长；2. 唐代碗类足璧厚，作玉璧形，且多用三角或齿状垫饼叠烧，这一时期为支钉叠烧，足壁比唐代的薄；3. 与南唐二陵封土巾出土的瓷器形制相同[6]。

**（二）北宋产品：**

1. 胎、釉：入宋以后，湖田窑已无灰胎青釉器（即仿越产品）的生产，整个北宋产品尽是白胎瓷器。其瓷胎与五代白瓷相同，釉却由五代的白釉变成青白釉（即影青釉）。这类青白釉和五代以及宋以后各时代的白釉相比，有如下几个明显的差异：a. 该类釉在焙烧时黏度小而易流，釉薄处泛白，积釉处带水绿色；b. 釉的光泽度强，透明度高；c. 釉中气泡大而疏。但就堆积层中的废品来看，北宋早期产品的釉多带微黄。呈纯正青白色的不多。北宋中后期的则与前期相反，白里泛黄的很少，绝大多数都具有晶莹碧透、色质如玉的外观效果。

2. 品种：前期的仅见最简单的生活用品，花色比较单调，但亦有六管器之类遗物（图 24），后期则空前增多，除简单生活用品外，有注壶（图 26）、注碗、瓶（图 25）、炉、茶托、油盒等，油盒多有“段家合子记”“吴家合子记”之类的戳记（图 27），盒的盖与底的边沿上往往都有一个别釉露胎的记号，如把记号对齐，底和盖便可合得密实些。瓷雕也不少，均捏制，手法洗练，形象生动，题材很丰富。

3. 造型与装饰：碗类，前期的与五代的大致近似，但器底有所增厚，圈足亦渐变高（即所谓“高足碗”）。圈足内底多留下一个黑褐色的圆圈，这是采用小于圈足的环形或圆形垫饼装烧留下的痕迹。

绝大多数碗无纹饰，只极少数的碗心有一个下凹的印记，印圈有草率的花纹，中心有印“茶”、“酒”或“詹”字的。

后期的多斜壁式（即“斗笠碗”），圈足比前期的有所降低，足径缩小，器壁非常薄，内壁多有纹饰，稍早为牡丹、篦纹菊，显然仿自越窑。稍晚则有飞凤、莲荷、水波等，均采用一边深一边浅的所谓“半刀泥”刻花法刻成，形象生动，线条流利，逐渐形成景德镇的刻花风格。由于刻花技法和在焙烧过程中微有垂流的影青釉结合得好，刻线深处积釉厚呈青绿色，浅处为白与青绿之间的中间色，故纹饰因垂流的透明釉而显得更加清晰，釉色也因浅、深不同的线条面富于变化。釉与纹饰相互衬托、相得益彰，艺术效果在定窑之上。

除以上碗盏外，尚有覆烧芒口碗。早期的器底略厚，后期的器底较薄，皆素而少纹，不见印花。

壶、罐类：早期的与五代近似，多瓜棱式。后期壶类有两式，一式流长，腹部高瘦；一式身矮，流短，分两节模印黏合而成，肩部有印花装饰（图 28）。

与以上同型的一些遗物，早期的曾见于江西九江咸平五年（1002）[8]、德安景祐四年（1037）[9]、德安康定元年（1040）纪年宋墓[10]；后期的与江西南城嘉祐二年（1057）[11]。江苏镇江熙宁四年（1071）章岷墓[12]。江西彭泽元祐五年（1090）[13]、星子元祐七年（1092）[14]、波阳政和元年（1111）熊本妻施氏墓[15]，湖北麻城政和三年（1113）阎良佐墓，河北保定辽天庆四年（1114）[16]等纪年墓出土的瓷器一致。

图10 1.印花樱桃小鸟纹 2.印花人物故事纹 3.印花鱼莲纹 4.印花芦雁纹 5.印花狮纹 6."枢府"印花纹(均摹本)

**(三)南宋产品:**

1.胎、釉:前期与北宋后期的相似。后期的釉色有白、青两种,但光泽度都稍弱,透明度有所降低。大量生产的芒口碗盘的胎、釉都显得略粗。

2.造型与装饰:整个南宋时期的碗盘多有芒口,仰烧器产量较小,显然覆烧法在这时已占绝对优势。器型前期多为斗笠碗、弧壁浅碗与平底碟,晚期多撇口弧壁碗与平底盘、碟。在装饰上,整个南宋时期刻花、划花与印花并存,但早期多刻花,中、晚期多印花。早期之刻划花多减笔牡丹、莲荷,孩儿攀花,水波;晚期多一束莲与双鱼。晚期之印花纹样极丰富,并出现了人物故事题材,构图繁缛,层次较多。其装饰形式对元代青花的影响较大。但由于釉的透明度比早期差,纹饰比较模糊,惜未引起人们足够的重视。

3.除碗、盘外,前期尚有各式水注、香炉、瓶,罐的生产,制作精致。执壶、瓶、罐多有刻花装饰。其时还有黑釉器,黑釉上布满了褐黄、天蓝与微青的细条纹,即所谓免毫盏。显然是为了社会上斗茶的需要而生产的仿建器皿。这类器皿和建盏最大的不同处在于釉。建盏的黑釉下部积釉厚,该类产品积釉较薄。后期堆积中,瓶、罐、炉、壶的残器发现较少,偶尔可见影青涡纹梅瓶与素胎瓷俑。

与以上同型之遗物,前期的见于景德镇乾道八年(1172)汪澈墓[17],江西婺源淳熙四年(1177)程氏墓[18],宜黄嘉泰元年(1201)纪年宋墓;后期的见于婺源嘉定四年(1211)[19]、清江景定三年(1262)[20]国等纪年宋墓。

**（四）元代产品**.

可分前、后两期。

前期产品和南宋后期的大体相近，但粗瓷产量激增。粗瓷为涩圈迭烧黑釉碗盏与粗青釉器。细瓷多为影青芒口折腰碗和白瓷器皿，釉层较乳浊，只有个别的青白瓷还保留着宋代“光致茂美”的特点。

其产品仍用刻划花写印花装饰（但以印花为主），就印花纹饰来看，有莲荷、牡丹，菊花、梅花、狮子滚绣球（图 -0：5）等。刻划花较宋代简洁，但刻痕较深，远不如宋时的精致。与此相同的瓷器，大量见于朝鲜新安海底沉船。

在元代前期的遗存中还发现一块玲珑器的残片。该片为影青釉，玲珑部分作毬纹（该纹饰按宋《营造法式》定名），比现今的玲珑更透剔（图 11：1）。它与重庆大德元年（1297）墓出土的影青釉香炉形制相近。

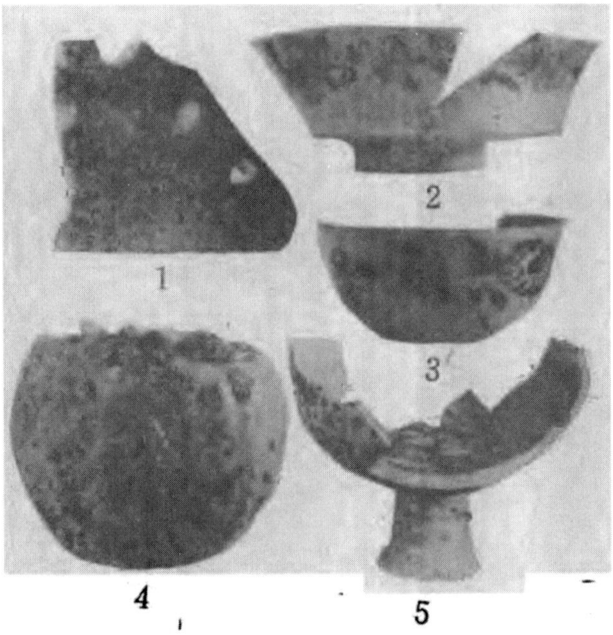


圈 11 1.元前期影青玲珑器残片 2。元青花折腰碗 3。元青花小怀 4.元缀珠青花小罐 5。元青花高足碗

后期产品以卵白釉器产量最大，亦有少量的青花器。就品种来看，高足杯、仰烧折腰碗、花口大盘、白瓷瓦以及有缀珠和青花装饰的小罐等，都是元以前的遗存中不曾见过的新产品；就装烧方法来说，除极粗的瓷器采用涩圈迭烧法外，均采用带砂渣的垫饼仰烧法烧成，所以器物圈足外沿的釉层都黏有几颗微小的砂粒。

就卵白釉器来说：南岸刘家坞的折腰碗和小足盘足多外撇，内壁多印有“枢府”二字（图 -0：6），高足杯内壁的印花龙纹有五爪的，印证《元史》，这类器物应为当时的官用瓷[21] 北岸的在造型上虽较相近；但足壁多垂直，内壁无款识，龙只为三爪、四爪，当为民用商品，在时间上晚于前者。

综观南河南、北两岸出土的青花瓷器：绝大多数都为“苏麻离青”型颜料，据测试，其含锰量极低，含铁量较高[22]，当为波斯料。南岸的青花瓷器中以大盘为主，约占青花残器的70%，其盘的器底较厚，纹饰繁碍华丽（图版叁：12，图版肆：1-4），其中多有蓝地白花，和伊朗、土耳其的传世品一致（图版叁：7、8、9），唯盘的口沿画蓝线的较少。盘的直径最大的仅有 41 厘米，比土耳其与伊朗的传世大盘（直径分别为 47.5 和 57.5 厘米）为小。罐、瓶之类由于残片太碎，难以了解其确实高度（图版叁：10、11）；北岸的青花瓷器则以高足杯、折腰碗、小酒杯为多，大盘仅见两件（与南岸圈足等大的盘相比，器底要薄一些），纹饰则简洁、疏朗、草率，和菲律宾出士的完全相同（图一一：2、3、4、5）。经初步比较，南北两岸出土的元代青花瓷器都属于湖田窑元代后期的产品，但南岸的略早于北岸的。

釉里红瓷器残片我们在湖田窑元代遗存中仅发现两片，印证元大都出土的瓷器，釉里红也很稀少，因此我们认为釉里红彩在元代生产得不多。美国学者波普（JohnAlexanderPope）曾把传世的那种与元代青花瓷器近似的釉里红瓷器（如大腹玉壶春瓶、大足墩子碗等）定为明初产品，我们认为是有见地的。

### （五）明代产品：

湖田窑明代产品，只见青花与纯白釉两类。除一些极粗的青花碗盘采用叠烧外，90% 以上的产品均为单件仰烧。就乌泥岭以东的明代堆积区的遗物来看，其时多弧壁青花碗、坦口折腰小足盘与高足杯。碗除腹部较深外，其底部多不上釉，保留了元代的某些风貌。装饰风格都比较粗率、奔放，题材多云气、楼阁与荷花、兰竹、湖石等（图版伍）。该类产品日本人称之为“云堂手”，某些陶瓷史家把它们断定为明初遗物，南京博物院认为它们是所谓“洪武窑”[23]。那么这类遗物究竟是什么时候的？ 1973 年景德镇观音阁景泰七年墓中曾出土了与湖田窑的这类产品完全一致的瓷器。该类瓷器属日用粗瓷，但墓中出土物并无使用痕迹，而且就造型与纹饰来看，它们与元代产品相距较远，倒和宣德的相近，因而我们认为这类所谓“云堂手”，就是宣德之后成化之前的景泰、天顺时期的民窑产品，即人们渴望了解的所谓明代青花中“空白阶段”的青花。

其时的高足杯产量较大，它与元代的在工艺上有所不同。明代这一时期的高足杯柄的内底（与杯身结合处）都可以看到一个带釉的乳突物，而元代的则是一小团瓷泥，没有釉。元、明两代的高足杯为什么会在柄与杯身的交接处出现这个差异呢？为了揭示这个疑问，我们曾打碎许多残器进行观察，结果发现：元代高足杯的柄与杯身是用胎泥黏结的，故足内尚留有一小团黏合时挤出的瓷泥，结缝处常有坼裂的痕迹。而明代景泰时期的高足杯的柄与杯身系用釉来联结，其杯身与柄的交结处有一釉的中间层，足内底就有一个带釉的乳突了（图 12）。关于用釉结柄的问题，《天工开物》“陶埏”篇中记载过，但国外某些学者认为该记述是错误的[24]，经我们这次剖析实物观察，发现明代的

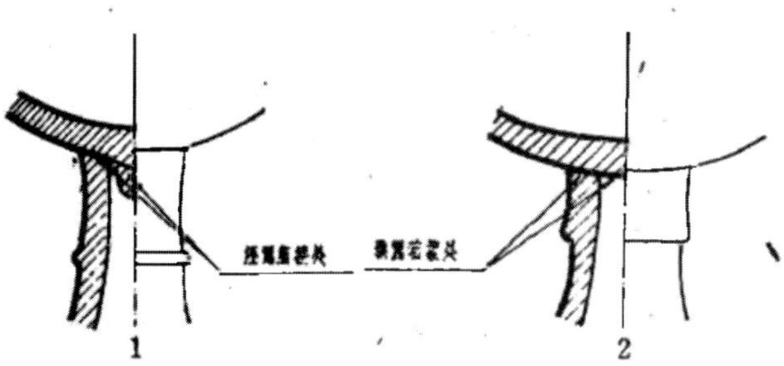

图 12 元、明高足杯杯身与柄交接处比较图
1. 元代高足杯 2. 明代早中期高足杯

图 13“大明天顺年制”碗残片

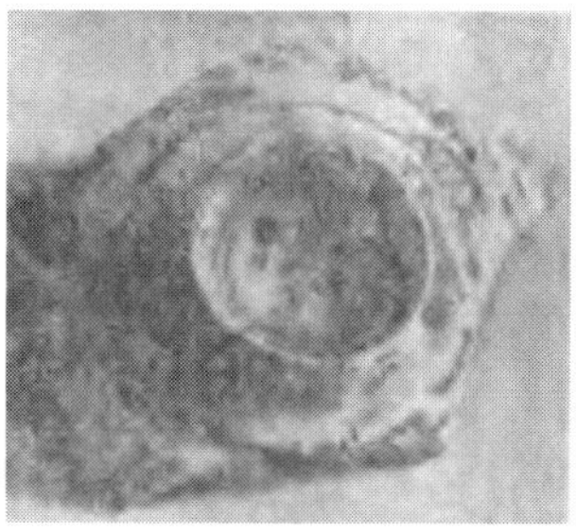

图 14“大明正德秋月吉日造”底款

图 15“大明正德秋月吉日造”碗心纹饰

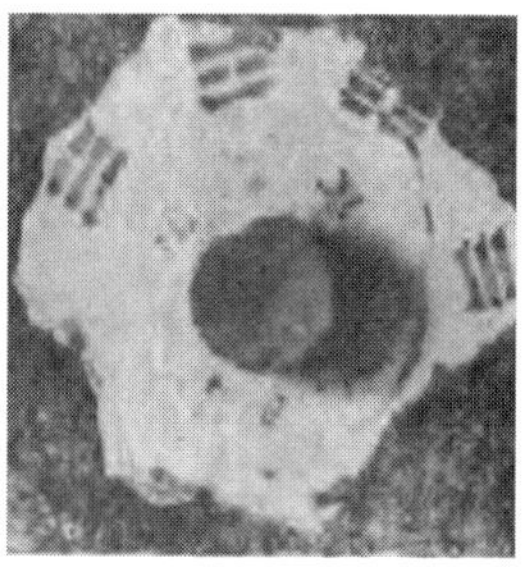

图 16“大明正德秋月吉日造”款残器

由上下两节组成的瓷器，中间有用釉联结的情况，可见该记述是有根据的。

除以上阶段的产品外，还有明中期和稍后一些的产品。由于这一时期的遗物人们都比较熟悉，不做详细介绍了。现仅介绍几块有绝对纪年的瓷片。其中有“天顺年制”的碗底残片（图 13）（为采集物），其青花料色与所谓“苏麻离青”相同；有“正德”“隆庆”纪年款的瓷片，青花料色则比较浅淡（图 14、15、16），当为“土料”所画（出土于琵琶山上层）。

## 四、小结

以上仅将在湖田窑调查、清理与试掘中所取得的部分资料做了极其简略的介绍，通过这些资料，我们可以了解以下的一些情况：

（一）在北宋中期的堆积层中发现了多级覆烧垫盘与影青芒口盘碟，可见湖田窑在那时已采用覆烧法了，只是窑具不如定窑的支圈先进，产品的数量很少而已。这些出土遗物，为影青芒口瓷器的分期提供了极为重要的依据。

（二）南河北岸印刷机械厂院内出土的一座元代陶工焙烧卵白釉与青花瓷器的残窑，其形制奇特，和我国古代流行的龙窑、阶梯窑都不相同，其平面倒和今天景德镇还在使用的一座清代遗留下来的柴窑（即“镇式窑”）有某些相似之处，可见景德镇著名的“镇式窑”早在元代就已初具雏形。印证清人唐英的《陶成示谕稿》，它极有可能出自元代的筑窑专家——魏姓工匠之手。

（三）湖田窑的元青花瓷器都和仰烧卵白釉小足碗盘一道出土，虽有早晚之分，但其堆积层中从未见有覆烧芒口折腰碗，因此我们认为湖田窑的元青花瓷器是在覆烧方法淘汰之后才出现的。由于元代早期尚流行覆烧法，因此它们的“年龄”当不会早于 14 世纪。不过，元代景德镇不只湖田一地出产青花，所以我们的论断只适用于湖田，并不一定适用于湖田以外的窑场（如镇窑）。但湖田窑稍早的青花与伊朗、土耳其的传世品以及印度德里宫殿故址出土物相近，而稍晚的则又与菲律宾的出土物相似，因此，我们认为以上各地所出之青花（截至目前）也不会早于 14 世纪。

（四）把湖田窑的各期产品与市内名瓷窑遗址的出土物相比，则知五代的与杨梅亭、白虎湾、黄泥头、湘湖等窑的相近，无高下之分；至宋代，技术有长足的进步，其影青瓷器跃居市内诸宋窑之冠；元代产品虽精粗并存，但枢府器与青花器却能标志着当时的最高水平。因此我们认为湖田窑是研究景德镇制瓷技术与艺术在 10 至 14 世纪发展和演变历史的最好的窑场。1368 年以后（即入明以后），湖田窑的产品制作草率，青花浅淡，不仅不如市内珠山御窑的制品精美，也不如市内同期民窑的精致。总之，湖田窑在入明以后就不能反映景德镇在当时的最高制瓷水平了。至隆庆、万历之际则完全没落。

那么这座历史悠久的窑场为什么会在入明以后突然转衰呢？英国学者艾惕男爵士（J.M.Addis）曾有过推测（详见其《景德镇访问记》一书），他认为有可能是与朱元璋于洪武二年（1369）兴建御厂有关。因为兴建御厂必需集中良工巧匠，于是元代后期在湖田窑从事枢府与青花瓷器制作的匠人就必需服从皇帝的意志迁往御厂所在地——珠山，湖田窑就只能生产粗瓷了。我们认为这个推断是有说服力的。

而于隆庆、万历之际结束，显然与资本主义萌芽和城市经济的发展有关。因为在明代后期景德镇拥有大量的佣工[25]，商品生产与货币经济发达。湖田窑与市区的窑场必然展开激烈的竞争，在竞争中，烧造历史比湖田窑更为悠久，交通条件更为优越的镇窑（即今景德镇市区之窑场，其名称始见于《陶记》）战胜湖田窑自然是意料中的事。于是，延续烧造长达六百余年的湖田窑就在这新的形势下变成废墟。

**[注释]**

[1]《浮梁县志》，(康熙二十一年本)卷壹，“山”：“马鞍山，在镇市都，旧取土做匣，后因景德来龙，禁止。”

[2]《江南永新北宋刘沆墓发掘报告》，《考古》1964年第11期。

[3]《湖北庥城北宋石室墓清理简报》，《考古》1965年第1期。

[4]《新安海底文物》，三和出版社1977年版。

[5]陈万里：《景德镇几个古代窑址的调查》，《文物参考资科》1953年第9期。

[6]南京博物院：《南唐二陵发掘报告》，文物出版社1957年版。

[7][8][9][10][12][13][14][18]参见江西省博物馆1977年编《江西考古资料汇编》“瓷窑址及出土瓷器部分”。

[11]镇江市博物馆，《镇江市南郊北宋章岷墓》，《文物》1977年第3期。

[15]河北省文物工作队收藏。

[16]景德镇陶瓷馆收藏。

[17][19]江西省婺源县博物馆收藏。

[20]江西省清江县博物馆收藏。

[21]《元史》本纪第三十九“顺帝·二”：“(至元)二年……禁服麒麟、鸾风、白兔、灵芝、双角五爪龙……等服”。故印有五爪龙的器皿当为官用瓷器。

[22]陈尧成、郭演仪、张志刚：《历代青花瓷器和青花色料的研究》，《硅酸盐学报》1978年第六卷第四期。

[23]南京博物院：《南京明故宫出土洪武时期瓷器》，《文物》1976年第8期。

[24](日)木村康一：《中国的制陶术》，见《天工开物论文集》144页，商务印书馆，1959年译本。

[25]清《庐陵县志》“艺文”：明萧近高“参内监疏”谓“……镇上佣工每日不下数万人”。

图一七 南河北岸元代后期瓷窑遗址

图一八 窑尾排列成组的完好的匣钵

图一九 明早中期葫芦形残窑窑门与窑床折腰部分

图二〇 明中期马蹄窑

图二一 马蹄窑后壁烟道细部

图 22 五代大足唇口和花碗口

图 23 长颈瓜棱壶

图 24 北宋前期六管器

图 25 北宋后期棱瓣花口瓶残片

图 26 北宋后期狮纽注壶

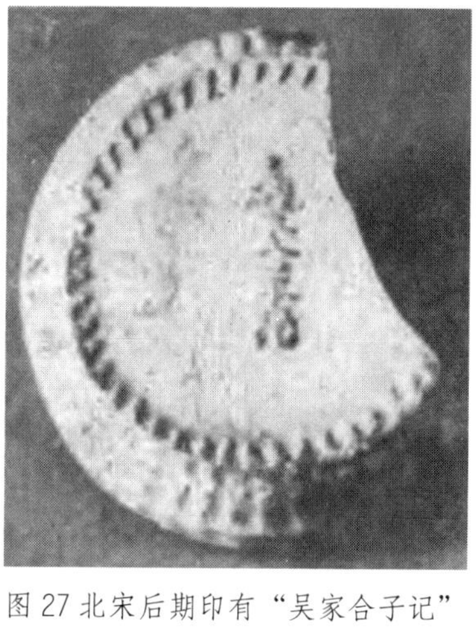

图 27 北宋后期印有“吴家合子记”的油盒

图 28 北宋后期印花小壶

# 高岭土史考——兼论瓷石、高岭与景德镇10至19世纪的制瓷业

刘新园　白焜

（景德镇中国陶瓷博物馆）



## 第一章　前言

中国是瓷器的祖国，又是高岭土（Kaolin）的故乡。人们要研究中国古代陶瓷的辉煌成就，就自然而然地需要考察高岭土。这是因为高岭土是制造瓷胎的重要原料之一，它不仅与瓷器的质量，而且与瓷器制造业的命运都有密切的联系。然而，从矿物学角度来看，高岭土至今都还没有一个公认精确的定义。[1] 现在要探索该类黏土在我国发现与应用的历程时，也就只能先从一些并不理想，但已广为流传的概念谈起。

从一般的辞书来看，高岭土似有广、狭两种含义：

广义的，泛指其化学组分中含有铝硅酸盐，矿物组成主要为高岭石的一种具有良好塑性的白土，或制瓷业通用的白色陶土。

侠义的，则特指我国最著名的瓷器产地——景德镇东五十公里以高岭山为中心的地区所出产的一种白色土状的瓷用原料。

据我国地质界和陶瓷界的考察，高岭山的这类黏土由白云母花岗岩、伟晶岩风化而成。[2] 其矿物组成，既有埃洛也有高岭石；[3] 其化学组分中三氧化二铝（$AL_2O_3$）在35%左右，铁、钛等着色物质极微（约0.6%），烧结温度在1700℃以上。[4]

景德镇制瓷业所用原料与辅助原料的命名，多用这四种方式：

1. 按用途分：如瓷石、釉泥。[5]

2. 按产地分：如高岭、陈湾、南港、三宝蓬等。

3. 按焙烧前的外貌分，如赤石[6]；按焙烧后的外貌分，如白土[7]。

4. 按使用对象或所有者分：如御土、官土[8]。

但以产地命名者居多，高岭土即是最著名的一例。

众所周知，景德镇是以出产白瓷而名闻世界的。其白瓷瓷胎从很早的年代起就使用高岭土加瓷石两种原料制作（即陶瓷工艺界所说的“二元系统”）。[9]

高岭土与瓷石，在我国古代文献中虽无严格的定义，但若仔细体会那些忠实记述景镇陶瓷工艺的文献，还是可以了解它们之间的差别的。

明·宋应星在1636年刊印的《天工开物》卷中《陶埏·白瓷》记述景德镇瓷器瓷胎制备工艺时说：

土出婺源、祁门两山；一名高梁（岭）山，出粳米土，其性坚硬；一名开化山，出糯米土，其性粢软。两土和合，瓷器方成。

清·无名氏《南窑笔记·合泥》又谓：

不子（不音dun，景德镇俗字。笔者按：此处特指用瓷石舂制而成的块状泥料）性软，高岭性硬，用二种配合成泥。或不子七分、高岭三分，或四、六分，各种搭配不同……一切瓷器坯胎骨子俱用合泥做造。

以上文献谈到高岭土时所说的“其性坚硬”或“性硬”，均指该类黏土与狭义的瓷土（指粉碎瓷石所得之土[10]）在高温下成瓷时的性能而言。也就是说，狭义的瓷土在焙烧成瓷时极易瘫塌，而高岭土则不软化，故曰“性硬”。可知明清时代的景德镇陶工是把高岭土当作一种抗变形的原料掺进瓷胎的。

本文所说的“高岭土”，仅指景德镇在各历史时期内所使用的高岭山或与高岭山所产的那种形态和质量大致相近的黏土。由于这类黏土曾经对景德镇乃至全世界的瓷器制造业产生过深远的影响，因此本文就打算围绕着与它有关的一些史实，对该镇10—19世纪的白瓷瓷胎原料与制瓷业的相关问题做一初步考察。

## 第二章　景德镇五代至南宋白瓷瓷胎原料探索

### 第一节　学术界对早期白瓷、青白瓷瓷胎原料的推测

清·乾隆四十八年（1793）《浮梁县志》卷十二《述旧》记景德镇早期白瓷谓：

（唐）武德四年（621），有民陶玉者载瓷入关中，称为假玉器。

南宋·蒋祈《陶记》[11]：

景德陶，昔三百余座，埏埴之器洁白不疵，故鬻予他处，皆有“饶玉”之称。

从这两条文献来看，景德镇远在初唐至南宋的这一漫长的历史时期内所制瓷器骨胎都洁白致密，并具有良好的半透明感，否则的话，当时人就不会把它称作“假玉器”或“饶玉”了。

建国后，我国陶瓷工作者与文物考古工作者都十分关注景德镇的陶瓷史料，对该地区的古瓷窑

遗址进行过细致的考察。从取得的实物资料来看，初唐瓷器虽待发现，但五代——南宋的这一阶段的窑业遗址都有白瓷或青白瓷出士，其瓷胎致密，白度高达70%，透光度十分良好，它们比我国同时代的其他窑场所生产的白瓷瓷胎更为优异。可见这个地区的产品，早在10世纪就已达到现代瓷器的标准了。[12]

景德镇早期白瓷瓷胎是使用什么原料制造的呢？这是研究中国陶瓷史尤其是研究景德镇陶瓷工艺发展史的人很感兴趣的事。但由于唐宋时代记述瓷器生产工艺的文献极为稀少，人们要了解这些情况，就只能求诸遗物了。

从50年代开始，周仁、李家治等先生就对该镇出土与传世的一些古陶瓷进行过理化测试。他们在1960年发表的《景德镇历代瓷器胎、釉和烧制工艺的研究》（《硅酸盐》1960年第四卷第二期）一文中，谈到该镇唐宋瓷器瓷胎原料时说：

唐宋时期的瓷器可能只用一种瓷石或者掺入极少量高岭作为制胎原料。

这两位先生做出的“可能只用一种瓷石制胎”的结论，显然是因为他们所测试的这一时期的标本中，有一部分含三氧化二铝（$AL_2O_3$）在17%左右，与今天还在继续使用的瓷石的化学组分相近。而“可能在瓷石中加入了少量的高岭土”的结论，则是因为还有一部分瓷器瓷胎中的三氧化二铝的含量要稍微高于瓷石。从化学组分这一角度得出这样的结论，显然是无可非议的。但后一推测影响巨大，致使不少著名的古陶瓷学者在研究景德镇早期（五代—宋）陶瓷取得辉煌成就的原因时，往往都把它归结于其境内出产的优质高岭土。[13]

景德镇唐宋时代的陶工在制造瓷胎时到底是使用一种原料——瓷石，还是两种原料——瓷石加高岭土呢？这就成为我们探讨高岭土在景德镇地区的始用年代时所不能回避的一个问题了。

## 第二节　南宋以前的瓷胎仅用瓷石制作

近十年，我们对景德镇一带的古瓷窑遗址、古矿区以及古文献做过许多调查与发掘，再以这些资料为依据验证周仁等先生的结论时，我们比较赞赏他的前一个推测——元以前的景德镇在制造白瓷瓷胎时所用的原料可能仅瓷石一种。而对后一推测却有不同看法。这是因为：

1. 近年来，我们研究蒋祈《陶记》时，发现这一重要文献写于南宋中后期（13世纪前半期）。[14]文中记述景德镇当时瓷器的瓷胎原料时仅提到“石泥”（即将瓷石舂打成粉加水制成的泥料）一种，罗列出来的瓷用原料产地也只有瓷石产地。既没有记述除石泥之外还须掺入某种与石泥的形态或性质不同的黏土制胎，又没有记述出产高岭土的高岭、李黄与大洲三地。可见在蒋祈的时代——南宋中后期，景德镇尚未使用高岭土。

2.1972年至1977年，我们在湖田窑宋代地层中发现了刻有“进坑”“下项泥”“郑家泥”的影青瓷碗残片。经景德镇陶研所对“进坑”等残片测试，遗物的化学组分与瓷石相近。[15]这些实物也表明当时仅用石泥一种原料制胎。

3. 从景德镇古瓷石矿与高岭土矿的分布情况来看：高岭土矿较为稀少，在东河一带仅见高岭、李黄地区，而西河只有大州一处，以上三处均未见元以前的开采遗迹与古瓷窑。而瓷石矿则遍布东、南、西河地区，尤以南河和小南河一带最为密集，凡有这类矿藏的地方几乎都有元代以前的瓷窑。显然这些瓷窑是因原料近便而设置的。

我们知道，景德镇一带所产的瓷石，一般为长英岩蚀变而成，其中之长石转变为绢云母、水云母和少量高岭石。由于含绢云母、高岭石等黏土矿物，故粉碎加水具有可塑性，如用上层瓷石（即烧结温度较高的所谓高温瓷石，景德镇又称硬质瓷石）做坯，在1200℃左右烧成，也不至于变形。所以清・同治十年（1871）《余干县志・物产志》提到景德镇在其地采掘的这种"高温瓷石"时，就把它写作"碗石"（即用以制碗之石）。直至今天，赣南与广东的某些小型窑场，仍使用单一的瓷石制胎。可见仅瓷石一种即可以制出符合现代标准的瓷器，只是这类瓷器焙烧时易变形，成品的热稳定性差一些而已。

如果把周仁等先生的后一推测和上述各方面的情况相印证，我们以为元以前的景德镇仅用瓷石一种原料制胎，而没有发现加入过高岭土（即使是少量的）的迹象。

但是周仁先生研究这一时期的瓷器时，为什么会发现有一部分瓷胎的三氧化二铝高于18%，而钾钠物质又会低于现今使用的瓷石呢？

我们把周仁先生所测数据和景德镇陶研所近年来测试的一组宋代影青瓷的胎、釉数据[16]进行过比较，发现了这样一种趋势：

铝氧高于17%、钾钠低于现今使用的瓷石（尤其是$Na_2O$低于1.2%）的瓷胎多为五代北宋的遗物，而其化学组分与现今的瓷石相近的则以南宋制品为多。

鉴于这些事实，是不是五代——宋初的陶工们制备瓷胎时如周仁先生推测，在瓷石中加入了少量的高岭土，而南宋的则仅用瓷石一种原料制胎呢？我们认为这种可能性似不存在。因为在瓷石中加入高岭土制胎有许多优点，其时的景德镇并不缺乏高岭土，如果五代——北宋人采用二元配方法制胎，到南宋时是不会被人们忘却的。而五代——北宋大部分的瓷胎铝氧偏高、钾钠物质偏低（与现今常用的瓷石比）这一事实，并不是掺入了少量高岭土的标志，而正是某些地质或历史原因的真实反映。

近年来，地质工作者郭邦相、张伯周等同志对景德镇一带的瓷石矿床做了许多调查与研究，从他们取得的大量资料来看，南河和小南河一带的古瓷石矿床可分为"蚀变"与"风化"两种类型：

蚀变型瓷石矿床可分两个层位：

1. 接近地表的上层，三氧化二铝的含量一般高达18%～19%，钾、钠氧化物的总量一般低于3%。由于铝氧含量较高，在1200℃左右烧成不易变形，故景德镇称它为"高温（或硬质）瓷石"。

2. 下层瓷石的铝氧含量为15%～17%，钾钠氧化物含量一般为4%～6%，莫氏硬度5.5～6度，掺入高岭土为理想的制胎原料。

风化型瓷石矿床可分三层：

1. 第一层为半松散之岩石，铝氧以及钾钠物质含最与蚀变型上层矿石相近。

2. 第二层与蚀变型下层相近。

3. 第三层的铝氧仅13%～15%，钾钠氧化物高达5-7%，硬度为莫氏6～7度，焙烧时易变形，景德镇一带称"低温（软质）瓷石。[17]"

上述两型矿床的上层瓷石异于下层，是因接近地表的上层处于风化壳内，在风化过程中碱金属氧化物（尤其是$Na_2O$）流失，铝氧相应富集而造成的。

再把郭邦相等同志的结论与景德镇陶研所对安徽祁门瓷石矿[18]，李国祯、叶宏明同志对浙江龙泉瓷石矿所做的考察相印证[19]，也完全一致。

如果再把周仁先生等与景德镇陶研所测试景德镇五代——南宋瓷器瓷胎所得数据，和以上矿床不同层位的瓷石的化学组分相印证，我们马上会发现五代、北宋的瓷胎多与蚀变或风化型矿床的上层瓷石（高温瓷石）的化学组分接近，而南宋的则与蚀变型的中

五代北宋人多用上层瓷石、南宋人多以中下层瓷石制胎，与人类采矿的规律一致，却与古居住遗址的堆积规律相反。这是因为人类的居住遗址是从下往上层层堆积，而瓷石矿的开采则沿着由表及里、由浅入深的途径进行。五代北宋瓷胎的化学组分异于当今的常用瓷石，这一事实正说明了当时人使用的是表层风化程度大的所谓“高温瓷石”。可见周仁等先生对这一时期的瓷胎原料所做的第二个判断（即在瓷石中加入少量高岭土制胎的推测）与历史事实不符。那些把景德镇早期白瓷或青白瓷的成就归结于其境内所出之优质高岭土的观点，就与史实相差更远了。因为高岭土在其时还未被陶工发现。

## 第三章　高岭土使用之前的景德镇制瓷业

### 第一节　上层瓷石与景德镇五代北宋兴旺的制瓷业

1952 年景德镇陶瓷馆吴良华老先生在南河地区的杨梅亭、白虎湾发现了采用支钉重合叠烧法烧制碗盘的两处瓷窑遗址。1953 年，故宫博物院陈万里先生鉴定为唐代遗存并著文报导[20]。1968 年以后，我们又在黄泥头、南市街、湘湖、湖田等古瓷窑址相继发现了与杨梅亭、白虎湾窑烧法和型制一致的产品。通过对湖田窑的试掘与南唐二陵所出白瓷的比较，[21]我们认为以上瓷窑的废品均属五代遗物。它们证明早在 10 世纪前半期，今景德镇一带已经有许多窑场生产白瓷了，只是那时的装烧工艺比同期名窑（如邢窑、长沙窑）落后，[22]器物制作不精。但由于瓷釉洁白、瓷胎致密并具有良好的透光感，它在瓷质上似乎要比唐代极负盛名的邢窑产品更为优异。

这一时期烧造的白瓷，也许是诞生不而制作不精，也许是群雄割据、战争频繁而流布不广，以致不见于同期文献记载。

赵匡胤统一中国后，结束了五代的战乱局面，社会逐渐安定。在唐代以产茶出名的饶州浮梁，这时也开始以瓷名闻京师。从乐史《太平寰宇记》来看，饶州已在太平兴国时（976—984）列为向朝廷贡瓷的五州之一。《宋会要辑稿·食货五二》记宋初饶州白瓷已是汴京皇家瓷、漆器仓库中的藏品了。随着装烧工艺的改进，成型技术的提高，过去质地精良制作粗劣的五代白瓷，至宋代已成为质地优异、制作精细的白瓷或青白瓷了。1004 年，饶州所贡白瓷居然得到了最高统治者——宋真宗的赏识，于是宋王朝就正式在这个瓷窑所在地设置了景德镇。[23]

从我们在景德镇进行考古调查所获得的资料来看，凡有白瓷生产的五代窑场，如湖田、杨梅亭、黄泥头、南市街等，在入宋以后都得到了新的发展，因为遗址上的宋代堆积比五代大为增厚，其产品量多而质优。浮梁南河与小南河域带的湖坑、三宝蓬、何家蓬、牛氏岭、月山下、小坞里、凤凰阻等出产瓷石的地方也相继兴起了中小型窑场。可见入宋以后，尤其是北宋中后期，这儿的窑业得到了空前的发展。所以景德镇人程筠在崇宁四年（1105）给河南修武当阳峪窑窑神庙撰写碑文回忆他的故乡时，很骄傲地说：

番君之困善陶冶，运以□□遍天下[24]。

中华人民共和国成立三十多年来，考古工作者先后在江西、江苏、辽宁、内蒙、湖北、安徽、四川等十二省区的辽、宋遗址和墓葬中大量发现了青白瓷[25]，这些遗物为我们描画出其时的饶州瓷器有着广阔的商业市场。而沉睡在今景德镇南河或小南河一带的一处紧连一处的由青白瓷片与匣钵片组成的北宋时代的“工业垃圾”，又为我们展示出一幅消逝已久的北宋浮梁“村村陶埏、处处窑火”图。

为什么质地最优的早期白瓷会出现在今景德镇南河一带呢？这一带的窑业为什么会在北宋时代得到蓬勃的发展呢？这里面当然有许多社会原因。但我们以为与其地拥有丰富的瓷石矿、尤其是与其时的矿床拥有丰富的上层瓷石的关系最为密切。因为这层瓷石：

1. 多裸露于地表或接近地表，容易被陶工们发现利用。

2. 风化程发比中下层大，其硬度仅为莫氏 4 度，采掘十分方便，因而成本不高。

3. 从其化学组分来看，三氧化二铝的含量较高（约 17% ~ 19%）而钾钠等氧化物却比较低（约 3%），既能烧制出半透明感很强的瓷胎，在 1200℃的高温下也不易变形。

4. 其矿物组成中含有一定量的绢云母与高岭石，成型时可塑性较好。

## 第二节　上层瓷石的枯竭与南宋时代的窑业危机

从有关史料来看，景德镇南宋窑业不但没有在北宋的基础上得到更大的发展，却反而呈现出衰落的趋势。

1. 从考古资料上观察：（1）南河一带在北宋曾经繁荣过的各窑场绝大多数没有南宋时代的遗物，象宁村、小坞里，月山下等数十处北宋窑址至此时多已停产，甚至包括规模巨大的南市街窑亦复如此。（2）能够持续烧造的仅见湖田窑与镇窑等少数几处，但其南宋堆积中，仰烧产品减少，覆烧器增多，大量生产的碗碟之类均为芒口。无论从其废品还是从江南南宋墓葬出土的景德镇瓷器来看，色泽不美的阴黄瓷器的比例都有增大的趋势，制品的适用与审美价值远逊北宋。

2. 从文献史料来看：蒋祁记其时景德镇瓷器的市场仅列举江、湖、川、福建、浙江等淮河、长江以南的几省，不记北方；北方金代遗址亦不见或极少见到景德镇南宋产品，可见其市场比以上北宋考古资料“描画”出来的范围大为缩小。

南宋时代的政治形势与北宋时大不相同。“靖康”以后，宋王朝丧失了广大的北方领土，景德镇瓷器市场缩小自与政治原因关系密切。但此时的龙泉与吉州窑无论是烧制技术，还是生产规模却较前大有发展，那么，景德镇南宋窑业为何低落呢？这就不是一个简单的政治因素所能解释。

清·康熙二十一年《浮梁县志·古迹》条：

监镇厅，宋设景德镇东南，后摧于水。嘉泰二年（1202），姚守谦徙镇西。

《宋史》卷三百九十《莫蒙传》谓：

莫蒙，字子蒙，湖州归安人……除户部员外郎。朝廷遣蒙措置浙西、江淮沙田、芦场，……言者论其丈世失实，征及贫民。负监饶州景德镇。

清·嘉庆《河南强氏家谱》卷二《世系·子魁》条：

子魁，伯达公之子，……宋绍定戊子（1228）以文学进，仕饶州通判，以监陶得至浮梁景德镇。

文献表明其时的景德镇仍有南宋政权设置的管理窑务的“监镇厅”，朝廷和饶州并直接委派官员榨取赋税。

《宋史・食货下七・香》：

嘉定十二年（1219），臣僚言：以金银博买，泄之远夷为可惜。乃命有司止以绢帛、锦绮、瓷、漆之属博易。

《宋会要辑稿》刑法二之一四四：

（嘉定）十五年（1222）十月十一日，臣僚言：国家置舶官于泉、广，招徕岛夷阜通货贿。彼之所阙者如瓷器、茗、醴之属，皆所愿得，故以吾无用之物易彼有用之货，……

又，《宋会要辑稿》职官四四之二三记南宋绍兴七年（1137）十月三日高宗谓：

市舶之利最厚，若措置得宜，所得动以百万计，岂不胜取之于民？朕所留意于此，庶几可以少宽民力尔。

瓷器既是诸蕃所需之物，宋高宗又热衷于市舶之事，景德镇瓷器的内销情况虽因宋金对峙难以和北宋相比，但南宋赵汝适《诸番志》记当时的瓷器外销 15 国，可见它仍有广阔的海外市场。

但是景德镇南河一带的北宋诸窑为什么会在这时停产呢？

曾从许多方面考虑，我们以为和制胎原料的关系更为密切。从上章的考察得知，兴起于北宋的诸窑都是采用容易采掘、质地优异的上层瓷石制胎。但是上层瓷石总是有限的，像三宝蓬之类的风化型的矿床，当表层瓷石采完之后，中下层的瓷石由于铝氧含量低（仅 13% ~ 15%），钾钠氧化物含量较高（约 6% ~ 7%），烧结温度偏低，不能单独制胎。蚀变型瓷石矿（如南港之类）的下层瓷石（铝氧含量约 15% ~ 17%），质量也不及上层，虽能制胎，但由于南河地区地下水位高，开采艰难，成水必然高昂。在这种情况下，那些依附于农业的、曾以其原料就近为之优势而兴起的小窑，必因采掘条件的变化或原料的质量变劣而不能持续烧造。

1980 年，我们曾请轻工部陶研所测试湖田窑南宋时代两件覆烧芒口碗，发现其胎中氧化铝的含量仅 16%。印证上海硅酸盐研究所与国外对该地南宋瓷片的测试结果，其铝氧的含量多在 17% 以下。[26] 这一趋势证实：在南宋时代持续烧造的镇窑与湖田窑所使用的制胎原料多为中下层瓷石。

蒋祈《陶记》谓：“进坑石泥，制之精巧，湖坑、岭背、界田之所产已为次矣。”

能够制造精巧瓷器的原料仅进坑一处！？其他产地的瓷石的质量已非北宋可比了。

由于《陶记》写于嘉定七年至端平元年（1214—1231）[27]，再把这一重要文献印证以上所述的遗存情况和测试其遗物化学组分时取得的数据，我们确信，南宋时代的景德镇已面临严重的原料危机。

那么，景德镇陶工如何度过这一危机呢？

从湖田窑与镇窑遗址上大量堆积着的支圈组合式窑具来看，其时碗盘等日用瓷的烧造已采用覆烧方法了[28]。把用中下层瓷石制成的碗坯翻转过来覆放在支圈上去焙烧，坯体成穹窿状，当然会起到减少变形的作用。但在原料的配制方面没有新的突破，即使在装烧工艺上进行改革，也不能解决根本问题，因而遗址上坍塌变形的废品仍然不少。更何况采用覆烧法烧成的瓷器因工艺的局限，其色泽多阴黄（窑室含水量增多影响升温），其边口必然无釉。而这类边口无釉的所谓芒口瓷器，贵族们早在北宋时代就已经感到“不堪用”了。[29] 南宋的景德镇出于不得已而持续生产，其售价可知。

其时的景德镇为了克服重重困难，除采用上述的覆烧方法之外，还设置过火房。

《陶记》谓：

至若冬泥冻脆不可以烧，坯陶既就不复易操，乃有“火房”。

由于“火房”的设置，进行湿作业的工匠已不受季节的限制。把坯房变成暖室让工人操作，还不见诸明清记载，可见当时的市场对瓷器的需求何等迫切！

尽管采用覆烧方法能勉强利用软质瓷石并使窑室装载量高于北宋四倍，节省燃料四分之三[30]；尽管“山川脉络不能静于焚毁之余（《陶记》）”，湖田窑与镇窑的陶轮在滴水成冰的日子也不能停止旋转；但这些努力毕竟不能改变因原料的质量降低而造成的劣势。所以“镇之巨商不如意者十八九，官之利羡乃有倍簁之亏”！（《陶记》）

今之不可复古矣！

这是蒋祈在《陶记》中记述景德镇南宋窑事之后，顺及流行于当时的言论。就原料这一角度来说，的确如此。因为大自然赐给人类的资源——上层瓷石，既不是一成不变的，也不是无穷无尽的。当陶工们把容易开采的蕴藏量有限的“高温瓷石”用尽之后，景德镇往何处去呢？摆在当时人面前只有两条道路：一是听任自然界的摆布，像许多曾经模仿景德镇生产过青白瓷的窑场（如江西南丰、广西藤县中和窑等）一样，把优质原料用尽之后归于灭亡；一是寻找新的资源，并把中下层瓷石利用起来。值得庆幸的是，景德镇选择了后一条道路，因而迎来了元代的繁荣并使自己成为明清时代的瓷业中心。

## 第四章　高岭土于元代引进瓷胎

### 第一节　高岭土引进瓷胎的根据

上章征引的周仁等先生的论义，在谈到景德镇唐宋时代的制胎原料时如果还有推测之词的话，那么在说到元代瓷胎，则比较肯定地指出已经使用了瓷石加高岭的二元配方法。其根据也一如既往——即认为元代瓷胎化学组分中三氧化二铝含量比唐宋时代增高，二氧化硅的含量则相对减少。

但我们对照其文中的数据与测试标本，发现“Y”（定名为元釉里红玉壶春瓶残器）与【日】矢部良明在《元の染付》一书中所介绍的明初釉里红玉壶春瓶一致[31]。矢部对这类瓷器的断代，和我国古瓷学者的看法一致，在当前是没有疑义的。而“$Y_2$”（所谓“元青花大瓶残器”）的造型与花纹，没有元代特征，其型制为明嘉靖、万历之际的典型产品。可见周仁等先生关于制胎原料的结论，来源于对明代瓷器的测试，这就难以使人接受了。

鉴此，我们曾在1977年从湖田窑元代地层中选择了印有“枢府”铭纹的卵白瓷残器与典型的元代青花瓷残片，提请景德镇陶瓷研究所和上海硅酸盐研究所测试，其瓷胎的化学组分如下：

附表说明：

1. 标本1、2、3为景德镇陶研所测试，样品为笔者提供；4、5、6为中科学院硅酸盐研究所测试，其中标本4、5为笔者提供，6则为北京元大都考古队提供。引自《硅酸盐》1978年第八卷第四期22页。

2. 表中3、4、5、6均为大件元青花（即伊朗、土耳其型）残器。

从这些数据来看，其三氧化二铝含量在20%以上，氧化钠也在1.52% ~ 2.76%，该类氧化物均普遍高于该地元以前的瓷胎，显然其产品比以往的优异，所用原料也更好了。但当时的工匠们是如何获得这种制胎原料的呢？我们曾从以下两个方面进行过考虑：

| 编号 | 测试标本名称 | $SiO_2$ | $TiO_2$ | $Al_2O_3$ | $Fe_2O_3$ | CaO | MgO | $K_2O$ | $Na_2O$ | MnO | 总数 |
|---|---|---|---|---|---|---|---|---|---|---|---|
| 1 | 湖田窑“枢府”铭小足盘 | 72.14 | | 20.56 | 1.72 | 0.51 | 0.16 | 2.44 | 2.28 | | 99.84 |
| 2 | 湖田窑“枢府”铭折腰碗 | 74.29 | | 20.66 | 0.69 | 0.31 | 0.19 | 2.40 | 1.63 | 微 | 100.40 |
| 3 | 湖田窑元青花大盘 | 73.13 | | 20.22 | 1.04 | 0.37 | 0.27 | 2.68 | 2.19 | 微 | 100.11 |
| 4 | 湖田窑元青花大盘 | 72.75 | 0.53 | 20.24 | 0.93 | 0.24 | 0.15 | 2.87 | 1.78 | 0.08 | 99.61 |
| 5 | 湖田窑元青花大盘 | 72.64 | | 21.08 | 0.97 | 0.20 | 0.18 | 2.69 | 1.52 | 0.08 | 100.08 |
| 6 | 元大都出土青花大盘 | 71.95 | 0.12 | 20.75 | 0.84 | 0.15 | 0.16 | 2.73 | 2.76 | 0.05 | 99.60 |

表一　景德镇元代枢府、青化瓷瓷胎化学组分表

1. 是否找到到了唐宋时代的瓷石矿?

就我们检阅景德镇陶研所等单位历年来对境内和附近地区所产之瓷石所做的数千个测试数据来看，其化学组分中氧化铝和氧化钠都高的瓷石十分罕见，与元代瓷胎的化学组分相近的则未见一例，可知元代瓷胎不是采用单一的瓷石类型的原料制作。

2. 是否通过某种加工方法改变了旧有原料的化学组分?

从景德镇精制原料的经验来看，对瓷石进行多次淘洗可以使铝氧富集。尽管这种方法十分麻烦又会浪费大量原料，没有工业价值，但它毕竟还是能够提高铝氧的含量。但随着这类氧化物含量的提高，原料中的钾钠氧化物（尤其是 $Na_20$）又会因多次淘洗而流失，因而经过多级水选后获得的瓷土（“石泥”），是一种铝氧高、氧化钠低（含量约在 1.3% 以下）的原料，和元代瓷胎的化学组分亦不相同。且古瓷石矿区又不见淘洗瓷土而抛弃的尾砂堆积。因此可以认为元人使用的制胎原料不是通过对旧有的瓷石进行多次淘洗加工而获得的。

元代的瓷胎既然不是瓷石一种原料制作，那胎中较高的 $Al_2O_3$ 必由引进新的原料获得，而在景德镇地区含铝量较高、质地纯净的黏土，仅有高岭土。如作模拟实验，只要将 25% 的高岭土加上 75% 的下层瓷石，便能配成和元代瓷胎的化学组分相近的原料。据此，我们认为高岭土在元代已经引入瓷胎，明清时代使用的瓷石加高岭土的所谓二元配方制胎法亦始创于元代。

不过在这里需说明的是，周仁等先生《中国历代名窑陶瓷工艺的初步科学总结》（《考古学报》1960 年 1 期）、《景德镇历代瓷器胎、釉和烧制工艺的研究》（《（硅酸盐》1960 年第四卷第二期）等文，对景德镇陶瓷史的研究还是有益的，其测试标本和结论绝大多数是可以信赖的。像这一章提出的“元代标本”的年代问题，只不过是白璧微瑕而已。

## 第二节　高岭土引进瓷胎的意义

元代陶工在制备瓷胎时于瓷石中加入高岭土有如下的意义：

1. 扩大了瓷石的使用面：就景德镇一带的瓷石矿来说，风化程度较大的表层瓷石总是不丰厚的，中、下层瓷石，尤其是下层瓷石占整个瓷石蕴藏量的绝大部分。上层瓷石虽可单独制瓷，但开采量有限，而深处的瓷石烧结温度较低，烧成时极易坍塌变形，乃至无法单独成瓷。高岭土引进瓷胎之后，提高了瓷胎的耐火度，使过去无法利用的蕴藏量巨大的中下层瓷石得以使用。

2. 减少制品变形：高岭土由于含 $Al_2O_3$ 约 35%，掺进瓷石制胎，能提高瓷胎中的铝氧，使制品的烧成范围增宽，减少变形，从而提高了成品率。所以从元代开始，景德镇陶工无论使用上层或下层瓷石制胎均需加入部分高岭土。

3. 降低了瓷器的成本：瓷石为石质原料，采掘困难且需经长时间的粉碎才能使用；而高岭土为土质原料，仅需淘洗即可使用。随着土质原料的引进，瓷器的成本必然降低。

4. 改善了瓷器的物理性能：在瓷石中掺以高岭土制胎，使瓷胎中的玻璃相减少，莫来石增加，瓷器的热稳定性也随之提高。景德镇瓷器从此开始已由低火度的软质瓷（烧成温度约 1150℃ ±20℃）逐渐变成高火度的硬质瓷。

如果说适宜于制造瓷器的单一的瓷石（上层瓷石）在南宋后期濒临枯竭，曾经使景德镇窑业发生过巨大危机的话，那么到元代由于高岭土的引进，则使这个行业转危为安而再度繁荣了。因此，高岭土的使用是元代景德镇制瓷业生产力高度发展的标志。不过元代陶工掺进瓷石用以制胎的这类所谓“高岭土”，在当时不一定叫高岭，也不一定来源于高岭山。

## 第五章　高岭土的前身——麻仓土、御土

### 第一节　麻仓土即高岭土

综观与景德镇瓷用原料有关的文献，在明嘉靖以前，还没有“高岭土”这一名称。但嘉靖至万历初年的文献中却出现了一种与高岭土的形态和功能相近的黏土，这种黏土就是“麻仓土”。

明・王宗沐《江西省大志》卷七《陶书・砂土》条谓：

陶土出新正都麻仓山，曰千户坑、龙坑坞、高路坡、低路坡，为官土。土埴垆匀，有青黑缝、糖点、白玉、金星色。……麻仓官土一百斤值银七分，淘净泥五十斤，曝得干土四十斤。

又记“湖田石末”时，夹行小字批注谓：“和官土造龙缸取其坚。”

我们知道，元代以来景德镇制造瓷胎的原料仅瓷石与高岭土两种，那么，王宗沐所记述的究竟是瓷石还是高岭土呢?

把这段记载印证瓷石与高岭土的形态、加工情况和功能便能知晓。

瓷石：为石质原料，莫氏硬度 4 ～ 7 度，必须舂打成粉，和水作不。

高岭土：为土质原料，不需粉碎，仅用淘洗法去掉粗砂即可获得净泥。

瓷石，其矿物组成主要为石英、绢云母和少量的高岭石、耐火度 1350℃～ 1400℃。

高岭土，其矿物组成以高岭石（或埃洛石）为主，在 1700℃以下不会软化，把它掺和在瓷石中制胎可增加制品在高温下的强度，减少瓷器变形。

由于王宗沐把麻仓土列为砂土，并未说需要粉碎，仅记淘洗而已。而淘洗出土率为 50%，与德国奢则尔记述的世界上大多数原生高岭土矿淘洗出土率一致[32]，而与瓷石不同。“夹注”再说加官土“取其坚”，可见王的记述与高岭土的形态功能吻合。因而我们就比较有把握确定：麻仓土就是今天人们概念中的高岭土。若印证遗迹，更可证实。

《江西省大志・陶书》记麻仓在新正都，考新正都即今东埠地区以东，高岭山东北，麻仓尚保留明代的名称。1979 年，我们曾至麻仓考察，发现有矿洞遗迹和大片的尾砂堆积。1981 年 9 月，我

们又邀请景德镇陶瓷学院地质学者许垂旭等先生至该地考察，才明确是原生高岭土的产地，坑洞走向与花岗岩风化脉走向一致，因而进一步确定为高岭土采掘故址。

遗迹与文献吻合，可以证明明人所说的“麻仓土”就是高岭土，可见在高岭山开采之前，景德镇人是在麻仓获得这类黏土的。高岭开采在后，麻仓开采在前。麻仓土为高岭土的前身。

## 第二节　御土即麻仓土

本文在第四章论证瓷石加高岭土的二元配方制造瓷胎的方法始于元代，但是元代陶工是从哪儿取得高岭土呢？元代的高岭土又叫什么名称呢？

元·孔齐《静斋至正直记》卷二谓：

饶州“御土”，其色白如粉垩，每岁差官监造器皿以贡，谓之“御止窑”。烧罢即封，土不敢私也。

以上所说之“御土”，仅描写了它的外貌和所有者，而未明其具体产地。但我们以为是高岭土。因为：

1. 南宋人把景德镇制胎原料统称为“石泥”，而未以土名。本文在第三章中考证元代瓷胎中确曾引进过高岭，且该镇除高岭外尚无其他的“白如粉垩”的黏土，故知“御土”必为高岭土。

2. 在元代以前，景德镇一带的窑场所用的瓷石分布极广，就我们调查不下五十余处，其蕴藏量也十分丰富。官府不可能也没有必要把这些常用原料收为官业，而高岭矿在景德镇地区仅见三四处，当官府了解它的作用与意义后予以垄断并宣布为“御土”者，只能是比较难得的高岭土。

至于元代的高岭土——御土，我们以为产于麻仓。因为：

1. 通过对景德镇境内各高岭土矿进行调查，除麻仓外，古高岭矿仅高岭山、李黄、大洲三地区。高岭始开于明万历；大洲始开清嘉庆：李黄始开于清乾隆后期。三地的始开年代，几乎均有文献可考。即使麻仓缺乏始开年代的记载，但记述麻仓土的文献（明嘉靖间）也要比以上三矿古老得多。

2. 乾隆七年《浮梁县志·陶政》记明万历间同知张化美已把麻仓矿洞称为老坑，故知其开采年代必早于明。景德镇在宋代或宋以前尚未使用高岭土制胎，故知麻仓老坑当始开于元。

3. 从文献记载来看，景德镇瓷用原料被朝廷独占并宣布为“御土”者始于元。明代人虽列麻仓为官土，但文献不载收麻仑为官土的时间与原因，故知明代把麻仓土作为官业也如明初的官匠一样，必从元代继承而来。明代的所谓“官土”就是元代的“御土”，“官土”“御土”含义相同，仅字面差异而已。

但是元代陶工是从哪一年开始使用所谓“御土”制器呢？我们以为不会早于“浮梁瓷局”的设置之年——1278 年。[33] 因为蒋祈在南宋后期撰写的《陶记》中没有记述高岭类型的黏土，现今陶瓷界测试南宋瓷器的化学组分时亦未见使用高岭土的迹象。但也不会晚于公元 1322 年。前引《静斋至正直记》卷四《窑器不足珍》条谓：

在家时，表兄沈子成自余干州归，携至旧“御土窑器”径尺肉碟二个，云是三十年前所造者，其质与色绝类定器之中等者（笔者按：极有可能是质量不佳的落选之物），博古者往往不能辨。……至正癸卯（1363）冬记。

以上所述之“御土窑器”，显然是指浮梁瓷局的工匠们使用“御土”——麻仓高岭土掺和瓷石所制造的供御之器。这条笔记虽有纪年，但不能以此为作者离开家乡的那一年。《四库全书总目》

卷一百四十三《子部·小说家类·存目一》考《至正直记》作者孔齐略历谓：

其父退之为建康书掾，因家溧阳，元末又避兵居四明。

从上可知，孔齐所说的家是江苏溧阳，他所避的元末兵祸，应指红巾军。1351年，红巾军在颍州起义，次年攻克溧阳。元·陶宗仪《南村辍耕录》卷十四《忠烈》条记述了当时的情况：溧阳儒学教授林梦正，字古泉，吾乡（天台）人，中书以著述荐，得官。是岁（至正壬辰，1352），贼众寇溧阳，获其魁张某。先生问曰“尔何人也？”应曰：“我父为军千户，红巾入境，逼我父为帅，父以年老，不堪从事，令我代”。先生痛骂之曰：“尔之父祖世为国家臣子，而尔忍伪邪？！”既而其势复盛，竟夺张去。下令曰：“生得林教授者有赏”。先生匿他处，搜得。张曰：“前日骂我者非尔邪？”先生曰：“然。”张曰。“降我，则俾尔为元帅，同享富贵。”先生曰：“尔伪也，我何为降！”再三，终不屈。缚于树，不解衣冠而杀之。

从《南村辍耕录》来看，红巾军攻克孔齐的家乡——溧阳后，一方面镇压元王朝的官僚贵族，一方面又强制他们共同举事，作为圣裔的孔齐势必在这前后逃亡。如以至正十二年（1352）为孔齐离家避兵的那一年，那么沈子成所说的那两件“御土窑器”，必制于1322年以前。可见“御土”——麻仓高岭土的发现与应用，最晚不会晚于元英宗至治二年（1322）。

综上所考，我们以为从元代早期开始一直到明嘉靖、万历之际的两个多世纪，官府烧造的瓷器都是采用这种麻仓土和瓷石混合制备而成的。

但是，至万历初，麻仓老土开始枯竭了。乾隆七年（1742）《浮梁县志》卷十《陶政·陶土》记：

明万历十一年（1383）管厂同知张化美见麻坑（仓）老坑土膏已竭，掘挖甚难，每百觔加银三分。至万历中期以后，文献已不再见麻仓土开采的记载，代之而起的，则是“高岭土”。

## 第六章　高岭山黏土矿床的开发

### 第一节　记述高岭土的早期文献

夏湘蓉《中国古代矿业史）》第六章《非金属矿产》（地质出版社1980年版）谓：

“高岭”这个名称在我国古代文献中出现很晚。在明代的著作《本草纲目》和《天工开物》两本书，都只有“白土”而并无“高岭”这个名称。

接着，作者认为“高岭”一词始见于1815年（清嘉庆二十年）刊印的《景德镇陶录》和近代才出现的旧抄本《南窑笔记》两书。但就笔者阅读所及，情况似不如此。

清·康熙二十一年《浮县梁志》卷四《陶政·陶土》条谓：

万历三十二年（1604）镇上牙戴良等赴内监，称高岭土为官业，欲渐以括他土也，檄采取。地方民衣食于土者甚恐，守道叶云仍、知县周起元争之，还其檄。

这段记载不仅表明高岭土一词早在万历三十二年已为官民通用，而且还揭示出其时的景德镇一带已有不少居民在高岭山靠采土为生，否则的活，矿税太监就不会还其檄了。

除上引文献外，明末科学家宋应星的《天工开物》一书也记述了高岭土，但对宋的记述必须做出校勘和考证才能确定。前揭该书卷中《陶埏·白瓷》记述景德镇瓷胎原料及其配制方法时谓：

土出婺源、祁门两山。一名高梁山，出粳米土，其性坚硬；一名开化山，出糯米土，其性粢软。

两土和合，瓷器方成。

就有关文献与实地调查来看，景德镇瓷用原料中没有糯米土和粳米土之类的名称，但从元代开始已使用瓷石和高岭土两种原料合成瓷胎。高岭土耐火度高，掺进瓷胎可以防止制品变形，瓷石的烧结温度较低，它在合成瓷器时能使瓷胎致密。瓷胎中的瓷石与高岭土在高温下确有软、硬之分，可见宋应星所说的糯米土和粳米土是就这两类原料在合成瓷胎时的功能而言的。

《天工开物》中所说的出产糯米土的安徽祁门县，至今仍产软质瓷石，为景德镇瓷用原料来源之一。但婺源县则从不出产性硬的瓷用原料——粳米土，婺源历届方志亦无“高梁山”这一名目。因此我们以为，宋所说的婺源县高梁山之粳米土实质上就是浮梁县高岭山之高岭土。距《天工开物》刊出仅40余年的康熙二十一年（1682）《浮梁县志》卷一谓：

高岭，在县东七十里仁寿都，与婺（源）之石城山连界，险峻特甚。……今其山产磁土，取以为业。

清·光绪婺源九径（今称“菊径”）《何氏宗潜》卷二录明天顺四年（1460）《高岭（支）谱序》谓：何茂（细七）于元末迁浮梁辛正之俨坑，“其子叔信陟降睹高岭犹有胜溉，自辛正里迁高岭”。而清·光绪十九年（1893）高岭《冯氏宗谱》卷首《叔礼公传》又谓：公讳时，……宣和己亥（1119）因方腊之乱，同父、兄迁浮东之新正。

明年，……公迁（浮梁）兴义之玉岭（笔者按：高岭至今仍有“玉岭”之称）。

从以上文献来看，高岭山从宋至今都是浮梁辖境，而不隶属婺源。宋把高岭山写成婺源之山也许是因高岭处于浮梁与婺源的交界区吧。但是他又为什么会把高岭山写成高梁山呢？我们以为必受方言影响。因景德镇方言至今都把某些韵母为ing（英）的字念作韵母为iang（央）的音，如该镇人念零（ling）作凉（liang），念井、颈（jing）作蒋（jiang），念镜（jing）作酱（jiang），念腥（xing）作香（xiang），而且一直到今天都仍然把高岭（ling）念作高梁（liang）。由此可知，宋撰写《天工开物·陶埏·白瓷》条时，难能可贵地记录了景德镇坯房工匠们的传闻，惜未能校核当时的文献。

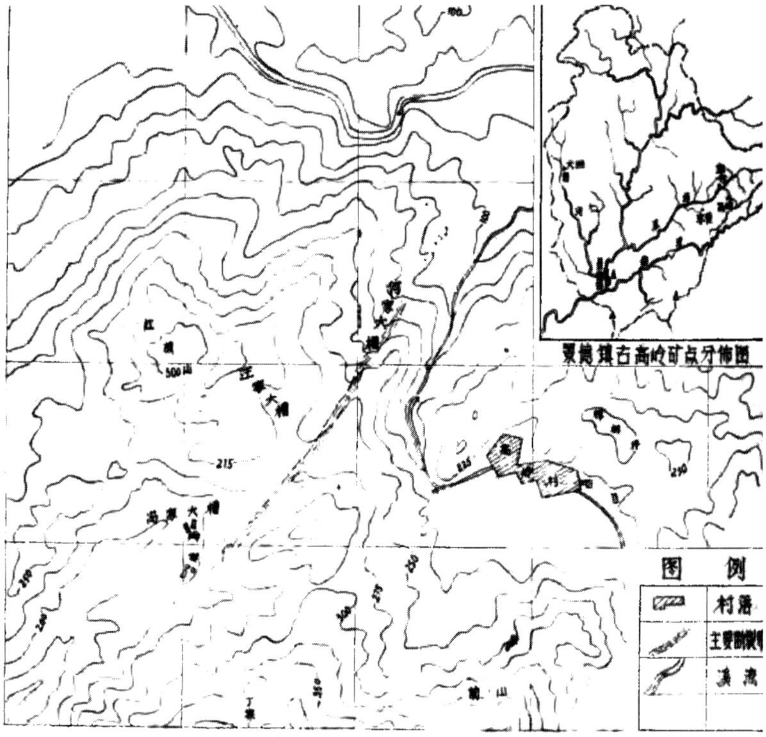

高岭山明清时代高岭土采掘遗址—汪·何·冯家大槽分布示意图

## 第二节　高岭山明清时代的采矿遗址

举世闻名的Kaolin的产地高岭山，在景德镇市东北45公里（东经117°　31'，北纬29°　28'），今属鹅湖公社高岭大队。其矿区除数量极少的几处近代矿洞和尾砂外，绝大多数都是明清采掘遗址，可分四个地段：

第一地段在高岭村后的庙岗分水岭西——南西端的梅头坞，全长约800米，宽50～100米，尾砂沿负地形或山坡堆积，据反复调查和工程揭露，平均厚度约11米，估计尾砂约100万吨。

第二地段，北东端自何家大槽起，南至肖家止，全长约l000米，宽度50～200米，尾砂厚度10～30米，约442万吨。

第三地段，位于红旗山以西，穿过老厂作北东向分布，全长约1000米，宽度40～200米，尾砂平均厚度约6米，估计约83.6万吨。

第四区域北起老厂，南西至冯家大槽，全长约750米，宽2O-300米。尾砂平均厚度10米，估计127.5万吨。（以上据张伯周，郭帮湘同志推算）

以上四个地段少数坑道与淘洗池遗迹可辨，尾砂中时见明、清时代的粗瓷碗和瓷灯盏残片。高岭村前之"水口亭"有万历三十四年（1606）至乾隆三十六年（1771）石碑四方，记述该亭为交通枢纽，是来往客商必经之地。又高岭《冯氏宗谱》卷三《冯光发传》记乾隆五十七年（1792）冯氏与婺源县民在高岭争夺山场纠纷谓：

土名麻石坳等处之山，被婺邑在山搭有蓬厂数百，人数千余，强取磁土。

联系以上遗迹与文献，当日盛况历历在目。

## 第三节　高岭山采矿业的衰落

通过文献检索，自乾隆五十九年之后，已不见大量开采高岭土的记载。高岭山一带虽有近代矿坑和尾砂堆积，但和明清时代的相比已微不足道了，如果印证景德镇以外的一些方志中的有关记载，当更为明确。清·同治《南康府志》卷四《物产·附白土案》条录道光十九年（1839）文书谓：

景德镇各窑制造瓷器所谓高岭，即庐山所出白土，无论粗细瓷器必须以之配合，即御窑制造上用瓷器亦须配用。

可见在此时，庐山白土（即星子高岭）已取代了高岭山的高岭土。据黎浩亭《景德镇陶瓷概况》一书记载，清同治、光绪间，高岭山的高岭矿又一度有小规模的复开。[34]1965年以后，因品位不高再度停产，高岭山也就只剩下一些供人凭吊的采掘遗迹了。

通过以上所考，获知"高岭土"一词出现于明万历三十二年。明代伟大的自然科学家宋应星《天工开物》一书中记述的高梁山就是高岭山，所谓"粳米土"就是"高岭土"。虽然高岭矿业在万历三十二年已见诸文献并已具相当规模，但其始开年代不会早于万历初，因为万历十一年麻仓老土枯竭，明御厂管厂同知张化美要工匠穿洞数里并不惜增加银两来提高麻仓土的价格，如果高岭矿于此时开采的话，明朝政府就会用高岭土来取代麻仓土。当时没有如此，显然是因督陶官员们还不知道高岭山也蕴藏着和麻仓土一样的黏土——高岭土。因此我们以为：高岭矿区始开于万历中期，以万历中期——清乾隆为其青春期。乾隆以后虽有开采，但为数不够，应为该矿的衰落期。

# 第七章 明、清高岭的质量与产量以及“高岭”成为国际通用的 Kaolin 和 kaolinite 命名地的由来

本文在上章考证明万历至清乾隆（17—18 世纪）为高岭山矿业的青春期，但这一时期高岭土的质量与产量如何呢？这是研究高岭土应用史时必须考察的。但由于古文献没有翔实的记载，要揭示这些问题还须先从近代情况谈起。

## 第一节 关于古高岭土的历史质量

1.1907 年（[日]明治四十）日本政府派遣农商务省技师北村弥一郎来中国考察窑业。归国后他写成了《清国窑业视察报告》，于明治四十一年（1908）交日本农商务省商工局出版。该报告第四章《景德填窑业》之第三节第四项详细地记录了该地在当时使用的原料，其中有两处涉及高岭土不子（一种砖块状的净泥）现录于下：

| 品名 | 长 | 宽 | 高 | 每块重量 |
|---|---|---|---|---|
| 星子 | 五寸强 | 四寸二、三分内外 | 二寸五分内外 | 约五百三十四匆 |
| 明砂 | 二寸二分内外 | 一寸八、九分内外 | 八、九分内外 | 约三十七八匆 |

（按：一两（以每斤十六两计）约合日本十匆强）

这里所说的星子（星子县所产之高岭土）即庐山白土。明砂就是高岭山优质高岭土（景德镇至今仍称明砂以区分其他产地之高岭）。这一记载告诉我们，明砂高岭不子比星子高岭土不子体积小得多，重量仅后者的 1/14，但未记其质量亦未明其价格，其优点尚难断定。

2.1943 年黎浩亭通过实地考察，写成了《景德镇陶瓷概况》一书，该书第十章记述了当时高岭土的价格。

| 种类 | 产地 | 距景德镇路程（华里） | 售价（旧币） | 功用 | 备注 |
|---|---|---|---|---|---|
| 星子高岭 | 星子县 | 四百里 | 每万块一百二十元 | 普通坯 | 每块二斤四两，每块以两小块计 |
| 明砂高岭 | 浮梁东乡高岭 | 八十里 | 每万块一百元 | 上等坯 | 每块四两 |

表面看来，星子高岭每万块的价格略高于明砂高岭，但明砂每块仅重四两，若以重量计，后者价格约为前者的 9.9 倍.

为什么明砂高岭不子的体量如此之小、价格如此之高呢？

我们曾检读景德镇陶研所 1955—1966 年十二年来所测星子、大洲、枫源、贵溪，黎川各地高岭土数据一百余组，其他产地的高岭土不是铝氧含量不够稳定（有的不到 20%），便是着色氧化物偏离（氧化铁多在 1% ~ 2% 之间）。而明砂高岭铝氧则较为稳定（约 36%），含铁量仅 0.6%，其相对可塑性指标也略高于其他产地之高岭土，工艺性能较好。

从以上征引的资料来看，高岭山之高岭土质量优异，是上等瓷器的必用原料。但因矿体濒临枯竭，产量日渐稀少，否则的话，当时的价格决不会如此昂贵。但这只能是高岭山采掘业衰落期间的近代情况。然而明万历——清乾隆时代其质量如何呢？

就我们观察明万历——清乾隆官民两窑的瓷器来看，其瓷胎的质量均较前有所提高。若以上海硅所测试的雍正官窑器为例，其瓷胎的铝氧高达 30%. 白度高达 77.5%[35]。我们知道，今景德镇一带的瓷石含铁量多在 1%，烧成后的白度仅为 66%，个别为 72%，而高岭山之高岭土的含铁量仅 0.6%，烧成白度均在 82% 以上，雍正官窑器比五代和宋代瓷器白度提高，显然应归功于高岭山之优质高岭土的大量应用。

又，清・蓝浦《景德镇陶录》卷四《高岭》条谓："造佳瓷必求东埠出者耳。"兰浦的这一书刊于清嘉庆二十年（1815），成书于乾隆，嘉庆之际，其时高岭山之高岭土来源甚少，但景德镇制造上等瓷器还必须求得东埠高岭与瓷石配合，可以推知，清初官、民两窑使用的高岭山之高岭土的质量是十分优异的。

至于晚明情况，则可从另一角度观察。前引日本学者北村弥一郎的著作称晚清高岭山之高岭土为明砂高岭（景德镇人至今仍称明砂）。为什么叫作"明砂"呢？目下有两种看法：

1. 北村弥一郎谓明砂高岭为浮梁县明砂所产之磁土，显然他把明砂当作地名。

2. 中国科学院地质研究所陈开慧先生在其《景德镇高岭村高岭土矿床及高岭土矿物的研究》一文谓高岭土原矿多以砂土形态赋存，由于所含白云母晶莹明亮，故曰"明砂"。但是查考文献与实地调查，浮梁县境并无明砂这一地名；该镇使用的高岭土无论是来自高岭还是庐山或大洲的，均含有晶莹明亮的白云母，所以它不是高岭山高岭土的特定标志。于是我们就对这两种解释产生了怀疑。

1970 年，笔者曾在高岭一带就这一名称请教过老土工，据他们说，高岭山之高岭土质量不一，统称为东埠高岭，其上等的称明砂（即头色），次等的称"二色"。"明砂"原指清同治间高岭山复开以后，在明代的采掘遗址老厂一带重新发现的优质黏土，因为明代的高岭质量优异，故称为"明砂"。同治后概念外延，人们又把高岭地区所出一切优质土统称"明砂高岭"。从"明砂高岭"这一名称来看，明代的高岭土一定是优异的。当然，这仅仅是一种推测而已，但这推测是可从地质学角度得到验证的。因为高岭山之高岭土属风化型矿床，凡风化型矿床的表层高岭土在风化作用下，其质量必优于下层，而明代人使用的是表层高岭，近代测试的则为下层高岭，故知明代高岭必优于近代。

## 第二节　关于高岭土历史产量的推测

从地质工作者对高岭山有关矿床所做的调查来看，其矿体形态极为复杂，有层状、脉状、透镜状、串珠状、囊状、枣核状。由于成矿母岩和风化程度不同，矿石的含矿率也不相同。就我们在高岭山所做的调查来看，晚期采掘的高岭土以砂土状为主，淘洗率 10% ~ 30% 不等。而高岭村土工传闻，明清之际该地曾出过一种"猴油土"（意即异常洁白细腻有如猴油）或"四两渣土"（意即每百斤原矿中仅有四两尾砂），其出土率高达 90% 以上。后就此情况我们请教过地质工作者，据他们分析，极有可能是淀积型黏土，也就是说，可能是由天然水搬运淘洗藏于裂隙中的黏土，故纯度极高。可见高岭山之高岭土，因矿点不同、时代不同而出土率很不一致。这样一来，就很难精确地了解万历至乾隆期间的高岭用量了。不过即使如此，还是有可能探求部分情况的。

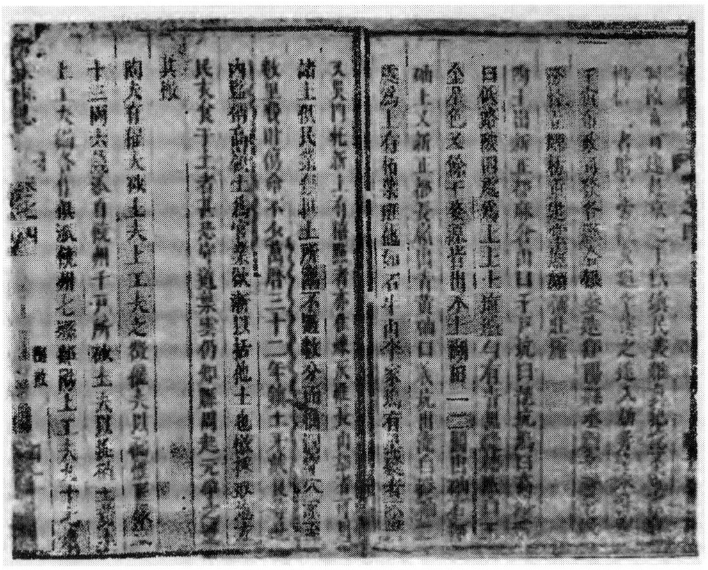

根据地质队的反复调查与工程揭露，高岭山较集中的矿体多沿断裂构造分布，除近代开采的少数几处外，几乎都是明万历——清乾隆间的开采点。上章所述第一地段为近代开采处。二、三、四地段为明万历——清乾隆开采处，尾砂堆积共约 653 万吨，如以出土率百分之 20 计算，明后期——清乾隆，高岭山高岭土总采掘量约 163 万吨，平均年产量约 9 千吨（以万历二十二年至乾隆五十九年 200 年减明末清初动乱 20 年计）。当然，这一推算是很不精确的，除上述情况外，还因高岭山“险峻特甚”，数百年来的雨水冲刷，使明代——清初的尾砂大量流失，不能保持当年的总量。但这样作仍然是有意义的，因为可以获得比较可信的下限数据，即高岭山之高岭土在 1594 年～ 1794 年总产量不会少于 163 万吨。

以上是从遗物方面做出的一些推测。我们还可以从文献方面窥见乾隆后期高岭山某年的采土量。前引高岭《冯氏宗谱》透露乾隆五十九年（1794）高岭山仅麻石坳一地，就有婺源人数千淘泥，从本世纪四十年代高岭村淘泥资料来看，每人平均每天淘洗净泥（不子）200 块，计 50 斤（黎浩亭《景德镇陶瓷概况》第 150 页）。由于 40 年代的淘泥工具、设备、方法均较简单，必与明清时代相同。乾隆五十九年淘泥人数如以两千计，该年出泥量约一万八千吨。

知道高岭山高岭土的一年的产量，还可进一步推测该年景德镇瓷器的烧造量。前引殷弘绪 1712 年书简谓：

要做细瓷，即将高岭和白不子等量相配；要作中等瓷，则高岭和白不子的配比为四比八，但高岭和白不子的配比最小为一比三。

以上记载制备瓷胎的高岭与瓷石配比，与近代情况完全相同。如把高岭 25%、瓷石 75% 作为当时瓷胎配比的平均值，那么清乾隆五十九年景德镇使用瓷石五万四千吨，烧造瓷器约七万二千吨以上。

由于文献缺乏，我们虽不能获得万历至乾隆的逐年的史料，但由于万历与康熙、乾隆瓷器的瓷胎制备方法相同，如以前面通过尾沙计算得出的高岭产量估计，这两百年内景德镇烧造各类精粗瓷器最少也不会少于六百五十二万吨。

总之，由于高岭山之高岭土质地优异，藏量丰富，为景德镇服务时间长，在陶工们的心目中留下了比较深刻的印象（关于这一点，是早于它的麻仓土或晚于它的星子和大洲土所不可比拟的），这也许就是它在日后能够成为瓷用黏土命名地的重要原因吧。

## 第三节　高岭土成为专门术语的年代

关于高岭土成为专门术语的年代，在国外似乎要比国内更早。先谈国内情况。清·蓝浦《景德镇陶录》卷四《高岭》条谓：

高岭，本邑东山名，其处取土作不，……近邑西李家田大洲上亦出土可用，不大下于东土，但造佳瓷必求东埠出者耳。

蓝浦已把大洲土归入“高岭”了，并称高岭山之高岭土为东埠高岭（按：东埠是高岭山脚、东河东岸的一个小集镇，高岭山之高岭土由此下河船运至镇，故称东埠高岭）。以后庐山星子县白土又相继开采，人们亦把它称作“高岭”，并在高岭之前冠以“大洲”“星子”之类。至清·光绪三十三年（1907）前后（或更早），景德镇人又把高岭山的优质高岭土称为“明砂”，以后明砂高岭又成为高岭山之高岭的统名（详【日】北村弥一郎《清国窑业考察报告》第四章第三节第一项《原料产地及种类》，日本秀英舍明治四十一年日文版）。可见在乾隆、嘉庆以后，高岭土已变成专门术语。人们在使用高岭土这一概念时，已不局限于高岭山。即使使用高岭山之高岭土时，也还需在“高岭”之前冠以“东埠”或“明砂”。

就国外情况来看，“高岭”这一概念，似以法国和英国应用得最早。

1712 年，法国耶稣会来华传教的神甫殷宏绪（d'Entrecollcs）向他的祖国介绍景德镇的第一封书简提到瓷用原料时谓：

一位豪商说：若干年前，英国人，也许是荷兰人把白不子（笔者按：因高岭不子色微黄，故此处特指瓷石不子）买回国，试图烧成瓷器，但没有使用高岭，因而事归失败。……他们不用骨胳而只想用肌肉造成结实的身体。[36]

[法]于阿尔《十八世纪法国对中国科学与工艺的调查》一文又谓，1717 年，殷宏绪又把景德镇高龄土的标本寄往法国。1750 年，道尔列昂斯公爵便根据段宏绪的信件与标本命令在法国境内寻找该类黏土。[37]

刘锦藻《清朝续文献通考》卷三九〇谓：

陶土之种类极多，最纯粹者，西人称为高岭土。高岭本华语，以出于江西饶州府之高岭山故名。瓷器始出中国，在欧洲，则英国为瓷业先进。在一七五五年以前，英国所用之高岭土，乃由中国及日本输入。后于康瓦尔等处发见高岭土，国内制造始可自给。

以上中、西文献表明，“高岭土”这一概念早在 1712 年就传往法国，1755 年以前英国还从景德镇进口高岭土。而把康瓦尔所产之黏土称作“高岭”，则很可能是英国人把中国高岭一词冠于欧洲同类黏土的第一例。可知早在康熙末和乾隆早期，高岭已在法、英等国成为瓷用黏土的命名地了。

1867 年，英国《科学杂志》发表了约翰逊（S. W. Johson）和布莱克（J. M. Black）《论高岭石与细块高岭土》一文，文中把组成高岭土的黏土矿物称作高岭石（Kaolinite）。从此以后，“高岭”又由陶瓷界延伸到矿物学领域，始成矿物学术语——“高岭石”的命名地。1869 年 10 月，德国著名的地质学家李希霍芬（Richtho Fenferdinaud）访问景德镇和安徽祁门，并著文介绍瓷石和高岭，还根据汉语高岭一词的读音译成今天通用的英文 Kaolin 一词。由于作者是地质学者，该文又是西方地质界从岩石学角度介绍中国高岭土的第一篇论文，所以以后欧美地质学者们使用的 Kaolin，都来源于李希霍芬[38]。

“高岭土”这一名称在各国通用，但也有例外；比如伊朗就不叫高岭土，而把它叫作“中国土”[39]。但不论如何，它的名称却总是和中国紧相关联的。

近年来，国内外学术界多采用扫描电镜和 x 光衍射观察高岭山之高岭土的矿物组成，1981 年中国科学院地质研究所陈开慧，夏琤同志鉴定高岭山清末与民国初年的三块不子时，发现其矿物组成主要为埃洛石，其次为雏晶高岭石和水白云母(陈开慧等《景德镇高岭村高岭土矿床及高岭土矿物研究》，景德镇硅酸盐学会 1981 年排印本）。地质矿产部矿床地质研究所吕达人等先生则从高岭山明清采掘故址肖家地段取样，发现其矿物

组成有高岭石。（照二）上海科技大学李中和等同志亦从该地取样观察，发现其矿物组成有以水高岭石为主的，亦有以高岭石、伊利石等为主的（李中和等《景德镇高岭村高岭土矿物相的研究》，《景德镇陶瓷学院学报》1982 年第 3 卷第 1 期）。如果把这些情况和以上文献联系起来观察，使我们确信世界通用的 Kaolin 和 Kaolinite 两词必然是以中国著名的高岭土的产地——景德镇高岭山而命名的。前几年，国外有位黏土学者测试高岭山某坑位的土样，发现其矿物组成为埃洛石之后，即撰文怀疑高岭山为 Kaolinite 和 Kaolin 的命名地。我们以为这一怀疑，是因他对高岭土的应用历史以及高岭山复杂的地质情况缺乏较为全面的了解而造成的。（照二）景德镇高岭山肖家老坑高岭土中之高岭石 ×250，000（电镜照片由中国地质矿产部矿床地质研究所吕达人先生提供）

## 第八章　高岭土与景德镇元明清制瓷业

### 第一节　高岭土是衡量元以后景德镇窑业兴衰的标尺

高岭土，从矿物学角度看，有所谓次生与原生之分。次生高岭土以膏泥形态赋存，而原生高岭则多为沙土状，混杂于石英颗粒之中，只有淘去沙石才能获得净泥。因此次生高岭容易被人们发现利用，其使用年代有可能早于原生高岭。

从考古发现与对古器物进行观察、测试所取得的资料来看，居住在黄河流域的先民们，远在新石器时代后期就开始使用了次生高岭土。仰韶时代的那种白衣陶器上的白衣，可能为高岭土涂饰，但只是作为化妆材料而已。河南安阳出土的殷代精美的印纹白陶，可以确定为纯高岭土制作。[40] 但由于高岭土中的碱金属和碱土金属氧化物的含量极少，三氧化二铝多高达 30% ~ 40%，其耐火度为 1700℃以上，人们单独使用它虽能烧造出白色器皿，但终究因其烧结温度过高，难以形成新的人造材料。因而用纯高岭土制造的器皿，吸水率很高，还不如普通陶胎结实。这样，它对制陶业来说，意义就不甚重大了。

从许多考古报告来看，真正的瓷器（即器胎吸水率低于 0.5%，透光度良好的瓷器）是由我国出产瓷石的地区的陶工们首先使用瓷石这类原料制成的。它的出现似和高岭土无关。前些年，考古界讨

论瓷器的定义时，提出了一个是否使用了高岭土作为区分陶和瓷的标准，看来似与历史事实不甚吻合。

虽然瓷器的出现和高岭土的关系不甚密切，但是当铝氧含量较高，厚度有限的上层瓷石被早期的陶工们用完之后，高岭土就成为制瓷业中生命攸关的原料了。正如殷宏绪在1712年的书简中所记述的那样：瓷石（白不子）是瓷器的肌肉，而高岭则是瓷器的骨胳。周仁先生在研究清初瓷器的化学组分之后也说："由于大量使用高岭，瓷石在胎中主要是起熔剂作用。"[41] 这样一来，高岭土的来源与质量就可以作为测量景德镇元代以后窑业兴衰的一把标尺。

现以文献与窑业遗物为依据，对该镇十四——十九世纪使用的高岭土与制瓷业的波动趋势，略作考察如下：

## 第二节　麻仓土与景德镇14——16世纪的制瓷业

第一期为13—14世纪50年代：

本文在第四、五章以为，景德镇陶工最初是在麻仓一带发现高岭土的。其年代可能是13世纪末或14世纪初。并为浮梁瓷局所垄断。14世纪50年代后，浮梁一带被元末农民起义军占领，瓷局结束[42]。在13世纪后期至14世纪前半期，元廷垄断麻仓高岭土达半个世纪之久。其间，民营窑场不得问津。

就景德镇市区与湖田窑元代遗存出土的瓷器来看，凡印有五爪龙纹、枢府铭文的日用瓷以及大件青花瓷残片（与伊朗、土耳其传世的元青花大件瓷器类似），胎质细白，铝氧含量高达20%以上（详表一）。其他产品虽有白胎和黑胎之分，但白胎的白度与细度难以和上述瓷胎相比，黑胎则近于陶胎。由于原料低劣，加工草率，器型笨拙，有不少器皿连圈足也不旋挖，出现了景德镇陶瓷史上前所未有的质地特粗的实足碗。

明初人曹昭在《格古要论·古窑器论·古饶器》记述"御土窑"时说："御土窑者，体薄而润最好"。"……小足印花者，内有枢府字者高"。他显然是就浮梁瓷局的产品而言的。而孙瀛洲先生在谈到整个景德镇元代瓷器时说"精者甚精，粗者甚粗"[43] 的论断，则比较全面地概括了元代瓷器的面貌。显然这一时期的景德镇产品是官窑器极精，民窑器特粗。这种精粗悬殊，当与官府垄断优质高岭土不无关系。

第二期为1352—1402年至正十二年（1352）三月二十七日，红巾军首领之一的项普略攻克浮梁。至1357年，该地一直在战争中。[44]1360年李庸守浮梁，形势渐趋稳定，[45] 至正22年（1362）以后，生产得到恢复并有某种程度的发展[46]。在1402年明王朝建立御厂之前，元王朝的所谓"御土"和浮梁磁局的官匠尚散落民间。瓷局不存，民窑的自由更多，其产品的质量必有所提高。但由于人们对这一时期的具体遗物研究不够，因此面貌尚不清晰。但随着景德镇印刷机械厂和红光瓷厂十四世纪后半期窑业遗存的发现和印度尼西亚、印度、菲律宾、沙捞越等地这一期间的景德镇瓷器的大量出土，预计将会有新的认识和评价。

第三期为1402—16世纪初

1402年是明代御厂建立之年。关于御厂的始建年代，明、清文献有六说：1.洪武二年。2.洪武二十五年。3.洪武末。4.洪武三十五年（即建文四）。5.宣德初。6.正德初[47]。以上各说目前以洪武三十五年为多数人接受，在未做详细考证之前，我们暂从这一说。由于御厂建立后必须使用优质高岭土，元代的"御土"必在此时为明御厂垄断，即明代文献中的所谓"官土"。

这一时期的永乐、宣德、成化御厂瓷器极为精致，文献多有记载，早已成为烩炙人口的艺术珍品。近几年我们在景德镇珠山路明代御器厂前院和珠山东侧发现的官窑残器来看，永乐—正德官窑瓷器胎质细腻、白度极高。永乐靶杯口沿厚度仅 0.8 毫米，成化小杯、碗通体厚度多为 2 ～ 0.6 毫米，胎中铝氧高达 21.24%[48]，若非使用优质麻仓高岭断难制出。

同期民窑虽也制造白釉器与青花瓷器，但由于制胎时使用的是“假土”（即假官土——麻仓附近所产的次等高岭土），胎釉的白度不高，青料呈色暗淡，纹饰亦步御厂瓷器后尘，装烧时多采用沙垫，极少使用垫饼，足见当时原料珍贵。这期间的民窑很难见到佳器，亦无见诸文献的著名窑场。即使如此，其时民窑器亦较元代粗器有所进步。

第四期为嘉靖—万历前期：

清・唐秉钧《文房肆考》卷三：

靖窑回青盛作，幽菁可爱。……然当麻仓土将次告竭，饶土渐恶，体质较之宣器大不相侔，制度亦不及宣德远甚。

明・高濂《遵生八笺・论饶器新窑、古窑》谓：

世宗青花、五彩二窑，制器悉备。奈何饶土入地渐恶，较之二窑往时代（指宣、成）不相侔，制度亦不及宣德远甚。

第五章曾引康熙《浮梁县志・陶政》，谓万历十一年时，“麻仓老坑土膏已竭”。由于麻仓老土采掘已两百余年，资源渐近枯竭，质量变劣，嘉靖、万历间的官窑已不能和永乐、宣德、成化时相比了，是所谓御器质量下降的时期。但就景德镇董家坞窑的遗存来看，该民窑在这一时期的产品已较上期考究，有逐渐精致的趋势。清・蓝浦《景德镇陶录》卷五载：

崔公窑：嘉（靖）、隆（庆）间人，善治陶，多仿宣（德）、成（化）窑遗法制器，当时以为胜，号其器曰“崔公窑瓷”，四方争售。诸器中惟盏式较宣、成两窑差大，精好则一，余青（花）、（五）彩花色悉同。为民陶之冠。

以上是麻仓土风行期间的官、民两类窑场的大致概况。

## 第三节　高岭土与景德镇 17—18 世纪的制瓷业

高岭土大量应用约为万历中后期—清乾隆。

麻仓土告竭之后，景德镇陶工旋即在高岭山找到了优质高岭土。前引《浮梁县志・陶政・陶土》条谓：万历三十二年（1604），镇土牙戴良等要督陶太监潘相收高岭土为官业，后因叶云仍与周起元力争，明廷收回命令。不过明廷还檄不是出于仁慈，而是由于形势所迫。因为其时武昌等地民变纷起，明政权已在风雨飘摇中。由于朝廷不能垄断高岭，民窑的优质高岭土来源空前广阔。再加上隆庆间开海禁，那些“视波涛为阡陌，倚帆樯为耒耜”（清・顾炎武《天下郡国利病书》引《海澄县志》）的冒险家们给景德镇瓷器开辟了广阔的海外市场，因而窑业得以蓬勃发展。其时的官窑瓷器质量平平，而同期的文献中则出现了许多著名的民营窑场。明・李日华《紫桃轩杂缀》谓：

浮梁人昊十九者，……隐陶轮间，与众作息。所制精瓷，妙绝人巧。尝作卵幕杯，薄如鸡卵之幕，莹白可爱，一枚重半铢。又杂作宣、永二窑，俱逼真者。

《景德镇陶录》卷五：

周窑：隆（庆）、万（历）时人，名丹泉。本吴门籍，来昌南造器，为当时名手。尤精仿古器，每一名品出，四方竞重购之，周亦居奇自喜，恒携至苏、松、常、镇间售于博古家，虽善鉴别者亦为所惑。有手仿定鼎及定器文王鼎炉与兽面戟耳彝，皆逼真无双，千金争市。迄今犹传述云。

除上引各窑外，还有吴明官（详明·张岱《陶庵梦忆》）、陈仲美（详《阳羡茗陶录》、《景德镇陶录》）等窑，亦称著一时。

以上民间名窑的涌现，是景德镇陶瓷史上前所未有的事情，亦是中国制瓷业中资本主义萌芽出现于明晚期的标志之一。

由于城市经济的发展，这一时期的窑场多分布在景德镇市内和董家坞、观音阁一带，其窑业遗存堆积丰厚，产品洁白细薄，制作精巧。彩绘风格自由豪放，与官窑不同，却又可以和官窑媲美。最近，由我们提供标本，轻工部陶研所测试观音阁出土的一晚明青花残器，铝氧竟高达27%[49]，可见当时的民间窑场对高岭土的用量空前增多。

明·王宗沐《江西省大志·陶书》谓嘉靖—万历间景德镇瓷器市场：

其所被，自燕云而北，南交趾，东际海，西被蜀，无所不至，皆取于景德镇。而商贾往往以是牟大利。

《天工开物·陶埏》谈到明代南北诸窑时说：

合并数郡，不敌江西饶郡产。

明万历二十五年王士性《广志绎》卷四谓：

偏（遍）国中以至海外夷方，凡舟车所到，无非饶器也。

同书卷一又谓：

天下码头，物所出所聚处，苏、杭之币，淮阴之粮，维扬之盐，……浮梁之瓷，……温州之漆器。

经过明末清初的大乱，景德镇趋于稳定之后，顺治间，清王朝沿袭明制，置御窑厂于景德镇。[50]康、雍、乾三代是众所周知的所谓中国陶瓷史上的“黄金时代”，其时的官窑尤其是雍正官窑器白度极高（77%），烧成温度达1300℃，瓷胎中的铝氧竟然高达30.51%，高岭用量极大，其瓷胎的物理性能都已接近、有些还超过了现在优质硬质瓷的技术指标（详周仁《清初瓷器胎釉的研究》，《景德镇瓷器的研究》科学出版社1958年北京版）。民窑产品也较前有所提高，许多鉴赏家都认为其时“官窑往往不如客货”。

这一时期的前阶段，民窑产品优于官窑，后阶段则出现“官民竞市”，可见官、民制品并精。

### 第四节　星子白土与景德镇19世纪的窑业

十八世纪末—十九世纪，是景德镇窑业的衰落期。以往的陶瓷史家们在探索其衰落原因时，多从“国力不足”方面去考虑，但该镇部分族谱与石刻以及有关的地方忘却透露了其中的真消息。

清·光绪高岭《冯氏宗谱》卷三《冯光发传》谓：

光发，乳名星，……殁于乾隆壬子（1792）。因土名麻石坳等处之山，被婺邑在山搭有蓬广数百，人数千，强取磁土，伤害数村来脉，并伤田租二万八千零，强横无敌，事延三载。系星舍身丧命以救数村人烟居住之生，蒙本省大人乐，又蒙县宪田同南昌张审结究办。嗣后奉示严禁，不许挖取。

1978年，我们在鹅湖公社的另一高岭土产地李黄调查古矿洞时，在其清源道观左墙上发现乾隆五十九年（1794）石碑一方，碑文谓：

调浮梁县正堂加五级纪录十次田为勒石严禁开挖磁土，以护土墓，以杜事端。

照得浮邑境内山场多产磁土，每有棍徒钻谋开挖，无知业主贪利租售，以致侵碍良田，损伤坟脉，讼端繁兴，贻累无休。近有婺源民人洪光祖等谋挖高岭、天宝堂等山，酿成命案。业经本县勘明封禁在案。

兹据……职员冯日淳……等，以兴义、锦义、义合、丰田等都所有山场田地皆系龙脉攸关，从未开挖。……今公众议明立约，东自五花尖，西至大石坞，南自分水嵻……北自黄茅降……至李黄（坊）陂庙下为界。……嗣后备宜恪遵约载四界，不论大小山场，俱须照契管蓄，不许租挖磁土致碍田墓。即有将山出卖，亦不论附近有无田墓，务于契内载明买主不得挖土字样，仍着立约人等互相稽察。倘有无知业户听信棍徒钻谋租挖，许即呈约指名赴县禀报，以凭拏察。慎勿徇隐以及藉端诬累，各宜凛遵毋违。特示。

把以上碑志和家谱记载相印证，可见在乾隆后期，不独高岭，甚至连李（黄）坊一带也被江西省布政司和浮梁县严禁开采。

高岭封禁之际，18 世纪末的景德镇开始使用大洲高岭土（大洲高岭始见於《陶录》），也许是质量不好，淘洗出土率较低（13% 左右），不久便大量使用星子高岭。

清·同治十一年（1872）《南康府志·物产·附白土案》记道光时南康府查讯案情状谓：

据举人汪自清……等供称：庐山白土历来无人开挖。自夏家垅夏姓在景德镇烧窑，始取白土运赴景德售卖，获利数倍。以后即有星（子）、都（昌）两县民人徐坤牡等陆续在南排岭、七溪垅、五福港、余家斜等处开设数十厂。

《白土案》又引道光二十一年都昌县监生徐坤牡等呈文谓：缘生等取星（子县白）土造瓷，年久相安，毫无干碍。前引同书录道光十九年巡道德札谓：

景德镇无论精粗瓷器必须使用星子高岭。

把这两条记载与前面文献相印证，星子高岭当崛起於高岭，李黄封禁之后，夏姓开挖当在嘉庆前后。可见乾隆后期至道光间，景德镇各窑所用之高岭土多来自庐山星子县。当我们明白了这段史实后，便可把它和明代的麻仓土与清初东埠高岭土和清后期星子高岭土相比较了。

前引王宗沐《江西省大志·陶书·砂土》记麻仓土谓：

麻仓官土一百斤值银七分，淘洗净泥五十斤，曝得干土四十斤。

前引《南康府志·白土案》谓：

各厂俱在贴近港堰处开池堵水淘洗，三分成土，七分成沙。

可见晚清的庐山白土比明代麻仓高岭土出土率低 10% ~ 20%。若再从运输线路上看：麻仓、高岭二地所产之白土，明清两代均经水路顺流“艇运至镇”，离镇 45 公里，“冬秋水干四日至，春水一日半至”。（乾隆《浮梁县志·陶政·陶土》）

星子高岭离镇 200 公里，水路经波阳由昌江至镇，其航程 4 倍於麻仓或高岭。进昌江后为逆水，其延长时日可以推知。星子高岭的出土率低，运输线路长，其价格当数倍于明代和清初的麻仓土与东埠高岭，可知晚清瓷器的生产成本必比晚明—清初要高得多。

如果把明—清初人及清中后期人记述景德镇的文献两相对照，似能窥见这两个时期的窑业差异。

明·王宗沐《江西省大志·陶书》谓：

余尝按行列郡，民惟饶州稍富，彼亦以其地出陶，民得厚利。

明·王世懋《二酉委谭摘录》谓：

景德镇，天下窑器所聚，其民殷富甲於一省。

康熙《浮梁县志·疆域·风俗》记景德镇风俗谓：

其民少本业趋末，作陶器收四方之利，……食货之所需，满于市求之便，其不为侈靡者鲜矣。

但至嘉庆、道光间，情况就与以上不同了。

清·吴允嘉《浮梁陶政志》（道光十一年《学海类编》本）谓：

景德镇一隅之地，四方商贩瓷器者萃集於斯，庐舍稠密，烟火相望，其实无一富户，执役最为劳苦。

为什么晚明、清初与清后期的景德镇相差如此之大呢？吴允嘉充满怜悯的记述当与瓷用原料——高岭土的来源和价格不无关联罢。

但是，运输线路长、成本必然高昂而质量又不如麻仓与高岭山的星子高岭亦於道光廿年全面封禁。其理由谓：

挖取白土，伤残龙脉，洗土淘沙，冲塞山涧。以致堰水不通，农田受害，于地方大有关碍。（《南康府志·白土案》）

更有趣的是星子县土著地主称：

庐山为合邑地脉，风水所关。从前星子每逢乡会试，科甲尚不乏人。自开挖白土以后，历科脱榜。城乡贸易之人亦日渐萧索，然风水之说尚属渺茫，惟农田庐墓赋命攸关。（《南康府志·白土案》）

而当时的官府决定封禁，当然不是出于渺茫的风水之说，而是鉴於矿业破坏了生态平衡，影响田赋收入。因为堵水淘洗有碍灌溉，尾砂流布致使沃土硗瘠。

又，《南康府志·白土案》录道光二十年星子县民项家福呈文谓：

本年因土乏用，各窑关闭数十家，现存不及一半，转瞬一、二年歇业，自必殆尽。民窑既尽，官窑从何烧造？此理易明。且景德镇靠窑谋生者不止数十万人，一经歇业。此辈从何安置？其祸不可胜言。

项家福的这段呈词虽然有警告或者说威胁官府的意图，但却真实地反映了鸦片战争前夕的景德镇因星子高岭的来源断绝而出现空前的恐慌。

## 第八章　结语

本文在以上各章围绕着有关高岭土的若干问题，对景德镇10至19世纪近千年的白瓷瓷胎原料和制瓷业的兴衰做了一些粗略的探索，现小结如下：

1. 景德镇五代出现的优异的白瓷一直到南宋的芒口影青瓷，均采用瓷石类型的原料制胎。五代—北宋瓷胎多用表层瓷石，而南宋的则以中下层瓷石为主。并指出：“景德镇唐宋时代瓷器是由瓷石加入少量高岭土制胎”的看法与古遗物和古文献不符。

2. 认为高岭土引进瓷胎与二元配方法（即瓷石加高岭的制胎法）确立的年代，至迟在元泰定间（14世纪20年代），但不会早于元初。由于高岭土的引进，挽救了景德镇南宋以来制瓷业出现的原料危机，是元代瓷业生产高度发达的标志。并以文献史料和考古资料为依据，推测元代的高岭土是从麻仓取得的，和明代中期以前官窑使用的相同。它以土膏形态赋存，其出土率高达 40%，可能是伟晶岩的风化物。14 世纪的景德镇，称这类高岭土为“御土”，十五、十六世纪则称“官土”或“麻仓土。

3. 考证举世闻名的高岭山之高岭土约在明万历间发现并应用，支配景德镇约两个多世纪。关於“高岭”这一专门术语，在国外约形成於 18 世纪初期，与法国神甫殷宏绪在 1712 年介绍景德镇的著名书简有关；在国内则在高岭山被封禁后的乾隆、嘉庆之际，是随着星子白土与景德镇大洲高岭土的应用而出现的。故高岭山为高岭土的命名地。

4. 通过对景德镇历代白瓷瓷胎原料变迁的考察，认为瓷石矿在 10—13 世纪对景德镇窑业有决定性的影响。13 世纪以后一直到今天，影响景德镇窑业的主要因素是高岭土。并以文献和考古资料为依据，把景德镇窑业划分为二个历程：

10—13 世纪为第一历程，是景德镇窑业由初级到高级再转向低落的时期。

第二个历程为 14—19 世纪。14—16 世纪，由于麻仓土的引进，景德镇瓷业再度兴盛。但由于官府垄断，出现了官窑瓷精，民窑瓷粗的局面。17—18 世纪，由于高岭山高岭土的开采，官府不得垄断，景德镇窑业得以蓬勃发展，是为民窑胜於官窑或官民两窑的极盛期。19 世纪以后，由于星子高岭质量低而运输线长并时开时禁，是景德镇窑业的低落期，这一时期的窑业不能与元、明一清早期相比。

【附记】：

1. 本文为应全国非金属矿床地质委员会、全国沉积地质专业委员会、中国土壤学会联合召开的《全国第一届黏土学术会》之约而撰写，於 1981 年 10 月 29 日在会议上宣读，并由《景德镇硅酸盐学会会刊》刊出。此次发表稿与前稿内容一致，仅在史料上做了若干补充和调整。

2. 本文在修改过程中接到日本东京大学名誉教授三上次男先生惠赠【日】北村弥一郎《清国窑业视察报告》一书，使笔者得以了解晚清高岭的部分情况。在此谨向三上先生致谢。

---

**[注释]**

[1] 冯墨林《关于高岭土和瓷石某些问题的讨论》，景德镇硅酸盐学会 1981 年排印本。

[2] 彭其瑞等《中国黏土矿物研究》第四章第二节，科学出版社 1963 年版。

[3] 陈开慧等《景德镇高岭村高岭土矿床及高岭土矿物的研究》第四部分，景德镇硅酸盐学会 1981 年排印本。李中和等《景德镇高岭村高岭土矿物相研究》第三部分，《景德镇陶瓷学院学报》第 3 卷第一期 1982 年 10 月版。

[4] 景德镇陶研所《陶瓷原料化学成分资料汇编》名砂高岭部分，1972 年 2 月版。

[5] 清・康熙《浮梁县志・陶政》。

[6] 同注 [5]。

[7]“白土”，在景德镇地区有两种含义，广义的泛指瓷石和高岭等粉状的白色陶瓷原料；狭义的特指用于制作匣钵的原料之一——镁质黏土（海泡石）。

[8] 详本文第五章。

[9] 西欧采用石英、长石、高岭土三种原料制胎，陶瓷界称为“三元系统”。景德镇和日本的有田等地区采用瓷石和高岭土两种原料制胎，陶瓷界称“二元系统”。

[10] 瓷土，广义的泛指瓷用黏土；狭义的指瓷石粉碎之土，景德镇使用“瓷土”，多取狭义。

[11]《陶记》为南宋著作，详拙作《蒋祈“陶记”著作时代考虑）》。《景德镇陶瓷》1981 年总第 [10] 期《陶记研究专刊》。

[12] 周仁等《中国历代名窑陶瓷工艺的初步科学总结》第四部分，《考古学报》1960 年第 1 期。

[13] 冯先铭《综论我国宋元肘期的“青白瓷”》前言部分，香港《大公报在港复刊三十周年纪念文集》第 376 页。

日·佐藤雅彦《中国陶磁史》十九“景德镇的青白瓷”，平凡社昭和五十三年版。

[14] 同注 [11]。

[15] 景德镇陶研所 1982 年 9 月测“进坑”碗残片瓷胎化学组分如下 $SiO_2$ 77.64, $Al_2O_3$ 16.93, $FeO_3$ 0.73, $TiO_2$ —, MnO 微，CaO 1.07，MgO 0.62， $K_2O$，2.46，$Na_2O$ 0.47，烧失 0.36，总量 100.28。

[16] 景德镇陶研所《影青瓷胎釉的测试报告》，1978 年 4 月刻印本。

[17] 郭邦相《景德镇瓷石矿床考察》（未刊稿）

[18]《祁门瓷石矿调查报告》，《景德镇陶研所 1956 年测试工作总结》106 页（铅印本）。

[19] 李国桢、叶宏明等《龙泉青瓷生产工艺初步总结》，浙江省轻工业厅资料 1962 年刊印本。

下层或风化型的中层相似。因此可以确定五代、北宋瓷胎多使用上层瓷石制作，而南宋瓷胎则多取材于中下层。

[20] 陈万里《景德镇几个古代窑址的调查》，《文物参考资料》1953 第 9 期。

[21] 拙稿《景德镇湖田窑考察纪要》，《文物》1980 年 11 期。

[22] 拙稿《景德镇湖田窑各期碗类装烧工艺考》第一部分，《文物》1682 年第 5 期。

[23]《宋会要辑稿·方域十二》江东东路市镇泉。

[26] 参见 [11] 之“附表四五、六项。

[27] 同 [11] 之第九章。

[28] 同 20 第三部分。

[29] 南宋·陆游《老学庵笔记》卷二《孤独时定器不入集中》条。

[30] 拙稿《景德镇宋元芒口瓷器与覆烧工艺初步研究》，《考古》1974 年第 6 期。

[32] 德·奢则尔著、黄熙柏译《陶瓷原材料及其检验法》第一部分第一节“高岭土”谓：原生“高岭土与石英含量的比大都是 50：50，可用人工淘洗将它们分离为纯高岭土及石英砂”。（轻工出版社 1960 年版第 25 页）

[33]《元史·百官四·将作院》谓：“浮梁瓷局，秋正九品。至元十五年立。”

[34] 黎浩亭《景德镇陶瓷概况》第十章第五节，1943 年重庆版。

[35] 周仁等《清初瓷器胎、釉的研究》附表 5.《景德镇瓷器的研究》第六页，科学出版社. 1958 年。

[36]Lettrese idifiantes et curieuses bcrites des missions btrangeres par quelques Missionnaires de la Compagaie de Jeisus，XXYI.Recueij.A Paris，ChezP.G.Le Mercier ms，lizj：i.

[37]法·于阿尔《十八世纪法国对中国科学与工艺的调查》第三部分，翁同文译，《中国史研究动态》1980年第四期。
[38]夏湘蓉《中国古代矿业开发史》第六章《非金属矿产》第一节第二部分《高岭土和瓷石》，地质出版社1980年北京版。
[39]美·劳费尔（BertholhLaufer）《中国伊朗编——中国对古代伊朗文明史的贡献，着重于栽培植物及产品之历史》第380—390页：《伊朗中国编》（林筠因译），商务印书馆1964年北京版。
[40]同[38]。
[41]周仁等《景德镇历代瓷器胎、釉和烧制工艺的研究》第三帮分，《硅酸盐》第四卷第二期第59页，1960年。
[42]拙作《元代窑事小考(一).浮梁瓷局的规模与烧造概况》,《景德镇陶瓷学院学报》第二巻第一期，1980年。
[43]孙瀛州《元明清瓷器鉴定》，《文物》1966年第3期。
[44]清乾隆四十八年《浮梁县志》卷十二《杂记上·武禝》。
[45]同上卷六《官司下·名宦》。
[46]拙稿《景德镇市14世纪后半期窑业遗存》（未刊稿）。
[47]洪武年二年：清乾隆四年《浮梁县志》卷二署御·御器厂》；（2）洪武二十五年：《大明会典》（3）洪武末：明嘉靖三十九年詹珊《师主庙碑》，同（1）卷四《典礼·群祀》；（4）洪武三十五年（即建文四）：明崇祯十年《关中王老公祖鼎建贻休堂记》石刻（原件藏陶瓷历史博物馆）；（5）宣德初：《明史》卷四十三《地理四·江西饶州府浮梁》条；（6）正德初：明王宗沐《江西省大志》卷七《陶书·建置》。
[48]陈尧成等《历代青花瓷器和青花色料的研究》表2.《硅酸盐学报》1978年第六卷第4期。
[49]由笔者提供标本，经景德镇陶研所1982年9月测得晚明青花瓷胎化学组分为：$SiO_2$66.94，$Al_2O_3$26.70，$FeO_3$0.72，$TiO_2$-，MnO0.16，CaO0.56，MgO0.09，$K_2O$3.09，$Na_2O$1.89，烧失0.20.总量100.35。
[50]康熙二十三年（1984）《饶州府志》卷十四《郡佐》条。

# 关于蒋祈《陶记》所载的“建阳窑”

林忠干

## 一、引言

蒋祈《陶记》，是一部重要的陶瓷历史文献，著作年代有南宋说[1]、元代说[2]。该书论述景德镇窑业状况时谈到：“临川、建阳、南丰它产有所夺”。此处“建阳”窑，以往曾被认为是福建省建阳市水吉镇的宋代建窑。笔者等人在《建窑系黑釉碗类考》一文[3]中，从历史地理的沿革状况初步考证：建窑所处的水吉镇，古代属于建州、建宁府治下的建安、瓯宁县（即今建瓯市），而与建阳无涉。一直到1956年以后，水吉才正式划归于建阳。所以，历史上的“建阳”窑，当另有所指，它可能是建阳市营口镇南部的华家山窑址。

该窑址于1982年调查发现[4]，此后经省、市文化部门多次考察，取得新收获。在此基础上，笔者整理成文，以进一步探讨该窑何以能够与景德镇窑相竞争的问题。

## 二、窑址的规模及其产品特征

华家山窑位于建阳市的西南部，古代为建阳县的崇政下里，有碗厂、中窑、南窑三处因窑场设置而衍化为村庄的地名，分布于绵亘近10公里的地带[5]，建溪上游麻阳溪支系茶马溪由北而南纵贯其间。这里山高林密，至今仍是偏僻山区。已查清的废窑堆积，总面积达8万平方米，是古代闽北最大的窑场之一。尽管建阳境内还发现有其他的古代窑址，但未见如此集中并形成地名。所以，蒋祈《陶记》所谓的“建阳”窑，即华家山窑，是顺理成章的。

该窑的产品，质量优良，种类丰富，更促成了与景德窑相匹敌之势。瓷器胎体均呈白色，细腻坚致，多轻薄。釉色以青白为大宗，兼有纯白、淡青色，晶莹碧透。调查采集的器形具下列各式：

敞口碗，分二式。直口碗。侈口碗，分二式。折口碗。敛口碗。钵。盘，分六式。撇口大盘。洗，分二式。碟。杯，分二式。盆。执壶，分六式。瓶，分七式。大梅瓶。长颈瓶。炉，分二式。小罐。器盖，分二式。八角形盒。圆形盒，分二式。

器物盛行模印和刻划花装饰，纹样有莲花、莲瓣、菊花、菊瓣、牡丹，草花折枝花、云气、篦点及双鱼、芦雁、婴戏、几何形图案等。装饰的部位因器而异，圆器多在内里，琢器多在外壁。其中盒类则在盖面施行印花装饰，疏朗简练。同时，碗、碟、洗的花口，瓶的荷叶状口。瓶、盒、执壶等器凹或凸的竖条纹，与器形相结合。亦成为装饰的有机组成部分。

器物的装烧方法比较多祥化。碗、盘、碟、洗类，大量地采用支圈组合窑具复烧，因而普遍芒口；同时亦采用托座叠烧法，所以内底往往遗留涩圈。其中大盘叠烧时，采用齿状垫圈相间隔，故保留支钉痕迹。瓶、炉类的琢器，用平底筒形匣钵正置仰烧，部分碗类用凸底漏斗形匣钵装烧。盒类则专门采用伞状支烧窑具装烧，此类窑具以往曾在德化县的碗坪仑窑址中发现[6]，极具福建地方持色。

## 三、生产年代及其与景德镇等窑的关系

青白瓷，亦称影青，是宋代景德镇窑的首创，其工艺技术对江南广大地区产生深刻影响，因此，探讨华家山窑的年代，须首先考察它与景德镇窑的渊源联系[7]。

以碗类的形制为例，景德镇窑北宋早中期的鼓腹高足碗，宋代中后期的斜壁小底碗，北宋末到南宋初的直口弧壁碗，南宋中后期流行的侈口弧壁碗，分别成为华家山窑折口碗、Ⅰ式敞口碗、直口碗和侈口碗的祖型。

碗类的装烧工艺，景德镇窑经历了五代的托座叠烧、宋初的匣钵仰烧到宋后期的支圈复烧过程。华家山窑在大量利用支圈复烧法的同时，适当保留匣钵仰烧法，并把托座叠烧法的支钉间隔改进为涩圈或支具间隔。

在装饰工艺方面，景德镇窑整个南宋时期刻花、划花与印花并存，华家山窑的装饰技法与图案也与它多所类似。但在构图方面，景德镇窑较为繁密工致，华家山窑则相对疏朗率意一些。

与德化窑相比较，亦存在一定的共性风格。大型的撇口盘、盒、Ⅰ式炉、Ⅰ式瓶、Ⅰ式执壶、Ⅰ式洗等器，无论造型、装饰到装烧工艺，都与碗坪仑窑址下层所出基本雷同，其年代相当于北宋晚期到南宋中期[8]。

此外，Ⅱ式敞口碗、Ⅱ、Ⅵ式执壶、敛口小碗、Ⅰ式敞口碗、Ⅱ式侈口碗、小碟、Ⅱ式洗，这些类似形制的器物，还见于我省南宋早期至晚期墓葬中[9]。

综合上述因素考虑，华家山窑的生产年代，宜推定在北宋晚期至南宋晚期，其全盛期当在南宋时期。

纵观华家山窑的工艺技术特点，与景德镇窑既有密切的渊源联系，又相对具备个性发展的特色。在追求质量的同时，更注重提高产品的数量。其原因是不仅考虑邻近地区的需要，而且适应福建面向海外市场的潮流，正如《陶记》所说："必地有择焉者。"无怪乎这个"建阳"窑，能够对景德镇窑的市场利益带来一定程度的威胁了。

## 四、对"建阳"窑一说的澄清

《陶记》所记"建阳"窑，以往学术界多持水吉建窑说，是因为水吉所属于的古今建瓯、建阳两县市地理位置相邻，因而容易引起误解，所以这里有必要再予厘清。关于两县市历史沿革简况整理如下：

| 时代 | 建置名称 | | 所属政区 |
|---|---|---|---|
| 汉末 | 建安县 | 建平县 | 会稽郡 |
| 吴 | 建安县 | 建平县 | 建安郡 |
| 晋——南朝 | 建安县 | 建阳县 | 建安郡 |
| 唐五代 | 建安县 | 建阳县 | 建州 |
| 宋 | 建安县、瓯宁县 | 建阳县 | 建州、建宁府 |
| 元 | 建安县、瓯宁县 | 建阳县 | 建宁路 |
| 明清 | 建安县、瓯宁县 | 建阳县 | 建宁府 |
| 民国 | 建瓯县 | 建阳县 | 建安道、第三行政督察区 |
| 新中国 | 建瓯县、建瓯市 | 建阳县、建阳市 | 建阳、南平专区、南平市 |

建窑地属古建瓯地，最早的明确记载，见于南宋祝穆《方舆胜览》："兔毫盏，出瓯宁之水吉。"其后明嘉靖《建宁府志》舆图标志的水吉方位叫作"禾义里"，至民国十八年《建瓯县志》仍沿袭此。1946—1956 年，水吉镇独立置县，以后并入建阳[10].因此，依地理方位的广义或狭义的概念，历史上的建窑，可称为"建安""建州""建宁'"瓯宁"或"水吉"窑，唯独不能称作"建阳"窑。《陶记》所载之"建阳"窑，不是指水吉建窑，是毋庸置疑的。

刘新园先生说："'建阳窑'在福建省建阳县水吉镇的池墩、溪口与碗窑乡三地。……冯先铭等同志认为以上三处均属宋代遗存，未闻在元代还有继续烧造的记载"[11]。这里的"建阳窑"，实际上是今人的概念，把水吉建窑包括在内，不合历史状况。至于溪口窑，即今建阳市童游镇溪口村源头仔窑址，有青釉、青白釉产品，器形为镗锣式盘、高足杯、墩子式碗等元代典型形制，非宋代，碗窑乡窑，即今建阳市童游镇溪口村碗窑和象山窑址，明嘉靖《建阳县志》称为"里窑""外窑"，均明代仿龙泉产品[12]，更不可能属蒋祈《陶记》的"建阳"窑。

熊寥先生说："林忠干、王治平同志《建阳古瓷考察》所提供的材料也证实，建窑在元代并未废烧。他说，建阳地区于'1982 年 3 月至 6 月的文物普查中'，'发现唐至清代古瓷窑址十余处'，其中之一就有元代的'源头仔窑遗址'。"[13]这里把建阳窑与建窑等同起来，同样也犯了概念上的错误。至于源头仔窑，规模为 1 万平方米，其中青釉器系仿龙泉窑作风，青白釉器胎呈浅灰色，不少产品闪现浑浊的灰色，虽然承袭景德镇窑工艺，但规模较小、质量差，不足以达到相抗衡的程度。

总之，蒋祈《陶记》所载的"建阳"窑，是华家山窑，这个结论是基本可以肯定的。

1997 年中国古陶瓷研究第四辑

**[注释]**

[1] 刘新园，《蒋祈〈陶记〉著作时代考辨》，《景德镇陶瓷》1981 年《陶记》研究专刊；《宋元时代的景德镇窑税课收入与其相关制度的考察——蒋祈〈陶记〉著于南宋之新证》，《景德镇方志》1991 年第 3 期。

[2] 熊寥，《蒋祈〈陶记〉研究》，中国陶瓷与中国文化》，浙江美术学院出版社 1990 年。
[3]《福建文博》1996 年 2 期，中国古陶瓷研究会 1996 年年会专辑。
[4] 建阳县文化馆，《福建建阳古瓷窑址调查简报》，《考古》1984 年 7 期。
[5] 福建省建阳县地名办公室编，《建阳县地名录》1981 年。
[6] 福建省博物馆：《德化窑》55 页图 2，文物出版社 1990 年。
[7] 参见刘新园、白焜，《景德镇湖田窑考察纪要》；刘新园：《景德镇湖田窑各期典型碗类的造型及其成因考》，《文物》1980 年 11 期。
[8] 同 [5]，又林忠干、张文鉴：《宋元镲化窑的分期断代》，《考古》1992 年 6 月。
[9] 林忠干：《福建宋墓分期研究》，《考古》1992 年 5 期 460 页图三。
[10] 中共建阳地委政策研究室编《闽北概貌》1986 年。
[11] 同 [1]。
[12] 同 [4]。
[13] 同 [2]。

# 《陶记》中的“建阳窑”

熊寥

**内容提要**

至迟在南宋理宗宝庆—绍定年间（1225～1233），“建阳县”就已改名“嘉禾县”，到了元代“嘉禾”才复名为“建阳”。蒋祈《陶记》谈到当时与景德镇争夺市场的窑场时所说：“建阳、南丰、临川他产有所夺”，文中的“建阳”乃是显示其著作时代的一个十分有力的佐证。

《林文》把《陶记》中“建阳”窑，指定为南宋建阳“华家山窑”，属于主观误判。再从其在文中所公布的华家山窑出产的青白瓷瓶（残器）、青白瓷壶（残器）和青白瓷盒（残器）来看，它们也不属宋瓷，而是元代产品。

蒋祈《陶记》谈到当时景德镇争夺市场的窑场时所说：“建阳、南丰、临川他产有所夺。”文中的“建阳”也是显示其著作时代的一个十分有力的佐证。

《宋会要辑稿》“方域七之十一”篇记载：南宋“绍兴三十一年十二月二十二日，以孝宗潜藩，升（建州为）建宁府”。

《宋史·地理志》记载南宋时的“建宁府”所辖地域时写道：“建宁府，领县七，建安、浦城、嘉禾、松溪、崇安、政和、瓯宁。”文中的“嘉禾”即北宋时的“建阳”（图1）。这就是说，作为县级地名的“建阳”，在南宋时已经改名为“嘉禾”了。

由于《宋史·地理志》未载南宋时“建阳县”改名为“嘉禾县”的具体时间，因面明、清有关地方志书多推测“建阳县”改名为“嘉禾县”的时间是在南宋景定元年。

最早提出此说的是明景泰庚午（1450）《建阳县志》：“宋景定元年，嘉禾产于唐石里，因改建阳为嘉禾。”冯继科（于明嘉清年间编撰）《建阳县志》和魏时应（于明万历年间编撰）《建阳县志》尾其说，但把“改建阳为嘉禾”变成“诏改建阳县，曰：嘉禾”。但是鉴于明嘉靖、万历《建阳县志》提出“诏改建阳县。曰：嘉禾”之说未援引任何南宋官方典籍佐证，因而清乾隆二年《福建通志》、清嘉庆《重修一统志》和《钦定大清一统志》在沿用“景定元年改名”之说的同时，都把“诏改”字样去掉，即清乾隆二年《福建通志》卷二所载：“建阳，宋景定元年（1260）以县产嘉禾，改为嘉禾县”；《钦定大清一统志》卷三百三十一：”景定元年（1260）改曰：“嘉禾”；清嘉庆《重修一统志》卷二七：建阳“宋景定元年（1260）改曰：嘉禾”。今人郭黎安《宋史·地理志汇释》[1]对《宋史·地理志》所记“建宁府”辖县“嘉禾”也沿用此说：“嘉禾，本建阳县，景定元年改今名。”

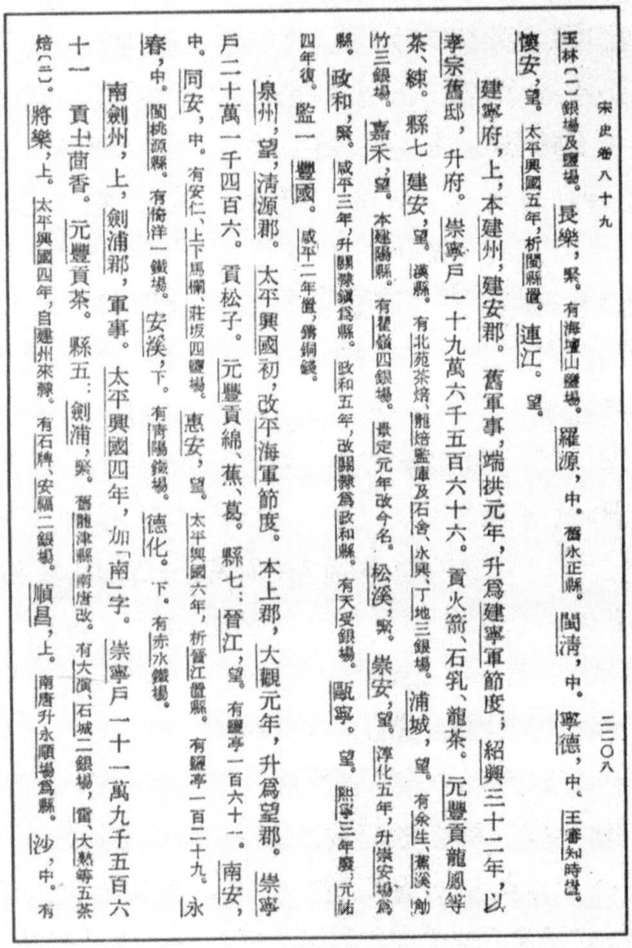
宋史卷八十九　　二二〇八

玉林〔一〕銀場及鹽場。長樂，緊。有海壇山鹽場。羅源，中。舊永正縣。閩清，中。寧德，中。王審知時置。
懷安，望。太平興國五年，析閩縣置。連江。望。
建寧府，上，本建州，建安郡。舊軍事，端拱元年，升爲建寧軍節度；紹興三十二年，以孝宗舊邸，升府。崇寧戶一十九萬六千五百六十六。貢火箭、石乳、龍茶。元豐貢龍鳳等茶、練。縣七：建安，望。漢縣。有北苑茶焙，龍焙監庫及石舍、永興、丁地三銀場。浦城，望。有余生、蕉溪、勑竹三銀場。嘉禾，望。本建陽縣。有瞿嶺四銀場。景定元年改今名。松溪，緊。崇安，望。淳化五年，升崇安場爲縣。政和，緊。咸平三年，升關隸鎮爲縣。政和五年，改關隸爲政和縣。有天受銀場。甌寧。望。熙寧三年廢，元祐四年復。監一：豐國。咸平二年置，鑄銅錢。
泉州，望，清源郡。太平興國初，改平海軍節度。本上郡，大觀元年，升爲望郡。崇寧戶二十萬一千四百六。貢松子。元豐貢綿、蕉、葛。縣七：晉江，望。有鹽亭一百六十一。南安，中。同安，中。有安仁、上下馬欄、莊坂四鹽場。惠安，望。太平興國六年，析晉江置縣。有鹽亭一百二十九。永春，中。閩桃源縣。有倚洋一鐵場。安溪，下。有青陽鐵場。德化。下。有赤水鐵場。
南劍州，上，劍浦郡，軍事。太平興國四年，加「南」字。崇寧戶一十一萬九千五百六十一。貢土茴香。元豐貢茶。縣五：劍浦，緊。舊龍津縣，南唐改。有大演、石城二銀場，龍、大熟等五茶焙〔二〕。將樂，上。太平興國四年，自建州來隸。有石牌、安福二銀場。順昌，上。南唐升永順場爲縣。沙，中。有

图 1《宋史·地理志》载："建宁府，领七，建安、浦城、嘉禾、松溪、崇安、政和、瓯宁。"文中的"嘉禾"即北宋时的"建阳"。

从冯继科（嘉靖二十八年，公元 1549）《建阳县志·序》文可知：最早的《建阳县志》，乃是明代景泰庚午（1450），邑人黄璿始为编撰，即前引景泰版《建阳县志》。

从明嘉靖二十年《建宁府志·凡例》所述："旧志昉于宋守韩元吉、张叔椿，后皆遗失无存。成化中，知府安成、刘钺重编未就而去。后太仆少卿杨亘得其稿于江右，然已残缺。弘治壬子再续，颇多宗其义。"可知《建宁府志》最早的版本源自成化年间的残稿。

既然《建阳县志》和《建宁府志》均始于明代（前者始于明景泰元年，后者始于明成化年间），那么他们判断南宋"建阳县"改名为"嘉禾县"是在"景定元年"的依据是什么呢？他们都未说明其资料来源。唯独民国《建阳县志》"疆域沿革"授引《宋季三朝政要》所载："景定元年十二月，建阳县嘉禾生（一本十五穗），诏改建阳县为嘉禾县。"核查《宋季三朝政要》卷三，其对南宋建阳县改名为嘉禾县的时间做了这样记述："景定元年，建宁府产嘉禾于建阳，改嘉禾县。"由此可推断，明代《建阳县志》，《建宁府志》和清乾隆二年《福建通志》、嘉庆《重修一统志》和《钦定大清一统志》，乃至今人郭黎安《宋史·地理志汇释》所持南宋建阳改名为嘉禾是在"景定元年"之说，追溯其源，与《宋季三朝政要》之说有关。

查《宋季三朝政要》，该书未署撰者姓名。《文渊阁四库全书》把《宋季三朝政要》成书时间定为"元代"其撰者推定为"宋之遗老"，并对其做了这样的评介："（该书）卷首题词称：'理宗国史为元载入北都，无复可考，故纂集理、度二朝及幼主本末'"，"然理宗以后，国史编修者实见之，故《本纪》[2] 所载反详于是书，又是书得于传闻，不无舛误"；与此同时，《文渊阁四库全书》总纂官等还分析了其所载赵葵、赵范事迹"非实"所在。

在这种背景之下，《建阳县志》和《建宁府志》等，在关于南宋建阳县改名为嘉禾县的时间问题上，采用"得于传闻，不无舛误"的《宋季三朝政要》之说，就很难与历史真实合拍。

明代学者陈循所撰（书成于明景泰七年，公元 1456）《寰宇通志》，对于"南宋建阳县改名为

嘉禾县”的具体时间问题，未采纳《宋季三朝政要》所持“景定元年改名”之说，而提出：建阳县于“宋宝祐中（1253—1258）改嘉禾县”。

然而，宋代学者祝穆《方舆胜览》记“南宋建阳县改名为嘉禾县”的时间，却比明代文献所载早得多。该书卷十一载：“建宁府，领县七，建安、瓯宁、嘉禾、浦城、崇安、政和、松溪”（图2）。文中的“嘉禾”县，即北宋和南宋前期时的“建阳”县。同书又记：“云谷，在嘉禾县东南五十里”；“聚星亭在嘉禾之考堂、朱云晦作《画屏赞并序》之。”这就表明：祝穆《方舆胜览》成书之时，建阳县就已改名为嘉禾县了。

祝穆《方舆胜览·自序》和吕午《方舆胜览·序》均写于南宋“嘉熙己亥”，即理宗嘉熙三年（1239），表明此时《方舆胜览》已成书。从洙谨《方舆胜览·跋》所述，“先君子游戏翰墨，编辑《方舆胜览》，行于世者三十余年，学士大夫家有其书”，可见该书出版后受到当时社会的重视。该书并于南宋咸淳丁卯（1267）再版。另外，祝穆又于“淳祐丙午（1246）”编撰《古今事文类聚》一书。

《钦定四库全书总目》卷六十八“《方舆胜览》提要”载《方舆胜览》作者——祝穆的略历时写道：“（祝）穆，字和甫，建阳人。《建宁府志》载穆父——康国从朱子（南宋著名理学家朱熹的尊称）居淳安。穆少名丙与弟癸同受业于朱子。宰执程元凤蔡杭录所著书以进除迪功郎，为兴化军涵江书院山长。”

吕午《方舆胜览·序》对祝穆的的身世也做了类似的记载：“祝穆，和父氏，新安人，朱文公（朱熹的尊称）先生之母党也，幼从文公诸大贤。”

朱熹于南宋庆元戊午（1189）腊月既望撰写记《记大公祝公遗事》内说“康国”（祝穆之父）为其“伯舅之子”，朱熹称康国为“弟”：文中还提到康国之子——祝穆；“济之复以疾不起，其二子丙、癸相从”[3]。文中的“济之”为祝穆之父康国的“字”。古代男子二十而冠，冠后据本名含义另立别名，称“字”；文中的“丙”，即祝穆年少时的名。

既然生活在南宋的学者——祝穆与朱熹既是姻亲，又是师生关系，其撰写的《方舆胜览》在南宋时，

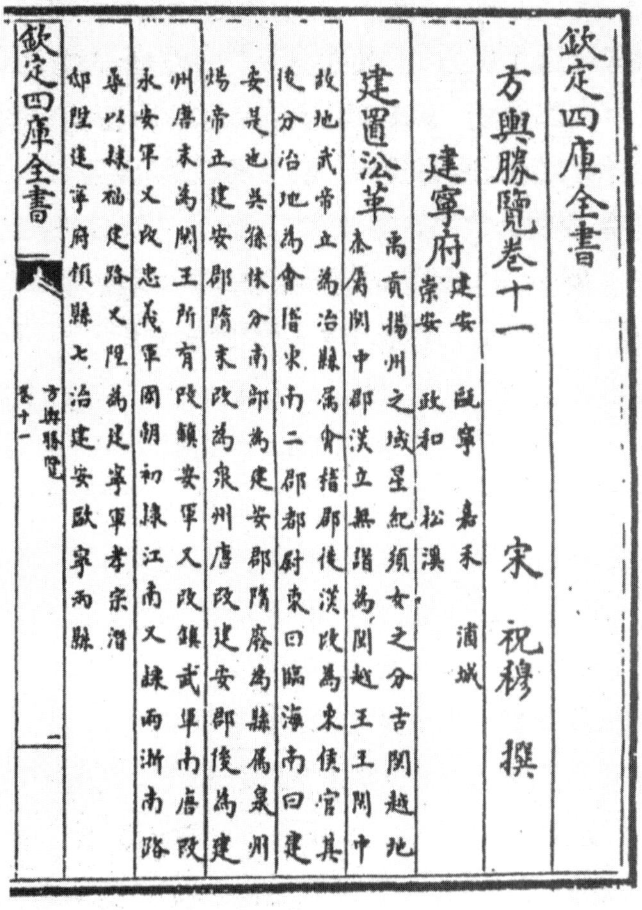
欽定四庫全書

方輿勝覽卷十一　宋　祝穆　撰

建寧府　建安　甌寧　嘉禾　浦城　崇安　政和　松溪

建置沿革　禹貢揚州之域星紀須女之分古閩越地春秋屬閩中郡漢立無諸為閩越王王閩中故地武帝立為冶縣屬會稽郡後漢改為東侯官其後分冶地為會稽東南二部都尉東曰臨海南曰建安是也吳孫休分南部為建安郡隋廢為縣屬泉州煬帝立建安郡隋末改為泉州唐改建安郡後為建州唐末為閩王所有改鎮安軍又改鎮武軍南唐改永安軍又改忠義軍國朝初隸江南又隸兩浙南路尋以隸福建路又陞為建寧軍孝宗潛邸陞建寧府領縣七治建安甌寧兩縣

欽定四庫全書　方輿勝覽　卷十一　一

图2 祝穆《方舆胜览》卷十一载：建宁府，领县七，“建安、瓯宁、嘉禾、浦城、崇安、政和、松溪。”文中的“嘉禾”即北宋时的“建阳”。

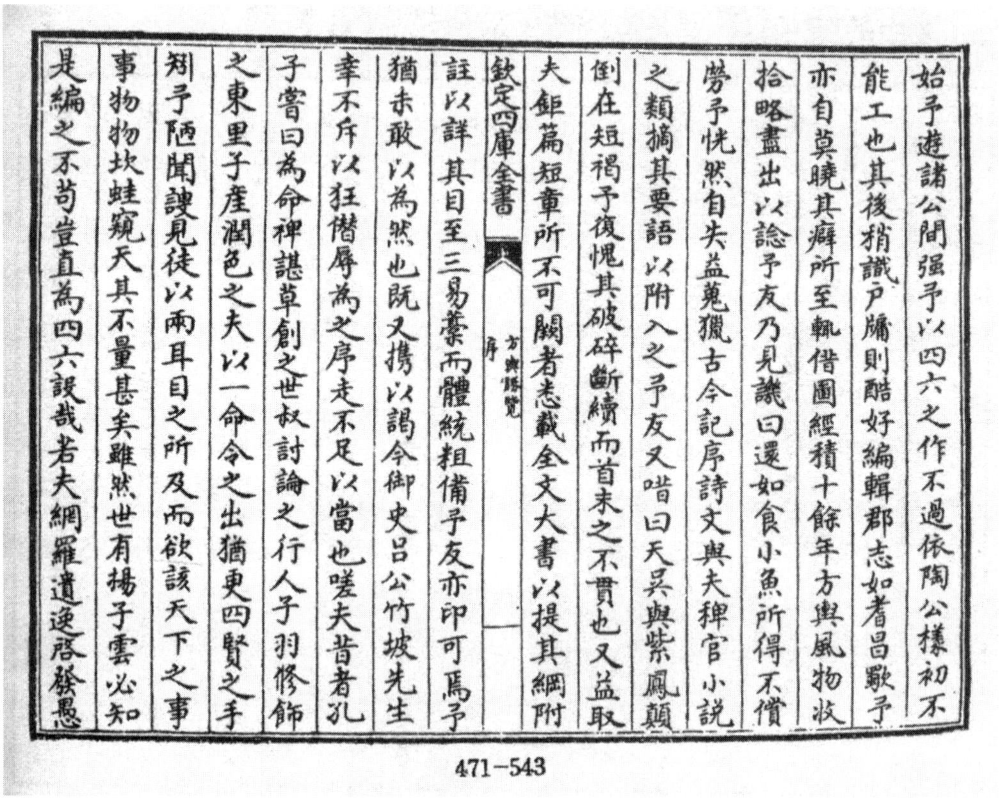

始予遊諸公間强予以四六之作不過依陶公樣初不
能工也其後稍識户牖則酷好編輯郡志如耆昌歜予
亦自莫曉其癖所至輒借圖經積十餘年方輿風物收
拾略盡出以諗予友乃見譏曰還如食小魚所得不償
勞予恍然自失益蒐獵古今記序詩文與夫稗官小説
之類摘其要語以附入之予友又唶曰天吴與紫鳳顛
倒在短褐予復愧其破碎斷續而首末之不貫也又益取
夫鉅篇短章所不可闕者悉載全文大書以提其綱附
欽定四庫全書　方輿勝覽　序
註以詳其目至三易稾而體統粗備予友亦印可焉予
猶未敢以為然也既又攜以謁今御史呂公竹坡先生
幸不斥以狂僭辱為之序走不足以當也嗟夫昔者孔
子嘗曰為命裨諶草創之世叔討論之行人子羽修飾
之東里子產潤色之夫以一命令之出猶更四賢之手
矧予陋聞謏見徒以兩耳目之所及而欲該天下之事
事物物坎蛙窺天其不量甚矣雖然世有揚子雲必知
是編之不苟豈直為四六設哉若夫網羅遺逸啓發愚

471—543

图 3 祝穆《方舆胜览 · 自序》载 :《方舆胜览》非朝夕之作，而是“积十余年方舆风物”蕴蓄而成。

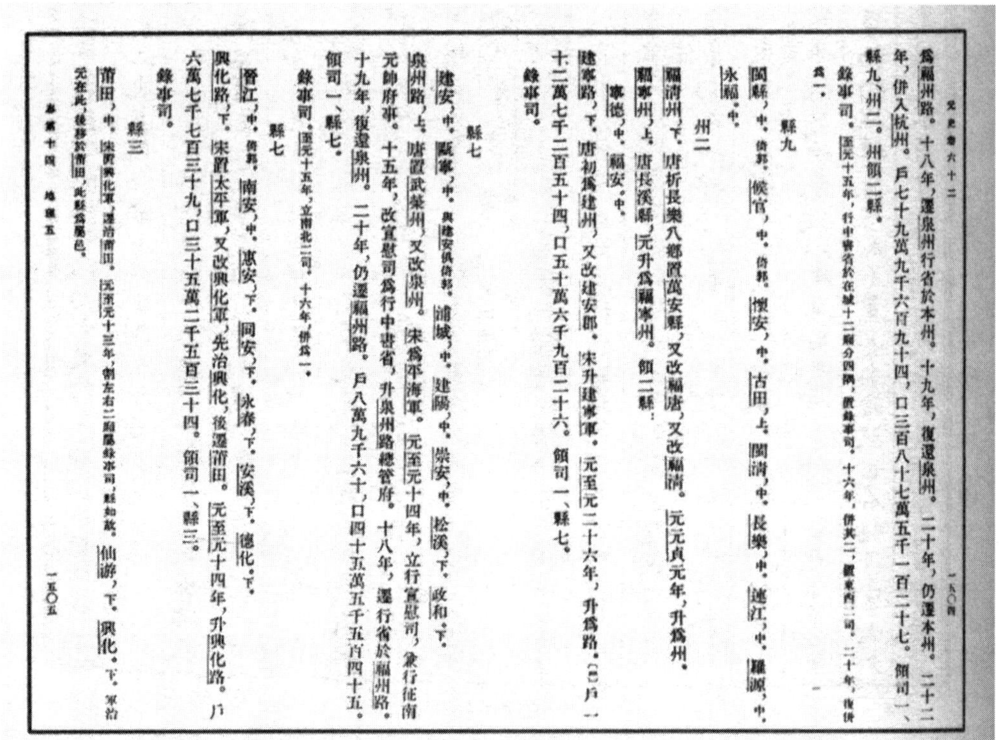

元史卷六十二　一五〇四

爲福州路。十八年，遷泉州行省於本州。十九年，復還泉州。二十年，仍遷本州。二十二年，併入杭州。戶七十九萬九千六百九十四，口三百八十七萬五千一百二十七。領司一、縣九、州二。州領二縣。

錄事司。至元十五年，行中書省於在城十二廂分四隅，置錄事司。十六年，併其二，置東西二司。二十年，復併爲一。

縣九

閩縣，中。倚郭。侯官，中。倚郭。懷安，中。古田，上。閩清，中。長樂，中。連江，中。羅源，中。永福。中。

州二

福清州，下。唐析長樂八鄉置萬安縣，又改福唐，又改福清。元元貞元年，升爲州。

福寧州，上。唐長溪縣，元升爲福寧州。領二縣：

寧德，中。福安。中。

建寧路，下。唐初爲建州，又改建安郡。宋升建寧軍。元至元二十六年，升爲路。[二]戶一十二萬七千二百五十四，口五十萬六千九百二十六。領司一、縣七。

錄事司。

縣七

建安，中。甌寧，中。與建安俱倚郭。浦城，中。建陽，中。崇安，中。松溪，下。政和。下。

泉州路，上。唐置武榮州，又改泉州。宋爲平海軍。元至元十四年，立行宣慰司，兼行征南元帥府事。十五年，改宣慰司爲行中書省，升泉州路總管府。十八年，遷行省於福州路。十九年，復還泉州。二十年，仍遷福州路。戶八萬九千六十，口四十五萬五千五百四十五。領司一、縣七。

錄事司。至元十五年，立南北二司。十六年，併爲一。

縣七

晉江，中。倚郭。南安，中。惠安，下。同安，下。永春，下。安溪，下。德化。下。

興化路，下。宋置太平軍，又改興化軍，先治興化，後遷莆田。元至元十四年，升興化路。戶六萬七千七百三十九，口三十五萬二千五百三十四。領司一、縣三。

錄事司。

縣三

莆田，中。宋置興化軍，遷治莆田。元至元十三年，制左右二廂屬錄事司，縣如故。仙遊，下。興化。下。軍治元在此，後移於莆田，此縣爲屬邑。

志第十四　地理五　一五〇五

图 4《元史 · 地理志》载 :“建宁路，领县七 : 建安、瓯宁、浦城、建阳、安、松溪、政和。”文中的“建阳县”就是南宋建宁府所辖的“嘉禾县”。

“学士大夫家有其书”，在这种历史背景之下，那么祝穆在对南宋“建阳”改名为“嘉禾”具体时间的问题上，比出自元人之手、未著撰者姓名、“得于传闻，不无舛误”的《宋季三朝政要》来说，所载就要可靠得多了。

值得指出的是，祝穆《方舆胜览》非朝夕之作，而是“积十余年方舆风物”蕴蓄而成[4]（图3）。吕午《方舆胜览·序》对祝穆《方舆胜览》的写作过程，做了这样的勾画：祝穆“有意于是书，尝往来闽、浙、江、淮、湖、广间，所至必穷登临。与予有旧，每相见，必孜孜访风土事，经、史、子、集、稗官野史、金石刻列郡志，有采摭必昼夜抄录无倦……如是者累年”。

如从祝穆《方舆胜览》成书时间（理宗嘉熙三年，公元1239）往上推十余年，即回到祝穆开始搜集资料、酝酿写作《方舆胜览》的时期，则到理宗宝庆、绍定年间了。又按吕午《方舆胜览·序》所说“积十余年方舆风物”中的十余年，以“十一年”计算，如在此期间“建阳”改名为“嘉禾”的话，那么，《方舆胜览》记南宋“建宁府”所辖七县时，必然会注明更改的时间，但是《方舆胜览》中不见记载，这就表明“建阳”县改名为“嘉禾”县的时间应比这还早，至迟不会晚过南宋理宗宝庆、绍定年间，即公元1228—1233年。

通过上述考证可知，南宋时“建阳县”改名“嘉禾县”，至迟不会晚过南宋理宗宝庆至绍定年间（1228—1233）。

到了元代“嘉禾”复名为“建阳”，对此，《元史·地理志》有明确记载：“建宁路，领县七：建安、瓯宁、浦城、建阳、崇安、松溪、政和”。（图4）文中的“建阳县”就是南宋建宁府所辖的“嘉禾县”。

由于作为县级地名的“建阳”在南宋理宗宝庆、绍定年间，即公元1228—1233年就改名为“嘉禾”县了，直到元代才复称“建阳”，加之《陶记引用的《容斋随笔》成书于南宋嘉定五年（1212），这样就否定了《陶记》著于南宋“嘉定七年至端平元年（1214—1234）”之说，而成为《陶记》著于元代的一个铁证。

林忠干同志《关于蒋祈〈陶记〉所载的“建阳窑”》[5]（以下简称“林文”）持如下观点：《陶记》中“建阳窑”是南宋建阳华家山窑的立论，是由下述两个论据支撑起来的：一是引福建省建阳县地名办公室《建阳县地名录》：“华家山窑位于建阳市的西南，古代为建阳县的崇政下里，有碗厂、中窑、南窑三处。因窑场设置而衍化为村庄的地名，分布于绵延近10公里地带。”二是引南宋祝穆《方舆胜览》：“兔毫盏出瓯宁之水吉”，不在“建阳”县，因而得出：《陶记》中“建阳窑”不是指瓯宁之水吉建窑，而是指南宋建阳华家山窑的结论。

笔者认为，“林文”说法欠妥。

首先，“林文”所引福建省建阳县地名办公室《建阳县地名录》所载：“华家山窑位于建阳市的西南，古代为建阳县的崇政下里，有碗厂、中窑、南窑三处。因窑场设置而衍化为村庄的地名，分布于绵延近10公里地带。”文中只是说明建阳地区华家山窑所处的地理位置，并未考证其时代属性。正因为如此，该书才以“古代”两字冠之。“林文”把“华家山窑的生产年代，宜推定在北宋晚期至南宋晚期，其全盛期当在南宋时期”，仅仅是林忠干先生自己的一种主观推测。再从其文中公布华家山窑出产的青白瓷瓶（残器）、青白瓷壶（残器）和青白瓷盒（残器）的型制和装饰来看，它们不属宋瓷，而是元代产品。

其次，“林文”引南宋祝穆《方舆胜览》，更显得“林文”自己的立论不符合史实，这是因为南宋祝穆《方舆胜览》明确记载：南宋时“建阳县”已经改名为“嘉禾县”了，“林文”怎么能把《陶记》中的“建阳窑”说成是南宋建阳县华家山窑呢！“林文”在自己文中编制的“建阳、建瓯历史沿革简表”，没有援引任何历史资料而按照自己立论的需要，把南宋时的“嘉禾县”说成是“建阳县”，这对于注重历史事实的考证性文章，更为不妥。

（写于2007年2月）

**[注释]**

[1]郭黎安《宋史·地理志汇释》，安徽教育出版社，2003年1月。

[2]《本纪》：此处指：《宋史·本纪》

[3]祝穆《古今事文类聚》后集卷十。

[4]祝穆《方舆胜览·自序》。

[5]《中国古陶瓷研究》第4辑∴紫禁城出版社，1997年。

# 从高岭《何氏宗谱》看高岭土的始采年代

## ——与冯云龙同志商榷

熊寥

**内容提要**

高岭《何氏宗谱》中的关键人物之一何茂约生活在南宋理宗淳祐八年至端宗景炎元年（1248–1276）之间。另一位关键人物一位于《何氏宗谱》"玉岭何氏世系"第三十六世的何叔信（何茂之孙，一说为何茂之子，始迁高岭约在南宋赵昺祥兴元年—元成宗大德十年（1278—1306）之间。"初开高岭土"的何召一位于《何氏宗谱》"玉岭何氏世系"第四十四世，即何叔信与何召一相距八世。以古时谱牒"人生三十年为一世来推算，计 240 年，何叔信与何召一所生活的年代相距 240 年。由此可知何召一应生活在明代弘治元年（1488）—万历四年（1576），与王宗沐《江西省大志·陶书》和陆万垓《江西省大志·陶书续补》所记应用"高岭土"（时称婺源土）一事相互映照，何召一"初开高岭土"的时间，约在明嘉靖年间，其上限不会超过其 18 岁成年时的正德元年（1506）。

冯云龙同志把何召一说成是南宋人，乃是没有看懂《何氏宗谱》而作的误判。

高岭土是江西省浮梁县东埠高岭山出产的一种烧制瓷胎的原料。按照官方史籍，即嘉靖三十五年《江西省大志·陶书》和万历《江西省大志·陶书续补》的记载，景德镇窑场在嘉靖年间出现"高岭土"，但当时不叫"高岭土"，而称为"婺源土"，那时也不了解高岭土的性能。认识高岭土及其性能乃是明代万历年间的事情。

## 一、引论

冯云龙同志在《高岭山之高岭土始开年代考》（以下简称《始开年代考》[1] 文中宣称："根据民间史料—高岭村《何氏宗谱》记载，第四十四世召一公大约于南宋初年的孝宗时期（1163-1189）初开高岭土。"其论据如下："天顺四年《何氏宗谱》载，第三十四世茂公，字宗智，以文学仕唐会昌间；第四十四世召一公初开高岭磁土。"按照古人"人生三十年为一世，谱牒三十年而一修"[2] 的算法，通过何茂的生活时代来推断何召一的生活时代，进而推导出何召一开采高岭土的时间，大约在南宋初年的孝宗时期（1163-1189）。

冯云龙同志后又在《南宋景德镇优质陶瓷原料探源》（以下简称《探源》[3] 文中，引民国十三年高岭《何氏宗谱》："第一代叔信始迁高岭；第九代召一……公开创高岭故业磁土者；第二十一代遇舜，行天、十四，万历二十八年生……"，"这个时间正好和何召一相沿十三个世次"，据此逆算，也证明何召一开采高岭土是在南宋初年。冯云龙文中还说：他的这个发现“比一般人认为的（高岭土始开于）明万历说提前了四百余年”[4]。

由于探讨高岭士始掘年代，牵涉到景德镇瓷器发展史研究的正确走向，因而笔者在最近读到冯云龙文章后，随即多次赴浮梁县东埠高岭村考察，在有关部门的帮助下，终于找到了存世的高岭《何氏宗谱》。与此同时，笔者又到婺源县古坦乡，在当地政府协助下，也看到了存世的菊径村《何氏宗谱》。经过研读后发现：高岭和菊径两地收藏的《何氏宗谱》所蕴含的文献历史信息与冯云龙文章之观点完全不合，特撰文商榷，以利于把问题辨析清楚。

## 二、关于高岭《何氏宗谱》载何茂所处时代

先来研究冯云龙同志在《始开年代考》一文中提出的第一个论据，即所谓“天顺四年《何氏宗谱》：第三十四世茂公，字宗智，以文学仕唐会昌间”这条史料的真伪。

按照存世的高岭《何氏宗谱》与菊径《何氏宗谱》中所刊序文和跋文中的记载，《何氏宗谱》先后出现过南宋绍兴癸丑三年（1133）版、明代天顺庚辰四年（1460）版、明万历辛巳九年（1581）版、明天启癸亥三年（1623）版、清康熙甲戌三十三年（1694）版、清乾隆壬辰三十七年（1772）版、清乾隆辛亥五十六年（1791）版、清嘉庆戊寅二十三年（1818）版、清道光甲申四年（1824）版、清咸丰辛酉十一年（1861）版、清同治辛未十年（1871）版、民国癸丑二年（1913）版、民国甲子十三年（1924）版，共13个版本。

然而，宋绍兴本，世远年湮，只能从民国癸丑二年（1913）菊径《何氏宗谱》“旧序”中领略其局部风貌。清康熙年间，万历辛巳版《何氏宗谱》因遭“回禄之变，残阙殆尽”[5]；清咸丰朝时，天顺四年版《何氏宗谱》也“惜已不见”[6]；天启三年版《何氏宗谱》只存一卷，“且多残缺”[7]。

到目前为止，存世的《何氏宗谱》有4个版本。其中，江西省婺源县古坦乡菊径村存留有民国二年癸丑菊径《何氏宗谱》。该谱旧序中保留了包括宋绍兴本在内的许多宝贵资料。江西省浮梁县东埠高岭村存留下来的高岭《何氏宗谱》有3个版本，其中两个版本相对完整，即咸丰十一年版和民国十三年版。前者保留了不少前期版本的“序”和“跋”；后者则保留了康熙三十三年版《何氏宗谱》中的“历代统宗世系”和康熙三十三年版《何氏宗谱》主编何式恒撰写的“重修统宗世系”两篇重要的文献史料。天启三年版《何氏宗谱》只见一卷残本，此残本被咸丰十一年版高岭《何氏宗谱》主修者整体重刊；主修者并在该残本“天四十三”下加有“咸丰庚申补入世乐公”的注文。总之，存世的高岭和菊径《何氏宗谱》均未见有冯云龙同志所依据的天顺四年版本。

冯云龙同志《始开年代考》称：“高岭《何氏宗谱》（明·天顺四）‘何氏世系’中载第一世镇公，字子良，出自韩安王之后，为秦所灭，子孙散处江湖，人讹以韩为何。十世至镇，仕汉文帝朝，为庐江太守，实为何氏之始’”；“第三四世，茂公，字宗智，以文学仕唐武宗会昌间。初任河南通判，次任太平通判，有文武之略，巢乱诏封，招讨有功，初令妻子居黄墩，同汪、许二总管巡行宣、歙、池、饶，道经浮东白水乡新任俨坑之地，遂家焉。娶方氏未出，续娶詹村詹氏，纳侧室吴氏。詹氏生四子，吴氏生一子。同葬詹村住背后村坞铁锅形，夫人同穴。后长孙叔信迁居玉岭，即俗称高岭，故玉岭派以叔信公为始祖也”；“第四四世，召一公，初开高岭磁土”。

经查对，冯云龙同志《始开年代考》上面引述的这段文字，乃是出自天启三年版高岭《何氏宗谱》残本。此残本末尾署有“天启三年癸亥小阳月谷旦婺北诗春、鸿渐”，并注明“以下残缺”字样。此残本还收有“本族庸华、旭胜”于天顺四年寅月叙《何氏得姓源流叙说》，其对“何氏世系”的说法与天启三年版高岭《何氏宗谱》所述极为近似，可见天启三年版高岭《何氏宗谱》的世系排列，源自庸华、旭胜于天顺四年寅月《何氏得姓源流叙说》。

然而，朱显于天顺四年撰写的《高岭谱序》认定，何茂不是唐武宗会昌间人，而是宋代荣国公何执中的后裔；何茂应诏讨伐的对象不是唐时的黄巢，而是南宋时的“红巾”[8]。用朱显的原话说是：“……大液院华春公、太师荣国公胥前之显宦也。迨我茂公值红巾贼起，诏天下有文武之略者讨贼。公应诏而出，加授节度使，巡行宣、歙、池，道经浮东白水乡新正俨坑，山环水秀，遂家焉”[9]（图 1）。按照孙伯经等（于南宋绍兴三年，即公元 1133 年撰写）《何氏源流谱序》记载：“广明间，巢寇锋灾不息，民移歙州黄墩。（何）思中亦挈妻孺拏而逃，遂免于难”[10]）。程文（撰于明万历辛巳年二月）《大田何氏序》也做了类似的记载：“唐末，（何）思中避黄巢乱，迁之黄墩”[11]。这两则史料表明，在唐僖宗广明年间（880），何氏先辈何思中因“避黄巢乱，迁之（歙州）黄墩”，从而侧面证实：

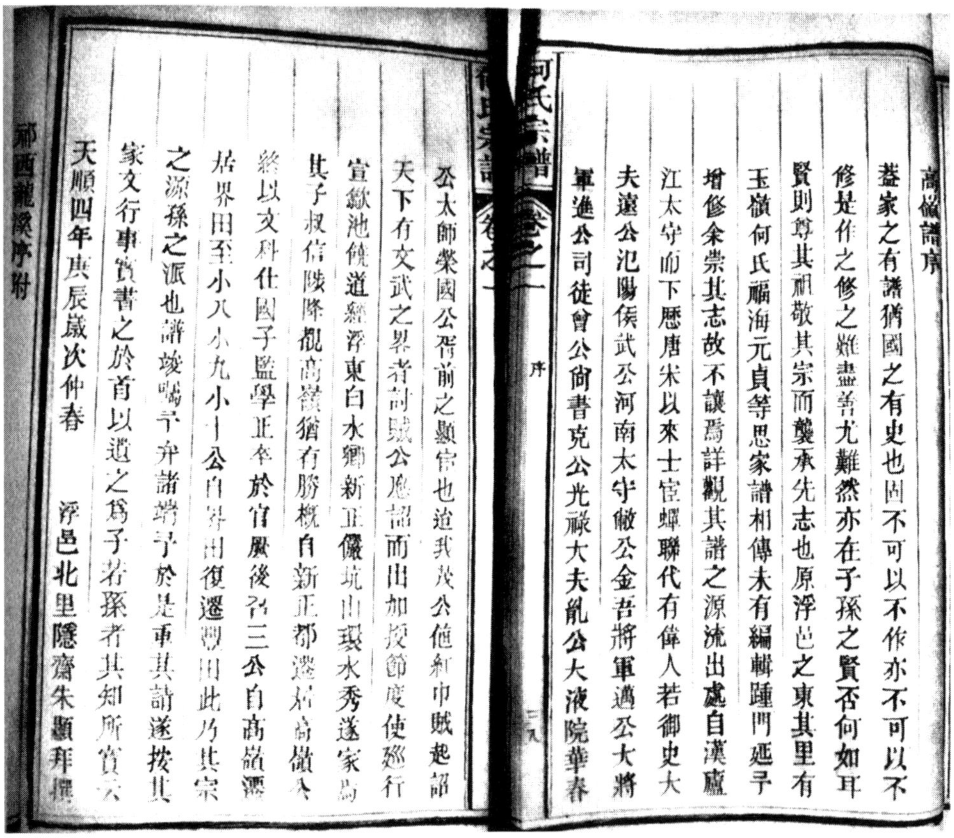
高嶺譜序
蓋家之有譜猶國之有史也固不可以不作亦不可以不
修是作之修之雖盡善尤難然亦在子孫之賢否何如耳
賢則尊其祖敬其宗而襲承先志也原浮邑之東其里有
玉嶺何氏福海元貞等思家譜相傳未有編輯踵門延予
增修余崇其志故不讓爲詳觀其譜之源流出處自漢廬
江太守而下歷唐宋以來士宦蟬聯代有偉人若御史大
夫遠公汜陽侯武公河南太守儆公金吾將軍邁公大將
軍進公司徒曾公尚書克公光祿大夫亂公大液院華春

何氏宗譜 卷之二 序

公太師榮國公胥前之顯宦也迨我茂公值紅巾賊起詔
天下有文武之畧者討賊公應詔而出加授節度使巡行
宣歙池饒道經浮東白水鄉新正儞坑山環水秀遂家焉
其子叔信賤降靚高嶺猶有勝概自新正都遷居高嶺今
終以文科仕國子監學正卒於官厥後名三公自高嶺遷
居界田至小八小九小十公自界田復遷潮田此乃其宗
之源孫之派也譜竣囑予弁諸端予於是重其請遂按其
家文行事實書之於首以遺之爲子若孫者其知所貴云
天順四年庚辰歲次仲春　浮邑北里隱齋朱顯拜撰

祁西龍溪序附

图 1 朱显《高岭谱序》记：何茂不是唐武宗会昌间人，而是宋代荣国公何执中的后裔；何茂应诏讨伐的对象不是唐朝时的黄巢，而是南宋时的“红巾”，用朱显的原话说就是：“大液院华春公、太师荣国公胥前之显宦也，迨我茂公值红贼起，诏天下有文武之略者讨贼。公应诏而出，加授节度使，巡行宣、歙、池，道经浮东白水乡新正俨坑，山环水秀，遂家焉。”

朱显于天顺四年撰写的《高岭谱序》对于何茂所处世系及其事迹的记载，符合历史真实。

从万历《何氏宗谱》主修者德馨《辨姓辨祖纪》（写于明代隆庆己巳三年，即公元 1569）所述："何自受姓以来，……世远时移，迁徙不一。据旧谓阕疑已多，兼兵火之余，仅存什一……近如乐平、鄱阳、浮梁、德兴、建邑、宛陵、太平、古歙、休、祁、黟、绩莫不皆出执中公（即北宋荣国公何执中）之后[12]（图 2），可以看出，德馨对何氏的远世世系存疑，而对北宋荣国公何执中之后的世系脉络把握清晰。

在这种背景之下，康熙三十三年版《何氏宗谱》编者对"何氏世系"的研究与确认，采取了十分谨慎的态度，用其原话说："昔黄山谷自云，前世以上坟墓无稽；欧阳公亦言，八世以外，世系莫考。彼二公为有宋名臣，其家世如此。或偶因散佚之故，失其传派，故与其存疑不若征信也"[13]。又说："代远年湮，迁徙靡定，恐其中次第，一涉伪错牵附，不免源本失实，致滋后人之疑，非信谱也"[14]，因而康熙三十三年版《何氏宗谱》的主修者在处理早期"何氏世系"时，遵万历辛巳版《何氏宗谱》旧例，以北宋荣国公何执中为其始祖，并阐述了其理由："若我太师荣国公由宋元符[15]迄乎昭代[16]，相去仅五百余年耳，沧桑间有更变，而文物风土依然如故。欲传信于子孙，断不能舍公为鼻祖矣。"[17]（图 3）。康熙三十三年版《何氏宗谱》主修者又说："今吾家自宋以来，居处尚守旧物而坟垅历历分明，即间有迁创者，亦各有谱帙足据。则今日统宗一谱，有一不可取信于后世者哉，即远若。"[18]

前引孙伯经等（于南宋绍兴三年撰写）《何氏源流谱序》，对荣国公何执中的身世业绩的记载更为具体："执中字伯通，生于宋神宗元丰戊午（1078）八月十五日卯时，世居处州大县龙泉泽……以明经及第，历官尚书、左仆射，加司空、少傅、太宰、门下侍郎，加少师。最承道君恩沃，赠太师，封荣国公。御制像赞以荣之。卒谥'正献'…朝廷锡以公侯礼葬。"

崇政殿说书史馆院直学士朱弁（于南宋绍兴十年九月）撰文并勒石《世济阙美堂记》记载了何执中仕途荣升的具体时间："执公元符戊寅（1098）及第，政和封少师，宣和加太师。"[19]

南宋著名理学家朱熹（于淳熙戊申，公元 1188 年撰写）《婺源菊径〈何氏族谱序〉》，对何执中的仕绩也做了类似的记载："……执中，宋哲宗元符戊寅（1098），以状元及第。历官宣和殿大学士，加太师，封荣国公，谥'正献'。"[20]

南宋绍兴《何氏源流谱序》谈到何执中之子何铸的身世业绩时写道："铸公字伯璇，又字元济。生于元符戊寅（1098）三月初七日子时。宣和辛丑登何涣榜进士，任弋阳县令……官至御史中丞，受签书枢密院事。因鞫岳鹏举狱，忤相桧，遂使金，还，罢不仕。与洪忠宣皓友善，修辑谱牒，在住基水口，造石桥一道，建亭七间，号'黄柏桥'。容斋公洪迈赋诗云：'云途矗出碧簷梁，衣锦归来御墨香。故国汜阳三径老，白衣书吏世流芳。'"[21]。

由赐进士及第、大学士张九成撰文，与官居金紫光禄大夫、左丞相、仆射洪适篆额的《执公、铸公墓铭》，对何执中父子一生，做了这样的评价："……闻誉言而不为喜；闻毁言而不为怒。名第一而不以为荣；加三公而不以为贵。前有蔡京，后有秦桧，公相于中特然自立。可谓雪竹一竿而不挠，青松千尺而挺翠。"[22]

民国十三年版高岭《何氏宗谱》卷一，依据康熙三十三年《何氏宗谱》"历代统宗世系"对何氏世系做了这样的排法：以荣国公何执中为第一世。第五世有明确出生年份的有五人，其中：何叔强生于绍兴戊寅（1158）；何朗一生于淳熙甲午年（1174）；何朗二生于淳熙丁酉年（1177）；何

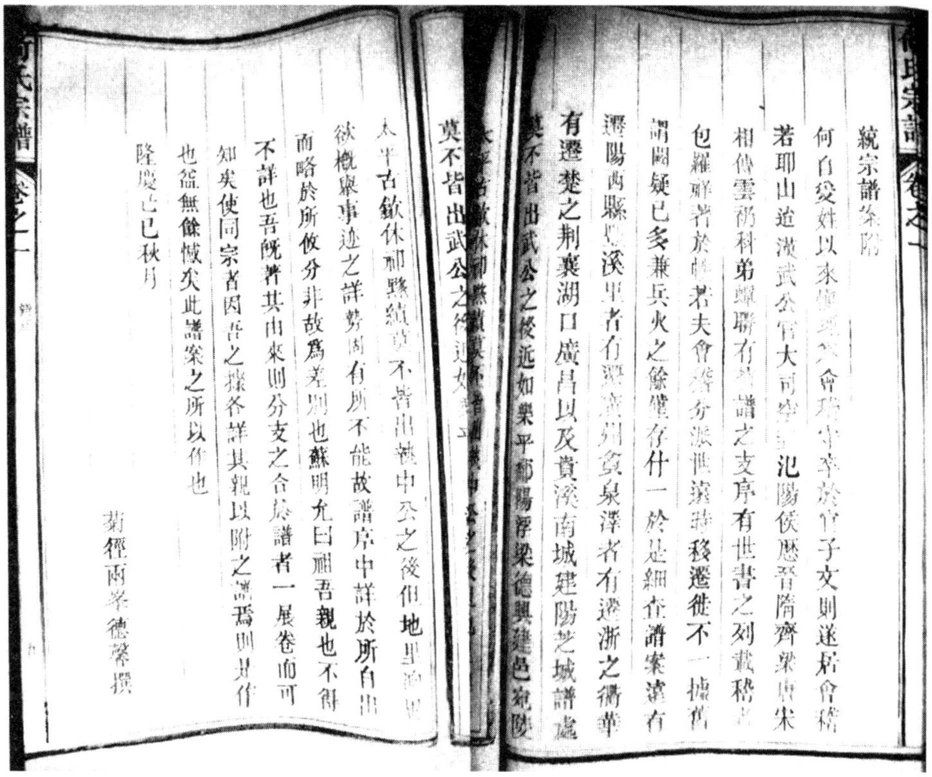
何氏宗譜 卷之一

統宗譜系附

何自受姓以來……會稽守……於官子文則遂居會稽若耶山迨漢武公官大司空……汜陽侯歷晉隋齊梁唐宋相傳雲礽科弟蟬聯有……譜之支亭有世書之刻載稽……包羅辨者於……若夫會稽分派世濟……移遷徙不一據舊譜闕疑已多兼兵火之餘僅存什一於是細查譜案遺有遷……溪里者有遷……州貧泉澤者有遷浙之饒華有遷楚之荊襄湖口廣昌以及貴溪南城建陽芝城諸處莫不皆出武公之後迄如巢平……陽浮梁德興建邑……

莫不皆出武公之後……太平古歙休祁黟績……不皆出執中公之後但地里……欲概衆事迹之詳勢固有所不能故譜序中詳於所自出而略於所及分非故爲差別也蘇明允曰祖吾親也不得不詳也吾既著其由來則分支之合於譜者一展卷而可知矣使同宗者因吾之據各詳其親以附之譜焉則其作也庶無餘憾矣此譜案之所以作也

隆慶己巳秋月

菊徑丙峯德馨撰

图 2 明隆庆·德馨《辨姓辨祖纪》对何氏的远世世系存疑，而对北宋荣国公何执中之后的世系脉络把握清晰

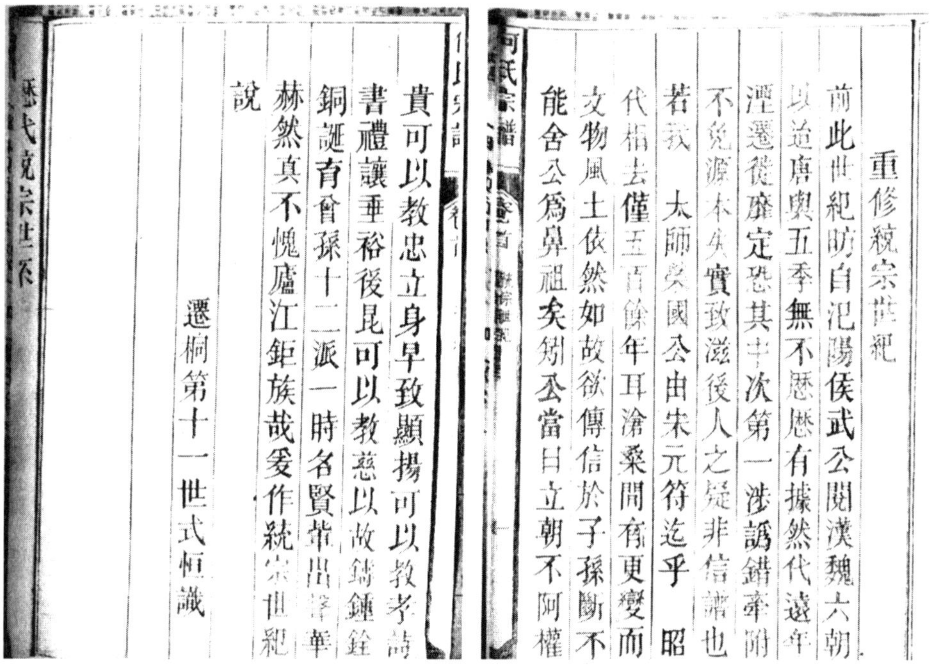
何氏宗譜 卷首

重修統宗世紀

前此世紀昉自汜陽侯武公閱漢魏六朝以迨唐與五季無不歷歷有據然代遠年湮遷徙靡定恐其中次第一涉訛錯牽附不免源本失實致滋後人之疑非信譜也若我　太師榮國公由宋元符迄乎昭代相去僅五百餘年耳滄桑間有更變而文物風土依然如故欲傳信於子孫斷不能舍公爲鼻祖矣矧公當日立朝不阿權

何氏宗譜

貴可以教忠立身早致顯揚可以教孝詩書禮讓垂裕後昆可以教慈以故鑄鍾銓銅誕育曾孫十二派一時名賢輩出聲華赫然真不愧廬江鉅族哉爰作統宗世紀說

遷桐第十一世式桓識

图 3 康熙三十三年版《何氏宗谱·重修统宗世纪》载：“若我太师荣国公如宋元符迄乎昭代，相去仅五百余年耳，沧桑间有更变，而文物风土依然如故。欲传信于子孙，断不能舍公为鼻祖矣。”

百一生于淳熙甲午（1174）；何百四生于淳熙丙午（1186）。从其生辰时间看，他们五人出生时间在公元1158—1186年之间。何茂位于第七世。按照古时“人生三十年为一世”的算法，从第五世到第七世相差60年，第五世五人出生时间在公元1158年到公元1186年之间，那么何茂的出生时间为公元1218年到公元1246年之间，由此可知，何茂的主要活动时间为公元1248年到公元1276年间，即南宋理宗淳祐八年至端宗景炎元年之间。

从咸丰十一年高岭《何氏宗谱》、民国十三年高岭《何氏宗谱》和民国二年菊径《何氏宗谱》刊载的“旧序”“旧跋”以及咸丰十一年版《何氏宗谱》“首人序说”可知，乾隆三十七年版、乾隆五十六年版、嘉庆三十三年版、道光四年版、同治十年版《何氏宗谱》和民国二年菊径《何氏宗谱》记载“何氏世系”和何茂所处时代，都采用了康熙三十三年版《何氏宗谱》之说，即以北宋荣国公何执中为第一代，进而推导出何茂生活在南宋理宗淳祐八年至端宗景炎元年（1248—1276）时期；只有咸丰十一年高岭《何氏宗谱》沿用天启三年残本《何氏宗谱》的说法，认为“第三四世茂公，字宗智，以文学仕唐会昌间。”

由于康熙三十三年《何氏宗谱》与天启三年残版《何氏宗谱》（整体被咸丰十一年高岭《何氏宗谱》主修者重刊[23]），对于何茂所处时代的认定，相距太大（前者认为何茂生活在南宋末期，后者把何说成唐会昌间人），所以，民国十三年版《何氏宗谱》主修者，对考察何茂所处时代和编排何氏世系时就更加谨慎。在再三校阅和推敲“康熙老谱”（即康熙三十三年版《何氏宗谱》）和“咸丰新谱”（即咸丰十一年版《何氏宗谱》）两种版本之后，认定何茂所处时代，应以康熙三十三年版之说为是。用其原话说就是：“自茂公历数至今，不过三十三四代，迁唐则世系有遗，迁宋则事理可准。”[24]（图4）

民国十三年版《何氏宗谱》主修者还揭示出这一事实：由于生活在宋代的何执中有明确的生卒年月和生平事迹，这与“咸丰新谱”主修者把何执中的七世孙何茂说成唐代会昌间人发生明显冲突，于是“咸丰新谱”主修者把何执中以上七世，从何氏家谱世系中删掉。对此，咸丰十三年版主修者在自己编撰《何氏宗谱》卷首“凡例”中也坦率陈言：“前谱自康熙修后，不无假借笔墨，其序文伪妄，谨遵凌老师删除。”

民国十三年高岭《何氏宗谱》主修者进一步指出，当年何茂自徽州南下招讨对象，不是唐代的黄巢，而是活跃在南宋时的“黄巾”，“黄巾乃草窃通称”，“汉季有黄巾，后世草窃均为黄巾”。又说，“宋自南渡，金师日扰，江湖间草寇起，我祖茂公为之招讨，过浮东俨坑，爱其山水，因家焉”；与此同时，民国十三年高岭《何氏宗谱》主修者对何茂所处时代和身世做了具体的介绍：“细七公，名茂，字春壮，又字宗智，以文学任河南通判，次任太平通判，有文武之略，黄巾贼乱，诏授防御使。以妻子居黄敦，率汪许二总管巡行宣、歙、池、饶一路，道经浮东白水乡新正，遂卜宅居焉。娶俨坑方氏，继娶詹氏，侧室吴氏，同葬詹村住后铁锅形。詹氏生四子曰：濬、溶、瀰、漪；吴氏生子一：涟。”[25]（图5）。由此可见，冯云龙文章立论的基石史料——咸丰十一年版高岭《何氏宗谱》整体重刊的天启三年版高岭《何氏宗谱》残卷中所述的“第三四世何茂为唐会昌间人”的说法，实为孤证，不足为凭。而且其误刊一事，早已被明万历、清康熙、乾隆、嘉庆和民国各版《何氏宗谱》所更正——何茂不是生活在唐代会昌间，而是活跃于“宋之季”，即生活在南宋理宗淳祐八年至端宗景炎元年（1248—1276）之间。

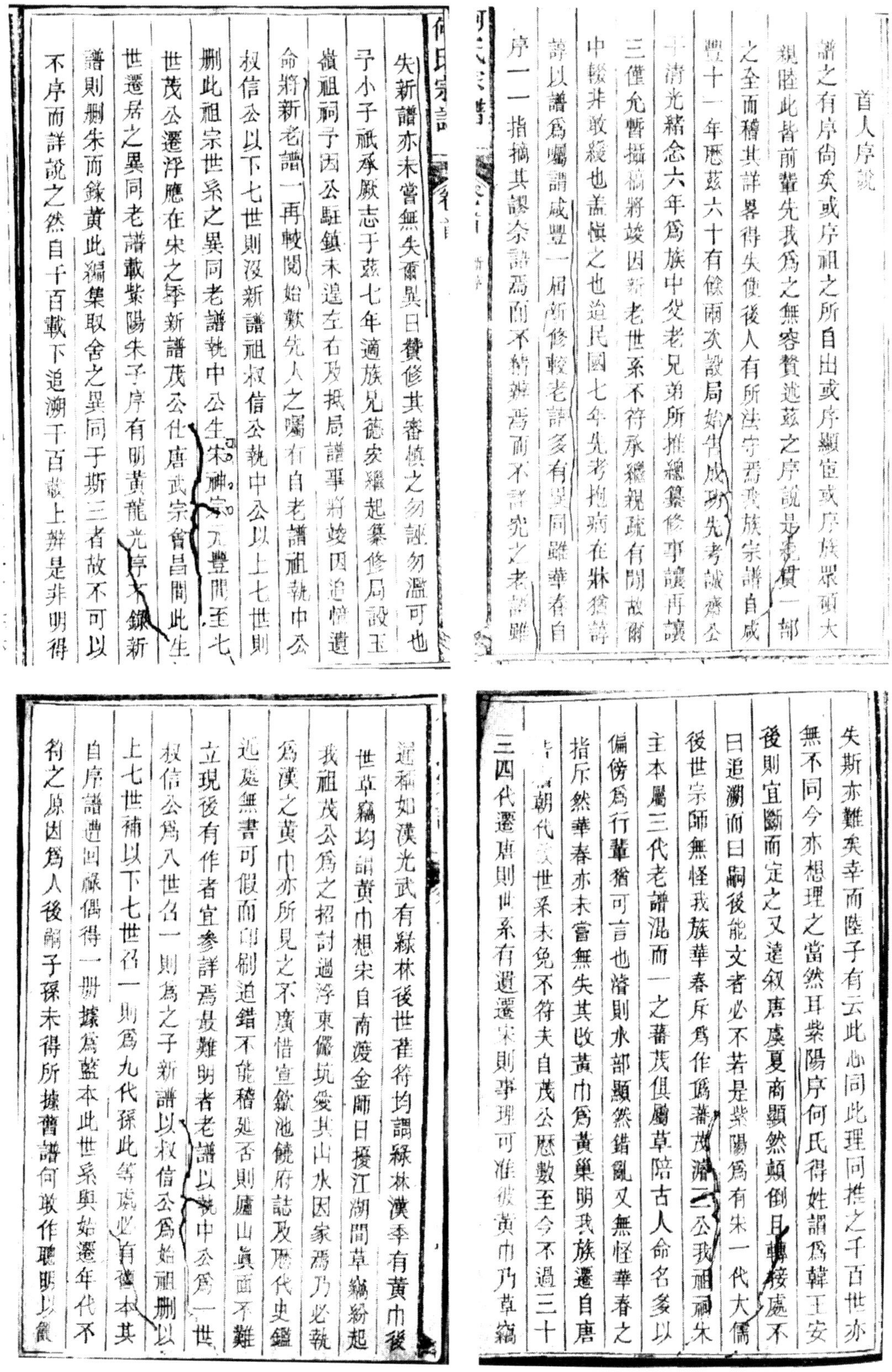
首人序說
譜之有序尚矣或序祖之所自出或序顯宦或序族衆頭大
親睦此皆前輩先我爲之無容贅述茲之序說是意貫一部
之全而稽其詳畧得失使後人有所法守爲我族宗譜自咸
豐十一年歷茲六十有餘兩次設局始告成功先考誠齋公
于清光緒念六年爲族中父老兄弟所推總纂修事讓再讓
三僅允暫攝稿將竣因新老世系不符承繼親疏有關故爾
中輟非敢緩也蓋慎之也迨民國七年先考抱病在牀猶諄
諄以譜爲囑譜成豐一屆新修較老譜多有異同雖華有自
序一一指摘其謬奈譜爲何不精辨焉而不詳究之者謬雖
失新譜亦未嘗無失爾異日贊修其審慎之勿誣勿濫可也
予小子祇承厥志于茲七年適族兄蕊安繼起纂修局設玉
嶺祖祠予因公駐鎮未遑左右及撫局譜事將竣因追憶遺
命將新老譜一再較閱始歎先人之囑有自老譜祖執中公
叔信公以下七世則沒新譜祖叔信公執中公以上七世則
刪此祖宗世系之異同老譜執中公生宋神宗元豐間至七
世茂公遷浮應在宋之季新譜茂公仕唐武宗會昌間此生
世遷居之異同老譜載紫陽朱子序有明黃龍光序不錄新
譜則刪朱而錄黃此編集取舍之異同于斯三者故不可以
不序而詳說之然自千百載下追溯千百載上辨是非明得
失斯亦難矣幸而陸子有云此心同此理同推之千百世亦
無不同今亦想理之當然耳紫陽序何氏得姓謂爲韓王安
後則宜斷而定之又遠敘唐虞夏商顯然顛倒且轉接處不
曰追溯而曰嗣後能文者必不若是紫陽爲有朱一代大儒
後世宗師無怪我族華春斥爲作僞蕃茂瀚二公我祖祠朱
主本屬三代老譜混而一之蕃茂俱屬草陪古人命名多以
偏傍爲行輩猶可言也潛則水部顯然錯亂又無怪華春之
指斥然華春亦未嘗無失其改黃巾爲黃巢明我族遷自唐
[illegible]朝代[illegible]世系未免不符夫自茂公歷數至今不過三十
三四代遷唐則世系有遺遷宋則事理可准彼黃巾乃草竊
逆稱如漢光武有綠林後世崔符均謂綠林漢季有黃巾後
世草竊均謂黃巾想宋自南渡金師日擾江湖間草竊紛起
我祖茂公爲之招討過浮東儸坑愛其山水因家焉乃必執
爲漢之黃巾亦所見之不廣惜宣歙池饒府誌及歷代史鑑
近處無書可假而印刷迫錯不能稽延否則廬山眞面不難
立現後有作者宜參詳焉最難明者老譜以執中公爲一世
叔信公爲八世名一則爲之子新譜以叔信公爲始祖刪以
上七世補以下七世名一則爲九代孫此等處必有舊本其
自序譜遭回祿偶得一册據爲藍本此世系與始遷年代不
符之原因爲人後嗣子孫未得所據舊譜何敢作聰明以亂

图4民国十三年版《何氏宗谱》记何茂所处时代:“自茂公历数至今,不过三十三四代,迁唐则世系有遗,迁宋则事理可准。”“茂公迁浮应在宋之际”。

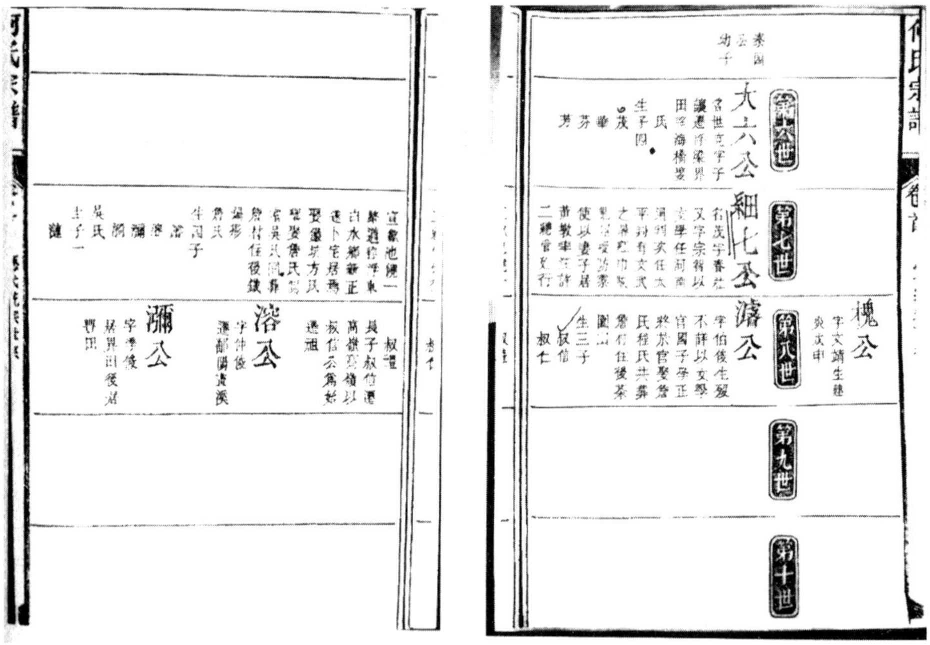

图5民国十三年高岭《何氏宗谱》记载第七世何茂："细七公，名茂，字春壮，又字宗智，以文学任河南通判，次任太平通判，有文武之略，黄巾贼乱，诏授防御使。以妻子居黄敦，率汪许二总管巡行宣、歙、池饶一路，道经浮东白水乡新正，遂卜宅居焉。"

## 三、关于高岭《何氏家谱》载何叔信首迁高岭的年代

不同版本的《何氏宗谱》对始迁高岭的何叔信与何茂的血缘关系也有两种不同的记载。一说何叔信为何茂之子，持此说者有朱显于明代天顺四年撰写《高岭谱序》和民国二年菊径《何氏宗谱》；一说何叔信为何茂之孙，持此说者有咸丰十一年版高岭《何氏宗谱》和民国十三年版高岭《何氏宗谱》。

如前所述，何茂活跃于"宋之季"，即生活在南宋理宗淳祐八年—南宋端宗景炎元年（1248—1276）之间。何茂与其"子叔信陟降睹高岭犹有胜，概自新正都迁居高岭"，也自然在此期间。

如按咸丰十一年和民国十三年版高岭《何氏宗谱》认定何叔信为何茂之子，按照"人生三十年为一世"推算，即从南宋理宗淳祐八年至南宋端宗景炎元年（1248—1276）后推30年，那么何叔信始迁高岭则在南宋赵昺祥兴元年至元成宗大德十年（1278—1306）之间。

必须指出的是，冯云龙同志在《始开年代考》一文中，引用了这样一项资料：清光绪婺源菊径《何氏宗谱》卷二转录明·天顺四年高岭《何氏宗谱》"何茂（细七）于元末迁浮梁辛正之俨坑，其子叔信陟降高岭犹有胜，概自辛正里迁高岭"，然后对其进行批驳。

下面先来研究冯云龙同志在《始开年代考》一文的这段引文。经核查，冯云龙同志此处引文有多处差错：第一，江西省婺源县古坦乡菊径村所存《何氏宗谱》为民国二年版，而不是清光绪版；第二，冯云龙同志引文所说"清光绪婺源菊径《何氏宗谱》卷二，转录明·天顺四年高岭《何氏宗谱》"，也违背历史事实。因为明天顺四年高岭《何氏宗谱》至迟在清咸丰年间就"惜已不见"。冯文所引，实际上是民国二年版菊径《何氏宗谱》转录朱显于明·天顺四年撰写的《高岭谱序》；第三，民国

二年版婺源菊径《何氏宗谱》转录朱显于明·天顺四年撰写的《高岭谱序》有关何茂的记载，与冯云龙同志引文又有较大出入。

按照婺源菊径民国二年《何氏宗谱》转录朱显（于明·天顺四年撰写）《高岭谱序》所载："……大液院华春公、太师荣国公胥前之显宦也迨我茂公值红巾贼起，诏天下有文武之略者讨贼。公应诏而出，加授节度使，巡行宣、歙池、饶道，经浮东白水乡新正俨坑，山环水秀，遂家焉。其子叔信陟降睹高岭犹有胜，概自辛正都迁居高岭。"

但冯云龙同志引文却说成"何茂（细七）于元末迁浮梁辛正之俨坑，其子叔信陟降高岭犹有胜，概自辛正里迁高岭"。

对比阅读民国二年菊径《何氏宗谱》转录的朱显《高岭谱序》和冯云龙同志引文，可以发现冯云龙同志引文，对朱显（于明·天顺四年撰写）《高岭谱序》中有关何茂的身世做了较大改动：首先，冯云龙引文删除了《高岭谱序》中的"大液院华春公、太师荣国公胥前之显宦也"，因为荣国公何执一生活在北宋末期，而何茂是其晚辈。这与冯云龙所认定何茂为唐代会昌年间人相矛盾；其次，冯云龙同志引文，把朱显《高岭谱序》"迨我茂公值红巾贼起，诏天下有文武之略者讨贼。公应诏而出，加授节度使，巡行宣歙池饶道，经浮东白水乡新正俨坑，山环水秀，遂家焉。其子叔信陟降高岭犹有胜，概自新正都迁居高岭"，改为"何茂（细七）于元末迁浮梁新正之俨坑，其子叔信陟降高岭犹有胜，概自辛正里迁高岭。"

冯云龙同志引文在删改朱显《高岭谱序》原文的基础上，对其做了如下批驳："第一，遍查明代高岭《何氏宗谱》，皆不见何茂有细七之名；第二，各个朝代，各个时期的高岭《何氏宗谱》均谓始迁高岭何叔信乃茂公之孙，浚公之子，而不是该谱所载的茂公之子；第三，叔信支下高岭何氏到民国十三年最后一届修谱时，延有 33 世，且有名有字，世次分明。而元帝北逃，元朝灭亡时年为至正二十八年（1368），至民国十三年才五百余年，若叔信迁居高岭在元末明初，显然与事实不符"。

下面来研究冯云龙同志这段"驳文"。

冯云龙同志"驳文"的一条理由是"遍查明代高岭《何氏宗谱》，皆见何茂有细七之名"。如前所述，建国后存留下来的高岭《何氏宗谱》目前只见 4 个版本，即明代天启三年版高岭《何氏宗谱》残本、清代咸丰十一年版、民国十三年版高岭《何氏宗谱》和民国二年癸丑菊径《何氏宗谱》，可见冯云龙同志遍查明代高岭《何氏宗谱》是一句空话。其实，冯云龙同志在自己撰写的《探源》一文中提到的民国十三年版高岭《何氏宗谱》卷首"历代统宗世系"内所记载的何茂，就有细七之名："第七世，细七公，名茂，字春壮，又字宗智……"建国后存留下来的民国二年菊径《何氏宗谱》"始祖世系"对何茂做了类似记载："第七世，细七公，名茂，字春壮，又字宗智…"。可见冯云龙同志"驳文"所谓"遍查明代高岭《何氏宗谱》，皆不见何茂有细七之名"，与事实不合，且立论草率。

冯云龙同志"驳文"的第二条理由是"各个朝代，各个时期的高岭《何氏宗谱》均谓始迁高岭何叔信乃茂公之孙，浚公之子，而不是该谱所载的茂公之子"。此说也过于片面，因为如前所述，对始迁高岭的何叔信与何茂的血缘关系，有两种不同的记载。其中民国二年菊径《何氏宗谱》就与朱显于明代天顺四年撰写《高岭谱序》一样，认为何叔信为何茂之子。

冯云龙同志"驳文"的第三条理由是"叔信支下高岭何氏到民国十三年最后一届修谱时，延有33世，且有名有字，世次分明。而元帝北逃，元朝灭亡时年为至正二十八年（1368），至民国十三年才五百余年，若叔信迁居高岭在元末明初，显然与事实不符”。

冯云龙同志此说既过于笼统又不符合历史实际。因为民国十三年最后一届修谱时，编撰《何氏宗谱》有两种世系排法，一为“历代统宗世系”；一为“玉岭派世系”。该谱“历代统宗世系”尊荣国公何执中为始祖。“玉岭派世系”则以首迁高岭的何叔信为始祖。

为便于分析，现以民国十三年高岭《何氏宗谱》卷一所载第25代荣字辈，与始祖之间所距年代来推算。因为该辈几个人都有具体的出生时间。例如，何荣用，乾隆元年（1736）丙辰正月初七日子时生；何荣富，康熙五十五年（1716）丙申八月二十三日生，乾隆三十二年（1767）丁亥十一月月殁；何荣发，康熙六十一年（1722）壬寅生；何荣长，乾隆十七年壬申（1752）生；何荣江，康熙四十三年（1704）甲辰十月初六日寅时生，乾隆三十七年（1772）王辰十月十九日殁；何荣海，雍正二年（1724）甲辰十月八日辰时生，嘉庆十一年（1806）丙寅七月十九日殁。由此可知，即使同一辈，像何荣江（康熙四十三年，公元1704年生）与何荣长（乾隆十七年，公元1752年生）其出生时间要相差四十八年。取其六人出生年份的平均数为1724，并按照古人“人生三十年为一世”的算法，加上其30年的存世时间，往回逆算25世，计750年，那么其始祖应生活在北宋前期。显然民国十三年《何氏宗谱》卷一所载，第二十五代荣字辈的排列是尊荣国公何执中（宋神宗元丰戊午〈公元1078年〉八月十五日卯时生）为始祖的“历代统宗世系”。

如果按照以首迁高岭的何叔信（首迁高岭时在南宋赵昺祥兴元年至元成宗大德十年公元1278—1306）为始祖，往下顺算25世，计750年，那么高岭何氏第25世荣字辈几个人，就要变成生活在2000年以后的当代人了。

由此可见冯云龙同志“驳文”以“叔信支下高岭何氏到民国十三年最后一届修谱时，延有33世，且有名有字，世次分明”为由，来否定天顺四年《高岭谱序》关于何茂与何叔信首迁高岭时间的记载是乏力的。

## 四、关于高岭《何氏家谱》载何召一所处的时代

在高岭《何氏宗谱》中，关键人物——何茂和何叔信所处时代一旦弄清楚之后，“初开高岭磁土”的何召一所处时代就明朗化了。

依天启三年版高岭《何氏宗谱》残本对玉岭何氏世系的排法，尊汉文帝朝庐江太守何镇为始祖，何茂位于第三十四世，何召一位于第四十四世。也就是说，何茂与何召一相距十世。

如前新述，何茂生活在南宋理宗淳祐八年—南宋端宗景炎元年（1248—1276），以古时谱牒“人生三十年为一世”来推算，即从公元1248—1276年往后推十世，每世30年，计300年，那么何召一应生活在明代嘉靖二十七年—万历四年（1548—1576）前后。

又据天启三年高岭《何氏宗谱》残本对玉岭何氏世系的排法，首迁高岭的何叔信，位于第三十六世，何召一位于第四十四世，即何叔信与何召一相距八世。以古时谱牒“人生三十年为一世”来推算，每世30年，计240年，何叔信如与何召一所生活的年代相距240年。如前所述，何叔信首迁高岭的时间是在南宋理宗淳祐八年—南宋端宗景炎元年（1248—1276）或南宋赵昺祥兴元年—元成宗大德十年（1278—1306），那么何召一应生活在明代弘治元年—正德十一年（1488—1516）前后；或明

代正德十三年—嘉靖二十五年（1518—1546）前后。按照咸丰十一年和民国十三年版高岭《何氏宗谱》对“玉岭世系”的排法，以何茂嫡孙——叔信为始迁高岭的第一代，何召一列为第九代，那么，何叔信与何召一相距九代。每代以 30 年计，何叔信与何召一相距 270 年。如前所考，何叔信首迁高岭，时在南宋理宗淳祐八年—南宋端宗景炎元年（1248—1276）；或南宋赵昺祥兴元年—元成宗大德十年（1278—1306），那末何叔信的九世孙—何召一则应生活在明代正德十三年～嘉靖二十五年（公1518—1546）前后；或即明代嘉靖二十七年—万历四年（1548—1576）前后。

由此可见，冯云龙同志在《始开年代考》一文中的第二个论据，即从其在高岭《何氏宗谱》世系排列所据的位置，来推断何召一于南宋孝宗时期开采高岭土与历史真实相悖。按照高岭《何氏宗谱》的世系排列，何召一主要活动是在明代弘治元年（1488）—万历四年（1576）前后，其首采高岭土也应在此期间。

## 五、关于何遇舜与何召一的间隔世系

下面再来研究冯云龙在《探源》一文中提出的另一个论据，即民国十三年版《何氏宗谱》载：万历二十八年（1600）出生的何遇舜位于何氏世系中的第二十一代，何召一则位于第九代，按照“人生三十年为一世”予以逆算，首开高岭的何召一应生活在南宋孝宗年间的立论。

冯文这种“逆算法”，表面看起来似乎有理，实际上与历史真实完全相背离。这是因为，民国十三年版高岭《何氏宗谱》对何氏世系有两种排法：一是“历代统宗世系”；一是“玉岭派”世系。在“玉岭派”世系中，该谱尊首迁高岭的何叔信为第一代，何召一位于第九代。然而，在民国十三年版《何氏宗谱》“历代统宗世系”内，该谱以荣国公何执中为始祖，何茂位于第七代，何茂的嫡孙何叔信则为第九代，何叔信的九世孙何召一应为第十八代。何遇舜位于何氏世系中的第二十一代。这样事实上，位于“历代统宗世系”第十八代的何召一，同位于第二十一代，出生于万历二十八年（1600）的何遇舜只相差三代。按“人生三十年为一世”，由出生于万历二十八年（1600）的何遇舜向上逆算三代，计 90 年，那么，何召一出生时间是在明代正德五年（1510）左右，其主要生活时间应在明代正德五年至嘉靖十九年（1510 ～ 1540）之间。

冯云龙同志在《探源》一文中所以把出生于万历二十八年（1600）的何遇舜与出生于明代正德五年（1510）前后的何召一，说成相距十二代，乃是把“历代统宗世系”与“玉岭派世系”混为一谈，并“巧妙”地采用偷梁换柱的手法，把位于“玉岭派世系”中第九代的何召一，同位于“历代统宗世系”中的第二十一代何遇舜相提并论，从而来误导读者。

另外，冯云龙同志在《始开年代考》一文中所援引的万历三十三年进士黄龙光于天启三年撰写的《何氏宗谱·跋》中所述：“至三四世茂公者，生五子。长子伯俊支下四四世，兄弟各迁，惟召一仍居高岭”一事表明，黄龙光与何召一所处年代相近，从侧面证实，何召一为明代中后期人。

既然冯云龙文章提出所有的论据，都无法支撑其立论，那么冯文提的何召一于南宋孝宗时期，始采高岭土的命题也就轰然倒塌。

必须指出的是，冯云龙文援引明·天顺四年《何氏宗谱》刊载“村址图及其“取土山”一事，也与史实不合，因为明·天顺四年版《何氏宗谱》咸丰年间就“惜已不见”，生活在今天的冯云龙同志何以能见到它呢？经过核查，冯文所指，实乃天启三年《何氏宗谱》残本所刊。

总之，通过对《何氏宗谱》各方面的考证可以认定，该谱所载“初开高岭磁土”的何召一（图6）民国十三年版《何氏宗谱》“玉岭派”世系尊首迁高岭的何叔信为第一代，何召一位于第九代。

何氏支譜卷之首
玉嶺派一
總派
第一代 叔信
第二代 一公
第三代 五四
第四代 七三
第五代 二大
第六代
第七代 二公
第八代 五六
第九代 七五
第十代 二大
百五
百六
千四
千三
重二
三四
辛一
召一
辛二
貴三
貴六

图6 民国十三年版《何氏宗谱》“玉岭派”世系尊首迁高岭的何叔信为第一代，何召一位于第九代。

是生活在明代弘治元年（1488）～万历四年（1576），与王宗沐《江西省大志·陶书》和陆万垓《江西省大志·陶书续补》所记应用“高岭土”（时称婺源土）一事相互映照，何召一“初开高岭土”的时间，约在明嘉靖年间，其上限不会超过其十八岁成年时的正德元年（1506）。

（写于 2006 年 12 月）

---

**[注释]**

[1] 冯云龙《高岭山之高岭土始开年代考》，刊于《景德镇陶瓷学院学报》，1992 年第 13 卷第 1 期。

[2] 此句原出自清嘉庆二十三年版《何氏宗谱》“首人自序”刊于咸丰十一年版《何氏宗谱》旧序。冯云龙文把这句话说成是出自明·天启三年版高岭《何氏宗谱》“何氏得姓源流序说”，有误。

[3] 冯云龙《南宋景德镇优质陶瓷原料探源》刊于《1995 年古陶瓷科学技术国际讨论会论文集》，上海科学技术文献出版社

[4] 同 [3]

[5] 回禄之变，意指火灾，此处指万历版《何氏宗谱》被火灾烧毁。参阅式恒《康熙三十三年（何氏宗谱·跋）》，刊于咸丰十一年版《何氏宗谱》旧序。

[6] 星懋等《前明老谱重镌新序》，刊于咸丰十一年版《何氏宗谱》卷首。

[7] 同 [6]。

[8] 红巾，古代农民起义，常以红巾裹头，史籍上因称“红巾”。

[9] 朱显《高岭谱序》，民国二年癸丑版菊径《何氏宗谱》卷一“旧序”。

[10] 伯经（于南宋绍兴四年癸丑年，即公元 1133 年撰写）《何氏源流谱序》，载民国二年癸丑版《何氏宗谱》卷二“源流序”。

[11] 程文《大田何氏序》，民国二年癸丑版菊径《何氏宗谱》卷一“旧序”。

[12] 德馨（撰于明代隆庆三年己巳，公元 1569）《何氏得姓根源序说），刊于民国二年菊径《何氏宗谱》卷一“辨祖”。

[13] 康熙三十三年《迁桐十一世式恒主修序》，刊于咸丰十一年版《何氏宗谱》“旧序”。

[14] 式恒《重修统宗世系》，刊于民国十三年高岭《何氏宗谱》卷首“历代统宗世系”。

[15] 宋元符：北宋哲宗元符年间，即公元 1098—1100 年间。

[16] 昭代：政治清明的时代，代指作者所处的康熙时代。

[17] 式恒《重修统宗世系》，刊于民国十三年高岭《何氏宗谱》卷首，“历代统宗世系”。

[18] 同 [12]。

[19] 朱弁撰文并勒石《世济阙美堂记》，载民国二年癸丑版菊径《何氏宗谱》卷一“旧序”。

[20] 朱熹《婺源菊径〈何氏族谱序〉》，载民国二年癸丑版菊径《何氏宗谱》“旧序”。

[21] 伯经（于南宋绍兴三年癸丑年，即公元 1133 年撰写）《何氏源流谱序），载民国二年癸丑版《何氏宗谱》卷二“源流序”。

[22] 张九成撰文、洪适篆额《执公、铸公墓铭》，载民国二年癸丑版《何氏宗谱》卷二“像赞”。
[23] 天启三年版高岭《何氏宗谱》残本，经过咸丰版的编者加过工，如在五五世，正十二下，补入“天启癸亥末生世乐公”。补文下并注明“咸丰庚申补入”，显然该残谱由清咸丰（庚申）十一年版《何氏宗谱》主修者整体重刊。
[24] 民国十三年高岭《何氏宗谱》卷首“首人序说”。
[25] 民国十三年高岭《何氏宗谱》卷首“历代统宗世系”。

图书在版编目（CIP）数据

中国《陶记》研究 / 黄康明，黄清华主编. -- 南昌 ：江西美术出版社，2020.6
ISBN 978-7-5480-7576-9

Ⅰ. ①中… Ⅱ. ①黄… ②黄… Ⅲ. ①陶瓷工业－工业史－研究－景德镇 Ⅳ. ①F426.71

中国版本图书馆CIP数据核字(2020)第088648号



出 品 人　周建森
责任编辑　窦明月
责任印制　吴文龙　张维波
内文设计　胡文欣
封面设计　梅家强　先锋設計

**中国《陶记》研究**
ZHONGGUO TAOJI YANJIU
黄康明　黄清华　主编

出　　版：江西美术出版社
社　　址：南昌市子安路66号
网　　址：www.jxfinearts.com
电子邮箱：jxms163@163.com
邮　　编：330025
电　　话：0791-86565819
经　　销：全国新华书店
印　　刷：江西千叶彩印有限公司
版　　次：2020年6月第1版
印　　次：2020年6月第1次印刷
开　　本：889mm×1194mm 1/16
印　　张：23.75
ISBN 978-7-5480-7576-9
定　　价：300.00元